인천대학교 인천학연구원 독립운동사연구소 총서 3호(1권, 통권7권)

일제침략기 호남동의단 전후
66인의 호남의병장

이태룡 엮음

光文閣
www.kwangmoonkag.co.kr

▲ 압송 중인 최익현의 모습(1906.06)

▲ 무성서원과 '병오창의기적비'
 - 전북 정읍시 칠보면 무성리

▲ 면암 최익현 의병장

▲ 송사 기우만 의병장

▲ 습재 최제학 기념비

▲ 일광 정시해 의병장

▲ 일광 정시해 의병장과 부인 오덕례 묘
 - 대전현충원. 증손자 만기

▲ 광주감옥에 투옥된 전남지역 의병장들(1909년 12월) - 야마구치현립대학 데라우치문고 소장 『남한폭도대토벌기념사진첩』에서 필자 재촬영

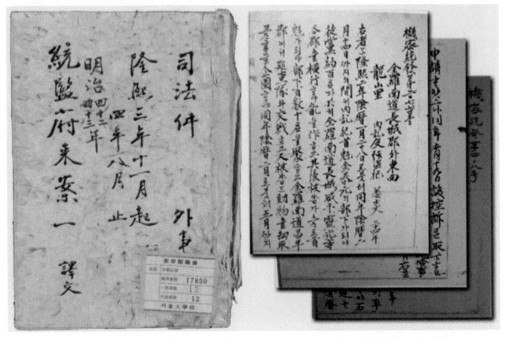

▲ 일제 통감부로부터 대한의 의정부에 온 문서 『통감부래안(統監府來案)』

▲ 녹천 고광순 의병장

▲ 불원복(不遠復) 태극기 – 고광순 의병장은 태극기에 '머지않아 국권이 회복될 것'이라는 글을 새겨 의병들에게 희망과 용기를 주었다.

▲ 연곡사 돌담 – 1990년대 초까지 연곡사를 돌담은 성벽 같았다.

▲ 의병장 고광순 순절비
　　- 전남 구례군 연곡사

▲ 성재 기삼연 의병장

▲ 호남창의회맹소 결성지
　　- 장성 수연산 석수암 터

5

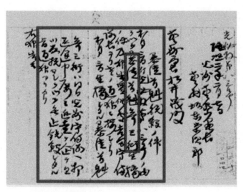

▲ 기삼연 의병장, 1908년 2월 3일 피살 순국 - 『폭도에 관한 편책』

▲ 기삼연 의병장이 피살 순국한 광주 서천교 아래 모래밭

▲ 죽봉 김준(태원) 의병장

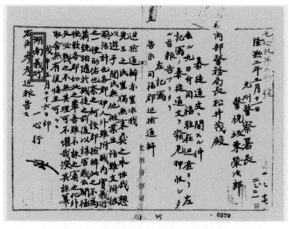

▲ '호남의소'의 통문 - 『폭도에 관한 편책』

▲ '김태원죽봉의사충혼비'
　 - 전남 함평공원

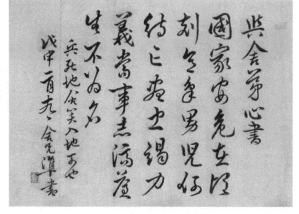

▲ 김준이 아우 김율에게 준 글

6

▲ 쌍산의소 막사터
- 전남 화순군 이양면 증리 산12

▲ 행사 양회일 순의비
- 전남 화순군 이양면 쌍봉리

▲ 이석용 의병장(대구감옥)

▲ 호남의병창의동맹단결성지(마이산)

▲ 소충사 - 전북 임실군 성수면 소재(1991년 촬영)

▲ 전해산 의병장의 모습(광주감옥
   수감 중, 장소 이동 촬영)

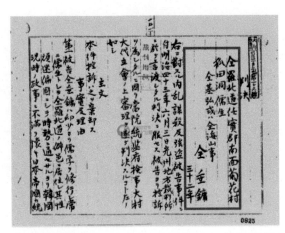

▲ 전해산(전수용) 의병장, 교수형 공소기각 판결문
   (대구공소원, 1910.07.09)

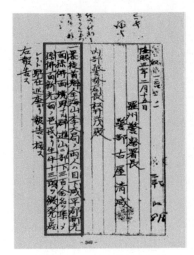

▲ 전해산·이대국 의진 300명, 소
   13마리 징발 기록(『폭도에 관
   한 편책』, 1909.02.15)

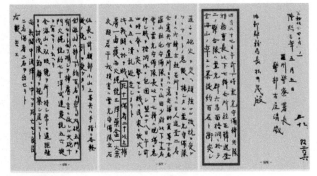

▲ 전해산 의진, 일본군경 연합대와 벌인 오동전투 상황
   (『폭도에 관한 편책』, 1909.05.05)

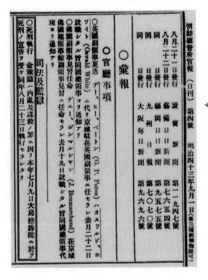

◀ 전수용(김씨로
   오기) 사형집행
   (「조선총독부
   관보」 제4호,
   1910.09.01)

▲ 전해산기념관
- 전북 장수군 번암면 유정리 589

▲ 전해산 의병장 부부 묘
- 전북 장수군 번암면 유정리 산5-2

▲ 대천 조경환 의병장

▲ 조경환 의병장 서울현충원 안장과 묘비제막식

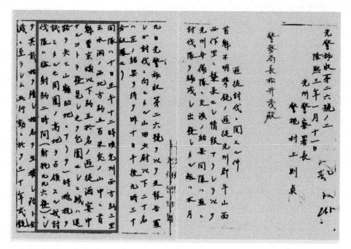

▲ 조경환 의병장 전사 과정에서 일본군이 총탄 996발 소모했
다는 문서(『폭도에 관한 편책』, 1909.01.11)

▲ 능주 바람재 바위굴에서 피체된 심남일(왼쪽) · 강무경 의병장
앞줄 왼쪽부터 양방매 동생 양용석, 심남일의 처 임사오, 강무경의 처 양방매.

▲ 심남일 의병장 피체 문서
(『폭도에 관한 편책』, 1909.10.09)

▲ '남일심수택의병장기념관'
– 전남 함평군 월야면 가차길 51-1

▲ 안계홍 의병장(야마구치현립대학 데라우
  치문고 소장 『남한폭도대토벌기념사진
  첩』에서 필자 재촬영)

▲ 파청승첩비
 - 전남 보성군 득량면 예당리

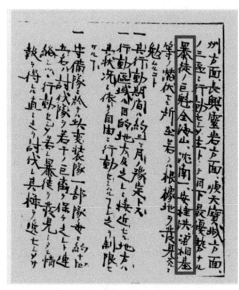

▲ 일제는 안계홍·양상기·심남일·전해산 의
  병장을 "거괴(巨魁)"로 호칭했다.(『폭도
  에 관한 편책』, 1909.06.01)

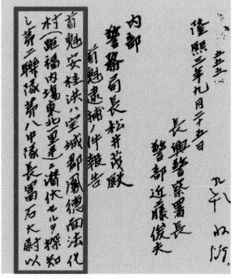

▲ 안계홍 의병장 피체
  (『폭도에 관한 편책』, 1909.09.25)

11

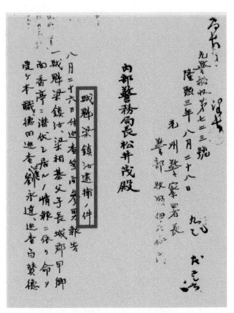

▲ 양진여 의병장 피체(『폭도에 관한 편책』, 1909.08.28)

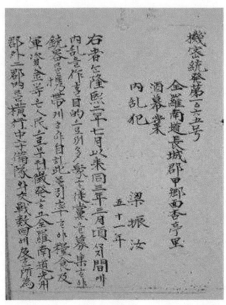

▲ 양진여 의병장에 대한 사형집행을 명령한 통감 문서『통감부래안』,「기밀통발 제1065호」

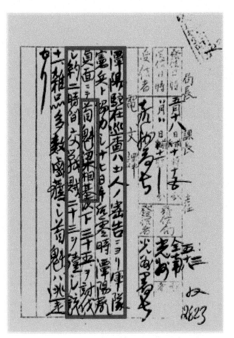

▲ 양상기 의진, 일본 군경과 전투하여 23명 순국 전보(『폭도에 관한 편책』, 1909.05.18)

▲ 양진여·상기 부자 의병장 묘소 입구 안내석 - 광주시 광산구 백마산 기슭

▲ 용진산 - 광주시 광산구 선동

▲ 용진정사 - 광주시 광산구 왕동

▲ 호남창의회맹소 의병들이 격전을 치른 모양성(전북 고창읍성)

▲ 창의사원주이공병렬표충비
  - 전북 무주군 무풍면사무소

▲ 이장춘(본명 병렬) 의병장 묘
  - 전북 무주군 무풍면 철목리

▲ 대한의사 임창모 기적비 - 전남 보성군 보성읍 용문리 836-3

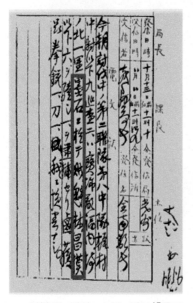

▲ 임창모 전사 순국 전보(『폭도에 관한 편책』, 1909.10.13)

▲ 임창모 부부(위), 임학규 부부(아래) 어울무덤 - 전남 보성군 보성읍 용문리

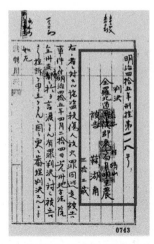

▲ 국호남 의병장, 사형 공
소기각(대구복심법원,
1912.05.18)

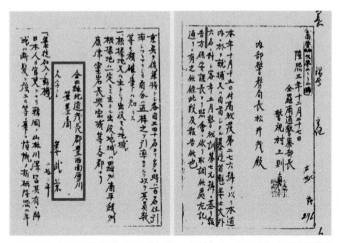

▲ 강사문 외 6명의 의병장 취조 문서 중 강무경 의병장(『폭
도에 관한 편책』, 1909.12.27)

▲ 김공삼 의병장 묘 - 고창군 공설묘지

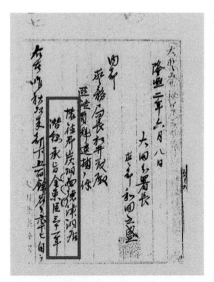

▲ 김동신 의병장 피체(『폭도에 관한
편책』, 1908.06.08)

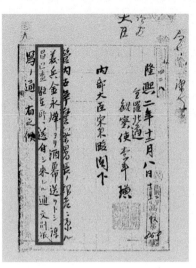

◀ 김영엽 의병장의 격문
이 순창주재소에 전달되
었다는 기록(『폭도에 관
한 편책』, 1908.12.08)

15

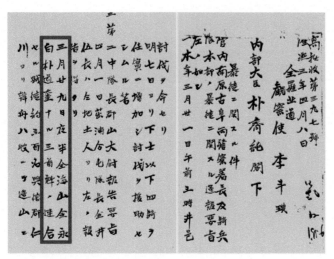

▲ 전해산·김영백·김도규(김도경) 의진 연합 기록(『폭도에 관한 편책』, 1909.04.08)

▲ 박도경 의진 100여 명, 배를 이용 전북 부안으로 이동한 기록(『폭도에 관한 편책』, 1909.04.22)

▲ 김공삼·박도경(박포대朴砲大) 의병장 - 야마구치현립대학 데라우치문고 『남한폭도대토벌기념사진첩』에서 필자 재촬영

▲ 박도경 의병장 묘 - 대전현충원 독립유공자 묘역

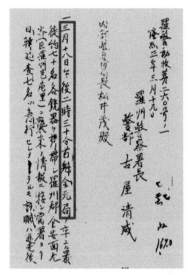

▲ 김원국 의병장에 대한 일제의
비밀기록(『폭도에 관한 편책』.
1909.03.19)

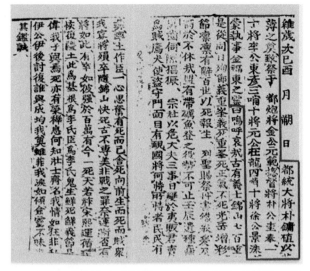

▲ 조경환 의진에서 순국한 도포장 김원범, 홀독장 박규
봉 등 참모들에 대한 도통장 박용식의 제문(『폭도에
관한 편책』. 1909.04.29)

▲ 김원국 의병장 묘(서울현충원 독립유공자 묘역)

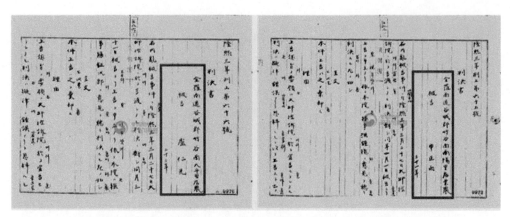

▲ 노인선·신정우 의병장, 교수형 상고기각 판결문(대심원, 1909.04.16)

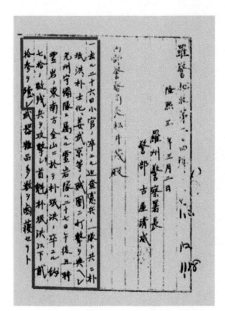

▲ 1909년 2월 26일 박민홍·박사화·강무경 세 의진이 나주경찰·헌병대와 전투 후 이튿날 박민홍 의진 70여 명이 영암수비대와 싸워 박민홍 이하 23명 전사(『폭도에 관한 편책』, 1909.03.02)

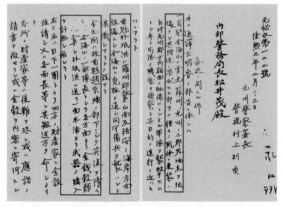

▲ 박민홍 의진이 전해산·김원국 의진과 연합투쟁 기록(『폭도에 관한 편책』, 1909.02.13)

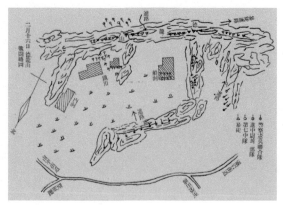

▲ 일본군경이 작성한 덕룡산전투 약도(『폭도에 관한 편책』, 1909.02.26)

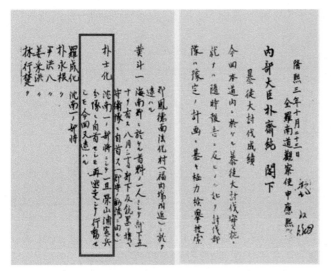

▲ 이른바 '폭도대토벌성적' 문서 속의 박사화 의병장 기록
(『폭도에 관한 편책』, 1909.10.23)

▲ 박사화 의병장과 담판 벌인 일본군 영산포헌병분대장 오하라(大原) 대위

▲ 양회일 쌍산의진 전투지

▲ 백낙구 의병장, 유형 15년 처분(「관보」
제3747호, 1907.04.23)

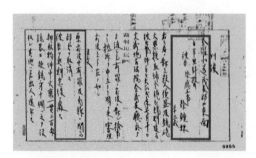

▲ 서종채 의병장, 무기징역 (대구복심법원, 1913.09.27)

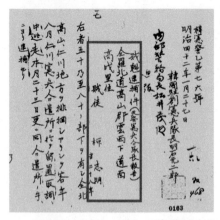

▲ 유지명 의병장 피체 기록(『폭도에 관한 편책』, 1909.01.27)

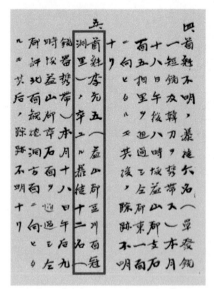

▲ 이원오(본명 이규홍) 의진의 활동 기록(『폭도에 관한 편책』, 1909.03.22)

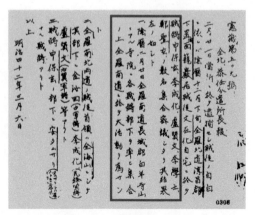

▲1909년 2월 21일 의병장 신보현·이성화·노찬문·이학사·정성현 등의 회합 보고(『폭도에 관한 편책』, 1909.03.06)

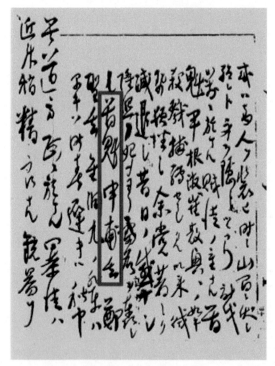

▲신보현(본명 신창학) 의병장 활약에 대한 기록(『폭도에 관한 편책』, 1910.04.06)

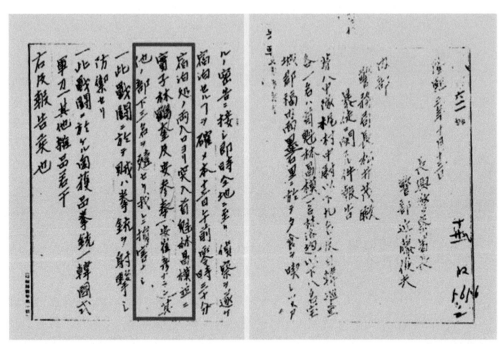

▲ 안찬재(본명 안최언, 벼슬 참봉 추정) 의병장 전사 순국(『폭도에 관한 편책』, 1909.10.13)

▲ 쌍산의소 병영터와 성벽 - 전남 화순군 이양면 증리 346-1

▲ 양윤숙(왼쪽)·임순호 의병장(야마구치 현립대학 데라우치 문고 『남한폭도 대토벌기념사집첩』에서 필자 재촬영)

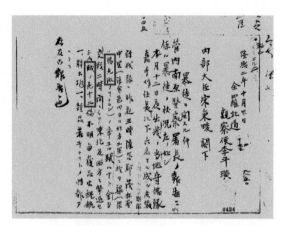

▲ 양윤숙 의진 80명이 1908년 10월 12일 일본 군 변장토벌대와 2시간 격전, 12명 전사 기록 (『폭도에 관한 편책』, 1908.10.20)

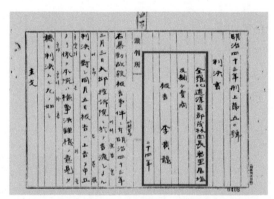

▲ 이황룡 의병장, 교수형 판결문(고등법원, 1910.04.14)

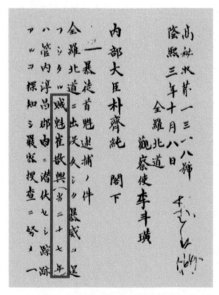

▲ 최산흥 의병장 피체 기록(『폭도에 관한 편책』, 1909.10.08)

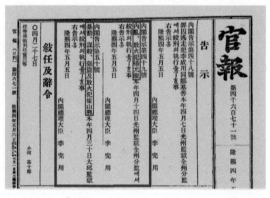

▲ 양윤숙·최산흥 의병장 교수형으로 순국(「관보」 제4671호, 1910.05.05)

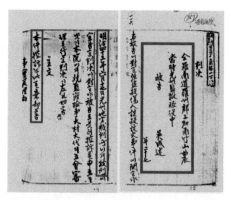

▲ 오성술 의병장, 교수형 공소기각(대구
공소원, 1910.07.16)

▲ 의병들의 모임 장소 영사재 - 광주광역시 광
산구 명곡길 170-30 (명도동)

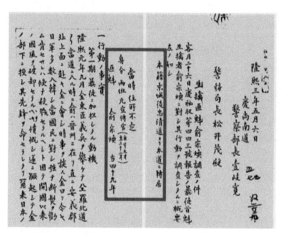

▲ 유종환 의병장 피체 기록(『폭도에 관한 편책』,
1909.05.06)

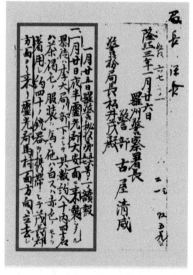

▲ 이대극 의진 활동상이 드러난 기록
(『폭도에 관한 편책』, 1909.01.26)

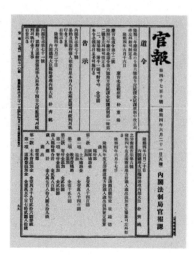

◀ 이범진 의병장, 대구감옥에서
교수형으로 순국(「관보」
제4710호, 1910.06.20)

23

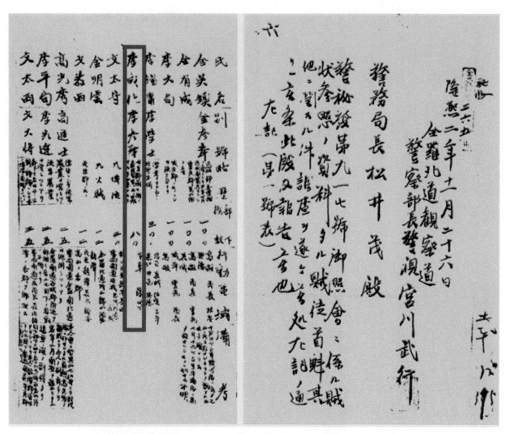

▲ 이성화 의진에 대한 기록(『폭도에 관한 편책』, 1908.11.26)

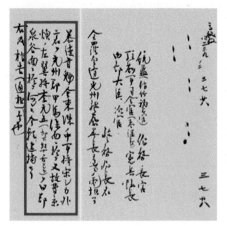

▲ 이원오 의병장 피체 기록(『폭도에 관한 편책』, 1909.07.28)

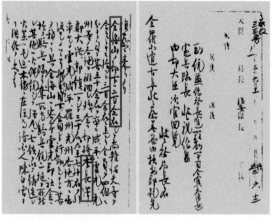

▲ 임장택이 전해산 의진 선봉장으로 활약한 기록 (『폭도에 관한 편책』, 1909.06.12)

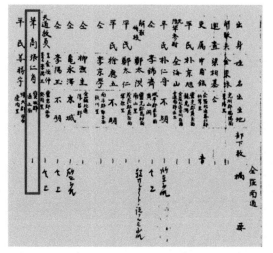

▲ 이른바 '폭도수괴조사표'에 기록된 장인초 의
병장(『폭도에 관한 편책』, 1910.02.01)

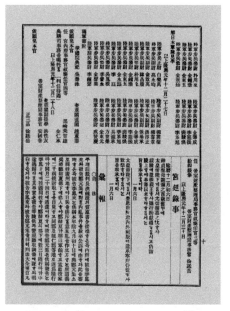

▲ 정원집·이봉래, 유형 10년 기록(「관보」
제3964호, 1908.01.07)

▲ 정원집·이봉래 의병장 유배지 전남 지도군아(智島郡衙) 터

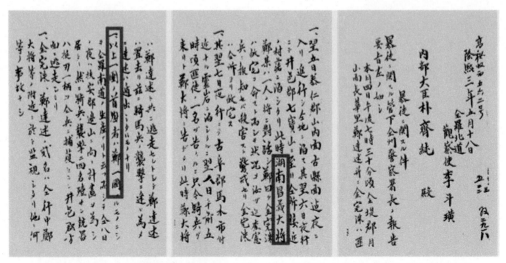

▲ 호남창의대장으로 활약한 정일국 의병장 기록(『폭도에 관한 편책』, 1909.05.22)

▲ 일본군 남원수비대 정문 모습(1908)

▲ 의병 대학살 격려 나선 일본군 와타나베
(渡邊) 사령관 일행 - 전북 남원 비홍치
(飛鴻峙, 남원시 대산면 소재)

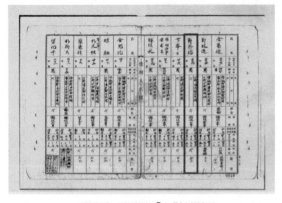

▲ 정태화 의병장 「수형인명부」

▲ 정태화 의병장

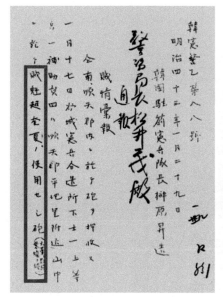

▲ 조규하 의병장이 사용하던 대포 발견(『폭도에 관한 편책』, 1910.01.29)

▲ 조규하 의병장 묘(대전현충원 독립유공자 묘역)

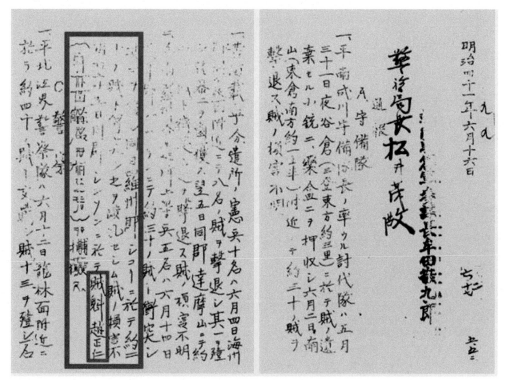

▲ 조정인 의병장 1908년 6월 15일 피체(『폭도에 관한 편책』, 1908.06.16)

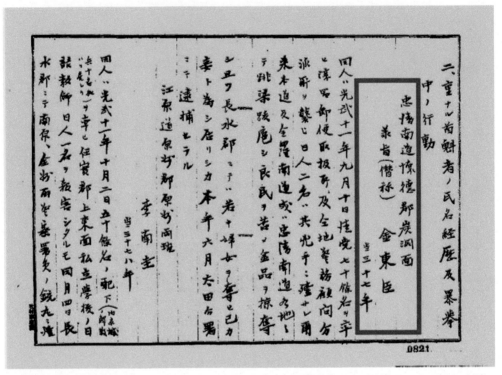

▲ 김동신 등 주요의병장 19인에 대한 전북관찰사 이두황의 보고서(『폭도에 관한 편책』, 1908.10.05)

▲ 박봉양(호 문달)이 동학농민군 학살을 기념하는 '갑오토비사적비'
 - 전북 남원시 운봉읍 서천리

박문달(朴文達, 본명 鳳陽)이 운봉순사주재소에 밀보(密報)하여 말하기를, "산내면 묘동(猫洞) 동 유평촌(柳坪村, 읍내에서 3리)에 폭도(의병-필자 주)와 같은 자 10여 명이 배회하고 있었다."운운하였다. (중략) 폭도의 소재를 밀고(密告)한 박문달은 운봉읍내의 이족(吏族)으로 산내면에 첩의 집이 있고, 동인은 민간의 지사로서 지명자(知名者)이라 지난해 군부대신사건 그후 또 내란사건의 혐의를 받았으나 모두 원죄(寃罪)였음이 판명되어 이내 소관은 동인에 대해 회유(懷柔)를 가하고 있었던 자이다.

- 국사편찬위원회, 『한국독립운동사』 자료 8권, 494~495쪽

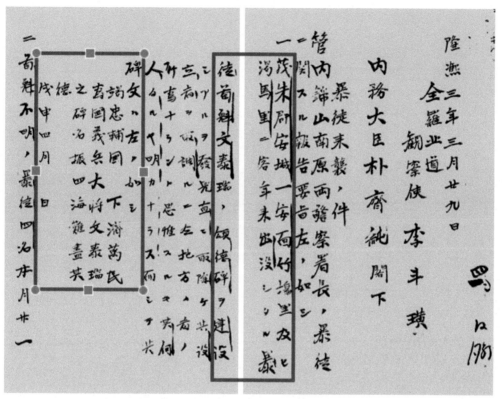

▲ 문태서 의병장 송덕비 건립(『폭도에 관한 편책』, 1909.03.29)

무주군 안성 일안면 죽장리와 갈마리에 지난해부터 출몰한 수괴(의병장-필자 주) 문태서의 송덕비(頌德碑)를 건립하였음을 발견하고 즉시 그것을 없애고, 그 설립자를 취조한바, 그 지방의 사람 소행일 것이라고 생각하나 그 누구인지 분명하지 않다. 그리고 그 비문의 내용은 다음과 같다.

竭忠輔國 下濟萬民 (갈충보국 하제만민)
爲國義兵大將 文泰瑞之碑 (위국 의병대장 문태서지비)
名振四海 難盡其德 (명진사해 난진기덕)
戊申 四月 日 (무신 4월 일)

충성을 다하여 보국하고 만백성 구했도다.
나라 위한 의병대장 문태서비
명성이 온누리에 떨치니 그 덕을 어찌 다 말하리! (필자 역)

― 국사편찬위원회, 『한국독립운동사』 자료 13권, 710쪽

29

▲ 황준성 의병장, 유형 10년(『조선왕조
실록』, 1908.02.10)

▲ 대둔산 대흥사의 모습(1909년)

▲ 호남의병 진압을 독려하기 위해 경남 하동 화개나루를 건너는 일본군 남부관구사령관 육
군 소장 와타나베(渡邊) 일행 - 야마구치현립대학 데라우치 문고에 있는 『남한폭도대토
벌기념사진첩』에 있는 사진을 필자 재촬영

목차

III. 호남동의단 성립 이후의 호남의병   / 271

머리말

1894년 7월 23일(음력 6월 21일) 일본군 육군 소장 오시마 요시마사(大島義昌)가 혼성여단 5천여 명을 이끌고 경복궁으로 쳐들어와서 조선 국왕과 왕비를 겁박하는 가운데 일본공사 오토리 게이스케(大鳥圭介)는 그 앞잡이들에게 내각을 꾸리게 하는 갑오왜란(甲午倭亂)을 일으켰다.

일제는 그 앞잡이 내각과 '조선은 일본군의 진퇴와 그 양식 준비 편의를 도모해 줄 것'을 중심 내용으로 하는 이른바 '조일공수동맹(朝日攻守同盟)'을 비밀리 체결하고 청일전쟁을 일으켜서 승리한 후 이듬해 그들의 침략에 방해되던 조선 왕비를 참살하는 을미왜란(乙未倭亂)을 일으켰다.

이에 배달겨레는 '국수보복(國讐報復, 나라의 원수를 갚자, 국모의 원수를 갚자)'을 기치로 의병을 일으키니 일제침략기(1894~1910) 전기의병이었다.

1903년 10월부터 일제는 그 앞잡이들을 내세워 비밀동맹을 체결하여 러일전쟁이 일어나면 인적·물적 자원을 제공하도록 획책하였는데, 광무황제는 이를 재가하지 않고, 비밀리 이용익(李容翊) 일행을 청국 지푸(芝罘)로 보내어 '만약 러일전쟁이 일어난다면 엄정 중립을 지키겠다.'라고 선언하였다. 이에 일제는 이용익을 일본으로 납치하고, 다른 사람들은 감금한 채 황제의 재가가 필요한 '조약' 대신, '의논(議論)해서 정(定)한 문서(文書)'라는 의미의 '의정서(議定書)'라는 용어를 만들어 일본공사와 일제로부터 비밀리 거액의 뇌물(1만 원, 당시 쌀 1만 석 가격)을 받은 외부대신 임시서리 이지용과 '한일의정서'를 체결하였다.

이에 국권회복(國權恢復)을 위한 의병이 일어나기 시작하여 경술국치 전후까지 7년 동안 줄기차게 일본 군경을 상대로 싸웠던 의병이 후기의병이었다.

일제는 의병 진압을 위해 일본군사령부를 용산에 두고, 남부수비관구에 보병 2·14·47연대, 한국파견기병대, 중포병대대를, 북부수비관구에 보병 13·23·27·45·64연대, 기병 6연대, 야포병 6연대, 공병 6대대를 배치했고, 1909년 6월에는 14연대 대신 보병 12

여단과 보병 3연대를 영남에, 보병 1연대를 호남에 배치했으며, 해안에는 군함과 수뢰정을 운용하였고, 전국에 헌병분대·분견소, 경찰서·주재소를 두고 헌병·경찰 5만여 명, 헌병보조원·밀정 수만 명을 동원했으니, 일제가 러일전쟁을 할 때 우리나라에 파견한 일본 군경 수보다 훨씬 많았다.

일본 군경의 기록에 따르면, 1907년 11월부터 이듬해 12월까지 일본 경찰이 간여한 의병 진압 횟수는 1,976회, 의병 수 82,767명, 순국자 5,721명이고, 1907년 7월부터 이듬해 5월까지 일본군에 의해 순국한 의병이 13,445명이었다.

이는 전기의병과 을사늑약 전후부터 의병이 가장 거세게 일어났던 1907년 여름과 가을, 1908년 5월 이후부터 경술국치 전후까지 의병투쟁 통계가 나온 것이 아니기에 이를 보태면 일제침략기 의병 순국자와 부상자는 10만여 명, 투옥된 자는 5만여 명에 이를 것이라는 데 학자들은 의견을 같이한다.

화승총으로써 대포와 기관총, 6연발 신식소총으로 무장한 일본 정규군을 상대로 전투를 벌인다는 것은 처음부터 불가하다는 것을 알면서도 나라와 겨레를 위해 재산은 물론, 자신의 목숨까지 기꺼이 바친 이들이 일제침략기 의병이었다.

이 책에는 전남 구례 연곡사에서 일본군 수비대·중포병대대 등「영호남 대규모 일본 군경과 격전 벌인 고광순 의병장」, 전남에서 가장 맹렬한 의병장을 붙잡기 위해 기병·특설순사대 8개 부대가 동원된「일제침략기 호남 대표 의병장 김준·김율 형제」, 광무황제의 비밀조칙을 받고 호남 연합의병장으로 활동하다 붙잡혀 재판정 최후 진술에서 "내가 죽은 후에 나의 눈을 떼어 동해에 걸어 두라. 너희 나라가 망하는 것을 내 눈으로 똑똑히 보리라!"라고 준엄하게 호통친「대동창의단·호남동의단 대장 전해산」, "섬나라 도적을 섬멸하지 않으면 죽어 혼백조차 돌아오지 않겠다." 하고 2년여 의병투쟁을 전개해 오던 1909년 1월 10일, 일본군이 "총탄 996발을 소모했다."라고 한 어등산전투에서 전사 순국한「일제침략기 어등산 의병대장 조경환」등 호남지역 의병장 66인의 삶을 정리하였다.

특히 1906년 6월 최익현(崔益鉉)이 전북 태인 무성서원에서 거의한 것은 일제침략기 후기 호남의병사에서 의병투쟁의 불씨를 던진 것이고, 1907년 10월 기삼연(奇參衍)이 호남창의회맹소(湖南倡義會盟所)를 설치한 것은 호남지역 우국지사들의 의분을 불러일으키는 계기가 되었으며, 1908년 8월 광무황제의 비밀조칙을 허리띠에 소지한 전 시위대 참위 정원집(鄭元執)이 유배지 전남 지도(智島)를 이탈하여 순국한 김준(金準)·김율(金聿) 형제 의진을 수습하고 있던 전해산(全海山)을 찾아와서 의병장에 추대함으로써 전해산의 대동창의단(大東倡義團)이 결성되고, 이를 중심으로 전남 지역 11개 주요 의진의 연합체인 호남동의단(湖南同義團)이 결성됨으로써 호남 전역에서 의병투쟁의 불꽃이 활활 타오르게 된 것이었다.

이 책은 일제침략기 전국 주요 의병장의 의병투쟁을 살펴본 『일제침략기 의병장 73인의 기록』(전 5권) 중, '제4권 호남지역 편'의 19인에 47인을 추가하여 66인의 기록이니, 일제침략기 호남지역에서 활동한 주요 의병장 행적을 총정리하였으나 소규모 의진을 이끈 수십 명의 의병장이나 의병장으로서 활동한 후 부적절한 행위를 한 경우는 싣지 않았으며, 호남의병 포상자 현황과 호남의병 미포상자 281인의 『수형인명부(受刑人名簿)』를 정리하여 부록에 실었다.

이 책은 국립인천대학교 인천학연구원 독립운동사연구소 총서 3호(통권 7권)로서 이를 간행하는 데 큰 도움을 주신 박종태 국립인천대학교 총장님, 곽동화 인천학연구원장님, 최용규 전 국립인천대학교 학교법인 이사장님, 특히 독립운동가 삶을 조명하는 데 앞장서시는 광문각 박정태 대표이사님께 감사드리며, 아울러 원고를 정리하는 데 편의를 도모해 준 독립운동사연구소 신혜란·이윤옥·임동한·전영복 연구원님께 고마움을 표합니다.

대한민국 105년(2023) 11월 17일 제84주년 순국선열의 날
국립인천대학교 인천학연구원 독립운동사연구소장 이태룡

인천대학교 인천학연구원 독립운동사연구소
총서 제3호(1권, 통권7권)

I. 일제침략기 호남의병 개요

1. 전기 호남의병

을미왜란(乙未倭亂, 1895) 후 호남지방에도 고광순(高光洵), 기삼연(奇參衍), 기우만(奇宇萬) 등 유학자를 중심으로 국모의 원수를 갚자는 의논이 진행되었다. 이어 단발령이 시행되자 기우만은 여러 고을에 통문을 보내어 국모의 원수를 갚지 않을 수 없는데, 단발이란 더욱 당할 수 없는 일이며, 더 이상 일제의 횡포와 국왕을 위협하는 무리를 그냥 보고만 있을 수 없어 상소하여 그 뜻을 말하고자 하였다. 그러나 상소는 당시 일제 앞잡이 내각에 의하여 봉쇄되었기 때문에 국왕께 전달되지 않았는데, 이듬해 1, 2월에는 각처에서 의병이 벌 떼처럼 일어나고, 호좌의진(湖左義陣)의 대장 유인석(柳麟錫)의 격문이 호남지역에 다다르자 기우만은 통문(通文)을 인근 고을에 돌렸다.

> 국왕께서 피난하였으니 시일을 천천히 할 수 없으며, 역당(逆黨)이 망명하였다고 하지만 그 뿌리를 아직 제거하지 못하였다. 국왕의 얼굴에 한 방울 눈물 자국은 천만 신하가 간뇌도지(肝腦塗地)[1]하여도 죄를 면할 수 없으며, 임금의 두어 걸음 외출은 억조창생이 분골쇄신(粉骨碎身)하여도 따를 수 없는 일이다.
>
> — 기우만, 『송사집(松沙集)』, 「부록」, 연보 중 광무 33년(병신) 정월조

이때는 국왕이 이미 러시아 공사관으로 피신한 시기였으니 통문에는 의병을 일으켜서 함께 한성(서울)으로 가서 토왜복수(討倭復讎)를 하고, 국왕을 궁중으로 모시고 와서 호위해야 함을 강조하였다.

3월에 접어들자 각 고을에서 호응의 기세가 보이자, 기우만은 의사들이 많은 장성으로 향했는데, 특히 기삼연은 장성의병 수백 명을 거느리고 와서 군무를 자원하여 맡았다.

한편, 3월 14일(음력 2월 1일), 나주부 유림(儒林)은 문묘춘향일(文廟春享日)을 맞아 향교에 모여 시국에 대하여 계책을 논의하게 되었는데, 신임 관찰사 조한근(趙漢根)과 참서관 안종수(安宗洙)가 단발령에 따라 상투를 자르고 문묘에 참배하러 온다고 하므로 선

---

1) 참혹한 죽임을 당하여 간장(肝臟)과 뇌수(腦髓)가 땅에 널려 있다는 뜻으로, 나라를 위하여 목숨을 돌보지 않고 애를 쓴다는 말

비들이 격분하여 큰 글씨로,

"髠髮之人 勿入殿庭"(곤발지인 물입전정)
(머리 깎은 사람은 대성전에 들어오지 못한다)

라는 글귀를 써서 나주성 서문(西門)에 붙였다.

이튿날 전 가감역관 이병수(李炳壽), 전 사과 이승수(李承壽), 선비 나경식(羅璟植) 등이 모여 승정원 주서와 권지승문원 부정자를 지낸 이학상(李鶴相)이 거의를 위한 우두머리가 될 만하다는 데 의견을 모으고, 연명으로 이학상과 유학자 나병두(羅秉斗)를 초청하기로 했다.

이틀 뒤 이병수는 통문을 작성한 후 이학상을 첫머리로 삼고, 나주부 유림 1백여 명의 서명을 받아 기우만이 머무르고 있는 장성으로 보냈다.

다음날 해남군수 정석진(鄭錫珍)이 나주향교에 와서 말하기를,

"본 고을은 500년 문명의 고장으로서 이처럼 위급한 때를 당하여 거의(擧義)의 일이 매우 늦었으니, 의당 의병을 모집하여 하루빨리 적을 토벌하고 원수를 갚아야 하며, 성패를 미리 따지고 관망해서는 안 된다."

하자, 모두 옳은 말이라고 했다.

나주부 유림의 분위기가 점차 의병 거의 쪽으로 가고 있음을 파악한 나주부 참서관 안종수는 향교에 와서 거짓말로 선동하기를,

"동래포(東萊浦) 일본군사 한 부대가 진주(晉州)로 들어가서 그곳의 의소를 이미 함몰시켰으니, 지금 나주에서 거의한다면 유익함이 없을 뿐만 아니라 진주와 같이 혹독한 화를 입을까 걱정된다."

라고 하였다.

며칠 뒤 호남 50여 고을의 성토문(聲討文)이 장성으로부터 도착했는데, 안종수의 죄목 10가지를 지극히 준엄한 내용으로 열거한 것이었다. 이 통문을 읽고 들은 나주부민들은 안종수를 처단해야 한다고 한목소리를 냈다.

3월 23일(음력 2월 10일), 마침내 나주부 아전과 군교(軍校) 등 수백 명이 참서관 안종수와 총순·순검을 처단하고, 시찰·주사 등 관리 6명을 가두었다.[2] 이에 김창균(金蒼

---

2) 주모자를 김창균·김석현 부자, 박근욱, 김석균, 박화실과 징역을 살던 사람 3인, 영광 서리 정상섭이라고 하였다. 羅州匪魁則金蒼均, 金晳鉉, 朴根郁, 金錫均, 朴化實五漢及懲役徒三名與靈光吏丁相燮也. (신기선, 양원유집(陽園遺集) 권17, 「일기」, '봉사일기(奉使日記)' 참조)

均)·장길한(張佶翰)·김석균(金錫均)·승갑표(昇甲杓) 등은 성중 사람들과 함께 향교로 가서 이학상이 의병대장에 오르기를 요청하기에 이르렀는데, 이학상이 성중으로 들어가자 여러 선비도 동행하여 망화루(望華樓)에 자리를 정하고 방(榜)을 써서 붙이고, 통문을 각 읍에 보내어 의병을 모집하였다.

의소(義所)를 나주부 연리청(椽吏廳)으로 정하고 의진을 구성했는데, 참모에 나병두와 전 용궁현감 손응계(孫應契), 중군장에 이승수, 좌익장에 김창균, 우익장에 박근욱(朴根郁), 군무(軍務)에 김재환(金在煥)·손상문(孫商文)·장길한·양인환(梁仁煥)·손신흥(孫信興)·장봉삼(張鳳三), 의곡(義穀)에 이원서(李源緖)·염효진(廉孝鎭), 서기(書記)에 임홍규(林鴻圭)·송종희(宋鍾熙), 통장(統將)은 유기영(柳畿永)이 맡았다. 경내의 여러 선비가 참여하여 「동맹록(同盟錄)」을 작성한 후 이학상은 임홍규를 남평군수 이재량(李載亮)에게 보내어 의병에 대한 사무를 의논하게 하였다.

전 승지 박창수(林昌壽)가 와서 이학상에게 말하기를,

"옛날 임진왜란에 김건재(金健齋)[3]는 나주에서 창의하고, 고제봉(高霽峯)[4]은 광주에서 창의했는데, 오늘날은 그대들이 본주(本州)에서 창의하고, 송사(松沙: 기우만)는 장성에서 창의하였으니 진실로 추앙할 만하다."

라고 칭찬하였다.

나주의진이 구성된 이튿날 기우만은 고광순(高光洵)·고기주(高琦柱)·기동관(奇東觀)·기동준(奇東準)·기삼연(奇參衍)·기재(奇宰)·기주현(奇周鉉)·김익중(金翼中)·양상태(梁相泰)·이승학(李承鶴) 등과 의병 2백여 명을 거느리고 장성으로부터 나주향교로 왔다.

나주 인사들은 서로 이르기를, '흉괴(凶魁)는 비록 제거되었으나 본주의 의거는 시작은 있고 끝이 없어서는 안 된다.' 하고 드디어 주서 이학상을 요청하여 대장으로 삼고서 각 고을에 통문을 돌려 함께 거사할 것을 약속하니 선생[5]은, "나주 사람들이 갑오년 싸움을 겪어 병사(兵事)에 익숙할 뿐 아니라 의기 있는 사람이 많아서 족히 믿을 만하다." 하고 드디어 고광순·기삼연·기주현·양상태·기동관·이승학·기재·기동준 등 여러 의사와 같이 가자 여러 장령과 군졸이 부서를 나누어 대오를 편성하여 성대히 의장을 갖추고 선생을 맞아 단상에 올라 군중에게 훈시하게 하였다.

- 독립운동사편찬위원회, 『독립운동사자료집』 3권, 28쪽

---

3) 임진왜란 때 의병장 김천일(金千鎰). 건재(健齋)는 그의 호이다.
4) 임진왜란 때 의병장 고경명(高敬命). 제봉(霽峯)은 그의 호이다.
5) 기우만(奇宇萬)을 가리킨다.

　　며칠 후 나주의병과 장성의병 사이에 작은 불화를 보이자, 기동관·송종희·이병수 등은 여러 장령에게 타이르기를,

　　"기 참봉(奇參奉: 기우만)이 여기 와서 머물러 있으니 실로 함께 호응해야 할 시기인데, 어찌 일호(一毫)라도 시기와 혐의가 있어서 되겠는가? 기 참봉이 이끄는 의소가 호남대의소(湖南大義所)가 되고, 이 주서(李注書)는 본주의소(本州義所)가 되면 온당할 것 같다."

　　하니, 모두 찬동했다.

　　이어 유기연(柳紀淵)이 의진에 참여하자 나주수성장으로 삼았고, 주서 나경성(羅經成)·오학선(吳鶴善), 함평 선비 김훈(金勳), 능주 선비 정의림(鄭義林), 무안 감역 윤창대(尹昌大), 진사 오진룡(吳鎭龍) 등이 와서 나주의진에 합류했다.

　　기우만과 이학상은 동맹한 여러 의사와 더불어 금성당(錦城堂)에 제사를 올리고 고유했다.

　　그런데 이튿날 보발꾼이 보고하기를, "병정 1,500명이 관군이라 일컫고 전주 경계에 당도했는데 선유사(宣諭使) 신기선(申箕善)이 뒤를 밟아 온다."라는 것이었다.

　　다음날인 4월 1일(음력 2월 20일), 이학상은 근왕(勤王)할 뜻으로 이병수가 지은 소(疏)를 올리면서 참서관 안종수의 죄악을 그 소장에 진술하였다.

　　"…… 칙명으로 김홍집(金弘集)·정병하(鄭秉夏)가 이미 법에 의해 처단되었다는 말을 듣고 도성 아래 민중들이 네거리에서 그 사지를 찢으니 이로서도 신인(神人)이 함께 노하고 백성의 양심도 아주 없어지지 않았다는 것을 볼 수 있사옵니다. 『서경(書經)』에 이르기를, '희화(羲和)가 유궁후예(有窮后羿)에게 붙었다'하고 그 밑에 이르기를 '약속한 시간보다 먼저 설치는 자는 용서없이 죽이며, 그 시간에 대지 못한 자도 용서없이 죽인다'하셨으니 지금 홍집이나 병하에게 붙은 자는 어찌 역적에게 붙었다는 죄를 벗어날 수 있사오리까?

본주(本州)로 말씀드리자면 소위 참서관(參書官) 안종수란 자는 오랑캐의 심장을 지닌 흉괴의 도당으로 그 흉악한 행동은 이루 다 형언할 수 없사옵기로 그 대강만을 아뢰옵니다.

지난해 8월의 변란은 곧 신자의 일생을 두고 뼈에 사무치는 원한이온데, 종수는 조신 중에 말을 퍼뜨리기를, '갑오(甲午)년 6월에 이 일이 일어났을 것인데 오늘까지 끌어온 것은 역시 이상한 일이다'하였고, 또 홍집·병하가 죽었을 적에는 그의 말이, '충신이 역적되고 역적이 충신되니 충신과 역적을 구분하기 어렵다.' 하였으니 그 마음이 나라가 있다고 여기는 것입니까? 비단 전하의 역신만이 아니오라 실로 천하 만세에서라도 함께 베어야 할 일이옵니다.

…… 방금 본주의 의병이 구름처럼 모이고 있사오니 시각을 다투어 근왕(勤王)하여 원수를 갚고 적을 토벌하고, 우리 제도를 복구시키고, 우리 조저(朝著)를 확립하여 전하께서 환궁하시는 경사가 있기를 바라는 것이 신자의 구구한 마음입니다. 저 종수란 자가 방자히 악을 부리어 군중이 극도로 흥분되었사오니, 비록 왕명(王命)으로 죽이지 못했사옵고 군중의 손에 죽었으나 역시 토복(討復)하는 한 가지 일이옵니다. 군의 기세가 차츰 떨치게 되오면 마땅히 밤낮으로 길을 달려 근왕하여 천안(天顔)을 월문 아래서 바라뵈올 것이오니, 전하께서 생사간 처분을 내려 주시옵소서. 신은 피눈물을 뿌리오며 간절히 바라는 심정 이를 데 없사옵니다."

- 독립운동사편찬위원회, 앞의 책, 81~83쪽

기우만은 장성의병을 이끌고 광주로 나아간 지 며칠 후 시찰 박준성(朴準成)이 나주수성장 유기연에게 이르기를,

"현재 관군이 본군 경계에 당도했으니 청컨대 수비를 파하고 성안으로 맞아들여 선유하신 뜻을 받들어 행하는 것이 옳을 줄 압니다."

하였다. 이학상은 의진의 장령을 모아 놓고 상의하니,

"당초 우리 고을에서 거사한 것은 의로써 군사를 일으키자는 것이었는데, 지금 선유사가 뒤에 있고, 관군이 고을 경계에 당도했다 하니 차제에 성을 굳게 지켜 항거하는 것은 바구니 밥과 한 병의 간장으로 관군을 맞이하는 격이니 의가 아닌 것 같다."

라는 결론이 나자 이날부터 나주의병은 차츰 해산되기 시작하였다.

한편, 광주로 갔던 기우만은 의병 해산을 종용하는 선유사의 글을 본 후 상소를 올렸다.

"어가(御駕)가 대궐 밖에 머물러 강한 이웃 나라를 의지하고 믿사온데, 이것은 호랑이를 놓아주어 호위하려는 것과 같은 것으로서 믿고 안심할 수 없는 일입니다. 전하의 믿을 것은 오직 전하의 신민(臣民)들이 의병을 규합하여 적개심을 가지고 나라의 어려움을 막으려는 것입니다.
(중략)
엎드려 조칙을 읽어 본바, 그중에 '실비본심(實非本心)'[6]이라는 네 글자가 안개를 헤치고 해를 보는 것처럼 문명하며, 어가가 돌아가지 않으니 애통(哀痛)의 교서를 소리가 없어도 들을 수 있습니다."

- 기우만, 앞의 책, 연보 중 광무 33년(병신) 2월조

---

6) 사실이지만 본마음이 아니다.

이어 각 고을에 통문을 돌려서 시국을 구제하는 일이 급함을 재삼 설유하며, 음력 2월 그믐을 기하여 일제히 광주로 모이도록 하였다. 이때 많은 의병이 나주에 있어서 이학상은 기우만에게 나주에 유진할 것을 간청했지만, 굳이 광주를 집합소로 한 것은, 그곳이 호남 남부지역의 중앙이 되고, 또 처음 거의를 선언한 곳이기 때문이었다.

그러나 4월 9일(음력 2월 27일), 선유사 신기선이 전주에 도착한 후 지방관을 보내서 선유하기를,

"주상께서 비밀 유시(諭示)를 내려 의병을 권장하기도 하였지만, 그것이 지금 세력을 잡은 자들의 협박하는 구실이 될 뿐으로서, 그 때문에 더욱 문책을 당하고 있으며 환궁(還宮)할 날을 기약할 수 없게 되었소. 공의 거의가 거가를 봉환하여 군부(君父)의 치욕을 씻으며 왜를 토벌하고 원수를 갚으려는 일이 아니겠소. 그러나 그 결과는 도리어 인군과 신하가 따로 떨어져서 호령이 통하지 못하고 갈수록 더욱 막혀서, 성상의 뜻을 펼 수 없게 되니 오늘의 명령은 정말 부득이한 일이요. 성상의 뜻을 받들어 무기를 놓고 집으로 돌아가는 일이 이 역시 충성을 다하는 일이 되지 않겠소."

라고 하였다.

신기선은 학문에 조예가 깊고 유림에서도 신망이 두터웠던 인물이었다. 그는 10년 동안 귀양살이를 하다가 갑오왜란 이후 내부·법부·학부대신 등을 역임하였기 때문에 한때는 유림의 배척을 받기도 하였으나 그는 부왜인(附倭人)이 아니었으므로 나중에는 보수적인 유림의 신망을 받았는데, 이런 신기선의 설유를 받게 되니 호남의병의 인심은 풀어졌다.

며칠 뒤 친위대를 이끈 이겸제(李謙濟)가 전주에 도착하여 의병에 호응한 해남군수 정석진과 담양군수 민종렬(閔種烈)을 붙잡기 위해 전주진위대 중대장 김병욱(金秉旭)을 보냈다는 소식이 들려왔다. 이 소식을 들은 이학상은 비분강개하여 스스로 탄식하며 말하기를, "옛날 조조(曹操)가 천자를 끼고도니 한(漢) 나라가 회복되기 어려웠고, 역적 진회(秦檜)가 권세를 쥐고 사사로이 쓰니 충신 악비(岳飛)가 원통히 죽었던 것과 무엇이 다르랴. 아! 분통하다."

하였고, 기우만은 장령들을 모아 놓고 의논하다가 목멘소리로, "지금 세력을 잡은 무리의 마음이 음험(陰險)하고 불측(不測)하니, 만일의 경우를 생각하지 않을 수 없다. 그렇게 된다면 적을 토벌한다는 것이 도리어 우리 임금의 화를 재촉하는 길이 되기에 알맞은 일인즉, 자수하여 우리들의 의리나 밝혀 두는 것이 좋겠다." 라고 하면서 마침내 의병을 해산하고 말았다.

호남의병을 해산하면서 전주진위대 중대장 김병욱은 4월 22일(음력 3월 10일) 나주의병 거의에 적극 협력했던 해남군수 정석진을 붙잡아 참수하여 효수하고, 담양군수 민종렬은 가두었다가 한성으로 압송하는가 하면, 나주참서관 등 관리를 처단한 나주의병 주모자를 찾아 목을 베었다. 이미 국왕의 의병 해산령이 내렸는데도 어명을 어겼다는 것이었다.

2. 후기 호남의병

을사늑약 후 충남 홍주를 중심으로 인근 고을 사람들은 의병을 일으키고자 분주하게 움직였다. 드디어 1906년 3월 17일(음력 2월 23일) 홍주의병 거사일로 정해졌다.

그런데 거사 이틀 전인 3월 15일, 최익현(崔益鉉)은 홍주의진의 맹주 자리를 내놓고 호남으로 가고자 했다. 이 소식을 전해지자 청양·홍주 선비 150여 명은 달려와 통곡하며, "거사 직전에 대장이 떠나가면 의진은 무너진다." 하고 간곡히 소매를 붙잡았으나 최익현은 그들의 요청을 뿌리치고 전북 진안에서 온 최제학(崔濟學)과 함께 전북에서 거의하겠다고 떠났다.

최익현은 1899년 경기도 포천으로부터 이주해서 살던 정산(定山: 현 청양군 속면)을 출발한 지 10일 만인 3월 24일(음력 2월 30일) 전북 태인 종석산(鍾石山) 아래에 있는 김도사(金都事) 가문의 묘각에 도착하여 임병찬(林炳瓚)을 찾았다. 그가 태인으로 오는 동안 홍주의병은 거사 이틀 만에 실패하고 수십 명이 붙잡혔으며, 홍주의병장 민종식(閔宗植)은 행방이 묘연하다는 소문이 크게 났다. 그가 찾아간 임병찬은 계모 무덤을 이장한 후 시묘살이를 하고 있었다. 거의에 관하여 의논하고자 하였으나 임병찬은 자신이 시묘살이 중이고, 곧 농번기가 시작되기에 의병을 모집하기가 어렵다고 하여 거의를 멈추었다.

그로부터 약 2개월 뒤 민종식의 제2차 홍주의병이 충남 서천, 남포 등지를 거쳐 홍주성 점령에 성공했다는 소식이 들려오자 최익현은 5월 30일(음력 윤4월 8일) 담양 용추사에서 기우만 등 50여 명을 만나서 격문을 작성하여 호남 11개 고을에 보냈다. 그리고 임병찬을 독려하여 그의 소작(小作) 농가에서 장정 1인씩 차출하여 서둘러 거의한 날이 6월 4일(음력 윤4월 13일)이었다.

최익현과 임병찬 등 80여 명은 태인의 무성서원에서 강회를 열어 일제가 저지른 16가지 죄를 성토하고, 이를 바탕으로 상소문을 작성한 후 의병을 일으켰다. 이튿날 의진을 이끌고 정읍에 다다르니 군수 송종면(宋鍾冕)이 맞이하였으며, 그곳에서 무장을 강화하고 의병 모집의 방을 붙인 후 내장사(內藏寺)에 유진하고, 다음날에는 구암사(龜巖寺)에, 다음날에는 순창으로 들어가서 부서를 새로 정하는 등 의진을 정비한 후 수백 명으로 불어난 사람들과 구례와 남원 방면으로 행진을 거듭하다가 순창으로 되돌아왔다.

6월 11일, 최익현의 순창의진(태인의진)은 남원과 전주에서 온 관군 2개 소대와 대치하는 상황에서 경남지역까지 의병 모집에 나서 거의에 실질적인 영향이 컸던 의진의 소모장이자 중군장 정시해(鄭時海) 의병장이 관군의 유탄에 순국하는 상황이 발생하자, 의진은 아수라장이 되었고, 최익현, 임병찬 등 13명을 제외하고 수백 명은 모두 흩어졌다. 마침내 최익현은 "동족끼리 싸우는 일은 차마 하지 못하겠다."라며 이튿날 아침 피체되었다.

최익현은 임병찬 등 13인과 함께 관군에 의해 서울로 압송되어 일본군 사령부에 구금되었고, 8월 28일 그와 임병찬은 일제에 의해 소요죄로 대마도에 구금되었다. 거기에는 이미 약 1개월 전에 홍주의진의 주요 참모 9명(홍주 9의사)이 생활하고 있었는데, 실내에서 갓을 벗으라는 일본군의 지시에 불응하고 함께 6끼니를 굶어 마침내 실내에서 갓을 쓸 수 있게 되었다. 2개월 뒤 최익현은 음식을 먹으면 토하는 질병으로 인해 대마도에 들어간 아들과 한의(韓醫)의 노력에도 효험이 없어 이듬해인 1907년 1월 1일 병사 순국하였다.

최익현의 순창의진은 일본 군경과 전투를 벌인 전투의병과는 성격이 다소 다른 시위의병 성격이었지만, 호남지역에 의병의 불씨를 던진 것이었다.

그 후 전북지역은 크게 세 지역에서 의병투쟁을 벌였는데, 김동신(金東臣)·노병대(盧炳大)·문태서(文泰瑞)·박춘실(朴春實)·신명선(申明善)·유종환(兪宗煥)·이장춘(李長春)·전성범(全聖範) 등이 이끌었던 의진은 주로 덕유산 자락에서 신보현(申甫鉉)·양윤숙(楊允淑)·양한규(梁漢奎)·유지명(柳志明)·이석용(李錫庸)·이성화(李成化)·이황룡(李黃龍)·정성현(鄭聖賢)·정일국(鄭日國)·최산홍(崔山興) 등이 이끈 의진은 전북 중부지역인 고부·남원·순창·완주·운봉·임실·정읍·진안 등지에서, 국호남(鞠湖南)·김공삼(金公三)·김영백(金永伯)·김준(金準)·박도경(朴道京)·서종채(徐鍾採)·오장환(吳壯煥)·이규홍(李圭弘)·이대극(李大克)·이백겸(李伯謙)·이화삼(李化三) 등이 이끈 의진은 전북 서부지역인 고창·무장·부안·홍덕 등지에서 의병투쟁을 전개하였다.

덕유산 자락에는 경남북, 충북, 전북 출신 의병 등 수많은 의병 부대가 활약을 벌였다. 특히 1907년 가을부터 겨울에 이르기까지 13도 창의대진이 구성될 때 호남창의대장으로 추대된 문태서의 활약이 눈부셨다. 그는 경남 안의(현 함양군 속면) 출신이지만, 아내가 전북 장수군 계북면 출신이어서 그곳의 주민들과 무주·용담 의병을 주축으로 의병투쟁을 벌였다. 그는 장수 양악에서 활약하던 박춘실 의진과 합진한 후 이듬해 봄에는 무주 구천동에서 의병투쟁을 벌이던 전성범 의진도 휘하로 맞아들여 본격적인 의병투쟁에 나서 전북지역은 물론, 경남북, 충북 지역까지 진출했지만, 주 무대는 덕유산 자락이었다.

1908년 4월 10일 문태서는 의병 150명을 거느리고 장수읍을 습격하여 주재소와 군청 부속 건물들을 소각해 버렸다. 이날의 기습에는 신명선이 이끌었던 의진도 참여하여 큰 전과를 올렸던 것인데, 대규모 의진을 형성할 필요가 있을 때는 휘하 의진과 연합하여 의병투쟁을 벌였으며, 노응규(盧應奎), 이장춘 의진과도 연합하기도 했다. 1909년 10월 30일 충북 이원역을 습격하여 역사를 불태워 일본 군경을 긴장하게 했는데, 그는 안의·거창·지례·무주·금산·영동·청산·옥천·청주·보은 등지에서 그 위세를 떨쳤다.

그는 일본 군경과 일제 앞잡이를 비롯하여 의병을 빙자해서 약탈을 일삼던 무리를 처단했지만, 민폐를 끼치지 않았기에 주민들로부터 칭송이 대단했음이 1909년 3월 29일 전북관찰사 이두황이 내부대신 박제순에게 보고한 내용에 나타나 있다.

무주군 안성 일안면 죽장리와 갈마리에 지난해부터 출몰한 수괴 문태서의 송덕비(頌德碑)를 건립하였음을 발견하고 즉시 그것을 없애고, 그 설립자를 취조한바, 그 지방의 사람 소행일 것이라고 생각하나, 그 누구인지 분명하지 않다.
그리고 그 비문의 내용은 다음과 같다.

竭忠輔國 下濟萬民 (갈충보국 하제만민)
爲國義兵大將 文泰瑞之碑 (위국 의병대장 문태서지비)
名振四海 難盡其德 (명진사해 난진기덕)
戊申 四月 日 (무신 4월 일)

- 국사편찬위원회, 『한국독립운동사』 자료 13권, 710쪽

충성을 다하여 보국하고 만백성 구했도다.
나라 위한 의병대장 문태서비
명성이 온누리에 떨치니 그 덕을 어찌 다 말하리! (필자 역)

그의 의병투쟁에 대하여 무주 사람들은 그를 신처럼 여겼으며, 그의 성공을 기원했다는 기록이 1910년 1월 10일자 일본 헌병대 비밀문서에 나온다.

> 전북 무주 지방의 한 마을 사람은 그를 신과 같이 믿고, 부녀자는 부뚜막으로부터 음식을 궤에 옮길 때 처음 것을 올려서 문태수의 성공을 기원하고 있다고 한다.
>
> – 국사편찬위원회, 『한국독립운동사』 자료 17권, 44쪽

그의 의병투쟁과 관련된 기록이 일제의 비밀문서에 124회나 나타나고 있지만 경술국치에 이르기까지 일본 군경에게 붙잡히지 않았던 이유를 짐작할 수 있겠다.

박춘실은 전북 용담(현 진안군 속면) 출신으로 을사늑약 이후 무주·장수·진안·용담 등지에 국가 존망의 위기에 모두 분발하여 나라를 구하자는 내용의 격문을 배부하여 의병 50여 명을 모집, 용담 구봉산에서 일본 군경과 의병투쟁을 벌인 후 문태서 의진과 연합하여 장수·무주 일대에서 일본군을 습격하여 큰 전과를 올렸다.
1909년 5월 8일 함양수비대장 도리카이(鳥飼) 대위가 이끄는 일본군이 장계 등지로 출동하였는데, 그는 130명의 의진과 더불어 장수 문성(文城) 동북쪽 덕유산 자락에서 교전하여 의병 13명이 순국하고 그는 피체되어 1909년 6월 4일 광주지방재판소 전주지부에서 교수형이 선고되자 공소하였으나 7월 17일 대구공소원에서 기각되어 순국하였다.

유종환은 경남 진주 사람으로 선전관을 지냈다. 1907년 9월 김동신(金東臣) 의진에 참여하여 그 의진의 비장(神將) 직임을 띠고 활동하다가 독립의진을 이끌었는데, 광무황제의 비밀조칙을 휴대한 의병장이었다. 그는 의병투쟁 중에 부상으로 장기간 치료 후 이듬해 2월 충북 황간에 살던 김진규(金辰奎)의 주선으로 다시 의병을 모집하여 무주·안의·장수 등지에서 활동하였고, 김동신이 체포된 1908년 6월 이후에는 80여 명의 병력을 이끌고 전성범과 함께 용담·금산·영동 등지에서 활동하였다.
그가 이끌었던 의진은 1909년 4월 25일 경남 거창에서 일본군 수비대와 교전하기 시작하여 경북 지례 예영동에서 포위되어 3시간 격전 끝에 가슴에 관통상을 입고 피체 후 순국하였다.

이장춘은 무주 출신으로 1906년 10월경 덕유산을 근거지로 의병을 일으켰다. 그는 2백여 명의 의진을 구성하여 무주·남원·장수·함양·안의·영동·옥천 등지에서 활약하였

다. 1907년 5월 남원 이문성 동북 방면에서 일본 헌병들과 교전 끝에 이를 격파했고, 그해 8월에는 문태서 의진과 협력하여 충북 영동·옥천 등지로 이동하여 활약하는 등 일본 군경과 수십 차례 전투를 벌였는데, 이듬해 5월 16일 새벽 일본군의 기습으로 무주군 무풍면 현내리 흑석전투에서 의진의 주요 장령과 함께 전사 순국하였다.

정일국은 전북 남원 출신으로 1907년 7월 남원에서 의병을 일으켜서 이듬해 3월까지 적게는 40여 명, 많게는 5백여 명의 의병을 인솔하여 구례·담양, 경남 거창·하동, 덕유산 등지에서 활약하였다. 1909년 4월부터 순창·태인·고부·구례 등지에서 의병투쟁을 펼치다가 체포되어 10월 8일 광주지방재판소 전주지부에서 교수형을 받고 항소하지 않은 채 순국하였다.

신보현은 순창 출신으로 1908년 5월 이후 1, 2백여 명의 의진을 이끌면서 순창·고창 등지에서 의병투쟁을 벌였는데, 고부 출신 이성화(李成化), 태인 출신 노한문(盧漢文) 등이 이끈 의진과 연합하여 의병투쟁을 벌였다. 1909년 봄부터 전해산 의진과 합진하여 의병투쟁을 펼치다가 전해산이 의진을 해산하자 그 의진을 박도경과 함께 인계받아 전투를 벌였으며, 그해 6월 7일 고부군 서부면 강고리에서 약 75명의 의병을 이끌고 영광·흥덕 수비대와 격전을 벌인 사실이 확인되나 그 이후 일제의 비밀기록에 등장하지 않는 것으로 보아 그때 전사 순국한 것으로 보인다.

이석용은 임실 출신으로 1907년 10월 10일 동향인 전해산(全海山)과 더불어 임실·진안에서 20여 명의 의병을 모아 기병하여 성대할 때는 3백여 명이 되었다. 전북의병의 정신적 지주 역할을 했던 이석용 의진은 김동신·정일국 의진과도 연합하여 의병투쟁을 전개하기도 했는데, 대부분 독자적으로 임실·장수·진안·용담·남원 등지에서 활약하였다.
전북관찰사 이두황(李斗黃)은 이석용 체포를 위해 일본 군경과 긴밀히 협조하여 악랄한 방법과 함께 교활한 수단을 동원하기도 하였다.
이석용 의진에서 중추적 역할을 하던 부장들이 점차 쓰러져 가자 1908년 9월(음력) 의병을 해산하고 경남 거창에서 은거하였다. 그는 1913년 겨울 고향을 찾았다가 부왜인의 밀고로 체포되었다. 그는 광주지방법원 전주지청에서 사형선고를 받고 대구복심법원에서 기각되었다. 끝까지 일제에 굴하지 않고 곧은 절개를 지키다가 이듬해 순국하였다.

국호남은 흥덕(현 고창군 속면)7) 출신으로 호남창의회맹소에 참여하여 의병투쟁을 전개하다가 기삼연이 순국하자 의병을 모집하여 호남 서남부지역에서 활약했다. 1908년 1월

49

이후 장성과 광산 지역에서 일본 군경과 교전하여 전과를 올렸고, 4월 이후에는 2백여 명의 의진으로 활약하면서 8월 21일 전남 영광군 현내면 사창리 시장에서 일본군 기병대 분견소를 습격하여 기병 1명을 죽이고 1명에게 중상을 입혔으며, 30년식 기병총 4정을 탈취하는 전과를 올렸고, 두 차례 일본인 집을 공격하여 일본인을 죽이고 총기를 탈취하기도 했다. 그 후 전해산 의진의 후군장으로 활약하기도 했지만 대부분 독자적으로 활약하였다.

그는 이른바 '폭도대토벌' 때도 유격전을 펼치면서 투쟁하였고, 그 후 호남 각지에서 의병투쟁을 전개하다가 1910년 9월 6일 장성군 북일면 금곡(金谷)에서 40여 명의 의진 함께 일본군에 피체되어 광주감옥 군산분원에 수감 중, 10월 26일 13명의 의병과 함께 탈옥하였다. 그는 11월 30일 광주지방재판소 군산지부에서 궐석재판으로 교수형을 받은 상태에서 호남 각지를 돌면서 의병투쟁의 길을 모색하던 중, 1912년 봄에 다시 피체되어 4월 24일 광주지방법원 전주지청에서 사형이 선고되었고, 5월 28일 대구복심법원에서 공소와 6월 28일 고등법원에서 상고가 각각 기각되어 7월 23일 대구감옥에서 사형이 집행되어 순국했다.

양윤숙(楊允淑)은 순창군 주사 출신으로 순창 회문산(回文山)에서 의진을 형성하고, 격문을 각지에 발송하여 의병을 모집하여 의병투쟁을 전개하였다.

격문을 보고 모여든 의병은 1천2백여 명이고, 무기는 화승총 270정과 칼 30자루였다고 기록돼 있다. 그러나 많은 인원을 운용할 무기와 의식주 해결이 쉽지 않았기에 양윤숙 의진은 소규모 정예부대로 의병투쟁을 전개하였는데, 부장들도 소규모 의진을 형성하여 연합작전을 펼쳤고, 의진의 중군장 최산홍이 이끈 40여 명이 남원수비대를 기습하기도 하였다.

1909년 가을, 이른바 '폭도대토벌' 작전으로 거점을 상실하고 김제에서 은신하다가 그해 겨울 마침내 일본군 김제수비대에 의해 피체되어 교수형으로 순국하였다.

서종채(徐鍾採)는 무장(현 고창군 속면) 출신으로 의병투쟁 때의 가명이었던 서응오(徐應五)로 널리 알려진 의병장이었다. 그는 1907년 여름 40여 명의 의병을 모집하여 활약하다가 호남창의회맹소에 합진했고, 뒤에 이대극 의진에 합진하여 선봉장으로 활약하다가 1909년 5월 이대극이 피살된 후 의진을 수습하여 2백여 명의 의진으로 고창·무장·부안·영광·함평 등지에서 수십 차례 일본 군경과 접전하여 많은 전과를 올렸다. 이른바 '폭

___
7) 판결문을 우선으로 했다. 사형집행 때의 「조선총독부관보」(1912.07.29)에는 전북 태인군 동촌면 구산리로 나온다. 이는 의병투쟁 당시와 탈옥하여 붙잡힐 때의 주소가 달랐기 때문으로 보인다.

도대토벌' 전후는 물론, 경술국치 후에도 끈질기게 투쟁하였으나 1913년 일본군에게 체포되어 광주지방법원 전주지청에서 징역 15년이 선고되었으나 그해 9월 27일 대구복심법원에서 무기징역으로 확정되어 옥고를 치르던 중, 1916년 4월 22일 심한 고문의 여독으로 대구감옥에서 순국한 전북 출신의 마지막 의병장이었다.

전남지역에서도 을사늑약 이후 의병을 일으키려는 우국지사들이 있었다. 1906년 11월(음력 9월), 전주 출신 백낙구(白樂九)는 광양에서 우국지사 김상기(金相璣)·노원집(盧元執)·유병우(柳秉禹)·이항선(李恒善)·채상순(蔡相淳) 등과 의병을 일으켰다.

"오호라! 오늘날의 소위 대한(大韓)은 누구의 대한이란 말인가? 지난날 을미년에 있어서는 일본공사 미우라(三浦梧樓)가 군사를 마음대로 출동하여 궁궐에 들어가니, 만국이 이 소식을 듣고 실색(失色)하며, 온 나라 사람들의 통한(痛恨)이 뼈에 사무쳤다. 그런데 그 후 12년이나 되어도 위에서는 복수하는 거사가 없고, 아래서는 치욕을 씻자는 의논이 없으니, 이러고서도 이 나라에 사람이 있다고 할 것인가?
이제 이토(伊藤博文)가 더욱 모욕을 가하여, 군사를 거느리고 서울로 들어와서 상하 사람들에게 재갈을 물리고 강제하며 통감(統監)이라고 자칭하니, 그 통(統)한다는 것은 무엇이며 감(監)한다는 것은 무엇인가? 우리나라 5백년의 종사와, 3천리 강토와, 2천만 동포가 송두리째 이웃 나라 적신(賊臣) 이토에게 강탈당하면서도, 입을 다물고 머리를 숙이고, 원통하고 분한 사정을 소리쳐 부르짖지도 못하며, 죽기를 기다려야 한다는 말인가! ……"

- 독립운동사편찬위원회, 『독립운동사』 제1권 396~397쪽

백낙구 중심의 의병들은 11월 6일(음력 9월 20일) 밤에 각지의 의병들을 모아 순천으로 향하고자 하였으나 서로 약속 날짜를 잘못 아는 바람에 의병들은 흩어지고, 그는 체포되어 고금도에 유배되었다. 그는 1907년 11월 18일 사면되어 석방되자 다시 의병을 일으켜서 이듬해 태인[8]에서 일본 군경과 싸우다가 전사 순국했다.

양회일(梁會一)은 1907년 4월 21일(음력 3월 9일) 화순에서 이백래(李白來), 임창모(林昌模) 등과 더불어 의병을 일으켜 화순·능주·동복 등지로 나아갔다가 피체되어 그와 임창모는 유형 15년, 안찬재·유태경·신태환·이윤선(이백래)은 유형 10년이 선고되어

---

8) 일부 기록에는 순창으로 나옴

전남 지도(智島)로 유배되었다가 그해 12월 3일 사면조칙에 의해 풀려나게 되었다. 행사는 귀향하여 몸을 추스르던 중, 이듬해 5월 강진분견소에 압송되어 고초를 겪은 후 6월 장흥분견소에 또 압송되어 가혹한 고문을 가하자 이에 강력히 항의하기 위하여 식음을 전폐한 지 7일 만에 옥중에서 순국하였다.

그 후 전남지역은 4개 지역에서 크고 작은 의진이 형성되어 의병투쟁이 전개되었다. 전남과 전북지역을 넘나드는 호남 중서부 지역인 무장·고창·법성포·장성, 전남 중서부 지역인 광주·나주·담양·함평·화순, 지리산 자락인 광양·곡성·구례, 전남 남부 지역인 보성·영암·장흥 등지였다.

고광순(高光洵)은 창평(현 담양군 속면) 출신으로 전기의병 때 기우만, 기삼연과 같이 의병을 일으킨 바 있었고, 1906년 최익현이 거의할 때 의병을 일으켰다가 해산한 후 이듬해 1월 다시 의병을 일으켜서 남원의 양한규 의진과 연합전선을 펴서 남원읍을 점령하기로 했으나 양한규가 읍을 점령하고 무기를 접수하는 과정에서 순국하고 말았다. 고광순은 남원으로 오는 도중에 이 소식을 듣고 화순으로 돌아와서 광양·구례·능주·동복·순천을 무대로 활약하다가 농번기로 인해 의병을 해산했다.

그해 8월, 김동신이 의병을 이끌고 그를 찾아오자 다시 의병을 일으킨 후 그해 9월 10일, 김동신 의진과 연합하여 순창의 주재소와 우편취급소를 습격하였고, 이어 9월 15일 동복주재소를 습격한 것은 호남에서 본격적인 의병투쟁에 불을 붙인 사건이었다.

그 후 고광순 의진이 구례 연곡사에 머물면서 각지의 의병을 규합하니 전남 곡성·광양·구례·동복·순천 등지에서 모여든 의병과 경남 거창·안의·하동 등지의 경상도 의병이 호응하여 그 수가 1천여 명이나 되었다. 그러나 일본군 광주수비대와 진해에서 출동한 해군 포병의 연합부대의 기습으로 고광순 의병장 등 22명[9]이 구례 연곡사에서 전사 순국했다.

그해 10월(음력 9월) 장성 출신 기삼연과 고창 출신 이철형 등이 호남의 우국지사들에게 통문을 띄우자 영광·함평 등지에서 활약하던 이대극(李大克) 의진 등 당시 크고 작은 의진을 형성하여 의병투쟁을 하고 있던 의병장이나 거의를 준비하던 우국지사들이 모여들었다. 그들은 장성의 수연산(隨緣山) 석수암(石水庵)에서 호남창의회맹소(湖南倡義會盟所)를 조직하였으니, 호남 전역에 의병의 불을 지피는 계기가 되었다.

---

9) 『독립운동사자료집』 3권, 711~712쪽에는 22명으로 기록되어 있으나, 『전남폭도사』에는 13명으로 기록했다.

호남창의회맹소[10]

대장: 기삼연(奇參衍)

선봉: 김준(金準)

통령: 김용구(金容球)

참모: 김엽중(金燁中)　김수봉(金樹鳳)

종사: 김익중(金翼中)　서석구(徐錫球)　전수용(全垂鏞)[11]

　　　이석용(李錫庸)　김치곤(金致坤)　박영건(朴永健)

　　　정원숙(鄭元淑)　성철수(成喆修)　박도경(朴道京)

중군: 이철형(李哲衡)　김봉규(金奉奎)[12]

후군: 이남규(李南奎)

군량: 김태수(金泰洙)

총독: 백효인(白孝仁)

감기: 이영화(李英華)[13]

좌익: 김창복(金昌馥)

우익: 허경화(許景和)

포대: 김기순(金基淳)

　이어 격문을 띄워 미곡 유출 방지, 외래품 판매 금지, 납세 거부, 일진회원 중심의 자경단(自警團)에 참여하지 말 것을 권유하였다. 그리고 「대한매일신보」에도 편지를 보내 창의 사실과 함께 격문을 게재함으로써 토왜의식(討倭意識)이 널리 고취될 수 있도록 도와달라고 호소하면서 우리나라가 이집트[埃及]나 오키나와[琉球]의 전철을 밟지 않으려면 죽을 때까지 투쟁해야 하며, 신분의 높고 낮음에 관계없이 일제히 궐기하자고 하였다. 또한, 현상금을 걸고 주민, 심지어 순검이나 일진회원이라 하더라도 일본인의 머리를 베어 오는 사람에게는 반드시 상을 주겠다고 고시하였다.

　이와 같은 의진의 노력에 의병이 몰려들자 이들이 싸울 무기가 절실히 필요했다. 이에 고창 출신의 포군장이었던 박도경이 당시 모양성(牟陽城: 현 고창읍성)의 무기고에 총포가 많이 있으니 그곳을 점령하여 무기를 확보하고 장기적인 투쟁의 거점으로 삼자고 제의하자, 기삼연을 비롯한 의진의 장령들은 이에 찬성하였다.

　10월 30일 모양성을 공격하기 위해 문수사(文殊寺)에 주둔하고 있던 의진은 거사일 하

---

10) 의진 초기에는 17명이었으나 거의 후 임무가 주어진 6명이 추가되었다.

11) 전해산(全海山)의 본명은 기홍(基泓)이고, 자는 수용(垂鏞)이다.

12) 김공삼(金公三)의 본명이다.

13) 이대극(李大克)의 본명은 순식(淳植)이고, 자는 영화(英華)이다.

루 전인 10월 29일(음력 9월 23일) 일본군 헌병대였던 무장분파소의 내습을 받아 접전하게 되었다. 격전 끝에 모양성으로 들어가서 많은 무기를 탈취해 두었다가 뒤에 의진을 무장할 수 있었지만, 그 과정에서 성벽이 무너질 정도의 격전이 벌어져서 왜적도 많이 죽였지만, 의진의 종사관 김익중(金翼中)과 후군장 이남규(李南圭)[14] 등 의병 34명이 전사하는 큰 희생을 치렀다.

12월에는 영광의 법성포(法聖浦)를 공격하여 쌓아 둔 세곡(稅穀)을 빼앗아 일부는 빈민에게 나누어 주고, 일부는 군량미로 비축하였다. 영광읍과 장성읍을 점거하여 군아·분파소·세무서·우편취급소 등을 파괴하고, 일본인과 일진회원을 살해하였다. 1908년에 들어서도 무장·고창·법성포·장성 등지에서 일본 군경과 싸워 위세를 떨쳤으나 담양 추월산전투에서 기삼연이 부상을 당해 순창 복흥산에 들어갔다가 체포되어 이튿날인 2월 3일, 광주 서천교 아래에서 총살 순국하였다고 전한다.

기삼연이 순국하자, 김준·이대극 등 의진의 참모들은 통곡하며 호남창의회맹소 2대 대장을 선임했는데, 여기에 추대된 의병장이 이대극이었다. 그는 회맹소의 장령들이 의병대장으로 오르기를 강권하자 사양하다가 대장에 올라 의진을 재편성했다.

이대극은 을사늑약 이후 이듬해 봄부터 영광을 중심으로 의병투쟁을 벌여 오다가 기삼연이 장성에서 거의한다는 소식을 듣고 수백 명의 군사와 다수의 군비를 가지고 기삼연을 찾아갔다. 기삼연이 호남창의회맹소를 설치하자 그는 자신의 의진을 통합한 뒤 호남창의회맹소의 도포장(都砲將) 겸 군기감(軍器監)으로 활약해 오다가 기삼연 의진의 장령들에 의해 호남창의회맹소 2대 의병장에 추대되었다. 그렇지만 종전의 위상과는 달리 호남창의회맹소 본진을 일컫는 의미로 바뀌어 갔다.

그 후 김준·김율(金聿)·심남일(沈南一)·오성술(吳成述)·조경환(曺京煥) 등은 의진을 수습하여 광주·나주·담양·함평·창평 등지에서 활약하게 되었고, 장성·무장·고창·홍덕·순창·정읍 등지에서는 국호남(鞠湖南)·김공삼(金公三)·김영백(金永伯)·김영엽(金永燁)·박도경·이대극 등이 활약하게 되었다. 특히 담양·장성·고창·무장 지역은 많은 의진의 의병투쟁지가 되었는데, 김공삼·박도경은 격문을 돌려 흩어진 군사를 수합하여 김공삼은 선봉장, 박도경은 포사장(砲士將)이 되어 새로운 의진을 이끌게 되었다.

김준은 호남창의회맹소의 선봉장이 되어 고창에서 일본군을 무찔렀으며, 의진의 진세를 확장할 목적으로 기삼연과 영역을 달리하여 신덕순(申德淳)을 도독으로, 아우 김율(金

---

14) 이남규 의병장은 중상 후, 피신했으나 며칠 뒤 체포되어 순국하였다.

聿)을 호군으로 하는 호남의소를 편성하였다. 호남의소는 나주를 본거지로 하여 함평·장성·영광·담양 등지에서 투쟁을 벌였고, 1908년 1월에는 기삼연·이대극·이철형 등이 이끈 호남창의회맹소 본진과 연합하여 4백여 명의 의진으로 함평주재소를 두 차례 습격하였으며, 장성 비치에서도 본진과 연합하여 일본 군경을 무찔렀다. 기삼연이 순국한 후 그는 자신의 의진을 이끌고 의병투쟁을 전개하였다.

김율은 문필에 능통하여 "박사"라고 불렸다. 그는 기삼연, 형 김준 등과 호응하다가 별도의 의진을 형성하였으며, 그 규모가 한창일 때는 5백여 명에 이르러 조경환을 선봉장, 최동학(崔東鶴)을 도포장으로 하는 대규모 의진을 형성하여 강력한 의병투쟁을 전개하였다.

일제는 전남지역에서 이름을 떨치던 이들 형제를 붙잡기 위해 혈안이 되어 전남 광주·나주·담양·창평·함평 등지의 일본 군경을 총출동시키다시피 하였다. 김율은 계속된 일본군의 공격에 밀려 의진을 수습할 수 없는 상황에서 체포되기에 이르렀고, 김준 의진에 대한 일본군의 공격도 날이 갈수록 거세어졌음이 이른바 『전남폭도사』에 드러나고 있다.

> 4월 19일 광주수비대 도구나가(德水) 기병대 대위가 거괴(巨魁) 김태원(金泰元)의 소탕을 위해 8개 종대(縱帶)를 편성하고 앞으로 15일간 행동하기로 했다.
>
> — 이일룡, 『비록(秘錄) 한말전남의병전투사』, 43쪽

김준은 일본군의 줄기찬 공격에 부상으로 치료하는 가운데 기습을 받아 그해 4월 25일 함평군 조산면 박산동(朴山洞, 현 광주 광산구 박호동 박산마을)에서 전사 순국하고, 김율은 일본군이 형의 시신을 확인하기 위해 호송해 가던 중, 탈출하다가 총살 순국하기에 이르렀으니, 형이 맹장(猛將)이었다면, 아우는 거기에 지장(智將)을 보탤 만큼 훌륭한 의병장이었다.

기삼연·김준·김율 의병장이 순국한 후 이대극 의병장은 호남창의맹소를 수습하여 담양·장성·고창 등지로 나아갔고, 조경환·오성술 의병장은 김준·김율 의진을 수습하는 중에 전해산이 전북에서 찾아왔다.

전해산은 1907년 가을 이석용 의진의 참모로, 호남창의회맹소 종사로 활약하였는데, 이듬해 5월 이석용과 상의한 뒤 남하한 것인데, 그해 8월 7척의 헌헌장부가 수십 명의 병사를 이끌고 전해산을 찾아왔다. 그는 을사늑약 후 경기도 광주의 정철화(鄭哲和) 의진에서 활약하다가 붙잡혀 평리원에서 내란 혐의로 10년 유배형을 받고 전남 지도(智島)에

유배된 시위대 참위 출신 정원집(鄭元執)이었다. 그는 전해산이 의병을 규합한다는 소식을 듣고 광무황제의 밀조(密詔)를 허리띠에 숨긴 채 동료 이봉래(李鳳來)와 유배지를 이탈하여 해산군인 30여 명과 함께 전해산을 찾아왔던 것이었다.

전해산은 오성술이 의진의 대장직을 강권했으나 고사해 오던 터였는데, 정원집과 함께 온 해산군인들이 합세, 의병을 이끌어 달라는 요청을 받아들여 1908년 8월 21일(음력 7월 25일) 의진을 결성하니, '대동창의단(大東倡義團)'이었다.

그는 그때부터 이듬해 봄까지 의병투쟁을 「진중일기」에 담았다.

> 요즘 군의 형세가 차츰 떨치고 의로운 깃발이 날로 날리어, 김죽봉(金竹峰)15)·김치재(金痴齋)16)는 산 고을에 출입하고, 이순식(李淳植)17)·박도경(朴道京)18)은 바다 연변에서 연락하고, 신화산(愼華山)19)·조대천(曺大川)20)은 서북에서 경영하고, 심남일21)·안덕봉(安德峰)22)은 동남에서 치달리고, 나도 정원집과 더불어 수십여 진을 규합하여 산과 바다로 횡행하고 있다.

이미 순국한 김준 의병장이 마치 활동 중인 것처럼 한 것은 그의 위세를 활용한 것으로 보이는데, 이 내용은 그가 나주·영광·함평을 중심으로 크게 활약하게 되자 호남지역의 의병투쟁은 다시 활기를 찾게 되었다는 의미로 보는 것이 타당하다.

전해산은 호남창의회맹소 중군장 출신 김공삼과 의논하여 여러 의진이 연합하여 강력한 세력을 구성할 계획을 세웠다. 1908년 가을 전해산은 김영엽·심남일·오성술·조경환 등의 의병장과 함께 수차례에 걸쳐 호남의병 연합체 결성을 상의한 끝에 호남동의단(湖南同義團)을 조직하였다. 여기에서 전해산은 여러 의병장의 추대를 받아 동단의 대장에 선임되었다.

대동창의단·호남동의단 대장: 전기홍(全基泓)
제1진 의병장: 심남일(沈南一)

---

15) 죽봉(竹峰) 김준(金準) 의병장
16) 치재(痴齋) 김영엽(金永燁). 호남동의단의 제3진 의병장
17) 순식(淳植) 이대극(李大克). 호남동의단의 제6진 의병장
18) 호남동의단의 제2진 의병장
19) 호남동의단의 제5진 의병장
20) 대천(大川) 조경환(曺京煥). 호남동의단의 제4진 의병장
21) 남일(南一) 심수택(沈守澤). 호남동의단의 제1진 의병장
22) 덕봉(德峰) 안계홍(安桂洪). 호남동의단의 제10진 의병장

제2진 의병장: 박도경(朴道京)
제3진 의병장: 김영엽(金永燁)
제4진 의병장: 조경환(曹京煥, 曹大川)
제5진 의병장: 신화산(愼華山)
제6진 의병장: 이순식(李淳植, 李大克)
제7진 의병장: 이기손(李起巽)
제8진 의병장: 오성술(吳聖述)
제9진 의병장: 권영회(權寧會, 權澤)
제10진 의병장: 안덕봉(安德峰, 安桂洪)

후기 호남의병사에서 기삼연의 호남창의회맹소가 호남지역 우국지사들의 의분을 불러 일으키는 계기가 된 것이라면, 호남동의단 결성은 호남 전역에서 의병투쟁이 활발하게 전개되는 계기가 되었다.

호남동의단 의병장들이 활동했던 지역은 전남과 전북 남부지역을 망라하다시피 하고 있었으며, 전해산은 광무황제의 비밀조직을 받은 후기 호남의병의 정신적 지주가 되어 활동하게 되었는데, 그는 호남동의단 소속의 의병장이 이끄는 의진뿐만 아니라 다른 의진과도 서로 연합하여 의병투쟁을 전개할 수 있었다.

『해산창의록』에 실린 호남동의단의 진용을 살펴보면, 1908년 가을부터 이듬해 봄까지 호남지역 주요 의진들은 전해산 의진을 중심으로 연합 전선을 결성한 것이었다. 호남동의단은 모두 11진(陣)으로 구성되었는데, 대동의병대장 전해산이 대장, 제1진 의병장 심남일을 비롯하여 박도경, 김영엽, 조대천(경환), 신화산, 이대극(순식), 이기손, 오성술, 권영회택(권택), 안계홍(덕봉) 등 전남 각지의 주요 의병장 대부분이 포함되었기 때문이다.

그는 장성·광주·담양·나주 등 전남 서북부 지방과 영광·무장·고창 등 전남북 접경의 서부지역을 중심으로 여러 개의 소부대를 거느리고 각지에서 의병투쟁을 전개했으나 이듬해 봄이 되자, 일본 군경의 지속적인 공격으로 의진을 수습할 겨를조차 없어 그해 7월 3일(음력 5월 16일) 의병을 해산하게 되자 일부 의병은 박영근·박도경·신보현 등의 의진으로 가서 투쟁했으나 박영근·박도경 의병장이 얼마 후 체포되었고, 신보현 의병장은 남원·순창 등지로 나아가 의병투쟁을 벌이다가 전사 순국(추정)하는 상황이 되었다. 전해산은 전북 장수로 와서 다시 의병을 일으킬 기회를 엿보며 은신하던 중, 그해 12월 18일 체포되고 이듬해 8월 23일 대구감옥에서 교수형으로 순국했다.

조경환은 전남 광산(광주) 출신으로 함평에서 김준을 만나 거의를 상의한 후 1908년 1월

16일부터 김준 의진인 호남의소의 좌익장으로 활약하게 되었다. 그는 이튿날 새벽 의병을 거느리고 함평읍을 기습하여 많은 일본군을 무찌르고 총포 18정을 노획한 것을 시작으로 2월 2일 일본군의 동태를 파악하고 창평 무동촌에서 잠복하고 있다가 내습해 오는 일본군과 싸워 적장 등 2명을 사살하고 그 이름을 떨쳤다. 김준이 순국하자 의진을 수습한 후 전해산 의진, 이대극 의진과 연합하여 의병투쟁을 전개했다.

이른바 『전남폭도사』에 나타나 있는 조경환 의진은 광주를 중심으로 독자적인 의진 활동은 물론, 전해산을 비롯한 전남 중서부에서 활약한 의진들과 연합하여 의병투쟁을 벌인 것으로 나타나고 있다.

> 10월 23일 오전 10시 히라노(平野) 토벌대가 함평군 평림면 석문산에서 거괴(巨魁) 전해산·심남일·조경환·김기순의 합동집단 250명과 충돌, 이를 깨뜨렸는데, 11명을 죽이고 화승총 5정, 권총 1정, 나팔 1개, 기타 잡품을 노획했다.

조경환 의진은 전해산 의진과 의각지세(倚脚之勢)를 이루며 연합전선을 펴서 일본군과 싸워 많은 전과를 올렸는데, 1909년 1월 10일 어등산 사동(寺洞)에서 일본군의 기습으로 전사 순국하였다.

이대극은 갑오농민혁명 때 농민군을 빙자하여 약탈을 일삼는 무리를 처단하여 이름을 얻었고, 을사늑약 이후 거의, 소규모 의진을 형성하여 의병투쟁을 전개해 오다가 호남창의회맹소에 참여하여 맹위를 떨쳤다. 기삼연이 순국한 후 의병대장에 올라 그 위세가 대단했는데, 1908년 2월, 무장·고산에 주둔하면서 수차례 일본군 기병대를 산골짜기로 끌어들여 복병계로 사살했고, 영광 불갑산 연실봉(蓮實峰)으로 진지를 옮겼는데, 여기서도 일본군을 물리치자 의병의 기세가 크게 떨쳤다.

그런데 이백겸에게 선봉진을 이끌게 하여 전남 곡성군 석곡(石谷)에서 일본군을 쳐부수고, 2월 24일 영광 백수(白岀)로 옮기다가 일본군의 기습으로 40명 중, 34명이 전사하는 큰 화를 당했다. 그 후 강필주(姜弼周)로 선봉장을 삼아 장자산(莊子山)에 이르러 일본군과 혈전을 치렀는데, 강필주가 전사하니, 그는 의진을 장사산(長沙山)으로 옮겼다.

그는 1908년 1년 동안 전남의 나주·담양·함평·장성 등지와 전북 무장·고창·고부·정읍·순창 등 호남 중서부 지역에서 일본 군경과 격전을 벌여 크게 명성을 얻었다. 일제는 현상금을 걸고 그를 체포하고자 하였는데, 1909년 5월 21일(음력 4월 3일) 잠든 사이에 현상금을 노린 자에 의해 피살됨으로써 순국하였다.

일제는 의병 진압을 '폭도대토벌'이란 이름으로 한국 임시파견대 사령관 와타나베 미즈야(渡邊水哉) 소장에게 이를 주도하게 하였다. 여기에 동원된 병력은 보병 2개 연대와 제11정대(수뢰정 4), 그리고 현지의 헌병과 경찰이 총동원되었다. 그 기간은 1909년 9월 1일부터 제1기 15일, 제2기 15일, 제3기 10일 합계 40일을 계상했는데 뒤에 15일을 연장하여 10월 25일까지 총 55일간이었다.

이른바 '폭도대토벌' 작전 지역은 육상으로 전북의 태인·갈담·남원을 잇는 선에서 섬진강 상류 원촌(院村)에서 섬진강 연안의 경남 하동 고포(高浦)에 이르는 선으로 전남의 인접 지역인 전북과 경남에서 시작하여 전남 일대를 마치 토끼몰이하듯 휩쓸었다.

이른바 '토벌대'는 경비부대와 행동부대로 나누어 8월 31일까지 외위선(外圍線) 및 경계선에 배치하고 9월 1일부터 행동을 개시하는데, 이를 준비하기 위해 해당 군수·면장을 소집하여 훈령하고, 경찰서장에게 정찰·수색에 전력을 다하도록 지시하여 호남의병의 섬멸 작전을 자행했는데, 황현은『매천야록』에서 그 상황을 다음과 같이 기록하고 있다.

일본군이 길을 나누어 호남의병을 수색하니 위로는 진산·금산·김제·만경으로부터 동으로 진주·하동, 남은 목포로부터 사방을 포위한 것이 그물을 펼쳐 놓은 것 같았다. 순찰병을 파견하여 촌락을 수색하며 집마다 모조리 조사하여 조금만 의심해도 문득 죽이니 이에 행인들은 자연적으로 끊어지고 이웃 마을과 왕래하지 못하니 의병들은 삼삼오오 도망하여 사방에 흩어지며 숨을 곳이 없게 되었다. 강한 자는 적진에 돌진하여 싸우다 죽고, 약한 자는 꾸물거리다 칼을 받았으며, 점차 쫓겨 강진·해남 땅에 이르러 갈 곳이 다하니 죽는 자가 무려 수천 명이나 되었다.

일제는 이른바 '폭도대토벌' 작전을 펼침과 아울러 융희황제의 의병 해산 조칙을 내세워 회유 공작을 벌였으며, 특히 고부·고창·무장·영암·흥덕 등지의 의병을 살육하기 위해 10월 중순 이후에는 일본군 제1연대 병력과 기병대가 집중적으로 배치되어 2차 대살육전이 전개되어 의병투쟁을 할 수 없는 상황이 되었고, 대부분의 의병장도 체포되기에 이르렀다.

이렇게 호남의병 대살육전의 결과를『전남폭도사』는 다음과 같이 기술하였다.

(1) 폭도의 사자 420명
(2) 체포 또는 자수자 1,687명

(3) 노획 총기 455정
(4) 노획 도쟁(刀鎗) 51정

그리하여 '폭도대토벌'을 전후해서 호남지역에서 활동하던 의병들이 많이 전사하고, 포로가 되거나 자수하게 되었으며, 그중 일부는 재판을 거쳐 교수형, 징역형이 선고되기에 이르렀다.

심남일은 전남 함평 출신으로 1907년 겨울 김율 의진에 참여했다가 이듬해 김율이 체포된 후 독립하여 함평·남평·보성·장흥 등지에 통문과 격문을 내어 약 500명의 의병을 모집한 후 의진의 선봉장·부장(副將) 강무경과 더불어 전남 서남부 지역을 휩쓸었다.

그는 1908년 3월 7일 강진 오치동전투를 시작으로 4월 15일 장흥 곽암전투, 6월 19일 남평 장담원전투 등 일본 군경과 수십 차례 전투를 벌였다. 그는 의진을 5개로 나눠 본부는 덕룡산(德龍山)에 두고, 대치·대항봉·월임치·병암치에 분산하여 적의 내습에 대비하는 한편, 영산강 북쪽의 오성술·이대극·전해산, 덕룡산 동쪽의 김영엽·안계홍 의진과 호응했고, 특히 안계홍 의진과는 유기적인 관계를 맺어 의병투쟁을 전개하였다.

그러나 1909년 여름이 끝날 무렵, 일제의 이른바 '폭도대토벌' 작전이 전개되자 의병투쟁을 이어갈 수 없는 상황이 되어 의진을 해산하고, 강무경과 함께 체포되어 이듬해 10월 4일 대구감옥에서 교수형으로 순국했다.

김공삼은 고창 출신으로 기삼연의 호남창의회맹소 중군장, 전해산의 대동창의단 참모 등으로 활약하였는데, 특히 동향인 호남동의단 제2진 의병장 박도경과 더불어 전해산 의진과 가까운 거리에서 서로 협력해서 의병투쟁을 전개하며 1909년 여름까지 의병투쟁을 벌였으나 결국 의병을 해산한 후 체포되었다. 그는 그해 12월 8일 광주지방재판소 전주지부에서 교수형이 선고되자 대구공소원에 공소했으나 이듬해 1월 27일 기각되었고, 3월 2일 고등법원에서 상고마저 기각되어 순국하게 되었다.

판결문에는 그가 20~400명의 의병을 이끌면서 1908년 음력 2월 25일 전남 장성 송치(松峙)에서 일본군 4명, 음력 3월 6일 장성 월반(月半) 장터에서 순사 6명, 음력 5월 18일 전북 무장군 와공면 군유리(群儒里)에서 기병(騎兵) 7명을 사살했다고 했으니, 그의 활약이 대단했음을 알 수 있다.

『독립유공자공훈록』에는 김공삼이란 이름으로 건국훈장 애국장, 김봉규(金奉奎)는 전남 광산 출신으로 독립장을 추서했는데, 생존 기간조차 모두 잘못되어 있다. 김공삼의 본명은 봉규(奉奎)이니 같은 사람이다.

박도경은 전북 고창 출신으로 그가 이끈 의진은 110명 의병으로 구성되었고, 선봉장 이도현(李道玄), 중군장 손도연(孫道演), 도십장 구연택(具連澤)과 좌·우익장, 참모를 거느렸으며, 총 139정, 칼 24자루를 보유한 강력한 의진이었다. 호남동의단 제3진 의병장 김영엽(金永燁) 의진과 합진한 후 광주의 일본군 본부를 습격하여 기삼연의 원수를 갚고자 하였으나 김영엽이 의진 간에 다툼으로 인해 유종여(柳宗汝) 등에게 피살되고 말았다. 그는 고창·장성 방면으로 돌아와서 제6진 의병장 이대극 의진과 의각지세로 의병투쟁을 벌였지만 1909년 여름 의진을 해산하고 은신했다가 체포되었다.

그는 그해 12월 3일 광주지방재판소 전주지부에서 교수형을 받고 대구공소원에 공소했으나 이듬해 1월 18일 기각되었고, 2월 22일 고등법원에서 상고마저 기각되어 순국하게 되었다. 판결문에는 기삼연의 호남창의회맹소 포군장으로 참여하였고, 2백여 명의 의진을 이끌고 전남 장성, 전북 무장·고창·부안·흥덕 등지에서 20여 차례 의병투쟁을 벌였다고 했다.

강사문(姜士文)은 전남 장성의 대장장이 겸 포수 출신으로 의병투쟁을 전개할 때 판열(判烈: 호)의 이름을 쓰기도 하였다. 그는 1908년 1월 28일 김준 의진에 참여하여 의병투쟁을 하다가 고향으로 가서 수십 명의 의병을 모집, 총기 40여 정으로 무장하여 독자적으로 의병투쟁을 벌이던 중, 장성 구산리에서 의병투쟁을 벌이던 부대와 합치니, 의병 112명, 총기 80여 정을 갖춘 당당한 의진을 구성하게 되자 순천·보성 지역으로 나아가 의병투쟁을 벌였다. 그곳에서 안계홍(安桂洪)을 비롯한 그 지역 열혈 청년들의 가담으로 '파청대첩'을 이룰 수 있었지만 안계홍 의진과 갈등을 빚게 되자 자신의 의진을 이끌고 보성을 떠나 주로 장성·창평·광주 등지에서 의병투쟁을 벌여 큰 전과를 올렸다.

이듬해 3월 4일 창평군 연천(현 담양군 남면 속리)에서 광주경찰대와 격전을 치러 적에게 막대한 피해를 주었지만, 다리에 총상을 입어 의진을 해산하고 총기 60정과 탄환 등은 숨겨 두었다. 부상에서 일어난 다음에는 소규모 형태로 의병투쟁을 벌였는데, 일본 군경과 밀정들의 끈질긴 추격에 결국 피체되기에 이르렀다.

안계홍(安桂洪)과 임창모(林昌模)는 보성 출신으로 전남 중남부 지역에서 활약했다. 안계홍은 머슴(담살이) 출신으로 그 고장 사람들을 대상으로 일심계(一心契)를 조직한 후 이를 의병으로 동원하여 의병투쟁을 전개했다.

1908년 4월 26일 보성군 득량면 파청 마을 앞 고개에서 보성헌병분견소 기마병 2명을 사살하고, 1명에게 부상케 하였으며, 총 3정과 탄환 2백여 발을 노획한 이른바 '파청대첩'을 거두었다. 의병들은 일본 기마병의 옷에 별이 달린 것을 보고 지위가 매우 높은 줄 알고 사기가 더욱 충천했다.

당시 의진을 이끌었던 대장은 강사문이었고, 안계홍은 부대장이었다. 강사문 의진은 장성의병 112명, 총기 80여 정을 갖춘 의진에 보성의 열혈 청년 수십 명으로 구성된 안계홍 의진과 의기투합하여 그 세력이 대단했다.

그런데, 일본 군경과 몇 차례 전투를 치른 후 문제가 발생했다. 강사문이 이끌고 왔던 의병들은 장성 출신인데 비해 안계홍을 따르던 의병들은 보성 출신이었던 관계로 갈등을 빚게 된 것이었다.

결국 강사문은 장성의병을 이끌고 보성을 떠나게 되었고, 안계홍은 보성·순천·장흥 지역을 돌면서 의병모집에 나서게 됐다. 그 후 안계홍 의진에 해산군인 출신 오주일(吳周一)이 수십 명을 거느리고 와서 합진하게 되고, 염재보(廉在輔)를 비롯한 보성 문덕면 청년들이 합세, 동소산에서 탄탄한 의진을 구성하게 되었다.

안계홍은 의병투쟁을 하면서 비행을 철저히 단속하고, 약탈을 금했다. 그 결과 민중들의 열렬한 지지를 받고 보성·순천·화순 등지에서 일본 군경과 20여 차례 전투를 벌였고, 가렴주구를 일삼던 관리나 탐학지주를 벌한 것이 7차례, 일진회원을 처단한 것도 4차례나 되었는데, 일본군은 안계홍 의진을 진압하기 위해 2개 대대가 합동작전을 전개하기도 하였다.

그는 1909년 9월 25일 보성군 봉덕면 법화촌에서 일본군 토미이시(副石) 대위가 이끄는 일본군에 피체되어 이듬해 4월 27일 광주지방재판소에서 교수형이 선고되자 공소했다가 취하하고 1910년 6월 22일(음력 5월 16일) 대구감옥에서 순국했다.

임창모는 1907년 3월 능주에서 이광선, 이백래 등과 의병을 일으켜 양회일 의진의 선봉장이 되었다. 그는 화순·능주·동복 등지를 휩쓸고 광주로 향하다가 도마치전투에서 피체되어 15년 유배형을 받았다. 이듬해 유배가 풀린 후 이백래의 호남창의소 도통장으로 활약하다가 곧 독립 의진을 편성하여 많은 전과를 올렸으며, 안계홍 의진과 합진하여 선봉장으로 활약했다.

1909년 8월, 안계홍이 의진을 해산하자 그는 끝까지 싸울 것을 주장하여 108인의 정예부대를 이끌고 일본군과 의병투쟁을 벌이다가 흑석동전투에서 아들 임학규(林學圭)와 함께 전사했다. 일본 군경은 그를 기삼연·김준·김율·심남일·안계홍·이대극·전해산·조경환과 함께 호남의병장 중에서 이른바 "거괴(巨魁)"로 분류하였다.

박사화(朴士化, 일명 평남平南)는 심남일 의진의 중군장을 역임하고 독립 의진을 형성하여 나주·영암 등지에서 활약했다. 융희황제의 의병 해산령을 내세워 귀순을 종용하고 회유하는 과정에서 150여 명의 의병을 구명하려고 일본군 영산포헌병분대장 오하라(大原)과 담판을 벌이기도 했으며, 뒤에 체포되어 광주지방법원에서 교수형이 선고되자 대구공소원에 공소했다가 취하한 후 곧바로 순국하였다.

박민홍(朴民洪)은 주로 심남일·전해산 의진과 연합하여 의병투쟁을 벌였다. 1909년 2월 26일 나주경찰서장이 경무국장에게 보고한 내용에는 덕룡산(일명 국사봉國師峰)에 진지를 구축하고 의병투쟁을 벌였으며, 형제가 의병투쟁을 벌이다가 아우 박여홍(朴汝洪)이 순국하고, 박민홍 의병장은 다음날 일본군 영암수비대와 교전 중에 순국하였다.

양진여(梁振汝)·상기(相基) 부자는 전남 광산(현 광주광역시 속구) 출신으로 양진여는 1907년 7월 31일 의병을 일으켜서 그해 겨울까지 주로 정읍·순창·고창·담양 등지의 일본 헌병대를 공격하여 많은 전과를 올렸다. 의병들의 활약상에 놀란 일본군 광주수비대장 요시다(吉田) 소좌는 이듬해 1월 하순 대규모 부대를 이끌고 의병 공격에 나섰다. 이에 맞서 전남 장성군 비치에서 양진여 의진이 격전을 벌였으나 무기의 열세로 수십 명이 살상당하는 큰 화를 당했다. 양진여는 의진을 수습해서 일본군을 처부술 기회를 엿보던 중, 인근 지역에서 활약하던 김준이 지원 요청을 하자, 의진의 우익장 김처중(金處中) 외 50여 명의 의병을 파견하여 무동촌전투에서 일본군을 물리치는 등 많은 활약을 벌였다.

1908년 11월 중순, 전남지역의 의병들은 담양군 대전면 대치(大峙) 부근으로 몰려들었다. 각 지역의 의병장들이 회동하거나 통문을 보내어 광주수비대를 유인, 섬멸하기 위한 작전이 전개되었던 것이었다. 당시 대치를 중심으로 연합작전에 참여한 의병은 양진여 의진 300여 명, 영광에서 온 전해산 의진 300여 명, 화순·동복에서 온 양상기 의진 200여 명 등 연합의진의 규모는 900여 명이나 되었다. 의병들은 무려 12일 동안 격전을 벌여 많은 일본 군경을 베었지만 피해도 막심했다.

양진여는 상처를 돌볼 겨를도 없이 의진을 이끌었으나 겨울로 접어들면서 의병들의 사기가 떨어져 대규모 의병투쟁이 어려웠다. 이에 그는 소규모 의진을 편성해 이듬해 6월까지 본격적인 유격전을 벌여 광주·나주·영광·장성 등지의 일본군과 헌병·경찰을 공격했는데, 이 유격전에서 다시 총상을 입게 되었다. 그는 총상으로 인해 만신창이가 된 몸을 가눌 길 없어 부하의 등에 업힌 채 담양 갑향골로 향했고, 그곳에서 상처 치료에 전념했다.

1909년 8월 25일, 장성의 어느 주막 주변에는 광주분견대와 경찰정찰대가 에워쌌다.

이른바 '폭도대토벌' 작전 전개에 앞서 그 정지 작업으로 양진여 의병장 검거에 나선 날 피체된 것이었다.

양상기는 주로 나주·동복·화순 등지에서 의병투쟁을 펼쳤는데, 부친의 의진과 긴밀한 관계를 유지하면서 맹활약했다. 일제의 비밀기록에는 50여 차례 전투 기록이 담긴 양상기 의진은 도통장에 안판구(安判九), 중군장에 박성일(朴聖日), 좌익장에 김처중, 우익장에 김익지(金益之), 포대장에 윤평원(尹平元) 등으로 구성되어 엄정한 군령을 바탕으로 주로 나주·동복·화순 등지에서 의병투쟁을 펼쳤다.

김영백은 전남 장성군 북이면 출신으로 1907년 11월(음력 10월) 고향에서 약 1천 명을 규합하여 의진을 편성하여 총기 2백 정을 준비하고, 군자금·탄약·식량·피복 등은 주민들로부터 도움을 받아 전남 장성·광주, 전북 고부·고창·부안·순창·정읍·태인·흥덕 등지에서 맹활약을 벌였다.

'폭도대토벌'이 전개되자 김영백은 융희황제의 의병 해산령에 따라 2백여 의진의 의병을 구명하기 위해 스스로 체포되기에 이르렀고, 그해 12월 20일 광주지방재판소 전주지부에서 교수형이 선고되자 대구공소원에 공소했으나 기각되었고, 이듬해 4월 7일 고등법원에서 상고마저 기각되어 순국하게 되었다. 그의 판결문에는 1907년 11월 1천여 명으로 거의하여 1909년 6월 17일까지 일본군 수비대 기병·헌병·순사대와 10여 차례 의병투쟁을 벌였다고 기록하였다.

신정우(申正雨)와 노인선(盧仁先: 일명 임수琳壽)은 전남 곡성 출신으로 신정우는 1907년 3월 의병을 일으켜 주로 구례·곡성을 중심으로 활약했고, 노인선은 그해 11월 김동신 의진에 참여했다가 독립하여 의병투쟁을 벌였으며, 두 의진은 서로 연합해서 의병투쟁을 벌이기도 하였다.

황준성(黃俊聖)은 1907년 12월 순천에서 거의했다가 피체되어 이듬해 평리원에서 내란죄로 10년 유배형을 받고 전남 완도로 떠났다. 뒤이어 10년 유배형을 받고 그곳으로 온 윤현보·이봉오·추기엽 등이 그를 의병장에 추대하니 1909년 7월 7일이었다. 그는 의진을 총과 창검으로 무장하고 해남의 대둔사·미황사를 중심으로 일진회원과 밀정들을 처단하였다.

7월 9일 새벽 일본군 해남수비대장 요시와라(吉原) 대위는 하사 이하 21명을 인솔하고, 해남분견소 상등병 2명, 헌병보조원 3명, 해남주재소 순사대로 구성된 군경 연합부대를 이끌고 기습하니, 황준성 의진 70여 명 가운데 24명이 전사하고, 8명이 피체되기에 이르렀으며, 그해 11월 피체되어 이듬해 대구감옥에서 교수형으로 순국하였다.

인천대학교 인천학연구원 독립운동사연구소
총서 제3호(1권, 통권7권)

II. 호남동의단 성립 이전의 호남의병

1. 호남의병의 원조 최익현 의병장

● 의병을 일으킨 배경

▲ '유명조선국 면암 최선생 73세 상' - 1905년 초상화로 '유명(有明)'은 조선 세종 때부터 당시까지 사대모화를 했던 사대부 관행이었다.

1905년 11월 17일, 을사늑약이 체결되자 서울(한성) 인근의 경기도와 강원도 지부터 의병이 일어나기 시작하여 이듬해에는 전국 각지로 번져 나갔다.

면암(勉菴) 최익현(崔益鉉)은 경기도 포천에서 태어나서 1899년(『면암집』에는 1900년) 충남 정산(定山: 현 청양군 속면)으로 이사한 후 비록 노령이지만 의정부 참찬, 궁내부 특진관 등의 요직을 맡아 광무황제를 보좌하고 있었다. 그러나 을사늑약이 체결되자 면암은 을사오적을 처단할 것을 요청하는 상소를 한 후 1906년 1월 19일(음력 12월 25일) 원근의 동지 및 문인들과 더불어 노성(魯城: 현 충남 논산시 속면) 궐리사(闕里祠)에 모여서 시국 강연회를 개최하였다.

그 무렵 홍주·청양의 지사들은 전 참판 민종식(閔宗植)을 홍주의진의 응원으로 삼고, 맹주로 면암을 추대하기로 하자 면암은 승낙했다가 민종식이 거금을 마련하여 거병 준비에 나섰다는 소식을 듣고, "우리의 사졸(士卒)은 훈련되지 않았고 병기도 예리하지 못하니, 반드시 각도와 각군이 세력을 합치고 주장이 일치된 뒤라야 성공할 수 있다. 내가 남하하여 영호남을 경동(警動)하여 서로 성원(聲援)하게 하는 것이 좋지 않겠는가?" 하고, 홍주의병 거사일 이틀 전인 1906년 3월 15일(음력 2월 21일) 최제학(崔濟學)과 함께 호남으로 향했다.

면암의 사상적 배경

면암은 화서학파(華西學派)의 종장(宗匠) 이항로(李恒老) 문인으로 철종 6년(1855) 명경과에 급제하여 승문원부정자로 나아가 예조좌랑, 사헌부지평, 사간원정언, 신창현감, 성균관직강, 사헌부장령, 돈녕부도정을 거치면서 강직한 관리로 알려졌다.

면암이 41세 되던 계유년(1873), 그는 흥선 대원군의 실정을 비판하는 상소를 하였다. 만동묘 훼철, 서원 혁파 등에 대하여 비판한 것이었다. 특히 "자기 자리가 아닌데도 국정에 간여하는 자는 단지 그 지위와 녹만을 받들어 중하게 여긴 것이다."라고 하여 대원군의 섭정을 겨눈 것이었는데, 마침 청나라 화폐의 폐단과 더불어 일본과의 국교 수립 문제에 있어 대원군과 견해를 달리하고 있던 국왕은 이 상소를 계기로 친정을 하게 되었다.

그는 상소 직후 국왕의 총애를 받아 동부승지에 오르고, 며칠 만에 우승지에 이어 호조참판에 올랐다. 이어서 권신들의 반발과 탄핵 속에서 왕비 일족을 비판하는 상소를 하였다. 상소문이 방자하고 과격하다는 이유로 그는 제주도에 위리안치되었다.

> "이 공초를 보건대, 당초 상소의 내용은 시골의 무식한 사람이 분수에 대해 전혀 모른 데서 비롯된 것이었다. 국청을 설치한 것은 일의 체모를 보존하기 위한 것이자 중론을 따른 것이었다. 달리 다시 물을 만한 단서가 없으니 특별히 살리기 좋아하는 덕으로 제주목에 위리안치하도록 하라."
>
> - 『승정원일기』, 1873년 11월 9일

면암은 1875년 2월 9일 유배지로부터 풀려나서 고향으로 돌아왔다. 그때는 일제가 부산과 인천에 군함을 파견하여 수교를 겁박하는 가운데, 조정에서는 이 문제로 갑론을박하고 있었다. 면암은 신분이 아직 탕척(蕩滌)되지 않았지만 상소하였다.

> 또 아뢰기를,
> "지금 직첩을 돌려준 사람 최익현의 상소가 정원에 이르렀습니다. 이름이 죄적(罪籍)에 있는데도 방자하게 상소하였으므로 언사(言事)라 하여 관례에 따라 받아들일 수 없으니, 어떻게 해야겠습니까? 감히 여쭙니다."
> 하니 전교하기를,
> "처분하겠다. 원래의 상소는 돌려줘라."
> 하였다.
>
> - 『승정원일기』, 1876년 1월 23일

국왕의 비답(批答)을 받지 못한 채 상소문을 되돌려 받게 된 면암은 도끼를 휴대하고 국왕이 지나가는 길에 엎드려 다시 상소하니, 국왕은 몹시 화가 났다.

> "최익현은 바야흐로 대간의 논계(論啓)가 멈추지 않는 중인데, 언사라 하여 어려움 없이 상소하고, 도끼를 가지고 와서 필로(蹕路) 옆에 엎드렸으니, 일이 매우 놀랍다. 왕부(王府)를 시켜 나수(拿囚)하라."
>
> - 『승정원일기』, 1876년 1월 23일

면암은 비록 죄적에 있었으나, 일본 군함이 앞바다에 들어와서 위협을 하고 있다는 소식을 듣고 묘당에서 의논하여 대책이 나올 것으로 생각하였으나 여러 날 소문을 들어도 들리는 것이 없고, 외간에서 전해지는 바는 '화호(和好)'를 구하는 데에 뜻이 있다 하여 백성들이 분격하여 사방의 민심이 흉흉함을 말하고자 하였다. 화호가 사실이라면 국가를 위하는 것이 아닐 것이며, 고려조의 우탁(禹倬)과 선정(先正) 조헌(趙憲)의 고사에 따라 도끼를 가지고 궐문에 엎드려서 빨리 큰 계책을 바로 세워서 조정 관원 사이에서 화의를 주장하는 자가 있으면 사형에 처해 달라는 것이었다.

이에 사헌부 관헌들은 면암이 방자하다고 하여 국문할 것을 연명 차자(聯名箚子)를 하자, 국왕은 면암을 흑산도로 위리안치하라는 전교를 내렸다.

▲ '대명일월 소화강산'(대명 세상 소중화 강산) - 면암의 친필. 전남 신안군 지도읍 감정리

"왜인을 제어하는 일은 왜인을 제어하는 일이고, 양인을 배척하는 일은 양인을 배척하는 일이다. 이번에 왜선이 온 것이 양인과 합동한 것인 줄 어떻게 확실히 알겠는가? 왜인이 양인의 척후라 하더라도 각각 응변할 방도가 있을 것이다. 최익현의 상소에 문득 내가 사악한 것을 물리치는 일에 엄하지 않은 것처럼 말하여 한 세상을 현혹하는 계책을 앞장서 만들고 이렇게 임금을 터무니없이 핍박하는 말을 만들어 방자하게 배척하고, 배척하는 것도 모자라서 공동(恐動)하기까지 하고, 공동하는 것도 모자라서 헐뜯어 욕하였으니, 그중의 두세 어구는 이것이 어찌 신하로서 감히 차마 말할 수 있는 것이겠는가? 정상이 황홀하고 품은 것이 음흉하므로 본디 상형(常刑)으로 결단해야 하

겠으나, 참작할 것이 있으니, 최익현에게 한 가닥 남은 목숨을 용서하여 흑산도에 위리안치하고 삼배도(三倍道)로 당일에 압송하라."

- 『승정원일기』, 1876년 1월 27일

그 후 양사(兩司)에서는 2년 동안 추국을 통하여 면암을 참해야 한다고 수십 차례 상소하였으나 마침내 1879년 2월 9일 풀려났다.

면암은 관직에 있던 25년 동안 많은 상소를 통하여 종래의 유학 사상에 위정척사를 위한 투쟁의 길을 걸음으로써 두 차례 죽음 직전에 몰리기도 했다. 이처럼 죽음을 무릅쓰고 상소를 통한 투쟁의 길을 택했던 것은 당시 면암을 지배하고 있던 사상적 배경 때문이었다.

유학자들의 당쟁은 조선 중기 이후에 가장 심했는데, 그 중심에는 '기자숭모'와 '사대모화'에 관한 것이었다. 그 뿌리를 살펴보면, 당시까지도 기자는 군왕에 성인을 보탠 존재였다. 기자는 은(상)나라 서여(胥餘)를 가리킨다. 그가 왕족이었기에 인구 5천여 명의 작은 나라였던 기국(箕國)을 다스리는 자작(子爵)이었고, 기국의 자작을 줄여 '기자(箕子)'라고 하였다.

중국의 사서 『사기』나 『한서』 등에는 우리나라에 온 적이 없는 기자를 고려 숙종 7년(1102) 때 그의 사당을 세우고, 평양성 밖에 가묘(假墓)를 만들어 '기자묘'라고 하였다.

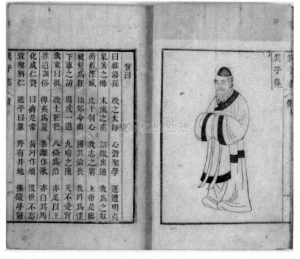

▲ 『기자지(箕子志)』 - 윤두수가 지었다.

조선 개국공신 정도전은 사대모화의 체계를 세운 자로서 『삼봉집』에서 "기자(조선) 외는 중국의 명령을 받지 않고 몰래 세운 나라"라고 했고, 서거정 등이 엮은 『동문선』에는 하륜의 글이 「잡저」에 실렸는데, "기자조선이 천년이나 되었다."라고 하였다. 『대동야승』 「신명인전」에는 단군이 세운 '조선'을 아예 '동국(東國)'이라 하였고, 기자를 봉한 제후국으로 만들면서 이른바 '기자동래설'이 일반화되는 길을 열었다. 윤두수는 『기자지(箕子志)』를 썼고, 이이는 『기자실기(箕子實紀)』라고 하여 그 이름을 마치 실화처럼 했으니, 조선사회를 '기자광풍'으로 뒤덮는 원천이 되어 위로는 국왕으로부터 아래로는 사민에 이르기까지 창조된 인물 기자를 극도로 숭배하는 시대로 접어들게 하였다.

이어 정온, 허목, 김장생, 송시열, 김창협 등 대표적인 유학자들이 기자숭모에 심혈을 쏟았는데, 특히 송시열의 제자들이 세운 만동묘를 통하여 사대모화와 함께 조선 양반사회의 중심 사상으로 굳어지게 되었다. 게다가 어설픈 지식인 안정복이 『동사강목』, 박지원이 『열하일기』 「망양록(忘羊錄)」에서 우리 역사마저 조작하였고, 그 흐름은 경술국치 때까지 이어졌다.

'기자 때부터 동이(東夷)의 풍속을 고쳤다'라고 하여 그 이전의 풍속은 좋지 못했음을 말했고, 우리나라를 '기자의 강토'라고 했으며, 우리 민족을 '오랑캐'로 인식하고 있었으니, 이는 불과 100여 년 전까지 유학자의 인식의 바탕이자 의식 세계를 지배한 사상이었다.

특히 조선 후기 위세가 가장 강성했던 노론은 송시열-권상하-한원진-이항로-유중교-유인석으로 그 맥을 이었는데, 면암은 이항로의 제자였다.

> 아아, 오직 우리 동방이 상나라 태사(太師)[1] 때부터 이미 동이(東夷)의 옛 풍속을 고쳤고, 본조(本朝)에 이르러 역대 성왕들이 계속해서 나시고 여러 현인들이 번갈아 일어났습니다.
> '어느 해 어느 달에 서양 사람이 조선에 들어와 어느 곳에서 맹약(盟約)하였다.'라고 한다면, 이는 기자의 옛 강토이며, 대명(大明)의 동쪽 울타리로서 태조대왕 이래로 중국 문물로 오랑캐를 변화시켜 예절을 제정하고 음악을 만들어서 인류을 크게 펴던 나라가 하루아침에 노린내 나는 서양으로 들어가고 마는 것입니다.
>
> — 최익현, 『면암집』, 「면암선생문집」 제3권 '소' 참조

그는 이 상소로 인하여 흑산도에 위리안치되었는데, 그곳에서도 오로지 '기자의 강토'를 외치고 있었다. 흑산도 천촌리에 있는 '손바닥 바위'에 면암의 친필이 새겨져 있다.

箕封江山
洪武日月

그 뜻을 풀이해 보면, '기자를 봉한 땅, 홍무의 명나라 땅'이란 의미이니, '조선은 기자가 이 나라 임금으로 봉해진 땅이요, 명나라를 세운 주원장(연호: 홍무)의 나라'라는 것이다. 명(明)을 파자하여 일월(日月)이라 해놓고 기자를 흠모하며 유배 생활을 했던 것인데,

---

1) 이른바 기자(箕子)를 가리킨다.

설령 파자가 아니라도 '홍무가 일월과 같다'라는 의미이니, 사대모화, 기자숭모 사상이 극단적으로 드러난 것이리라.

그런데, 최근 그의 문인이라는 사람들이 그 글이 새겨진 바위 아래에 유허비를 세우고 바위에 새긴 글에 대하여 설명하기를,

"선생의 고매한 애국정신과 후학 양성을 위한 선생의 뜻을 후손에게 전달코자 하였다."

라고 하였고, 그곳을 다녀간 사람들이 남긴 글들에는, "최익현이 일제에 비분강개하여 조선 독립을 주장한 글", "독립운동을 하시다가 유배되시어 그 흔적이 이토록 남았으니, 존경과 흠모의 정을 금치 못합니다."라고 적고 있었으니, 유구무언이다.

면암은 여느 의병장처럼 '내란죄·폭동죄·살인죄·강도죄'가 아닌 소요죄(騷擾罪)로 3년, 임병찬은 2년의 구금형을 받고 대마도에 구금되었는데, 그곳에는 약 1개월 전에 '홍주 9의사'라고 일컫는 홍주의진 참모 9명이 구금되어 있었기에 함께 생활하게 되어 서로 운을 주고받으며 시를 짓기도 하였다.

▲ '기봉강산 홍무일월' - 최익현이 흑산도의 손바닥 바위에 새긴 친필이다.

기자(箕子)가 오실 적에 도(道)도 함께 따라와서
일본이나 서양이나 그 속에 들었거늘,
모르겠구나, 조물주는 무슨 심사로
나더러 대마도를 보라고 하는지.

면암이 쓴 시를 통하여 대마도에서도 기자에 대한 흠모는 변함이 없었던 것을 볼 때, 윤두수의 『기자지』, 이이가 창작한 『기자실기』의 악영향이 얼마나 오래갔는지 알 수 있다.

● 국권회복 위한 의병장의 길로

1879년 2월 흑산도에서 풀려난 후 면암은 1890년에 호군에 제수되었고, 일제가 갑오왜

란을 일으켜서 그들 앞잡이 내각을 꾸렸던 1894년 7월 1일(양력 8월 1일) 공조판서에 임명되었으나 며칠 뒤에 사직하였고, 1896년 2월 전기의병이 일어났을 때 의병해산을 위해 선유대원으로 임명되었으나 상소하여 나아가지 않았으며, 1898년에 의정부 찬정, 궁내부 특진관에 임용되었다. 1902년 중추원 의관, 1904년 궁내부 특진관, 의정부 찬정, 이듬해 경기도 관찰사, 궁내부 특진관으로 활약하면서 황제께 일제 앞잡이를 멀리하라는 고언을 하는 바람에 일제와 그 앞잡이들로부터 미움을 받았다.

그는 을사늑약이 체결되자 호남의 10여 고을에 「근고팔도사민서(謹告八道士民書)」를 통하여 구국을 위한 의병 거의를 역설하였다.

이에 임병찬은 거의를 위해 기우만·이항선·장제세 등과 상의한 후에 호남 우국지사들에게 통문을 보내고 거의를 위한 준비를 하게 되었다. 그는 17세 때 옥구현의 형방이 되어 20여 년 아전으로 있다가 호남에 대흉년이 들자 많은 돈과 곡식을 내어 백성을 구한 것이 조정에 알려짐에 1889년 절충장군 첨지중추부사 겸 오위장의 직첩을 받았다. 그 해 6월 국왕의 윤허를 거쳐 이름을 임병찬(林炳瓚)으로 개명하고, 이어 낙안군수로 약 2개월 동안 근무를 했으며, 동학농민혁명 때 친군무남영 우령관 이경호(李璟鎬)가 황토현 전투에서 전사하자 그 후임에 임명되기도 했던 것이 『승정원일기』에 나오며, 동학농민군 지도자 김개남을 붙잡는 데 큰 역할을 한 인물이었다.

면암은 충남 정산을 떠난 지 10일째가 되던 3월 24일(음력 2월 30일) 전북 태인 종석산(鐘石山) 아래에 있는 김 도사(金都事) 가문의 묘각(墓閣)에 도착하여 임병찬을 찾았다.

면암은 임병찬이 거의를 준비해 두고 창의의 깃발만 들면 뜻을 이룰 수 있는 상태라는 소문을 듣고 찾아왔는데, 뜻밖에도 그는 계모 무덤을 이장한 후 시묘살이를 하고 있었다. 임병찬은 집지(執贄)하여[2] 면암의 문인이 된 후 말하기를, "재정이나 병기, 사졸 등이 여의치 못하고, 농번기라서 가을에 거의해야 할 것 같습니다."라고 하였다.

면암이 호남으로 내려오면서 홍주의병(1차)이 이틀 만에 관군과 일본군에 의해 여지없이 패했다는 소식을 들은 바 있었고, 임병찬을 만나보니, 상황이 어려워서 거의를 미루게 되었는데, 그해 5월 19일(음력 4월 26일) 홍주성이 민종식이 이끄는 홍주의병의 손에 들어갔다는 소식을 들은 면암은,

"치밀함을 헤아리지 말고 가까운 날에 거의함이 좋겠다."[3]

라고 임병찬을 독려하여 태인 무성서원에서 거의하니, 그날이 6월 4일(음력 윤4월 13일)이었다.

---

2) 집지(執贄): 스승에게 예폐(禮幣)를 올려 제자가 된 경우를 말함
3) 이강오, 「지역별 의병활동」, 『전북지역 독립운동사』, 1984. 138쪽

『독립유공자공훈록』 1권에는 '최익현이 태인에 이른 것이 3월 24일, 4월 13일 무성서원에서 의병 궐기'로 기록하고 있다. 겉보기에는 20여 일 만에 의병을 일으킨 것처럼 오해할 수 있으나 3월 24일은 양력이고, 4월 13일은 윤4월 13일이니, 실제로는 면암이 정산을 떠나온 지 73일 만이었다.

6월 4일, 면암과 임병찬 등은 태인 무성서원에서 강회를 열어 일제가 저지른 16가지 죄를 성토하고, 이를 바탕으로 상소문을 작성한 후 의병을 일으켰다. 서두른 탓에 순창의병(일명 태인의병)은 80여 명에 불과했다.

이튿날 정읍으로 들어가니 군수 송종면이 맞이하였으며, 그곳에서 무장을 강화하고 의병 모집의 방을 붙인 후 내장사(內藏寺)에 유진하고, 다음날에는 구암사(龜巖寺), 다음날에는 순창으로 들어가서 부서를 새로 정하는 등 의진을 정비한 후 수백 명으로 불어난 사람들과 구례·남원 방면으로 행진을 거듭하다가 순창으로 돌아왔다.

▲ 무성서원과 병오창의기적비 - 전북 정읍시 칠보면 무성리

6월 11일, 면암을 따르던 의병들은 남원과 전주에서 온 관군 2개 소대와 대치하는 상황에서 영남까지 가서 의병모집을 하여 거의하는 데 큰 영향을 끼쳤던 의진의 소모장이자 중군장이던 정시해(鄭時海) 의병장이 관군의 유탄에 순국하는 상황이 발생하자, 의진은 아수라장이 되었고, 면암, 임병찬 등 13명을 제외하고 수백 명은 순식간에 모두 흩어졌다.

마침내 면암은 "동족끼리 싸우는 일은 차마 하지 못하겠다." 하며, 이튿날 아침 피체되기에 이르렀고, 관군에 의해 서울로 압송되었다가 일본군 사령부에 인계되었는데, 면암과 임병찬은 8월 28일 대마도에 구금되었다.

광무 10년(1906) 6월에 이르러 최익현과 전 군수 임권하(林權夏: 임병찬)가 전라북도 태인에서 60~70명(총기 30)의 도당을 모아 7일 순창군아에 들어갔다가 다음날 본도 곡성에 침입, 군수를 협박하여 공금 50관, 화승총 15정, 화약 10근을 강탈하고, 다음날 9일 순창으로 돌아갔다. 10일에 이르러 전주, 남원의 한국병이 도착하여 11

일 오전 3시 동쪽과 서쪽에서 몰아쳐 1시간 만에 거괴(巨魁) 최(崔)·임(林) 외 12명 (11명-필자 주)이 포로가 되어 여지없이 패했는데, 이것이 본도 내에 있어서 폭도 (暴徒)의 시초이다.

- 이일룡 역, 『비록 한말전남의병전투사』 21쪽

황현은 『매천야록』에서 "최익현은 평소 중망이 있었고, 충의가 일세에 뛰어났다. 그러나 군대를 부리는 데 익숙하지 못하고, 나이 또한 늙어서 일찍이 기모(奇謀)가 있어 승산을 계획했던 것이 아니며, 수백 명의 오합지졸은 모두 기율이 없었고, 유생 종군자는 큰 관을 쓰고, 넓은 옷소매의 의복을 입어 마치 장옥(場屋: 과거 시험장)에 나아가는 것 같았으며, 총탄이 어떠한 물건인지 알지도 못했다. 겨우 시정(市井)의 한가로운 사람들을 사모아서 간신히 대오를 충당하니, 보는 사람들은 이미 반드시 패할 것을 점칠 수가 있었다."라고 평했다.

그러나 면암의 태인의병은 일제침략기 후기의병 중에서 군사적 활동은 거의 없었으나 호남지역 10여 곳에 발송한 격문과 순창 방면에서 행군한 것은 호남지역에 의병의 불씨를 던진 것이었다.

▲ 붙잡혀 압송 중인 최익현의 모습(1906.06)

● 순국과 유소에 대한 평가

"최익현 대마도 구금 3년, 임병찬 2년"

8월 27일(음력 7월 8일) 새벽, 면암은 아들 3명과 문인·빈객(賓客) 수십 명이 남대문 밖 정거장에 나와 배웅하는 가운데 기차 편으로 부산으로 향했다. 동래 초량(草梁)에 도착하니, 날이 이미 어두웠다. 이윽고 일본 헌병의 인도에 따라 배에 오르자 아들 최영조 등이 따라가고자 했으나, 일본군 사령부의 문서가 없다고 허락하지 않으니 모두가 통곡하면서 부두에서 하직하였다. 뱃고동이 한 번 울리자 배는 쏜살같이 가니, 다만 뱃머리의 등불이 물결 속에 비칠 뿐이었다. 이튿날 아침 대마도 이즈하라(嚴原)에 도착하여 누에고 치로부터 명주실을 뽑는 제사전습소(製絲傳習所)에 머무르니, 그곳이 위수영(衛戍營) 경 비대의 임시 관서인 셈이었고, 홍주의 9의사가 먼저 와서 구금되어 있었다.

이윽고 경비대장이 중대장과 함께 병사 4, 5명을 데리고 와서 점검을 마치기 위해 전후 11명을 마루 아래에 줄지어 세웠다. 통역이 나와서 말하기를,
"장관(長官: 대장)에게 경례하라."
하며, 갓을 벗으라고 호령하였다. 면암 이하 모든 사람이 이에 따르지 않았다. 장관 은 병사를 시켜 강제로 갓을 벗기고 협박을 가하였다.
"너희들은 이미 일본의 밥을 먹었을 터이므로 마땅히 일본 제도를 따라야 옳다. 갓을 벗으라면 벗고, 머리를 깎으라면 깎고, 오직 명령에 따라야 되겠거늘, 어찌 감히 어 기는가?"
하니, 병정이 먼저 면암의 탕건을 벗겼다. 그러자 면암이 꾸짖었다. 병정이 총대를 들어 치려고 하였다. 면암이 가슴을 내밀며 호령하였다.
"어서 쳐라!"
장관이 돌아가려 할 때 면암에게 서서 예를 갖추라고 하였으나 일어나지 않았다. 병사 가 좌우로 나뉘어서 면암을 잡아끌며 사뭇 곤욕을 주었다. 면암은 기가 차서 어쩔 줄 몰라 하였다. 여러 사람이 이 모습을 보고 격분을 참지 못하여 목 놓아 통곡하였다. 면암이 말하기를,
"내가 일본 밥 두어 그릇 먹은 것이 이미 잘못이다. 갓을 벗으라는 것은 저놈들이 나 를 죄수로 생각하고 억지를 부리는 것이니, 비록 마지못해 따른다고 하자, 그러나 머 리 깎는 일은 지난날 임금의 명령에도 오히려 고집하고 듣지 않았는데, 하물며 여기 와서 구차하게 밥을 얻어먹고 목숨을 유지하여 선왕의 제도를 변경하고 성문(聖門) 에 죄를 얻겠는가? 이제부터 단연코 밥을 먹지 않겠다."
하였다. 그날 저녁밥이 들어오자 면암과 임병찬, 유준근, 이식, 안항식, 남규진 등은 식사를 거절하고, 나머지 5명은 마지못해 두어 술 먹었다. (필자 역)

— 유준근 · 문석환, 『마도일기』, 1906년 음력 7월 9일

면암은 대마도에 도착하여 점심을 먹은 후에 대마도 경비대장의 방문을 받았다. 통역 병이 실내에서는 갓을 벗으라는 강압에 맞서 그날 저녁부터 임병찬, 홍주 9의사 몇 분과 함께 단식하고, 임병찬에게 유소를 쓰게 하였다.

"죽음에 임한 신(臣) 최 모는 일본 대마도 경비대 안에서 서쪽을 향하여 두 번 절하고 황제 폐하께 아룁니다.

생각건대, 신의 거의(擧義)의 대략은 금년 윤4월 거사할 초두에 이미 자세히 아뢰었으나, 원소(原疏)가 들어갔는지 여부는 신이 알지 못하옵니다. 다만 신은 거사가 실효가 없어 마침내 사로잡히는 곤욕을 당하여 7월 8일(양력 8월 27일-필자 주)에 압송되어 일본 대마도에 도착하여 현재 경비대라는 곳에 구금되었으니, 스스로 생각건대, 반드시 죽을 것이고 살아서 돌아갈 것을 바라지 못하겠습니다. 지금 이 적(賊)이 처음에는 머리를 깎는다는 것으로 신에게 가해하다가 종내는 교활한 말로 달래고 있습니다. 그러나 적의 마음은 헤아릴 수 없으니, 반드시 죽이고 말 것입니다.

생각건대, 신이 이곳으로 들어온 뒤에 한 숟가락의 쌀과 한 모금의 물도 모두 적의 손에서 나온 것이면, 설사 적이 신을 죽이지 않더라도 차마 구복(口腹)으로써 스스로 누가 되어서는 아니 되겠기에 마침내 음식을 물리쳐 옛사람이 스스로 죽어서 선왕에 보답한 의를 따를 것을 결의하였습니다. 신의 나이 74세이니, 죽어도 무엇이 애석하겠습니까?" (후략)

― 최익현, 『면암집』, 「면암선생문집」 부록 4권 '연보' 참조

이틀 후 일본군이 와서 '실내에서 갓을 써도 좋다'고 하여 면암을 비롯한 지사들은 이틀 동안 행했던 단식을 중단하였다.

일본군이 면암을 비롯한 지사들의 인품에 감동하여 점차 친근하게 굴고, 위수영 경비대에 숙소(일종의 구치소)가 마련되어 비교적 안정된 생활을 하던 중, 그해 12월 4일(음력 10월 19일) 면암은 음식을 먹으면 토하는 질병으로 인해 자리에 눕게 되자, 일본 측은 가족에게 이를 알렸다. 이에 아들, 한의(韓醫), 제자 등 3인이 급히 대마도로 가서 면암의 병세를 호전시키려고 노력했으나 이듬해 1월 1일(음력 11월 17일) 병사 순국하였다.

이튿날 일본군은 관을 마련하여 입관하고, 임병찬에게 면암의 시신을 운구하게 하였다. 구금되어 있던 사람들이 모두 흰 두건에 환질(環絰)을 두르고 경비대 문안에서 통곡하면서 하직하였으며, 임병찬은 면암의 시신을 수선사(修善寺)에 안치했다가 1월 4일 저녁에 출발하여 이튿날 초량에 도착한 후 상무사에 안치하였다.

임병찬은 면암의 순국 소식을 전해 듣고 전국에서 모여든 사람들 앞에서, "면암 선생께서 아사순국(餓死殉國) 하셨다."하여 온 국민이 오열한 가운데 장례를 치른 후 광무황제께 그 유소를 올렸으나, 광무황제는 보지도 않았는지 『승정원일기』, 『조선왕조실록』에는 기록되지 않았다.

광무황제는 면암이 12월 초순 병환으로 아들과 한의사, 문인이 '대마도 방문 신청서'를 제출하자 이를 허락하는 등 전후 사정을 알고 있었던 터인 데다가 「유소」의 내용이 실제와 달랐기 때문이었으리라!

광무황제는 을사늑약에 반발하여 자결한 민영환(閔泳煥), 조병세(趙秉世), 송병선(宋秉璿)은 물론, 평양징상대 상등병 김봉학(金奉學)의 순국에도 벼슬을 추증하고 장례비를 후히 보냈

▲ 대마도 수선사 - 최익현의 시신을 안치했던 곳

다. 특히 민영환, 송병선, 조병세 등에게는 시호를 내리고 제문을 친히 썼으며, 민영환의 장례식에는 직접 참석하기도 했다. 면암이 순국한 후 약 2개월 뒤에 을사늑약 무효를 위해 외교를 펼치려다가 블라디보스토크에서 순국한 이용익(李容翊)에게도 시호를 내리고 후히 장례를 치르게 했지만, 면암의 순국에는 시호는커녕, 장례비조차 보내지 않았으니, 무엇을 말함이었던가?

1997년까지 50여 년 동안 국정교과서였던 고등학교 국사책에는 125일 동안 대마도에 구금되었던 면암의 순국에 대하여 '아사순국'으로 해놓고, 만고 충절의 표본으로 삼았던 적이 있었으니, 오히려 면암의 충절을 욕되게 함이 아니랴!

2. 일제침략기 호남 최초 순국의병장 정시해

● 송사 기우만의 문하에서 유학자 길로

일광(一狂) 정시해(鄭時海, 1874~1906)는 1874년 3월 26일 전북 무장현 원송면 삼태리(현 고창군 성송면 하고리 삼태마을)에서 아버지 송담(松潭) 정종택(鄭鍾澤)과 거창신씨(居昌愼氏) 사이의 3남으로 태어났다. 아버지 송담은 노사(蘆沙) 기정진(奇正鎭)의 문하에

▲ 일광 정시해 의병장(초상화)

서 배웠으며, 송사(松沙) 기우만(奇宇萬)과 동문수학한 사이였기에 일광을 송사에게 보내어 그 문하에서 학문을 익히게 하였다.

20세에 부인 함양오씨(咸陽吳氏, 德禮) 사이에 외동아들 휴석(休碩)을 보았고, 송사 문하에 있으면서 전남 보성에 유배를 온 영재(寧齋) 이건창(李建昌)을 찾아 가르침을 받기도 하였다.

일광이 26세 되던 1899년에 어머니, 2년 뒤 아버지를 여의고 각 삼년상 시묘살이를 하며, 을사늑약 체결 이전까지 고산서실(高山書室)에서 유학자의 길을 걸었다.

늑약이 성립되자 일광은 스승 송사를 찾아가서 의거하기를 졸랐으나 송사는 지난 광산집회(光山集會)4) 이후 여러모로 시달림을 받던 때라 얼른 동의하지 않으니 두어 번 방문했던 것으로 본다.
마침 그때 면암의 명령으로 송사를 방문했던 습재(習齋) 최제학(崔濟學)과 만나 흉금을 털어놓고 의거 예비회담격인 노성(魯城) 궐리사(闕里祠) 강회에 참석하였다.

유재영, 「일광 정공의 생애와 충효」, 『일광집』, 40쪽

● 면암 최익현, 충남에서 전북으로

을사늑약이 체결되었다는 소식에 면암(勉菴) 최익현(崔益鉉, 1833~1907)은 을사오적을 처단할 것을 청하는 상소를 한 후 1906년 1월 19일(음력 12월 25일) 원근의 동지 및 문인들과 더불어 노성 궐리사에 모여서 강회를 개최하였다.

5조약의 결과는 여우나 다람쥐처럼 간사하고 속이는 일본의 술법이 우리 국민을 노예로 만드는 데에만 그치지 않고, 장차는 이 땅에서 우리 겨레를 씨도 남기지 않으리

---

4) 1896년 3월 기우만·기삼연 의병장을 중심으로 의병을 일으켜 광주(광산) 방면으로 진출했던 일을 일컫는 말

▲ 「권리사강회도기」 -
일광기념관 소장

라고 경고하면서, 국민들에게 반드시 죽게 된 한 몸을
국권회복에 바치자고 촉구하는 포고문을 8도 사민들
에게 보내고, 또 노성 궐리사에서 있은 유림들의 강회
를 통하여서는, 나라 형편의 절통 급박한 사실을 들어
서 유림들의 솔선 분기를 촉구하며, 이듬해 즉 병오년
정월 22일(음력)을 기하여서는 각 곳의 선비들이 모두
진위(振威) 향교로 모여서 죽기를 무릅쓰고 서울로 올
라가 궐문 앞에서 상소 투쟁하자고 호소하기도 하였
다. 그러나 이런 일들 역시 당시 일제침략자들의 감시
와 압제하에서 여의하게 이루어지지 못하였다.

- 독립운동사편찬위원회, 『독립운동사』 제1권, 368쪽

그 무렵 홍주·청양의 지사들은 전 참판 민종식(閔宗植, 1861~1917)을 홍주의진의 응
원으로 삼고, 맹주로 면암을 추대하기로 하자 면암은 승낙했다가 민종식이 거금을 마련
하여 거병 준비에 나섰다는 소식을 듣고,

"우리의 사졸(士卒)은 훈련되지 않았고 병기도 예리하지 못하니, 반드시 각도와 각군이
세력을 합치고 주장이 일치된 뒤라야 성공할 수 있다. 내가 남하하여 영호남을 경동(警
動)하여 서로 성원(聲援)하게 하는 것이 좋지 않겠는가?"

하고, 홍주의병 거사일 이틀 전인 1906년 3월 15일(음력 2월 21일) 습재(習齋) 최제학
(崔濟學, 1882~1961)과 함께 호남으로 향했다. 면암은 정산을 출발한 지 10일째가 되던 3
월 24일(음력 2월 30일) 전북 태인 종성리(宗聖里: 현 정읍시 산내면 속리) 종석산(鐘石山)
아래에 있는 김 도사(金都事) 가문의 묘각(墓閣)에 도착하여 임병찬(林炳瓚, 1851~1916)을
찾았다.

● 임병찬의 처지와 입장

면암이 달포 전에 호남의 10여 고을에 「근고팔도사민서(謹告八道士民書)」를 통하여
구국을 위한 의병 거의를 역설하자 임병찬이 이에 호응하여 기우만(奇宇萬, 1846~1916)
·이항선(李恒善)·장제세(張濟世) 등과 상의한 후 의병을 일으키기 위해 통문(通文)을

작성하여 장제세·조안국(趙安國)·배응천(裴應天) 등의 이름으로 병오년(1906) 3월 9일 (음력 2월 15일) 각지에 보냈으니, 불과 며칠 전이었다.

> "나랏일이 이 지경에 이르렀으니 다시 여러 말을 할 것도 없다. 사람들이 모두 말하기를, '장량(張良)·제갈량(諸葛亮)이 다시 나와도 형편이 어찌할 수 없이 되었다.'라고 하는데, 우리들은 여기서 통절히 느꼈다. 대저 전쟁의 승패는 강약(强弱)과 이둔(利鈍)에 있는 것이 아니오, 오직 슬기롭고 용감한 장수가 충성되고 의로운 군사를 거느리고 일심동력(一心同力)으로 하는 데에서만 이룰 수 있는 것이다. 장량·제갈량의 인재인들 어찌 일찍 세상에 시험하여 본 다음 나왔던 것이겠는가? 충의의 분노가 격동되면 여기서 의로운 일을 일으킬 수 있는 것이다.
> 군율(軍律)과 의복 제도, 기계 규정 등 여러 가지 조항을 후면에 적어서 통문을 띄우며, 모일 장소 및 일자는 추후 알리겠으니, 모든 것을 예비하여 추후 통문을 기다리며 혹시라도 태만 소홀하여 군율을 범하고 후회하는 일이 없기를 바란다."
>
> - 병오년(1906) 2월 15일

▲ 돈헌 임병찬 의병장

임병찬은 17세 때 옥구현의 형방이 되어 20여 년 아전으로 있다가 호남에 대흉년이 들자 많은 돈과 곡식을 내어 백성을 구한 선행이 조정에 알려짐에 1889년 절충장군 첨지중추부사 겸 오위장의 직첩을 받았다. 그해 6월 국왕의 윤허를 얻어 이름을 임병찬(林炳瓚)으로 개명하고, 이어 낙안군수로 약 2개월 동안 근무를 했으며, 동학농민군 지도자 김개남을 붙잡는 데 큰 역할을 한 공으로 황토현전투에서 전사한 친군무남영 우령관 이경호(李璟鎬) 후임에 임명되기도 했다.

면암은 임병찬이 거의를 준비해 두고 창의의 깃발만 들면 뜻을 이룰 수 있는 상태라는 소문을 듣고 찾아왔는데, 뜻밖에도 그는 며칠 전부터 계모의 무덤을 이장한 후 시묘살이를 하고 있었다.

임병찬은 면암에게 스승의 예를 올려 제자가 된 후 말하기를, "재정이나 병기, 사졸 등이 여의치 못하고, 농번기라서 가을에 거의해야 할 것 같습니다." 라고 하였다. 면암이 호남으로 오면서 홍주의병(1차)이 하루 만에 관군과 일본군에 의해 여지없이 패했다는 소식을 들은 바 있었고, 임병찬을 만나보니, 상황이 어려워서 거의를 미루게 되었다.

2일(음력 4월 2일, 양력 4월 25일-필자 주) 기해(己亥). 나는 종석산(鍾石山)에 도착하여 돈헌(遯軒: 임병찬의 호-필자 주)을 만나보고 양쪽 사세를 협의한 다음, 종성리(宗聖里) 손석명(孫錫命)의 집으로 가서 유숙했다.

4일 신축(辛丑). 이양호(李養浩, 영남 사람), 이한부(李漢夫), 이하범(李夏範)이 종석산으로부터 찾아왔다.

5일 임인(壬寅). 나는 부위(副尉) 최학엽(崔學燁), 김태원(金泰元), 죽헌(竹軒) 유종규(柳鍾奎), 찬명(贊明) 권재일(權在一), 서계(西溪) 이용길(李容吉), 초은(樵隱) 이정의(李禎義)와 함께 종석산으로 가서 군사를 모집할 사항을 협의하였다.

11일 무신(戊申). 최 부위는 작별하고 떠났고, 이서계(李西溪)·김청일(金淸一), 정시해(鄭時海), 의관(議官) 송기덕(宋基德)이 찾아왔다. 오후에 나는 종석산에서 진안으로 향하여 길을 떠났다.

12일 기유(己酉). 선생을 삼우당(三友堂)에서 뵙고 종석산의 실정을 자세히 보고했다.

13일 경술(庚戌). 선생이 거처하는 삼우당 지붕에서 또 흰 무지개가 하늘에 뻗쳐서 두어 시간 동안 흩어지지 아니하니 사람들이 모두 이상하게 여겼다. 오후 8시경에 선생은 주서(注書) 이호용(李浩鎔)을 삼우당으로 청하여 비밀히 의병 일으킬 사항을 협의하고, 따라서 이 주서에게 의병장이 되어 불일내로 군사를 이끌고 가서 왜적을 무찌르라고 권하자, 주서는 말하기를,

"경솔히 군사를 움직여서는 절대로 안 됩니다. 더구나 임 낙안(林樂安: 임병찬林炳瓚) 같은 지모가 원대한 인물이 있으니 운봉(雲嶺) 박 주서(朴注書: 박봉양朴鳳陽-필자 주)와 더불어 서로 통정하고 한날한시에 다 같이 군사를 일으켜 합세해서 몰고 나가야만 영호(嶺湖) 지역에 의병의 기세가 크게 떨칠 것이요, 또 화개(花開) 강 두령(姜頭領: 강재천姜在天-필자 주)과 서로 통하여 남북으로 호응하면 형세 더욱 커질 것입니다."

하였다.

- 최제학, 「병오거의일기」, 『독립운동사자료집』 2. 59~60쪽

● 최제학과 함께 면암을 모시고

면암이 전북 태인 종성리에서 진안 삼우당(三友堂: 현 진안군 성수면 도통리 목동마을)으로 거처를 옮겼다는 소식을 들은 일광 정시해는 스승 송사 기우만을 모시고 그곳으로

갔다. 삼우당은 면암의 제자이자 종사관처럼 활약하던 습재 최제학의 집이었다.

면암은 삼우당에 한 달가량 머물면서 습재를 보내어 임병찬과 상의를 거듭하는 한편, 일광과 함께 찾아오는 김태원(金泰元), 이규홍(李圭弘), 이석용(李錫庸), 이호용(李浩鎔), 최학엽(崔學燁) 등에게 거의 참여를 촉구하였으나 부위 출신 최학엽, 훗날 익산에서 의병을 일으킨 이규홍, 임실에서 거의한 이석용 등은 「동맹록(同盟錄)」에 서명도 하지 않은 채 돌아갔다.

▲ 습재 최제학 선생 기념비
– 진안군 성수면 도통리 목동

면암은 영호(嶺湖) 명망가에 서신을 발송하여 함께 대사를 도모하자고 요청하니 평소에 장담하던 이들도 두려워서 피하며 즐거이 와서 모이지 않았다. 오로지 일광과 습제, 수남(秀南) 고석진(高石鎭) 등 문인 10여 명만이 동분서주하면서 일을 도모하였으나 무기와 군량을 비축하기는커녕, 「동맹록」에 이름을 올린 자도 겨우 112명에 불과했으며, 전직 고관이나 명망가는 드물었고, 면암이 머물렀던 삼우당이나 용추사(龍湫寺: 전남 담양군 용면 소재)에 오지 않고 서면으로 동참하겠다는 자도 있었다.

「동맹록」

이재윤(李載允). 자 성집(聖執), 호 미석(渼石), 본 전주
기우만(奇宇萬). 자 회일(會一), 호 송사(松沙), 본 행주
안순(安珣). 자 대진(大珍), 호 괴정(槐亭), 본 탐진
문달환(文達煥). 자 덕경(德卿), 호 돈재(遯齋), 본 남평
이규현(李圭鉉). 자 인집(仁執), 호 죽포(竹圃), 본 경주
이문흠(李文欽). 자 치강(致綱), 호 치죽(痴竹), 본 공주
고제만(高濟萬). 자 치범(致範), 호 죽계(竹溪). 본 장택
주기덕(朱基德). 본 여산
고석진(高石鎭). 자 청여(淸汝), 호 수남(秀南), 본 장택
최병국(崔炳國). 자 정일(淨一), 호 석계(石溪), 본 통천
정경모(鄭暻謨). 자 명원(明遠), 호 춘정(春亭), 본 동래

양상원(梁尙源). 자 치문(致文), 호 위하(渭下), 본 남원
최제학(崔濟學). 자 중열(仲悅), 호 습재(習齋), 본 탐진
박환수(朴丸秀). 자 응원(應元), 호 백열당(栢悅堂), 본 삼척
정시해(鄭時海). 자 낙언(樂彦), 호 일광(一狂), 본 진양
임현주(林顯周). 자 희서(熙瑞), 호 경당(警堂), 본 평택
최제태(崔濟泰). 자 용여(用汝), 호 약천(若川), 본 탐진
이근북(李根北). 자 춘경(春景), 호 청계(淸溪), 본 진안
이호용(李浩鎔). 자 내습(乃習), 호 지산(砥山), 본 공주
박치종(朴致宗). 자 화영(和永), 호 농설(聾窩), 본 충주
김정중(金定中). 자 치능(致能), 호 묵재(默齋), 본 울산
최익환(崔翼煥). 자 문좌(文佐), 호 도은(道隱), 본 전주
최원택(崔元澤). 자 도경(道京), 호 금호(錦湖), 본 탐진
이양호(李瀁浩). 자 여직(汝直), 호 운경(雲耕), 본 천안
오재옹(吳在翁). 자 국서(國筮), 호 우재(愚齋), 본 보성
정성모(鄭聖謨). 자 한명(漢明), 호 추남(秋南), 본 동래
박봉양(朴鳳陽). 서신으로써 동맹함.
이태근(李台根). 자 공삼(公三), 호 송운(松雲), 본 공주
정휴탁(鄭休鐸). 서신으로써 동맹함.
임병찬(林炳瓚). 자 신대(信大), 호 돈헌(遯軒), 본 평택
(벼슬과 출생년 생략, 이하 생략)

- 최제학, 앞의 책. 67~75쪽 참조

● 순창의진 소모장이 되어

▲ 순창의병항일의적비 - 순창초등학교 교정

　면암이 의병 거의를 위해 각지에 서신을 보내고, 찾아오는 인사들에게 의진 참여를 독려하며,「동맹록」에 그 이름이 불어나기를 고대하던 그 무렵, 민종식 의병장이 이끄는 홍주의병(2차)이 5월 11일(음력 4월 18일) 홍산(鴻山) 지치(支峙)를 출발하여 서천, 남포, 결성을 거쳐 홍주부를 향해 파죽지세로 진격 중이라는 소식이 들려왔다.

「동맹록」에 이름을 올리는 자도 늘어나지 않고, 전북의 명망가로 알려졌던 인물들이 그냥 돌아가는 상황에 홍주의병 소식을 들은 면암은 수남을 충남 정산에, 일광을 영남으로 보내 의병을 모집해 오도록 하였다.

> 24일(음력 4월 24일, 양력 5월 17일-필자 주) 신유(辛酉). 선생(최익현-필자 주)의 명령이 있어, 고석진(高石鎭)은 정산(定山)으로, 정시해(鄭時海)는 영남으로 발정(發程)하였다.
>
> — 최제학, 앞의 책. 61쪽

▲ 송사 기우만 의병장(초상화)

수남을 정산에 보낸 것은 면암이 경기도 포천에서 살다가 1899년부터 당시 정산군 목면으로 이주하여 살고 있었기 때문에 그곳 사람들에게 호소하기 위함이고, 일광을 영남으로 보낸 것은 당시 경남 관찰부 진주에서 크게 융성한 진양(진주) 정씨 문중 사람들을 비롯한 영남사람들에게 호소하려던 것이었다.

일광은 불과 수개월 전에도 송사의 명에 따라 곡성·남원 지역 유림을 방문한 적이 있던 터였다. 을사늑약 소식을 전해 들은 면암 최익현과 경남 합천의 거유(巨儒) 노백헌(老栢軒) 정재규(鄭載圭, 1843~1911)[5]는 궐리사(闕里祠)에서 강회를 열기 전에 송사 기우만에게 호남 선비들의 참석을 요청하는 서신을 보냈을 때 송사는 곡성·남원의 선비들에게 그 강회에 참석하도록 서신을 보낸 후 일광에게 이를 독려하고, 참석 여부를 알아보도록 한 적이 있었다.

> 최면암(崔勉庵)·정노백(鄭老栢: 정재규鄭載圭-필자 주, 호는 老栢軒이다) 두 분이 노성(魯城) 궐리사(闕里祠)에서 강회(講會)를 마련하고 만에 하나라도 알선해 볼 양으로 노백헌은 선생에게 편지를 보냈다. 선생(기우만-필자 주)은 회답하기를,
> "두 분의 서(西)로 올라갈 계획은 듣는 사람으로 하여금 기운이 백배나 솟게 한다.

---

[5] 1901년 4월 노사 기정진의 『노사집(蘆沙集)』과 『답문유편(答問類編)』 발간 작업을 경남 단성(丹城: 현 산청군 속면) 신안정사(新安精舍)에 설치하여 이듬해 종전의 활자본을 목판본으로 간행했는데, 이를 노백헌이 주관하였다.

영남 선비들이 서로 잇대어 뒤를 따른다 하니 국가의 원기가 과연 영남에 있다 하겠으며, 우리 호남은 아직 적적하니 부끄러워 죽겠다. 나는 비록 여위고 쇠한 몸이지만 어찌 방안에 편안히 누워서 죽을 수 있겠는가?"
하고, 드디어 남원·곡성 여러 선비에게 편지를 내어 그 회에 참석하게 하는 동시에 문인(門人) 정시해(鄭時海)를 보내서 탐지해 보았는데 마침내 뜻대로 되지 않았다.

- 기우만, 「송사집」, 『독립운동사자료집』 3. 44~45쪽

일광은 면암의 명에 따라 경남 진주, 하동 등지로 가서 의병모집 활동을 하고 보름여 만에 돌아와서 향리 고창의 지사들을 찾아가서 거의 참여를 요청하여 다수로부터 동참을 얻는 등 거의 준비에 박차를 가하였다.

● 순창의진 중군장으로 활약

1906년 5월 19일(음력 4월 26일) 홍주성이 민종식이 이끄는 홍주의병의 손에 들어갔다는 소식을 면암은 "치밀함을 헤아리지 말고 가까운 날에 거의함이 좋겠다."라고 일광을 비롯한 임병찬, 최제학 등을 독려하였다.

▲ 무성서원과 병오창의기적비 - 전북 정읍시 칠보면 무성리(원촌1길 44-12)

86

5월 30일(윤4월 8일) 일광은 면암을 호종하여 담양 용추사로 가서 송사를 비롯한 영호남 유림 50여 명과 만났다. 면암은 그 자리에서 의병 거의 계획을 세운 후 동맹록을 정리하도록 하고, 호남 각 고을 지사들의 동참을 호소했다.

드디어 1906년 6월 4일(윤4월 13일) 태인 무성서원(武城書院)에서 봉기하니 이른바 순창의진(일명 태인의진)으로 일제침략기 후기 호남의병 첫 창의였다. 이때 33세인 일광은 의진의 중군장으로 지휘부에, 25세인 습재는 소모장을 맡아 병장기와 군수물자를 수집하고 운반하는 일 등을 맡았다.

(윤4월) 12일 무인(戊寅). 아침 식사 후에 선생(면암-필자 주)은 용추사(龍湫寺)로부터 길을 떠났다. 송사장(松沙丈: 송사 기우만-필자 주)도 본댁으로 돌아갔다. 석양에 피로리(皮老里:현 전북 순창군 쌍치면 금성리-필자 주)에 당도하여 여관에서 유숙했다.
13일 기묘(己卯). 아침 비가 비로소 개자, 선생은 문생 수십 명을 거느리고 태인 무성서원에 도착하여 최고운(崔孤雲) 선생 영정을 봉심(奉審)하고 이어 강회(講會)로 들어갔는데, 김기술(金箕述)·유종규(柳鍾奎)가 서원의 소임으로 강회에 참여했다. 강의가 끝나자 선생은 중앙에 앉아서 눈물을 흘리며 말하기를,
"왜적이 국권을 장악하고 역신(逆臣)이 죄악을 빚어내어 5백 년 종묘사직과 3천리 강토가 이미 멸망의 지경에 이르렀으니 임금은 남의 나라에 의탁하는 우공(寓公)의 치욕을 면치 못하고, 민생은 어육(魚肉)의 참화에 모두 빠지게 되었다. 나는 구신(舊臣)의 처지에 있어 진실로 종묘사직과 미생의 화가 이 지경에 이른 것을 차마 볼 수 없으므로 자기 역량을 헤아리지 않고 대의를 만천하에 외치고자 함이요, 성공하고 못하는 것은 예측할 수 없다. 그러나 내가 한결같은 마음으로 나라를 위하여 사생을 초월한다면 천지신명이 반드시 도울 것이니 성공하지 못할 염려는 없다. 나와 상대하는 그대들은 모두 나와 함께 사생을 같이하겠는가?"
하자 여러 문생이 모두,
"그렇게 하겠습니다."
라고 하였다. 선생은 다시 말하기를,
"비상한 일을 하는 자는 비상한 뜻을 반드시 가져야 하며, 더구나 전쟁에 나가는 것이란 곧 죽으러 가는 것이나 다름없으니 쉽게 말해서는 안 된다. 제군은 신중히 생각하여 후회가 없도록 하라."
하니 모두가 일제히 외치며
"감히 죽음으로써 명령에 복종하지 않으오리까?"
하였다. 이윽고 임병찬이 의사(義士)와 자기 집 일꾼(소작인-필자 주) 백여 명을 거느리고 와서 한바탕 울부짖으며 대의를 들어 타이르니 종군을 자원한 자가 80여 명이었다.

- 최제학, 앞의 책. 75~76쪽

관군과의 대치, 거룩한 순국

순창의진은 여느 의진처럼 전투 준비를 위해 전군·중군·후군, 전군장·중군장·후군장·호군장 등 철저한 조직과 무기를 갖추고 거의한 것이 아니고, 순창의병 전체가 하나의 덩어리가 되어 이동하게 되었는데, 일광은 의진을 총괄 지휘하는 중군장이었다.

거의 이틀째 정읍으로 들어가니 군수 송종면이 맞이하였다. 그곳에서 무장을 강화하고 의병 모집의 방을 붙인 후 내장사(內藏寺)에 유진하고, 이튿날에는 구암사(龜巖寺), 다음 날에는 순창으로 들어가서 부서를 새로 정하는 등 의진을 정비한 후 수백 명으로 불어난 사람들과 구례·남원 방면으로 행진을 거듭하다가 순창으로 돌아왔다.

6월 11일, 면암을 따르던 의병들은 남원과 전주에서 온 관군 2개 소대와 대치하는 상황에서 영남권까지 의병 모집에 나서 거의하는 데 큰 영향을 끼쳤던 의진의 소모장이자 중군장이던 일광이 관군의 유탄에 순국하는 상황이 발생하자, 의진은 아수라장이 되었고, 면암, 임병찬 등 13명을 제외하고 수백 명은 모두 흩어졌다.

6월 11일(윤4월 20일) 새벽에 광주진위대 소대장이 군사를 거느리고 옥과군 경계에 와서, 광주관찰사 이도재(李道宰)가 보내는 황제의 조칙과 관찰사의 고시문을 보내 와서 의병진의 해산을 권고하였다. 이때 광주 즉 전라남도 관찰사로 고시문을 보낸 이도재는 일찍이 전기의병 때, 선유사의 임명을 받고도 의병 편에 동조하면서 거행하지 않았던 학자 관리였던 것으로서, 최익현과는 서로 통하는 바도 있던 인물이었는데, 이때에는 입장을 달리한 것이었다. ……

다시 보고하기를, 그것은 왜병이 아니고, 전주·남원 2곳의 진위대 군사들이라고 하였다. 이 말을 들은 대장 최익현은 말하기를,

"그것이 과연 왜라면 우리가 마땅히 한번 결사대전을 해보겠지만, 왜가 아니고, 진위대 군사이라면, 이것은 우리가 우리를 치는 것이니, 어찌 차마 할 수 있느냐?"

라고 하면서 임병찬을 불러 돌아와서 싸우지 말게 하고, 사람을 두 진위대에 보내어 이르기를,

"너희들이 왜라면 즉각으로 결사전을 하겠지만, 그렇지 않으니 동포끼리 서로 죽이는 일을 나는 차마 하지 못하겠다. 곧 물러가라."

라고 하였다. 이것은 나라를 구원하고 백성을 건지기 위하여 일어난 의병진으로서는 당연한 주장이요, 권고였던 것이었다.

그러나 남원·전주 두 진위대는 물러가지 않으며, 소대장 김중희(金重熙)의 거느린 전주진위대가 읍 뒷산에서 먼저 포화를 퍼붓기 시작하고, 오후에는 남원진위대 소대

장 김희근(金熙根)의 거느린 군사가 다시 읍 앞산으로 집결하며 의병진으로 포화를 집중하니, 아무런 대책도 없는 의병대열은 흩어지지 않을 수 없으며, 중군장 정시해(鄭時海)가 대전하다가 날아드는 탄환에 맞아 쓰러지니, 형세는 이미 글렀다.

이때 정시해는 숨을 넘기면서 주장 최익현을 향하여 마지막 말로,

"시해는 왜놈 하나도 죽인 일이 없이 죽으니, 죽어도 눈을 감지 못하겠습니다. 악귀(惡鬼)가 되어서라도 선생을 도와 적을 죽이겠습니다."

라고 하니 최익현 이하 남아 있던 의사들이 모두 통곡하였다.

- 독립운동사편찬위원회, 『독립운동사』 제1권, 380~382쪽

● 대한의사 일광 정시해

순창의병이 일어난 지 일주일 되던 1906년 6월 11일, 전주진위대 소대장 김중희(金重熙)

▲ 정시해 의병장과 부인 오덕례 묘 - 대전현충원, 증손자 만기

관군이 순창읍 뒷산에서 포화를 퍼붓기 시작하고, 남원진위대 소대장 김희근(金熙根)가 이끈 관군이 순창읍 앞산으로 집결하며 의진을 향하여 포화를 집중하는 상황이 벌어졌는데도 면암과 일광, 안병찬 등 약 20명이 피하지 않고 한방에 함께 있었다. 그런데 문득 벽을

뚫고 날아온 총탄에 일광이 피격되어 숨지게 되었다. 이때 피가 자리에 가득히 흘렀는데, 면암이 일광을 안고 통곡하니, 모두 매우 슬퍼서 목이 메었다. 조금 후에 번개가 치고 천둥소리가 나니 총소리도 따라서 잠잠하므로 마침내 일광을 아랫방으로 옮겼다.

21일 정해(丁亥). 이른 아침에 한 부대 군사가 와서 의병의 동향을 엿보고 있자, 선생(최익현-필자 주)은 말소리를 가다듬어 꾸짖되, "너희들은 왜놈만도 못한 놈들이다. 어떤 놈이 우리 정시해(鄭時海)를 죽였느냐. 즉각 잡아 오라. 나는 원통함을 풀어야겠다." 하였다.

이윽고 한 부대 군사가 사면으로 에워싸고 다만 유종규(柳鍾奎)6) 한 사람만을 허용하여 밖에 나가 치상(治喪) 준비를 하게 하였다.

선생은 나기덕(羅基德)7)에 명하여 그 명정(銘旌)을 '대한국 의사 정시해의 넋이라[大韓國義士鄭公時海之柩]' 쓰게 하고, 김기술(金己述)8)·임현주(林顯周)9)로 하여금 그 시체를 거두어서 들어다 초빈(草殯)하게 하였다.

양재해(梁在海)10), 임병구(林炳九), 조영가(趙泳嘉) 등은 길거리에서 이 소식을 듣고 목을 놓아 크게 울다가 대병(隊兵)에게 구속되어 관청으로 들어왔는데 임·조 두 사람은 곧 작별하고 돌아갔고, 양재해는 죽기로 맹세하고 가지 않았다.

- 최제학, 앞의 책. 90쪽

대한의사 일광 정시해! '일광(一狂)'이란 호는 소모장의 직책을 맡아 영남 유림에 격문(檄文)을 전달하고, 동지 규합을 위해 동분서주하면서 스스로 '나라를 잃은 미친 백성[失國狂民] 중의 한 사람[一狂]'이란 의미로 자호(自號)했다니, 그 속뜻이 자못 엄숙하다.

면암의 의병거의 소식을 들은 스승 송사는 일광을 찾아와 이번 거의는 준비가 미흡해

▲ 일광기념관 - 전북 고창군청 앞

▲ 일광 정시해 의사 제113주기(2019) 일광 추모제
– 1994년부터 매년 6월 11일 거행

---

6) 유종규(柳鍾奎, 1859~1925) 전북 김제 출신. 건국포장(1995)
7) 나기덕(羅基德, 1876~1932) 경남 통영 출신. 대통령표창(2010)
8) 김기술(金己述, 1887~1940) 전북 옥구 출신, 건국포장(2004)
9) 임현주(林顯周, 1858~1934) 전남 구례 출신. 애족장(1990)
10) 양재해(梁在海, 1854~1907) 전남 화순 출신. 애족장(1990)

실패할 것을 예견하고 귀가를 종용했다. 그러자 일광은, "선비가 마땅히 죽을 자리를 찾은 것을 명예롭게 생각한다."하고 큰절로 하직인사를 드리자 송사는 대성통곡하며 떠났다고 전한다.

제자의 예를 올려 스승이 된 면암은 일광을 각별히 여겨 의병거의에 나서면서 숙식을 함께하여 다른 선비들은 사제를 넘어 부자의 정으로 느껴져서 부러워했다고 전한다.

> 일광은 33세의 짧은 일생을 살다 갔지만 적극적으로 성실하고, 패기 있게 살다 갔다. 일찍이 어른스러운 기품이 있었고, 머리도 명석하여 문학 속문도 빨리 성취했기에 그 스승은 엽등(躐等)과 속달(速達)을 경계하기도 하였다. 또 조숙하였기에 위로 두 형이 있었지만 집안 살림살이와 부모 봉양도 자기 자신의 임무로 알고 살았으리라 본다. 명분을 중히 여기며 살았고, 내려오는 가계(家系)와 학문의 연원(淵源)에 대해서도 자부(自負)·자긍심(自矜心)을 가지고 이 세상에 나와 살다 간 자취를 더 뚜렷이 남기려는 영웅심도 지녔다. 7대조 인주(仁周)는 존주대의(尊周大義)를 부르짖은 우암(尤庵)의 문인이고, 아버지 송담(松潭)은 성리학의 대가 노사(蘆沙)의 문인이며, 일광은 송사(松沙)에게 배우고, 척사위정파(斥邪衛正派)의 거장 면암(勉菴)에게 집지(執贄)[11]하였기에 젊은 선비 일광이 자연히 수구적(守舊的)인 처지에서 행동했으리라고 보아진다. 그래서 의리는 우암, 학문은 노사. 행동은 면암의 노선을 밟았던 것이다.
>
> - 유재영, 「일광 정공의 생애와 충효」, 『일광집』, 55~56쪽

● 충효의식 높은 지역민에게 존경을 보내며

일제의 서슬이 퍼런 1912년, 고창의 유림은 통문을 띄워 일광 의사의 추모사업에 나섰다. 발각되면 모두 처벌을 각오해야 하는 상황 속에 광무황제의 어진을 그린 석지(石芝) 최용신(蔡龍臣) 화백을 초빙하여 일광의 영정부터 제작하였다.

이는 최근에 통문을 발견한 학계는 일제침략기 의병사 최초의 추모사업에 대한 연구의 당위성을 주장하였다.

일제침략기를 거치며 영정이 사라지는 안타까움을 겪었지만, 1945년 조국이 광복되자 고창 지역의 유림은 일광 의사를 '충효양전(忠孝兩全)의 사표'라고 규정하고 충효비를 세우고 추모제를 다시 시작했다. 이후 순국선열에 등록되고 건국훈장 애국장이 추서되었

---

11) '제자가 스승을 처음 뵐 때 예폐(禮幣)를 올리고 경의를 표함'의 뜻이나 여기서는 '스승의 예를 올려 제자가 된 경우'를 뜻함.

▲ 일광 정시해 의병장 태지 삼태마을 배경 '의사정시해공충효비'
– 중앙 한복 차림 손자 상렬

다. 1994년 대전현충원 애국지사묘역 제307호에 모셔지고, 3천여 시민들의 성금으로 일광기념관이 개관되기에 이르렀다.

순수 민간 성금으로 건립된 일광기념관은 운영비나 사업비가 항상 부족하여 회원 확충에 더 적극적이었다. 자발적으로 회비를 내는 회원이 100명에 이르고, 임원단이 40~50대로 젊고, 다른 곳에서 볼 수 없는 사업들이 시작되었다.

매년 6월 11일 일광 의사 순국일에는 경향각지의 추모객들과 지역의 기관단체장들이 참석하는 '일광추모제'가 열리고, 지역의 학생·시민들을 대상으로 '항일역사교실'을 열어 향토의 독립유공자를 소개하고, 일제 앞잡이들의 행적을 파헤친다. 지역 학생들은 학교를 졸업하기 전에 한두 차례 반드시 이 프로그램을 이수하게 된다.

강사를 초빙하여 특강을 들으며 함께 견학하는 '일광답사단'을 지난 2000년부터 시작하여 '해외 답사단'에 회원들을 파견하고, 2015년부터는 독자적으로 3차례 시행했다.

지역을 직접 걸어 보는 '쉬엄쉬엄 걷기' 프로그램은 매월 둘째 토요일에 하는데, 2022년 4월 현재 143회를 이어가고 있고, 매월 넷째 토요일에 1박 2일로 가는 여행 프로그램인 '길동무'는 매년 테마를 정하여 현재 88회를 진행하고 있다.

1년을 두 학기로 나눠 주제를 정하고 책을 읽고 저자를 초청하여 특강 후 토론하는 '일광아카데미'는 매월 셋째 수요일에 모이는데 현재 99회차를 이어가고 있다.

이 밖에도 '부모고향알기' 3박 4일 동안 열리는 '고창어울마당', 토론문화를 선도하

▲ 일광답사단 - 대마도 답사(2017)

는 '고창포럼', 회원의 친목을 다지는 '일광번개' 등을 고창군민 자발적으로 나서 일광기념관에서 열고 있으니, 지역민의 드높은 충효의식은 전국 으뜸일 것이다.

3. 토역복수(討逆復讐)의 화신 백낙구 의병장

● 을사늑약 직후 거의하다

을사늑약 직후부터 호남지역에서는 송사(松沙) 기우만(奇宇萬)을 비롯한 유생들은 역적의 무리를 베고, 망국 조약을 폐기하는 운동을 벌일 것을 의논하여 상소하고, 혹은 유림의 회합 궐기를 계획하기도 하였지만, 일제와 그 앞잡이들의 방해로 여의치 못했다.

그런데, 1906년 봄 민종식(閔宗植)이 2차례 충남 홍주의병을 이끌고 마침내 홍주성을 점령하여 기세를 떨쳤고, 이어 6월 최익현이 전북 태인의병을 이끌다가 붙잡히자 호남지역에서도 의병을 일으키려는 우국지사들이 많이 나섰다.

전 주사(主事) 백낙구는 1906년 가을에 분연히 일어나서 의병투쟁에 앞장섰다. 그는

93

전주 출신으로 호를 운정(雲亭)이라 하며, 기개가 있고, 또 동학농민혁명 때 동학을 빙자한 무리를 무찌르는 초토관(招討官)으로 종사한 바가 있었다. 그 후 눈병으로 전남 광양군 산중에서 은거하다가 의분을 참지 못하여 동지 10여 인과 함께 의논하고 의병을 일으키게 되었다.

이에 우국지사 김상기(金相璣) · 이항선(李恒善) · 노원집(盧元執) · 채상순(蔡相淳) · 유병우(柳秉禹) 등이 함께 참여하게 되었고, 그의 거의 소식은 지방민들의 환호 속에 의병에 참여하고자 하는 자가 수백 명에 이르렀고, 그는 사령장(司令長)에 추대되었다.

백낙구는 의진을 편성한 후 인근 고을에 격문을 돌려 거의의 명분을 천명하고, 의병에 참여할 것을 당부하였다.

"오호라! 오늘날의 소위 대한(大韓)은 누구의 대한이란 말인가? 지난날 을미년에 있어서는 일본공사 미우라(三浦梧樓)가 군사를 마음대로 출동하여 궁궐에 들어가니, 만국이 이 소식을 듣고 실색(失色)하며, 온 나라 사람들의 통한(痛恨)이 뼈에 사무쳤다. 그런데 그 후 12년이나 되어도 위에서는 복수하는 거사가 없고, 아래서는 치욕을 씻자는 의논이 없으니, 이러고서도 이 나라에 사람이 있다고 할 것인가?
이제 이토(伊藤博文)가 더욱 모욕을 가하여, 군사를 거느리고 서울로 들어와서 상하 사람들에게 재갈을 물리고 강제하며 통감(統監)이라고 자칭하니, 그 통(統)한다는 것은 무엇이며 감(監)한다는 것은 무엇인가? 우리나라 5백년의 종사와, 3천리 강토와, 2천만 동포가 송두리째 이웃 나라 적신(賊臣) 이토에게 강탈당하면서도, 입을 다물고 머리를 숙이고, 원통하고 분한 사정을 소리쳐 부르짖지도 못하며, 죽기를 기다려야 한다는 말인가!……"

- 독립운동사편찬위원회, 『독립운동사』제1권, 396~397쪽

백낙구는 비장한 내용을 서두로 하는 격문을 각 지방에 돌리는 한편, 11월 6일(음력 9월 20일) 밤을 기하여 각지의 의병들을 모아 전남 순천읍을 향하여 진격하기로 정하였다.

그런데, 일은 여의치 못하여 군사들이 기약한 일시를 잘못 알고, 날이 다 밝도록 보이지 않으니, 부득이 흩어질 수밖에 없었으며, 이러한 기미를 알고 출동한 관군에 의하여 백낙구와 종사 7인이 함께 붙잡히게 되었다. 7인 중 안치중(安致中) · 김봉구(金奉九)는 순천 옥에서 탈출하였으며, 백낙구 등은 다시 광주경무서로 끌려가서 엄한 심문을 당하게 되었는데, 그는 붓을 들어 의병을 일으킨 이유에 대한 답변으로는 격문의 내용을 쓰고, 자신의 뜻을 말하였다.

"나는 나의 힘을 생각하지 않고 의용(義勇)한 군사들을 모집하여 우리나라에 와 있는

왜들을 내쫓으며, 또 이등박문을 베고 최익현(崔益鉉) 등 여러 분을 구출하려고 한 것이다. 그런데 시운(時運)이 불리하여, 내 몸이 먼저 잡히게 되었으니, 패군지장(敗軍之將)이 무슨 말을 하겠느냐? 죽음이 있을 뿐이다."

라고 썼다.

패장(敗將)의 진술

광주군(光州郡) 의병 사건으로 체포된 백낙구(白樂九) 씨의 자백 내용에 따르면, 백낙구 씨가 당시에 격문을 널리 배포한 내용이 다음과 같으니, "아! 금일 이른바 대한국은 누구의 대한국이오? 지난 을미년(1895)에 일본 공사 미우라(三浦)가 누누이 군사를 음직여 관문으로 들어갔으니 만국이 듣고 놀라고 전국이 애통하여 원수같이 한 것이 지금까지 12년이라. 위에서는 복수의 거동이 없고, 아래에서는 치욕을 씻어낼 의리가 없으니, 나라를 위하는 사람이 있다고 할 수 있겠는가. 현재 이토 히로부미(伊藤博文)가 더욱 모욕을 가하여 병사를 이끌고 서울로 들어와 상하를 위협하고 '통감'이라 스스로 칭하니 '통'이라는 것이 무엇이며 '감'이라는 것이 무엇이오? 우리나라 5백년 종사와 삼천리 강토와 이천만 동포가 이웃나라 적신(賊臣) 이토에게 빼앗겼으되, 입을 다물고 머리를 움츠리며 부르짖지 못하고 죽음을 기다리는가? 이에 백낙구는 스스로 능력을 헤아리지 않고 동지를 부르고 병정을 모집하여 와서 머무르는 일본 관리를 힘써 공격하여 모두 국경 밖으로 내쫓고, 또한 이토 히로부미를 체포하며, 최익현(崔益鉉) 씨 등을 되찾고자 하다가 시운(時運)이 불리하여 전쟁에 참가하지 못하고 먼저 체포되었으니, 패군의 장수가 감히 살 것을 바라지 않는지라 이에 사실대로 고한다." 하였다더라.

- 「대한매일신보」 광무 10년(1906) 12월 7일

구례, 순천 등지에서 의병이 일어나 장성우편국을 공격 일본인을 총살하다. 의병장 백낙구(白樂九)가 체포되다.

- 김윤식, 『속음청사(續陰晴史)』 하. 광무 10년 12월 10일

전라남도 순천군옥에 투옥되었던 의병 백낙구(白樂九) 등 7인 중 안치중(安致中), 김봉구(金奉九)가 탈옥하다.

- 「대한매일신보」 광무 11년 1월 10일

백낙구 거의와 관련하여 광주경무서에 끌려가서 심문을 받았던 기우만은 자신이 보고 들은 바를 이렇게 정리하였다.

(1906년) 10월(음력-필자 주), 광주경무서에 수감되어 담판했다.

16일, 경무관에게 압송되어 이튿날 광주서에 당도하자, 저놈들은 선생(기우만-필자 주)에게 청 아래에 서서 담판할 것을 요구하니, 선생은 말소리를 가다듬어 꾸짖고 곧장 청으로 올라가 신발도 벗지 아니하고 나무에 기대어 편히 앉았다.

왜놈은 묻기를,

"공의 성명이 백낙구(白樂九)의 구두 진술에 나왔으니 과연 사주가 있었는가?"

하므로 선생은 말하기를,

"우리나라는 네 나라와 더불어 십세(十世)의 원수다. (중략) 작년 10월에 5조약이 이루어짐으로써 국내에 완전한 땅이 없이 되었다. 그래서 사람마다 분하고 원통함을 품고, 백 사람이 왜놈 하나만 죽이고 죽어도 좋다는 생각이다. 백낙구의 창의(倡義)로 말하면, 그는 먼저 내 마음을 알았다 하겠는데 의(義)는 대단하고, 군사는 작아서 일거에 실패하였으니 사랑스러워도 도울 길 없다. 그러나 사람은 비록 죽었지만 의(義)만은 죽지 아니하고, 나라는 비록 망해도 의는 망하지 않을 것이니, 그 기절은 진실로 추앙할 만하다. 무릇 의가 같으면 마음이 같고, 마음이 같으면 가르치지 않아도 가르친 것과 다름없고, 시키지 않아도 역시 시킨 것과 같다."

하였다. (중략)

20일, 또 담판이 있었다.

왜추(倭酋)는 담판하자고 청하자 선생은 말하기를,

"말이 서로 통하지 못하니 글로 써서 말을 대신하는 것이 좋지 않겠느냐?"

하니, 순검은 종이와 붓과 먹을 가져왔다. 그래서 선생은 글로 써 보였는데 그 대략은 다음과 같다.

"손에는 비록 한 치의 쇠붙이가 없지만 가슴 속에는 항상 수만의 갑병(甲兵)이 있어, 강물 소리만 들어도 철갑(鐵甲)을 떨치고 동으로 나가 처부술 것을 생각하고, 산의 나무만 보아도 그것을 의병(疑兵)을 만들어서 오랑캐를 쫓아 버리기를 원했는데, 늙음은 날로 오고 병은 심하여 가족과 더불어 차일산(遮日山)으로 들어가서 목숨이 끊어지기만 기다렸다. 뜻밖에 들으니 백낙구(白樂九)가 원수 갚을 계획을 가지고 군사를 일으켜 대의를 천하에 펴기로 한다고 하는데, 비록 면식은 없으나 마음만은 서로 통하는 처지였다. 그래서 나를 불러 알선하여 방안에 편안히 죽는 것을 면하게 하였으니 진실로 큰 은인이다."

하였다.

- 기우만, 「송사집」, 『독립운동사자료집』 3. 46~49쪽

● 고금도 15년 유배

백낙구는 광주감옥에 투옥되었다가 1907년 4월 18일 전라남도재판소 판사서리 광주군수 홍난유(洪蘭裕)의 질품(質稟)으로 내각에서 유형 15년형으로 처분되고, 이튿날 전남 완도군 고금도(古今島)로 유배되었다.

> 전라남도재판소 심리 유15년 죄인 백낙구(白樂九), 유10년 죄인 노성일(盧成日) 정배소우해도(定配所于該道) 완도군 고금도지의(古今島之意)로 법부대신이 상주ㅎ와 봉지 의주
> 이상 4월 19일
>
> — 「관보」 부록(1907.05.06)

일제는 『폭도사편집자료』에서 당시 의병이 일어나게 된 원인을 을사늑약에 반대하여 홍주·남원 등에서 의병을 일으킨 민종식(閔宗植)·최익현(崔益鉉)의 영향으로 보았다. 전라남도 경찰부장 무라카미 노리사다(村上則貞)가 내부경무국장 마쓰이 시게루(松井

▲ 유형 15년 백낙구, 정배지 고금도(「관보」 부록, 1907.05.06)

茂)에게 보낸 「전남경비친(全南警備親) 제89호」(1908.09.29) '적도 봉기의 원인'에 그 내용이 나타나 있다.

> 관내 폭도 봉기의 원인은 재작 광무 10년 6월 일한협약에 반대한 홍주·남원 등에서 폭거를 일으킨 저 민종식(閔宗植)·최익현(崔益鉉) 등의 유류(遺類), 광양군의 유생 백낙구(白樂九), 장성군의 유생 기삼연(奇參衍), 창평군의 고광순(高光洵) 등이 세계의 대세에 통하지 못하고, 한국 현재의 위치·상황에 자상치 못하여, 헛되이 완고한 구사상(舊思想)에 젖어, 일본의 보호정책을 오해하고, 만연히 무지한 완민(頑民)을 선동하여 폭도 50여 명을 끌고 동년 11월 중 구례 및 광양의 2군을 습격한 데서 비롯하여, 때때로 전라북도의 폭도와 기맥을 통하고 각지에 준동(蠢動)하였으나 당시는 그 세력이 미약하여 전도에는 미치지 못하였다.
>
> – 독립운동사편찬위원회, 『독립운동사자료집』 3, 554~555쪽

그리고 일제의 『조선폭도토벌지』에도 호남지역 의병은 민종식·최익현을 따르던 유생이 일으켰다고 기록하였다.

> 민종식 및 최익현의 무리는 전년 충청남도 홍주, 전라북도 남원 등지에서 봉기하여 민종식과 최익현을 포박 처형되었으나 그 도당이었던 유생 백낙구(白樂九)·기우만(奇宇萬)·고광순(高光洵) 등은 무지한 주민을 유혹 선동하고, 비직관리(非職官吏)를 자극하여 비도 50여 명을 규합, 39년(메이지 39년. 1906년–필자 주) 11월부터 12월에 걸쳐 구례·광양·장성 등 각군의 관아를 습격 약탈 참살을 감행하였다.
>
> – 조선주차군사령부, 「조선폭도토벌지」,
> 『독립운동사자료집』 3, 702쪽

▲ 『조선폭도토벌지』(1913)

▲ 폭도사편집자료

🌑 토역복수(討逆復讐)의 화신

백낙구는 1907년 11월 18일 사전조칙(赦典詔勅)으로 석방되었다.

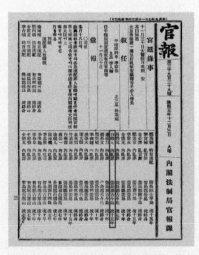

▲ 백낙구, 1907년 11월 18일 사면
(「관보」 3939호, 1907.12.03)

본월 18일에 사전조칙을 흠봉호와 각도 유배죄
인 방석에 관훈 건을 내각관제 제7조 제7항을
의호야 내각회의를 경혼 후 내각총리대신과 법
부대신이 상주호야 가라 흐신 지를 봉홈

별지
유배죄인 방석질(放釋秩)
서주보 특지유배 흥양군 여도 유종신
(중략)
정운경 내란죄 완도군 완도 유15년
이세영 내란죄 완도군 완도 유종신
전덕원 내란죄 완도군 완도 유10년
여성원 내란죄 완도군 고금도 유7년
백낙구 내란죄 완도군 고금도 유15년

백낙구와 의병 거의를 함께 도모했던 유병우가 일본 경찰에 붙잡힌 기록에도 백낙구의
의병활동 내용이 나타나 있다.

99

폭도에 관한 건

관내 고부경찰서장의 폭도 수색에 관한 보고 요지는 좌와 여하다.

본직은 6월 18일 정(鄭) 경부 이하 일한순사 8명을 인솔하고 폭도 수사 및 토벌을 위하여 태인·정읍·흥덕·고창·무장·고부의 각군에 출장하여 26일 정 경부 이하 4명을 정읍에 남기고 동일 귀서하였다. 그 상황은 좌와 여하다.

(중략)

4. 동월 24일 정 경부 등은 좌의 4명을 체포 귀서하였다.

정읍군 서일면 단곡리

유병우(柳秉禹) 당 61세

본인은 일본이 한국에 대하는 행동을 고광순(高光順), 백낙구(白樂九), 양초계(梁草溪)[12], 양해심(梁海心)[13] 등과 마음을 합하여 각 군자(軍資)를 출하여 소위 의병이란 것을 모집하여 광무 10년 7월 순천군을 습격하려 하였으나 이루지 못하고 월(越)하여 융희 원년 3월 양해심이 능주에 의병을 일으키자 이에 성원하였으나 일패지에 도하였다. 원래 병에 걸려 자택에 돌아와 누워 폭도에게 방략을 주고 일찍이 전투에 임한 일이 없는 것 같다.

- 국사편찬위원회, 『한국독립운동사』 자료 15권, 92~94쪽

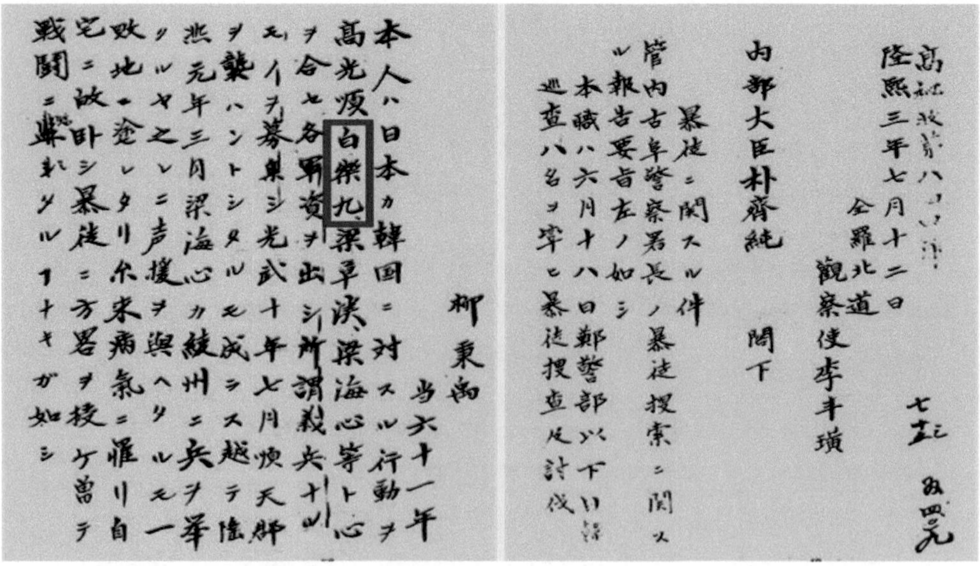

▲ 유병우 의병장 피체 문서 속의 백낙구 행적(『폭도에 관한 편책』, 1909.07.12)

---

12) 양초계(梁草溪): 초계군사(草溪軍事)를 지낸 양한규(梁漢奎, 1844~1907) 의병장
13) 양해심(梁海心): '해심'은 양회일(梁會一, 1856~1908) 의병장의 자(字)

그는 석방되자 집으로 가지 않고, 정읍 유병우(柳秉禹)의 집에 머물면서 의병 재거를 도모하다 전남 나주·함평 등지에서 의병투쟁을 벌이던 김태원(金泰元) 의진에 참여하여 후군장으로 활동하다 그해 4월 태인(일본기록은 순창)에서 일본군과 접전 중에 전사 순국하였다.

> 호남의병장 백낙구가 태인에서 일병들과 싸우다가 전사하였다. 백낙구는 지난 섣달, 광주에서 석방된 후 집으로 돌아가지 않고 전주에 있는 의병과 합류하였다. 이때 일병들은 태인의 들에서 의병을 습격하자 그를 추종하던 의병들은 불리함을 보고 그를 부축하여 포위망을 벗어나려고 하였으나, 백낙구는 탄식하며, "그대들은 마음대로 어서 떠나라. 이곳은 내가 죽을 곳이다."
> 라고 한 후 뛰어나오면서,
> "백낙구가 여기 있다."
> 라고 외쳤다. 결국 그는 탄환을 맞고 절명하였다.
>
> — 황현, 『매천야록』 제5권, 광무11년 정미조

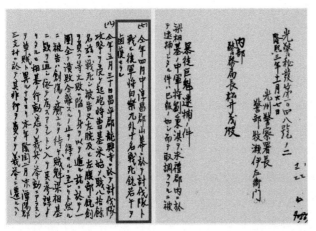

▲ 유병기 의병장 피체 문서 속의 백낙구 의병장은 전북 순창군 산막에서 전사 순국했다는 기록(『폭도에 관한 편책』, 1909.11.27)

매천은 그를 특정 지역 의병장이라 하지 않고, '호남의병장'이라 일컬었다.

그는 전북 전주 출신으로 알려져 있으나 후손을 찾을 길 없고, 묘가 어디에 있는지도 모른다.

정부는 고인의 공훈을 기리어 1991년에 건국훈장 애국장을 추서하였으나 공적에 비해 저평가된 것은 안타까운 일이다.

4. 영호남 대규모 일본 군경과 격전 벌인 고광순 의병장

왕대밭에 왕대 나다

▲ 녹천 고광순 의병장(초상화)

고광순(高光洵, 1848~1907) 의병장은 전남 창평(현 담양군 속면) 출신으로 호는 녹천(鹿川·鹿泉), 이명은 광순(光珣·光詢)이다. 녹천은 임진왜란 때 금산 '7백의총'에 잠든 의병과 함께 순국한 제봉(霽峰) 고경명(高敬命) 의병장의 둘째 아들인 인후(因厚)의 사손(嗣孫)으로 생부는 정상(鼎相)이나 경주(慶柱)에게 계후(繼後)되었다.

녹천의 집안 중에 함께 거의한 사람은 고제량(高濟亮)·고광훈(高光薰)·고광수(高光秀)·고광채(高光彩)가 있다. 이처럼 그의 집안은 대대로 왜적과 싸운 긴 역사를 지니고 있었다.

녹천은 어릴 때부터 남다르게 위엄이 있어 지도자적 자질을 갖춘 인물이었다. 어려서 외조부 황주(黃洲) 김 공에게 학문의 기초를 닦은 후 상월정(上月亭)에 올라가 10년 동안 학문을 익혀 과거에 응했으나 부정이 심하여 과거장을 나온 후에는 관직에 뜻을 두지 않았다.

을미왜란(1895) 후 녹천은 송사(松沙) 기우만(奇宇萬), 성재(省齋) 기삼연(奇參衍) 등 유학자들과 국모의 원수를 갚을 '국수보복(國讐報復)'의 방략을 의논하였다. 이어 단발령이 내리자 각처에서 의병이 벌떼처럼 일어나고, 호좌의진 대장 의암(毅菴) 유인석(柳麟錫) 의병장의 격문이 이르자 송사는 통문을 인근 고을에 돌렸다. 송사는 호남 유림의 정신적 지주였던 노사(蘆沙) 기정진(奇正鎭)의 손자였다.

3월이 되자 각 고을에서 그 통문에 호응하는 유생이 늘어가자, 송사는 장성으로 가서 의병을 모집하였다. 이때 성재는 장성의병 수백 명을 거느리고 와서 군무를 맡았다.

이에 앞서 3월 14일(음력 2월 1일), 나주 유림에서는 문묘(文廟) 춘향일(春享日)을 맞아 향교에 모여 국수보복과 단발령 시행에 따른 계책을 강구하여 마침내 3월 23일 전 주서 이학상(李鶴相)을 대장으로 하는 의진을 구성하고 나주부 아전과 군교(軍校) 등 수백 명과 함께 의병을 일으켜서 머리를 깎은 참서관 안종수(安宗洙)와 총순·순검을 처단하고, 시찰·주사 등 관리 6명을 가두었다.

이튿날 송사는 녹천·성재와 함께 고기주(高琦柱)·기동관(奇東觀)·기동준(奇東準)·기재(奇宰)·김익중(金翼中) 등 명망이 있던 유학자와 의병 2백여 명을 거느리고 장성으로부터 나주향교로 진출하였다.

> 나주 인사들은 서로 이르기를, "흉괴(凶魁)는 비록 제거되었으나 본주의 의거는 시작은 있고 끝이 없어서는 안 된다." 하고 드디어 주서 이학상을 요청하여 대장을 삼고서 각 고을에 통문을 돌려 함께 거사할 것을 약속하니 선생(기우만-필자 주)은, "나주 사람들이 갑오년 싸움을 겪어 병사(兵事)에 익숙할 뿐 아니라 의기 있는 사람이 많아서 족히 믿을 만하다." 하고 드디어 고광순·기삼연·기주현·양상태·기동관·이승학·기재·기동준 등 여러 의사들과 같이 가자 여러 장령과 군졸이 부서를 나누어 대오를 편성하여 성대히 의장을 갖추고 선생을 맞아 단상에 올라 군중에게 훈시하게 하였다.
>
> - 독립운동사편찬위원회, 『독립운동사자료집』 3권, 28쪽

송사는 음력 2월 그믐을 기하여 의병들을 광주에 모이도록 하였다. 그러나 4월 9일(음력 2월 27일), 선유사 신기선(申箕善)이 전주에 도착한 후 지방관을 통하여 선유문을 보냈다.

> "주상전하께서 밀지를 내려 의병을 칭찬하신 것이 불행히 오늘날 집권자의 협박 자료가 되어 허물을 들고 나오는 것이 너무도 심하니 주상께서 환궁하실 기약이 막연하다. 공들이 의병을 일으킨 것은 본시 어가(御駕)를 받들어 모시고 임금님의 치욕을 씻고 토복(討復)의 의를 실천하자는 것인데, 군민(君民)의 사이가 너무 격리되어 호령이 통하지 못하고 역적의 무리는 총명을 옹폐하여 임금의 뜻이 이루어질 수 없으니 오늘의 명령은 진실로 부득이한 것이다. 그런즉 명령에 복종하여 군사를 해산하는 것도 역시 충성을 바치는 하나의 의무가 아니겠는가?"
>
> - 독립운동사편찬위원회, 앞의 책, 30~31쪽

며칠 뒤 친위대를 이끈 이겸제(李謙濟)가 전주에 도착하여 전주진위대 중대장 김병욱(金秉旭)에게 해남군수 정석진(鄭錫珍)과 담양군수 민종렬(閔種烈)을 잡아 오게 했다는 소식을 들은 이학상은 비분강개하여 스스로 탄식하며 말하기를,

▲ 고광순의병장기념관 - 전남 담양군 창평면 경동길 54

"옛날 조조(曺操)가 천자를 끼고도니 한(漢) 나라가 회복되기 어려웠고, 역적 진회(秦檜)가 권세를 쥐고 사사로이 쓰니 충신 악비(岳飛)가 원통하게 죽었던 것과 무엇이 다르랴. 아! 분통하다."

하였고, 기우만은 의진의 장령들을 모아 놓고 의논하다가 목이 멘 소리로,

"지금 세력을 잡은 무리의 마음이 음험(陰險)하고 불측(不測)하니, 만일의 경우를 생각하지 않을 수 없다. 그렇게 된다면 적을 토벌한다는 것이 도리어 우리 임금의 화를 재촉하는 길이 되기에 알맞은 일인즉, 자수하여 우리들의 의리나 밝혀 두는 것이 좋겠다."

라고 하면서 마침내 의병을 해산하고 말았다.

의병을 해산하라는 선유사의 선유문을 좇아 의병을 해산하였지만 녹천은 비분강개하여 집안일을 돌보지 않고 영호남으로 다니며 민중을 격려하기도 하고, 혹은 눈물로 호소하면서 동지를 규합하였다.

● 을사늑약 직후 호남의병

1906년 6월, 최익현(崔益鉉)·임병찬(林炳瓚)이 태인에서 거의했으나 전투의병과 거리가 멀어 불과 8일 만에 관군에게 피체되었고, 일제에 의해 '소요죄'로 대마도에 구금되었다. 뒤이어 광양에 은거하던 전 주사 백낙구(白樂九)가 '국권회복(國權恢復)'의 기치를 들자 인근의 우국지사 김상기(金相璣)·이항선(李恒善)·노원집(盧元執)·채상순(蔡相淳)·유병우(柳秉禹) 등이 의진에 참여하고 도처에서 장정들이 모여들어 수백 명의 군세를 갖춘 의진의 사령장(司令長)에 추대되었다.

백낙구는 의진을 편성한 후 인근 고을에 격문을 돌려 거의의 명분을 천명하고 의병에 적극 참여해 줄 것을 당부하였다.

"오호라! 오늘날의 소위 대한(大韓)은 누구의 대한이란 말인가? 지난날 을미년에 있어서는 일본공사 미우라(三浦梧樓)가 군사를 마음대로 출동하여 궁궐에 들어가니, 만국이 이 소식을 듣고 실색(失色)하며, 온 나라 사람들의 통한(痛恨)이 뼈에 사무쳤다. 그런데 그 후 12년이나 되어도 위에서는 복수하는 거사가 없고, 아래서는 치욕을 씻자는 의논이 없으니, 이러고서도 이 나라에 사람이 있다고 할 것인가?
이제 이토(伊藤博文)가 더욱 모욕을 가하여, 군사를 거느리고 서울로 들어와서 상하 사람들에게 재갈을 물리고 강제하며 통감(統監)이라고 자칭하니, 그 통(統)한다는 것은 무엇이며 감(監)한다는 것은 무엇인가? 우리나라 5백년의 종사와, 3천리 강토와, 2천만 동포가 송두리째 이웃 나라 적신(賊臣) 이토에게 강탈당하면서도, 입을 다물고 머리를 숙이고, 원통하고 분한 사정을 소리쳐 부르짖지도 못하며, 죽기를 기다려야 한다는 말인가!……"

– 독립운동사편찬위원회, 『독립운동사』 제1권, 396~397쪽

그리고 장성의 송사와 창평의 녹천 등과 연락하여 각지의 군사들을 모아 11월 6일(음력 9월 20일) 순천읍을 공략하기로 계획을 수립하였다. 하지만 모인 군세가 미약하여 백낙구를 비롯하여 종사 7명이 체포되고 말았다.

백낙구 등은 광주경무서로 이송되어 심문을 받고, 마침내 1907년 4월 18일 전라남도재판소에서 유형 15년형으로 처분되어 전남 완도군 고금도(古今島)로 유배되었다. 그해 11월 18일 석방되자 전남 나주·함평 등지에서 의병투쟁을 벌이던 김태원(金泰元) 의진에 참여하여 후군장으로 활동하다가 이듬해인 1908년 4월 태인에서 일본군과 접전 중에 전사 순국하였다.

호남의병장 백낙구가 태인에서 일병들과 싸우다가 전사하였다. 백낙구는 지난 섣달, 광주에서 석방된 후 집으로 돌아가지 않고 전주에 있는 의병과 합류하였다. 이때 일병들은 태인의 들에서 의병을 습격하자 그를 추종하던 의병들은 불리함을 보고 그를 부축하여 포위망을 벗어나려고 하였으나, 백낙구는 탄식하며, "그대들은 마음대로 어서 떠나라. 이곳은 내가 죽을 곳이다."라고 한 후 뛰어나오면서, "백낙구가 여기 있다."고 외쳤다. 결국 그는 탄환을 맞고 절명하였다.

– 황현, 『매천야록』 제5권, 광무11년 정미조

녹천은 1907년 1월 24일(음력 12월 11일) 창평에서 고제량을 부장(副將), 윤영기(尹永淇)·박기덕(朴基德) 등을 참모로 창의의 깃발을 들었다. 녹천은 1906년 6월, 면암이 거

105

의했다는 소식을 듣고 의병을 거느리고 순창으로 나아갔으나 이미 면암이 피체된 뒤였기에 분루를 삼키고 말고삐를 돌렸던 터였다.

이때 남원에서는 초계군사(草溪郡事)를 지낸 양한규(梁漢奎) 의병장이 설날을 기하여 함께 남원성을 공격하자는 제안해 오자, 녹천은 그날을 위해 서둘러 의진을 정비하였다. 양한규 의병장은 지리산 일대를 근거지로 삼고 영호남 지역 1천여 명의 의병을 모아 크게 명성을 얻고 있었다.

1907년 2월 12일(음력 12월 30일) 밤 양한규는 참봉 유병두(柳秉斗), 진사 박재홍(朴在洪) 등과 휘하의 정예 의병 1백여 명을 이끌고 진위대가 주둔한 남원성을 기습하여 이튿날 새벽에는 성을 점령하는 데 성공하으나 추격해 온 남원분견소 헌병들에 의해 양한규 의병장이 전사함으로써 의병들은 지리산 일대로 흩어지고 말았다.

> 융희 1년(1907) 2월 13일 오전 1시 남원의 박재홍(朴在洪)이 일당 70여 명을 이끌고 남원진위대를 습격, 한때 이곳을 점령하고 곧 우편취급소를 습격했으나 남원분견소 보좌관 이하 4명이 교전하여 이를 격퇴했다. 비도(匪徒: 의병−필자 주)는 진위대에서 총기 180정과 탄약 1천 발, 공금 1천여 원을 약탈한 후 성 밖으로 달아났다. 동대 중대장이 동이 틀 무렵 부하를 이끌고 구례 방면으로 추격하여 남원에서 20리 떨어진 가도(街道)에서 약탈당했던 총기의 과반수를 탈환하고 비도(匪徒: 의병−필자 주)를 궤주(潰走)시켰는데, 사도하라(佐土原) 보좌관보가 좌측 대퇴부에 맹관총상(盲貫銃傷)을 입었다. 이 급보를 받은 광주경무고문지부에서는 이쓰끼(壹岐) 보좌관보가 보좌관 4명, 총순 이하 6명을 이끌고 급히 출동, 응원했으나 이미 도주한 후여서 종적을 알 수 없었다.
>
> − 이일룡, 『비록 한말전남의병전투사』, 22~23쪽

녹천은 의진을 거느리고 남원으로 향했으나 양한규 의병장이 전사하고 그의 의진이 무너진 상태였기에 퇴각하지 않을 수 없었다. 화순으로 돌아온 녹천 의진은 기회를 엿보다가 4월 25일 화순읍을 점령하여 주민들의 환영을 받았다. 이튿날 다시 동복으로 진군한 의진은 광주에서 파견된 관군·일본군과 도마치(刀摩峙: 일명 圖馬峙, 화순군 남면 유마리 소재)에서 격전 끝에 패하고 말았다.

녹천 의진과 의각지세(掎角之勢)로 일본 군경을 물리치기 위해 그해 4월에 거의한 행사(行史) 양회일(梁會一) 의진은 능주(현 화순군 속면)의 계당산에 쌍산의소(雙山義所)를 두고 능주와 화순 군아를 습격하여 무장을 강화한 다음 녹천 의진보다 나흘 전인 4월 22

일 일본군과 도마치에서 전투를 벌였으나 패전 끝에 행사를 비롯한 6의사가 피체되고 말았다.

4월 22일 최익현의 잔당인 경상남도(전라남도-필자 주) 유생 이광선(李光先: 일명 恒善), 능주군의 양회일(梁會一) 등의 비도 1백여 명(총기 45)이 능주읍을 습격, 군아와 주재소 등에 침입하여 총 5정을 뺏고 다시 진격, 화순에 내습하여 군아와 분파소를 공격하여 보조원 3명과 교전한 다음 동복 방면으로 퇴각했다. 이 급보를 받은 이쓰끼(壹岐) 보좌관보가 보조원 4명, 총순 이하 7명을 이끌고 추적하여 도마산(刀摩山) 산정에 적이 집합하고 있음을 발견, 교전 끝에 이를 격퇴하였는데, 1명을 죽이고 부수령(副首領) 양회일 이하 6명을 포로하고 화승총 24정, 무라다식[村田式] 단발총 2정과 기타를 노획했다.

- 이일룡, 앞의 책. 23~24쪽

일본 군경은 이튿날인 4월 23일 송사가 호남의 거의와 관련이 깊을 것으로 보고 그를 붙잡아 갔다. 송사는 심문 끝에 풀려났으나 6의사는 광주경무서에 수감되었다가 마침내 지도(智島)에 유배되었다.

호남의병장 양회일과 임낙균(林洛均: 임창모-필자 주) 등은 15년, 안찬재(安贊在)·유태경(柳泰京)·신태환(申泰煥)·이윤선(李允先: 이백래-필자 주) 등은 10년으로 한하여 유배하였다. 양회일 등은 광주에서 오랫동안 수감되어 있다가 이때 선고하였다.

- 황현, 앞의 책, 광무11년 정미조

양회일·임낙균·안찬재·유태경·신태환·이윤선을 지도군 지도에 유배하다.

- 『일성록』, 1907년 5월 28일(양력 7월 8일)

6의사는 그해 12월 3일 융희황제의 즉위 기념 사면조칙에 의해 석방되었다. 그 후 행사는 귀향하여 몸을 추스르던 중, 이듬해 5월 강진분견소에 압송되었으나 조금도 굴하지 않고 의병을 일으킨 것에 대하여 당당하게 그 정당성을 역설하고 귀가하였다. 그러나 6월 17일 장흥분견소에 압송되어 가혹한 고문을 당하자 이에 항의하여 식음을 전폐한 지 7일 만에 옥중에서 순국하니 그날이 6월 24일이었다.

행사의 구속과 가혹한 고문은 성재(省齋) 이백래(李白來) 의병장의 호남창의소 활동과 깊은 연관이 있었던 것으로 보인다. 성재의『임전일록』1908년 6월 16일조에 의하면, 호남창의소가 장흥분견소를 습격하여 '왜적' 7명을 죽였는데, 그로 인해 행사를 붙잡아 가서 혹독한 고문을 가한 것이었다.

● 녹천의 의병투쟁과 그 영향

녹천은 도마치전투에서 패한 후 농번기였기에 의병에게 생업에 종사하게 했지만, 의진의 주요 장령과 의병은 유격전을 펼치며 의진을 가다듬고 있다가 8월부터 고제량, 윤영기, 신덕균(申德均) 등과 다시 창평 제심리를 중심으로 긴밀한 조직을 짜서 대규모의 거사를 계획하였다.

그때 김동신(金東臣) 의병장이 의병을 이끌고 그를 찾아오자 녹천은 준비해 오던 거사 계획대로 의병을 일으킨 후 그해 9월 10일, 김동신 의진과 연합하여 순창분파소와 우편취급소를 습격한 후 이튿날 박성덕(朴聖德)과 고제량을 도총 및 선봉으로 삼고, 신덕균·윤영기 등을 참모로 하는 의진을 정비한 후 하늘에 제사를 지냈다.

이튿날 행군하여 동복을 지나 곡성군 구룡산 아래에 이르렀을 때 신덕균의 제의로 먼저 동복읍의 '왜적'을 쳐부수고 나가기로 하였다. 9월 14일 새벽에 회군하여 동복읍으로 들어가서 도포사 박화중(朴化中)의 총격을 신호로 일제히 공격을 퍼부어 읍내 관공서와 일본인 집을 습격하고, 다시 남원, 곡성 등지를 지나며 격문을 각지로 띄워 민심과 사기를 고무시켰다. 이튿날 동복분파소를 습격한 것은 호남에서 본격적인 의병투쟁의 계기가 되었다. 순창·동복 분파소는 그 지역을 총괄하는 헌병대로 민중의 공포 대상이었는데, 이를 공격한 것은 대단한 일이었기 때문이다.

> 9월 11일 장수분파소 보조원 2명이 순창으로 가던 중, 비도 26명(화승총 20, 단총, 엽총)으로부터 습격을 받아 간신히 순창에 이르렀다. 이 적은 순창 우편취급소와 분파소를 습격(지난 10일 오전 6시)하고 취급소 통역과 숙박하는 체송인(遞送人)을 살해한 1백여 명의 집단 일부이다.
> 9월 15일 오전 6시 폭도 약 60명이 동복분파소를 습격했는데 보조원 2명이 교전하였으나 중과부적으로 광주로 철수했다. 미야가와(宮川) 보좌관이 보조원 6명, 순검 1명을 이끌고 특무조장 1명, 병 7명과 협력 토벌했으나 적은 시체 1구를 버리고 도주

한 뒤였다.

- 이일룡, 앞의 책, 25쪽

녹천 의진은 9월 17일 경남 하동의 화개동으로 들어가 유진하고 훈련하자 전남 동복·순천·곡성·광양·구례 등지에서 의병 참여자가 몰려들었다. 특히 윤영기, 신덕균 등은 광주진위대의 해산병을 의진에 참여시켜 전투력을 크게 보강하였다.

김동신 의진은 9월 24일 약 80명의 의병을 거느리고 경남 함양 좌전에서 일본 군경 20여 명과 전투를 벌였고, 이어 10월 10일 6백여 명으로 불어난 의병을 이끌고 안의 월성에서 일본군 40명을 공격하여 이들에게 커다란 타격을 주었다.

그 후 경남 거창·안의·하동 지역의 의병과 전남의병이 녹천 의진과 김동신 의진에 몰려들어 그 수는 약 1천 명에 이르자 일제는 인근의 수비대는 물론, 진해만 중포병대대까지 동원하여 녹천·김동신 의진을 공격하였다.

10월 17일(음력 9월 11일) 일본군의 대규모 공격에 하동 화개상면 탑촌에 진을 쳤던 김동신 의진은 다수의 피해를 보고 포위망을 벗어났지만, 구례 연곡사(燕谷寺)에서 결사 항전을 벌였던 녹천 의진은 녹천을 포함한 의병 수십 명이 순국하고, 다수가 부상하고 말았다.

진해만 중포병대대(鎭海灣重砲兵大隊)에서 파견된 진주파견대는 10월 4일 야마다(山田) 소위가 인솔하는 1소대를 산청·안의 방면으로 파견하고, 남원수비대는 하사 이하 12명을 안의 방면으로 급행시켜 그와 책응케 했다. 야마다 소대는 8일 오후 거창 서북방 약 60리 지점인 월성에서 폭도 약 3백 명과 만나 그 수십 명을 사상(死傷)시키고 서방으로 달아나게 하였다.

전주수비대에서 전선 수리 호위를 위하여 안의 방면으로 파견하였던 1분대는 7일 안의 부근에서 폭도 약 3백 명과 충돌하여 그 6명을 사살하고 서북방으로 격퇴시켰다. 거창·안의 부근의 폭도는 지리산으로 들어가 칠불사를 근거로 4일 하동경무서를 습격한 것을 비롯하여 시시로 남하하여 약탈을 자행하였다. 진주파견대장 오야마(小山) 대위는 하동 방면을 정찰한 결과 폭도 약 3백이 칠불사·연곡사·문수동에 있음을 알고 16일 화개장에 이르러 광주수비대장 키노(木野) 대위가 인솔하는 1소대와 연락하고 17일 새벽 연곡사를 포위 공격하여 수괴 고광순 이하 22명을 사살하고 수십 명을 부상시키고 연곡사는 소각하였다.

- 독립운동사편찬위원회, 『독립운동사자료집』 3. 711~712쪽

10월 16일 광주에서 키노(木野) 중대 및 오까자키(岡崎) 보좌관보 이하의 경찰대가 화개시장 및 쌍계사 부근을 수색하고, 17일 다시 전진하던 중, 진해만 중포병대대 파견의 도꼬로(稅所) 소대와 만났다. 오전 6시 도꼬로 소대는 연곡사를 공격, 도주하는 적을 추격하여 고광순 이하 13명을 죽였다. 한편, 키노 중대는 오전 11시 칠불사를 습격했으나 적은 이미 도주하고 없었다.

- 이일룡, 앞의 책. 26~27쪽

▲ 연곡사 돌담(성벽) - 1990년대 초까지 절 입구는 수백 킬로그램의 돌로 마치 성벽 같았으나 현재는 이렇게 남았다.

『조선폭도토벌지』와 『비록 한말전남의병전투사』에 나타난 순국자 수가 차이가 난다. 전자는 1913년 일제의 조선주차군사령부에서 발간한 기록이고, 후자는 1913년 전남경무국에서 엮은 『전남폭도사』를 번역한 것이다.

이는 일본군이 의병 학살전에서 사망자와 부상자를 구분했는데, 중상자는 나중에 사살했기 때문에 차이가 난 것으로 보인다.

녹천이 순국한 후 지리산을 배경으로 활약했던 의병은 대부분 김동신 의진에 의지하거나 독자적인 의진을 형성하여 의병투쟁을 전개했는데, 일본군은 녹천이 순국한 후 그 의병들이 다른 의진에서 활동하는 것을 막기 위해 대대적인 공격을 가했다.

하동수비대는 어둠을 이용하여 오는 6일 새벽 화개하면 봉대촌에 이르러 그곳의 의병들을 섬멸하려 한다. (중략)
이상의 정황에 의해 진주수비대장은 수색대로 하사 이하 10명을 산청군 덕산으로, 동시에 하사 이하 20명을 하동군 삼거리 방면으로, 하동수비대에서는 하사 이하 10명을 봉대촌으로, 진주경찰서에서는 일·한 순사 6명을 수비대에 나누어 6일 새벽 4시에 출발하여 세 방면에서 수색 행동을 개시 중이다.
　　　　　　　　　　　　　　　 - 국사편찬위원회, 『한국독립운동사』 자료 9권, 122~123쪽

　일본군은 진주·하동수비대, 진해만 중포병대대의 진주파견대를 동원하여 지리산 부근의 김동신·고광순의 의진을 공격하였으나 의병들은 흩어졌다가 다시 규합하기를 반복하고, 한겨울인데도 의병의 불길이 잡히지 않자 일제는 1908년 2월 6일부터 3월 5일까지 제14연대장 기쿠치(菊池) 대좌를 대장으로 하여 진주·함양·거창·광주 등지의 수비대와 조치원 주둔의 기병 약 70기, 각 지역의 헌병·경찰·특설 순사대 등도 참가하는 대규모 '의병토벌대'를 편성해서 150여 회에 걸쳐 대규모 공격을 가해 의병 756명이 순국하고, 부상 수백 명, 포로 700여 명에 이르렀다.

　가장 왕성을 극한 것은 작년(1907년-필자 주) 9월부터 12월에 이르는 기간으로서 지리산맥으로부터 전라·경상 남북의 경계 산맥을 근거로 하여 하동·산청·삼가·의령·단성·거창·안의·언양·지북·창녕의 각 군에 출몰, 그 세력이 창궐을 극하여 금곡(金穀)을 약탈하고, 혹은 인명을 살해하며, 민가를 불사르는 등 흉포가 이르지 않는 곳이 없고, 잔악한 욕심을 나타냈던 것이다.
　　　　　　　　　　　　　 - 독립운동사편찬위원회, 『독립운동사자료집』 3. 566쪽

▲ 고광순의 묘 - 전남 담양군 창평면 월봉산 기슭

　　이른바 '대토벌'이 끝난 후 4월부터 12월에 이르는 기간에도 경남 서부지역 의병은 여전히 상당한 세력으로 의병투쟁에 나섰던 것으로 보인다.
　　경남 서부지역 의병투쟁이 가장 왕성했던 1907년 9월부터 12월까지의 의병수와 순국자, 부상자 등에 관한 것을 집계해 보면, 이듬해 2월부터 12월까지 두 자료 속에 나타난 순국한

의병은 1,343명, 사상자 95명, 부상자 수백 명, 포로 700여 명에 이르렀으니, 순국자가 1909년 9월 1일부터 10월 25까지 이른바 호남의 '폭도대토벌' 때보다 약 3배나 되는 것이었다.

● 겨레의 등불 녹천의 거룩한 얼

녹천이 순국한 지 며칠이 지나서 매천(梅泉) 황현(黃玹)은 연곡사를 찾았다. 그는 녹천 무덤 앞에서 목 놓아 통곡하며 추모시를 읊었다.

> 연곡의 수많은 봉우리 울창하기 그지없네.
> 나라 위해 한평생 숨어 싸우다가 목숨을 바쳤도다.
> 전마(戰馬)는 흩어져 논두렁에 누워 있고
> 까마귀떼만 나무 그늘에 날아와 앉는구나.
> 나같이 글만 아는 선비 무엇에 쓸 것인가!
> 이름난 가문의 명성 따를 길 없네.
> 홀로 서풍을 향해 뜨거운 눈물 흘리니
> 새 무덤이 국화 옆에 우뚝 솟았음이라.

연곡사전투 직후 잔불이 남은 연곡사에 어느 한 사람이 들어와서 녹천과 고제량의 시신이 불에 타지 않도록 채소밭으로 옮겨 솔가지로 덮어두었다. 매천은 녹천이 순국했다는 비보를 듣고 연곡사를 찾았는데, 녹천의 시신은 성분(成墳)한 상태였다. 녹천이 순국한 지 나흘 뒤에 고광훈이 상포(喪布)를 준비해 와서 솔가지로 덮어둔 두 의사의 시신을 절 부근에 임시로 묻고 봉분을 만들어 놓았던 터였다.

이렇게 임시로 매장되었던 두 의사의 유해는 향리로 옮겨 안장되었는데, 지금은 고제량과 그의 부인 성주 이씨의 유해는 서울현충원에 잠들어 있다. 녹천의 부인 오씨는 남편이 순국한 이듬해에 세상을 등졌고, 맏아들은 언어장애인이었는데, 일본 군경의 칼에 찔려 고생하다가 3년 뒤에 세상을 떠났고, 차남 역시 장가도 들기 전에 숨졌다. 집안에서는 고광훈의 아들 재춘(在春)을 양자로 맞아 장흥고씨 종가의 대통을 잇게 하였다.

1958년, 구례군민들이 녹천이 순국한 연곡사 서편 동백나무 숲 아래에 선생의 충절을 기리는 순절비(殉節碑)를 세웠다.

일본 군경에 의해 집은 불타고 남은 집터에는 1969년 박정희 대통령이 친필로 현관을

▲ 의병장 고광순 순절비 - 전남 구례군 토지면 연곡사

쓴 포의사(褒義祠)가 세워졌다.

녹천 의진의 선봉장 고광수는 당시 33세의 진사로서 천석지기의 부자였지만 모든 재산을 의병 군자금에 바쳤다. 대대로 내려오던 집은 일본 군경에 의해 불태워졌다. 그는 붙잡혀 남원감옥에 갇혔다가 탈옥하여 강원도 산골과 충청도 해변을 유랑하며 숨어 살았다. 녹천 집안은 일제강점기에 숨어 살면서도 의병 가족끼리 돈독한 관계를 이어갔다. 녹천의 딸은 기재(奇宰)의 아들이자 성재의 재종손 기산도(奇山度)와 혼인하였다. 기산도는 을사

오적을 처단하려다가 실패하고 2년 6개월의 옥살이를 했고, 일제침략기 대한민국 임시정부를 돕다가 혹독한 고문 끝에 3년 징역살이 후 반신불수가 된 지사였고, 고광수의 딸 고효(高孝)는 전북 임실 정재(靜齋) 이석용(李錫庸) 의병장의 맏아들 원영(元泳)과 혼인하였다. 이들 부부는 일제침략기에 온갖 고초를 겪으면서 8년 동안 요강(尿缸)을 이고지고 다

▲ 고광순 의병장 고택(광복 후 복원, 증손자 고영준 옹)

니면서 행상하여 광복 후 정재 의진의 의병과 대한민국 임시정부 요인의 업적을 기리는 비석을 전주에 세웠다.

임진왜란 때 무공으로 최고의 시호인 '충렬(忠烈)'공을 받은 사람은 2명, 한 분은 동래부사 송상현(宋象賢), 또 한 분은 전 동래부사이

113

자 의병장 고경명! 그는 송상현과 함께 문신이었지만 무공으로써 충렬을 다했다고 그렇게 기린 것이다. 그의 12세손 녹천은 나라를 위해 목숨을 바쳤으니, 그 할아버지에 그 손자라!

정부는 그의 공을 기려 1962년에 건국훈장 독립장을 추서하였고, 국가보훈부는 광복회와 독립기념관 공동으로 '이달의 독립운동가'(2002년 10월)로 선정하였다.

5. 능주 쌍산의진 이끈 양회일 의병장

◉ 충의의 고장 목사고을 능주 선비 거의하다

양회일(梁會一, 1856~1908)[14]의 자는 해심(海心)이고, 호는 행사(杏史)이다. 본관은 제주로 전남 능주 오류촌(五柳村: 현 화순군 이양면 속촌)에서 출생하였다. 어려서부터 역사에 관심을 가져 한양으로 가서 학문을 연마하다가 갑오왜란(1894)으로 세상이 온통 '왜관찰사', '왜군수'의 세상으로 바뀌자 귀향하였다. 을미왜란(1895) 이후 산중에 초가를 짓고 은거하며 5년여 동안 아이들을 가르치는 사이 나라가 날로 기울어져 가는 것을 보고 하산하였다. 1904년부터 산야에 도적이 창궐하는 상황이 되자, 능주 관아에서는 총포를 사서 도적을 방어하는 일을 행사에게 맡기기도 하였다.

그는 을사늑약 직후 민영환(閔泳煥)·조병세(趙秉世)가 순절하였다는 소식을 듣고 몹시 비통했는데, 송병선(宋秉璿)마저 자결한 데 이어 최익현(崔益鉉)도 순국했다는 소식이 들려오자

---

14) 『독립유공자공훈록』(1986)에는 출생연도 미상으로, 국가보훈부 공훈전자사료관에는 1833년 9월 23일생으로 기록되어 있으나 『행사실기』를 바탕으로 하였다.

동지 몇 사람을 정재규(鄭載圭)와 기우만(奇宇萬)에게 보내어 의병을 일으키고자 하는 자신의 뜻을 질의하자 큰 격려를 받고, 고광순(高光洵), 기삼연(奇參衍) 등과 더불어 나라의 원수를 갚고, '왜적'을 물리치기 위해 의병을 일으켰던 의병장이었다.

그의 행적은 국가보훈처가 간행한 『독립유공자공훈록』 1권에 간략하게 수록되어 있다.

양회일(梁會一, 미상~1908)
전라남도 화순 출신이다. 시문에 능하여 사우(士友)들의 추앙을 받아 오던 양회일은 1907년 군대 해산의 충격과 이로 말미암은 통분함을 금치 못하고 양열묵(梁烈默)·이동화(李東華) 등과 더불어 항일투쟁을 전개할 것을 결의하고 거의하였다. 이들은 의병 100여 명을 인솔하고 능주읍을 공격하였다. 여기에서 군아와 주재소를 습격하여 총 5정을 빼앗았다. 그 여세를 몰아 광주를 치고자 계획하였다. 먼저 화순까지 진격하여 군아와 분파소를 습격한 후 동복 방면으로 진격하다가 날이 저물었다. 이곳 화순과 동복의 경계인 흑토치(黑土峙)에서 적에게 포위를 당하였다. 포위망을 탈출할 수 없게 되자 그는 선등대호(先登大呼)하여, "병대장 양회일이 여기에 있으니 맞서서 싸우자." 하고 외치면서 힘을 다해 싸우다가 적에게 체포되었다. 그 후 나주 지도(智島)에 유배되었다. 1908년에 재차 의거하여 강진 등지에서 활약하다가 다시 왜병에게 체포되어 광주 옥에 수감되었다가 장흥으로 옮겨졌다고 전한다. 이곳에서 단식 투쟁을 전개하여 단식 7일 만에 마침내 순국하였다.
정부에서는 고인의 공훈을 기리어 1990년에 건국훈장 애국장(1977년 건국포장)을 추서하였다.

이 기록은 『독립운동사』 1권 538·621쪽, 『독립운동사자료집』 3권 337·343·354쪽, 『한국독립사』(김승학) 하권 186쪽의 내용을 참고하여 정리한 것인데, 1908년 재거의했다는 것은 사실과 다르다.

양회일(梁會一)은 시문(時文)에 능하여 사우(士友)들이 추앙하였다. 1907년 의병을 일으켜 능주(綾州)를 공격하고 다시 광주를 치려다가 날이 저물어 화순·동복 경계인 흑토치(黑土峙)에 둔병 중적에게 포위를 당하였다. 포위망을 탈출할 수 없게 되자 그는 선등대호(先登大呼) 하여,
"의병대장 양회일이 여기 있으니 맞서서 싸우자."
라고 외치면서 힘을 다하여 싸우다가 적에게 잡혔다. 그 후 광주 옥에서 장흥 옥으로 옮겨진 후 단식 7일 만에 순국하였다.

- 독립운동사편찬위원회, 『독립운동사』 1권 621쪽

정미년에 와서 양회일이 맨 먼저 일을 해보려다가 아무 결과가 없자 그는 이를 통분히 여기어 거사할 생각을 갖게 되었다.

- 독립운동사편찬위원회, 『독립운동사자료집』 3권, 337쪽

아아! 8도의 의사를 말하면 호남이 가장 많았다. 남원의 양한규(梁漢奎), 능주의 양회일(梁會一), 창평의 고광순(高光洵), 장성의 기삼연(奇參衍), 광주의 김준(金準)과 그의 동생 김율(金溧)[15], 진안의 전기홍(全基泓)[16], 임실의 이석용(李錫庸), 함평의 심수택(沈守澤)[17], 보성의 안규홍(安圭洪)[18] 등이니 안규홍은 즉 공이다.

- 독립운동사편찬위원회, 앞의 책, 343쪽

호남 일대에는 장성 기삼연, 창평 고광순, 능주 양회일, 나주 김태원(金泰元) 형제들과 순천 조국주(趙國柱)[19] 등이 모두 계속해서 패해 버리고, 오직 함평의 심남일(沈南一) 혼자만이 조금 노획한 공적이 있게 되었는데, 이때 남일이 공을 찾아와서 합세하기를 요청했다.

- 독립운동사편찬위원회, 앞의 책. 353~354쪽

『독립운동사자료집』 3권 속의 내용은 안규용(安圭容)이 엮은 『담산실기(澹山實記)』(1954) 속에 나온 기록이니, 행사의 행적이 담긴 『행사실기(杏史實記)』 내용이 반영된 것이 아니었다.

『행사실기』는 행사의 창의사적을 기리고자 전남의 유학자들이 1950년 간행하였으나 6·25사변으로 인해 초간본이 널리 유포되지 못하여 1958년 제주양씨 문중에서 중간본을 간행하였다.

초간본 권1에 행사의 시, 권2에 만사와 제문, 권3에 가장·행장·전·통문, 권4에 창의록이 실려 있는데, 이를 저본으로 삼아 조선대학교 고전연구원에서 『국역 행사실기』(2010)를 간행하였다.

필자는 『국역 행사실기』를 바탕으로 기존의 기록과 일제의 기록을 참고하여 쌍산의소(雙山義所)을 설치하고 쌍산의진(雙山義陣)을 이끈 행사의 행적을 정리하였다.

15) 김율(金聿)의 오기
16) 전기홍(全基泓)은 전해산(全海山)의 본명
17) 심수택(沈守澤)은 심남일(沈南一)의 본명
18) 안규홍(安圭洪)은 족보명. 당시 국내외 기록 원문은 안계홍(安桂洪)으로 기재되어 있음.
19) 국주(國柱)는 조규하(趙奎夏)의 이명으로 추정함.

● 을사늑약 직후 호남의병

▲ 『국역 행사실기』(2010)

1906년 6월 4일(음력 윤4월 13일), 최익현·임병찬(林炳瓚)이 태인에서 거의했으나 전투의병과 성격이 다소 달라서 그달 11일 관군에 피체된 후 일제에 의해 '소요죄'로 대마도에 구금되었다. 이어 광양에 은거하던 전 주사 백낙구(白樂九)가 '국권회복(國權恢復)'의 기치를 들자 인근의 우국지사 김상기(金相璣)·이항선(李恒善)·노원집(盧元執)·채상순(蔡相淳)·유병우(柳秉禹) 등이 의진에 참여하고, 도처에서 장정들이 모여들어 수백 명의 군세를 갖춘 의진의 사령장(司令長)에 추대되었다. 백낙구는 의진을 편성한 후 인근 고을에 격문을 돌려 거의의 명분을 천명하고 의병에 적극 참여해 줄 것을 당부하였다. 그리고 장성의 기우만과 창평의 고광순 등에게도 연락하여 각지의 군사들을 모아 11월 6일(음력 9월 20일) 순천읍을 공략하기로 계획하였다.

그러나 거의하던 날 군세가 미약하였기 때문에 모였던 의병마저 흩어지고 백낙구를 비롯한 종사 7명이 피체되고 말았다. 백낙구 등은 광주경무서로 압송되어 신문을 받고, 그는 고금도(古今島)에 유배되었다가 사면되어 이듬해 11월 18일 풀려났다. 그는 귀가하지 않은 채 의병투쟁에 참여하여 1908년 4월 태인에서 일본군과 접전 중에 전사 순국하였다.

> 호남의병장 백낙구가 태인에서 일병들과 싸우다가 전사하였다.
> 백낙구는 지난 섣달, 광주에서 석방된 후 집으로 돌아가지 않고 전주에 있는 의병과 합류하였다. 이때 일병들은 태인의 들에서 의병을 습격하자 그를 추종하던 의병들은 불리함을 보고 그를 부축하여 포위망을 벗어나려고 하였으나, 백낙구는 탄식하며, "그대들은 마음대로 어서 떠나라. 이곳은 내가 죽을 곳이다."라고 한 후 뛰어나오면서, "백낙구가 여기 있다."라고 외쳤다. 결국 그는 탄환을 맞고 절명하였다.
>
> — 황현, 『매천야록』 제5권, 광무11년 5월조

최익현이 거의했다는 소식을 듣고 의병을 거느리고 순창으로 나아갔으나 이미 최익현 등이 붙잡힌 뒤였기에 말고삐를 돌렸던 고광순은 1907년 1월 24일(음력 12월 11일) 창평에서 고제량(高濟亮)을 부장(副將), 윤영기(尹永淇)·박기덕(朴基德) 등을 참모로 하는 의진을 개편하여 창의의 깃발을 다시 들었다. 초계군사(草溪郡事)를 지낸 양한규(梁漢奎)가 설날을 기하여 함께 남원성을 공격하자는 제안해 왔기 때문이었다.

양한규는 지리산 일대를 근거지로 삼고 영호남 지역 1천여 명의 의병을 모아 크게 명성을 얻고 있었다. 그해 2월 12일(음력 12월 30일) 밤, 그는 유병두(柳秉斗), 박재홍(朴在洪) 등과 휘하의 정예 의병 1백여 명을 이끌고 진위대가 주둔한 남원성을 기습하여 이튿날 새벽에는 성을 점령하는 데 성공하였다. 양한규 의진은 진위대의 무기와 군수품 등을 수중에 넣었으나 추격해 온 남원분견소 헌병들과 전투 중에 양한규가 전사함으로써 의병들은 지리산 일대로 흩어지고 말았다.

> 융희 1년(1907) 2월 13일 오전 1시 남원의 박재홍이 일당 70여 명을 이끌고 남원진위대를 습격, 한때 이곳을 점령하고 곧 우편취급소를 습격했으나 남원분견소 보좌관 이하 4명이 교전하여 이를 격퇴했다. 비도는 진위대에서 총기 180정과 탄약 1천 발, 공금 1천여 원을 약탈한 후 성 밖으로 달아났다. 동대 중대장이 동이 틀 무렵 부하를 이끌고 구례 방면으로 추격하여 남원에서 20리 떨어진 가도(街道)에서 약탈당했던 총기의 과반수를 탈환하고 비도(匪徒: 의병–필자 주)를 궤주(潰走)시켰는데 사도하라(佐土原) 보좌관보가 좌측 대퇴부에 맹관총상(盲貫銃傷)을 입었다. 이 급보를 받은 광주경무고문지부에서는 이쯔끼(壹岐) 보좌관보가 보좌관 4명, 총순 이하 6명을 이끌고 급히 출동, 응원했으나 이미 도주한 후여서 종적을 알 수 없었다.
>
> – 이일룡, 『비록 한말전남의병전투사』, 22~23쪽

고광순은 의진을 거느리고 남원으로 향했으나 양한규가 전사하고, 그의 의진이 무너진 상태였기에 퇴각하지 않을 수 없었다.

● 쌍산의소 설치하고 의병 일으키다

행사는 고광순, 기삼연 등과 긴밀히 협의한 후 3천석치 가산을 기울여 군자금을 마련하고 1907년 3월 3일(음력 1월 19일) 맹주 "양모(梁某)"의 이름으로 「격고문(檄告文)」을 널리 띄워 의병 모집에 나섰다.

▲ 쌍산의소 막사터 - 전남 화순군 이양면 증리 산 12(계당산)

이 격문에는 '군부(君父)가 훼손을 당하고 국모가 화를 입으면 인신(人臣)된 자는 마땅히 원수를 갚아야 하는데 병자년 통상(通商) 이후 갑오년과 을미년의 멸의(滅義)와 비통을 당했으며, 을사년의 변괴로 5백년의 사직과 3천리 강토가 다 무너졌고, 민영환, 조병세, 송병선, 최익현 등의 원로들이 순국했으니, 우리 모두 일어나서 왜적을 물리치고 역신들을 응징하기 위해 3월 상순에 쌍산의소에 참여하라'고 역설하였다.

행사는 이광언(李光彦)·이백래(李白來, 자 윤선允先)·이항선·임창모(林昌模) 등 원근의 우국지사들과 함께 의병 100여 명을 모집하여 능주 계당산(桂堂山)에 쌍산의소를 설치하고 1907년 4월 21일(음력 3월 9일) 거의하였는데, 그 과정이 『행사실기』에 자세히 나타나 있다.

녹천(鹿川) 고광순(高光洵), 성재(省齋) 기삼연(奇參衍)에게 도모토록 하니, 두 분도 함께 그 기백과 의기를 칭찬하였다. 고광순은 칼을 차고 한두 번 찾아와서 기무(機務)를 매우 자세하게 논의하였다. 또 이르기를,
"기공(奇公)은 장성에서 의병을 일으키고, 나는 장차 광주에서 의병을 불러 모으기로 하였다. 공이 만약 여기서 거사를 시작한다면 나도 기공과 힘을 합쳐 공과 함께 원수를 몰아내자."
라고 하였다.
이에 공은 양열묵(梁烈默)과 이병화(李秉華)로 하여금 재지(才智)가 뛰어난 사람들을 끌어들이거나 혹은 장사들과 교분을 맺게 했다. 곧 화개(花開)의 정언(正言) 이광언(李光彦), 남원의 노현재(盧鉉在), 보성의 임창모(林昌模), 본면의 최기표(崔基杓)·신재의(辛在義)·안찬재(安贊在) 등이다. (중략)
공은 눈물을 흘리면서 부모님 명을 받들어 정미년 3월 9일(양력 4월 21일) 가산 3천석을 모두 정리하여 부대에 배치된 2백여 명을 불러 모았다. '부모님을 도와야 한다'든가, 혹은 '처자식을 구제해야 한다'고 하는 사람들은 모두 해산시켰다.

- 조선대학교 고전연구원, 『국역 행사실기』, 60~61쪽

▲ 쌍산의소 결의 장소 - 전남 화순군 이양면 증리 60

쌍산의소 결의 장소는 당시 전남 능주군 도림면 증동(甑洞: 현 화순군 이양면 증리 60) 참봉 임노복(林魯福)의 집에서 이루어졌다. 임노복은 일찍이 강개한 뜻을 품고 계당산에 은거하고 있었는데, 행사가 그를 불러서 대소사를 함께 도모하였다고 하였다. 그는 능주와 보성의 의사들을 많이 불러 모았는데, 임창모가 그들 중 한 사람이었다고 기록하고 있다.

『행사실기』에 기록된 쌍산의진의 주요 장임은 다음과 같다.

> 맹주(盟主): 양회일
> 총무: 양열묵(梁烈默)
> 참모: 임상영(林相永) 박중일(朴重一) 양수묵(梁壽默)
> 서기: 이병화(李秉華)
> 도통장: 이광언(李光彦)
> 부통장: 노현재(盧鉉在)
> 선봉장: 임창모(林昌模)
> 부장(副將): 신재의(辛在義)
> 중군장: 안기환(安淇煥)
> 후군장: 최기표(崔基杓)
> 호군장: 임노복(林魯福) 안찬재(安贊在)
> 포군장: 유병순(柳炳珣)

● 쌍산의진 격전 치르다

쌍산의진의 의병들은 막사를 짓고 그 주변에 의병성(둘레 약 1km)을 구축하는가 하면, 주변에 무기 제작을 위한 대장간을 마련하고, 탄약의 재료인 유황을 생산하여 굴속에 저장하였으며, 의병들을 훈련하여 드디어 의병투쟁에 나섰다.

행사는 군중(軍中) 동지들이 합심하여 5적을 섬멸하고, 이토 히로부미(伊藤博文)를 죽여 국가의 수치를 설욕할 것과 엄정하게 행동할 것을 맹서하는 「서고군중문(誓告軍中文)」을 발표하고 곧 행동을 개시하였다.

무릇 맹세를 같이한 사람들은 모두 나의 말을 들어라.
국가의 대세가 위험하도다! 이에 이르러 당당하고 충성스러우며 의로운 백성으로서 차마 원수들이 부리는 대로 살육(殺戮)이 되는 비참한 꼴을 당해야만 하겠는가? 이렇게 됨은 죽음만 있을 뿐이니 사로잡혀 우리 백성이 멸망하기보다는 어떻게 해서든지 마음과 힘을 하나로 하여 대란을 토평(討平)하지 않으리오.
이에 장차 의병을 일으키려 하니, 원컨대 각자 마음을 가다듬고 힘을 합하여 임금님께 나아가 명을 청하여 오적(五賊)을 섬멸하고, 이토 히로부미(伊藤博文)를 죽여 국치를 설욕하고 천하의 대의를 밝힌다면 매우 다행할 것이다.
-. 군자(軍資) 3천금은 이미 스스로 변통하여 마련하였으니 촌민을 침탈하는 일이 없도록 하라.
-. 기계와 병장기는 지난해 방어할 때 관으로부터 허락받아 관고(官庫)에 대포 30문, 소포 50문을 마련해 두었으니 오늘에 응용하도록 하고, 백성들의 포(砲: 총)는 각 마을에 있으니 또한 거두어 쓰도록 하라.
-. 당당한 의병은 대의명분을 정확히 함을 우선으로 삼으니 행군할 때 평민을 해치는 일이 없도록 하라.
-. 선봉, 중군, 후군의 제장들은 각각 그 임무를 지키고 서로 침범하여 일을 어지럽히지 말라.
-. 포대장은 포군을 통솔하고, 보졸장은 보병을 통솔하여 각각 대오를 가지런히 하여 어김이 없도록 하라.
위의 여러 조항은 각자가 다 따르기로 서약한 것이므로 어기는 자는 법으로써 다스리겠다.

광무 11년 정미 3월 9일 경자
맹주 양모(梁某) 압(押)

일본 군경을 물리치기 위해 의병을 일으키는 데 고광순과 기삼연이 동의하였고, 특히 고광순은 의각지세(犄角之勢)로 싸울 것을 다짐한 것이 드러나 있으나 거의 일자를 같이하자는 내용은 보이지 않는다.

행사가 능주와 화순 군아를 습격하기 위해 쌍산의소를 출발한 날이 1907년 4월 21일(음력 3월 9일)이었다. 이날 경남 하동 출신 전 정언 이광언(李光彦)이 쌍산의진의 도통장을 맡았고, 전북 정읍 출신으로 광양에서 거주하면서 백낙구와 더불어 을사늑약 직후 의병을 일으킨 바 있던 유병우(柳秉禹)가 다수의 의병을 거느리고 쌍산의진에 합세했기 때문에 의병들의 사기는 드높았다.

이광언·유병우 의장(義將)이 군병을 거느리고 합세하여 능주로 향해 자정을 기하여 군아와 왜 헌병분견소 및 세무서를 습격하고 전주를 넘어뜨려 전선을 절단하고, 양총 5정과 군도 3자루, 총탄 700여 발을 노획하고 건물과 왜인의 집을 불 지르고 화순을 향해 진군했다.

- 이백래, 『임전일록』 1907년 4월 21일

『행사실기』에는 쌍산의진 100여 명은 총기 45정을 휴대하고 이튿날인 4월 22일 초저녁에 화순 군아와 헌병분파소를 습격하여 전선을 끊고 건물에 불을 질렀으며, 양총 6정과 군도 3자루, 총탄 500여 발을 노획하고, 일진회원의 집에 불을 질렀다고 기록하였다.

일제의 기록인 이른바 『전남폭도사』에서는 능주 군아와 주재소를 공격하여 총 5정을 뺏고, 화순 군아와 헌병분파소를 공격하여 헌병보조원 3명과 교전한 다음, 동복 방면으로 퇴각하자 이를 추격하여 행사를 비롯한 6의사를 붙잡았다고 기록하였다.

(1907년) 4월 22일 최익현의 잔당인 경상남도 유생 이광선(李光先: 일명 恒善), 능주군의 양회일(梁會一) 등의 비도 1백여 명(총기 45)이 능주읍을 습격, 군아와 주재소 등에 침입하여 총 5정을 뺏고 다시 진격, 화순에 내습하여 군아와 분파소를 공격하여 보조원 3명과 교전한 다음 동복 방면으로 퇴각했다. 이 급보를 받은 이쯔끼(壹岐) 보좌관보가 보조원 4명, 총순 이하 7명을 이끌고 추적하여 도마산(刀摩山) 산정에 적이 집합하고 있음을 발견, 교전 끝에 이를 격퇴하였는데, 1명을 죽이고 부수령(副首領) 양회일 이하 6명을 포로하고 화승총 24정, 무라다식[村田式] 단발총 2정과 기타를 노획했다.

- 이일룡, 『비록 한말전남의병전투사』, 23~24쪽

쌍산의진에 참여하여 총상을 입고 간신히 목숨을 구한 행사의 동생 회룡(會龍, 1881~1959)이 쓴 「가장」에 행사의 피체 순간을 자세히 기록하였다.

행군하여 곧장 본 고을 순청(巡廳: 순라를 보던 관청. 여기서는 주재소-필자 주)으로 쳐들어가서 공격하니 적들은 병기를 버리고 도주해 버렸다. 병기를 거두어 화순성 안에 이르니 적들은 이미 도주해 버렸다. 공은 곧 광주로 달려가고자 하는데 행렬을 선도하던 전구(前驅)가 제지하며 말했다.

"너릿재[板峙]는 길이 좁고 골이 깊어서 복병이 있을까 우려되므로 저문 밤에 행군하는 것은 계책이 되지 못합니다."

라고, 하였다. (중략)

화순과 동복 접계(接界)에서 밤을 새며 숙영한 다음날 아침 일찍 욕식(蓐食: 잠자리 속에서 아침을 먹음-필자 주)을 하고 출발하는데, 적이 과연 너릿재에서 뒤쫓아 와서 사방으로 포위했다.

- 조선대학교 고전연구원, 앞의 책. 61쪽

안규용(安圭容, 1873~1959)이 쓴 「행장」에는 행사의 피체 순간이 실감하게 기록되어 있다.

적이 과연 판치(板峙)로부터 쫓아와서 사방으로 포위함에 이르니, 공이 소리를 높여 독려함에 의병들이 죽을 각오를 하고 용력을 다해서 싸우자 적의 세력이 풍우와 같은지라, 아군이 마침내 무너지자 공이 가슴을 풀어헤치고 크게 호통치며 이르기를,

"이 도적놈들아, 나를 죽여라! 도적놈들아 나를 죽여! 내가 바로 맹주 양모(梁某: 양회일)이다. 다른 사람은 죽이지 마라!"

하였다.

- 조선대학교 고전연구원, 앞의 책. 75쪽

『임전일록』에는 4월 23일(음력 3월 11일) 정오에 동복 군아와 분파소를 습격했으나 일본 군경이 미리 대비하여 겨우 양식을 보충하고 건물에 불을 지른 후, 광주 방면으로 향하다가 광주와 경계지점인 도마산(刀摩山)에서 추격하여 대장 정세현(鄭世鉉)[20]이 순국하고, 행사를 비롯하여 임창모, 이백래, 안찬재, 유태경(柳泰京), 신태환(申泰煥) 등 6명이 피체되었다고 기록하였다.

쌍산의진이 일본 군경과 격전을 벌였던 곳은 화순이나 동복 방면에서 광주로 통하는 도마산에 있는 재였던 것은 분명하다. 도마산에 있는 재이니, '도마치'라 기록하고, 그 전

---

20) 정세현(鄭世鉉, 1877~1908) 자는 사언(士彦), 호는 송파(松坡). 『임전일록』에는 대장이라 기록했으나 『행사실기』에는 '의사(義士)'로 기록됨. 건국훈장 애국장 추서.

투를 '도마치전투'라고 기록했을 수도 있지만, 그 지형에 대하여 잘 알고 있던 양회룡, 안 규용 등은 『행사실기』에서 모두 화순의 '너릿재[板峙]'라고 기록하고 있다.

● 쌍산의진의 해산과 행사의 순국

계당산 기슭 중동에 쌍산의소를 설치한 쌍산의진은 막사를 비롯하여 성벽을 쌓고, 무 기 제조를 위한 대장간을 설치하고, 유황을 제조하여 굴에 보관하는 등 오랜 기간에 걸쳐 의병투쟁을 위한 준비를 했으나 그들의 주무기는 화승총과 창칼이었던 탓에 신식 무기로 무장한 일본 군경을 상대한다는 것은 계란으로 바위치기였다.

이른바 『전남폭도사』에는 행사에 대하여 이렇게 기록하였다.

> 수괴(首魁: 의병장-필자 주) 양회일. 능주군 52세
> 벼슬을 한 적이 없으나 양반으로 재산이 많으며 학자이자 애국의 선비로 인근에서 명성과 덕망이 있다. 의거에 관계하고 나서부터 점차 가산을 탕진하여 이름을 팔아 친척으로부터 전답을 빌려 이것을 잡혀 2천여 원을 마련, 거병했으나 여지없이 패하 고 말았다.
>
> － 이일룡, 앞의 책. 24쪽

행사를 비롯한 6의사는 광주 경무서에 수감된 후 전라남도재판소에서 재판을 받게 되 었는데, 모든 사실을 시인하여 '정사를 변경하기 위해 난을 일으킨 자의 죄로 사형에서 1등을 감하여 종신형에 처하여야 하나, 우매 몰지각하여 1등을 감하여' 행사와 임창모는 유형 15년, 안찬재·유태경·신태환·이윤선(이백래)은 유형 10년이 선고되어 전남 지도 (智島)로 유배되었다.

> 법부대신 조중응의 상주에 의하여 전라남도재판소에서 심리한 능주의병 양회일·임 낙균(林洛均-임창모-필자 주)·안찬재·유태경·신태환·이윤선 등을 해 재판소의 판결대로, 양회일·임낙균은 각각 유 15년, 안찬재·유태경·신태환·이윤선은 각 각 유 10년에 처하게 하다.
>
> － 「관보」 광무 11년 7월 11일

> 양회일·임낙균·안찬재·유태경·신태환·이윤선을 지도군 지도에 유배하다.
> ― 『일성록』, 1907년 5월 28일(양력 7월 8일)

▲ 성재 이백래 의병장 추모비
- 전남 보성군 보성읍 옥암리 228

행사를 비롯한 6의사는 유배를 떠난 지 5개월 만인 1907년 12월 3일 융희황제의 즉위 기념 사면조칙에 의해 풀려나게 되었다. 행사는 귀향하여 몸을 추스르던 중, 이듬해 5월 강진분견소에 압송되었다. 일본 헌병이 지난날 의병을 일으킨 것은 잘못이기에 유배를 간 것이라는 취지로 힐난하자 행사는 의병을 일으킨 것에 대하여 그 정당성을 당당하게 역설하고 귀가하였다. 그 후 6월 17일 장흥분견소에 또 압송되어 가혹한 고문을 가하자 이에 강력히 항의하기 위하여 식음을 전폐한 지 7일 만에 옥중에서 순국하니 그날이 6월 24일이었다.

행사 아우 회룡은 『행사실기』 제3권 「가장」에서 당시 상황을 자세히 기록하고 있다.

> 6월에 장흥 헌병분견소에서 또 와서 압송해 갈 때 부모형제와 처자에게 결별인사를 하라고 하면서,
> "이번에 가면 아마도 돌아오지 못할 것이라."
> 라고 하였다. 공은 옷을 털고 먼저 일어나 말하기를,
> "결별을 고한 지는 이미 오래되었다."
> 라고 하였다.
> 적들이 주재소에 이르러 형벌과 신문은 날이 갈수록 가혹해서 기필코 거짓 자복(自服)을 받으려고 하였다. 공의 꾸짖는 목소리가 더욱 강경하더니 음식을 끊은 지 7일 만에 옥중에서 세상을 마쳤다.
> 그날이 무신년 6월 24일이었다.
> ― 조선대학교 고전연구원, 앞의 책. 67쪽

● 쌍산의진에 빛나는 제주양씨 가문

행사의 구속과 가혹한 고문은 이백래의 호남창의소 활동과 깊은 연관이 있었던 것으로 보인다. 『임전일록』1908년 6월 16일조 기록에 의하면, 호남창의소 의병이 장흥분견소를 습격하여 왜적 7명을 죽였는데, 그로 인해 행사를 붙잡아가서 혹독한 고문을 가하자 식음을 전폐하며 목숨을 건 투쟁을 벌인 것이었다.

쌍산의진과 연계된 의진으로 대표적인 것은 녹천의진과 이백래의 호남창의소의 호남창의진이다. 녹천 고광순은 행사와 함께 거의하여 의각지세로 의병투쟁을 벌이기로 했고, 행사가 1907년 4월 21일 거의하자 나흘 뒤인 4월 25일 거의하였다.

녹천의진은 화순읍을 점령하여 주민들의 환영을 받고, 이튿날 다시 동복으로 진군했으나 광주에서 파견된 관군·일본군으로 구성된 연합군에게 화순군 남면21) 유마리 소재 도마치(刀摩峙: 일명 圖馬峙)22)에서 격전 끝에 패하고 말았다. 결국 며칠 사이에 두 의진이 패전하기에 이르렀고, 행사가 붙잡혀 지도로 유배를 떠나자 녹천은 재거의하여 동복·순창 분파소를 공격하였다. 이어 쌍산의진의 일부와 광양·하동·거창·안의 등지에서 몰

▲ 행사 양회일 순의비 - 전남 화순군 이양면 쌍봉리

21) 화순군 남면은 1896년부터 1911년까지 동복군 내남면이었다.
22) 『행사실기』에는 화순·동복-광주 간 고개를 '너릿재[板峙]'라고 하였으나 쌍산의진이 패전한 곳과 녹천의진이 패전한 장소가 같은 곳인지는 알려진 바 없다. '도마치'는 '도마산에 있는 고개'라는 의미로 본다.

려든 크고 작은 의진을 규합하여 구례 연곡사에서 일본군 중포대대와 광주·진주 수비대로 구성된 대규모 연합 공격에 맞서 격전을 벌이다가 그해 10월 17일 수십 명의 의병과 함께 장렬하게 순국하고 말았다.

행사와 함께 지도로 유배를 떠났던 6의사 중의 1인이었던 이백래는 유배지에서 돌아오자 재거의를 위해 동분서주한 끝에 풀려난 지 달포 만인 1908년 1월 21일(음력 12월 18일) 종전의 쌍산의소에 참여했던 의병과 전남 동남부 지역 의병을 규합하여 호남창의소를 구성하고, 호남 전역을 6로로 나누어 지역을 분담해서 관할하게 하고, 무기와 자금을 나누는 등 효과적인 의병투쟁을 전개하였다.

그리고 동향 출신인 안계홍 의진과 연합작전을 폈다. 1908년 2월 21일에 연합하여 장흥경찰서를 습격했고 그해 9월 20일에는 보성 복내의 헌병분파소를 습격하여 큰 전과를 올리기도 했으나 장흥 배산헌병분파소의 습격을 받아 1909년 5월 17일에 피체되기에 이르렀고, 마침내 5월 20일 피살, 순국하였다.

한편, 쌍산의소를 구축하고, 쌍산의진을 운용하기 위해 3천 석치 가산을 기울였던 행사 집안은 물론, 누대로 능주·화순 지역에서 충절가로 살아왔던 제주양씨 가문은 많은 사람이 순국하거나 혹독한 감옥살이를 해야 했고, 의병 군자금 마련하느라고 전답을 잡히고 빌린 금전으로 인해 수년, 수십 년 동안 헐벗고 굶주려야 했으니, 그 고통이 얼마나 심했을까?

쌍산의진에 참여했다가 순국하거나 옥에서 고초를 겪고 독립유공자로 포상을 받은 사람은 30여 명인데, 그중 제주양씨 가문 의병장과 의병이 10명이나 된다.

화순에서 보성으로 가다가 쌍봉사로 들어가는 길목에 학포당(學圃堂)이 있다. 기묘사화 때 조광조를 위해 소두(疏頭)를 마다하지 않았던 학포(學圃) 양팽손(梁彭孫, 1488~1545), 그의 아들 산룡(山龍)과 산숙(山璹)은 임진왜란 때 충절로 빛났다. 이 고을 출신으로 3·1만세의거 민족대표 33인 중의 한 분인 양한묵(梁漢默) 의사는 학포의 12세손이고, 고창고보를 설립하고, 일제가 창씨개명을 강요할 때, "굶어죽을지언정 창씨개명은 못한다." 하고, 속리산으로 들어갔던 양태승(梁泰承) 선생은 학포의 15세손이고, "고호녀"(고졸 출신 호남 여자)라는 별명이 붙었다던 국회의원 양향자(梁香子)도 15세손이다. 그 외에도 존경받는 명망가 중에 이 고을 출신 제주양씨가 많다고 하니, '적선지가 필유여경(積善之家必有餘慶)'이란 말이 빈말이 아니로다.

6. 덕유산·지리산 넘나든 김동신 의병장

● 호남지역에서 본격적인 의병투쟁 시작되다

▲ 김동신(1871~1933) 의병장

을사늑약 이후 1906년 6월 4일 최익현(崔益鉉)이 전북 태인의 무성서원에서 거의하여 순창으로 나아 갔으나 며칠 만에 무너지고, 이어 1906년 11월 6일 (음력 9월 20일) 백낙구(白樂九) 중심의 의병들이 각 지의 군사들을 모아 순천읍으로 향하고자 하였으나 서로 약속 날짜를 잘못 아는 바람에 의병들은 흩어지 고, 그는 체포되어 고금도에 유배되었다. 그는 1907 년 11월 18일 사면되어 석방되자 다시 의병을 일으켜 서 이듬해 태인[23]에서 일본 군경과 싸우다가 전사 순 국했다.

1907년 4월 21일(음력 3월 9일) 화순에서 양회일 (梁會一), 이백래(李白來) 등이 중심이 된 쌍산의진 100여 명은 총기 45정을 휴대하고 이튿날인 4월 22일 초저녁에 화순 군아와 헌병분파소 를 습격하여 전선을 끊고 건물에 불을 질렀으며 양총 6정과 군도 3자루, 총탄 500여 발을 노획하였으나 양회일을 비롯한 6의사를 붙잡혀 전남 지도(智島)로 유배되었다. 6의사는 유배를 떠난 지 5개월 만인 1907년 12월 3일 사면조칙에 의해 풀려나게 되었다. 양회일 은 귀향하여 몸을 추스르던 중, 이듬해 6월 17일 장흥분견소에 압송되어 가혹한 고문을 가하자 이에 강력히 항의하기 위하여 식음을 전폐한 지 7일 만에 그곳에서 순국하니 그 날이 6월 24일이었다.

그 후 전남지역은 4개 지역에서 크고 작은 의진이 형성되어 의병투쟁이 전개되었다. 전남과 전북지역을 넘나드는 호남 중서부 지역인 무장·고창·법성포·장성, 전남 중서 부 지역인 광주·나주·담양·함평·화순, 지리산 자락인 광양·곡성·구례, 전남 남부 지역인 보성·영암·장흥 등지였다.

---

23) 일부 기록에는 순창으로 나옴

　고광순(高光洵)은 창평 출신으로 전기의병 때 기우만(奇宇萬), 기삼연(奇參衍)과 같이 의병을 일으킨 바 있고, 최익현 거의 때 의병을 일으켰다가 해산한 후 이듬해인 1907년 1월 다시 의병을 일으켜서 남원의 양한규(梁漢奎) 의진과 연합전선을 펴서 남원읍을 점령하기로 했다. 양한규는 무기를 탈취하기 위해 2월 12일(음력 12월 30일) 남원진위대 병사 대부분이 설을 쇠기 위해 휴가를 나산 틈을 타서 읍을 점령하고 무기를 접수하는 과정에서 순국하고 말았다. 고광순은 남원으로 오는 도중에 이 소식을 듣고 화순으로 돌아와서 광양 · 구례 · 능주 · 동복 · 순천을 무대로 의병을 모아 훈련하는 일을 하다가 농번기로 인해 의병을 해산했다.

　그해 8월, 김동신(金東臣)이 의병을 이끌고 그를 찾아오자 다시 의병을 일으킨 후 그해 9월 10일, 김동신 의진과 연합하여 순창의 순사주재소와 우편취급소를 습격하였고, 이어 9월 15일 동복순사주재소를 습격한 것은 호남에서 본격적인 의병투쟁에 불을 붙인 사건이었다.

　일본 경찰의 의병 진압 기록인 『폭도에 관한 편책』에 김동신이 처음 등장하기는 1907년 12월이고, 그 후 자주 등장하게 되었다.

지난해(1907년-필자 주) 12월 28일 「남비발 제104호의 2」 보고한 말항(末項)의 전라남북도를 배회하고 있는 적괴(匪魁) 김동신은 처의 실가(實家)인 전북 장수군 계동면 지보(紙保, 지난번 보고에는 계남면 평촌이라고 하였으나 잘못이다) 전옥간(全玉間)의 댁에 잠복하고 있지 않나 하여 일찍이 장수분파소 순사에게 지시하여 내정(內偵) 중에 있었으나 그곳은 읍내에서 5리(우리나라 방식 50리-필자 주)나 떨어진 벽지로서 십분(十分)의 시찰은 널리 미치지 못하나 김동신은 때때로 서성거리고 있던 형적이 있었으므로 병사와 순사 일행은 1월 5일 오후 10시 그 마을에 이르러 정찰하였더니 하루 이틀 전에 서성거린 사실을 확인하였다.

전(全)의 가택을 포위하고 수색을 하였으나 김(金)은 지난 3일, 1명의 종자(從者)를 동반하고 전(全)의 집을 방문하고 그날 곧 어디론가 사라졌다고 한다.

그런데 이번 병졸과 순사 일행이 장수군으로 출장하여 폭도의 소재를 수사함에 있어 당 수비대장은 일찍이 함양수비대에 교섭하여 협공할 준비를 해두었으므로 함양수비대는 5일 장수로 향하는 길을 경계하고 있었는데, 과연 김의 일행 30명이 오는 것을 보고 사격을 가하였으나 그들은 재빨리 험준한 고갯길로 도망하였으므로 손해를 입히지 못하고 겨우 도피한 길에 핏자국만 여기저기 흘린 것을 본 것에 불과하였다고 한다.

- 국사편찬위원회, 『한국독립운동사』 자료 8권, 482쪽

● 덕유산·지리산 지역에서 의병투쟁

김동신은 자는 원표(元表), 호는 청암(淸菴), 충남 회덕(懷德) 출신으로 의원(醫員) 생활을 하였다. 1906년 음력 3월 충남 정산(定山)에 살던 민종식(閔宗植)을 찾아가 의병에 합류할 뜻을 밝히자 민종식은 승지(承旨) 사령서(辭令書)를 주면서 전북지역으로 가서 의병을 모아 장차 선봉장으로 활동할 것을 요청했다.

그는 전북 각지에서 30여 명의 의병을 모아 덕유산(德裕山) 자원암(紫原庵)에서 거사를 준비하였으나 홍주성에 입성한 민종식의 홍주의진이 일본군의 공격으로 많은 사람이 순국하거나 붙잡혔고, 민종식을 비롯한 의진의 주요 참모들의 행방이 묘연해지는 상황이 되자 합류하지 못한 채 덕유산·지리산 자락에서 의병활동을 시작하게 되었다.

> 지금 폭도로서 전라도에 용맹한 기세가 있는 것은 김동신이며, 경상남도 함양군, 전라북도 남원·순창·정읍군 및 전라남도 곡성·장성·구례군을 구역으로 하고, 그 주력은 지리산 각 사찰에 집합하고 있으며 그의 부하는 현재 80여 명이다. 복장으로는 흑색 한복을 착용하여 김동신의 마표(馬標)로 하였다고 들었다.
>
> - 국사편찬위원회, 앞의 책. 532쪽

▲ 홍주성 - 홍주는 관찰부였기에 '홍주읍성'이라는 용어는 부적절하다.

덕유산·지리산 자락을 넘나들며 '삼남창의소도원수(三南倡義所都元帥)', '삼남의병대장(三南義兵大將)'이라 칭하던 김동신의 신분이 승지(承旨)라는 소문이 나자 의병에 참여하려는 사람이 많았다.

그 대표적인 인물로는 경남 진주 사람으로 선전관을 지낸 유종환(兪宗煥)이 안의군 북상면으로 가서 김동신과 만나 시국에 관한 일을 나누었다.

김동신이 말하기를,

"이제 일본군 다수가 우리 땅에 와서 우리에게 단발을 권하며 응하지 않으면 곧 살육할 것이고, 그로 인하여 나라의 풍습이 파탄될 것이다."

라는 말에 공감하고, 드디어 궐기하여 김동신 의진의 선봉을 맡았고, 거창의 차은표(車恩表), 함양의 권석도(權錫燾) 등도 안의로 달려가서 김동신 의진에 참여하였으며, 하동의 박인환(朴仁煥)은 고광순 의진에 참여하고, 안의 출신 문태서(文泰瑞)가 덕유산 일대에서 크게 활약하자 지리산·덕유산 자락에 위치한 고을을 중심으로 의병에 참여하고자 하는 민심이 마치 들판의 불길처럼 번져서 서부 경남 전역이 의병투쟁의 장으로 변했는가 하면, '호남서창의대장(湖南西倡義大將)'이라고 칭하고 충남·전북 각지를 누빈 염기정(廉基征, 일명基德)은 김동신 의진의 우익장·중군장으로 활약하게 되었으며, 1907년 7월(음력) 전북 순창군 지역에서 의병을 모집하던 정일국(鄭一國)이 순창 복흥면 사창(社倉)에서 김동신과 회합하여 함께 내장사(內藏寺)로 들어가서 150명의 의진을 형성했으며, 1907년 가을 전북 임실에서 거의한 이석용(李錫庸)은 용담의 심원사(深源寺)에서 김동신과 만나 서로 호응하여 의병투쟁을 전개하기로 하였다.

체포 폭도의 주소 성명 연령 및 행동의 개략은 좌와 여하다.
피해인 신문조서
문: 주소 출생지 직업 성명 연령은 여하
답: 전라북도 남원군 장흥방 금촌(錦村) 거주, 농업, 출생지 동, 정일국(鄭一國) 당 28년
(중략)
문: 재의병을 거한 토지 및 연월은 여하
답: 재작 융희 원년 7월 순창군 지방에서 의병모집중 동군 복흥면 사창(社倉)에서 김동신과 회하여 동인과 공히 내장사(內藏寺)에 입하여 의병 150명과 총 100정가량을 득하였다. 동월 27일 오후 1시경 동소를 발하여 28일 미명에 순창군읍간에 달하여 발총한 바 일본인도 응전하였는데 직시 도주하였으므로 일본인 2명을 살하고 지리산을 향하여 출발하였다.

문: 순창군 읍내 습격시에 있어서 수괴는 여와 김동신에 상위없는가?
답: 상위없다.

- 국사편찬위원회, 『한국독립운동사』 자료 15권, 754~755쪽

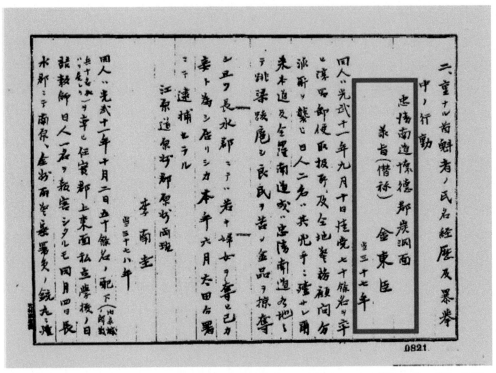

▲ 김동신 등 주요의병장 19인에 대한 전북관찰사 이두황의 보고서(『폭도에 관한 편책』, 1908.10.05)

● 일본군의 이른바 '폭도대토벌'

　　김동신 의진은 1907년 9월 24일 약 80명의 의병을 거느리고 함양 좌전에서 일본 군경 20여 명과 전투를 벌였고, 이어 10월 10일 6백여 명으로 불어난 의진을 이끌고 안의 월성에서 일본군 40명을 공격하여 이들에게 커다란 타격을 주었다.

　　그 후 거창·안의·하동 지역의 의병과 전남 구례의병이 김동신과 고광순 의진에 몰려들어 그 수는 약 1천 명에 이르자 일제는 인근의 일본군 수비대는 물론, 진해만 중포병

부대까지 동원하여 김동신·고광순 의진을 공격했다.

　10월 17일 일본군의 공격에 하동 화개상면 탑촌에 진을 쳤던 김동신 의진은 탈출했지만, 구례 연곡사에서 결사항전을 벌였던 고광순 의진은 의병장을 포함한 의병 수십 명이 순국하고 다수가 부상하였다.

　　진해만 중포병대대에서 파견된 진주파견대는 10월 4일 야마다(山田) 소위가 인솔하는 1소대를 산청·안의 방면으로 파견하고, 남원수비대는 하사 이하 12명을 안의 방면으로 급행시켜 그와 책응케 했다. 야마다 소대는 8일 오후 거창 서북방 약 60리 지점인 월성에서 폭도 약 3백 명과 만나 그 수십 명을 사상(死傷)시키고 서방으로 달아나게 하였다.
　　전주수비대에서 전선 수리 호위를 위하여 안의 방면으로 파견하였던 1분대는 7일 안의 부근에서 폭도 약 3백 명과 충돌하여 그 6명을 사살하고 서북방으로 격퇴시켰다. 거창·안의 부근의 폭도는 지리산으로 들어가 칠불사를 근거로 4일 하동경무서[24]를 습격한 것을 비롯하여 시시로 남하하여 약탈을 자행하였다. 진주파견대장 오야마(小山) 대위는 하동 방면을 정찰한 결과 폭도 약 3백이 칠불사·연곡사·문수동에 있음을 알고 16일 화개장에 이르러 광주수비대장 키노(木野) 대위가 인솔하는 1소대와 연락하고 17일 새벽 연곡사를 포위 공격하여 수괴 고광순 이하 22명을 사살하고 수십 명을 부상시키고 연곡사는 소각하였다.

　　　　　　　　　- 독립운동사편찬위원회, 「조선폭도토벌지」, 『독립운동사자료집』 3. 711~712쪽

　일본군은 진주·하동수비대, 진해만 중포병대대의 진주파견대를 동원하여 지리산 부근의 김동신·고광순의 의진을 공격했지만 의병들은 흩어졌다가 다시 규합하기를 반복하고, 한겨울인데도 의병의 불길이 잡히지 않자 일본군은 제14연대장 기쿠치(菊池) 대좌를 대장으로 하는 이른바 '폭도대토벌'을 가하였다.

　　함양군 마천면 지리산맥에 김동신이 이끄는 폭도가 맹렬히 배회하고 있으므로 함양·남원·구례·하동·진주의 각 수비대는 기쿠치(菊池) 연대장의 명에 의해 본일 16일(1908년 2월-필자 주)부터 지리산맥으로 향해 토벌로 간다는 것은 지난 16일 「거비발 제51호의 1」로 이미 보고한 바, 함양주재소 근무의 4명 즉, 순사부장 카이에다 모토키치(海江田元吉), 순사 카노 다이스케(狩野太郎)·안도 토리스케(安藤利助)의 3명과 한인 순사 방태진(房太震)·손갑준(孫甲俊)의 2명이 함양수비대와 같이 정찰한 상황은 다음과 같다.

24) 1908년 이전까지 '경찰서'를 '경무서'라고 칭함.

본월 16일 오전 5시 반, 함양을 출발하여 함양수비대 니시하라(西原) 조장 이하 9명
은 산청군 덕산 방면에서 니시하라 대장 이하 11명과 카이에다 순사부장, 순사 카노
·안도·방·손 5명은 마천 방면에서, 가지와라(奧原) 군조 이하 4명은 전라북도 운
봉 방면에서, 또 진주·하동·구례·남원의 각 수비대 및 수비대 주재지의 경찰대도
같이 각 방면에서 백방으로 손을 나누어 지리산의 정찰을 끝내고 지난 18일 각 정찰
대 전부는 하동군 화계면 신흥에 회합하였으나 아무것도 얻은 바가 없었다.
김동신의 일파는 12일 기쿠치 연대장이 1중대를 이끌고 함양에 도착한 것을 재빨리
깨닫고 그 근거지를 어디론가 이전한 것 같이 생각되었으므로 카이에다 순사부장 외
4명의 순사는 지난 30일 함양수비대와 같이 일단 철수하였다.

- 국사편찬위원회, 『한국독립운동사』 자료 9권, 166~167쪽

일본군은 1908년 2월 6일부터 3월 5일까지 14연대장 기쿠치 대좌를 대장으로 하여 진
주·함양·거창·광주 등지의 수비대와 조치원 주둔의 기병 약 70기, 각 지역의 헌병·
경찰·특설 순사대 등도 참가하는 대규모 '의병토벌대'를 편성해서 150여 회에 걸쳐 무자
비한 공격을 가해 의병 756명이 순국하고, 부상 수백 명, 포로 700여 명에 이르렀다.

● 김동신 체포를 위해 혈안이 된 일본 군경

일본군은 14연대장 기쿠치 대좌를 대장으로 하는 대규모 '의병토벌대'를 운용하여 150
여 차례 덕유산·지리산 자락의 의병을 공격하였으나 김동신 의병장을 체포하지 못하자
한인 밀정을 동원하여 그를 체포하고자 혈안이 되었다.

1일 전 12일(1908년 1월 12일-필자 주) 오후 3시 운봉군 산내면 거주 박문달(朴文
達, 본명 鳳陽)이 운봉순사주재소에 밀보(密報)하여 말하기를, "산내면 묘동(猫洞)
동 유평촌(柳坪村, 읍내에서 3리)에 폭도와 같은 자 10여 명이 배회하고 있었다." 운
운하였다. 그래서 순사 이케다 켄지(池田建次), 동 모토무라 곤시로(本村權四郎)의
양인은 한인 순사 양명을 동반하고 곧 묘동으로 출장하여 수사한 즉 거동이 불심한
자 1명이 주막에 지숙(止宿)하고 있으므로 신체와 하물을 조사한 즉 5연발 단총 1정
을 발견하고 곧 체포하였다. 또 한 농가에 그와 동류로 사료되는 자 1명이 잠복해 있
을 뿐 아니라 그 자는 화승총 1정, 탄약 등을 소지하고 있었으므로 이 또한 체포하
고, 또 박문달에게 그들 동류의 행방을 심문한 즉 7, 8명은 지난 11일 정오경 남원군

▲ 박봉양(호 문달)이 동학농민군 학살을 기념하는 '갑오토비사적비' - 전북 남원시 운봉읍 서천리

하원천방(下元川坊) 방면(전라남도 구례군으로 통하는 방향)으로 가고, 7명은 산내면 백문암(百文庵, 도로에서 십수 정의 산상)에 잠복해 있는 것 같다고 한다. 그래서 일행은 밤을 무릅쓰고 동암(同庵)에 도착한즉, 과연 7명의 사람이 집합해 있으나 그 누구도 신원이 불심한 자가 아니었다. 그런데, 때는 바야흐로 오전 1시이므로 일단 동암에 휴게한 뒤 체포자 2명의 신원을 신문한 즉 1명은 전라남도 동복군 내서면 실암동 거주 김점삼(金點三, 당년 30세), 1명은 동도(경상남도-필자 주) 곤양군 읍내면 남촌 거주 최채화(崔采化, 당년 23세)의 양명으로 다 같이 김동신의 배하임을 자백하였을 뿐 아니라 우 양자는 본월 2일 김동신과 그 부하 24명과 같이 운봉군 북하면에 와서 동지에서 나누어 김동신 일행은 함양군으로 갔다고 한다.

(중략)

해 폭도의 소재를 밀고(密告)한 박문달은 운봉읍 내의 이족(吏族)으로 산내면에 첩의 집이 있고, 동인은 민간의 지사로서 지명자이라 지난해 군부대신사건 그 후 또 내란사건의 혐의를 받았으나 모두 원죄(寃罪)였음이 판명되어 이내 소관은 동인에 대해 회유(懷柔)를 가하고 있었던 자이다.

- 국사편찬위원회, 『한국독립운동사』 자료 8권, 494~495쪽

그러나 김동신은 많은 참모를 활용하여 각지의 의병을 모으고, 여전히 의병투쟁을 활발하게 전개하였음을 알 수 있는데, 1908년 3월 26일 일본군 영동수비대장 나카오(中尾) 중위가 14연대장 기쿠치 대좌에게 보고한 문서에는 전북 무주에서 일본군과 2시간 동안 혈전을 벌인 것이 나타나 있다.

무주 부근 정찰을 위하여 파견한 후루쇼오(古庄) 군조 이하 12명은 3월 25일 오전 10시 30분 삼공리(三公里, 무풍장 동남방 약 2리에 있는 양점선에 있는 2차로)에서 김동신이 인솔하는 약 60명의 폭도와 상회하여 교전 2시간 후 적은 궤란, 경상북도 및 구천동(九千洞) 방향으로 퇴각하였다.
이 전투에서 적의 전사 8명, 부상 5명, 아에 손해 없다

- 국사편찬위원회, 『한국독립운동사』 자료 10권, 68쪽

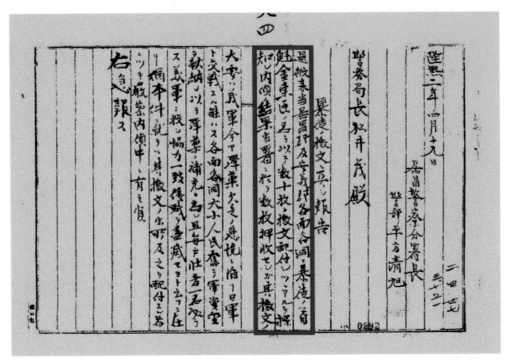

▲ 김동신, 의병 군자금 및 탄약 보충을 요구하는 격문 배포(『폭도에 관한 편책』, 1908.04.19)

● 지병 치료 중에 체포되다

그러나 그해 6월 지병이었던 치질(痔疾)이 악화하자 비밀리 본가로 가서 치료하던 중 붙잡히게 되었다.

비도 수괴 체포의 건

충남 회덕군 탄동면 덕진동 거주
잠칭(潛稱) 승지(承旨) 김동신(31세)

이는 지난해 가을 이래 부하 5백여 명을 영도하고 스스로 '삼남의병대장(三南義兵大將)'이라 칭하며, 공주·회덕·연산·진산·금산·무주·용담·진령 등 각 군을 누비면서 양민을 괴롭힌 자인데, 이번 대전경찰서에서 이를 체포하여 다음 목록과 같은 증거 물건을 압수하고 현재 취조 중에 있으므로 이에 보고한다.

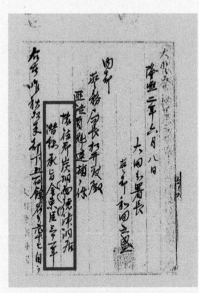

▲ 김동신 피체(『폭도에 관한 편책』, 1908.06.08)

(중략)

융희 2년 6월 10일, 내란죄 범인 김동신에 대하여 심문을 한 즉, 그 진술이 다음과 같다.

문: 본적·주소·신분·성명·직업·연령을 신립하라.

답: 충청남도 회덕군 탄동면 덕진동 거주, 중인 김남봉(金南鳳)의 아우 김동신, 12월 26일에 출생한 37세, 출생지도 본적과 같다. 직업은 의업(醫業).

문: 너는 유명한 수괴이니 언제부터 폭도에 들어갔는가?

답: 병오(광무 10년) 음력 3월 26일 당시 홍주 의병을 일으킨 민종식의 부하에 들어가서 선봉장이 되었는데, 그때의 거느린 병사는 38명이다.

문: 이번에는 언제부터 어떤 곳에서 의병으로 배회하였나?

답: 지난해(융희 원년) 음력 8월부터 전라남북도·충청남북도·경상남도 등지를 왕래하였다.

문: 네가 충청남북도·전라남북도·경상남도에 있을 때 거느린 병사의 인원수는?

답: 30명이 된 때도 있고, 70명이 된 때도 있으며, 1백 명에 이른 때도 있었던 바, 그 수가 항상 정해지지 않아서 가장 많을 때는 올해 음력 3월이며, 그 당시에는 1천 명에 이르렀다.

문: 너는 승지라고 칭하니 임명한 일이 있는가?

답: 민종식의 부하가 된 때에 민종식이 주선으로 사령을 받았고, 실제 직책을 맡은 것은 아니다.

문: 이번에 네가 무슨 까닭으로 집으로 돌아갔는가?

답: 패배한 것도 아니고, 부하를 잃어버린 것도 아니고, 고통을 치료하기 위함이다. 부하는 현재에도 전라도 지방에서 활동하고 있다.

문: 어디에 병이 났는가?

답: 배가 아프고, 항문에서 출혈이 있는 바이다.

- 국사편찬위원회, 『한국독립운동사』 자료 11권, 226~227쪽

김동신은 1908년 6월 6일 본가인 회덕에서 붙잡혀 4차례 심문을 받은 내용이 『폭도에 관한 편책』에 자세히 기록돼 있다. 그가 지휘하던 비장(裨將)으로 문태익(文泰翊: 문태서

-필자 주), 최정근(崔正根), 성문길(成文吉), 차은표(車恩表), 오대근(吳大根), 국인묵(國仁黙), 임병주(林秉柱), 이장춘(李壯春) 등이었다고 하니, 당시 김동신의 위세를 짐작할 수 있다.

그는 그해 8월 15일 공주지방재판소에서 종신유형이 선고되어 고초를 겪었다.

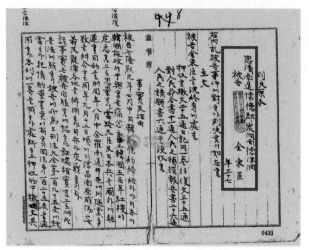

▲ 김동신, 종신유형 판결문(공주지방재판소, 1908.08.15)

7. 영호남 누빈 호남창의대장 정일국 의병장

● 최익현의 태인의진 참여하고 남원에서 거의하다

1906년 6월 최익현(崔益鉉)이 전북 태인에서 거의(擧義)한다는 소식을 듣고 찾아가서 그 의진의 우무사(右武士)로 참여했다가 보부상 차림으로 각지를 돌아다니다가 달포 뒤에 향리인 전북 남원에 돌아와서 의병을 일으킨 이가 정일국(鄭一國) 의병장이다. 그는 남원 장흥방(長興坊, 현 남원읍) 금촌(錦村) 출신으로 삼남창의대장 김동신(金東臣)과 함께 덕유산·지리산 자락을 누비던 호남창의대장이었다.

일본 군경은 그가 붙잡히기 전까지 그의 구체적인 인적사항은 모르고 '전남 출신 정대장'으로 알고 있었는데, 그가 붙잡혀 심문하는 과정에서 그가 남원 출신 정일국이라는 것이 밝혀졌다.

▲ 일본군 남원수비대 정문 앞 광경(1908)

문: 그대가 의병을 일으킨 연월일과 동기는 무엇인가?

답: 일본국이 우리나라의 국권을 장악하고, 우리나라에 국토를 잠식하려고 하므로 나는 광무 10년 4월, 태인에 가서 면암(勉庵) 선생에게 모여 그 부하가 되었다.

문: 그러면, 최익현(崔益鉉)과 행동을 같이하였는가?

답: 그렇다. 면암 선생의 부하가 되어 우무사(右武士)로서 순창군에서 일본병(남원·전주진위대 병사—필자 주)과 싸워 패하였기에 보부상으로 분장하여 각지를 배회하였다.

문: 다시 의병을 일으킨 곳과 연월은 언제인가?

답: 재작년인 융희 원년 7월 순창지방에서 의병을 모집 중, 동군 복흥면 사창(社倉)에서 김동신(金東臣)과 만나서 그와 같이 내장사(內藏寺)에 들어가 의병 150여 명, 총기 100정가량을 얻었다. 그달 27일 오후 1시경 그곳을 출발하여 28일 새벽에 순창군 읍간(邑間)에 도달하여 총을 발사하니 일본인도 응전하였는데, 즉시 도주하였으므로 일본인 2명을 처단하고 지리산으로 향하였다.

- 국사편찬위원회, 『한국독립운동사』 자료 15권, 754쪽

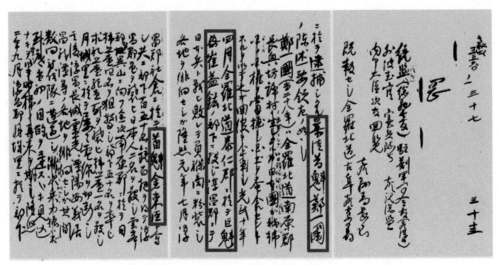

▲ 정일국 의병장 심문 기록(『폭도에 관한 편책』, 1909.10.07)

그는 일제가 통감부를 설치하여 대한제국의 국권을 장악하고, 우리 국토를 침탈하려고 하므로 1906년 4월(음력) 전북 태인으로 가서 최익현 의진에 참여하여 우무사(右武士)로서 활동한 사실을 당당히 밝혔고, 1907년 7월(음력), 순창지방에서 의병을 모집 중, 동군 복흥면 사창에서 김동신(金東臣)과 만나서 그와 함께 내장사에 들어가 의병 150여 명, 총기 100정가량을 얻은 후 그달 28일 새벽 순창에서 일본인 2명을 처단하고 지리산으로 향했다.

문: 지리산에 들어가 어떠한 생활을 하였나?
답: 지리산으로부터 경남 하동 칠불사에 들어가서 그곳에 수성군(守城軍) 70여 명이 있었으므로 이를 부하에 속하게 하고자 하였으나, 응하지 아니하였다. 그리고 순창을 출발한 후 부하가 감소하여 칠불사에 도착해서는 50여 명에 불과하였으므로 구례군에 들어가서 순사주재소를 습격하여 군아에서 일본 순사의 의복 등을 불태우고, 또 폐총을 가져왔다.
문: 그로부터 어느 곳으로 나아갔는가?
답: 경남 안의군 서상면 영각치(嶺覺峙: 靈覺寺 오기-필자 주)에 들어가서 그곳의 수성군 4백여 명을 부하로 맞아들여 다수의 병사를 얻었으므로 연회를 열고 있었던 바, 원주(상주-필자 주)의 노병대(盧炳大)란 자가 부하 150여 명을 인솔하고 오매, 크게 세를 얻고서 안의 읍내에 있는 일본인 습격을 목적으로 그곳에 이르렀으나 일본인은 없으므로 이어 경남 거창군으로 향하였다.
문: 거창군에서는 어떠한 행동을 하였는가?

답: 거창군 읍내에 들어가고자 하였던 바, 일본병은 지물(地物)을 이용하고, 몸을 숨겨서 의병을 향하여 총을 쏘아 포군대장 1명을 죽이고 읍내로 들어감을 얻었을 뿐만 아니라, 부하 의병들도 사방으로 흩어졌다. 안의군 월성리에 이르러 패잔병을 수습하니, 5백여 명에 이르렀다. 이때, 우연히 원주대(原州隊: 원주진위대-필자 주)의 김동성(金東誠)이란 자가 부하 200여 명을 인솔하고 오매, 3인의 병사를 합하면 1천여 명에 이르러 그 세가 재차 떨치므로 그곳에 머무르는 중에 일본병이 옴을 듣고서 나는 지리적 이점을 얻고 있으므로 이를 요격하기를 주장하였으나 의견이 일치되지 않아서 합의를 모으는 사이 50여 명의 일본병이 와서 이들과 싸웠던 바, 노·김의 의병이 먼저 패주하고, 나도 무주군으로 달아났다.

- 국사편찬위원회, 앞의 책. 754~755쪽

정일국은 의진을 이끌고 지리산으로 이동, 경남 하동군 소재 칠불사(七佛寺)를 거쳐 전남 구례 순사주재소를 습격하여 일본 순사의 의복 등을 불태웠고, 다시 경남으로 이동하여 안의군 서상면 영각사(靈覺寺)에 있던 의병 4백여 명을 얻어 연회를 열었다. 이때 상주 출신 의병장 노병대(盧炳大)가 의병 150여 명을 인솔하고 왔으므로 안의 읍내에 있던 일본인을 습격하려고 했으나 일본인은 달아나고 없어 거창군으로 향하였다. 정일국 의진은 거창에서 일본군을 만나 전투를 벌였으나 의진의 포군장을 잃고, 의병들도 사방으로 흩어졌다. 안의군 월성리에 이르러 의진을 수습하니, 그래도 의병이 5백여 명에 이르렀다. 이때 원주진위대 해산 군인이 중심이 된 의병 2백여 명을 만나게 되니, 의병이 약 1천 명에 이르렀다.

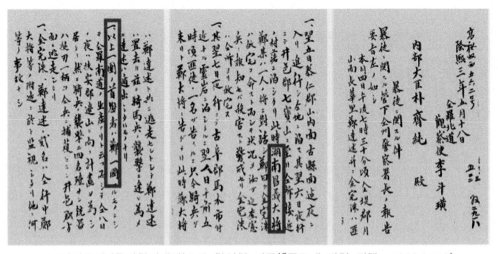

▲ 정일국이 '호남창의대장'으로 활약한 기록(『폭도에 관한 편책』, 1909.05.18)

문: 그로부터는 어떠하였는가?

답: 무주군 구천동에 이르렀을 때는 부하가 4백여 명을 넘기었다. 따라서 술을 먹이고 군기를 고무시키고 용담군 서면 절에 진을 치고 있었던 바, 임실로부터 이학사(李學士: 李錫庸-필자 주)가 병사 30여 명을 인솔하고 오고 진안으로부터 강 대장(姜大將)이 20여 명을 인솔하고 왔으므로 3인의 의병을 합치면 5백여 명을 웃돌므로 전투의 책략을 협의 중, 일본병에 습격을 당하여 부하 67명을 잃었으니, 이때가 재작년 10월이었다.25)

문: 그로부터는 어떠하였는가?

답: 그로부터 진안군에 이르렀는데 부하는 40여 명으로 감소하였다. 그곳에서 김동신과 작별하고, 순창군을 배회하다가 재작년 11월 담양군으로 나아가 읍내를 습격하여 일본인 1명을 살해하였다.

문: 그 후에는 어떠하였는가?

답: 순창·장성·영광·담양 각지를 배회하였는데, 부하는 50명에 불과하였다. 지난해 3월경, 순창군 복흥면 구수리(九水里)에 병사를 잠복시켜서 일본병을 요격하고 전사자 2명, 부상자 1명을 내고 패하여 달아났다.

문: 그 후에는 어떠하였는가?

답: 또, 거처를 배회하였는데, 모두 생각하건대, 인심이 화합하지 않고 병력이 부진하여 도저히 당초의 목적을 달성할 가망이 서지 아니하므로 시기가 다시 오면 한 번 의병을 일으키겠다고 생각하고 단연코 부하 100여 명을 신보현(申甫鉉)에게 넘기고 나는 돌아와서 누웠다.

문: 그날이 언제, 어디에서인가?

답: 지난해 9월경, 순창군 복흥면 월성리(月城里)이다.

- 국사편찬위원회, 앞의 책. 755~756쪽

　　정일국 의진이 경남 안의에서 전북 무주 구천동에 이르렀을 때는 4백여 명이나 되었고, 용담군 서면 절에 진을 치고 있을 때 임실로부터 이석용(李錫庸)이 의병 30여 명을, 진안으로부터 강 대장(姜大將)이 20여 명을 인솔하고 왔으므로 세 의진이 장차 전투의 책략을 협의 중에 일본군의 습격으로 의병 67명을 잃었으니, 이때가 1907년 10월(음력)이었다.

　　그 후 진안군에 이르렀는데 의진 규모는 40여 명으로 감소하고, 김동신 의진과 작별하고, 11월 담양군으로 나아가 읍내를 습격하여 일본인 1명을 처단한 후 순창·장성·영광

---

25) 『폭도에 관한 편책』 자료 8권(의병편 1권)에서 전라도편은 1907년 12월 15일부터 실려 있어 그 내용을 찾을 수 없다.

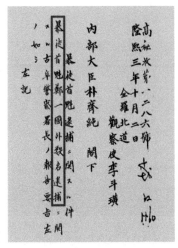

• 담양 각지를 배회하였는데, 의진 규모는 더 늘어나지 않고 50명에 불과하였고, 1908년 3월 순창군 복흥면 구수리(九水里)에서 일본군과 전투를 벌였으나 전사자 2명, 부상자 1명을 내고 패하고 말았다.

그는 인심이 화합하지 않고 병력이 부진하여 도저히 당초의 목적을 달성할 가망이 없어 시기가 다시 오면 한 번 의병을 일으키겠다고 생각하고, 의병 1백여 명을 신보현(申甫鉉)에게 넘기고 순창군으로 숨어들었다.

▲ 정일국 의병장 피체(『폭도에 관한 편책』, 1909.10.02)

융희 3년 9월 20일 당서 정(鄭) 경부 이하 한인 순사 4명, 일인 순사 쿠기미야(釘宮) 감독 이하 2명은 폭도 수색을 위하여 정읍·태인·순창·장성·담양의 각군에 출장하여 동월 27일 귀착, 그간 폭도 체포의 상황 좌와 여하다.
(중략)
수괴 정일국이 근시 순창 부근에 잠복한 바를 탐지하고 동일의 개시일(開市日)을 이용하여 수색하고자 진행하고 도중 담양군 용면 삼태동(三台洞)에서 백내문(白乃文)을 체포하여 순창군 읍시장에 지하였던 바 우연히 수괴 정일국은 동일 내시(來市)한 것을 탐지하고 수사의 결과 차를 체포하고, 기타 정정학(鄭正學)·조양현(趙良玄)·조경춘(趙京春)의 3명을 체포하였다.

- 국사편찬위원회, 앞의 책. 751~752쪽

정일국은 약 1년 전 의진을 신보현 의병장에게 인계하고 은신했는데, 대담하게도 순창읍 장날 시장에 나왔다가 피체되었다.

정일국 의병장의 피체는 내부경무국장이 통감(좌죽), 총무장관, 주차군사령관(참모장), 외파무관, 헌병대장, 경시총감, 내부대신·차관에게 「고비수 제5560호의 1」(1909.10.07)로 보고할 정도로 비중 있는 사건이었다.

143

정일국(당 28년)은 전라북도 남원군 장흥방 금촌의 출생으로 일한협약 후 항상 국사를 분개하고 있었던바 광무 10년 4월 전라북도 태인군에서 거괴(巨魁) 최익현의 부하에 투하여 순창군에서 일본병과 전쟁에 패하여 부보상에 분장하여 각지를 배회하였는데 융희 원년 7월 순창군 사창에서 수괴 김동신과 회하여 공히 부하 150명과 총 100정을 득하고 순창군읍을 습격 일본인 2명을 살하고 운봉군지리산을 향하는 도차 남원군에서 일한 순사 4명을 저격하고, 또 부하 50명을 인솔하고 구례순사주재소를 습격, 한인 순사 1명을 살해하고, 월성리에서 누누이 전선을 절단하고, 그 후 순창·장성·영광·담양·안의·거창·용담 등의 각지를 배회하였는데, 그간 수회 토벌대와 조우, 타격을 가하여 도저히 당초의 목적을 달할 가망이 없음을 깨닫고 융희 2년 9월 순창군 월성리에서 부하 100여 명을 신보현에게 미루고 잠복중 금전거래를 위하여 순창군 읍내시장에 내하여 드디어 포박에 취한 것이라고 한다.

- 국사편찬위원회, 『한국독립운동사』 자료 15권, 885~886쪽

정일국은 피체되어 그해 10월 8일 광주지방재판소 전주지부에서 교수형이 선고되자 대구공소원에 공소했다가 10월 28일 취하하고, 형이 확정되었다. 당시 통감부 통감 소네 아라스케(曾禰荒助)는 대구공소원 검사장 구로카와 유타카(黑川穰)에게 판결과 같이 집행할 것을 명령했다고 총리대신 이완용에게 통지하였다.

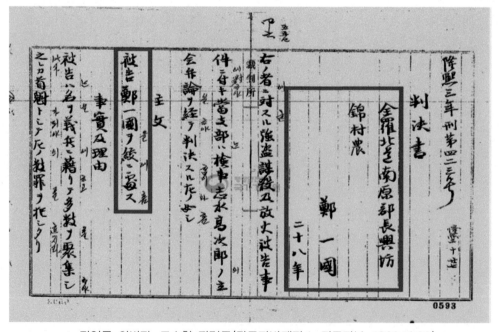

▲ 정일국 의병장, 교수형 판결문(광주지방재판소 전주지부. 1909.10.08)

기밀 통발(統發) 제2021호

전라북도 남원군 장흥방(長興坊) 금촌(錦村)
강도 및 모살범(謀殺犯)
정일국(鄭一國). 28세

우(右) 자는 다수의 도당(徒黨)을 모으고 스스로 수괴(首魁)가 되어 각각 총기를 휴대하고, 융희 2년 7월부터 동년 9월까지 그 기간에 전라북도 고부군 성포면(聲浦面) 신접(新店) 한규철(韓圭哲)의 집 외 세 집에 돌입하여 소지한 병기를 사용하여 가인(家人)을 협박하여 금품을 강탈하고, 또 동년 음력 7월에 일본인을 살해할 목적으로 동도 순창군 읍내 우편취급소를 습격하고, 동소 주재 근무 통역 미와 신이치(三輪晋一) 외 1명을 총살한 소위에 대하여 형법대전 제593조 전단 및 제1호, 제473조 전단 및 제129조에 의하여 광주지방재판소 전주지부에서 피고를 교(絞)에 처한 판결에 대하여 피고로부터 공소를 신고하였으나 본년 10월 28일에 이를 취하함에 의하여 판결을 확정함으로써 본일 대구공소원 검사장 구로카와 유타카(黑川穰)에게 판결과 같이 집행할 사(事)를 명하였기에 우를 통지(通知)함.

명치 42년 11월 25일
통감 자작 소네 아라스케(曾禰荒助)
태자소사(太子少師) 내각총리대신 이완용 각하

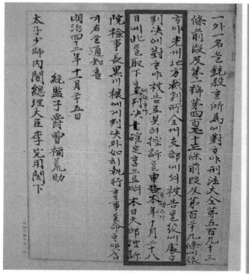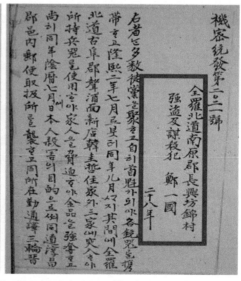

▲ 정일국 의병장, 사형집행을 명령한 일본 통감의 통보서(『통감부래안』)

이완용 내각은 정일국 의병장이 11월 30일 교수형을 집행되어 대구감옥에서 순국하였음을 관보에 '내각고시 제53호'로 실었다.

내각고시 제53호
강도범 김화선(金化先), 강도살인범 박병칠(朴炳七), 강도 및 모살범 정일국(鄭一國) 본년 11월 30일 대구감옥에셔 교형의 집행을 요(了)흔 사
　　　　　　　　　　　　　융희 3년 12월 7일

내각총리대신 이완용

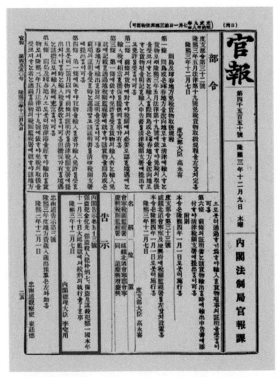

▲ 정일국 의병장, 1909년 11월 30일 대구감옥에서
　교수형으로 순국(「관보」 제4550호. 1909.12.09)

정일국 의진에서 활동하던 의병들은 전사 순국자가 수십 명을 넘었고, 붙잡혀 옥고를 겪은 이도 많다.

고부 출신 최판동(崔判東)·이두칠(李斗七) 각 징역 10년과 5년, 담양 출신 김진화(金振化) 징역 7년, 부안 출신 송하명(宋河明) 징역 5년, 정읍 출신 김일남(金一男) 징역 1년 6월, 태인 출신 서낙서(徐洛西) 징역 10년의 옥고를 겪었다.

정일국 의병장에게 1991년 건국훈장 애국장이 추서되었으니 그의 공훈에 비해 저평가된 것이기에 안타깝다.

8. 목숨보다 충의를 중시했던 이석용 의병장

◉ 이석용, 전북의병 일으키다

▲ 이석용 의병장(대구감옥)

전라남북도에서 의병이 봉기했다. 6월(1907년-필자 주)이래 관령(關嶺) 의병이 날로 치열했으나 유독 호남지방만이 없어서 호남사람은 부끄럽게 되었다고 하였다. 이에 이르러 이석용(李錫庸)은 임실에서 기병하고, 김태원(金泰元)은 함평에서 기병했으며, 기삼연(奇參衍)은 장성에서 기병했고, 문태수(文泰洙)는 무주에서 기병하고, 고광순(高光洵)은 동복에서 기병하여 일시에 바람을 일으켜 움직였다. 그러나 자금과 장비가 없고 기율이 서지 않아서 감히 일본군과 부딪쳐서 혈전을 벌이지 못하고 오직 형세를 지어 교란시킬 뿐이었다. 김태원은 기략이 많아서 적을 죽인 수가 심히 많았다. 문태수는 공격과 방어를 잘해서 호령(湖嶺)간을 왕래하며 민심을 얻어서 민간인들은 서로 숨겨 주었다. 이석용은 왕래하는 것이 바람과 같이 빨라서 일본군은 그를 현상금을 걸었으나 마침내 붙잡지 못했고, 고광순은 지리산에 들어가 패하여 사망했다.

- 황현, 『매천야록』 권6. 정미(속)

매천은 1906년 6월 4일 거의하여 8일 만에 관군에 피체되었던 최익현 의병을 이른바 '전투의병'이 아닌 '시위의병'으로 판단해서 이석용이 의병을 일으킨 것을 최초의 전북의병으로 생각했던 것 같다.

이석용 의병장은 1877년 전북 임실군 상동면 삼보리 도화동(현 성수면 삼봉리)에서 전주를 본관으로 한 부친 봉선(鳳善)과 모친 조양임씨(兆陽林氏) 사이의 3대 독자로 태어났다. 자는 경항(敬恒), 호는 정재(靜齋)였으며, 의병투쟁을 벌일 때는 학사(學士)로 불리기도 하였다.

그는 대대로 예의와 학문을 숭상하던 가문에서 태어나서 어려서부터 학덕이 높았던 겸재(謙齋) 김관술(金觀述) 문하에서 학문을 익혔고, 겸재의 딸인 부령김씨(扶寧金氏)와 혼

147

인하였다. 그 후 수많은 의병장·애국지사를 길러낸 연재(淵齋) 송병선(宋秉璿)의 문하에서 애국혼을 불태웠다. 『사우견문록』에는 정재의 15세부터 25세까지의 행적과 학통이 구체적으로 나타나 있다. 이 책의 을미 11월편에는 일본공사 미우라 고로(三浦梧樓)가 왕비를 살해한 다음, 일제 앞잡이 내각에 단발령을 내리게 하자, 정재는 장인 겸재에게 자신의 울분을 토했다. 겸재는 사위 정재에게 젊은 혈기만을 내세우지 말고 매사를 삼가고 신중히 하도록 충고하고 있다. 그도 그럴 것이 당시 정재의 나이는 10대에 불과했으니 겸재의 염려가 당연했을지도 모른다.

그로부터 10여 년이 지나 일제는 러일전쟁에서 승리를 거두자 대한 침략을 더욱 노골화하여 부왜내각으로 하여금 을사늑약을 체결하게 한 다음, 광무황제의 퇴위와 이어 신한일협약(정미7조약)을 체결하니, 정재는 민족적 분노를 참을 길 없어 부친께 나아가 창의의 뜻을 아뢰었다.

▲ 정재 이석용 의병장 생가 - 전북 임실군 성수면 삼봉리

"지금 오랑캐들이 도성 안에 가득 차서 임금과 신하는 처소를 잃어버릴 지경에 이르렀사오며, 단군·기자가 베푼 풍속과 교화는 요원해지고, 요순의 도학은 땅에 떨어졌사오니, 무릇 혈기 있는 사람이면 누구나 역적을 토벌하고 원수를 갚을 생각이 어찌 없겠사옵니까? 다만 대의를 만천하에 펴는 것이 소원이며, 성공 여부는 헤아릴 바 아니옵니다. ……."

하니 부친이 탄식하며 말하기를,

"네가 본시 큰 뜻을 품어온 것을 알고 있는데, 오늘에 와서 억지로 말리겠느냐! 마땅히 매사에 신중히 하여 조상께 욕됨이 없게 하여라!"

부친으로부터 창의 승낙을 받은 정재는 임실 상이암(上耳庵)에 모여 있던 동료에게로 달려가서 그들과 거사에 대한 의논을 마친 후 「격중가(檄衆歌)」를 지어 의분을 불러일으켰다.

당시 호남은 갑오농민혁명으로 인해 의기가 침체되었고, 경제 사정도 좋지 못하였다. 일제는 '개화시킨다', '보호한다'라는 이름으로 그들의 침략을 합리화하기에 급급했던 시기였다. 게다가 소인배들이 일제에 빌붙어 마치 개화의 선구자인 양 일진회를 조직하여 날뛰던 때였다.

　이처럼 나라의 운명이 풍전등화와 같던 1907년 10월 10일(음력 9월 4일) 정재와 동료 의병들이 임실 운현(雲峴) 상봉에 진을 쳤으나 군중이 모이지 않았다. 밤에 진안 석전리(石田里)에 당도하여 장정을 모집하는데, 모집에 응한 자가 약 20명이었다. 10월 18일 정재는 그동안 암암리에 모집한 의병들을 마이산(馬耳山) 남쪽 기슭 용바위에 모이게 한 뒤에 제단을 쌓고 하늘에 제사를 지낸 후 호남창의동맹단(湖南倡義同盟團)을 조직했던 것이었다. '의병창의(義兵倡義)'라는 네 글자가 새겨진 수건을 질끈 동여맨 5백여 의병과 그 일을 성원하기 위해 모인 5백여 민중의 입에서 터져 나온 격중가와 함성은 마이동 하늘에 메아리쳤으니, 본격적인 의병활동이 시작되었다.

　이날 호남창의동맹단에서는 10개 항목의 「의진 약속(義陣約束)」과 「의령 10조(義令十條)」에 이어 8도에 보내는 격문을 채택하고, 아울러 일제가 저지른 10개 조항에 달하는 죄상을 낱낱이 밝히면서 의진을 구성하였다.

　　의병대장: 이석용
　　선봉: 박만화　최덕일　송판구
　　중군: 여규목　김운서　김성학
　　후군: 김사범　윤명선　전성학
　　총지휘: 박갑쇠　곽자의　임종문
　　참모: 전수용　한사국　이광삼
　　연락: 홍윤무　박성무　윤병준
　　보급: 한규정　박금동　박문국
　　운량: 오기열　조영국　김학문
　　도로부장: 박사원　김공실　김성율

　정재는 거의에 앞서 고향의 친구인 전해산의 편지를 받고 거의토적(擧義討賊)할 것을 다짐했다. 때마침 기삼연이 '호남창의회맹소'를 설치하고 창의하자 전해산과 더불어 그 의진의 종사로 이름을 올렸으나 이미 거의하여 일본 군경과 전투를 벌이고 있었기에 실제로 참여하지는 않았던 것으로 보인다. 이는 정재의 『창의일록(倡義日錄)』이나 해산의 『해산창의록(海山倡義錄)』에도 호남창의회맹소에서 의병투쟁 기록이 보이지 않고, 해산은 정재가 이끈 의진의 참모로 나타나 있으며, 거의 시기가 정재의 창의동맹단이 꼭 10일 빨랐기 때문이다.

　정재 의진은 하늘에 제사한 이튿날인 10월 19일(음력 9월 13일)부터 의병투쟁에 나섰는데, 첫 전투는 진안읍에서 있었다.

9월 13일 신축, 반월리에서 아침밥을 먹은 뒤 군사를 이끌고 들어가서 진안읍을 공략하기 위해 우화정(羽化亭)에 진을 쳤다. 총을 우레와 같이 터뜨리니 밥을 먹고 있던 왜적들이 깜짝 놀라 몸을 피해 산으로 도망가므로 우리 군사가 크게 소리치며 추격하여 싸움을 벌인 결과 호리구치(堀口源次郞: 진안헌병분견소장-필자 주)이라는 왜놈의 팔이 탄환에 맞아 부러지자 왜놈들이 모두 도망갔다.

– 독립운동사편찬위원회, 『독립운동사자료집』 2권, 516쪽

정재 의진이 일본군과 싸워 승리한 다음 전리품을 노획하니 20여 짐이나 되었다. 의병들이 운반하기에 불편한 물건은 불태운 후에 진안 군아에 들어가니, 일본군이 군수를 쫓아내고 1년 동안의 문서가 산더미처럼 쌓이고 가죽끈으로 수천 묶음이었다. 정재는 진안 군민들을 모아 놓고 말하기를,

"왜놈들이 장차 이 끈으로 그대들의 부모, 처자를 묶어 갈 것이다."

하니 뭇사람들이 모두 놀라서 다투어 불에 넣었다. 또 우편취급소를 부수고 통역의 집에 있는 일본인의 물건을 불태우고, 전선 백여 척(尺)을 끊었으며, 일진회원들을 불러 타이르고 스스로 그 기(旗)를 없애게 했다. 그리고 영을 내려 의병들에게 양민의 집에 들어가거나 양민의 물건을 침범하는 일이 없도록 한 후 격문을 지어 사방에 뿌리니 감동하지 않은 사람이 없었다고 기록했다.

정재는 의진을 옮겨가며 의병투쟁을 펼쳤는데, 그 대상은 일본 군경과 악질 부왜인이었다. 주요 의병투쟁지는 임실·진안·전주·장수·정읍·순창·운봉과 지리산 등지였고, 그 구체적인 내용은 직접 진중에서 쓴 『창의일록』에 담겨 있다.

이 자료는 정재가 거의를 준비한 1907년 8월 26일부터 일시 의진을 해산했던 1908년 4월 29일까지의 토왜일기(討倭日記)이다.

국사편찬위원회에서 20여 년 전에 『정재 이석용 창의일록』을 번역했지만 일제의 눈을 피해 오랫동안 토굴 속에 비장(秘藏)해 온 탓에 해독이 어려운 부분이 많아 군데군데 빠진 부분이 있지만 주요 의병투쟁과 그 일화를 정리하면 다음과 같다.

1907년 8월 26일, 정재는 부친께 하직 인사를 올린 후 상이암(上耳庵)과 황사현(黃蛇峴)에서 동지들과 창의 계획을 숙의했다. 이에 의진을 '의병창의동맹(義兵倡義同盟: 정재의 '호남창의동맹단'이란 의진의 이름은 며칠 뒤에 정함)'이라 명명하고, 진용을 정비한 뒤 진안 석전리에서 의병 20여 명을 모집했다. 장수 배용리, 백마산 서남쪽 기슭, 고덕산 서쪽 등지를 거쳐 마이산에서 진을 쳤다. 이 과정에서 의병의 수는 점차 늘었으며, 중군

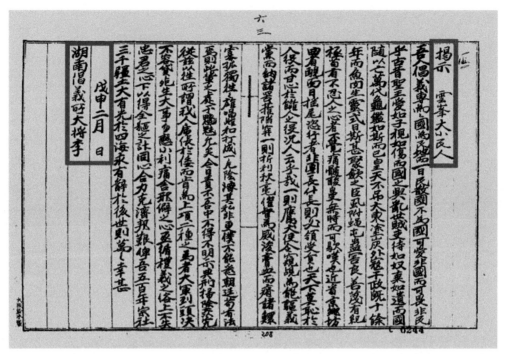

揭示 雲峯大小民人

장 김운서(金雲瑞)가 총포를 수집해 왔다. 의병들은 마이산 남쪽기슭 용바위에서 제단을 쌓고, 하늘에 제사를 지냈으며, 수많은 의병을 이끌고 진안읍 일본군 헌병분견소를 습격하여 대승을 거둔 후 우편소를 파괴한 것이 그해 9월 13일(양력 10월 19일)이었으니, 정재가 이끈 창의동맹단의 첫 싸움이었다. 이어 16일에는 내원사 골짜기에서 일본 군경 10여 명을 사살했고, 10월 8일에는 화암리 뒷산에서 접전을 벌였으나 인원과 장비의 열세로 많은 의병을 잃기도 했다. 정재는 후퇴하여 진안, 용담, 임실, 순창 등지를 거쳐 태인, 남원 등지에서 의병투쟁을 벌였다. 이 과정에서 김운서 등 부장들이 의병모집에 나서기도 했다. 11월 14일, 정재는 성수산에서 의진을 재편하고, 사흘 뒤인 11월 17일 혹독한 추위 속에서도 장

▲ 운현전적 의혼 추모비 - 전북 임실군 성수면 태평리 146

151

수읍을 공격했으며, 12월 25일에는 진안 무술촌(武戌村)에서 적 2명을 사살하고, 이듬해 정초 정재는 의병들에게 휴가를 주고, 자신도 오랫동안 뵙지 못한 부모께 세배를 올린 후 의진으로 복귀했는데, 1월 5일 군복을 청색으로 염색했다고 기록했다.

한편, 그해 10월 17일(음력 9월 11일) 고광순 의병장이 전남 구례 연곡사(燕谷寺)에서 일본군 포병과 보병의 기습을 받아 순국하고, 이듬해 설날 기삼연 의병장마저 붙잡혀 다음 날 광주 서천교 아래에서 순국했다는 소식을 듣고, 앞으로의 거취를 상의했다. 이때 정재는 전해산에게 남하하여 거의할 것을 권고하자, 해산은 남쪽으로 가서 거의하기로 하였다.

> 형이 북도를 근거로 군졸을 불러 모아 민첩함을 기르면서 기다리시오. 남도는 원수(元首: 고광순과 기삼연 의병장-필자 주)를 새로 잃은 나머지 대중의 마음은 의심하고 두려워해서 사기가 꺾여 있습니다. 제가 마땅히 남하하여 김 참봉(김태원 의병장-필자 주) 함께 일을 도모해서 남북이 의각(依角)의 형세로 서로 원조한다면 대사를 이룰 수 있을 것입니다.
>
> - 이태룡, 『호남의병장 전해산』(하). 95쪽

실제로 전해산은 전남으로 달려가서 의병을 일으켰으니, 두 의병장의 신의와 방략을 짐작할 수 있다.

1월 14일에는 중군장 김운서를 부장(副將)으로, 후군장 윤명선(尹明善)을 중군장으로 의진을 개편한 후 전력 보강에 힘썼다. 18일에는 일본군의 포위 공격을 받았고, 2월 18일 일본군 변장대의 습격을 받아 많은 피해가 있었다. 3월 5일, 진안 시동에서 접전했으며, 14일에는 마근현에서, 17일에는 수류산에서 상당한 전과를 올렸다. 그러나 21일 있었던 운현전투에서 일본 군경과 대전을 벌여 피아간에 큰 피해가 났는데, 아군 진영에서는 포군장 최덕일(崔德逸)과 의병 16명이 전사하고 부장 김운서와 3명이 부상하고, 2명이 포로로 잡혀갔다. 4월 4일 전주진위대 해산군인 30여 명이 총기를 휴대한 채 의진에 왔다가 그냥 가버리자 아쉬움을 토로했다.

정재는 평소 신망이 두터웠던 최덕일을 비롯하여 많은 의병을 잃고는 그 슬픔을 이기지 못해 식음을 전폐하다가 술로써 마음을 달랬던 기록도 보이며, 운현전투 이후에는 소규모 의진을 구성하여 의병 자금 마련에 나섰는데, 정재가 비밀리 작성한 「불망록」에는 1908년부터 1913년까지 군자금을 지원해 준 사항을 기록한 것으로 총 208명의 성명과 주소, 금액, 날짜가 기록되어 있다.

● 일제 앞잡이 전북관찰사 이두황의 만행

당시 전라북도 관찰사는 이두황(李斗璜)이었다. 그는 일본공사 미우라를 직접 도운 훈련대 1대대장으로 을미왜란 때 광화문 경위를 맡았고, 그 후 일본으로 도망쳤다가 이토의 비호 아래 1907년 귀국하여 중추원 부참의에 올랐고, 이듬해 전라북도 관찰사로 임명되어 내부대신이었던 송병준·박제순과 일본인 전북경찰부장·경찰서장 등과 긴밀히 협조하여 의병학살에 앞장섰다. 그가 내부대신에게 올린 보고서는 정재의 의병 활동 상황과 체포를 위한 문건이 30여 건이나 된다.

수괴 이 학사(李學士: 이석용의 별칭-필자 주)가 인솔하는 폭도 약 10명이 본월(보고일이 2월 2일이므로 1월임-필자 주) 16일 밤 12시경, 임실군 남면 봉산리에 내습하여 그곳에 거주하는 순검 출신 엄익면을 붙잡아가고, 그 도중에 동면 쓸덴(임실-남원 가도) 주막에 들러 임실수비대에 격문을 송부할 것을 명하고, 다시 그 마을에 사는 순사 출신 김남주를 체포한 후에 수괴는 부하에게 그의 총살을 명하였으므로 사격하였다. 2명은 구사일생을 득하여 다리에 관통 총창(銃創)을 입고 어두운 밤을 이용하여 귀환했다.
이상의 정보에 의하여 대대장 이하와 공히 소관 이하 일본인 순사 2명, 한국인 순사 1명이 급행하였다. 또 남원군수는 지방 인민 유시(諭示)를 위하여 일행과 동행하였다.

- 국사편찬위원회, 『한국독립운동사』 자료 13. 340쪽

폭도 토벌에 관한 본월 1일 남원경찰서장의 보고 요지는 다음과 같다.
지난달 20일 임실헌병분견소 군조 1명, 보조원 5명은 변장하고, 임실군 상동면 대운치동(임실주재소의 동방 약 3리 반)에 이르러 수괴 이석용이 인솔하는 폭도 20명을 발견, 전투한 결과 1인을 죽이고 2명을 포로로 잡았으며, 화승총 5정, 엽총 1정, 단총 1정, 화약과 잡품을 약간 노획했다. 잔도(殘徒)는 사방으로 궤란(潰亂)하였다고 한다.

- 국사편찬위원회, 앞의 책. 346~347쪽

정재는 일본 군경의 추격에도 아랑곳하지 않고 적게는 10여 명, 많게는 3백 명의 의병들을 이끌고 의병투쟁을 전개하였는데, 정재가 거의하기 이전에는 영호남을 누비며 의병투쟁을 펼치던 문태서(文泰瑞)·김동신(金東臣) 의병장이 이끈 의병들의 활약이 두드러

졌으나 정재가 거의한 이후로는 전북지방에서 활약한 의병장이 17명이나 되었으며, 의병은 1,147명으로 집계됐다.

이에 일제는 일본군을 증파함과 동시에 당시 전북의병의 정신적 지주이던 정재 체포를 위해 온갖 노력을 기울였는데, 이두황이 내부대신 송병준에게 올린 보고서에 구체적으로 드러나 있다.

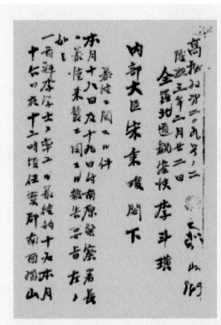

▲ 이석용 의병장에 대한 전북관찰사 이두황의 보고서(『폭도에 관한 편책』, 1909.02.22)

이달 23일부 남원경찰서장의 폭도 토벌에 관한 보고 요지는 다음과 같다.

당 남원수비보병대는 이달 12일 이래 거의 전력을 거하여 남원·임실·장수의 3군에 한하여 이석용 일행의 소탕에 종사하고 있으므로 소직(小職)은 그 상황 관찰 겸 토벌사무 타합을 위하여 지난 19일 출발하여 남원군 오수역과 임실군에 출장하였다가 21일 귀서(歸署)하였다. 그 상황은 다음과 같다.

一. 토벌대는 일거에 이석용의 필획(必獲)을 기하고 일야(日夜) 정찰을 하고, 혹을 일찍이 폭도에 협조한 자 등을 이(利)로써 유인, 수사에 노력해도 결코 그 소재가 판명되지 않을 뿐만 아니라 저 이석용이 그 간에 있어 엄중한 경계선을 범하여 교묘히 출몰, 혹은 시시로 조소적(嘲笑的) 격문을 기(寄)하는 등 전연 그 위력을 두려워하지 않는 상태로써 대대장 이하 크게 초심하여 결과 근래 이석용에 대하여 도발적 격문을 보내고, 혹은 그의 친척·친구로서 그를 은닉한 혐의가 있는 자를 구류하고, 또는 그 가옥을 불태운다고 위협하는 등 고압수단으로써 공을 이루고자 노력하고 있다. ……

一. 출장 중 소직은 칙유 봉독을 위하여 동행한 남원군수와 협의, 남원군 오수역과 임실읍내에 각 면장과 지방 인민을 소집하고 일한의 관계를 말하고 이어 이석용의 행동은 그 심사에 있어서 양해할 점이 없지 않으나 그는 제멋대로 융기(戎器: 무기-필자 주) 농(弄)하여 각처를 횡행함으로써 지방의 안녕은 교란되고 있다.

- 국사편찬위원회, 앞의 책. 408~409쪽

일제는 정재를 붙잡기 위해 갖은 방법을 동원했음을 엿볼 수 있는데, 융희황제의 칙유와 친척에 대한 만행은 정재로서도 괴롭기 짝이 없는 것이었다. 일제는 실제로 정재의 일가족 5명을 붙잡아 남원의 오수수비대에 감금시켰는가 하면, 심지어 장수군 진전면 오산촌으로 시집간 누이 집을 불태웠고, 임실군 상동면 도화동 생가를 불태우는 만행을 저질렀던 것이 이두황의 보고서에 나타나 있다.

> 수괴 이석용에 대한 강압 수단에 관하여 남원수비대의 행동은 다음과 같다.
> 2월 22일 밤, 오수역을 출발한 부대는 장수군 외진전면 월곡리에 사는 이석용의 여동생과 매부, 매부의 형, 매부의 부모 등 5명을 이끌고 와서 오수수비대에 구류하였다.
> 이튿날 오후 2시, 대대장의 명을 받고 출발한 오수 주둔병 10명은 임실군 상동면 도화동 이석용의 생가와 장수군 진전면 오산촌에 사는 여동생의 가옥을 불태우고, 다음날 오후 5시 귀대하였다.
> 이상의 보고에 접하였으므로 즉시 임실주재소 순사에 대하여 구류인의 보호와 임실군에 있어서의 이석용 생가의 소각 상황을 명하고 소직은 장수군 순시를 겸해 동 군 진전면에 있어서의 불탄 가옥의 상황 구분을 하기 위하여 내일부터 출장할 예정이다. 또 장수군 진전면 오산촌에 사는 이석용의 여동생은 군대의 박해에 분개하여 자살하겠다고 한다.
>
> - 국사편찬위원회, 앞의 책. 616쪽

정재는 광무황제께 자신의 의병투쟁 내용을 간략히 소개하고, 일본의 만행을 규탄하고 자주적인 국권수호와 서정쇄신 및 덕치주의를 강조한 상소를 올린 것이 『주한일본공사관기록』, 「폭도격문」 제4집(1908년 8월 29일)에 실려 있다.

정재의 행적은 「창의일록」에 기록된 1908년 5월 28일(음력 4월 29일)까지는 뚜렷하나 그것이 토굴(土窟)에 보관되었던 까닭에 책머리가 썩고 말미가 해져서 이후의 내용은 살펴볼 수가 없어서 제문이나 시에 나타난 내용과 일제의 비밀기록 등으로 추정해 보면, 1909년 봄에 의진을 해산하였다.

> 우리 의병들은 위에서 권장하는 상이 없고 밖으로는 조그만 지원도 전혀 없는데다 훈련과 병기가 불리하여 쇠약하기 그지없고 고단하기 이를 데 없는 군사일 따름이다. 더욱이 혈전 3년간 적을 격파하여 천하의 이목을 놀라게 하였다. 어찌 장하지 아니한가. 그런데 호남의 모든 땅에 풍운이 그게 일어나 말발굽 소리와 전쟁터에 흘린 피가 넘쳐날 정도였다. 해와 달은 빛이 없고 귀신의 통곡소리에도 수심이 어렸다. 나부끼는 깃발은 갈가리 찢기고 보잘것없는 무기조차 부러져서 장사는 싸울 수 없게

되었다.
(중략)
자두꽃 흩날리는 4월이라 호남땅
나라 위해 일어섰던 서생이 갑옷을 벗네
귀촉도 너 또한 천하 일 알겠거니
장부가 갈 길은 막연하기만 하네

정재는 의병 해산 후 은신하던 중, 경술국치 직전인 8월 23일 오랜 벗이었던 전해산 의병장이 대구감옥에서 순국해서 그 시신이 전북 장수로 운구되어 장례를 치르게 되었는데, 경남 거창으로 피신해 있던 정재는 뒤늦게 이 사실을 알고 제문을 지어 무덤 앞에서 통곡하였다.

오호라! 공은 절사(節士)이로다!
죽을 몸을 시시(柴市)의 사형장에 던져버린 문천상(文天祥)과 같고, 오자서(伍子胥)26)와 같도다. 지아비는 충절로 죽음을 맞이하고, 지어미는 열부로 뒤따르니, 오호라! 공의 배필이로다!

– 이태룡, 『호남의병장 전해산』(하). 151쪽

정재는 일제와 부왜인들의 눈을 피해 장수, 경남 거창으로 몰래 이사하여 장차 중국으로 들어가 광복 활동을 펼치려다가 부왜인의 밀고로 1913년 12월 10일 임실에서 형사 김대형(金大亨)에게 피체되었고, 광주지방법원 전주지청에서 방화 상해, 모살(謀殺), 강도 및 강도상인(强盜傷人)의 죄목으로 재판받았다. 미국 샌프란시스코의 교민단체인 국민회의 기관지로 발간되던 「신한민보」에 재판과정이 실려 있다.

의장 리석용 사형선고
(전략) 작년 11월에 원수에게 사로잡힌 의병대장 이석용씨는 방금 나이 37세에 명성이 전국에 전파되므로 원수들은 이씨를 없애고자 하여 살인, 강도범으로 몰아놓고 금년 2월 5일에 전주지청에서 소위 공판이라 하는 것을 시작하고 리씨에게 대하여 심문하였는데 (중략) 방청인은 각 신문기자와 통신원들이며 기타 여러 사람이 풍우를 무릅쓰고 당외 당내에 다수가 들러 구경하더라.

---

26) 춘추전국시대 초나라 정치가 오자서가 오나라로 가서 아버지와 태자의 원수를 갚고 죽게 되었을 때 자신의 눈을 수도 성문에 걸어 두라고 했던 고사처럼, 해산이 최후 진술을 할 때, "내가 죽은 후에 나의 눈을 떼어 동해에 걸어 두라. 너희 나라가 망하는 것을 내 눈으로 똑똑히 보리라!"라고 하였다.

얼마 후에 옳은 일을 하고자 하던 일로 피고된 리석용 씨는 옥졸의 보호로 출정하였는
데, 평복에 초혜를 신고 성긴 수염, 화평한 얼굴을 조금도 굴하지 않고 서서히 걸어 들어
오니 보기에 일개 조그마한 남자요, 외모가 미약하야 성문에 듣던 말보다 웅장한 기상은
없으나 흔연히 웃는 얼굴로 의기 자득하여 최후 결심이 있는 듯하더라.

- 「신한민보」, 1914년 5월 14일

당시 언론사뿐만 아니라 수많은 사람이 정재의 재판에 관심이 컸음을 알 수 있다. 염
재(念齋) 조희제(趙熙濟) 『염재야록』에 공판기를 남겼다.

정재는 대구복심법원과 고등법원에서도 매우 당당한 자세로 재판받았는데, 그에 대해
일본인 고등법원 판사는 판결문에서 다음과 같이 적었다.

대한의 지사로서 위로는 황실의 일을 애통하고, 광무 11년 정미 8월에 의병을 전라
북도 임실군에서 일으켜 다음해 8월까지 전투에 종사하였으나 횡폭을 금하고 부호를
타일러서 추호도 범한 바가 없었으며, 무신년 9월 이후 기유년 3월에 이르러 진퇴할
길이 없어 부득이 무리를 해산하고 몸을 깊은 산중에 감추고 우연히 고향 땅으로 왔
을 때에 체포된 몸이 되어 지금 살인 방화 강도죄의 악명이 씌워져서 극형에 처하게
된 것은 원통한 일이다

- 독립운동사편찬위원회, 『독립운동사자료집』 별집 1권, 933쪽

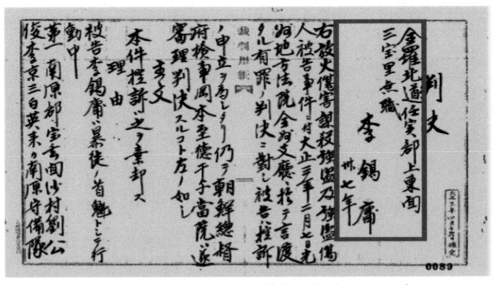

▲ 이석용 의병장, 교수형 공소기각(대구복심법원, 1914.03.06)

위의 내용을 보면 일제의 고등법원 판사조차 그를 매우 높이 평가했음을 알 수 있다. 그런데 판결문에는 이석용의 11가지 범죄 사실이 적시되어 있는데, 일본 군경과 전투한 내용은 전혀 없이 친일파의 처단과 그 가옥의 방화, 군자금 모금 등이 집중적으로 기술되어 있다. 이는 일제가 그를 의병장이 아닌 파렴치한 잡범으로 호도한 저의가 반영되어 있었다는 것을 알 수 있다.

정재에 대한 재판은 1914년 2월 4일 시작하여 같은 달 7일 사형선고가 있었고, 이에 불복하여 공소하자 그는 대구감옥으로 이송되어 3월 6일 대구복심법원에서 공소가 기각되었으며, 4월 16일 고등법원에서 상고가 기각되어 형이 확정되었다.

그는 광주지방법원 전주지청에서 크게 10가지 질문을 받았는데, 그중에 중요한 답변을 보면, 사서삼경을 비롯한 다양한 서적을 많이 읽었다는 것, 일본인을 배척하고 나라를 위해 의병을 일으켰다는 것, 호남창의대장으로서 약 300명을 지휘했다는 것, 「창의록」과 「불망록」 저술의 목적 등이다. 마지막으로 그는 데라우치(寺內正毅) 총독과 을사오적과 정미칠적, 경술 흉적 2명(이완용, 이용구)를 죽이지 못한 점과 일본의 도쿄와 오사카를 불태우지 못한 점이 유감이라고 최후 진술을 하였다. 재판장이 일본의 충실한 신민이 되겠냐고 질문하자, 그는 "차라리 대한의 닭이나 개가 될지언정 너희 원수의 나라 신하가 되지는 않겠다."라고 당당히 답변하였다.

마침내 정재는 4월 28일(음력 4월 4일) 대구감옥에서 교수형이 집행되어 순국하면서 한 편의 시를 남겼다.

천고의 강상을 짊어짐은 중요하고
삼한의 해와 달은 밝게 비치는데
외로운 신하 만 번 죽어도 마음 변치 않으니
사람으로 머리 숙여 사는 것보다 훨씬 낫다네.

정부는 선생의 공로를 기려 1962년 건국훈장 독립장을 추서하였고, 국가보훈부는 광복회와 독립기념관 공동으로 '이달의 독립운동가'(2012년 11월)로 선정하였다.

● 청산되지 못한 적폐와 후손의 삶

1995년 7월 30일, 전주시청 주차장에서 정재의 손녀 이귀덕(李貴德) 여사와 '정재이석용선생기념사업회' 준비위원장 김인섭(金隣燮) 씨를 만나 덕진동으로 향했다. 그곳에는

▲ 청암 부부와 후손들이 요강 장수를 해서 세운 황극단 - 전북 전주시 덕진동

정재의 업적을 기린 비석과 김구 선생 비석 등 5개의 비석이 거무스름한 돌이끼를 입은 채 서 있었다. 손녀 이 여사는 무슨 말부터 해야 할지 모르겠다면서 목이 메었다.

이 비석들은 정재의 장남 원영(元泳, 1899~1983)이 광복 후에 부인 고효(高孝) 여사와 손녀 이 여사, 유점순(柳点順) 여사를 비롯한 100여 명의 '요강 장수'의 힘으로 세웠다고 하니 이해하기가 어려웠다. 잠시 뒤에 유 여사의 말을 듣고는 대단한 일이라서 어안이 벙벙했다.

"할머니, 요강 장수를 해 보셨습니까?"

"그러믄유, 8년이나 했시유."

"주로 어느 장에 가서 팔았습니까?"

"장은유? 머리에 이고 임실, 장수, 남원 …… 안 댕긴 데 없이 댕겼시유. 줄줄이 이고 가면 모두 팔아 줬지유. 돈이나 있었감유, 보리 한 말씩 받았시유."

정재의 장남 원영이 딸 귀덕에게 옷을 따뜻하게 입고 함께 어디를 가자고 하여 따라간 곳이 남원 '요강굴'이었다고……. 이튿날 자신은 요강 15개를 짊어지고 딸은 8개를 머리에 이고 집으로 돌아왔다. 원영은 아내에게 말하기를,

"순임금은 나라를 위해 독 장수를 했다지만, 우리는 요강 장수를 하여 아버지를 위하고 나라를 위해 충신열사 비석을 세웁시다."

라고 하자, 고효 여사도 시아버님 일이라면 무슨 일이라도 하겠다고 하여 요강 장수를 시작했는데, 대부분 거룩한 일을 한다면서 협조했다고 한다. 하지만 일부 사람들은 '요강 도(尿鋼道)', '요강교(尿鋼敎)'하며 비웃기도 했고, 경찰서에 붙잡혀 가서 심문을 받기도

▲ 소충사 - 전북 임실군 성수면 소재(1991년 촬영. 현재 이건함)

했으나 어처구니없던 일은 광복이 되었지만 매국노 이완용의 친족 이순구가 전북 경찰국 장에 있으면서 기마경찰대를 동원하여 애써 세운 비석들을 부숴 버렸던 일이라고 한다.

소충사에 다다르니 정재의 장손이자 임실군 성수면 유도회지회장(현 광복회 임실지회 장) 이명근(李明根)(당시 81세) 옹이 우리 일행을 기다리고 있었다. 필자가 종전에 두 번 찾아왔지만 분향하지 못했는데, 이번에는 영전에 절하고 소충사 내부의 모습도 살펴볼 수 있었다. 사당에는 중앙에 정재의 영정과 위패가 모셔져 있고, 좌우에는 부장 김운서를 비롯한 28의사의 위패가 모셔져 있었다.

발길을 돌려 성수면 삼봉리로 향했다. 정재의 생가와 유허비를 살펴보기 위해서였다. 소충사에서 북동쪽으로 좁은 농로를 따라 올라가니 곧 비포장도로였다. 저속으로 차를 몰고 가는데도 돌에 부딪히는 소리가 자꾸 났다. 20여 분만에 도착하니 해가 서산에 기울 고 있었다. 담뱃잎을 따던 주민들은 이 여사와 반가운 인사를 나누면서도 생가를 살펴보 는 필자의 언동에 관심을 보였다. 유허비는 석 자 정도 크기였다. 함께 갔던 김인섭 위원 장은 일제강점기에 청암(淸嵒: 정재 아들 원영의 호)이 인근 유림의 도움으로 비석을 세 웠다가 옥살이를 했던 얘기를 했다.

청암이 16세가 되던 해 부친이 순국하자 그 유언을 이행하지 못하던 중, 유허비만이라 도 세워야겠다는 생각에 이를 실천에 옮기자 일제는 비석을 부숴 버리고 청암을 비롯한 유림 100여 명을 잡아 가뒀고, 특히 청암은 2년 동안 옥살이를 해야만 했다는 것이었다.

160

▲ 이석용을 체포했던 김대형, 반민특위에서 무기징역 구형을 보도한 「자유신문」(1949년 5월 19일)

　어디 그뿐이랴! 청암의 아내 고효(高孝) 여사는 임실경찰서에 끌려가서 쇠고랑을 찬 채 뭇매를 맞아 기절했고, 정재의 부친은 수염을 붙잡힌 채 고문을 당했으며, 청암의 아들 명근은 강제로 머리를 깎였는가 하면, 구둣발로 짓밟혀 피멍이 든 채 어머니 고 여사를 업고 돌아와야 했는데, 당시 고등계 형사 옹경환의 행패였으니 이 어찌 동족이라 할 수 있으랴! 그는 "왜놈보다 더한 잔인무도한 악질 형사"였는데 지금도 정주시(현 정읍시)에서 큰소리치는 유지 행세를 하고 있으며, 그 아들은 병원장이라며 이귀덕 여사는 탄식한다.
　"광복 후에 용서를 빌었습니까?"
　"용서가 다 뭡니까? 할아버지의 유복자 맹호(猛虎) 작은아버지를 빨갱이로 몰아 죽이려고 했던 장본인이었는데요."
　옹 형사는 청암의 집을 자기 집 드나들 듯하며, 온갖 행패를 부렸으며 걸핏하면 고 여사의 손바닥을 칼등으로 내리쳐서 손이 부어 호미로 밭을 매지도 못했다며 목이 메었다.
　고 여사는 14세 때 경남 거창군 거창읍 가른내에서 동갑내기 청암과 혼인했다. 부친은 고광수(高光秀)로 고광순(高光洵) 의진의 후군장으로 활동하다 고광순 의병장이 순국한 후에는 그 의진의 의병장으로 활약한 분이었다.

　　청암은 정재가 대구감옥에 있을 때 손수 밥을 지어 바쳤으며, 부친이 순국한 이후부터 이승을 하직할 때까지 머리를 깎지 않고 상투를 한 채 상복 차림으로 일생을 살았다고 딸 귀덕은 회고했다.

　　젊은 시절에 거유와 교유하면서 애국 충군 사상의 폭을 넓혔고, 나라의 위태로움을 보고서는 국권회복을 도모하기 위해 전북지방에서 가장 먼저 의병을 일으켰던 정재의 얼은 새롭게 단장된 소충사에서 되살아나서 배달겨레의 혼불이 되리라.

9. 호남창의회맹소 대장 기삼연 의병장

● 을사늑약 이후 호남의병

▲ 성재 기삼연 의병장(초상화)

전라남북도에서 의병이 봉기했다. 6월(1907년-필자 주)이래 관령(關嶺) 의병이 날로 치열했으나 유독 호남지방만이 없어서 호남사람은 부끄럽게 되었다고 하였다. 이에 이르러 이석용(李錫庸)은 임실에서 기병하고, 김태원(金泰元)은 함평에서 기병했으며, 기삼연(奇參衍)은 장성에서 기병했고, 문태수(文泰洙)는 무주에서 기병하고, 고광순(高光洵)은 동복에서 기병하여 일시에 바람을 일으켜 움직였다. 그러나 자금과 장비가 없고 기율이 서지 않아서 감히 일본군과 부딪쳐서 혈전을 벌이지 못하고 오직 형세를 지어 교란시킬 뿐이었다. 김태원은 기략이 많아서 적을 죽인 수가 심히 많았다. 문태수는 공격과 방어를 잘해서 호령(湖嶺)간을 왕래하며 민심을 얻어서 민간인들은 서로 숨겨 주었다. 이석용은 왕래하는 것이 바람과 같이 빨라서 일본군은 그를 현상금을 걸었으나 마침내 붙잡지 못했고, 고광순은 지리산에 들어가 패하여 사망했다.

- 황현, 『매천야록』 권6. 정미(속)

162

　매천 선생은 1906년 6월 4일(음력 윤4월 13일) 거의하여 일주일 만에 관군에 피체되었 던 최익현(崔益鉉)·임병찬(林炳瓚) 의병의 모습을 '대관광수(大冠廣袖, 큰 갓과 소매 넓 은 옷) 차림으로 마치 과거장에 나아가는 것 같다'고 평가했기에 이른바 '전투의병'이 아 닌 '시위의병'으로 판단하여 호남의병에서 언급하지 않았던 것 같다. 최익현은 관군의 압 박에 '동족끼리 싸울 수는 없다'라고 하며, 의병해산을 하는 과정에서 순창의진(일명 태 인의진)의 소모장이자 중군장으로 크게 활약했던 정시해(鄭時海) 의병장이 순국하고, 일 제에 의해 임병찬과 함께 '소요죄'로 8월 28일 대마도에 구금되었다가 이듬해 1월 1일 병 사하고 말았다.

　이어 전남 광양에서 은거하던 전 주사 백낙구(白樂九)가 '국권회복(國權恢復)'의 기치 를 들자 인근의 우국지사 김상기(金相璣)·이항선(李恒善)·노원집(盧元執)·채상순(蔡 相淳)·유병우(柳秉禹) 등이 참여하고, 도처에서 장정들이 모여들어 수백 명의 군세를 갖 춘 의진의 사령장(司令長)에 추대되었다. 백낙구는 의진을 편성한 후 인근 고을에 격문을 돌려 거의의 명분을 천명하고 의병 참여를 당부하였다. 그리고 장성의 송사(松沙) 기우만 (奇宇萬)과 창평의 녹천(鹿川) 고광순(高光洵) 등에게 연락하여 각지의 의병을 모아 11월 6일(음력 9월 20일) 순천읍을 공략하기로 계획하였다.

　그러나 거의하던 날 군세가 미약하였기 때문에 모였던 의병마저 흩어지고 백낙구를 비 롯한 참모 7명이 피체되고 말았다. 백낙구는 1907년 4월 18일 전라남도재판소에서 유형 15년형으로 처분되어 전남 완도군 고금도(古今島)로 유배되었다. 그해 11월 18일 특사로 풀려났다. 그는 귀가하지 않은 채 의병투쟁에 참여하여 이듬해 4월 태인에서 일본군과 접 전 중에 전사 순국하였다. 매천은 그를 '호남의병장'이라고 호칭하였다.

　고광순은 최익현이 거의했다는 소식을 듣고 의병을 거느리고 순창으로 나아갔으나 이 미 최익현 등이 피체된 뒤였기에 말고삐를 돌리고 말았으나 이듬해인 1907년 1월 24일(음 력 12월 11일) 창평에서 고제량(高濟亮)을 부장(副將), 윤영기(尹永淇)·박기덕(朴基德) 등 을 참모로 하는 의진을 개편하여 창의의 깃발을 다시 들었다. 초계군사(草溪郡事)를 지낸 양한규(梁漢奎)가 설날을 기하여 함께 남원성을 공격하자는 제안을 해 왔기 때문이었다.

　양한규는 지리산 일대를 근거지로 삼고 영호남 지역 1천여 명의 의병을 모아 크게 명 성을 얻고 있었다. 그해 2월 12일(음력 12월 30일) 밤, 그는 유병두(柳秉斗), 박재홍(朴在 洪) 등과 정예 의병 1백여 명을 이끌고 진위대가 주둔한 남원성을 기습하여 이튿날 새벽 에는 성을 점령하는 데 성공하였다. 양한규 의진은 진위대의 무기와 군수품 등을 수중에 넣었으나 추격해 온 남원분견소 헌병들과 전투 중에 양한규가 전사함으로써 의병들은 지 리산 일대로 흩어지고 말았다.

　고광순은 의진을 거느리고 남원으로 향했으나 양한규가 전사하고 그의 의진이 무너진 상태였기에 퇴각하지 않을 수 없었다.

　그 무렵 능주 고을에 살던 행사(杏史) 양회일(梁會一)은 일찍이 녹천 고광순, 성재(省齋) 기삼연(奇參衍) 등과 거병에 대하여 긴밀히 협의한 후 3천 석치 가산을 기울여 군자금을 마련한 후 마침내 1907년 3월 3일(음력 1월 19일) 「격고문」을 널리 띄워 의병 모집에 나섰다.

　행사는 이광언(李光彦)·이백래(李白來)·이항선·임창모(林昌模) 등 원근의 우국지사들과 함께 의병 200여 명을 모집하여 능주 계당산(桂堂山)에 쌍산의소를 설치하고 1907년 4월 21일(음력 3월 9일) 거의하였는데, 그 과정이 성재 이백래가 남긴 『행사실기』에 자세히 나타나 있다.

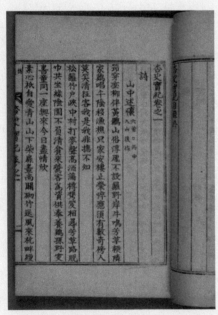

▲ 행사 양회일 행적이 담긴 『행사실기』

녹천(鹿川) 고광순(高光洵), 성재(省齋) 기삼연(奇參衍)에게 도모토록 하니, 두 분도 함께 그 기백과 의기를 칭찬하였다. 고광순은 칼을 차고 한두 번 찾아와서 기무(機務)를 매우 자세하게 논의하였다. 또 이르기를, "기공(奇公)은 장성에서 의병을 일으키고, 나는 장차 광주에서 의병을 불러 모으기로 하였다. 공이 만약 여기서 거사를 시작한다면 나도 기공과 힘을 합쳐 공과 함께 원수를 몰아내자."
라고 하였다.
(중략)
공은 눈물을 흘리면서 부모님 명을 받들어 정미년 3월 9일(양력 4월 21일) 가산 3천 석을 모두 정리하여 부대에 배치된 2백여 명을 불러 모았다.

- 조선대학교 고전번역원, 『국역 행사실기』, 60~61쪽

　쌍산의진과 연계된 의진으로 대표적인 것은 성재 이백래의 호남창의진과 녹천 고광순의 창평의진이다. 호남창의진은 쌍산의진과 함께 거의했으나 녹천은 행사가 거의하면 며칠 뒤 거의하여 의각지세로 의병투쟁을 벌이기로 하였다.

　1907년 4월 21일 쌍산의진이 화순읍을 점령하여 주민들의 환영을 받았다. 특히 경남 하동 출신 전 정언 이광언이 쌍산의진의 도통장을 맡았고, 정읍 출신으로 광양에서 거주

하면서 백낙구와 더불어 을사늑약 직후 의병을 일으킨 바 있던 명망가 유병우가 다수의 의병을 거느리고 쌍산의진에 합세했기 때문에 의병들의 사기는 드높았다. 이튿날 화순 군아와 헌병분파소를 습격하여 전선을 끊고 건물에 불을 질렀으며, 양총 6정과 군도 3자루, 총탄 500여 발을 노획하였고, 4월 23일 다시 동복으로 진군했으나 광주에서 파견된 관군·일본군으로 구성된 연합군에게 화순군 남면 유마리 소재 도마치(刀摩峙: 일명 圖馬峙)에서 격전 끝에 패하고 말았다.

행사를 비롯한 6의사는 광주경무서에 수감된 후 전라남도재판소(광주지방법원 전신)에서 재판을 받게 되었는데, 모든 사실을 시인하여 '정사를 변경하기 위해 난을 일으킨 자의 죄로 사형에서 1등을 감하여 종신형에 처하여야 하나, 1등을 감하여' 행사와 임창모는 유형 15년, 안찬재·유태경·신태환·이윤선(이백래)은 유형 10년에 처해졌고, 마침내 전남 지도(智島)로 유배되었다.

녹천은 행사 거의 5일 뒤 거사하기로 하였으나 행사가 이끈 쌍산의진과 성재의 호남창의진이 거의 사흘 만에 도마치전투에서 패한 관계로 의병의 사기가 저하되었고, 농번기로 접어들던 시기였기에 의병으로 하여금 당분간 생업에 종사하게 하였다.

녹천이 의진의 주요 장령과 의병으로 하여금 창평 제심리를 중심으로 긴밀한 조직을 짜서 대규모의 거사를 계획하고 있던 8월 하순, 경남과 전북 지역에서 활약을 펼치던 김동신(金東臣) 의병장이 의병을 이끌고 그를 찾아오자 녹천은 준비해 오던 거사계획대로 의병을 일으켜 그해 9월 9일 정읍으로 나아갔고, 이튿날 김동신 의진과 연합하여 순창분파소와 우편취급소를 습격한 후 9월 15일 동복분파소를 습격한 것은 호남에서 본격적인 의병투쟁의 계기가 되었다. 순창·동복 분파소는 그 지역을 총괄하는 헌병대로 민중의 공포 대상이었는데, 이를 공격한 것은 대단한 일이었기 때문이다.

9월 11일 장수분파소 보조원 2명이 순창으로 가던 중, 비도 26명(화승총 20, 단총, 엽총)으로부터 습격을 받아 간신히 순창에 이르렀다. 이 적은 순창우편취급소와 분파소를 습격(지난 10일 오전 6시)하고 취급소 통역과 숙박하는 체송인(遞送人)을 살해한 1백여 명의 집단 일부이다.
9월 15일 오전 6시 폭도 약 60명이 동복분파소를 습격했는데 보조원 2명이 교전하였으나 중과부적으로 광주로 철수했다. 미야가와(宮川) 보좌관이 보조원 6명, 순검 1명을 이끌고 특무조장 1명, 병 7명과 협력 토벌했으나 적은 시체 1구를 버리고 도주한 뒤였다.

- 이일룡, 『비록 한말전남의병전투사』, 25쪽

▲ '호남의병창의동맹단결성지' - 김대중 대통령 친필(마이산)

녹천 의진은 9월 17일 하동 화개로 들어가 유진하고 훈련하자 전남 동복·순천·곡성·광양·구례 등지에서 의병 참여자가 몰려들었다. 특히 신덕균(申德均)·윤영기(尹永淇) 등은 광주진위대의 해산군인을 의진에 참여시켜 전투력을 크게 보강하였다.

김동신은 수백 명의 의진을 형성하여 9월 24일과 10월 10일 경남 함양 좌전과 안의 월성에서 일본군과 싸워 큰 전과를 거두고 다시 남하하자, 거창·안의·하동 지역의 의병과 전남의병의 수는 약 1천명을 헤아리게 되었다. 이에 일본군은 인근의 수비대는 물론, 광주·진주 수비대와 진해만 중포병대대까지 동원하여 총공격하였다.

10월 17일(음력 9월 11일) 일본군의 대규모 공격에 하동 화개상면 탑촌에 진을 쳤던 김동신 의진은 다수의 피해를 입고 포위망을 벗어났지만, 구례 연곡사(燕谷寺)에서 결사항전을 벌였던 녹천의진은 녹천을 포함한 의병 수십 명이 순국하고 다수가 부상하고 말았다.

한편, 1907년 10월 10일(음력 9월 4일), 전북 임실의 유생 정재(靜齋) 이석용(李錫庸)이 20여 명의 의병을 모은 후, 그달 18일 마이산(馬耳山) 남쪽 기슭 용바위에 제단을 쌓고 하늘에 제사를 지낸 후 '호남의병창의동맹단(湖南義兵倡義同盟團, 약칭 호남창의동맹단)'을 조직했는데, '의병창의'라는 네 글자가 새겨진 수건을 질끈 동여맨 5백여 의병과 이들을 성원하기 위해 모인 5백여 민중의 입에서 터져 나온 격중가와 함성은 마이산에 메아리쳤으니, 본격적인 의병활동이 시작되었다.

이날 호남창의동맹단에서는 10개 항목의 「의진 약속」과 「의령(義令) 10조」에 이어 8도에 보내는 격문을 채택하고, 아울러 일제가 저지른 10개 조항에 달하는 죄상을 낱낱이 밝히면서 민족의 자존을 찾고 민족 문화를 빛내자는 굳은 결의를 한 후 의병활동에 나섰다.

● 호남창의회맹소 의진 결성되다

을사늑약 전부터 중부지방에서 일어나기 시작한 후기의병은 을사늑약과 광무황제의 강제퇴위, 군대해산으로 이어지자 온통 의병으로 뒤덮였지만 유독 호남에서는 극히 일부 지역에서만 의병이 일어났을 뿐이었다.

　그런데, 1907년 10월(음력 9월) 전남 장성 출신 성재 기삼연과 전북 고창 출신 이철형(李哲衡) 등이 호남의 우국지사들에게 통문을 띄우자 전남 영광・함평에서 활약하던 이대극(李大克), 전북 임실・진안에서 의병을 일으켰던 이석용(李錫庸) 등 당시 크고 작은 의진을 형성하여 의병투쟁을 하고 있던 의병장이나 거의를 준비하던 우국지사들이 참여하였다. 의진의 참모들은 대부분 성재가 이끈 직할부대에 참여했지만, 선봉장을 맡은 김준(金準) 의병장은 아우 김율(金聿)과 더불어 나주・함평 등지에서 독자적인 의진을 이끌었고, 종사를 맡은 이석용 의병장은 이미 거의한 창의동맹단을 이끌면서 의진에 동참하였는데, 그들은 장성의 수연산(隨緣山) 석수암(石水庵)에서 호남창의회맹소(湖南倡義會盟所)를 결성하기에 이르렀다.

　　호남창의회맹소[27]
　　대장: 기삼연(奇參衍)
　　통령: 김용구(金容球)[28]
　　선봉: 김준(金準)
　　중군: 이철형(李哲衡)　김봉규(金奉奎)[29]
　　후군: 이남규(李南奎)
　　참모: 김엽중(金燁中)　김수봉(金樹鳳)
　　종사: 김익중(金翼中)　서석구(徐錫球)　전수용(全垂鏞)　이석용(李錫庸)
　　　　　김치곤(金致坤)　박영건(朴永健)　정원숙(鄭元淑)　성철수(成喆修)
　　　　　박도경(朴道京)
　　총독: 백효인(白孝仁)
　　감기: 이영화(李英華)[30]
　　군량: 김태수(金泰洙)
　　좌익: 김창복(金昌馥)
　　우익: 허경화(許景和)
　　포대: 김기순(金基淳)

---

27) 호남창의회맹소: 거의 당시에는 17명이었으나 거의 후 6명이 추가되었다.
28) 김용구(金容球): 자는 '유성(有成)'으로 이른바 『전남폭도사』에는 '김유성(金有成)'으로 기록되었다.
29) 김봉규(金奉奎): 김공삼(金公三)의 본명이다. 김봉규 이름으로 건국훈장 독립장, 김공삼으로 애국장이 추서되었다.
30) 이영화(李英華): 이대극(李大克)의 자가 '영화', 본명은 순식(淳植)이다.

▲ 호남창의회맹소 결성지 - 장성 수연산 석수암 터(사진=노성태)

이어 격문을 띄워 미곡 유출 방지, 외래품 판매 금지, 납세 거부, 일진회원 중심의 자경단(自警團)에 참여하지 말 것을 권유하였다. 그리고 「대한매일신보」에 창의 사실과 함께 격문을 게재함으로써 '토왜(討倭)'를 할 수 있도록 도와달라고 호소하면서 우리나라가 이집트[埃及]나 오키나와[琉球]의 전철을 밟지 않으려면 죽을 때까지 투쟁해야 하며, 신분의 높고 낮음에 관계없이 일제히 궐기하자고 하였다. 또한 주민, 심지어 순검이나 일진회원이라 하더라도 일본인의 머리를 베어오는 사람에게는 반드시 상을 주겠다고 고시하였다.

● 호남창의회맹소와 모양성전투

성재와 더불어 호남창의회맹소 주요 장령들이 전남 장성군 서이면(西二面:현 동화면) 소재 수연산 중턱에 있던 석수암에 모여 의병투쟁의 방략을 논의하고 그것을 행동에 옮기기 시작한 것이 1907년 10월 18일(음력 9월 12일)이었던 것으로 보인다.

▲ 김공삼·박도경(박포대朴砲大)
의병장 - 「남한폭도대토벌기념
사진첩」 (야마구치현립대학 데
라우치문고에서 필자 재촬영)

-. 10월 18일 수괴(首魁: 의병장-필자 주) 기삼연
의 부하 30명이 장성군 서이면의 석수암에 웅
거했다.

-. 10월 21일 영광, 무장 군내에 비도(匪徒: 의병
-필자 주) 수십 명이 배회하면서 전주를 절단
하고 천도교인 김 아무개와 일진회원 최 아무
개를 살해했다. 법성포주재소, 영광·고창·
무장의 각 분파소가 합동 수색하여 고창군 문
수사(文洙寺: 고창군 고수면 은사리 소재-필
자 주) 등에 웅거하는 수괴 기삼연의 부하 50
명을 공격했으나 탄환이 떨어져 퇴각했다.

-. 10월 28일 영광군 내동면 수각안산(水閣案山:
현 장성군 삼계면 수옥리 수각-필자 주) 왕녀
봉(王女峰)에 거괴 기(奇)가 이끄는 비도 약 4
백 명이 둔집했다.

- 이일룡, 앞의 책, 27~28쪽

성재는 전기의병 때부터 명성이 높았고, 의진의 참모로 참여한 분들도 당시 명망가였기에 많은 의병들이 몰려들자 이들을 무장하기 위해 무기가 절실히 필요했다. 이에 고창 출신으로 의진의 종사로 참여했다가 뒤에 포군장에 임명되었던 박도경이 '모양성(牟陽城, 고창읍성)의 무기고에 총포가 많이 있으니 그곳을 점령하여 무기를 확보하고 장기적인 투쟁의 거점으로 삼자'고 제의하자, 기삼연을 비롯한 의진의 장령들은 이에 찬성하였다.

그리하여 10월 30일 모양성을 공격하기 위해 의진은 29일 영광 왕녀봉에 모였다가 고창의 문수사로 옮겨 주둔하고 있었는데, 일본군 헌병대였던 무장분파소의 기습으로 접전하게 되었다. 의진은 급히 모양성으로 들어가서 많은 무기를 탈취해 두었다가 뒤에 의진을 무장할 수 있었지만, 무기 탈취 후 일본군의 공격을 막는 과정에서 성벽을 허물어서 그 돌을 사용할 정도의 격전이 벌어져서 일본 헌병과 보조원도 많이 죽었지만, 의진의 종사관 김익중과 후군장 이남규[31] 등 의병 34명이 전사하는 큰 희생을 치렀다.

호남창의회맹소 의진이 고창의 모양성을 거점으로 삼으려고 했던 것은 고창 출신이 많

---

31) 이남규(李南圭): 전남 함평 출신 의병장으로 중상 후, 피신했으나 11월 7일 붙잡혀 총살 순국하였다.

았기 때문이고, 고창 사람들이 이 의진에 많이 참여하게 된 이유는 면암의진에서 소모장·중군장으로 활약하다가 순국한 정시해 의병장이 고창 출신이었기에 그 영향이 컸던 것으로 보인다.

-. 10월 31일 폭도가 다시 석수암에 모였다. 이 보고를 받은 장성분파소 보조원과 순검이 이날 오후 11시 분파소를 출발, 다음날 오전 3시 목적지에 도착, 즉시 공격하여 이를 격퇴시켰다.

-. 11월 1일 고창을 습격, 일본인 2명을 참살하고 고부경찰서원과 교전한 1백여 명의 비도가 영광분파소를 치려고 함에 함평, 영광, 법성포가 합동 경계했다.

-. 12월 상순 기삼연이 이끄는 폭도 수백 명이 백양산(白羊山)에 출몰했다. 동월 7일 장성읍내에서 10리 떨어진 곳에서 전 장성우편취급소장 남베(南部龍五郎)가 기삼연의 부하 40명에게 총살당했다. 비도들은 전진하여 장성읍을 습격하려고 하였으나 때마침 전북 고창수비대 병사 6명이 나타나 교전 끝에 이들을 백양산 방면으로 격퇴했다.

- 이일룡, 앞의 책, 28~29쪽

호남창의회맹소 의진은 석수암으로 가서 의진을 수습한 후 각지에서 의병투쟁을 전개한 것이 이른바 『전남폭도사』에 나타나 있는데, 의병투쟁을 전개한 지역은 전라남북도 중서부 지역이었고, 이 지역에서 의병투쟁을 벌인 기사 중, 대부분은 호남창의회맹소 의진의 활약상이다.

이처럼 호남창의회맹소 의진의 활약은 국권회복을 갈망하던 우국지사들이 대거 참여하게 된 결과인데, 특히 호남창의회맹소 선봉장을 맡은 김준 의진에 1907년 12월부터 나주·광산 지역에서 활약하던 조경환(曹京煥) 의진이 합진하게 되고, 함평에서 거의한 심남일(沈南一) 의병장이 김율 의진의 부장으로 참여하게 되니, 전남 중서부 지역은 1908년으로 접어들면서 의병투쟁이 더욱 활발하게 전개되었던 것이었다.

-. 1월 3일 거괴(巨魁) 김율의 부하 1백여 명이 함평주재소에 내습했다. 순사 2명, 우편취급소장 및 거류민 2명이 응전하였으나 중과부적으로 무안군 학교로 후퇴했는데 이들의 소지품은 모두 약탈당했다. 토벌대(순사. 헌병)가 추격하여 나산에서 회전했으나 곧 산속으로 달아나 종적을 감추었다.

- 이일룡, 앞의 책, 33쪽

-. 영광군내와 그 부근 장성·함평·나주의 각군에서 더 나아가 전북 무장·고창의 각 군내를 횡행하고 있는 폭도의 수괴 김유성·이대극·이 진사(李進士)[32]의 일파는 본월 19일 영광군 황량면 선치(蟬峙: 영광읍내에서 약 5리[33]이며 나주군으로 연결하는 산야)를 거쳐 영광군 삼남면(영광읍내에서 약 6리) 방면에 나타나 동방면에서 끊임없이 총기와 포수를 모집하였다고 한다. 그 모집의 결과는 판명되지 않았으나 풍설에 의하면 폭도의 수는 약 200명에 미치고 휴대한 총기도 또한 약 100정이었다고 한다.

-. 일진회원의 보고에 의하면 영광·함평·장성·나주의 각군을 횡행한 폭도의 주력은 영광군 사창시에 집합하고 있다. 그리고 그 목적으로 하는 바는 수괴 김유성이 이끄는 한 부대도 기삼연·김태원 및 김율이 이끄는 각 부대도 이에 합동일치(합동일치하면 그 수가 약 500여 명일 것이라고 사료된다)하여서 영광읍내에 주둔한 수비대를 습격하고, 나아가 나주읍내를 습격하고, 다시 나아가 영산포 주재의 헌병대도 충격하려는 계획이다 운운한다.

- 국사편찬위원회, 『한국독립운동사』 자료 8권, 519쪽

이어 1월 22일에는 성재와 김준·김율 의진이 연합하여 400여 의병으로 함평주재소를 습격하여 8시간의 격전을 벌였고, 이틀 뒤에는 광주에서 일진회원 1명을 처단한 후 다른 일진회원의 집을 불태웠고, 다시 배일 격문을 돌리고 아울러 일본인 관민의 목에 현상금을 걸었으니, 일본인은 매우 두려워하였다.

이에 광주수비대장인 요시다(吉田) 소좌는 이른바 군경 합동 '토벌대'를 편성하여 나주·장성·함평 등지의 의병학살전을 전개하기에 이르렀다.

-. 1월 25일 광주수비대장 요시다 소좌가 함평·장성·나주 각군의 토벌을 개시했는데, 광주경찰서에서는 순사를 배속했다. 장성 방면의 이마무라(今村) 종대(縱隊)가 동일 오후 11시 장성군 약수정 박흥리(현 북하면 약수리-필자 주)에서 비도 20명과 충돌, 이를 전멸시켰는데 10명을 죽이고 4명을 포로했다.

-. 요시다(吉田)[34], 고오찌(河內) 양 종대(縱隊)가 26일 오후 4시 장성군 비치(非峙: 서삼면 모암리 소재-필자 주) 마을 부근에서 3백 명의 적단을 공격, 40분간 교전 끝에 이를 격파했는데, 32명을 죽이고 화승총 17, 기타 잡품을 노획했다.

- 이일룡, 앞의 책, 33쪽

---

32) 이 진사(李進士): 호남창의회맹소 중군장 진사 이철형(李哲衡)
33) 5리: 우리 식으로는 50리(약 20km). 『전남폭도사』, 『폭도에 관한 편책』 모두 1910년 이전에는 일본식으로 표기.
34) 요시다(吉田): 2개 분대 정도의 종대(縱隊)를 이끈 일본군 특무조장

● 무동촌전투의 승리

호남지역 의병장들의 공훈록에는 '1908년 2월 2일(설날) 창평의 무동촌(舞童村)에서 광주수비대장 요시다(吉田) 소좌 이하 수명을 포살하였다.'라는 요지의 기록이 있다. 이는 당시 광주지역 주요 의진이 함께 무동촌전투에 참여했고, 당시 의병들이 사살한 일본군 부대장이 요시다 소좌였다는 오해로 인해 생긴 것이다. 그런 오해가 생긴 것은 송사(松沙) 기우만(奇宇萬) 저술한 『호남의병장열전』에서 광주수비대장 요시다를 처단했다고 기술한 데서 기인한다.

> 이때 율(聿: 김율-필자 주)의 군사가 사호(沙湖: 현 광주광역시 광산구 사호동-필자 주)에 있었는데, 적이 불의에 습격하여 사면으로 포위하여 공격하매 의병이 혹은 죽고 혹은 흩어졌다. 준(準: 김준-필자 주)이 듣고 적병을 당할 수 없음을 알고 성문을 굳게 닫고 움직이지 아니하니 적이 방비가 있음을 알고 감히 가까이 하지 못하였다. 이에 선봉장 조경환(曹敬煥: 曺京煥-필자 주)이 도포장 최동학(崔東鶴)과 상의하기를,
> "율의 군사가 새로 패하였으니 나는 동복, 창평 등지로 가서 충의의 선비를 모집하여 힘을 합하여 적을 토벌함이 옳겠다."
> 하고, 드디어 정예한 포수 수십 명을 거느리고 장차 떠나려 하는데, 율이 군사 수십 명을 거느리고 따랐다. 바로 창평의 지곡(현 담양군 남면 속리-필자 주)에 도착하여 하루를 머물고 그날 밤에 한 고개를 넘어서 무동촌으로 진군하니, 이날은 무신년 정월 초하룻날이었다. 적장 요시다(吉田勝三郎)이란 놈이 기마병을 거느리고 쫓아왔다. 적은 많고 우리는 적어서 대적이 되지 못할 뿐 아니라 기마병이 매우 정예하였고, 또 요시다는 제 나라의 육군대장으로 키가 10척이나 되고 용력이 뛰어났다. 날랜 말 위에 앉아서 칼을 휘두르며 바로 들어오니, 눈 아래 의병이 없었다.
>
> - 독립운동사편찬위원회, 『독립운동사자료집』 제2권, 641~642쪽

당시 일본군 14연대 2대대 장병 중에 '요시다(吉田)'란 성을 가진 자는 소좌 1명과 특무조장 1명뿐이었다. 무동촌전투에서 사살된 일본군 부대장이 광주수비대장인 줄 알았으나 실상은 달랐다. 그날 사살된 적장은 광주수비대의 한 종대(縱隊)를 이끌었던 특무조장(特務曹長: 현 한국의 준위에 해당함) 가와미쯔(川滿)였음이 이른바 『전남폭도사』에 나타나 있다.

▲ 의병학살 독려하는 남부군사령관 육군 소장 와타나베(渡邊) 일행

2월 2일 오전 7시 창평군 내남면 지곡에 폭도 3백여 명이 모여 있다는 정보가 있어 주재소 순사 5명, 광주수비대 하사 이하 6명이 합동수색하여 외남면 무등리(현 담양군 남면 무동리-필자 주)에서 충돌, 가와미쯔(川滿) 조장(曹長)과 하야시(林) 상등병이 전사하고 졸(卒) 2명이 부상함에 한쪽의 혈로를 뚫고 퇴각했다. 광주에서 지원대가 급히 출동했으나 얻은 것이 없다.

- 이일용 역, 앞의 책 35~36쪽

결국 김준·김율·심남일·조경환·최동학 등이 이끈 의병부대가 광주수비대 소속 가와미쯔 특무조장이 이끄는 소규모 부대와 싸워 특무조장과 상등병을 사살하고, 병졸 2명에게 부상을 준 전투였던 것인데, 광주수비대장을 처단한 것으로 오인되어 성재를 비롯한 많은 분의 공훈록에 '광주수비대장을 처단했다'라고 기록하였고, 동상이나 비석에 '일본군 연대장을 죽였다' 등으로 새기게 되었다.

● 순창에서 피체, 광주 서천교 아래에서 순국

1908년 설날, 호남창의회맹소 의진의 선봉장이 이끄는 부대는 무동촌전투에서 승리하였으나 본대는 설 직전 함평과 담양 지역 일본군을 공격하였다. 이 전투에서 무기의 열세

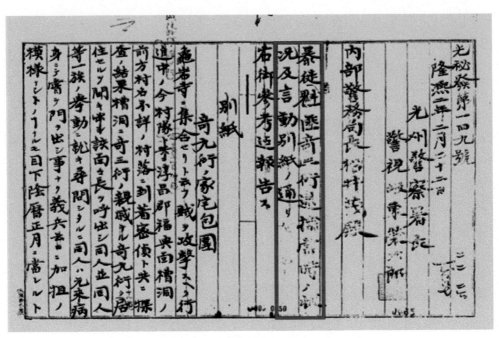

▲ 기삼연 의병장 피체 기록(『폭도에 관한 편책』, 1908.02.22)

로 인해 성재는 부상하여 순창의 복흥산에 살고 있던 재종제(再從弟) 구연(九衍)의 집에서 치료하고 있었다. 일본군은 의병의 뒤를 밟아 구연의 집에 들어와서 구연을 해치려 하자, 성재는 창을 밀치며, "내가 여기 있다." 하고 육혈포(권총)를 쏘았으나 탄환이 일본군을 맞추지 못하였다. 일본군은 육혈포 탄환이 떨어지자 좌우로 덤벼들어 체포하여 가마에 태워 광주로 향했다.

선봉장 김준은 이러한 급보를 듣고 정예 군사를 뽑아서 일본군을 추격하려고 담양 애교(艾橋)까지 달려갔으나 이미 지나간 뒤였다.

> 1월 30일 거괴 기삼연이 이끄는 4백의 비도가 담양군 용면 성문리(현 산성리)를 점령하고 곧 담양을 습격하려고 함에 주재소 순사가 광주에 지원을 요청하는 한편, 순창수비대와 협력해서 기선을 제압, 즉각 성문리의 적을 공격하여 궤란시켰다. 적의 사망자 23, 부상자 30, 노획물은 화승총 5정이었는데 고니시(小西) 일등졸(一等卒)이 부상했다. 광주에서 지원차 출동한 이마무라(今村) 토벌대는 교전 후에 도착했으나 곧 우두머리를 추적하여 순창군 복흥면 조동(曹洞: 현 동산리)에서 기삼연을 체포하였다.
>
> - 이일용 역, 앞의 책 36쪽

174

-. 본월(1908년 2월-필자 주) 3일자 광비수(光秘收) 제83호 내(內)로써 폭도수괴 기삼연 생포의 건을 보고해 두었던 바, 요시다(吉田) 수비대장으로부터 다음 통보를 접수하였다.

- 본월 3일 생포한 폭도수괴 기삼연은 동일 광주수비대로 압송 도중, 누차 도주를 기도하고, 또 반항하였으므로 부득이 총살하였다는 통보가 있었다.

- 국사편찬위원회, 『한국독립운동사』 자료 9권, 208쪽

▲ 기삼연 의병장, 1908년 2월 3일 총살 순국(『폭도에 관한 편책』, 1908.02.07)

일본 군경의 기록과는 달리 일본군은 성재 선생을 무수히 난자하였으며, 마침내 1908년 2월 3일(음력 1월 2일) 광주시 서천교(西川橋) 밑 모래밭에서 총살 순국하였다.

광주의 선비 안규용(安圭容)이 관을 갖추어 염하여 서탑등(西塔嶝)에 빈(殯)하고 글을

▲ 기삼연 의병장이 총살 순국한 광주 서천교 아래 모래밭

175

지어 제사를 지내니, 일본 군경들도 의롭게 여겼다. 묘 앞에 목비(木碑)를 세우고 '호남의 병장 기삼연'이라고 썼다.

성재는 1851년 전남 장성에서 진사 기봉진(奇鳳鎭)의 4남으로 태어나 일찍이 노사(盧 沙) 기정진(奇正鎭)에게 글을 배웠는데, 특히 병서(兵書)를 겸해 공부하였으며, 문장에 능 하였고, 필법(筆法)이 독특하였다.

을미왜란과 단발령이 내려지자 1896년 3월(음력 2월) 삼종질(三從姪)인 기우만과 함께 거의하였으나 기우만 의병장이 국왕의 의병해산령에 따라 의병을 해산하였고, 후기의병 때는 호남창의회맹소를 결성하고 의병투쟁을 전개하여 호남지역 우국지사들의 의분을 불 러일으키는 계기를 마련한 의병장이 기삼연이었다.

정부에서는 고인의 공훈을 기리어 1962년에 건국훈장 독립장을 추서하였고, 국가보훈 처는 광복회·독립기념관 공동으로 '이달의 독립운동가'(2001년 1월)로 선정하였다.

10. 일제침략기 호남 대표 의병장 김준·김율 형제

● 김준·김율 형제 의병장 등장

▲ 죽봉 김준 의병장(초상화)

김준(金準, 1870~1908)은 전남 나주군 거평면(현 나 주시 문평면) 북동리 갈마지 마을에서 경주김씨 노학(魯 學)과 광산김씨 사이의 맏아들로 태어나 함평에서 성장 하였다. 자는 태원(泰元), 호는 죽봉(竹峰)이다.

어릴 적부터 정의감이 강하여 1894년 동학농민혁명에 참여하였고, 이후에도 사회적 폐단을 바로잡는 데 앞장섰 다. 을사늑약으로 대한의 황제 아래 일본인 통감이 나라를 다스리고, 군대마저 해산당하는 상황으로 치닫자 1907년 10월 기삼연이 이끄는 호남창의회맹소의 선봉장을 맡아, 고창 문수사·모양성 전투를 시작으로 전남 서남부 지역

인 법성포·장성·함평·담양·광주·나주 등지에서 일본 군경과 치열한 전투를 벌였다.

동생 청봉(靑峰) 김율(金聿, 1882~1908) 또한 형과 함께 의병에 투신하여 혁혁한 공을
세웠다.

김태원은 1870년 9월 16일 전남 나주군 문평면 갈마리(渴馬里)에서 출생하였다. 어
려서부터 지략(智略)이 웅대하였으며 벼슬은 순릉참봉(順陵參奉)에 그쳤으나 국운
이 기울어지매 국사에 부심하였다. …… 1907년 9월 성재(省齋) 기삼연(奇參衍)이
장성에서 거의하였다는 말을 듣고 일가인 전 참봉 김돈(金燉)과 의논하여 군사를 이
끌고 합세하여 호남창의회맹소(湖南倡義會盟所)의 선봉장이 되었다. 9월 9일에는 고
창(高敞)의 일군을 무찔렀으며, 의진의 전세를 확장할 목적으로 김준은 성재와 영역
을 달리하여 활약할 것을 결의하였다. 1907년 10월 4일에는 몽암(夢庵) 신덕순(申德
淳)과 정읍 내장사(內藏寺)에서 만나서 창의하는 일을 의논하였다. 서로 합세하기로
하고 덕순은 도독이 되고, 태원은 선봉이 되고, 아우 박사(博士) 율은 호군(護軍)이
되었다.
……
다시 나주 박산촌(博山村)에서 지병을 치료하다가 적에게 발각되었으나 그의 지병이
악화되어 대전할 수 없는 상황이었다. 결국 4월 25일(양) 부하 20여 명과 함께 적에
의해 어등산(魚等山)에서 사살 순사하고 말았다. 일찍이 그와 함께 의거를 일으킨 동
지이며 아우인 율 역시 3월 30일(3월 29일-필자 주) 체포되어 김준 사후에 처형당하
였다. 그의 처는 아들 하나를 기르다가 고종의 상을 당하자 아들을 문중에 맡기고 그
날 밤 자결하였다.

– 국가보훈처, 『독립유공자공훈록』 제1권, 565~569쪽

1909년 11월 10일 전남 광주경찰서에 붙잡힌 유병기(劉秉淇) 의병장에 김준·김율 의
병장에 대한 기록이 나온다.

이는 김준·김율 의병장이 총살, 순국했기에 유고집이 없는 상황에서 김준 의병장이
호남창의회맹소에서 선봉진을 이끌기 이전의 모습을 엿볼 수 있는 자료로써 매우 중요한
의미가 있다.

전라남도 구례군 마산면 청천 4통 2호
양반 유병기(劉秉淇) 27세

유(劉)는 통감정치에 겸연(慊焉)하여 따라서 정부를 전복하고 일본군대를 격퇴하여서
국권의 회복(恢復)을 도모할 것을 생각하고 김태원를 상장(上將)에, 김율을 중군장에,
백낙구(白樂九)를 후군장에, 조기채(曹基采)를 기포장(起砲將)으로 하고, 스스로 참모대

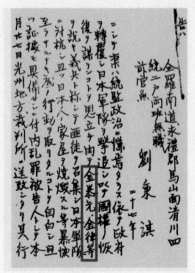

▲ 유병기 의병장 피체(『폭도에 관한 편책』, 1909.11.27)

장(參謀大將)이 되어 거병 당시는 비도(匪徒: 의병 –필자 주) 약 700명, 각 총기 약 500정을 갖고 세력 왕성, 양식·금품은 일엽(一葉)의 통문에 의하여 직시로 준비가 되어 이 실로 유감을 감추지 않았다고 한다. 그리하여 저들의 행동력의 중요한 것은

1. 융희 원년 9월 일본인 가옥 3동을 소각, 동 11월 동 3호를 소각, 세 널리 앙양하였다.
2. 융희 원년 11월 동복군 신평(新坪)에서 토벌대와 싸워 일본병 3명을 에(殪)하였다.
3. 융희 2년 2월 2일 창평군 무등촌(無等村: 무동촌舞童村–필자 주)에서 토벌대와 싸워 일본병 수명을 에(殪)하고, 쌍안경 1, 단총 1, 군도 1을 획득하였다. <본항은 가와미쯔(川滿) 조장, 하야시(林) 상등병의 혈전, 드디어 전사한 분에 해당한다.>
4. 동월 21일 장성군에서 토벌대와 싸워 자기는 오른팔과 오른쪽 배에 총상을 입고 부하의 손실이 많았다고 한다.
5. 동년 3월 14일 영광군 봉산면에서 토벌대와 충돌하여 기병증위 스카이(菅井佐久) 외 일등졸 1명에게 부상을 시켰다.
6. 동년 동월중 나주군 용진산(龍津山: 聳珍山이나 실제는 어등산魚登山임–필자 주)에서 토벌대와 싸워 상장(上將) 김태원 전사하였다.
7. 동년 4월 순창군 산막에서 토벌대와 싸워 후군장 백낙구 외 10명이 전사하였다.

– 국사편찬위원회, 『한국독립운동사』 자료 16권, 341~342쪽

이 문서는 광주경찰서장이 내부경무국장에게 보고한 내용을 경무국장이 이를 요약하여 통감, 헌병대장 등에게 보고한 것으로 유병기 의병장이 붙잡혀 약 3년 전부터 의병활동 중에서 주요 내용을 진술한 것이다. 일자는 양력과 음력이 뒤섞여 있으나 이를 통하여 김준·김율·백낙구 등의 의병활동은 물론, 김준·김율 의병장이 호남창의회맹소 참여 이전부터 대규모 의진을 형성하여 의병투쟁을 전개한 것이 드러난 문서이기에 그 의미가 자못 크다.

●『전남폭도사』총설에 나온 김준·김율 형제

이른바『전남폭도사』「총설」첫머리에는 "광무 10년(1906) 1월 충남 정산(定山)의 유생 최익현이 「근고팔도사민서」라고 제(題)하는 격문을 각지에 배부하여 배일(排日)의 기세를 선동했다."라고 시작하여 임병찬, 민종식, 백낙구, 기우만, 고광순, 기삼연, 김준·김율 형제 등의 의병장에 대한 행적을 요약하였다.

이듬해(1908) 1월 거괴(居魁) 기삼연(奇參衍)이 담양을 습격했고, 동월 3일 김태원(金太元, 김준의 자 泰元)이 함평을 습격했다.

▲ 이마무라(今村) - 기삼연 의병장을 체포하고, 김율 의병장을 체포, 총살한 일본군 제2연대 9중대 토벌대장 육군중위. 이른바 『남한폭도대토벌기념사진첩』에 나온 사진. 필자가 야마구치 현립대학 데라우치 문고에서 재촬영.

담양, 함평, 창평, 영광의 각 군이 밤낮으로 비적(匪賊: 의병-필자 주)이 횡행하여 관민(官民)이 전전긍긍하였는데, 그중에도 천도교인과 일진회원의 조난이 빈번했다.

1월 하순 기삼연이 재차 담양을 습격하고, 장차 나주를 치려고 하였으나 동월 30일 함평에서 크게 패하여 단신으로 전북 순창군 조동(曹洞: 현 복흥면 동산리)에 달아났다가 이마무라(今村) 추격대에 체포되어 도주를 기도하여 총살당했다.[35]

기삼연이 죽은 후 김태원·김율(金聿) 형제가 여러 곳에 출몰하였는데, 관헌의 토벌 기관이 점점 조여들고, 또 대부대(大部隊)의 행동이 어렵게 되어 삼삼오오로 흩어져 각지에 잠복하면서 야간 약탈을 하고, 아울러 그들의 원수인 일진회원을 마구 죽이는 등 교묘하게 관헌의 손을 피해 흉행(兇行)을 저질렀으나 3월 19일[36] 광주군 정동(鼎洞: 현 광주광역시 광산구 서봉동) 전투에서 패해 이마무라(今村) 중대에 동생 김율이 사로잡히고 말았다. 형 태원은 계속 여러 곳에 출몰하여 관헌과 회전(會戰)하였으나 함평 오산(鳥山: 현 광주광역시

---

35) 기삼연 의병장은 1908년 2월 3일(음력 1월 2일) 광주 서천교 아래에서 난자(亂刺)당한 후 총살 순국하였다.
36)『전남폭도사』1908년 3월 29일자에 김율 의병장 피체 기록이 있다.

광산구 오산동) 전투에서 토벌대에 의해 죽임을 당했으니 융희 2년 4월 25일의 일이었다. 이날 김율은 형 태원의 시체 확인을 위해 관헌에게 연행 도중 도주를 기도해 총살당하고 말았다.

- 이일룡 역, 『비록 한말전남의병전투사』[37], 13~14쪽

면암 거의 이후 전남지역 의병

전남지역에서는 1906년 11월 6일 전주 출신 백낙구(白樂九)는 광양에서 우국지사 김상기(金相璣)·노원집(盧元執)·유병우(柳秉禹)·이항선(李恒善) 등과 의병을 일으켰다.

"오호라! 오늘날의 소위 대한(大韓)은 누구의 대한이란 말인가? 지난날 을미년에 있어서는 일본공사 미우라(三浦梧樓)가 군사를 마음대로 출동하여 궁궐에 들어가니, 만국이 이 소식을 듣고 실색(失色)하며, 온 나라 사람들의 통한(痛恨)이 뼈에 사무쳤다. 그런데, 그 후 12년이나 되어도 위에서는 복수하는 거사가 없고, 아래서는 치욕을 씻자는 의논이 없으니, 이러고서도 이 나라에 사람이 있다고 할 것인가?
이제 이토(伊藤博文)가 더욱 모욕을 가하여, 군사를 거느리고 서울로 들어와서 상하 사람들에게 재갈을 물리고 강제하며 통감(統監)이라고 자칭하니, 그 통(統)한다는 것은 무엇이며, 감(監)한다는 것은 무엇인가? 우리나라 5백년의 종사와 3천리 강토와 2천만 동포가 송두리째 이웃 나라 적신(賊臣) 이토에게 강탈당하면서도 입을 다물고 머리를 숙이고, 원통하고 분한 사정을 소리쳐 부르짖지도 못하며, 죽기를 기다려야 한다는 말인가! ……"

- 독립운동사편찬위원회, 『독립운동사』 제1권 396~397쪽

백낙구 중심의 의병들은 11월 6일(음력 9월 20일) 밤에 각지의 군사들을 모아 순천읍으로 들어가기로 하였으나 서로 약속 날짜를 잘못 아는 바람에 의병들은 흩어지고, 그는 체포되어 고금도에 유배되었다. 그는 1907년 12월 석방되자 다시 의병을 일으켜서 이듬해 태인에서 일본 군경과 싸우다가 전사 순국했다.

1907년 4월(음력 3월), 화순에서 양회일(梁會一), 이백래(李白來) 등이 의병을 일으켜 화순·능주·동복 등지로 나아갔으나 양회일이 체포되어 순국하자 의진은 무너지고 말았다.

---

37) 『전남폭도사(全南暴徒史)』(전라남도 경무과, 1913)을 번역한 것

고광순은 창평 출신으로 전기의병 때 기우만, 기삼연과 같이 의병을 일으킨 바 있었고, 1906년 면암이 태인에서 거의할 때 의병을 일으켰다가 면암이 붙잡힌 것을 알고, 의병을 해산한 후 이듬해 1월 다시 의병을 일으켜서 남원의 양한규(梁漢奎) 의진과 연합전선을 펴서 남원읍을 점령하기로 했다. 양한규는 무기를 탈취하기 위해 2월 12일(음력 12월 30일) 남원진위대 장병이 음력 연말연시를 기하여 휴가를 나가고 성내의 병력이 적은 틈을 타서 읍을 점령하고 무기를 접수하는 과정에서 순국하고 말았다. 고광순은 남원으로 오면서 이 소식을 듣고 화순으로 돌아와서 광양·구례·능주·동복을 무대로 의병활동을 하다가 농번기로 인해 의병을 해산했다.

그해 8월, 김동신이 의병을 이끌고 그를 찾아오자 다시 의병을 일으킨 후 그해 9월 10일, 김동신 의진과 연합하여 순창의 순사주재소와 우편취급소를 습격하였고, 이어 9월 15일 동복순사주재소를 습격한 것은 호남에서 본격적인 의병투쟁에 불을 붙인 사건이었다.

고광순 의진이 구례 연곡사에 머물면서 각지의 의병을 규합하니 곡성·광양·구례·동복·순천 등지에서 모여든 의병과 거창·안의·하동 등지의 경상도 의병이 호응하여 그 수가 1천여 명이나 되었다. 그러나 일본군 광주수비대와 진해에서 출동한 해군 포대의 기습으로 고광순 의병장 등 22명[38]이 구례 연곡사에서 전사 순국하였다.

1907년 9월경 김율을 중군장, 백낙구를 후군장, 조기채를 기포장, 유병기를 참모장으로 하고, 의병수가 700명, 총기 약 500정을 갖춘 대규모 김준의 호남의소(湖南義所)가 형성되어 그 기세가 대단한 가운데, 그해 10월 기삼연 의병장을 중심으로 호남 유림과 애국지사들이 의병투쟁에 나섰다.

● 김준, 호남창의회맹소 선봉장으로

을사늑약 전부터 중부지방에서 일어나기 시작한 후기의병은 을사늑약과 광무황제의 강제 퇴위, 군대 해산으로 이어지자 삼천리 강토가 온통 의병으로 뒤덮였지만 유독 호남에서는 극히 일부 지역에서만 의병이 일어났을 뿐이었다.

그런데 1907년 10월(음력 9월) 전남 장성 출신 기삼연과 전북 고창 출신 이철형(李哲衡) 등이 호남의 우국지사들에게 통문을 띄우자 전남 영광·함평에서 활약하던 이대극(李大克), 전북 임실·진안에서 의병을 일으켰던 이석용(李錫庸) 등 당시 크고 작은 의진

---

38) 『독립운동사자료집』 3권, 711~712쪽에는 22명으로 기록되어 있으나, 『전남폭도사』에는 13명으로 기록했다.

을 형성하여 의병투쟁을 하고 있던 의병장이나 거의를 준비하던 우국지사들이 참여하였다. 의진의 참모들은 대부분 성재가 이끈 직할부대에 참여했지만, 선봉장을 맡은 김준 의병장은 아우 김율과 더불어 나주·함평 등지에서 이미 독자적인 의진을 이끌었기에 그 의진을 선봉진으로 하였고, 종사를 맡은 이석용 의병장도 이미 거의한 창의동맹단을 이끌면서 의진의 종사로 참여하였는데, 그들은 장성의 수연산(隨緣山) 석수암(石水庵)에서 호남창의회맹소(湖南倡義會盟所)를 결성하기에 이르렀다.

이어 격문을 띄워 미곡 유출 방지, 외래품 판매 금지, 납세 거부, 일진회원 중심의 자경단(自警團)에 참여하지 말 것을 권유하였다. 그리고 「대한매일신보」에 창의 사실과 함께 격문을 게재함으로써 '토왜(討倭)'를 할 수 있도록 도와달라고 호소하고, 일본인의 머리를 베어 오는 사람에게는 반드시 상을 주겠다고 고시하였다.

기삼연과 더불어 호남창의회맹소 주요 장령들이 전남 장성군 서이면(西二面: 현 동화면) 소재 수연산 중턱에 있던 석수암에 모여 의병투쟁의 방략을 논의하고 그것을 행동에 옮기기 시작한 것이 1907년 10월 18일(음력 9월 12일)이었다.

기삼연은 전기의병 때부터 명성이 높았고, 의진의 장령·참모로 참여한 김준, 이석용, 이철형, 전해산 등은 당시 명망가였기에 많은 의병이 몰려들자 무기가 절실히 필요했다. 이에 고창 출신으로 의진의 종사로 참여했다가 뒤에 포군장에 임명되었던 박도경이 '모양성(牟陽城)의 무기고에 총포가 많이 있으니 그곳을 점령하여 무기를 확보하고, 장기적인 투쟁의 거점으로 삼자'고 제의하자, 성재를 비롯한 의진의 장령들은 이에 찬성하였다.

그리하여 10월 30일 모양성을 공격하기 위해 의진은 29일 영광 왕녀봉에 모였다가 고창의 문수사로 옮겨 주둔하고 있었는데, 일본군 헌병대였던 무장분파소의 기습으로 접전하게 되었다. 의진은 급히 모양성으로 갔는데, 격전 끝에 모양성으로 들어가서 많은 무기를 확보하여 의진을 무장할 수 있었지만, 일본군의 공격을 막는 과정에서 성벽의 윗부분 돌을 뜯어 사용할 정도의 격전이 벌어져서 일본 헌병과 보조원을 많이 죽였지만, 의진의 종사 김익중, 후군 이남규 등 의병 34명이 전사하는 큰 희생을 치렀다.

호남창의회맹소 의진이 고창의 모양성을 거점으로 삼으려고 했던 것은 고창 출신이 많았고, 고창 사람들이 이 의진에 많이 참여하게 된 이유는 면암의진에서 소모장·중군장으로 활약하다가 순국한 정시해(鄭時海) 의병장이 고창 출신이었기에 그 영향이 컸던 것으로 보인다.

-. 10월 18일 수괴(首魁: 의병장-필자 주) 기삼연의 부하 30명이 장성군 서이면의 석수암에 웅거했다.

-. 10월 21일 영광, 무장 군내에 비도(匪徒: 의병-필자 주) 수십 명이 배회하면서 전주를 절단하고 천도교인 김 아무개와 일진회원 최 아무개를 살해했다. 법성포주재소, 영광·고창·무장의 각 분파소가 합동 수색하여 고창군 문수사(文洙寺: 고창군 고수면 은사리 소재-필자 주) 등에 웅거하는 수괴 기삼연의 부하 50명을 공격했으나 탄환이 떨어져 퇴각했다.

-. 10월 28일 영광군 내동면 수각안산(水閣案山: 현 장성군 삼계면 수옥리 수각) 왕녀봉(王女峰)에 거괴 기(奇)가 이끄는 비도 약 4백 명이 둔집했다.

— 이일룡, 앞의 책, 27~28쪽

호남창의회맹소 의진은 석수암으로 가서 의진을 수습한 후 각지에서 의병투쟁을 전개한 것이 이른바 『전남폭도사』에 나타나 있는데, 1907년 가을부터 이듬해 2월 3일 성재가 순국할 때까지 전라남북도 중서부 지역에서 의병투쟁을 벌인 기사 중, 대부분은 호남창의회맹소 의진의 활약상이었다.

● '호남의소', 본격적인 의병투쟁에 나서다

그해 10월 29일 고창 모양성에서 격전을 치른 이후 성재 중심의 호남창의회맹소는 주로 장성에서, 죽봉이 이끈 호남창의회맹소 선봉진 호남의소는 나주, 함평 등지에서 의병투쟁을 전개하였음이 드러나고 있다.

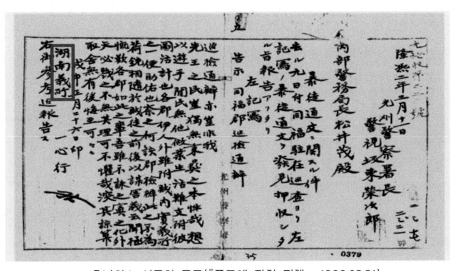

▲ 호남의소 이름의 통문(『폭도에 관한 편책』, 1908.02.21)

183

-. 10월 31일 폭도가 다시 석수암에 모였다. 이 보고를 받은 장성분파소 보조원과 순검이 이날 오후 11시 분파소를 출발, 다음날 오전 3시 목적지에 도착, 즉시 공격하여 이를 격퇴시켰다.

-. 11월 1일 고창을 습격, 일본인 2명을 참살하고 고부경찰서원과 교전한 1백여 명의 비도가 영광분파소를 치려고 함에 함평, 영광, 법성포가 합동 경계했다.

-. 12월 상순 기삼연이 이끄는 폭도 수백 명이 백양산(白羊山: 장성군 북하면 약수리 소재)에 출몰했다. 동월 7일 장성읍내에서 10리 떨어진 곳에서 전 장성우편취급소장 남베(南部龍五郞)가 기삼연의 부하 40명에게 총살당했다. 비도들은 전진하여 장성읍을 습격하려고 하였으나 때마침 전북 고창수비대 병사 6명이 나타나 교전 끝에 이들을 백양산 방면으로 격퇴했다.

-. 12월 25일 오후 10시 나주군 삼가면(三加面: 현 광주광역시 광산구 삼도동) 면장 유의근(柳宜根) 집에 김태원 휘하의 30여 명이 침입하여 그를 납치, 동면 산속에서 총살했다. 이 급보를 받은 나주경찰서원이 달려가 수사했으나 아무 성과도 없었다.

-. 1월 3일 거괴 김율(金聿)의 부하 1백여 명이 함평주재소에 내습했다. 순사 2명, 우편취급소장 및 거류민 2명이 응전하였으나 증과부적으로 무안군 학교(현 함평군 속면)로 후퇴했는데 이들의 소지품은 모두 약탈당했다. 토벌대(순사. 헌병)가 추격하여 나산에서 회전했으나 곧 산속으로 달아나 종적을 감추었다.

- 이일룡, 앞의 책. 28~33쪽 참조

『전남폭도사』에는 "1월 상순과 중순에는 함평, 창평, 영광의 각 군에 걸쳐 밤낮으로 적단(賊團)이 배회했다."라고 할 정도로 많은 의진이 의병투쟁에 나섰음을 알 수 있다.

호남창의회맹소 본진과 김태원·김율 의병장이 이끈 호남의소가 연합하여 의병투쟁을 전개하였고, 특히 호남의소 이름으로 통문을 통하여 의병에 군수품 제공을 독려하였으며, 격문을 통하여 헌병보조원과 밀정 등에게 일본 군경에 협력하지 말 것을 강력히 경고하였다.

1월 22일 거괴 기삼연, 김태원 및 김율의 연합집단 4백여 명이 재차 함평주재소를 습격했다. 순사 3명, 헌병 1명이 즉각 응전했으나 하다노(波多野) 순사가 전사하고 탄약마저 떨어져 어떻게 할 수가 없었는데, 때마침 목포분견소장 이하 6명이 내원(來援), 교전 8시간 만에 이를 격퇴시켰다.

- 이일룡, 앞의 책. 34쪽

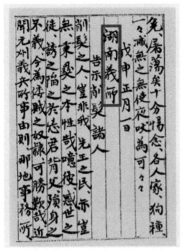

▲ 호남의소 이름의 격문(『폭도에
　관한 편책』, 1908.02.22)

호남창의회맹소 본진과 호남의소 등의 활약상에 놀
란 일본군 광주수비대장 요시다(吉田) 소좌는 이듬해 1
월 하순 대규모 부대를 이끌고 의병 공격에 나섰다. 이
에 호남창의회맹소뿐만 아니라 호남 서남부에서 활약
하던 많은 의진이 의병투쟁을 전개했는데, 1908년 2월
2일 여러 의진이 협공하여 일본군 '토벌대' 대장 등 2명
을 총살하고, 2명을 부상케 한 전투 상황을 일제는 이
렇게 기술했다.

2월 2일 오전 7시 창평군 내남면 지곡에 폭도 3백여 명이 모여 있다는 정보가 있어
주재소 순사 5명, 광주수비대 하사 이하 6명이 합동수색하여 외남면 무등리(無等里:
현 담양군 남면 무동리-필자 주)에서 충돌, 가와미쯔(川滿) 조장(曹長)과 하야시(林)
상등병이 전사하고 졸(卒) 2명이 부상함에 한쪽의 혈로를 뚫고 퇴각했다. 광주에서
지원대가 급히 출동했으나 얻은 것이 없다.

　　　　　　　　　　　　　　　　　　　　　　　　　- 이일룡 역, 앞의 책. 35~36쪽

이 전투는 1908년 설날 새벽에 벌였던 이른바 '무동촌전투'이다. 당시 김준·김율 의
병장은 독자 의진을 이끌었는데, 김준 의진의 본진, 김율 의진, 김준 의진의 선봉부대였
던 조경환(曺京煥, 1876~1909) 의진, 양진여(梁振汝, 1862~1910) 의진의 우익장 김처중
(金處中) 의진 등 300여 명의 연합의진이 광주수비대 가와미쯔 조장이 이끄는 일본군 6
명, 창평주재소 순사 5명 등과 전투를 벌여 일본군 군조 1명, 상등병 1명을 죽이고, 병졸
2명을 부상케 한 전투였으니, 당시로서는 보기 드문 승전이었다.

기우만(奇宇萬)은 『호남의병장열전』(1916)에서 무동촌전투 상황을 상세히 기록하면서
광주수비대장 요시다(吉田)를 처단했다고 기술하였다.

이때 율(聿: 김율-필자 주)의 군사가 사호(沙湖: 현 광주광역시 광산구 사호동-필자
주)에 있었는데, 적이 불의에 습격하여 사면으로 포위하여 공격하매 의병이 혹은 죽고

185

혹은 흩어졌다. 준(準: 김준-필자 주)이 듣고 적병을 당할 수 없음을 알고 성문을 굳게 닫고 움직이지 아니하니 적이 방비가 있음을 알고 감히 가까이하지 못하였다. 이에 선봉장 조경환(曺敬煥: 曺京煥-필자 주)이 도포장 최동학(崔東鶴)과 상의하기를,

"율의 군사가 새로 패하였으니 나는 동복, 창평 등지로 가서 충의의 선비를 모집하여 힘을 합하여 적을 토벌함이 옳겠다."

하고 드디어 정예한 포수 수십 명을 거느리고 장차 떠나려 하는데, 율이 군사 수십 명을 거느리고 따랐다. 바로 창평의 지곡(현 담양군 남면 속리-필자 주)에 도착하여 하루를 머물고 그날 밤에 한 고개를 넘어서 무동촌으로 진군하니, 이날은 무신년(戊申年)(1908년-필자 주) 정월 초하룻날이었다.

적장 요시다(吉田勝三郎)이란 놈이 기마병을 거느리고 쫓아왔다. 적은 많고 우리는 적어서 대적이 되지 못할 뿐 아니라 기마병이 매우 정예하였고, 또 요시다는 제 나라의 육군대장으로 키가 10척이나 되고 용력이 뛰어났다. 날랜 말 위에 앉아서 칼을 휘두르며 바로 들어오니, 눈 아래 의병이 없었다.

……

약속을 이미 정하자 요시다가 날랜 기운으로 바로 담 밖에 이르렀다. 준(準)이 잠복하였던 군사에 눈짓하여 천보총을 쏘아 그놈을 바로 맞추어 연달아 쏘아 모두 맞추니 몸이 넘어져 말에서 떨어졌으나 오히려 죽지 않았다. 준이 그놈의 보검을 빼앗아 쳐죽이고 그의 망원경과 육혈포를 거두고 좌우에서 복병이 모두 총을 쏘니 소리가 뇌성처럼 진동하였다.

- 독립운동사편찬위원회, 『독립운동사자료집』 2권, 641~642쪽

당시 일본군 14연대 2대대 소속 '요시다(吉田)'이란 성을 가진 자는 광주수비대장이자 제14연대 2대대장 소좌 1명과 특무조장 1명뿐이었다. 무동촌전투에서 사살된 일본군 지휘관이 광주수비대장으로 알려져 있으나 실제는 광주수비대의 한 종대(縱隊)를 이끌었던 특무조장(特務曹長)이었다.

제14연대 2대대장 요시다(吉田) 소좌는 1909년 6월 14연대가 뤼순 관동도독부 육군부로 이동 배치될 때까지 김준·김율 의진, 조경환 의진, 전해산 의진 등 호남의병 진압을 지휘하였고, 1909년 9월 1일부터 시작된 이른바 호남의 '폭도대토벌'은 일본군 1·2연대와 기마대가 수행하였다.

-. 같은 날(1908년 12월 15일-필자 주) 영산포헌병분대장 오히라(大原) 대위가 전
    남 일원의 적도 소탕을 기해 8개 종대(縱隊)를 편성하여 출동했다.

-. 같은 날 광주수비대 제2대대장 요시다(吉田) 소좌가 약 2주간의 예정으로 다음과 같은 토벌대를 행동케 했다.
1. 야마다(山田) 소위 이하 21명, 순사 2명, 밀정 4명
2. 하세가와(長谷川) 소위 이하 18명, 수사 1명, 통역 1명, 밀정 2명
3. 고오찌(河内) 특무조장 이하 25명, 순사 1명, 밀정 1명
-. 12월 16일 야마다(山田) 토벌대가 광주를 출발, 선암(현 광주광역시 광산구 선암동), 사창(현 장성군 삼계면 속리) 부근을 수색, 밤낮으로 적정을 살펴 월암 고지에서 거괴(巨魁) 전해산(全海山)과 조경환(曺京煥)의 합동집단 약 200명을 발견, 헌병대와 합동으로 공격 끝에 이를 무찔렀는데, 9명을 죽이고 2명을 포로하고 화승총 2정을 노획했다.

- 이일룡 역, 같은 책. 79~80쪽

▲ 일본군 제2연대 2대대장 이가라시(五十嵐) 소좌. 제14연대 2대대장 요시다(吉田)는 1909년 6월 14연대가 뤼순 관동도독부로 이동배치됨.

● 김준 · 김율 체포 위한 8개 기병 · 특설순사대

1907년 가을부터 이듬해 봄까지 가장 강력한 의진을 형성하여 의병투쟁을 전개한 의진은 성재가 이끈 호남창의회맹소 본진과 김준 · 김율 형제가 이끄는 호남의소였다.

그런데 1908년 2월 3일 성재가 피체, 순국한 후 이대극 의병장이 호남창의회맹소 2대대장을 맡아 의진을 재편하는 바람에 각자 독립적인 성격으로 바뀌어 갔다.

그리하여 이대극 의진은 전남 담양 · 장성과 전북 고창 등지에서, 호남의소는 김준 · 김율 형제가 각 의진을 형성하여 광주 · 나주 · 장성 · 함평 등지에서 의병투쟁을 전개하였다.

-. 3월 20일 오후 1시 광주 · 장성 양 수비병과 기병의 연합대가 장성군 남삼면 월암(현 황룡면 황룡리 월암)에서 거괴 김태원이 이끄는 약 60명과 5시간 동안 교전

하여 적 4명을 죽이고, 화승총 4정과 기타 잡품을 노획했다. 다나까(田中)·스에노베(末延) 양 일등졸이 부상했다.

-. 4월 3일 오전 6시 광주경찰대가 창평군 내남면 연천(현 남면 연천리)에서 우두머리 강사문(姜士文)이 이끄는 40명과 우연히 만나 수비대와 협공, 이를 격퇴했는데, 적 10명을 죽이고 화승총 4정, 탄약 약간을 노획했다.

- 이일룡, 앞의 책. 38~40쪽 참조

창평에서 의병투쟁에 나선 강사문(姜士文, 1876~1909) 의병장은 1908년 1월 28일 김준 의진에 참여하였다가 고향 장성으로 가서 수십 명의 의병을 모집하고, 의병투쟁을 전개했는데, 김준 의진과 협력했을 것으로 추정한다.

성재를 피살한 일본군은 의병의 기세가 다소 꺾일 것으로 기대했으나 오히려 김준·김율 형제 의진이 맹렬한 기세로 의병투쟁을 전개하자 마침내 광주수비대장 요시다 소좌는 도꾸나가(德永) 기병 대위에게 기병과 특설순사대로 편성된 8개의 종대를 이끌게 하여 김준 의병장을 체포하려고 하였다.

-. 4월 19일 광주수비대 도꾸나가(德永) 기병 대위가 거괴 김태원의 소탕을 위해 8개 종대(縱隊)를 편성하고 앞으로 15일간 행동하기로 했다.

-. 4월 20일 월평(현 장성군 황룡면 월평리) 분둔(分屯) 순사대가 김태원의 후군장(後軍將) 김옥현(金玉鉉) 외 3명을 체포하고 그 주력(主力)이 우두머리를 추적 중, 돌연 폭도 약 50명이 역습해 와 포로를 감시 중이던 김(金) 경시(警視)가 순사 1명과 함께 분전, 험로를 뚫고 민가에 피난했다. 이 틈에 김옥현 외 3명은 도망했고, 김 경시는 좌측 대퇴부에 중상을 입었다.

-. 4월 22일 오후 5시 사천장(현 함평군 신광면 계천리 사천부락) 파견대 오이(大井) 상등병 이하 5명이 나산분둔대(羅山分屯隊) 하사 이하 5명과 협력해서 나산 서북쪽 교동(현 나산면 우치리 계동 추정)에서 폭도 40명을 공격하여 16명을 죽이고 1명을 포로했다.

-. 4월 24 기병 및 순사로 편성된 연합토벌대가 광주군 마지면 마을(광주광역시 광산구 송정동 일대)에 이르러 마을에서 달아난 폭도를 포위 공격하여 교전 1시간만에 10명을 죽이고 이를 깨뜨렸다. 노획물은 화승총 3정, 칼 2자루, 기타 잡품을 노획했다.

- 이일룡, 앞의 책. 43~44쪽 참조

일본군은 4월 19일부터 15일 동안 기병, 헌병, 경찰, 헌병보조원 등으로 구성된 특설순사대를 운용하였는데, 헌병과 경찰 등이 수색하고, 기병이 의병을 뒤쫓아 학살하는 형태였다.

● 김준·김율 형제 의병장 순국

일본군은 호남에서 이름을 떨치던 이들 형제를 붙잡기 위해 혈안이 되어 전남 광주·나주·담양·창평·함평 등지의 일본 군경을 총출동시키다시피 하였다.

마침내 1908년 3월 29일 김율 의병장은 계속된 일본군의 공격에 밀려 의진을 수습할 수 없는 상황에서 체포되기에 이르렀다.

> 3월 30일 오전 40분[39] 광주수비구사령관 요시다(吉田) 소좌 전보 보고
> 선암(仙岩: 광주 서방 3리)에 적장 김율(金聿)이 인솔하는 십 수 명이 집합하고 있다는 보고에 의하여 이쿠마(伊熊) 중위, 이마무라(今村) 중위, 요시다(吉田) 특무조장을 지난 29일 오후 1시 그곳에 파견하였던바, 이마무라·요시다 두 부대는 선암에서 반(半) 리 떨어진 곳에서 교전하여 수괴 김율을 생포하고 그 5명을 죽인 후 약간을 부상시켰다.
>
> — 국사편찬위원회, 『한국독립운동사』 자료 10권, 82쪽

김준 의병장도 일본군의 줄기찬 공격으로 부상하여 제대로 전투태세를 갖추지 못한 가운데 기습을 받아 그해 4월 25일 당시 함평군 오산면 박산동(朴山洞)에서 전사 순국하고 말았다.

> -. 4월 25일 기병 및 특설순사대 순사로 편성된 토벌대가 예정 계획에 따라 수색 중, 거괴(巨魁) 김태원(金太元)이 함평군 오산면 박산동(현 광주광역시 광산구 박호동)에 잠복하고 있음을 탐지, 즉시 출동하여 이날 오후 4시 이를 포위 공격, 거괴 김(金) 이하 13명을 죽이고 화승총 3정과 기타 잡품을 노획했다.
> -. 4월 25일 거괴 김율(金聿)을 총살했다. 앞서 우리 토벌대는 광산군 소지면 정동(현 광주광역시 광산구 서봉동—필자 주)에서 그를 체포했었는데 4월 25일에 전

---

39) 시간이 드러나지 않음

189

> 몰한 김태원의 시체 확인을 위해 연행 도중, 도주를 기도함으로써 살해되었다.
>
> — 이일룡, 앞의 책. 44~45쪽

일본군이 김준의 시신을 확인하기 위해 김율을 이끌고 순국 현장으로 호송해 가던 중, 김율이 탈출하다가 피살 순국하기에 이르렀으니, 형 김준이 맹장(猛將)이었다면, 아우 김율은 거기에 지장(智將)을 보탤 만큼 훌륭한 의병장이었다.

일제는 김율 의병장에 대하여 이렇게 평하였다.

> 한서(漢書)를 읽고 다소 문필에 능하다. 스스로 박사(博士)라 칭하고 성품이 완미(頑迷)하고 항상 배일사상을 품고 한국의 대관(大官)이 일본에 아부하여 3천년 예의의 고국을 판다고 개탄, 융희 원년(1907) 11월 거괴 기삼연 및 형 김태원 등과 호응하여 도당을 모아 그 세력이 한창일 때는 부하가 200명에 이르렀다.
>
> — 이일룡, 앞의 책. 45쪽

🔘 김준 부인 낙안오씨의 장엄한 자결

김준·김율 의병장이 순국했다는 소식에 김준의 부인 낙안(樂安) 오씨는 장례를 치렀는데, 묏자리를 잡아 준 이는 김준 의진과 합진하여 선봉진을 이끌었던 조경환 의병장이었다니 새삼 놀랍다.

▲ 김준(김태원) 의병장 묘 – 서울현충원 독립유공자 묘역

일본군이 김준 의병장을 총살한 다음 목을 잘라 머리를 가지고 가려는 것을 김준 의진을 도왔던 전 참봉 김돈(金燉)이 일본군 지휘관에게 큰돈을 내놓고 통사정하여 머리가 온전한 채로 장례를 치렀고, 다시 암장(暗葬)한 후 광복을 맞았으며, 현재 서울현충원 독립유공자 묘역에 안장돼 있다.

190

호남의병장 김태원(金泰元)이 전투에 패하여 사망하였다. 이때 김태원은 나주 박산촌(博山村)에서 병을 치료하고 있었는데, 일본인들이 그를 추적하고 있었다. 김태원은 싸우지 못하고 살해되었다.

김태원이 의병을 일으킨 지 1년이 지나는 동안 일병 수백 명을 살해하였다. 이때 그는 부하를 엄하게 다스려 백성들에게 소란을 피우지 못하도록 하며, "병사는 본래 정(精)한 것이 귀한 것이며 많은 것이 귀한 것이 아니다. 하물며 오늘의 의병이야 더 말할 것이 있겠는가? 그 수가 많아도 정하지 않으면 다만 실수만 하게 될 것이다."라고 하였다.

▲ 죽봉김태원의병장 동상 – 광주시 서구 농성광장 (사진=노성태)

그리고 그가 처음부터 끝까지 기용한 장수는 3, 40명에 불과하였다. 그는 그들 중 도태시키기도 하고 수련도 시켜 모두 용감하게 전사할 수 있는 병사들뿐이었다. 그는 점을 잘 쳐 기발하게 맞히는 경우가 많았으므로 백성들은 그를 매우 의지하고 있었는데, 그가 사망하였다는 소문을 듣고 놀라지 않는 사람이 없었다. 그의 장례에 모인 사람들도 매우 많았으나 일본인들은 금지하지 않았다.

이때 김태원은 어린 아들이 하나 있었다. 그리고 그의 아내 모씨(낙안오씨-필자 주)는 김태원이 사망하였다는 소문을 듣고, 그 즉시 일본인들이 있는 곳으로 들어가 남편의 시체를 싣고 와서 장례를 치렀다. 그의 아들을 교육한 지 수년 사이에 그 아이는 조금 방도를 알고 있었는데, 이때 태황제의 상사가 발생하자 모씨는 그 소식을 듣고 김태원의 친족을 모아 놓고, "이 아이가 가정을 일으킬 것입니다. 그리고 들은 말에 의하면 국상(國喪)이 있다고 하니 나는 국상으로 인하여 죽을 것입니다."라고 한 후 그날 저녁에 자결하였다.

- 황현, 『매천야록』 6권, 「호남의병장 김태원의 사망」

부인 낙안 오씨는 어린 남매를 키운 후 나라가 망했으니 살아있을 이유가 없다며 1919년 3월 자결하였다고 『매천야록』에 기록되어 있는데, 이는 매천 사후 그의 문인 고용주(高墉柱, 1865~1930)가 첨기한 내용이니, 이 어찌 만고에 길이 빛날 충절이 아니겠는가. 후대 학자들은 죽봉·청봉 일가를 호남 제일의 의로운 가문[湖南第一義家]이라 평했다.

죽봉·청봉 형제 의병장의 충혼이 서려 있는 곳은 많다. 출생지인 나주 문평에는 생가 터가 있고, 나주 남산에는 '죽봉김태원장군기적비'와 죽봉의 시를 새긴 시비가 건립되어 있다. 그리고 두 분과 함께 의진의 의병 순국지인 어등산에는 그들의 혼이 남아 있고, 광 주 농성광장에는 죽봉의 동상이 서 있다. 동상 앞길이 김준을 기리는 '죽봉로'이다.

죽봉·청봉 형제 의병장이 태어난 곳은 전남 나주군 거평면 북동리 갈마지 마을이다. 오늘날 거평면은 문평면으로 바뀌었지만, 나산읍에서 더 가깝다. 형제 의병장이 태어나고 자란 당시의 생가는 세월의 무게를 견디지 못하고 없어졌고, 지금 있는 집은 뒤에 지은 집이니, 생가가 아닌 생가터만 남은 셈이다.

복원된 나주읍성의 남문인 남고문(南顧門)에서 나주중학교 쪽으로 난 샛길을 따라 올 라가면 나주시민공원으로 조성된 남산이 나온다. 남산에도 김준 의병장을 기리는 '죽봉김 태원장군기적비'와 김준이 동생 율에게 순국하기 한 달 전에 써준 글을 새긴 '죽봉선생 친필 시비'가 건립되어 있다.

<與舍弟心書(여사제심서)>

國家安危在頃刻(국가안위재경각)
意氣男兒何待亡(의기남아하대망)
盡忠竭力義當事(진충갈력의당사)
志濟蒼生不爲名(지제창생불위명)
兵死也含笑入地可也(병사야함소입지가야)
戊申 二月 十九日 舍兄準書

<아우에게 주는 글>
국가의 안위가 경각에 달렸거늘,
의기남아가 어찌 앉아서 죽기만을 기다리겠는가!
충성을 다하고 있는 힘을 다 바치는 것이 의(義)에 마땅한 일,
백성을 구하려는 뜻일 뿐 명예를 위함이 아니라네.
의병으로 죽는 것, 기꺼이 웃음을 머금고 지하에 가는 것이리!
1908년 2월 19일. 형 준이 쓰다. (필자 역)

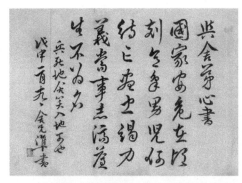

▲ 김준이 아우 율에게 준 글(김준 친필)

형은 이미 두 형제 앞에 죽음이 있을 뿐임을 잘 알고 있었다. 죽음을 알고 거병했지만, 죽음 앞에 두려움이 없을 수 없다. 형은 독립의진을 이끌고 있던 동생에게 '나라의 안위가 위기에 처해 있을 때 사나이는 전장에 나아가 나라를 위해 싸우다가 웃음을 머금고 죽는 것이 마땅한 일'이라고 격려의 글을 보냈다. 이 글 속에는 형제애를 초월하여 충혼이 서린 비장한 시가 담겨 있다.

1908년 4월 25일 죽봉과 그 의진의 의병이 함께 산화한 어등산에는 은신처인 토굴만 남아 당시의 이야기를 전해 주고 있다. 호남대학교 운동장 쪽에 '어등산 한말 호남의병전적지' 비가, 담양 무동촌에는 '김태원의병장전적비'가, 담양초등학교 안남분교에는 동상이, 함평공원에는 오세창(吳世昌) 선생이 죽봉의 공적을 기린 '김태원죽봉의사충혼비'가 세워져 있다.

노성태, 문대식, 박해현, 홍영기 등의 학자는 죽봉·청봉의 삶을 조명하고, 기리는 일을 많이 하고 있고, 호남의병 정신 계승과 광복회 활동에 매진하고 있는 김갑제 회장는 죽봉의 친손자이기도 하다.

<金泰元竹峰義士忠魂碑(김태원죽봉의사충혼비)>

捨生義而意起於節(사생의이의기어절)
泣血呼天天感動(읍혈호천천감동)
塔非長久功不磨滅(탑비장구공불마멸)
巍巍高塔聳南湖(외외고탑용남호)

삶을 버리고 절의(節義) 위해 기병(起兵)하여
피눈물로 간절히 호소하니 하늘도 감동하네.
탑은 영원하지 않을지언정 공은 사라지지 않을지니
높고 높은 탑 호남에 우뚝 섰네. (필자 역)

▲ 김태원죽봉의사충혼비 - 전남 함평공원(사진=노성태)

11. 13도창의대진 호남창의대장 문태서 의병장

● 문태서 의병장 행적 찾아 나서다

필자가 문태서(文泰瑞, 1880~1913) 의병장의 행적을 찾아 나섰던 것은 1989년부터였다. 몇 차례 함양·장수·무주 등지를 돌아다니면서 문화원이나 향교, 군이나 도에서 발간한 자료나 사료로서 가치가 있을 만한 것을 비교·검토해 보았다.

우선 『독립운동사』 제1권(독립운동사편찬위원회. 1971) 속의 「의병항쟁사」와 『내 고장 전북의 뿌리』(전라북도 문화공보담당관실. 1984)에는 문 장군을 군인(하사) 출신으로 기록했으나 『의병대장문태서전』(무주고적연구회. 1962), 무주 구천동에 있는 순국비(1964), 안의 광풍루의 기

▲ 문태서(문태수) 태지 표지석 - 경남 함양군 서상면 상남리

공비(1970) 등에 나타난 기록을 보면 문 장군이 군인 출신이었다는 것이 전혀 없을 뿐만 아니라 연보를 살펴보더라도 군인으로서 활동한 기회가 없었으리라 추정되었다. 그리고 『장수군지』(1990)에는 장군의 출생연도가 1889년으로 나와 있는가 하면, 의병장으로 활동한 시기도 1910년 이후로 잡고 있는데, 이는 '서울진공작전'이 1907년 11월(음력)이었고, 이 작전에 호남창의대장으로 장군이 추대된 사실과 『매천야록』(1907년 5월)에 장군의 행적이 나오는 것으로 보아 경술국치 전부터 이미 의병투쟁을 벌였던 것은 분명하다.

필자가 1991년 2월 함양문화원에서 김형석(金亨錫) 원장을 뵙고 장군에 대한 기록을 찾고, 함양군 서상면에 들러 홍제승(洪濟昇) 선생을 뵙고 그곳의 덕남초등학교 교장 유한삼(柳漢三) 선생이 엮은 『의병대장 문공태서 실기(義兵大將文公泰瑞實記)』(필사본. 1985)를 구해 온 것이 장군의 행적을 비교·검토하는 데 큰 도움이 되었다.

홍 선생은 처음 보는 필자에게 귀중한 책을 선뜻 내주며 많은 격려를 아끼지 않았고, 장

195

군에 대하여 구전되어 오던 일화를 자세히 소개해 주었다. 특히 장군이 부왜인의 간계에 속아 붙잡혔을 때와 일본 헌병대가 진주로 호송하는 과정을 자세히 설명했다.

홍 선생은 평북 영변 출신으로 6 · 25 때 월남하여 이곳에 정착했다고 하는데, 설령 이곳에서 태어났더라도 당시 상황을 볼 수 있었던 노령도 아니지만 실제로 보았던 옛 어른들에게 들었다는 얘기가 상당히 충격적이고 구체적이었다. 내용인즉, 장군이 붙잡혔을

▲ 문태서(문태수) 의병장 생가터를 찾아가는 필자

때, 들것에 실려서 일본 헌병들에 의해 호송되었는데, 양손을 딱딱한 관솔 나무못으로 손바닥에서 손등까지 꿰어 그 위에 포승줄로 묶었더라는 것이었다. 정말 믿고 싶지 않은 이야기가 가슴속에 깊이 자리 잡는 것을 느끼며 함양군 서상면 상남리로 향했다.

문 장군이 살았다고 하는 마을인 장구지동(藏龜池洞)으로 들어서는데, '의병대장 문공태서 태지(義兵大將文公泰瑞胎地)'라는 표지석이 눈에 성큼 들어왔다. 살펴보니, 이곳 주민들의 정성으로 장군의 생애를 추모하는 글을 새겼다. 1985년에 세웠으니 표지석에 새긴 글처럼 늦은 감이 있으나 주민들의 애향심과 높은 긍지가 돋보였다.

장구지동은 당시 10여 호가 살고 있던 장군의 출생지이자, 의병을 일으키기 직전까지 살았던 마을인데, 덕유산 기슭의 첫 집이라 일컬을 만한 높은 곳으로 집터에는 산죽(山竹)이 드문드문 서 있고 나이가 꽤 됨직한 고욤나무가 목이 달아난 채 우뚝 서 있었다. 겉으로 보기에는 밭이지만 자세히 살펴보니 집터, 마당과 축대(築臺)의 흔적이 완연했다. 집터를 안내하던 정한규(鄭漢圭)(당시 75세) 옹은 어릴 적부터 여기에 있던 집이 문 장군의 집이라고 들었으나 장군의 후손이 살지는 않았다고 한다.

겨레를 위해 목숨을 초개같이 던졌던 수많은 의병의 행적은 도서관에서 잠자고 있거나 모른 채 살아오는 동안 그들의 집터는 밭으로 변해 버린 상황을 무엇으로 변명하랴!

표지석 하나 없는 장군의 집터 앞으로 흐르는 개울물은 흐느끼고, 밭 가장자리에 서 있는 수숫대는 북풍에 고개를 가로젓고 있었다.

『의병대장 문공태서 실기』와 『독립유공자 공훈록』에 기록된 내용을 간추려 보면 다음과 같다.

▲ 문태서(문태수) 의병장 생가터 - 경남 함양군 서상면 상남리

문태수 의병장의 본명은 태서(泰瑞), 태현(泰鉉)으로 기록된 것도 있다. 고려 명신 문익점(文益漸)의 22세손 주욱(周郁)의 손자이자 병현(炳鉉)의 아들로 1880년 3월 16일(음력) 경남 안의군 서상면 장구지동(현 경남 함양군 서상면 상남리 1027번지) 에서 태어났다.

조부는 가선대부(嘉善大夫)에 추증된 학자였고, 부친 역시 인품이 청직(淸直)했으 며, 모친은 밀양 박씨로 부덕을 갖춘 분이었다. 장군은 5,6세가 지나매 천자문을 배 우기 시작하여 11세에 이르러 사서삼경을 마쳤으며, 15세를 넘자 이미 기골이 장대 했다고 전하고 있다.

1904년 2월, 장군은 금강산으로 들어가서 당시 용병술과 총포 기술이 으뜸이라 알려 진 '박 처사'의 문하생으로 들어갔다가 이듬해 을사늑약의 비보를 듣고 덕유산으 로 돌아온 것이 1906년 5월이었다. 장군은 덕유산을 중심으로 동지를 모으고, 특히 수렵 생활을 하던 포수를 규합하여 원통사(圓通寺, 전북 무주)를 거점으로 의병투쟁 을 위한 만반의 준비를 하고 있었다.

때마침 일본군 5명이 용담(龍潭)으로부터 안성(安城)을 거쳐 무주읍으로 향한다는 정보를 전해 들은 장군은 의병들과 급히 상의하여 일본군이 지나갈 길목에 매복했 다. 일본군은 안성재에서 점심을 먹기 위해 그들이 가졌던 총을 한곳에 모아둔 채 주 막에 머물고 있었는데, 장군을 비롯한 의병들은 농군으로 가장하여 접근, 그들을 체 포, 사살한 것을 시작으로 경술국치 이후까지 의병투쟁을 전개하다가 임자년(壬子 年)(1912년) 추석이 지난 이틀 뒤, 몰래 고향을 찾은 장군에게 음흉한 미소를 지으며

▲ 문태서 의병장의 첫 승첩지 안성재
- 전북 무주군 안성면 소재

접근해 온 이가 있었으니, 4촌 매부 임종두(林鍾斗)와 동무 조한기(曹漢基)가 바로 그들이었다. 그들은 장군의 노고를 위로한담시고 조산촌(造山村: 현 함양군 서상면 상남리 조산 마을) 주막으로 장군을 유인하여 술을 권했다. 장군이 술에 취하자 종두는 장군의 팔을 비틀면서 등 뒤에서 붙들 때 한기는 미리 준비해 두었던 쇠메로 양쪽 다리를 내리쳐서 뼈를 부러뜨리자 주막 주변에 숨어 있던 부왜인들이 달려들어 결박하고 마구 폭행하여 초주검 상태에 이르게 한 뒤 헌병대에 인계했다.

그들은 당시 안의군 서상면장 최영내(崔永乃)가 매수한 자들이었는데, 장군을 사로잡으면 후한 상금을 주겠다는 꾐에 빠져 이같이 부끄러운 일을 저질렀던 것이었다. 장군이 부왜인들의 손에 붙잡힌 때는 추석이 지난 지 이틀째 되던 날이라서 객지에 나갔던 사람들도 고향에서 명절을 보내고 있던 터라 장군이 붙잡혔다는 소식에 많은 사람이 안의읍으로 몰려들었다. 일본 헌병·경찰들은 장군의 손바닥을 딱딱한 나무로 꿰어 묶은 다음, 들것에 싣고 진주로 압송하던 중 안의읍에서 잠시 머물렀다. 일본 헌병은 장군의 모습을 보기 위해서 운집한 군중에게 장군의 국권회복을 위한 의병투쟁(이른바 '폭도행위')에 대해 비판하라고 하니, 모여든 군중 대부분 묵묵부답인데 당시 위천면장 경헌중(慶憲中: 자는 汝文)이 나서서 당당히 말했다.

"문 장군이 체포된 것은 2천만 백의민족 전체가 체포된 것과 같으니, 이제 삼천리의 운은 영원히 끊겼다."

하고 분통을 터뜨리니 일본 헌병들은 급히 진주로 호송하고 말았다.

장군은 진주감옥에서 대구감옥를 거쳐 경성감옥에 갇힌 몸이 되었지만 일제의 온갖 고문과 간교한 유혹을 뿌리친 채 이듬해 2월 4일, 하늘을 우러러 통곡하면서 오랫동안 동고동락했던 참모 이름을 크게 부른 후 미결수(未決囚)의 몸으로 자결했다.

장군의 슬하에는 장남 택주(宅柱)를 비롯하여 학주(學柱), 옥주(玉柱) 3형제를 두었는데, 의병을 일으키면서 처가가 있던 장수군 계북면 원촌리(院村里)로 이주하여 살았다.

장군의 장손인 경룡(景龍)(당시 61세) 씨는 지난해 중풍으로 한쪽 수족이 불편하고, 최근에는 신경 쇠약 증세로 병원에 다닌다는 소식을 듣고, 문병 겸 무주 구천동 일대를 살펴보고자 필자가 집을 나선 것은 1991년 5월 26일이었다.

▲ 문태서·박춘실 의병장 전적비
- 전북 장수군 계북면 양악리

전북 무주군 설천면 소천리를 지나 무주읍을 거쳐 안성으로 들어섰다. 이곳은 장군이 의병을 일으켜, 일본군 5명을 체포, 사살하여 서전을 장식했던 곳이다. 안성을 지나니 계북면이 눈앞에 펼쳐졌다. 가게에 들어가 원촌리를 물으니 가르쳐 주는 길이 비포장도로인데, 10리 정도 들어가면 마을이 있다고 했다.

안내해 준 길을 따라 10분쯤 달리니 마을이 나왔다. 차에서 내려 장군의 장손 경룡 씨 댁을 찾아드니, 사람은 아무도 없고 누렁이 2마리가 낯선 길손에게 왜 왔느냐는 듯이 세차게 짖어댔다. 이웃집에 들러 물어보니 시골 부인들 가운데 한 분이 의아한 얼굴로 다가섰다. 장군의 손부이자 경룡 씨의 아내 이양순(李良順)(당시 45세) 씨였다. "바깥어른은 군산의 병원에 입원해 계신다."라고 했다.

장군은 아들 3형제를 두었는데, 장남 택주는 계북에, 차남 학주와 삼남 옥주는 각각 서울과 만주에서 살았다고 한다. 택주 씨는 3남을 두었는데, 장남인 경룡 씨는 부친을 모시고 이곳 계북에서 살았으나 차남 경환(景煥), 삼남 경운(景云)은 모두 전주에서 살고 있다

▲ 문태서 의병장의 손부 이양순 여사와 증손부

고 한다. 장군의 손부는 28년 전 17살에 16세 많은 노총각한테 시집을 왔는데, 시아버지는 인근에 있던 종이 공장에서 창호지를 도매로 사서 그것을 이곳저곳으로 짊어지고 다니면서 팔아 생계를 꾸려갔지만, 매우 너그럽고 인자한 분이셨다고 회상하면서 집에서 빤히 바라보이는 시아버지의 묘소를 가리켰다.

● 문태수 장군의 삶에 대해 살펴보다

첫째, 문태수 장군에 대한 공훈록에는 "원래 기골이 장대했다.", "1905년 상경하여 면암 최익현을 예방하였으며, 격문을 내어 의병을 모집할 방책을 상의하고"라고 기록하였다.

> 원래 기골이 장대하고 재주가 탁월하여 일찍부터 글을 배워 문리를 통달하였으며, 금강산에 들어가 병서를 익히기도 하였다. 1905년 상경하여 면암 최익현(崔益鉉)을 예방하였으며, 격문을 내어 의병을 모집할 방책을 상의하고 호남지방으로 내려가서 지리산에 들어가 거의하였다.
>
> — 국가보훈처, 『독립유공자공훈록』 제1권, 600쪽

"15세를 넘자 이미 기골이 장대했다."라고 『의병대장 문공태서 실기』, 『독립유공자공훈록』 등에 기록되었지만, 일제의 기록과는 큰 차이가 있다.

> 문태수의 인상은 신장이 5척 4촌 정도, 중간 키에 살이 알맞게 찌고, 하얀 치아에 눈이 크며, 흰 살결에 콧대가 반듯하고 수염이 적고, 귀가 크고 얼굴이 긴 편으로 미남이다. 어떠한 모양을 하고 있어도 고상하게 보이며 나이는 30세쯤이라고 말하였다.
>
> — 국사편찬위원회, 『통감부문서』 6권, 1909년 12월 2일

이 내용은 당시 경남 안의군 북상면 산수암리에 거주하던 신종순(愼宗旬)이 진술한 내용을 바탕으로 한 것이었다. 신종순은 안의군수가 창립한 양잠학교의 사무원이었는데, 1909년 11월 9일 오후 4시경 문태서 의진에 의해 붙잡혀 갔다가 목면 3필을 내겠다고 약속한 후 풀려나서 안의분견소에 밀고한 내용이 「적괴 문태수의 행동에 관한 경상남도 안의분견소장의 보고」에 나타나 있다. 여기에는 문태서 장군은 '키가 5척 4촌(약 162cm)이고, 얼굴이 긴 편이며, 고상하게 생긴 미남이었다.'라고 기록하였다. 문태서 장군의 후손들은 보통 키에 온화한 모습이었는데, 그렇다고 후손에 비춰 문 장군의 모습을 일치시킬 수는 없지만, 개연성은 크다고 보겠다.

그리고 문 장군이 1905년 상경하여 면암 선생을 예방했다고 했으나 면암은 1899년 경기도 포천에서 충남 정산군 목면으로 이사한 후 실제로 벼슬길에 나간 적이 없었기에 서울에 거주한 적이 없었다. 『의병대장 문공태서 실기』 원본에는 이러한 기록이 없고,

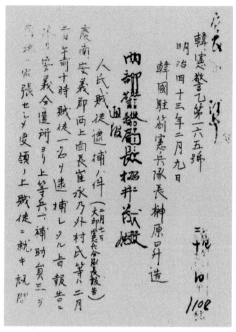

▲ 최영내 행위가 기록된 일본군 한국주차
헌병대장의 문서(『폭도에 관한 편책』,
1910.02.09)

면암의 문인록에도 문 장군이 없으며, 일제의 기록에도 문 장군이 면암과 거의를 논했다거나 면암과의 연관 관계가 드러난 곳이 전혀 없다.

면암은 홍주의병 맹주를 사양하고 거사일 이틀 전인 1906년 3월 15일(음력 2월 21일) 호남으로 향했다. 정산을 출발한 지 10일째가 되던 3월 24일 전북 태인 종석산 아래에 있는 김 도사(金都事) 가문의 묘각에 도착하였다. 면암은 6월 4일(윤4월 13일) 거의했다가 6월 11일 관군과의 싸움을 포기하고 붙잡혀 일본군 사령부에 유치되었다가 8월 28일 대마도에 구금, 이듬해 1월 1일 병사하였으니, 문 장군이 의병투쟁에 나서기 전의 일이었다.

둘째, '임자년(壬子年)(1912년) 추석 후 이틀 뒤, 사촌 매부 임종두와 동무 조한기가 조산촌(造山村) 주막으로 문 장군을 유인하고, 최영내(崔永乃)가 이끈 부왜인들이 붙잡아 초주검에 이르게 한 뒤 일본군 헌병대에 인계하였으며, 문 장군은 진주감옥, 대구감옥를 거쳐 경성감옥에서 온갖 고문과 간교한 유혹을 뿌리친 채 이듬해 2월 4일 자결하였다.'라는 것은 실제인가?

한국주차헌병대장 사카키바라 쇼조(榊原昇造)
내부경무국장 마쓰이 시게루(松井茂) 앞

통보
인민 적도(賊徒) 체포의 건
(2월 7일 대구헌병분대장 보고)

경남 안의군 서상면장 최영내(崔永乃) 외 촌민 등은 2월 2일 오전 10시 적도(賊徒: 의병-필자 주) 1명을 체포한바, 보고에 의하여 안의분견소로부터 상등병 1명, 보조원 3명을 동지에 출장시켜 수령(受領) 후 적도에 대하여 신문한바, 문태수의 부하 십장(什長)이 되어 34명과 함께 무주군 원등점 방면을 배회하고, 또 음력 본년(1908년

-필자 주) 6월경 5명의 적도와 함께 안의군 서상면 갈현리에 침입하여 금품을 강탈하였다고 신립하였다.

- 국사편찬위원회, 『한국독립운동사』 자료 17. 224쪽

부왜인(附倭人) 최영내가 의병을 붙잡기 위해 활동한 적이 있었다는 것은 다른 문서에도 드러나고 있다.

문태서 장군은 최영내가 이끈 무리에 의해 붙잡혀 초주검 상태에 이를 정도의 구타를 당한 후 일본군 헌병대인 안의분견소에 인계되었으며, 당시 경남 도청소재지였던 진주로 압송된 것은 사실로 보이지만, 진주감옥과 대구감옥을 거쳐 경성감옥에서 미결수(未決囚) 상태에서 자결하였다는 것은 오류인 것 같다.

판결 대정 2년(1913년) 형상 제93호
경상남도 안의군 서상면 영동리(靈東里)
피고 최영내 45세

우(右) 구타치사(毆打致死) 피고 사건으로 대구복심법원이 다이쇼(大正) 2년 9월 6일 언도한 판결에 대하여 피고가 상고를 신립하였으므로 검사 코쿠분 산이(國分三亥)의 의견을 참작하고 다음과 같이 판결한다.

주문
본건 상고는 이를 기각한다.

이유
상고 취의는 피고인은 그 무렵 본군 서상면장 직무를 봉직하고 있었다. 본군 주재 수비대로부터 '폭도(暴徒: 의병-필자 주)를 체포하되 만일 폭도가 강경하게 항거할 경우에는 살상하여도 무방하다.'라는 수비대, 또는 헌병대의 명령에 의한 것이고, 피고인의 마음대로 천행(擅行)한 것이 아닌데도 대구복심법원에서 징역 1년 유예의 선고를 받은 것은 본건 피고 사건에 대하여 해당한 처치라고 하기 어렵다고 운운함에 있으나, 피고가 수비대 또는 헌병대로부터 폭도 저항의 경우에는 살상하여도 무방하다는 뜻의 명령을 받은 사실 및 본건 피해자 두 사람이 피고 등에 대하여 저항한 사실은 원판결에서 인정하지 않은 것으로 본 논지는 원원(原院)의 인정치 않은 사실을 주장하여 원판결을 공격하는 것이므로 상고할 적법의 이유가 없다. 따라서 형사소송법 제285조에 의하여 주문과 같이 판결한다.

- 독립운동사편찬위원회, 『독립운동사자료집』 별집 1권, 553~554쪽

최영내는 다이쇼(大正) 2년(1913) 9월 6일 대구복심법원(현 대구고등법원)에서 '징역 1년 유예'가 선고되자 이에 불복하여 고등법원(현 대법원)에 상고했으나 상고가 기각된 내용이다.

최영내의 대구복심법원 판결문이 발견되지 않아 원심 재판을 받은 곳을 알 수 없지만, 당시 안의군 관할은 부산지방법원 진주지청이었기에 거기서 재판받았을 것으로 추정한다.

문 장군을 유인하여 '쇠메로 양쪽 다리를 내리쳐서 뼈를 부러뜨리자 주막 주변에 숨어 있던 부왜인들이 달려들어 결박하고 마구 폭행하여 초주검 상태에 이르게 한 뒤 헌병대에 인계한' 주모자 최영내가 "구타치사(毆打致死)"죄로 재판받은 사실이 재판 기록으로 남아 있는 것에 주목할 필요가 있다.

'구타치사죄'의 내용, "피고가 수비대 또는 헌병대로부터 폭도 저항의 경우에는 살상하여도 무방하다는 뜻의 명령을 받은 사실 및 본건 피해자 두 사람이 피고 등에 대하여 저항한 사실은 원판결에서 인정하지 않은 것"에서 피해자 2명은 문 장군과 종사관 박수문(朴守文)이고, 두 사람이 저항하지 않은 상태였는데도 마구 구타하여 죽음에 이르게 했다는 것이다. 따라서 문 장군의 '옥중 자결'은 명백한 오류이다.

그리고 문 장군이 '1912년 추석이 지난 이틀 뒤 붙잡혀 이듬해 2월 4일 미결수로 옥중 자결'에서 이 날짜가 신빙성이 매우 낮음을 알 수 있다.

문 장군에 대한 재판기록은 아직도 발견되지 않고 있는 점으로 보아 처음부터 재판받지 않았을 수도 있다. 최영내는 판결문에 나타났듯이 '구타치사죄'로 처벌되었다. 문 장군이 1912년 음력 8월 17일(양력 9월 27일) 양쪽 다리뼈가 부러질 정도의 구타를 당하여 초주검 상태에서 두 손바닥에 관솔 못으로 못질을 당한 후 결박하여 헌병대로 넘겨졌고, 헌병대는 그를 진주로 이송했다가 마침내 숨졌다면, 그 일자가 피체된 후 불과 며칠 뒤에 일어났을 것으로 추정할 수 있다. 당시 피체된 의병의 경우 원심 재판이 대개 2~3개월 이내에 이루어졌는데, 이듬해 2월 4일(양력 3월 11일)까지 약 6개월 동안 미결수로 있었다는 것도 이해하기 어렵다. 설령 원심을 받고 공소(항소)하여 대구감옥에서 구금 중이었다면, 최영내의 죄목이 '구타치사죄'가 성립되지 않았을 것이 분명하다.

문 장군의 제사를 음력 2월 4일(양력 3월 11일)로 모시고 있다는 손부 이양순 여사의 말과 연계시켜 보면, 문 장군은 1913년 음력 2월 5일 순국한 것이 분명하고, 그가 고향을 찾은 것은 추석 지난 이틀 뒤가 아니라 1913년 설날(양력 2월 6일) 지난 음력 2월 5일(양력 3월 12일)일 가능성을 제기해 보는 것이다.

각종 기록이 구전되던 내용을 바탕으로 정리되다 보니, 추석과 설을 혼동했던 것이 아닌가 하는 의구심이 드는데 그 일자도 근거가 희박하다.

문 장군이 초주검 상태로 경남 안의 헌병대에 넘겨진 후 문 장군을 호송하던 헌병이 안의읍에 모인 사람들에게 이른바 '폭도행위'에 대하여 비판을 해보라고 했다는 기록이 있다. 안의 장날은 음력 5, 10, 15, 20, 25, 30일인데, 1912년 추석이 지난 이틀 뒤는 음력 8월 17일, 1913년 설을 지난 이틀 뒤는 1월 3일이니, 이날 모두 안의 장날은 아니고, 문태서 장군의 제삿날이 2월 4일이니, 순국한 날은 안의 장날인 2월 5일(양력 3월 12일)이라고 보는 것이 타당하다 하겠다.

셋째, 서울현충원 애국지사묘역 제6호 문 장군의 묘에는 유골이 묻힌 게 아니고, 나무를 깎아 문 장군의 모습을 만들어 혼백을 불어넣은 것에 부인 김순덕 여사의 유골을 합장하였다고 했는데, 그의 시신은 어떻게 된 것인가?

▲ 문태서(문태수) 의병장 묘 - 국립서울현충원 독립유공자 묘역

만약 문 장군이 부산지방법원 진주지청에서 재판받기 위한 미결수였다면, 진주감옥에 구금되어 있었을 것이고, 진주지청에서 재판받고 대구복심법원에 공소(항소)를 했더라면 대구감옥에서 순국했을 것이지만, 판결문뿐만 아니라 「수형인명부」나 「형사사건부」에도 문 장군의 본명으로 알려진 태서·태현, 자로 알려진 태수, 이명으로 사용한 태익 등의 이름으로 기록된 것은 없다.

광복 후 이른바 '반민특위'가 해체되고, 그 사무가 대법원으로 이관된 직후인 1949년 10월 27일 새벽 2시에 인민군 복장을 한 불순분자 50여 명이 진주법원을 불태우는 바람에 모든 기록이 잿더미가 되어 찾을 길이 없다.

당시 일제는 주요 의병장이 미결수로 옥사했거나 사형집행이 되었을 경우, 시신을 인수해 갈 것을 전보로 통지했으나 당시 문 장군의 가족은 주소지였던 경남 안의에서 전북 장수로 몰래 이주했기에 연락이 닿지 않았던 관계로 일제가 임의 처분했던 것으로 추정한다.

넷째, 『통감부문서』 「이인영진술조서」 가운데, 2차 조사에서 이인영 의병장은 문태서 장군을 만난 적이 없다고 진술하였지만, 3차 조사에서는 문 장군이 호남의병을 이끌고 참여했음이 드러나고 있다.

문: 전해산(全海山)은 알고 있는가?
답: 모릅니다.
문: 문태수(文泰洙)는 어떤가?
답: 이름은 들었습니다만 만난 적은 없습니다.
문: 유생인가?
답: 학문은 있지만 유생은 아닙니다.
문: 학문이 있고 유생이 아닌 것은 어떤 점에 구별이 있는가?
답: 진짜 유생은 공맹(孔孟)의 가르침을 받고 이를 지키려는 자를 말합니다.
문: 심남일(沈南一)은 알고 있는가? 심수택(沈守澤)이라고도 한다.
답: 모릅니다.

이른바「이인영진술조서」는 1909년 6월 21일 한국주차헌병대 본부에서 이인영 의병장과 일본군 헌병 대위(통역 헌병 군조) 사이에 이루어진 것으로써 이미 피체된 이강년, 이은찬, 허위 등 의병장에 대해서는 자세히 대답하였지만, 피체되지 않은 의병장에 대해서는 모른다고 했고, 훌륭한 의병장일지라도 대수롭지 않은 사람처럼 대답했다.

문: 그때 인솔하고 온 각 도의 지휘자는 누구누구인가?
답: 전라도는 문태수(文泰洙), 본명은 문태현(文泰鉉)이라 하며, 충청도는 이강년(李康秊), 강원도는 민긍호(閔肯縞), 경상도는 신돌석(申乭石), 평안도는 방인관(方仁寬), 함경도는 정봉준(鄭鳳俊), 경기도는 허위(許蔿), 황해도는 권중희(權重熙)였습니다. 권중희는 그 후 제 배하에 속하였기 때문에 황해도는 대장이 없게 되었습니다. 그 때문에 허위가 경기도와 황해도를 지배하고 박정빈(朴正斌)으로 하여 황해도의 아장으로 삼았습니다.

- 국사편찬위원회, 『통감부문서』 8권, 1909년 6월 30일

● 문태수 장군의 활약상

덕유산 자락에는 경남북, 충북, 전북 출신 의병 등 수많은 의병 부대가 활약을 벌였다. 특히 13도창의대진이 구성될 때 호남창의대장으로 추대된 문 장군의 활약이 눈부셨다. 그는 경남 안의 출신이지만 아내가 전북 장수군 계북면 출신이어서 그곳의 주민들과

▲ 문태서 의병장 순국비
– 전북 무주군 설천면 삼공리

무주·용담(현 진안군 속면) 의병을 주축으로 1906년 여름부터 의병투쟁을 벌였다. 그는 장수 양악에서 활약하던 박춘실(朴春實) 의진과 합진한 후 이듬해 봄에는 무주 구천동에서 의병투쟁을 하던 전성범(全聖範) 의진도 휘하로 맞아들여 본격적인 의병투쟁에 나서 전북지역은 물론, 경남북, 충북 지역까지 진출하기도 했지만, 주 무대는 덕유산 자락이었다.

1908년 4월 문 장군은 의병 150명을 거느리고 장수읍을 습격한 후 주재소와 군청 부속 건물들을 소각해 버렸다. 이날의 기습에는 무주 출신 신명선(申明善) 의병장이 이끄는 의진도 참여하여 큰 전과를 올렸던 것인데, 대규모 의진을 형성할 필요가 있을 때는 휘하 의진이나 인근 의진과 연합하여 의병투쟁을 벌였기에 노응규(盧應奎)·신명선·유종환(兪宗煥)·이장춘(李壯春) 의병장이 이끈 의진과도 연합하기도 했다.

1909년 10월 30일 충북 이원역을 습격하여 역사를 불태우고 일본인 3명을 납치하여

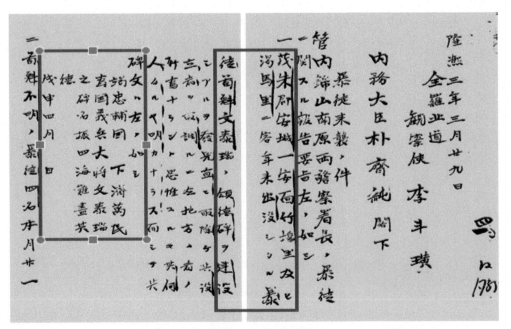

▲ 문태서 송덕비 건립(『폭도에 관한 편책』, 1909.03.29)

일본 군경을 긴장하게 했는데, 그는 경남 안의·거창, 경북 지례, 전북 무주·금산, 충북 영동·청산·옥천·보은 등지에서 위세를 떨쳤다.

그는 일본 군경과 일제 앞잡이는 물론 의병을 빙자하여 약탈을 일삼던 무리를 처단했지만, 민폐를 끼치지 않았기에 주민들로부터 칭송이 대단했음이 1909년 3월 29일 전북관찰사 이두황이 내부대신 박제순에게 보고한 내용에 나타나 있다.

> 무주군 안성 일안면 죽장리와 갈마리에 지난해부터 출몰한 수괴(의병장-필자 주) 문태서의 송덕비(頌德碑)를 건립하였음을 발견하고 즉시 그것을 없애고, 그 설립자를 취조한바, 그 지방의 사람 소행일 것이라고 생각하나 그 누구인지 분명하지 않다. 그리고 그 비문의 내용은 다음과 같다.
>
> 竭忠輔國 下濟萬民 (갈충보국 하제만민)
> 爲國義兵大將 文泰瑞之碑 (위국 의병대장 문태서지비)
> 名振四海 難盡其德 (명진사해 난진기덕)
> 戊申 四月 日 (무신 4월 일)
>
> - 국사편찬위원회, 『한국독립운동사』 자료 13권, 710쪽

충성을 다하여 보국하고 만백성 구했도다.
나라 위한 의병대장 문태서비
명성이 온누리에 떨치니 그 덕을 어찌 다 말하리! (필자 역)

그의 의병투쟁에 대하여 무주 사람들은 그의 업적을 기리는 송덕비를 세웠다고 한 것인데, 이는 현재 발견된 의병장 송덕비로는 유일무이한 것이다. 무주 사람들은 그를 신처럼 여겼으며, 그의 성공을 기원했다는 기록도 1910년 1월 10일자 일본 헌병대 비밀문서에 나타나 있다.

> 전북 무주 지방의 한 마을 사람은 그를 신과 같이 믿고, 부녀자는 부뚜막으로부터 음식을 궤에 옮길 때 처음 것을 올려서 문태수의 성공을 기원하고 있다고 한다.
>
> - 국사편찬위원회, 『한국독립운동사』 자료 17권 44쪽

문태서 장군의 의병투쟁과 관련된 기록이 일제의 비밀문서에 124회나 나와 있지만, 경술국치 이후까지 일본 군경에게 붙잡히지 않았던 이유를 짐작할 수 있겠다.

정부에서는 그의 공을 기리어 1963년에 건국훈장 대통령장을 추서하였고, 국가보훈처는 독립기념관·광복회 공동으로 '이달의 독립운동가'(2008년 2월)로 선정하였다.

12. 전라북도창의소 대장 이장춘 의병장

● 무주와 덕유산 자락 의병장

▲ 이장춘 의병장 주 활약지 덕유산 자락

덕유산은 향적봉(1,614m)이 최고봉인 북덕유산과 그로부터 남쪽으로 약 15km 지점에 위치한 남덕유산(1,507m)으로 이루어져 있다. 전자는 무주군 설천면 삼공리에, 후자는 경남 거창군 북상면, 함양군 서상면, 전북 장수군 계북면과 경계하고 있다.

덕유산 자락에는 경남북, 충북, 전북 출신 의병으로 구성된 수많은 의병 부대가 활약을 벌였다. 특히 1907년 11월 13도 연합의병이 구성될 때 호남창의대장으로 추대된 문태서(文泰瑞) 의병장의 활약상은 많이 알려졌으나 김동신(金東臣)·노병대(盧炳大)·박춘실(朴春實)·신명선(申明善)·유종환(兪宗煥)·이장춘(李壯春)·전성범(全聖範)·황대연(黃大淵) 의병장에 대해서는 널리 알려지지 않았다.

전북 무주(茂朱)는 경남 거창, 경북 김천, 충북 영동과 인접한 지역으로 남한에서 가장 내륙지방이다. 1414년(태종 14) 무풍현(茂豊縣)과 주계현(朱溪縣)을 통합하여 무주현이 되었고, 1674년(현종 15) 부(府)로 승격되었다. 이는 남사고(南師古)(1509~1571)가 『격암유록(格菴遺錄)』(일명 『남사고비결南師古秘訣』)에서 무풍(茂豊)은 십승지지(十勝之地)의 하나라고 하여 임진왜란 때에는 많은 사람들이 이곳으로 피난했다가 정착하기도 하였으

208

며, 조정에서도 묘향산사고(妙香山史庫)를 무주 적상산사고(赤裳山史庫)로 옮겼기 때문에 사고지(史庫地)를 부로 승격시키고 관장을 무반 출신 부사(府使)를 두었던 것이다. 1890 년 민병석(閔丙奭)이 당시 무주부사 서완순(徐完淳)의 협력을 받아 99칸에 이르는 행궁(行宮, 왕이 본궁 밖으로 나아가 머무는 곳) 명례궁(明禮宮)을 세운 곳이기도 하다.

특히 무풍면(茂豊面)은 덕유산과 대덕산(1,290m) 자락으로 둘러싸인 고원 분지이다. 무풍면은 일제강점기 때인 1914년 풍동면과 풍남면을 통합하고 종전의 횡천면(橫川面, 지금의 구천동 덕지리 지역)에 속해 있던 덕동과 오정동을 편입시키면서 옛 명칭을 다시 살린 것이니, 1414년 무풍현이 폐지된 지 500년 만에 옛 이름을 되찾은 것은 아이러니하다.

무풍면 사람 중에 많은 사람이 경상도 방언을 쓰고 있는 것은 무풍지역이 역사적으로 원래 신라 땅으로 조선시대에 전북으로 편입되었다. 백제와 신라의 국경을 상징하는 라제통문은 무풍면사무소에서 이십 리 남쪽에 있다.

무풍은 100여 년 전까지도 전라도 동부지역 사람들은 육십령을 거쳐 경상우도 사람들처럼 지경령(地境嶺, 680m, 일명 소사고개)을 넘어 한양으로 통하는 길목에 자리 잡은 교통의 요지이기도 하였다. 지경령은 경남 거창군 고제면과 전북 무주군 무풍면 사이에 있는 고개로 이를 넘어야만 무풍에 이르고, 다시 무풍의 마곡재, 덕산재를 넘어 경북 지례(김천시 속면)로, 싸리재를 넘어 충북 황간(영동군 속면)으로 나아갈 수 있었기 때문이었다.

▲ 라제통문 - 전북 무주군 설천면 소천리 1501

● 일제침략기 의병, 무풍으로 몰려들다

일제침략기 호남 후기의병 선구자 역할을 한 의병장은 충남 회덕(현 대전광역시 대덕구) 출신 김동신(金東臣)이다. 그는 을사늑약 직후 청양 출신 민종식(閔宗植) 의병장이 의병을 일으킬 때 의병을 모집하기 위해 전북지역으로 나왔다가 민종식 의진이 1차 홍주의병 거의에 실패하자 고향으로 돌아가지 않고, 모집한 의병을 이끌고 스스로 의병장이 되어 전남 창평 출신 고광순(高光洵) 의병장과 함께 의병투쟁에 나서자 전북 임실에서 이석용(李錫庸)·전해산(全海山), 덕유산에서 문태서·박춘실·유종환·전성범 등이 의병투쟁을 벌이게 되었는데, 무풍에서 의병을 일으킨 이가 전라북도창의소 창의대장 이장춘(李壯春, 1878~1908) 의병장이다. 원주이씨로 본명은 병렬(秉烈)이고, 장춘(壯春)은 자이며, 일명 장춘(長春)이다.

1905년 11월 17일 을사늑약의 내용 중에 '조선의 황제 아래에 일본 통감을 둔다.', '대한의 외교사무를 일본 도쿄로 옮긴다.'라는 것이 알려지자 국권회복(國權恢復)을 도모하고자 각지에서 후기의병이 일어나게 되었다. 경상도, 전라도, 충청도 사람들은 3도의 경계지역이자 이른바 '십승지지'로 알려진 무풍으로 몰려들었다. 국난을 피하기 위한 십승지지가 아니라 일본 군경의 눈을 피해 모집한 의병을 훈련하여 국권을 회복하겠다는 거룩한 뜻을 가슴에 품고 몰려든 것이었다.

일제의 기록에 의하면, 당시 의병학살전에 동원된 부대로는 일본군 수비대뿐만 아니라 헌병대, 경찰대, 조선옷 복장의 변장대가 무풍을 중심으로 사흘이 멀다 하고 의병과 전투를 벌인 기록이 있다.

> 제2변장대는 4월 11일(1908년-필자 주) 출장에 앞서 지례군(현 김천시 속면-필자 주)으로부터의 보고는 다음과 같다.
> 지금 지례 부근 폭도의 수괴는 유종한(劉宗漢: 兪宗煥-필자 주)·임수안(林遂安)·이장춘(李長春: 李壯春-필자 주)·김 승지(金承旨: 김동신-필자 주)의 4명으로 유(劉)는 지금 부하 2백여 명을 거느리고 전북 무주군 무군면(茂郡面: 무풍면-필자 주) 덕동에, 임(林)은 90여 명을 인솔하고 동군 동면 설천동에 이(李)와 김(金)의 무리는 3백여 명을 거느리고 동면 현내 식실에 숙영하고 있는 것을 탐지하였으므로 동지 수비대와 공동 토벌의 수배중인 바, 유·임 두 부대가 가진 무기는 화승총 200정, 엽총 18정, 5연발총 1정, 15연발총 1정 등으로 아직 토박이들의 말에 의하면, 적세(賊勢)는 점차 창궐의 극치를 보인다고 한다.
>
> - 국사편찬위원회, 『한국독립운동사』 자료 10권, 242쪽

1895년 10월 8일 일본 군경과 자객들에 의해 참살된 왕비의 원수를 갚기 위해 '국수보복(國讐報復)'(나라의 원수를 갚자)의 기치를 들었던 전기의병 때는 수백 명에서 1만여 명에 이르렀지만, 의병투쟁 기간이 비교적 짧고, 무기가 매우 열악한 수준이었다.

을사늑약 이후 후기의병 때는 그 규모가 수십 명에서 수백 명으로 전기의병에 비해 소규모였는데, 이처럼 덕유산·대덕산 일대에서 활약한 의병장이 이끈 의진의 규모는 비교적 규모가 컸고, 또 서로 연합하여 의병투쟁을 벌였으니, 일본 군경으로서는 상대하기가 싶지 않았다.

이 기록에 의하면, 이장춘 의진 등 4개 의진의 의병이 590명이고, 유종환·임수안 의진의 무기는 "화승총 200정, 엽총 18정, 5연발총 1정, 15연발총 1정"이라고 했으니, 일본 군경이 가장 두려워했던 포수가 상당수 참여한 것으로 추정되고, 연발총은 일본 군경이 소지했던 것을 노획하여 의진의 무기로 사용했던 것임을 알 수 있다. 게다가 "토박이들의 말에 의하면, 적세(賊勢)는 점차 창궐의 극치를 보인다."라고 한 점으로 보아 일본 군경이 의진의 활동상을 토박이들로부터 정보를 얻었는데, 의병들의 세력이 점차 왕성해지고 있음을 엿볼 수 있다.

▲ KBS 전주방송총국 '내고장 산하기행'(2011.06.22) - 의병 유적지 답사

연합의진 형성하여 의병투쟁 전개하다

이장춘 의병장은 무풍 출신으로 1906년 10월경부터 200여 명의 의진을 구성하여 덕유산과 대덕산 등지에서 노응규·문태서·유종환 등이 이끈 의진과 연합하여 의병투쟁을 전개하였다.

일제침략기 후기의병 때 경남지역의 의병은 을사늑약 직후 동궁시종관(東宮侍從官) 노응규가 광무황제의 밀명을 받고 의병을 일으키기 위해 초계(현 합천군 속면), 거창, 창녕 등지에서 의병을 모으면서 시작되었다.

그는 전기의병 때 전국 최대 규모인 1만여 명의 진주의병을 이끌면서 2개월 동안 경상우도 관찰부였던 진주부를 점령했던 의병장 출신이었다. 그는 의병해산령에 따라 의병을 해산했다가 국왕이 러시아 공사관에서 환궁하여 국호를 '대한'으로 선포하고 황제로 즉위한 직후 「지부자현소(持斧自見疏)」를 올려 광무황제로부터 우비(憂批, 상소자의 처지를 근심하는 황제의 답변)를 받은 후 부형의 묘지 1천 평과 묘전(墓田) 5백 평을 하사받기에 이르니, 노응규의 의병투쟁은 정당화되고, 안의의 서리들은 처단되었으며, 살육당한 부형의 장례를 무사히 치르게 되었다.

그는 광무황제가 전기의병장에 대하여 그 공로를 인정하여 벼슬을 내릴 때인 1902년 10월 처음으로 규장각 주사에 서임된 후 경상남도 사검 겸 독쇄관에 이어 중추원 의관(정3품)에 오르는 초고속 승진을 하고, 이어 을사늑약 때까지 차기 황제의 비서실장격인 동궁시종관의 중책을 맡았다.

▲ 충북 영동군 황간면 물한리 - 노응규·문태서·신명선·유종환·이장춘 의병장이 이끈 의병들이 의병투쟁을 벌인 곳

노응규가 거의를 위해 사직하자 광무황제는 그에게 비밀리 시찰사의 부인(符印)과 암행어사의 마패를 하사하여 그를 고무하였다. 그는 족손이자 제자인 노공일(盧公一), 거창의 전 참봉 서은구(徐殷九)와 더불어 거의를 준비하여 1906년 가을 경상도·전라도·충청도의 분기점인 충북 황간(현 영동군 속면) 상촌면 물한리 직평으

▲ 이장춘 의병장 의병투쟁지 - 전북 무주군 무풍면 현내리

로 들어가 국권회복의 기치를 높이 들었다.

그가 이끌었던 황간의진의 총병력은 알 수 없으나 빈번한 이동과 문태서·이장춘 의진과 연합했던 점으로 보아 상당한 인원수의 부대 편성이 있었고, 두 차례 일본군 척후대를 괴멸시키는 등 의병투쟁을 전개하였다.

그는 황간 주민들의 전폭적인 협조를 받아 조직적으로 의병투쟁을 전개할 수 있었으나 부왜인의 밀고로 황간의진 수뇌부가 한자리에서 체포되고 말았다. 그는 1907년 1월 21일 충북 청산경무분서에 수감되었다가 한성경무감옥서로 이감되고, 식음을 전폐한 지 2주일 만인 2월 16일(음력 1월 4일) 순국하였다.

이 소식은 거창·초계·안의 등지는 물론, 경남지방에 전해졌으나 일제와 부왜인들의 감시가 심하여 의병이 일어나지 못하고, 의병 기운만 감돌고 있었는데, 거기에 불을 붙인 것은 그해 9월, 승지 출신으로 알려진 김동신이 고광순과 더불어 지리산 자락의 안의·하동·함양 등지에 격문을 띄우자 이에 공감한 전직 관료와 유생, 해산군인, 포수 등이 의병에 참여함으로써 의병투쟁이 시작되었다. 고광순은 전기의병 때 남원·장성 등지에서 의병을 일으켜 널리 명성을 얻었던 의병장이었다.

그리하여 진주의 유종환, 거창의 차은표(車恩表), 함양의 권석도(權錫燾) 등이 김동신 의진에 참여하게 되었고, 하동의 박인환(朴仁煥)은 고광순 의진에 참여하게 되었다.

한편, 안의(현 함양군 속면) 출신 문태서는 이장춘처럼 이미 의병을 일으켜서 덕유산 일대에서 크게 활약하자 지리산·덕유산 자락에 있는 고을을 중심으로 의병에 참여하고

213

자 하는 민심이 마치 들판의 불길처럼 번져서 서부 경남지역은 물론, 덕유산·지리산에 인접한 호남까지 의병투쟁의 장으로 변했다.

유종환은 서울[40] 출신으로 무과에 급제하여 선전관을 지낸 후 진주로 이사, 의병투쟁에 나섰다. 덕유산을 배경으로 경남북과 전북지역을 넘나들면서 의병투쟁을 벌이던 유종환 의진은 1908년 4월 27일, 무풍면 마곡에서 악명 높았던 야마다(山田) 소위가 이끄는 부대와 3시간 동안 격전을 치르면서 무려 37명의 의병이 전사하고, 유종환 의병장은 크게 부상했다.

함양수비대장 전화 보고 - 4월 30일 오전 9시 17분 남원전화국 발
야마다(山田) 토벌대는 27일 오후 무풍장 동방 1리[41] 마곡(馬谷)에서 적괴 유묘한(유종환-필자 주)이 인솔하는 140명의 적을 공격하여 3시간 후 이를 궤란시켰다. 적의 사자 37명, 부상자 다수, 노획품 화승총 32정, 기타 잡품 다수.

- 국사편찬위원회, 『한국독립운동사』 자료 10권, 463쪽

함양수비대장 전화 보고 - 5월 12일 함양에서
5월 11일, 무풍장으로부터 온 그곳 사람들의 말에 의하면, 4월 27일 마곡 부근의 전투(야마다 토벌대와의 전투)에서 적괴(賊魁: 의병장-필자 주) 유종환은 머리와 오른쪽 어깨 부분에 관통 총검상을 받아서 그날 밤늦게 무풍장 남방 외진 곳에 와서 응급 구호를 하고, 다음날인 28일 이른 아침에 2, 3명의 적도(賊徒: 의병-필자 주)와 함께 어디론가 갔다고 한다.
따라서 밀정을 파견하여 조사 중이다.

- 국사편찬위원회, 『한국독립운동사』 자료 11권, 89쪽

이장춘 의진과 연합작전을 전개했던 유종환 의병장은 부상 치료를 위해 한동안 종적을 감추었다가 이듬해인 1909년 1월 충북 황간군(현 영동군 속면) 상촌면 물한리에서 일본 경찰정찰대를 물리친 후, 육남의진대장(六南義陣大將)[42]의 이름으로 각지에 격문을 띄워 의병 참여를 촉구했다.

그는 다시 경남 안의에서 문태서·전성범·박춘실 의진과 연합했고, 3월 하순부터는

---

40) 충북 황간(현 영동군 속면) 출신이라는 주장도 있다.
41) 우리나라 방식으로는 10리로 약 4km이다.
42) 육남(六南)은 경상도·전라도·충청도가 각각 남북도로 되었기 때문에 사용했던 지칭이다.

분산하여 경남 거창, 전북 용담(현 진안군 속면) 등지에서 의병투쟁을 전개했는데, 4월 25일, 오전 5시부터 경북 지례군(현 김천시 속면) 예영동 산골짜기에서 일본군과 거창경찰서 소속 경찰로 구성된 의병학살대와 교전하다 의병 4명이 전사하고 유종환도 붙잡혔다. 그는 왼쪽 가슴에 총탄이 관통하여 위독한 상태였지만 일본 군경의 심문에 조금도 굽힘이 없었다. 허리띠 속에 고이 간직하고 있던 광무황제의 밀조(密詔)가 발각되자 5년 전에 받았다고 당당히 말한 후 순국했다.

● 고향 마을에서 장렬히 전사 순국하다

일제는 수비대는 물론 경찰대, 헌병대를 총동원하여 무풍지역 핵심 의병장인 이장춘을 체포하기 위해 밤낮을 가리지 않았다.

> 지례분견대장 보고 - 4월 24일 지례에서
> 지례 서방 약 6리 현내(縣內)에 적괴(賊魁: 의병장-필자 주) 이장춘이 숨어들었다는 보고에 의하여 소대장 이하 6명은 23일 이(李)를 체포하기 위해 변장하고 출장하였으나, 이미 도주 후였으므로 직시 직산 방향으로 추적하여 엄밀히 수색하였으나 득한 바가 없이 귀환했다.
>
> - 국사편찬위원회, 『한국독립운동사』 자료 10권, 339쪽

▲ 무풍 순국 의병장 이장춘·이종성·황대연 의병장 조형물
(무풍 의병공원 - 전북 무주군 무풍면 금평리 95-1 마곡재)

일본군 헌병대였던 지례분견대장의 보고를 보면, 이장춘 의병장이 무풍면 현내리에 몰래 들어왔다는 비밀보고를 받고, 소대장 이하 6명이 변장대를 구성하여 출동하였으나 이장춘 의병장 일행은 이미 떠난 후였다는 것이다. 일본 군경이 변장대가 등장하기 시작한 것은 이 무렵부터였다.

215

일본 군경은 그들 앞잡이 일진회원을 마치 의병에 참여할 것처럼 꾸미고, 군자금을 마련해 왔다고 속여서 의진에 참여하게 하여 의진의 상황을 탐지한 다음, 의진을 탈출하여 정보를 제공하도록 하였으며, 일본 군경은 조선옷 복장으로 변장하여 의병학살을 모색했으니, 그 피해는 날로 극심하였다.

대구수비구 사령관 보고 요지 - 5월 2일 대구에서
1. 왜관수비대장 보고 요지 - 5월 1일 왜관에서
   정보에 의하면, 유 모(兪某: 유종환-필자 주)와 이장춘이 인솔하는 적단(賊團)이 안성(安城: 무주군 속면-필자 주)하여 무풍장과 거창군 방면을 배회한다. 따라서 좌와 같이 행동케 하였다.
   * 하이즈(橋津) 소대 - 29일 지례 출발, 무풍장 및 안성
   * 성주수비대 - 5월 1일 성주 출발, 가야산 수도사(修道寺)
   - 무풍장에서 행동은 각 약 1주간 예정
2. 지례분견대장 보고 4월 30일 오전 11시 - 상두곰리(上斗곰里)에서
   4월 29일 오후 6시, 지례를 출발하여 학촌(鶴村)·금척(金尺)을 경유하여 지산(池山)에 도착하였을 때, 적괴 이장춘이 인솔하는 약 70명의 폭도가 지례면 서방 5리 반에 있는 철목동(哲木洞)에 숙박하였음을 알고 30일 오전 5시 30분 철목동을 포위하고 교전한 지 약 1시간 30분 만에 이들을 서방으로 궤란(潰亂)시켰다. 이 전투에서 적의 사망자는 28명, 부상자 8명, 포로 2명이었고, 노획품으로는 화승총 15정, 창 2자루 탄약과 잡품이 다수이고, 우리에게 손해 없다.

- 국사편찬위원회, 앞의 책. 474~475쪽

일제는 문태서, 신명선, 유종환, 이장춘 등이 이끄는 의병 진압을 위해 경남북과 전북의 일본군 수비대와 경찰대, 헌병대는 물론, 특별히 별동대, 변장대까지 운영하게 되자 각 의진에서는 소규모 의진을 형성하여 신출귀몰한 작전을 구사했으나 종전처럼 지역민의 호응을 받기 어려웠다.

특히 군대 해산 후 의병에 참여한 군인들이 소지한 총의 탄환이 소진되었고, 1907년 7월 일제가 그들 앞잡이 내각과 강압적으로 체결한 한일신협약(정미칠조약)의 이면 조약 내용 중 하나인 「총포·화약류 단속법」의 실시로 인해 일반인은 물론, 사냥을 생업으로 하던 포수들마저 총기를 휴대할 수 없고, 화약을 제조할 수 없게 되자 의병이 무기 없이 일본 군경과 그들 앞잡이 밀정·일진회원·헌병보조원과 싸우게 되는 상황으로 내몰리게 되니, 의병투쟁은 날로 어려워져 갔다.

보병 제12여단사령부 수 제155호

융희 2년 5월 20일

남부수비관구 사령관 쓰네요시 다다미치(恒吉忠道)

내부경무국장 마쓰이 시게루(松井茂)

(전략)

四. 기쿠치(菊池) 대좌 보고 - 5월 18일 대구에서

(一) 대구수비구 사령관 보고 요지 - 5월 18일 대구에서

(전략)

B. 지례 무풍장 부근 토벌대장(성주수비대장) 보고 요지 - 5월 16일 오전 8시 무풍장 북방 1,500m 흑석동(黑石洞)

　가. 5월 15일 오후 1시, 지례를 출발하여 일몰을 기다려서 덕산(지례 동남방 3리)으로부터 무주군내에 진입하여 전진 중, 오후 11시경 무풍장 동방 2,000m 혁부등리(奕扶等里)의 고지에서 적의 보초 2명과 만나서 이를 죽였다.

　나. 다시 무풍장과 원촌(院村: 무풍장 북방 1,000m)에 전진하여 적괴 이장춘이 인솔하는 약 30명의 적이 흑석(黑石: 무풍장 북방 약 1,500m)에 숙박하고 있음을 정찰하여 알게 되었다. 때는 16일 오전 1시, 이에 있어서 부대의 절반으로써 적괴 이하 7명이 숙박하고 있는 가옥을 포위하고 다른 절반으로써 마을 안에 돌입하여 이를 남방으로 쾌란시켰다. 적괴 이하 7명은 포위된 가옥 안으로부터 완강히 저항하여 교전 1시간에 이르렀으나 이를 죽이지 못함으로써 부득이 해당 가옥에 방화하여 오전 3시 30분에 이들을 섬멸시켰다.

　다. 이 전투에서 적괴 이장춘·포장 정원준(鄭元俊)·교련관 마중길(馬中吉)·후군 권동식(權東式)·중군 신(愼) 아무개 외 11명을 죽이고 1명을 생포하였다. 노획품으로는 양총 1정, 화승총 13정, 군도 2자루, 탄환·화승 약간, 창의소 일기 2권, 창의소 명단 1부, 잡서류 다수, 전라북도창의대장 인장 1개, 전라북도창의소 인장 1개, 군령인(軍令印) 1개, 실인(實印) 1개, 가죽 제품의 방탄복 1개, 한국돈 1,300문, 기타 잡품 약간이 있다.

　라. 당대는 패적을 추적하여 거창군으로 향하려 한다.

- 국사편찬위원회, 『한국독립운동사』 자료 11권, 85~88쪽

　1906년 10월부터 1908년 5월까지 덕유산을 중심으로 경남북과 전북, 충북 지역에서 적게는 수십 명, 많게는 200~300명으로 구성된 의진을 이끌고 의병투쟁을 벌이다가 고향마을에서 순국한 이장춘 의병장과 그를 따르던 정원준·마중길·권동식 의병장 등 16명의 최후를 비교적 상세히 기록한 내용이다. 특히 이장춘 의진의 교련관으로 활약한 마중길 의병장은 경북 경주와 경남 거창·언양 등지에서 명성을 떨쳤던 의병장이었다.

일본군이 노획했다는 물품 가운데 '전라북도창의대장' 인장과 '전라북도창의소' 인장이 있었던 것으로 보아 이장춘 의진은 전라북도창의소란 명칭을 사용하였고, 이장춘 의병장은 전라북도창의대장으로 활약했던 것이 분명하게 드러난 것이었다.

● 포상 및 공훈록 내용과 유족의 한

정부에서는 고인의 공적을 기려 1977년 건국포장(1990년 건국훈장 애국장)을 추서하였고, 그 공적 내용을 『독립유공자공훈록』 1권에 수록하였는데, 서훈 등급도 공적에 비해 낮을 뿐만 아니라 순국 연월일이 1908년 5월 16일인데도 불구하고 1907년 11월 17일로 오기하였다. 게다가 이장춘 의병장과 함께 순국한 것으로 실명이 드러나 있는 마중길·권동식 의병장은 아직도 포상이 안 된 상태이고, 정원준 의병장은 2011년에 건국훈장 애국장이 추서되었다.

광복 이후 의병에 관한 본격적인 연구가 이루어지지 못했고, 일제의 비밀기록인 『폭도에 관한 편책』이 완간되기 전에 『적성지지』·『무주군사』·『독립운동사자료집』 별집 1권 등에 나온 내용을 바탕으로 서훈 심사를 하고, 그것으로 공적 내용을 정리했으니, 한계가 있었다는 점은 이해할 수 있으나 아직까지 바로잡지 않고 있는 점에 대하여 이장춘 의병장 증손자 이재홍(무주군청 근무)은 장탄식한다.

▲ 창의사원주이공병렬표충비
- 전북 무주군 무풍면사무소

"호남창의대장으로 널리 알려진 문태서 의병장 공훈록에 저희 증조부에 관한 내용이 있어요. '1907년 1월에 무주 부남면 고창곡에서 일본군을 습격하여 적군 40여 명을 사살, 총기 50여 정을 빼앗은 뒤 덕유산 원통사로 들어가니 강원도 원주 사람 이병렬(李秉烈: 이장춘 본명) 등 7명이 와서 무기를 제조하는 등 협조하였다.'라고 기록되어 있고, 증조부가 원주이씨인데, 원주 출신이라고 되어 있으며, 무엇보다도 증조부 공훈록에 일본군의 습격을 받고 격전을 벌이다가 순국한 것이 1908년인데도 1907년으로 기록해 놓았으니……."

이장춘 의병장의 본관은 원주이고, 그의 조상이 무풍에 자리잡은 것은 세종조부터이며, 일제강점기에는 집도 땅도 없어 덕유산 자락에서 남의집살이로 떠돌다가 광복 이후 다시 고향으로 돌아왔으니, 본적지 전북 무주군 무풍면 철목리 849번지라고 한다.

이장춘 의병장이 의병을 일으킬 때는 무풍면에서 원주이씨 수백 호가 집성촌을 이루며 자랑스러운 조상을 '세덕사'에 모시고 살았지만, 2년여 동안 의병투쟁 자금 마련에 본가는 물론이요, 집안사람들의 살림살이마저 거덜나고 말았으며, 급기야 일제강점기로 접어들자 일제와 그 앞잡이 등쌀에 도저히 살 수가 없어 대부분 고향을 등지는 바람에 현재는 20~30호에 불과하다고 말하면서,

"선친은 증조부님께서 왜적과 싸운 기록을 찾기 위해 무진 애를 쓰시다가 돌아가셨는데, 이 내용을 아셨더라면, 얼마나 기뻐하셨을지……."

하며 몇 년 전에 77세로 별세한 선친 이광섭 옹을 떠올리며 눈시울을 붉혔다.

필자는 1992년 이장춘 의병장 손자를 찾아뵌 적이 있었다. 당시 무풍면사무소 고용직 공무원이었던 당신은 조부의 행적에 관한 제대로 된 기록물을 소장하지 못함에 대하여 오히려 미안해하던 모습이 아직도 생생하다.

▲ KBS 방송 '내고장 산하기행'에서 이장춘 의병장과 일제침략기 후손들의 간고한 삶을 소개하는 증손자 이재홍(무주군청 근무)

필자는 그날 돌아오면서 중얼거렸던 말을 떠올려 보았다.

'목숨 바친 의병장, 의병장이 살던 집마저 불태웠는데, 그 후손더러 무엇을 찾아내란 말인가? 의병장 후손이 의병연구가라도 된다는 말인가? 마땅히 정부가 발 벗고 나서야 한다.'

나라와 겨레를 위해 재산은 물론, 목숨마저 기꺼이 바친 의병장의 숭고한 공적은 유방백세(流芳百世, 꽃다운 이름이 후세에 길이 전함) 하리라!

▲ 이장춘 의병장 묘 - 전북 무주군 무풍면 철목리

13. 선전관 출신 육남소모대장 유종환 의병장

● 일제침략기 후기의병 경남 서부지역 의병

일제침략기 후기의병 초기 경남 서부지역 의병은 을사늑약 직후 동궁시종관(東宮侍從官) 노응규(盧應奎)가 광무황제의 밀명을 받고 거의를 위해 초계(현 합천군 속면)로 내려와서 초계·거창·안의(현 함양군 속면)·창녕 등지의 의병을 모으면서 시작되었다.

그는 광무황제가 전기의병장에 대하여 그 공로를 인정하여 벼슬을 내릴 때 규장각 주사로 서임된 후 경상남도 사검 겸 독쇄관에 이어 중추원 의관에 올라 정3품이 되는 초고속 승진을 하고, 이어 을사늑약 때까지 황태자 비서관인 동궁시종관의 중책을 맡았다.

을사늑약이 체결되자 되자, 노응규는 거의를 위해 사직하고 초계로 내려갈 때 광무황제는 그에게 비밀리 시찰사의 부인(符印)과 암행어사의 마패를 하사하여 그를 고무하였

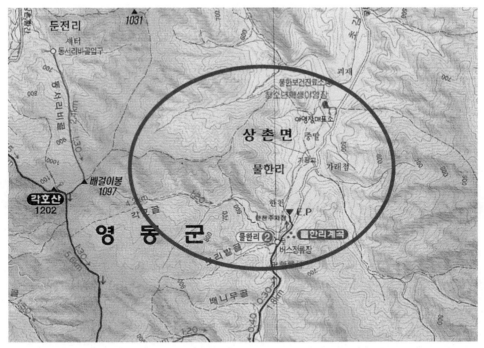

▲ 노응규·문태서·유종환·이장춘 의진 활약지, 영동군 상촌면 일대

다. 그는 족손이자 제자인 노공일(盧公一), 거창의 전 참봉 서은구(徐殷九)와 더불어 거의를 준비하여 1906년 가을 경상도·전라도·충청도의 분기점인 충북 황간(현 영동군 속면) 상촌면 물한리 직평으로 들어가서 총기와 화약을 모아 무장하고 장차 한성으로 진격하여 통감부를 쳐부수고 국권을 회복하려는 웅대한 포부 아래 의병투쟁을 도모하였다.

그가 이끌었던 황간의진의 규모는 알 수 없으나 빈번한 이동과 다른 의진과의 합류 등으로 보아 상당한 인원수의 부대 편성이 있었고, 두 차례 일본군 척후대를 괴멸시켰으며, 문태서·이장춘의진과 연합하여 의병투쟁을 꾀하였다. 그는 황간 주민들의 전폭적인 협조를 받아 조직적으로 의병투쟁을 전개할 수 있는 바탕을 만들었지만, 부왜인의 밀고에 의해 황간의진 수뇌부가 한자리에서 체포되고 말았다. 그는 1907년 1월 21일 충북 청산 경무분서에 수감되었다가 한성경무감옥서로 이감되고, 식음을 전폐한 지 2주일 만인 2월 16일(음력 1월 4일) 순국하고 말았다.

이 소식은 거창, 안의, 초계 등지는 물론, 경남 서부지역에 전해졌지만 일제와 그 앞잡이들의 감시가 심하여 의병이 일어나지 못하고 의병이 일어날 기운만 감돌고 있었는데, 거기에 불을 붙인 것은 그해 9월, 승지 출신으로 알려졌던 김동신(金東臣) 의병장이 고광순(高光洵) 의병장과 더불어 지리산 자락의 안의, 하동, 함양 등지에 격문을 띄우자 이에 공감한

221

전직 관료와 유생, 해산 군인, 포수 등이 의병에 참여함으로써 의병투쟁이 시작되었다.

　그리하여 진주에 살던 전 선전관 유종환(兪宗煥), 거창의 차은표(車恩表), 함양의 권석도(權錫燾) 등이 안의로 달려가서 김동신 의진에 참여하게 되었고, 하동의 박인환(朴仁煥)은 고광순 의진에 참여하게 되었으며, 안의 출신 문태수는 이미 덕유산 일대에서 크게 활약하자 지리산·덕유산 자락의 서부 경남의 각 고을에는 의병에 참여하고자 하는 민심이 마치 들판의 불길처럼 번져 나갔다.

●『독립운동사』·『독립유공자공훈록』기록

『독립운동사』 1권에는 유종환 의병장 공적을 이렇게 기술해 놓았다.

> 유종환(兪鍾煥: 兪宗煥-필자 주)은 진주에 살았는데, 1907년 9월 김동신(金東臣)과 거의를 의논한 후 그의 선봉이 되어 활약하다가 그 후 안의군 월성(月城) 싸움을 계기로 김동신 의병부대와 헤어진 후 독립 의병부대를 형성하게 되었다.
> 그 후 의병장 유종환은 의병 13명을 거느리고 전북 무주, 충청도 황간(현 영동군 속면-필자 주)·영동 등지로 다니면서 의병을 소모하고 군기를 모은 후, 전북 무주군 안성(安城)에 둔치하였다가 4월 중순 전경(全慶) 양도의 경계인 대덕산록(大德山麓)에서 함안 일본군 수비대와 격전을 벌였다.
> 그 후 1908년 2월 초순 황간군에 사는 김진규(金辰奎)의 주선으로 다시 의병을 소모하고 군기를 모은 후 무주·안의·장수 등지에서 활약하였다.
> 그 후 전성범(全聖範)과 다시 손을 잡아 의병과 무기를 보강한 후 이와 힘을 합하여 용담(현 진안군 속면)·금산·영동 등지에서 활약하였다. 전성범과 손을 끊은 후는 영동·무주·거창 등지에서 위세를 떨쳐 활약하다가 4월 25일 신방소(新芳所)(거창 동북 약 50리)에서 일군과 싸워 총상을 입고 체포되어 순국하였다.
>
> - 독립운동사편찬위원회,『독립운동사』 1권, 619쪽

『독립유공자공훈록』에는『독립운동사』 1권의 내용을 정리하고, 유종환 의병장이 1907년 9월 김동신 의진의 비장으로 활약하다가 김동신 의병장이 피체된 후 전성범 의병장과 함께 의병을 이끌다가 순국한 공로를 기리기 위해 건국훈장 애국장을 추서했다는 내용이다.

● 유종환 의병장의 삶과 의병투쟁

유종환(1859~1909) 의병장은 서울 출신으로 무과에 급제하여 29세부터 32세까지 선전
관을 지냈다. 그가 벼슬길에 나아갔던 기록 일부가 『승정원일기』에 나온다.

오준영이 병조의 말로 아뢰기를,
"선전관 백낙현, 오위장 이종우·이회열·유종환(兪宗煥)·홍영보·이병하·왕은주,
조사오위장 정한조, 충장위장 이충려, 경희궁 위장 이희원·김기영, 문신 겸 선전관
이용직·홍승헌이 모두 신병으로 직임을 살피기 어렵다고 정장하여 체직을 청하였
으니, 모두 개차하는 것이 어떻겠습니까?"
하니, 윤허한다고 전교하였다.

- 『승정원일기』, 1880년 5월 12일

훈련원 주부 가설에 강용건, 김인배, 서한순, 조희준을 단부하고, 부장 가설에 유종
환(兪宗煥), 박시권, 최병복, 유최정, 이민수, 방영중, 이언백, 김찬복, 박용관을 단부
하였다.

- 『승정원일기』, 1887년 2월 18일

그는 1902년 이후 일제와 그 앞잡이 세력에 의해 군대를 점차 축소하면서 국방이 위태
로워지는 것을 안타깝게 생각하여 벼슬을 버리고 충청북도 황간으로 들어가서 국권회복
을 꾀하다가 진주로 이주하여 살았다.

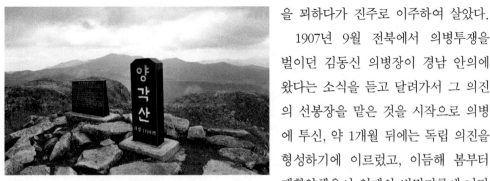

1907년 9월 전북에서 의병투쟁을
벌이던 김동신 의병장이 경남 안의에
왔다는 소식을 듣고 달려가서 그 의진
의 선봉장을 맡은 것을 시작으로 의병
에 투신, 약 1개월 뒤에는 독립 의진을
형성하기에 이르렀고, 이듬해 봄부터
맹활약했음이 일제의 비밀기록에 나타
난다.

▲ 유종환 의진 활약지 양각산
- 경남 거창군 가북면·웅양면 소재

223

제2변장대는 (1908년-필자 주) 4월 11일자 출장에 앞서 지례군(현 경북 김천시 속
면-필자 주)으로부터의 보고는 다음과 같다.
지금 지례 부근 폭도의 수괴는 유종한(劉宗漢: 유종환兪宗煥-필자 주)·임수안(林遂
安)·이장춘(李長春)·김 승지(金承旨: 김동신-필자 주)의 4명으로 유(劉: 兪-필자
주)는 지금 부하 2백여 명을 거느리고 전북 무주군 무군면(茂郡面: 무풍면-필자 주)
덕동에, 임(林)은 90여 명을 인솔하고 동면(同面) 설천동에, 이(李)와 김(金)의 무리
는 3백여 명을 거느리고 동면 현내 숙실에 숙영하고 있는 것을 탐지하였으므로 그곳
수비대와 공동 토벌의 수배 중인 바, 유·임 두 부대가 가진 무기는 화승총 200정,
엽총 18정, 5연발총 1정, 15연발총 1정 등으로 아직 토박이 사람들의 말에 의하면
적세는 점차 창궐의 극치를 보인다고 한다.

- 국사편찬위원회, 『한국독립운동사』 자료 10권, 242쪽

덕유산과 대덕산을 배경으로 의병투쟁을 벌이던 유종환 의진은 이처럼 규모가 크고,
다른 의진과 연합한 경우가 많았다. 무기는 여느 의진처럼 화승총·엽총이 대부분이지만
15연발총을 가졌다는 것은 극히 드문 사례이다. 그렇지만 신식무기로 무장한 일본 군경
에 견줄 수 없었다.

경남북과 전북지역을 넘나들면서 의병투쟁을 벌이던 유종환 의진은 1908년 4월 27일,
전북 무주군 무풍면 마곡에서 악명 높은 야마다(山田) 소위가 이끄는 부대와 3시간 동안
격전을 치른다. 이 전투에서 무려 37명의 의병이 전사하고, 유 의병장은 머리 관통상과
오른쪽 어깨 총상으로 응급치료를 한 후, 겨우 그곳을 빠져나갈 수 있었다.

크게 부상하여 한동안 종적을 감추었던 유 의병장이 이듬해 그 모습을 드러냈다. 1909
년 1월 14일, 충북 영동군 상촌면 물한리에서 일본 경찰 정찰대를 통쾌하게 물리친 유
의병장은 육남(경상도·전라도·충청도를 남북도로 나눠 사용했던 호칭) 소모대장 이름
으로 수차례 각지에 격문을 띄워 의병 참여를 촉구하였다.

「육남소모대장 유종환은 울면서 대한의 여러분에게 고하노라.」

아, 통탄스럽다! (중략)
언덕에 타는 불이 얼마 안 되어 자신에게 닥칠 것인데, 그것을 제지할 생각은 하지
않고 앉아서 요행만을 바랄 수 있겠는가? 또한 구릉을 덮친 물이 오래지 않아 자신

을 삼킬 것인데, 이를 막을 것은 생각지 않고 앉아서 벗어나기만을 기다릴 수 있겠는가? 이것은 지혜 있는 자가 아니더라도 꼭 될 수 없다는 것을 알 것이다. 현재 우리들이 당하고 있는 형편이 이것과 어찌 다르겠는가? 혹여 죽기로 마음먹고 일어섰더라도 죽지 않는 이치가 있는 것이며, 살길을 구하여 앉아 있더라도 꼭 산다는 이치는 없는 것이다.

삼가 바라노니, 모든 사람은 각기 처한 바에 따라 이런 뜻을 상하에 고하고 좌우에 알아듣게 타이르라. 그리하여 마음과 힘을 하나로 뭉쳐 대사를 함께 도모하여 죽음 속에서 살길을 구하는 터전이 되도록 한다면 매우 다행이겠다.

기유년 2월.

─ 국사편찬위원회, 『통감부문서』 9권, 5.「폭도격문」제4집

일제는 유 의병장을 붙잡기 위해 군경과 헌병대, 부왜인으로 구성된 변장대를 운용하여 그의 의진이 활약하던 지역을 샅샅이 수색하기에 이르렀다.

마침내 1909년 4월 23일 새벽 3시, 유종환 의진이 거창군 웅양면 어인동에서 식사를 한 후 거창읍 방면으로 향했는데, 24일 오후 거창 경찰대의 기습을 받게 되어 거창군 가북면 신방소 방면으로 이동하자 거창 경찰대·수비대의 협공을 받게 되었다.

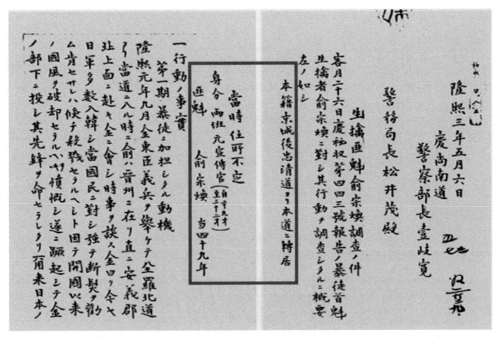

▲ 전 선전관 유종환 의병장 피체 기록(『폭도에 관한 편책』, 1909.05.06)

수색대 일행은 철야 25일 오전 4시 반 거창군 서하면(현 함양군 속면-필자 주) 수자동에 도착한바, 적단 24명이 양각산(兩角山) 계곡 동쪽으로 도주함을 우회하여 직시 이를 추적, 5시부터 저격을 교환하면서 드디어 경상북도 지례군(현 김천시 속면-필자 주) 예영동(禮永洞) 산골짜기 가운데에 포위하고 약 3시간 전투 중, 적 4명을 죽이고, 수괴 유종환 이하 9명을 포로로 하고, 총 4정, 화약, 기타 잡품 다수를 노획하였다.

- 국사편찬위원회, 『한국독립운동사』 자료 14권, 82쪽

● 순국과 허리띠 속의 광무황제 비밀조칙

유종환 의진은 이틀 동안 잠도 자지 못한 채 일본 군경의 추격을 받아 결국 경북 김천 대덕산 골짜기에 포위되어 3시간 격전 끝에 4명이 전사하고, 유 의병장은 입으로부터 머리 뒷부분으로 총탄이 관통되는 중상을 입은 채 부상한 의병 8명과 함께 피체되었다.

본적: 경성. 후에 충청도로부터 경상남도로 이주. 현재 주소 불명
신분: 양반. 전 선전관(29세부터 32세까지). 비괴(匪魁) 유종환(당 49세)

- 국사편찬위원회, 앞의 책. 335쪽

유 의병장은 일본 군경의 신문에서 김동신 의진에 참여하게 된 과정과 전성범(全聖範) 의진과 연합하여 의병활동을 벌인 것도 당당히 밝혔다. 유 의병장은 질문에 "단정한 얼굴빛과 우렁찬 목소리"로 응했고, "중상의 몸인데도 고통을 잊은 것 같았다."라고 기록되어 있다.

몸수색 과정에 허리띠 속에서 광무황제가 보낸 밀조가 발견되었다. 그를 육남(六南)의 소모장으로 제수하니, 훈척부터 농부에 이르기까지 의병을 일으켜서 종묘사직을 지키라는 내용이다. 그는 충남 홍주에서 경성(한성)에 사는 민조식(閔早植)으로부터 받았고, 그 당시 그것을 받은 자는 노병원(盧丙元)과 노창주(盧昌州) 등 3인이라고 진술하였다.

皇帝曙指誓血謹遺六南召募將兪宗煥密諭于我勳咸古家世臣大吏山林宿德畎畝純農嗚呼朕沖年郞祚不以德義爲務宴饗逸豫是事内則女謁專盛爵傾殘入域剝割兆民自底天罰仇隣幸朕悖德文伐武服使威射毒歎以琉球波蘭易我逆臣逆民陰助陽和山林川澤貢賦圖籍非復國家舊物朕是齒囚一獨夫雖悔曷追今澆有衆俔俔朕德欲與偕凶汝祖父相我先王田宅我州縣堙域我山林欲傳無窮且父雖不慈子不可以不孝則汝不可仇朕且汝雖忘國奈

汝祖先嗚呼天有悔禍時國無常丕運朕若痛改前行天何
必厚彼薄我竊聞法曰知彼知己百戰百勝且曰夏不南侵
冬不北赴以順不時令蠢彼島夷妄動四十年死己四百萬
朔風萬里無名興師結怨俄人且損七十二萬衆屯住我場
不過五千以我三千里疆域二千萬民夫聲氣相應咸盡死
力何憂不捷但恨朕德失常言路永塞忠直無勸若洪在鶴
白樂觀以直殺身徐相烈趙東奭以忠滅性朝無旋閭家無
褒贈儔欲爲朕致死凶彼島夷志在易種舟發輪車運移我
民夫思愼海中朕雖自取汝民何罪碩果不剝潛雷必天地
長夜三百年新曉旭不遠勿以前日視朕父詔其子先率其
弟並赴國亂死中求生人人家家且宗社有賴朕不食言
丙午 正月 二十二日 夜子初刻 特宣 密詔

- 국사편찬위원회, 앞의 책. 339쪽

▲ 유종환 의병장이 받은 광무
황제의 비밀조칙 사본(『폭도
에 관한 편책』, 1909.05.06)

🌑 일제침략기 국왕·황제의 비밀조칙

일제침략기 의병투쟁 때 국왕·황제의 비밀조칙은 몇 가지 유형이 있다. 전기의병 때
는 수취인이 특정되지 않았거나 불분명하고, 그 내용은 일제에 의해 종묘사직이 풍전등
화와 같은 처지이니, 의병을 일으키라는 내용이다.

> 왜적이 대궐을 침범하여 국가의 안위(安危)가 조석에 박두했으니 모쪼록 힘을 다해
> 토벌하라. 경(卿) 등의 자손에게 의당 후한 녹을 내릴 것이다. 김병시(金炳始)로 삼
> 남창의도지휘사(三南倡義都指揮使)를 삼고, 계궁량(桂宮亮)으로 목인관(木印官)을
> 삼아 장차 목인을 선포(宣布)키로 한다. 경기도는 순의군(殉義軍)이라 하고, 충청도
> 는 충의군(忠義軍)이라 하고, 영남은 장의군(仗義軍)이라 하여 8도에 반포하노니, 8
> 도 각 고을은 모두 호응하여 창의하기 바란다.

- 독립운동사편찬위원회, 『독립운동사자료집』 1권, 588쪽

227

경기도 연합의진을 이끌고 남한산성을 점령한 김하락(金河洛) 의병장이 남긴 「정토일록」 1896년 1월 27일(음력 12월 13일)에 실린 것으로써 "임금의 애통하신 조칙인데, 그 대강은 이렇다."라고 하였다.

그해 2월 20일 당시 경상우도 관찰부가 있던 진주성을 점령하고 있던 노응규 의병장에게 온 밀조의 내용은 그 일부만 기록되어 있어 전체의 모습은 알 수 없으나 상당한 차이가 있다.

> 의장(義將: 노응규-필자 주)은 이 소식[43]을 듣고 크게 화를 내었다. 1월 18일(양력 3월 1일) 군사들이 자세를 가다듬은 가운데 밀지(密旨)를 봉독, 고유(告諭)한 다음 효수했다.
>
> ─ 국사편찬위원회, 『주한일본공사관기록』 5권, 36쪽

노응규 의병장이 받은 밀지는 "짐은 남녘 별궁(別宮: 러시아 공사관-필자 주)에 나아가 있으니, 3도에 48진을 만들라."라는 내용으로 요약된 기술로 되어 있어 수취인이 불분명하지만 국왕이 아관파천 직후 보낸 것으로써 아관파천 이전 경기도 연합의진에 의병거의를 독려한 내용과 차이가 있다.

춘천의진의 이경응(李景應) 의병장이 관동의진을 이끈 민용호(閔龍鎬) 의병장에게 구원병을 요청하면서 보낸 밀조는 2월 22일에 온 것이었지만, 경기 연합의진에 보낸 것과 동일한 내용이었다. 그리고 이춘영(李春永) 의병장이 의병 증모를 위해 경기도 방면으로 나갔다가 국왕의 밀지를 구득하여 유인석(柳麟錫) 의병장에게 올렸다는 기록은 있으나 그 구체적인 내용이 드러나지 않았지만 대동소이한 것으로 추정한다.

의병해산령 이후 호남의병을 일으켰던 기우만(奇宇萬) 의병장이 남긴 『송사집』에 "주상전하로부터 밀조가 나와 내외로 하여금 의병을 일으키게 하여 각도 의병에 군호(軍號)를 내려 주고"라는 구절로 보아 경기 연합의진에 보낸 것이 간접적으로 전해졌던 것으로 추정한다.

후기의병 때는 일제와 그 앞잡이들이 궁중에도 들끓어 광무황제는 비밀리 의병 거의를 독려할 수밖에 없었다. 을사늑약 직후 경남지역 의병 거의를 위해 전기의병 때 진주의병장으로 2개월 동안 경남지역을 의병천하로 만들었던 노응규에게 비밀리 시찰사의 부인

---

43) 진주부 참서관 오현익이 지녔던 서찰로 기녀의 옷장 속에서 진주부 경무관 김세진이 대구부에 구원병을 요청하는 서찰과 자신이 동래관찰사 지석영에게 일본군 지원을 요청하는 서찰이 발각되었다는 소식. '노응규 의병장' 편 참조

(符印)과 암행어사의 마패를 하사하여 거의를 고무시켰고, 경북지역 의병 거의를 위해 시종관과 도찰사를 역임한 정환직(鄭煥直)을 불러 의병을 일으킬 것을 암시하는 담화를 나눈 것이 드러나고 있고, 비밀리 칙령을 만들어 내관을 통하여 각지에 보낸 것도 있는데, 이를 시기별로 살펴보기로 한다.

> 아! 원통하다. 나는 죄악이 커서 하늘이 돕지 않으니 백성이 도탄에 빠졌다. 이 때문에 강한 이웃 나라가 틈을 노리고 역신(逆臣)이 권세를 우롱하니 4천 년 예의의 나라가 나의 대에 와서 하루아침에 견양(犬羊)의 지역이 되었다. 나는 무슨 낯으로 성묘(聖廟)를 뵈옵는단 말이냐.
> 오직 내 한 목숨은 족히 아까울 것 없으나 종묘사직과 백성을 위하여 이와 같이 애통하는 '밀조'를 내려 전 참정 최익현(崔益鉉)으로 도체찰사를 삼아 7로에 보내는 것이다. 호서는 충의군으로, 호남은 장의군으로, 영남은 분의군으로, 관서는 용의군으로, 관동은 강의군으로, 해서는 호의군으로, 관북을 웅의군으로 하여 각기 의기를 세우고 양가의 자제들은 모두 소모관으로 등용하라. 그리고 각 군중의 인장은 모두 자유로 새겨 쓰고 관찰사나 군수로서 명령에 복종하지 않는 자 있으면 우선 파직처분을 내리며, 모두 마음을 단합해서 나가라. 경기 1도는 내가 그 군사와 더불어 사직을 위해 순사하려는 것이다. 쇄서(璽書)를 비밀히 내리는 것이니 짐작하라.
> 을사 11월 22일 밤 발급한다. 경기도 민경식(閔景植) 민병한(閔炳漢) 이정래(李正來) 민형식(閔衡植)
>
> — 독립운동사편찬위원회, 『독립운동사자료집』 2권, 588쪽

이것은 을사늑약 직후에 나온 것인데, 1907년부터 1909년까지 주로 전남 서남부 지역에서 크게 활약했던 심남일(沈南一) 의병장의 『심남일실기』 「부록」에 실려 있다.

형식은 전기의병 때 경기도 연합의진에 보내졌던 것과 유사한데, 최익현을 도체찰사로 삼아 전국 7로에 보낸다는 것이니, 밀조를 받아 간직해야 할 자가 최익현이어야 정상이고, 아니면, 의병 거의를 고무하려는 격문 성격으로 봐야 한다는 점이다. 최익현의 벼슬을 '전 참정(參政)'이라 했으나 그는 의정부 '찬정(贊政)'을 지냈고, 당시에는 궁내부 특진관이었기에 밀칙에 직책을 틀리게 썼다는 것은 이해하기 어렵다.

이것이 어떠한 경로를 통하여 심남일 의병장에게 전달되었는지는 알 수가 없으나 당시 호남의 거유였던 후석(後石) 오준선(吳駿善)이 후대에 쓴 「의병장심남일전」에도 밀조를 언급하고 있는 점은 연구해야 할 과제라고 본다.

그리고 글로써 비밀조칙을 내리는 경우와 달리 말로써 한 경우도 있었다. 을사늑약으

로 나라가 풍전등화와 같은 1905년 12월 어느 날 광무황제는 전 도찰사이자 중추원 의관 정환직(鄭煥直)을 불렀다.

> 전 도찰사 정환직이 어전에 배알하니 황제께서 오열하시면서 정환직에게 말씀하시기를,
> 경(卿)이 화천지수(和泉之水)를 아는가?
> "아옵나이다."
> "짐망(朕望)이라."
> 두 글자로써 칙명하시다.
>
> - 독립운동사편찬위원회, 독립운동사자료집 3권, 947쪽

고사성어 화천지수(華泉之水)는 중국 춘추전국시대 제(齊)의 경공(頃公)이 적에게 붙잡힐 지경에 처했을 때, 거우장(車右將) 봉축부(逢丑父)가 경공과 서로 의관(衣冠)을 바꾸니 왕과 신하의 모습이 바뀌게 되었다. 잠시 뒤 적병이 경공의 수레를 에워싸니 봉축부는 마부의 모습으로 변장한 경공에게 말하기를,

"짐이 목이 마르니 화천에 가서 맑은 물을 떠 오너라!"

라는 말을 했다. 적병은 경공이 수레를 타고 있으면서 명령을 내리자 아무런 의심 없이 마부에게 물을 떠 오게 했는데, 마부 복장을 한 경공은 이 기회를 이용하여 포위망을 뚫고 달아날 수 있었고, 왕으로 꾸민 봉축부는 죽음을 당한 고사였으니, 광무황제는 나라를 위해 살신성인하라는 뜻을 보인 것이었다.

1907년 7월 11일 궁내부 특진관 심상훈(沈相薰)이 광무황제의 칙령을 이강년(李康秊) 의병장에게 가지고 왔다. 심상훈은 대신 출신이면서 광무황제의 이종사촌 동생으로 이것을 몰래 전하고 돌아간 후 8월 7일 급사했다.

> 勅令
>
> 嗚呼 予罪大惡盈 皇天不佑 由是强鄰覬覦 逆臣弄權 四千年宗社 三千里疆土 一朝爲犬羊之域 惟予一縷之命 猶不足惜 惟念宗社生靈 玆以哀痛 以宣傳李康秊 爲都體察使 勸送七路 以良家才子 各立義兵 拜爲召募官 刻印符從事矣 若有不從命者 觀察守令 先斬罷出而處分 畿堡一縷 殉於社稷 璽書密下 以此知悉擧行事
> 光武十一年七月 日 御璽
>
> 아! 나의 죄가 크고 악이 충만하여 황천이 돌보지 않으시니, 이로 말미암아 강한 이

웃이 틈을 엿보고 역적 신하가 권세를 농락하여 4천 년을 내린 종묘사직과 3천리 넓은 강토가 하루아침에 오랑캐 지역이 되었도다. 생각하면 나의 실낱같은 목숨이야 아까울 것이 없으나 종묘사직과 만백성을 생각하니 이것이 애통하도다.

선전관 이강년으로 도체찰사를 삼아 지방 7로에 보내니 양가의 재주 있는 자제들로 각각 의병을 일으키게 하며, 소모장을 임명하되 인장과 병부(兵符)를 새겨서 쓰도록 하라. 만일 명을 좇지 않는 자가 있으면 관찰사와 수령들을 먼저 베이고 파직하여 내쫓을 것이며, 오직 경기 진영의 군사는 나와 함께 사직에 순절할 것이다.

— 독립운동사편찬위원회, 『독립운동사자료집』 1권, 223~224쪽

1907년 여름 관동창의대장으로 활약하던 이인영(李麟榮) 의병장은 그해 겨울에는 13도창의대진 총대장으로서 서울진공에 나섰는데, 특이하게도 광무황제와 융희황제로부터 각 1차례씩 밀조를 받은 것으로 추정한다.

『통감부문서』 8권 「이인영진술조서」를 살펴보면, 1차는 허위(許蔿) 의병장이 1908년 6월 11일 붙잡혀 일본군의 심문을 받았는데, 이인영 의병장이 13도창의대진을 형성하기 위해 전국에 통문을 보낼 때 "조칙이 내려졌으므로 전국에 통문을 보내달라"고 말한 대목인데, 이것은 시기와 성격상 거의를 격려하는 광무황제의 비밀조칙으로 보인다.

문: 허위(許蔿)의 말에 따르면, 이인영(李麟榮)이 김명성(金明成)을 사자(使者)로 허위에게 보내어 이번에 이인영에게 조칙(詔勅)이 내려졌으므로 전국에 통문을 보내달라고 말하였다고 하는데 어떤가?

답: 허위는 원래 알고 있었지만 그런 적은 없습니다.

(중략)

결론: 1907년 8월 그(이인영-필자 주)는 3진의 장(將)으로 8도에 격문을 보내 병사를 소집하고 정부 백관의 죄악을 헤아려 통감 및 각국 총영사에게 글을 보내 일본이 전약(前約: 시모노세키조약-필자 주)을 어기는 행위가 있음을 호소하였음.

2차는 허위 의병장이 1908년 10월 21일 순국하였고, 이인영 의병장은 1909년 6월 7일 붙잡혀 6월 19일부터 21일까지 3차례 신문을 받는 과정에서 조칙을 가져온 사자(使者)는 13도창의대진 각 대장에게 벼슬을 주겠다는 내용을 담은 융희황제의 조칙이었다고 대답하였다. 이것은 일제와 그 앞잡이 내각이 의병장을 회유하기 위해 융희황제의 재가를 받은 일종의 회유 조칙이었던 것으로 추정한다.

문: 대전(大田)에서 진술한 바에 따르면, 어떤 사람이 조칙을 가지고 온 것을 수취하
   지 않았다고 하였는데 어떤가?

답: 조칙을 가지고 왔지만 수취하지 않았습니다.

문: 그 내용이 관직에 들라는 것인지, 또는 창의(倡義)하라는 조칙인지, 양자 어느
   쪽이든 개봉하지 않고서는 판명할 수 없는 것이 아닌가?

답: 내용은 알지 못합니다. 사자(使者)가 말하니까 믿었던 것입니다. 그 조칙은 저 한
   사람 앞으로 온 것이 아니라 각 대장에게 건네라는 칙명이었다고 말하였습니다.

문: 그 조칙이라는 것은 재작년(1907년-필자 주) 11월 지참하였다고 하는데 전 황제
   의 조칙이라고 하였는가, 아니면 현 황제의 조칙이라고 하며 가지고 왔는가?

답: 새 황제의 조칙이라고 하였습니다. 전 황제가 아닙니다.

전해산(全海山) 의병장이 전북에서 전남으로 내려가서 조경환(曺京煥) 의진에 참여하
면서 오성술(吳聖述) 의병장과 광주, 나주 등지에서 거의를 모색하고 있을 때 1908년 8월
어느 날, 7척의 헌헌장부(軒軒丈夫)가 수십 명의 해산군인을 데리고 와서 광무황제의 비
밀조칙을 전하며 의병장에 오르라고 하였다.

불초 소자가 남쪽으로 온 지 한 달이 지났사온데, 얼마 전에 한양사람 정원집(鄭元
執)이 가져온 밀조(密詔)를 봉독하고 황공함을 이기지 못하였습니다.

- 이태룡, 『호남의병장 전해산』(하). 63쪽

정원집은 시위대 참위 출신으로 일찍이 을사늑약을 규탄하다가 국사범(國事犯)으로 몰
려 전남 지도(智島)에 유배되었다가 유배지를 이탈하여 허리띠에 숨겨 왔던 밀조를 전달
했던 것으로 전해산 의병장이 부친에게 보낸 서신 「상 친정(上親庭)」에 실려 있다. 밀조의
내용이 구체적으로 드러나지 않았지만, 광무황제가 전남 지도로 유배를 떠나는 시위대
참위에게 밀조를 주었고, 그가 유배지를 탈출하여 당시 의병장으로 활약하던 명망가도
많았는데도 전해산에게 이를 전달한 것으로 보아 이강년·유종환 의병장처럼 특정인에게
보낸 밀조였을 가능성이 크다고 본다.

일제는 의병장이 소지한 비밀조칙을 "의조밀칙(擬造密勅)"이라 한 것은 황제가 비밀리
의병을 지지한다는 사실과 고관 출신, 명망가의 의병 참여 사실을 숨기고, 의병을 단순한
'폭도'의 무리로 폄훼하려고 했기 때문이었다.

광무황제는 전·후기 호남에서 의병을 일으킨 고광순(高光洵) 의병장, 선전관 출신 이
강년(李康秊)·유종환 의병장에게 각각 도체찰사와 육남소모장으로 제수한 것인데, 밀조

에 직책과 이름이 분명하게 드러나 있고, 그것을 본인이 받은 사실이 드러난 것은 현재까지 서너 명뿐이니, 매우 드문 사례라고 할 수 있다.

유종환은 적게는 20여 명, 많게는 수백 명으로 된 연합의진을 형성하여 경상남북도·전라남북도·충청북도 경계 지역에서 2년여 동안 의병투쟁을 전개하다가 전사 순국한 선전관 출신 의병장이었다.

14. 남원성 점령했던 양한규 의병장

1907년 2월 12일(음력 12월 30일) 양한규(梁漢奎) 의진은 전북 남원성을 점령하였다. 양한규는 남원 출신으로서 풍신이 좋고 힘이 세며 빈곤한 사람을 구제하는 일을 좋아하여 일찍부터 신망이 두터웠다.

1882년 임오군란 소식을 들은 그는 남원부사 심의두(沈宜斗)에게 군사 300명을 거느리고 상경하여 난군 토벌을 도모했으나 심의두의 만류로 뜻을 이루지 못했지만 이러한 그의 행적이 뒤늦게 조정에 알려지게 되어 벼슬에 나가게 되었다.

▲ 남원부의 옛 이름 '대방고부'(대방부) 문루(1908)

병비에, (중략) 부사과에 장승원(張承遠)·박기양(朴箕陽)·최백수(崔白壽)·양한규 (梁漢奎)·이창의(李昌儀), 이상을 모두 단부하였다.

- 『승정원일기』, 1891년 7월 20일

그는 1891년 7월 선략장군 부사과(宣略將軍副司果), 이듬해 통훈대부 초계군사(草溪郡事) 겸 내금위장(內禁衛將)에 제수되고, 이어 통정대부에 가자(加資)되었으나 사양하였다.

그는 의기가 있고 애국심이 강하였기 때문에, 기울어져만 가는 국가 형편에 대하여 비분강개하며 지냈는데, 1905년 을사늑약에 통감부가 설치되는 것을 본 그는 드디어 의병을 일으켜 적을 토벌하고 국권을 회복할 것을 결심하고, 널리 우국지사들과 연락하여 군사를 모으니 영호남에서 호응하는 사람들이 1천여 명을 헤아리게 되었다.

그는 원근의 우국지사들과 협의하여 1907년 2월 12일(음력 12월 30일)을 기하여 일제히 집합, 남원성을 진격하기로 정하니, 이것은 남원 진위대의 장병이 설날을 기하여 휴가를 가고 성내의 병력이 적은 틈을 타서 성을 점령하고 무기를 접수하기 위함이었다는 내용이 『기려수필』에 기록되어 있다.

梁漢奎 字 文贊, 梁爲南原著姓, (중략) 太皇 十九年 壬午 聞有軍變, 稟于府使沈宜斗, 將欲募丁壯三百, 直赴京討亂軍, 沈沮之不果, 二十八年 辛卯 爲宣略將軍副司果, 翌年 壬辰 陞通訓大夫 草溪郡事 兼 內禁衛將, 俄加通政, 自是感激恩遇.(이하 생략)

- 송상도, 「기려수필」, 『한국사료총서』 제2집. 병오 남원의병조, 112쪽

양한규 휘하의 정예병 1백여 명을 위시하여 참봉 유병두(柳秉斗)의 거느린 군사 50명 및 진사 박재홍(朴在洪), 참봉 양문순(梁文淳) 등 많은 장병이 모여서 양한규를 대장으로 추대하고 그의 지휘를 따르기로 하여 양한규는 정예병을 이끌고 남원성을 공격하니, 수명의 진위대 군사와 순검들이 모두 사방으로 흩어져 달아났으며, 그중 일본 경찰 경부 1명이 총탄에 맞아 중상을 입고 겨우 몸을 빼서 도망쳤다. 양한규가 이끈 의병들은 불과 몇 시간 만에 남원성에서 설날을 맞이하게 되었다.

13일(설날) 닭이 울 무렵 양 대장은 검을 짚고 군사들을 지휘하여 바로 읍내로 들어가니, 불의의 진격에 남아 있던 진위대 군사와 순검들이 모두 사방으로 흩어져 달아났으며, 그중 일본 경찰 경부 1명이 총탄에 맞아 중상을 입고 겨우 몸을 빼서 도망쳤

다. 여기서 의진은 큰 싸움 없이 남원 성중을 장악하였다. 4대문은 의병들에 의하여 파수되었으며, 진위대 등의 무기·군수품은 모두 의병에 의하여 접수되었다. 여기서 장병들의 용기는 용솟음쳤으며, 양한규 이하 장령들도 앞장서서 달아나는 적들을 추격하니 그 기세가 대단하였다.

그런데, 불행하게도 대장 양한규가 날아드는 탄환에 맞아 땅에 엎어지니 놀랄 일이 아닐 수 없었다. 그는 매우 중상이었다. 장병들을 향하여 비장한 목소리로,

"나는 지금 죽겠소. 국사가 망극하오. 제공들은 힘써 싸우기 바라오."

하는 말을 남기고 숨을 거두었었다. 다만 손에 쥔 검이 그대로 움직이고 있을 뿐이었다. 이 얼마나 비장한 장면이었던가.

이렇게 되니 장병들은 당황하지 않을 수 없으며, 비명을 올리기도 하였다. 이런 광경을 살핀 적측에서는 다시 대열을 정돈하여 반격 태세를 취하였으며, 당황하고 낙심한 의병들은 흩어지기 시작하니, 모처럼의 남원 입성도 이제는 백지로 돌아가지 않을 수 없게 되었다.

이때, 양한규 등의 남원 입성과 함께 무기·전곡(錢穀) 등을 접수하고, 지리산의 험요지대(險要地帶)를 중심으로 영호남의 의병들이 영구적인 활동을 계획하였던 만큼, 호남 방면의 녹천(鹿川) 고광순(高光洵) 및 고광훈(高光薰)·윤영기(尹永淇) 등 각지의 의사들이 모이기로 되어 있었으나 남원읍으로 오다가 흩어졌다. 그중 고광순 등은 남원성에서 양한규 의병들이 흩어진 다음에 도착하여 성내가 조용함을 보고 군사를 3대로 나누어 성으로 육박하면서 공격을 가하였는데, 다시 입성한 적측에서 성벽을 의지하여 총탄을 퍼부으니 형세가 잘못된 것을 알고 퇴군하여 돌아갔다.

- 독립운동사편찬위원회, 『독립운동사』 제1권, 400~401쪽

남원지역뿐만 아니라 영호남에서 명망이 높았던 양한규는 일거에 남원성을 점령하는 쾌거를 이루었으나 얼마 후 유탄에 순국하고 말았으니, 장수를 잃은 의병들은 성을 빠져나와 뿔뿔이 흩어졌다.

同日 丑時量에 南原郡出駐鎮衛隊를 放銃襲擊혼즉 該隊士卒이 俱爲逃躱故로 該隊中에 直入ᄒ야 銃丸을 收拾홀시 矣黨이 以其銃丸으로 各自散放타가 誤中梁漢奎ᄒ야 致死ᄒ얏고

- 「관보」, 1907년 7월 15일

황현은 양한규의 거의와 그의 순국에 대하여 비교적 자세히 기술하였다.

11월, 남원에서 양한규가 의병을 일으켰으나 그는 그 후 얼마 안 되어 사망하므로 의병들은 모두 사방으로 흩어졌다.

양한규는 대대로 아전을 지낸 집안에서 태어났으나 그는 일찍 초계의 관함을 빌려 사용하였다. 그러므로 사람들은 그를 "양초계"로 칭하였다. 이때 그의 나이는 61세였다.

그는 을사조약이 체결된 이후 은밀히 의거를 꾀하여 가산을 팔고 동지를 규합하면서 예기를 축적하여 때를 기다리고 있었다. 이때 관병들은 설날 차례를 치르기 위해 모두 집으로 돌아가고 일본 호위병도 한산하였다. 그는 이때 기회를 노려 그믐날 오후 해시(9시~11시)에 동군의 장정 100여 명을 인솔하고 일병을 습격하자 일본 순사들은 모두 도주하므로 그들의 군기를 탈취하여 4대문을 파수하였다.

그는 이때 칼에 피를 묻히지 않고도 일이 잘 수습될 것 같아 매우 기뻐하며, 손을 뒤로 두르고 순대청(巡隊廳) 위아래를 여러 차례 돌다가 갑자기 탄환을 맞고 쓰러졌다. 그것은 날이 저물어 정신을 제대로 차리지 못하고 있는 데다가 그 오합지중들은 아무 기강이 없어 휘하에서 양총을 난사해도 미처 저지하지 못하여, 결국 어디서 날아든 탄환에 맞았는지도 모르고 있었다. 이때 의병들은 양한규가 사망하자 일이 잘 풀리지 않을 줄 알고 모두 뿔뿔이 흩어졌다. 그러나 날이 밝자 일병들은 점차 모여, 의병을 체포하기 위해 사방으로 수색에 나서 횡재를 당한 사람들이 감옥에 가득하였다.

그리고 양한규의 가족들은 짚으로 양한규의 시신을 싸서 장례를 치렀으나 서울에서 일병이 도착하여 그 무덤을 파서 검시(檢屍)를 하였다. 시체는 살아 있는 것처럼 꿋꿋하였으므로 일병들은 놀라 넘어지며 혀를 내둘렀다.

- 국사편찬위원회,『국역 매천야록』제5권, 병오(1906년) '남원 양한규의 기병'

조정에서는 양한규의 남원의병에 관하여 철저히 조사한 다음, 남원성 거의 종료 후 5개월 뒤에 관련자를 엄벌에 처한 것이「관보」에 나와 있다.[44]

(전략) 남원군 의병 양한규·이응천(李應天)[45]·고광순·양문거(梁文擧)[46]·박재홍·조규현(曹圭鉉)·양문순·김백룡(金伯龍)을 해원(該院)의 판결대로 박재홍·조규현·양문순은 각각 유종신(流終身), 김백룡은 태80에 처하게 하다.

-「관보」, 1907년 7월 15일

---

44) 왜곡된 글들이 많아 당시 관보의 내용을 띄어쓰기만 하고 그대로 정리하였다.
45) 이응천(李應天): 경기도 포천 출신 전 사헌부 정언
46) 양문거(梁文擧): 전남 능주 출신의 우국지사

接準平理院裁判長署理 平理院判事 金正穆 質稟書 内開에 被告 朴在洪과 被告曹圭鉉과 被告 梁文淳과 被告 金伯龍의 案件을 檢事 公訴에 由ᄒᆞ와 此를 審理ᄒᆞ오니 被告 朴在洪은 供稱 陰曆 昨年 十一月 二十五日에 梁草溪漢奎의 請邀를 因ᄒᆞ야 其家에 往ᄒᆞᆫ즉 綾州居 梁文擧와 昌平居 高光順이 同爲在座ᄒᆞ야 相議ᄒᆞ기를 南原을 先擊 後에 光州·羅州·全州 及 各浦口를 次次 襲擊ᄒᆞ야 日人을 逐送ᄒᆞ고 阿附外人ᄒᆞᆫ 各大臣도 亦爲勦除 云云故로 矣身은 聞而歸家타가 同年 十二月 晦日夜에 梁漢奎의 函請을 因ᄒᆞ야 南原郡 西距十里 許眞木亭 酒店에 往ᄒᆞᆫ즉 梁漢奎가 領率 七十餘名ᄒᆞ고 先爲來到이온되 所持器仗은 火繩銃 十六柄이오 其餘ᄂᆞᆫ 皆是 竹槍이온바 梁漢奎와 李應天이 自爲先銃ᄒᆞ야 領率同黨ᄒᆞ고 矣身은 隨後ᄒᆞ야 同日 丑時量에 南原郡出駐鎭衛隊를 放銃襲擊ᄒᆞᆫ즉 該隊士卒이 俱爲逃躱故로 該隊中에 直入ᄒᆞ야 銃丸을 收拾ᄒᆞᆯᄉᆡ 矣黨이 以

▲ 양한규 의병장과 박재홍·양문순 지사 등에 대한 평리원 재판 내용(「관보」 제3818호, 1907.07.15)

其銃丸으로 各自散放타가 誤中梁漢奎ᄒᆞ야 致死ᄒᆞ얏고 仍向該郡郵便局ᄒᆞ야 亦爲襲擊ᄒᆞ고 其翌에 載持該軍物ᄒᆞ고 出往十里許라가 爲該隊兵丁所追ᄒᆞ야 抛棄軍物ᄒᆞ고 各自逃散인바 矣身은 粗解文字故로 書記로 隨行이라ᄒᆞ며 被告 曹圭鉉은 供稱曆曆臘月 二十八日에 昌平郡居 高光順과 抱川郡居 李正言應天이 俱到矣家ᄒᆞ야 言於矣身曰 以輔國安民之事로 自南原으로 梁草 溪漢奎 通文이 來到ᄒᆞ얏스니 君與我로 同爲參往云故로 矣身이 以愚迷所致로 果爲許諾ᄒᆞ고 卽爲同往ᄒᆞᆯᄉᆡ 自昌平으로 同往徒黨이 爲二十名이오 收合鳥銃이 爲二十柄인바 同月 三十日에 南原眞木亭에 到ᄒᆞᆫ즉 梁漢奎 領率 五六十名ᄒᆞ고 先在ᄒᆞ온지라 與之相合ᄒᆞ야 梁漢奎와 李應天이 爲先鋒ᄒᆞ야 領率矣

等ᄒᆞ고 卽人南原郡出駐鎭衛隊ᄒᆞ야 奪取軍器ᄒᆞ고 亦爲襲擊 該郡郵便局ᄒᆞ고 其翌 午後에 向往求禮次로 收拾軍器ᄒᆞ야 洋銃與彈丸을 分作負駄ᄒᆞ야 纏出同郡周布坊樓谷타가 兵丁追到故로 仍爲逃散이라ᄒᆞ며 被告 梁文淳은 供稱 昨年 陰曆 十二月 晦日 夜에 梁草溪의 要請을 因ᄒᆞ야 追入于南原邑ᄒᆞ야 該徒黨의 食床을 領持ᄒᆞ고 該邑出駐鎭衛隊에 纏到ᄒᆞ니 梁草溪ᄂᆞᆫ 先己中丸致死ᄒᆞ고 餘黨은 不知去處故로 仍卽還歸라ᄒᆞ며 被告 金伯龍은 供稱 陰曆 昨年 十二月 晦日에 隣居朴進士在洪의 招請을 因ᄒᆞ야 該家에 往ᄒᆞᆫ즉 朴曰 吾當八寺過歲爲計ᄒᆞ니 負持鉢囊與烟竹而同 去云로 不忍恝却ᄒᆞ야 果爲 同行 到于南原眞木亭 則不意何許人 五六十名이 手持鳥銃與竹槍故로 心甚驚怯ᄒᆞ야 欲爲還歸則朴不許送故로 不得已 隨往인바 先鋒 李正言이 先入南原郡鎭衛隊ᄒᆞ야 奪取軍器故로 矣身은 尤極驚怯ᄒᆞ야 先卽還家라 ᄒᆞᆫ 其事實은 被告等 陳供自服에 証ᄒᆞ야 明白ᄒᆞ온바 首犯 梁漢奎ᄂᆞᆫ 己爲中丸致斃ᄒᆞᆫ지라 此ᄅᆞᆯ 法에 照ᄒᆞ니 被告 朴在洪과 被告 曺圭鉉과 被告 梁文淳은 刑法大全 第百九十五條 政事ᄅᆞᆯ 變更ᄒᆞ기 爲ᄒᆞ야 亂을 作ᄒᆞᆫ 者律로 第百三十五條 從犯은 首犯의 律에 一等을 減文에 照ᄒᆞ와 幷히 流終身에 處ᄒᆞᆸ고 被告 金伯龍은 同第六百七十八條 應爲치 못ᄒᆞᆯ 事ᄅᆞᆯ 爲ᄒᆞᆫ 事理重ᄒᆞᆫ 者律에 照ᄒᆞ와 笞八十에 處ᄒᆞᆷ으로 處辦宣告ᄒᆞ온바 該犯 朴在洪·曺圭鉉·梁文淳·金伯龍을 依該院所擬律處辦之意로 法部大臣이 上奏ᄒᆞ와 奉旨 依奏

- 「관보」, 1907년 7월 15일

▲ 양한규 의병장과 박재홍·양문순 지사 추모비 - 전북 남원시 신촌동 산29

양한규가 이끈 소수의 의병이 남원성을 손쉽게 점령한 후 이어 순국하고, 이어 최익현이 대마도에서 아사순국(餓死殉國, 실제는 病死)하였다는 소식은 호남지역은 물론 삼남지역에 큰 영향을 끼쳤다.

15. 김준 의진과 연합 투쟁한 나주의병장 조정인

조정인(趙正仁, 1872~1909) 의병장은 전남 나주 출신으로 1907년 7월 일제가 광무황제를 강제로 퇴위하게 한 후 정미7조약을 체결, 대한제국군을 해산시킨 후 국권을 강탈하려 하자 일제의 만행을 좌시할 수 없다고 판단한 그는 그해 12월 6일 의병을 일으켰다. 기삼연(奇參衍)이 이끄는 호남창의회맹소에 참여하여 전남 광주·나주 등지에서 활약하던 김준(金準, 자 태원泰元) 의병장과 함께 의병 수백 명을 총기 4백여 정으로 무장시켜 일본 군경과 접전하여 큰 전과를 올렸다.

일본 경찰의 의병진압 기록은 이른바 『폭도에 관한 편책』인데, 호남지방의 의병에 대

▲ 조정인 의병장 순절비 - 전남 나주시 남산길 23

239

한 구체적인 기록은 1907년 11월 1일 전북 고창지역 의병에 대한 것이 그 처음이다. 그러나 당시는 일본 경찰의 인원도 적었고, 의병의 실태를 잘 몰랐기 때문에 의병을 이끄는 의병장의 신상에 대한 것이 정확하지 않았다.

그러나 기삼연 의병장이 이끄는 호남창의회맹소 본진과 김준 의병장이 이끌었던 호남창의회맹소 선봉진의 활동이 맹렬했기 때문에 일제는 보병뿐만 아니라 기병을 운용하였고, 경찰대는 헌병과 경찰로 구성되어 의병 진압에 나서게 되었는데, 김준 의진과 연합하여 의병투쟁을 전개하던 조정인 의진을 공격할 때도 기병대 중대장이 직접 지휘한 것이 드러나 있다.

> 광주군 동각면 심산촌(沈山村)에 적괴(賊魁) 조정인(趙正仁)의 당파(黨派)가 침입한 사건에 대하여 토벌을 위하여 상등병 7명 및 통역 1명, 자위단원 5명을 인솔하고, 파견 기병 중대장 도쿠나가(德永) 대위 이하 10명과 제휴, 7일 오전 2시 나주 출발, 동 5시 목적지에 도착 포위 새벽 공격 준비를 하던바, 이미 적은 약 1천 미터 북쪽 인접 기용촌(基用村)으로 이동하였음을 확인하고 계속 그 마을을 포위 정찰을 수행하였던바, 그들은 이미 6일 밤 동촌 이의춘 방에 침입, 집주인을 포박 협박한 후 야식을 하고, 또 금전, 의류, 초혜(草鞋)의 유(類) 약간을 촌민으로부터 약탈 후 어디론가 도주한 사실이 있음을 확인, 엄밀히 부근 각 방면을 정찰하였으나 드디어 그 행선이 불명으로 끝나 오후 2시 일단 나주로 철수하였다. 적은 죽통탄약합 및 초혜를 유기하고 군총 1, 2정, 엽총 5, 6정, 도검을 휴대하였다 한다.
>
> — 국사편찬위원회, 『한국독립운동사』 자료 10권, 76~77쪽

이 보고서는 1908년 3월 7일 나주헌병분견소장 후지이(藤井) 특무조장이 호남지역 헌병대를 총괄하던 영산포헌병분대장 오하라(大原) 대위에게 보고하고, 오하라는 한국주차헌병대장 아카시 모토지로(明石元二郎) 육군 소장에게 보고하였으며, 아카시는 이를 대한제국 내부경무국장 마쓰이 시게루(松井茂)에게 통보한 것이었다.

1908년 2월부터 4월까지 전남의 광주·나주·장성·함평, 전북 고창·태인·순창 등지에서 의병 열기가 매우 뜨거웠던 시기였던 만큼, 일본 군경의 의병 진압 활동도 거센 시기였다. 그 바람에 2월 3일 기삼연 의병장이 순창에서 붙잡혀 광주 서천교 아래에서 총살 순국하였고, 김준 의병장 아우 김율(金聿) 의병장이 맹활약하다 총상의 몸으로 3월 29일 피체되었으며, 김준 의병장도 일본군의 줄기찬 공격으로 부상하여 제대로 전투태세를 갖추지 못한 가운데 기습을 받아 그해 4월 25일 당시 함평군 오산면 박산동(朴山洞, 현 광주광역시 광산구 박호동)에서 전사 순국하고 말았다.

-. 4월 25일 기병 및 특설순사대 순사로 편성된 토벌대가 예정 계획에 따라 수색 중, 거괴(巨魁) 김태원(金太元)이 함평군 오산면 박산동에 잠복하고 있음을 탐지, 즉시 출동하여 이날 오후 4시 이를 포위 공격, 거괴 김(金) 이하 13명을 죽이고 화승총 3정과 기타 잡품을 노획했다.

-. 4월 25일 거괴 김율(金聿)을 총살했다. 앞서 우리 토벌대는 광산군 소지면 정동 (현 광주광역시 광산구 서봉동)에서 그를 체포했었는데 4월 25일에 전몰한 김태원의 시체 확인을 위해 연행 도중 도주를 기도함으로써 살해되었다.

- 이일룡, 『비록 한말전남의병투쟁사』, 44~45쪽

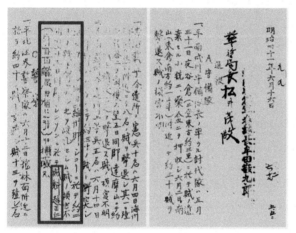

▲ 조정인 의병장 1908년 6월 15일 피체(『폭도에 관한 편책』, 1908.06.16)

일본군이 김준 의병장 신원을 확인하기 순국 현장으로 김율 의병장을 호송해 가던 중, 탈출하다가 총살 순국하기에 이르렀으니, 형 김준이 맹장(猛將)이었다면, 아우 김율은 거기에 지장(智將)을 보탤 만큼 훌륭한 의병장이었으니, 이들 의병장을 잃은 의병들의 기세는 다소 위축되었다.

조정인 의병장도 100명 내외의 의진을 구성하여 의병투쟁을 전개하였는데, 의진의 의병 심수근(沈守根)과 함께 탄약을 제조하던 중에 일본 헌병대에 피체되고 말았다.

전남 나주분견소의 상등병 5명은 6월 14일 함평군내에서 약 30명의 적과 충돌하여 그중 2명을 쓰러뜨리고, 동일 나주군내에서 약 20명의 적과 마주치자 이를 궤란시켰음. 적의 손해는 불명임. 다음 15일 동군 신선리에서 적괴(賊魁) 조정인(趙正仁, 부하 100여 명을 가진 자임)을 사로잡았음.

- 국사편찬위원회, 『한국독립운동사』 자료 19권, 55~56쪽

조정인 의병장은 1908년 10월 21일 광주지방재판소에서 교수형이 선고되자 공소, 그해 11월 28일 대구공소원에서 공소가 기각되었고, 이어 12월 15일 대심원에서 상고가 기각되기에 이르렀다.

판결 융희 2년 형상 제65·66호

전라남도 나주군 서부면(西部面) 명당(明堂) 미곡상
피고인 조정인(趙正仁) 35세

전라남도 영광군 현내면(縣內面) 이곡동(利谷洞)
피고인 심수근(沈守根) 19세

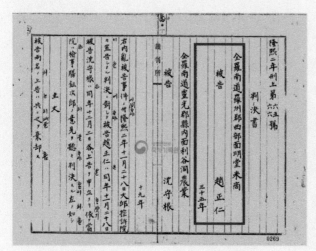

위 내란 피고 사건에 관하여 융희 2년 11월 28일 대구공소원(控訴院)이 선고한 판결에 대하여 피고 조정인은 11월 28일, 피고 심수근은 동년 12월 2일 각기 상고를 제기하였기 당원은 검사 선정차랑(膳鉦次郞)의 의견을 참작하고 다음과 같이 판결한다.

▲ 조정인 의병장, 교수형 상고기각(대심원, 1908.12.15)

주문
피고 두 사람의 상고는 함께 이를 기각한다.

이유
피고 두 사람의 상고 취지는 대구공소원에서 선고한 판결은 법운용에 착오가 있다고 사료하므로 상고한다는 것인데, 원판결서를 사열한 즉, 원심은 적법한 증거에 의하여 피고 조정인은 융희 원년 12월 정사를 변경할 목적으로 폭도수괴 김태원(金泰元) 등과 연락하여 수백 명의 군중을 집합하고, 4백여 정의 총기를 휴대하여 나주·함평·장성 등의 각 군을 배회하면서 일본군과 전투하고 민재를 약탈하는 중, 동 2년 6월 체포되었다는 사실을 인정하고 형법대전 제195조를 적용하여 교수형에 처한다고 판시하고, 또 피고 심수근은 융희 원년 12월 정사를 변경하기 위하여 난을 일으킨 폭도수괴 조정인의 부하로 정을 알면서 투입하여 폭도를 좇아 나주 가산(佳山)에 이르러 탄환을 제조하는 부근을 경계하기 위하여 조정인의 명을 받고, 동 2년 4월 함평군 이문리(利門里)에서 경계 중 체포되었다. 범죄 사실을 인정하고 형법대전 제195조를 적용하되 종범이므로 동 제135조에 의하여 주범의 형에서 1등을 감하고 또 동 제125

조에 의하여 4등을 경감하여 유형 5년에 처함이 옳다고 판시한 것인데, 동일한 이유에 의한 제1심 판결에 대한 각 피고의 공소를 기각한 것은 진실로 당연한 판결이요, 추호의 착오가 없는 것이다. 그러므로 본건 피고의 상고는 그 이유 없으므로 민·형 소송규칙 제42조·제33조에 준하여 주문과 같이 판결한다.

- 독립운동사편찬위원회, 『독립운동사자료집』 별집1, 572~573쪽

▲ 조정인 의병장, 교수형 재가(「관보」 제4295호. 1909.02.08)

융희 3년 1월 18일에 내란죄인 조정인(趙正仁)을 교에 처흠을 의로 법부대신이 상주흠와 가라 흠신 지를 봉흠

- 「관보」 제4295호. 1909년 2월 8일

법부에서 강도질을 한 죄인 김군락(金君樂)과 한창렬(韓昌烈), 내란을 일으킨 죄인 조정인(趙正仁)을 모두 교수형에 처할 것을 상주(上奏)하니, 제칙(制勅)을 내리기를, "재가(裁可)한다." 하였다.

- 『조선왕조실록』, 1909년 1월 18일

조정인 의병장은 미곡상을 하며 재산을 모았고, 그 돈으로 의병 수백명을 모으고 총기 400여 정을 갖춘 의진을 형성하여 의병투쟁을 전개하였으나 일본 군경과 전투를 벌인다는 것이 처음부터 불가능한 것이었다. 의병을 일으킨 지 6개월 만에 피체되어 대구감옥에서 순국하였고, 그와 함께 피체되었던 영광 출신 심수근은 유형 5년이 선고되어 고초를 겪었다.

정부는 조정인 의병장에게 건국훈장 독립장을, 심수근 지사에게 건국훈장 애족장을 추서하였다.

▲ 심수근 지사 묘 - 대전현충원 독립유공자 묘역

16. 삼남의병대장으로 활약한 유지명 의병장

유지명(柳志明, 1881~1909)은 전북 고산(高山: 현 완주군 속면) 출신의 유생으로 후기의병 때 전북 임실에서 거의한 이석용(李錫庸)과 비슷한 시기에 활동을 시작한 의병장이다.

1907년 7월 광무황제가 강제로 퇴위된 직후 일제의 강압으로 정미7조약이 체결되고, 그때 교환된 비밀각서에 의해 한국군마저 강제로 해산되는 상황이 되자 유지명은 일제의 침략행위를 더이상 좌시할 수 없다고 판단, 그해 음력 9월 초순부터 스스로 "창의대장(倡義大將)" 또는 "삼남의병대장(三南義兵大將)"이라 칭하고, 그 인장이 찍힌 의병모집 격문 1통과 의병모집 및 부하 계식(戒飾)의 취지를 기재한 문서 2통을 만들어 이를 게시하고, 의병 600여 명을 모집하였다. 그리고 총기 수백 정을 정비하고 각 부서를 정하여 의병투쟁에 나섰다.

관내 각 경찰서장의 폭도에 관한 보고 요지는 좌와 여하다.
6월 19일 전주경찰서장
당서 백(白) 경부는 폭도수색으로 전주군 소양면(所陽面, 현 완주군 속면-필자 주)에 출장 중, 지난 18일 좌기의 폭도를 체포하였다.

현주소 군산경찰서 후동 장재동 통호 미상
출생지 전주군 소양면 구진리(九辰里)
정홍기(鄭洪基, 당 22세)

동인 등이 자백하는 바에 의하면, 부하 600명을 가진 수괴 유지명(柳知名: 柳志明의 오기-필자 주)의 부하에 속하고, 융희 원년 음력 10월 일자 미상 고산군에서 일본인 3명을 포살하고, 동 2년 음력 1월 일자 미상 여산(礪山) 군아 및 동순사주재소를 습격하는 등 다수 흉악을 자행한 도류(徒類)로서 그 후 일본병에게 요격되어 수괴 이하 사방으로 흩어졌다 한다.
그 후 그는 고산군 서면 부암리(富岩里)의 주택에 돌아왔으나 그 수색이 엄밀하였음으로써 부모와 공히 위 적힌 거주지에 이전하여 연초(煙草) 상인이 되어 강도행위를 수회 한 자이다.

- 국사편찬위원회, 『한국독립운동사』 자료 14권, 636~637쪽

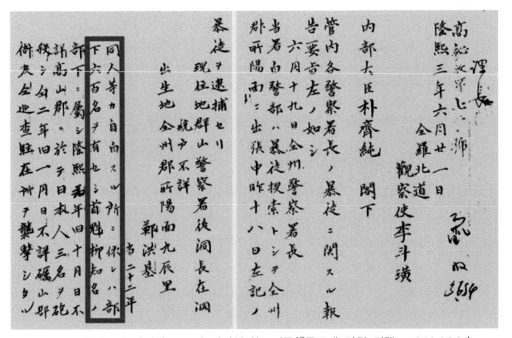

▲ 유지명 의진의 의병이 600여 명이었다는 기록(『폭도에 관한 편책』, 1909.06.21)

이 기밀문서는 「고비수(高秘收) 제720호」(1909.06.21)로 1909년 6월 19일 전주경찰서장이 전북관찰사 이두황에게 보고한 것인데, 이두황은 이를 내부대신 박제순에게 보고한 것이다.

이것은 유지명 의진에서 활동했던 정홍기(鄭洪基, 판결문에는 鄭弘基) 지사가 붙잡혀 일본 경찰의 취조에 의해 나온 것인데, 유지명 의진에서 활동한 의병이 600명이었다는 기록이니, 그 규모가 대단한 것이었다.

한편, 군자금의 확보를 위하여 호남의 대부호인 김 진사의 사음(舍音) 수십 명에 대해서 도조 수백 석을 보관해 둘 내용의 문서 4통을 만들어서 군량을 징발하고, 때로는 수십 명 또는 수백 명의 부하를 인솔하고 전북 용담 · 고산군, 충남 노성 · 은진군 등지에서 활약하였다.

이듬해인 1908년 2월 17일 의진의 부장으로 활약하던 유치복(兪致福) 의병장이 약 50명의 의진을 이끌고 충남 노성군 하도면 내동 일대에서 의병활동을 하다가 일본군 노성수비대와 맞닥뜨려 전투를 벌였는데, 이 전투에서 유 의병장이 전사하고, 일본병의 포격으로 민간인 3명도 사망하였다.

> 2월 17일 노성군 주재 보병 9명이 폭도 토벌을 위해 동군 하도면 내동(内洞)으로 출장하여 약 50명의 폭도와 조우하여 곧 이를 사격한 결과, 그 폭도의 수괴 유치복(兪致福) 1명을 쓰러뜨렸다.
> 이 포격으로 인해 그곳 동민 최석봉(崔錫鳳, 25세), 도병채(都柄彩, 22세), 조두영(趙斗永)의 처 김씨(40세)의 3명이 죽었다고 한다.
> 노성주재소 순사 이명우로부터 조사한 결과를 보고해왔으므로 이에 보고함.
> 부전(附箋)
> 공주(公州) 스즈키(鈴木) 경시 2월 21일자
> 2월 17일 노성주재 보병 일행이 토벌을 위해 동군 하도면 내동으로 출장하여 폭도 약 50명과 조우하여 수괴 유치복(兪致福) 1명을 쓰러뜨렸다.
>
> - 국사편찬위원회, 『한국독립운동사』 자료 9권, 91쪽

그해 9월 22일 유지명 의병장은 용담군 건무리(乾無里)에서 일본군과 교전한 것을 비롯하여 수차에 걸쳐서 용담 · 고산 · 은진 일대에서 일본 군경과 접전하였고, 10월 3일 밤 정성일(丁成一) · 김치삼(金致三) 등 수십 명의 의진을 이끌고 용담군 읍내의 일본인 거주지에 들어가 일본인 2명과 한인 순사 1명을 쓰러뜨리고 무기를 탈취하여 돌아왔다.

그는 의병투쟁을 전개해 오면서 많은 위험한 고비도 겪었다. 특히 1908년 7월 13일 일본 헌병에게 체포되었으나 탈주하였는데, 마침내 1909년 1월 23일 일본 헌병에게 다시 체포되었다.

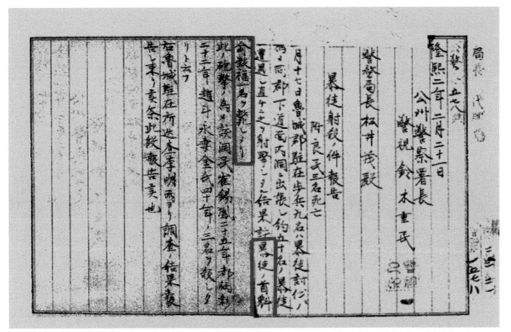

▲ 유지명 의진의 부장 유치복 의병장 순국(『폭도에 관한 편책』, 1908.02.21)

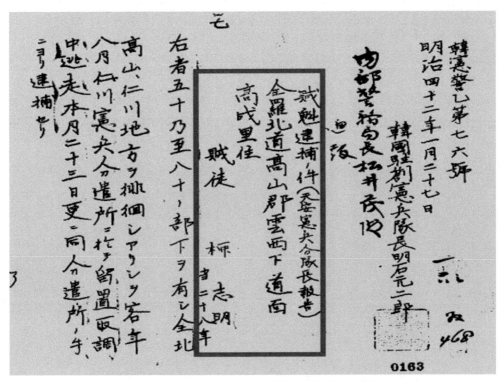

▲ 유지명 의병장, 1909년 1월 23일 피체(『폭도에 관한 편책』, 1909.01.27)

한헌경(韓憲警) 을(乙) 제76호
메이지(明治) 42년 1월 27일
한국주차헌병대장 아카시 모토지로(明石元二郎)
내부경무국장 마쓰이 시게루(松井茂) 앞
통보
적괴(賊魁) 체포의 건(천안헌병분대장 보고)
전라북도 고산군 운서하도면(雲西下道面) 고성리(高成里)
적도(賊徒) 유지명(柳志明) 당 28년

우자 50명 내지 80명의 부하를 거느리고 전북 고산·인천(仁川, 연산군 속면-필자 주) 지방을 배회하고 있던 지난해 8월47) 인천헌병분견소에서 유치 취조 중 도주, 본월 23일 다시 동 분견소의 손에 의해 체포되었다. (필자 역)

秘
憲機第五三五號
最近暴徒首領ニ關シ聞知スル處概ネ別紙調書ノ如シ
明治四十二年三月十一日

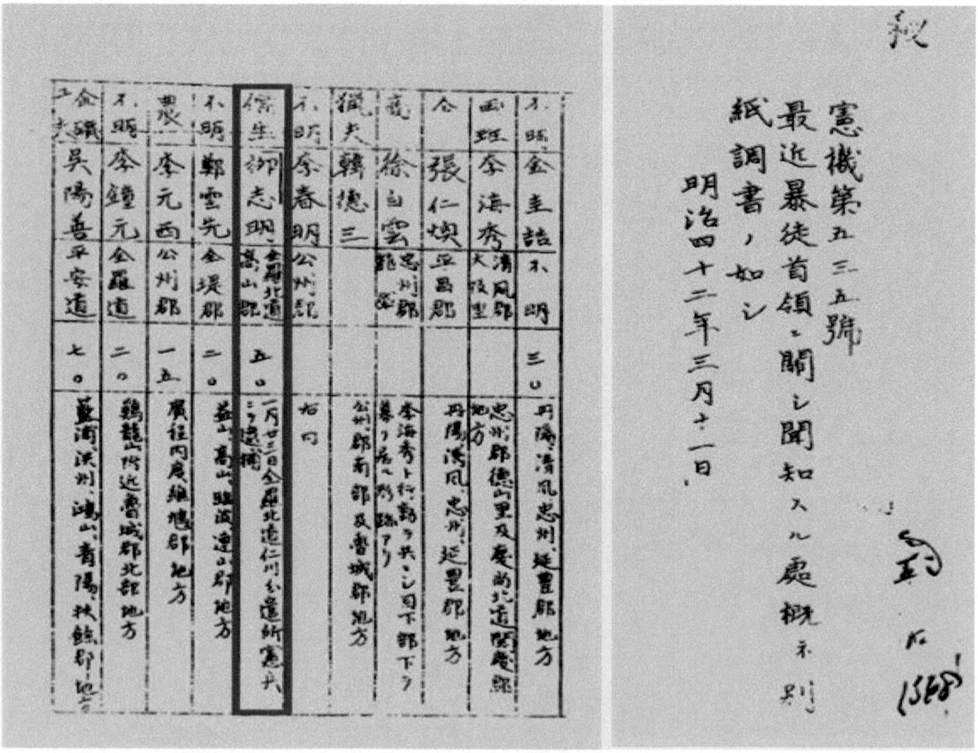

▲ 전국 의병장 조사표에 나온 유지명 의병장(『폭도에 관한 편책』, 1909.03.11)

47) 판결문에는 7월 13일(음 · 양력 여부 불명)로 나와 있다.

호남지방 의병투쟁에 관한 일본 헌병대의 기록은 『한국독립운동사』 자료 9권 한헌경 (韓憲警) 을(乙) 제330호부터 번역돼 있기에 그 이전 기록은 원문 형태로 국가보훈부 홈 페이지 공훈전자사료관 원문사료실에 탑재돼 있다.

일제의 『통감부문서』 6권 일본 헌병대 '헌기 제535호' 「폭도 수령에 대한 조서 보고 건」(1909.03.12.)에 유지명 의병장과 그의 의진에 관한 내용이 실려 있다.

출신	성명	출생지	부하수	적요(횡행지방)
불명	이춘명(李春明)	공주군	.	공주군 남부와 노성군 지방
유생	유지명(柳志明)	고산군	50	1월 23일 전라북도 인천분견소 헌병에게 체포
불명	정운선(鄭雲先)	김제군	20	익산·고산·임파·연산군 지방
농	이원서(李元西)	공주군	15	광정·내도·유구군 지방
불명	이종원(李鍾元)	전라도	20	계룡산 부근, 노성 북부지방
금광 공부	오양선(吳陽善)	평안도	70	남포·홍주·청양·부여 지방

이 도표에는 전국 약 300명의 의병장 중, 유지명 의병장 피체 기록과 그 전후의 내용인 데, 이는 『폭도에 관한 편책』을 번역한 『한국독립운동사』 자료 13권 827쪽에도 실렸다.

유지명 의병장은 1909년 3월 22일 광주지방재판소에서 교수형이 선고되자 공소, 5월 15일 대구공소원에서 기각되었고, 이어 6월 5일 대심원에서 상고가 기각되어 형이 확정 되었다.

전라북도 고산군 운서하도면(雲西下道面) 고성리(高成里)
피고(농업) 유지명(柳志明) 28세

위 내란 피고 사건으로 융희 3년 5월 15일 대구공소원에서 선고한 판결은 법률 적용 에 착오가 있다고 사료한다 하여 동년 동월 20일 피고로부터 상고를 신립하였기 본 원은 검사 홍종억(洪鍾檍)의 의견을 참작하고 다음과 같이 판결한다.

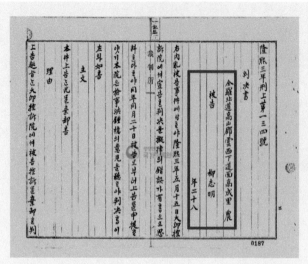

▲ 유지명, 교수형 상고기각(대심원, 1909.06.05)

주문
본건 상고는 이를 기각한다.
이유
상고 취지는 대구공소원에서 피고의 공소를 기각한 판결을 법률 적용에 착오가 있다고 사료하여 상고한다는 것인데, 원판결을 사열한즉 원심은 적법한 증거에 의하여 제1 피고는 정사를 변경키 위하여 내란을 일으킬 계획을 하고, 융희 원년 9월 초순경으로부터 스스로 창의대장 또는 삼남의병대장이라 칭하고 창의대장, 또는 삼남의병대장의 인장이 찍힌 의병모집 격문 1통과 의병모집 및 부하 계식(戒飾)의 취지를 기재한 문서 2통을 만들어 이를 게시하고, 도당 수백 명을 모집하여 총 수백 정을 정비하고 부장 명단에 의하여 각 부장을 정하고, 또 김 진사 사음(舍音) 이성순(李聖順) 외 수 명에 대한 도조 수백 석을 집류(執留)할 뜻의 문서 4통을 만들어 군량 징발의 준비를 위하고 수십 명, 또는 수백 명의 부하를 인솔하고 전라북도 용담군(龍潭郡)·고산군(高山郡) 및 충청남도 은진군 등의 각지를 횡행하여, 동년 동월 22일에 용담군 건무리(乾無里)에서 일본군과 교전한 것을 비롯하여 그 뒤 여러 번 전기 지방에서 일본 보병·기병·헌병 등과 충돌 교전하여 융희 2년 7월 13일에 헌병에게 체포되었으나, 그날로 도주하여 교묘하게 종적을 감추고 있던 바, 동 3년 1월 23일에 재차 헌병에게 체포되었고,
제2 피고는 윤병오(尹炳五)라는 자가 의병이라 칭하고 방자하게 겁탈, 또는 강간 등의 행함을 보고 이를 근심하여 재삼 타일렀으나 개전하는 모양이 없으므로 마침내 깊이 고려한 뒤에 동인을 살해할 것을 결의하고, 융희 2년 12월 24일에 전라북도 고산군 운서면(雲西面) 대치동(大峙洞)에서 그 부하 유치복(柳致福)으로 하여금 위 윤병오를 총살케 한 사실[48)]을 인정하여 이를 비춰보니, 피고의 제1 소위는 형법대전 제195조에, 제2 소위는 동 제473조에 해당하고, 두 죄가 병발이므로 동 제129조에 의하여 제1의 죄에 따라 교수형에 처하고, 압수 문서 및 인장은 범죄에 관한 물건이

---

48) 유치복 의병장은 전술한 바와 같이 1908년 2월 17일 전사하였다. 유지명 의병장이 심문과 신문 때 융희 2년 12월 24일에 전라북도 고산군 운서면 대치동에서 윤병오를 사살한 자를 바로 말하지 않고, 이미 전사한 유치복 의병장이라고 지목한 것은 여느 의병장처럼 실제 그 일을 한 사람(본인이거나 의진의 생존자)은 숨기고 거짓 진술한 것으로 보인다.

되므로 동 제118조에 의하여 몰수함이 가한지라 피고의 공소를 기각함이 상당한 판결이요, 법률 적용에 추호의 착오가 없은즉, 피고의 상고는 그 이유가 없으므로 민·형소송규칙 제42조·제33조에 준하여 주문과 같이 판결한다.

- 독립운동사편찬위원회, 『독립운동사자료집』 별집1, 707~708쪽

유지명 의병장은 1909년 6월 5일 대심원에서 상고가 기각되어 교수형이 확정되었고, 법부대신은 경기도 강화도와 황해도 일원에서 활약하던 김용기(金龍基) 의병장과 함께 교수형에 처하는 안건을 상주하니, 광무황제는 이를 재가하였다.

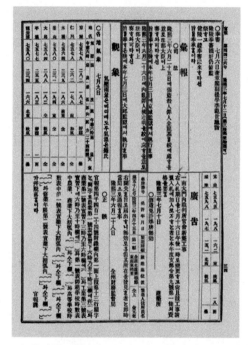

법부에서, 강도 살인범 김용기(金龍基), 내란범 유지명(柳志明)을 모두 교형에 처하는 데 대한 안건을 상주(上奏)하니, 제칙(制勅)을 내리기를,
"재가(裁可)한다."
하였다.

- 『조선왕조실록』, 1909년 6월 25일

마침내 유지명 의병장은 7월 3일 대구감옥에서 교수형이 집행되어 순국하였다.

융희 3년 6월 26일(25일-필자 주)에 내란 죄인 유지명(柳志明)을 교에 처ᄒᆞ올 의로 법부대신이 상주ᄒᆞ와 가(可)라 ᄒᆞ신 지를 봉ᄒᆞ온 후에 본년 7월 3일에 대구감옥에셔 집행ᄒᆞᆫ 사

- 「관보」 제4426호, 1909년 7월 12일

▲ 유지명 의병장, 1909년 7월 3일 대구감옥에서 교수형으로 순국(「관보」 제4426호, 1909.07.12)

유지명 의진에서 활약하던 주요 부장과 의병 가운데 전북 완주 출신 유치복 의병장은 전사하였고, 용담 출신 김치삼(金致三) 의사는 교수형으로 순국하였으며, 옥구 출신 정홍기(鄭弘基) 지사는 징역 15년, 익산 출신 박복순(朴福淳)·송태식(宋泰植) 지사는 각 징역 10년과 7년의 옥고를 치렀다.

정부는 유지명 의병장의 공훈을 기려 1977년에 건국훈장 독립장을 추서하였다.

17. 전북 익산의진 이끈 이규홍 의병장

▲ 이규홍 의병장 초상화

이규홍(李圭弘, 1877~1928)은 일명 원오(元伍)이며, 전북 익산 출신이다.

1906년 4월 25일 친구 박이환(朴駬桓)·문형모(文亨模)와 거의할 것을 맹약하고, 1907년 10월까지 거사 준비를 하였다. 박이환의 형인 박영환(朴永桓)으로부터 군자금을 받아 총기 3백여 정과 탄약 20여 되, 그리고 군도 50여 자루, 화약 10여 되를 준비하고 의병 2백여 명을 모았다.

1907년 11월 의병장이 되어 257명의 의병을 거느리고 11월 15일 고산 가금리(柯琴里)에서 일본 군경과 첫 접전을 벌여 큰 전과를 올렸고, 진안·장수·용담 등지에서도 적과 접전을 벌였다.

일본 경찰의 의병 진압 기록은 호남지역의 경우 1907년 11월 전북 고창·익산·태인 등지의 기록이 나타나기 시작지만, 당시는 일본 군경이 의병을 이끌었던 의병장에 대한 신상 정보를 제대로 가지고 있지 못해 구체적인 기록이 되지 못하였다.

이규홍의 익산의진에 대한 기록이 처음 드러난 것은 이듬해 4월이었다.

4월 9일 익산 동남 방면의 불온한 정보에 접하고 익산헌병분견소로부터 헌병 상등병 니시사 쿠슈(西作壽) 외 1명을 동 방면으로 출장시켰던바 서북면 덕동(德洞, 익산 동남방 1리반)에서 전주경찰서 순사 2명, 한인순사 4명은 적도(賊徒) 7, 8명과 대전(對戰)하여 동 순사는 그 부락에 방화하고 있는 현장에 출향하였다. 따라서 헌병 상등병은 그 부근을 수사하였던바, 적은 이미 퇴각하고 1명의 부상자가 쓰러져 있는 것을 발견, 순사와 공히 이를 구호하고, 또 양총 1정, 순사도 1진을 노획하고, 오후 3시 귀소하였다.
따라서 취조한바 부상자는 익산군 두천면 이화국(李化國) 38년으로 이원오(李元五)의 부하라고 칭하고, 본일 동행 8명이 관동리(冠洞里)를 향하여 돌아오는 도중 순사와 조우(遭遇)한바 신고하였다.

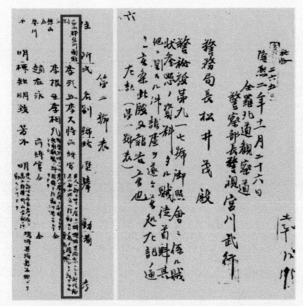

▲ 이른바 '폭도수괴에 관한 조사 보고'에 이규홍(이원오) 의병장 행적(『폭도에 관한 편책』, 1908.11.26)

또 이원오 부하는 200여 명으로 각각 총과 검을 소지하였다. 화약과 실포(實包)는 제조한다는 바 신고, 이원오는 목하 어디 있는지 모른다. 연이나 그 첩은 관동리 부근 산포 박광언(朴光彦)이란 자의 택에 맡기어 두었으므로 본일(9일)은 첩택에 돌아올 것이라고 신고하였다. 따라서 세밀히 수사를 수(遂)하였던 바 그 첩택은 가인(家人)이 모두 이미 도주하여서 득한 바 없었다.

– 국사편찬위원회, 『한국독립운동사』 자료 10권, 195~196쪽

이 보고서는 익산헌병분견소장 야마모토(山本) 군조가 충남과 전북 일부 지역을 관할하던 천안헌병분대장 미즈마(水間) 소좌에게 보고하고, 미즈마는 한국주차헌병대장 아카시 모토지로(明石元二郎) 육군 소장에게 보고하였으며, 아카시는 이를 대한제국 내부경무국장 마쓰이 시게루(松井茂)에게 통보한 것이었다.

이처럼 이규홍 의병장이 이끌었던 익산의진의 규모가 200여 명이었기에 일본 군경은 크게 주목했는데, 그 후 점차 규모가 작아져서 1909년에는 소규모 형태로 운용되었음이 드러나고 있다.

3월 22일부 전주·금산 양 경찰서장의 폭도내습에 관한 보고 요지는 좌와 여하다. (중략)
5. 수괴 이원오(李元五, 익산군 두천면 관동리)가 인솔하는 폭도 12명(총기 휴대)이 본월 18일 오후 9시경 익산군 정석면을 통과하여 동군 우북면 관덕동(觀德洞) 방면을 향하였으나 그 후의 종적은 불명이다.

– 국사편찬위원회, 『한국독립운동사』 자료 13권, 691쪽

한편, 1909년 3월 22일 익산헌병분견소 측과 익산순사주재소 사이에 협의한 내용에서 이규홍 의병장은 의진의 세력 구축을 위한 노력을 계속하였음을 알 수 있다.

▲ 이규홍(이원오) 의진의 활동(『폭도에 관한 편책』, 1909.03.22)

폭도수괴 이원오(李元五, 익산군 두천면 관동 출생)는 종래 전라남도에서 폭거를 자행하고 있었던바 그 일단을 인솔하고 익산군내에 침입 적단을 수부(數部)로 구분하고 단비를 징수하려 하는 것 같다. 그리고 지금 그 수부를 집계할 때는 약 6, 70명의 세력을 갖고 총기 3, 40정을 소지하고 또 나아가 세력 부식(扶植)을 하는 것 같다.

해 폭도가 익산군내에 집중하게 된 것은 익산헌병분견소를 습격할 목적인 것 같다. 요는 지난해 동분견소의 손으로 폭도 수명을 총살하였음을 분개하고 그 복수를 하고저 함에 있다고 한다. 그리고 지난 23일 밤과 같음은 김제군내 우룡산(雨龍山)에 집합하여 습격의 준비 중에 있는 것 같다.

정황이 여사함으로써 강경헌병분견소를 향하여 상등병 1명, 보조원 3명의 응원 요구중이다. 따라서 협력경계에 노력함이 좋겠다. 전기의 교섭에 의하여 익산주재소 순사는 목하 전적으로 협력 경계에 종사함과 동시에 일면 이의 사실의 유무를 수사 중이다.

- 국사편찬위원회, 『한국독립운동사』 자료 13권, 699쪽

그리고 이 보고서에 나타난 있는 "종래 전라남도에서 폭거를 자행하고 있었던바 그 일단을 인솔하고 익산군내에 침입"이라고 하였는데, 이는 전남 광주·나주를 중심으로 활약하던 동음의 이원오(李元吾, 일명 元五·元午) 의병장과 혼동해서 나온 것으로 보인다.

전남지역에서 활약하던 이원오 의병장은 호남창의소 의진을 이끌었던 조경환(曺京煥) 의병장이 전사하자 그 의진을 수습하여 활동한 충남 공주 출신으로 그가 피체되는 상황의 일제 기록에서 이를 확인할 수 있다.

전라남도 광주경찰서장으로부터 좌의 전보가 있었다. 폭도수괴 김동수(金東洙)의 중군장 송자화(宋子化) 외 2명을 광주군 갑마보면에서 또 고 조경환(曺京煥)의 좌익장 이원오(李元五, 부하 수십을 가진 자)를 동군 천곡면에서 모두 오늘 아침 체포하였다.

- 국사편찬위원회, 『한국독립운동사』 자료 15권, 195쪽

1909년 4월 이후 이원오 의병장이 이끄는 익산의진은 자취를 감추게 되는데, 이는 의진의 세력이 약화되고, 일제의 강경한 의병 진압으로 의병활동을 하기가 매우 어려웠기 때문이었다.

> 4월 26일 익산헌병분견소 상등병 1명, 보조원 2명은 익산군 서일면 관암리(冠岩里, 익산 서남 약 30리 10정)에서 전 적괴(賊魁) 이원오(李元五)의 부장(部將) 박영오(朴永五)를 체포하고, 5연발 권총 2정, 동 탄약 6발, 엽총 4정, 동 탄약 84발을 압수하였다.
>
> — 국사편찬위원회, 『한국독립운동사』 자료 18권, 266쪽

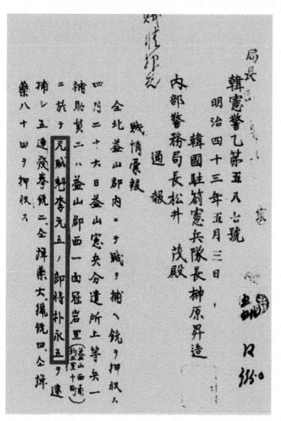

▲ 이규홍(이원오) 의진의 부장 박영오 피체 기록(『폭도에 관한 편책』, 1910.05.03)

이 기밀문서는 1910년 5월 3일 한국주차헌병대장 사카키바라 소조(榊原昇造)가 대한제국 내부경무국장 마쓰이 시게루(松井茂)에게 통보한 것인데, 이원오 의병장을 "전 적괴(賊魁)"로 지칭하였고, 1909년 4월 이후 일제의 각종 기록에서 나타나지 않는 것은 의진을 해산했던 것으로 본다.

그리고 이원오의 익산의진의 부장 박영오(朴永五)가 피체되는 상황에서 "5연발 권총 2정, 동 탄약 6발, 엽총 4정, 동 탄약 84발을 압수하였다."는 사실에서 이는 한 개인이 소지한 무기라기보다 익산의진의 무기 일부로 보여 박영오 의병장은 이원오 의병장 뒤를 이어 익산의진을 이끌었던 게 아닌가 하는 추측을 낳게 한다.

▲ 이규홍 의병장과 부인 해주오씨 어울무덤 - 전북 익산시 석왕동 산 74-11

이규홍 의병장은 의진을 해산한 후 은신했다가 1918년 중국으로 망명하여 반일활동을 계속했다고 전한다.

정부는 그의 공적을 기려 1990년 건국훈장 애국장을 추서하였다.

18. 대포까지 동원했던 종2품 조규하 의병장

● 현직 임실군수로서 의병 참여

조규하(趙奎夏, 미상~1908)는 승주군(현 순천시) 송광면 대곡리 출신이다. 본관은 옥천(玉川), 자는 공삼(公三), 호는 송죽당(松竹堂)이며, 이명은 '국주(國主)', 일제가 잘못 쓴 이름은 '규하(圭夏)', '휴하(休夏)' 등이다.

그는 1887년 훈련원 부장, 1890년 부사과, 1891년 내금위장, 만경현령, 1894년 3월 구례현감, 1901년 정3품 승품, 옥구항 경무관, 경위원 경무관, 1902년 길주감리서 주사, 1903년 철산군수, 경무청 경무관(종2품), 1904년 중추원 의관, 경무청 경무관, 임실군수에 임용되었던 고관 출신이다.

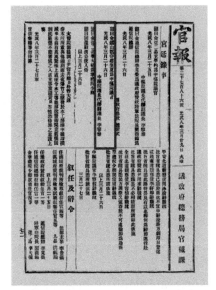

▲ 종2품 조규하, 중추원의관에 임용
(「관보」 제2786호, 1904.03.29)

종2품 이대직(李大稙)을 장례원 소경에, 철산군수 조규하(趙奎夏)를 중추원 의관에 임용하고 모두 칙임관 4등에 서임하였다.

- 『조선왕조실록』, 1904년 3월 29일

종2품 조규하(趙奎夏)를 경무청 경무관에 임용하였다.

- 『승정원일기』, 1904년 9월 27일(양력 11월 4일)

경무청 경무관 조규하(趙奎夏)를 임실군수에 임용하고, 정3품 송종민(宋鍾民)을 정읍군수에 임용하고, 정3품 권중면(權重冕)을 진도군수에 임용하고,

- 『승정원일기』, 1904년 12월 11일(양력 1월 16일)

그런데 1906년 5월(음력 4월), 면암(勉菴) 최익현(崔益鉉)이 의병을 일으키고자 했다. 면암은 호남 주요 지역에 통문을 띄워 의병 참여를 촉구하고, 의병 참여를 희망하는 자는 찾아와서 「동맹록」에 이름을 올리도록 하였다. 그는 현직 임실군수였기에 직접 갈 수는 없고, 서신을 띄워 자신도 거의에 동참한다는 뜻을 전달하였다.

(전략)
조성일(趙成鎰). 자는 국현(國賢), 호는 심연(心淵), 본은 한양이며 임오생이다.
김태원(金泰元).
조규하(趙奎夏). 임실군수 재임 시 글월로써 동맹을 맺다.
(이상) 112인

- 최제학, 「면암선생창의전말」, 『독립운동사자료집』 2. 74쪽

조규하는 최익현의 태인의진에 참여하기 위해 전북관찰사에게 임실군수 휴직를 냈는데, 전북관찰사는 그가 휴가 기간이 지나도록 귀임하지 않아 책임을 물어야 함을 보고하였다. 조정에서는 그를 순창군수로 다시 임용하였으나 나아가지 않았다.

▲ 임실군수 조규하를 문책할 것을 요청한 전북관찰사 보고 요지(「관보」 제3493호, 1906.06.30)

문화군수 서병수(徐丙壽), 길주군수 김응모(金膺模), 임실군수 조규하(趙奎夏)의 본관을 의원면직하였다.

- 『승정원일기』, 1906년 5월 8일(양력 6월 29일)

임실군수 조규하, 전북관찰사 한진창의 보고서에 의거 휴가 기간이 지나도록 귀임하지 않아 그 책임을 물어야 함.

- 「관보」 제3493호, 1906년 6월 30일

종2품 조규하(趙奎夏)를 순창군수에 임용하고, 여산군수 박항래(朴恒來)를 함종군수에 임용하고, 정3품 이상천(李相天)을 여산군수에 임용하고, 경무관 박중양(朴重陽)을 대구군수에 임용하였다.

- 『승정원일기』, 1906년 5월 28일(양력 7월 19일)

그는 임실군수직을 그만두고 최익현의 태인의진에 참여하고자 했으나 태인의진이 불과 8일 만에 해산되고 말았으니, 의병 참여는 불발되었다.

● 대포까지 동원하여 거의하다

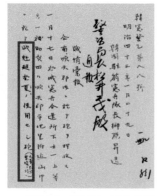

▲ 조규하 의진이 사용하던 대포 발견(『폭도에 관한 편책』, 1910.01.29)

평소 우국지사적 소양을 길러왔던 조규하는 최익현의 태인의진이 불과 며칠 만에 해산하는 과정을 본 후, 직접 의병을 일으키기 위해 고향 순천과 인근 지역의 뜻있는 인사를 규합하였다. 그리하여 1908년 3월 전남 곡성군 출신의 신정우(申正雨, 일명 정백正栢) 등과 협력하여 의진을 결성하여 조계산에 근거지를 구축한 후, 곡성, 구례, 순천 지역을 무대로 의병활동을 전개했는데, 1908년 4월 전남 구례 계사리(季肆里)에서 수비대와 교전했으며, 곡성 출신의 노인선(盧仁先, 일명 임수琳壽) 의진과 연합하여 곡성 죽곡면 동계리(桐溪里)에서 일본 군경과 싸우기도 했다.

조규하 의진은 여느 의진과는 달리 대포까지 운용한 것으로 추정하는데, 이는 조선·대한제국 시기 관군이 사용하던 것으로 그가 고관 출신이었기에 가능했던 것으로 보인다.

> 전남 순천군 내에서 포(砲)를 압수하였다.
> 1월 17일 곡성헌병분견소 하사 1명, 상등병 1명, 보조원 4명은 순천군 평지리(平地里) 부근 산중에서 적괴(賊魁) 조규하(趙奎夏)가 사용한 포(砲, 화약 산탄 장전 그대로) 1문을 압수하였다.
>
> - 국사편찬위원회, 『한국독립운동사』 자료 17권, 168쪽

🌑 4차례 전투, 40명 의병과 함께 전사하다

그가 활동한 기록은 『폭도에 관한 편책』에 의진 규모에 대한 것 외는 거의 없다. 이른바 『전남폭도사』에는 전남 동부지역의 의병투쟁 기록이 많이 드러나지만, 『폭도에 관한 편책』에는 그 내용이 기록되지 않은 것이 많다.

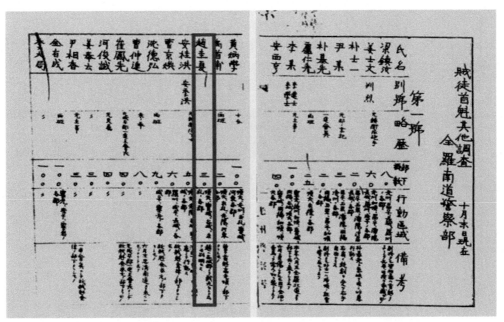

▲ 조규하 의진의 규모가 드러난 기록(『폭도에 관한 편책』, 1908.11.12)

『전남폭도사』에 기록된 조규하 의진의 의병투쟁 기록은 4건이다.

-. 5월 29일 오후 3시 순천경찰서 순사 8명이 송광면 낙수장에서 수괴 조규하(趙奎 夏)가 이끄는 약 40명의 비도와 충돌, 이를 격퇴했는데 화승총 4정을 노획했다.

-. 6월 11일 순천수비대장 이하 9명, 순천경찰서 순사 3명이 순천군 쌍암면 상동에 서 수괴 조규하(趙奎夏)의 부하 약 40명이 모여 아침식사를 하고 있는 것을 급습, 이를 격퇴하였는데, 적 14명을 죽이고 화승총 2정을 노획했다.

-. 9월 19일 구례수비대 후쿠다(福田) 군조 이하 6명, 동지 주재소 한인 순사 1명이 곡성군 이사동면(목사동면의 오기인 듯-역자 주)에서 비도 이증원(李証元)을 체 포했는데, 그의 자백에 의해 수괴 조규하(趙奎夏)의 소재를 탐지, 평지동(목사동 면 평리 들말-역자 주)에서 공격하여 3명을 죽이고 이를 궤란(潰亂)시켰다. 노획 물은 화승총 3정.

-. 9월 20일 사당동(현 목사동면 용사리 속촌-역자 주)까지 추적, 수괴 조(趙)가 이 끄는 약 80명의 비도를 공격하여 조(趙) 이하 23명을 죽이고 이를 격퇴했는데, 화 승총 7정, 칼 1자루를 노획했다.

- 이일용, 『비록 한말전남의병전투사』 참조

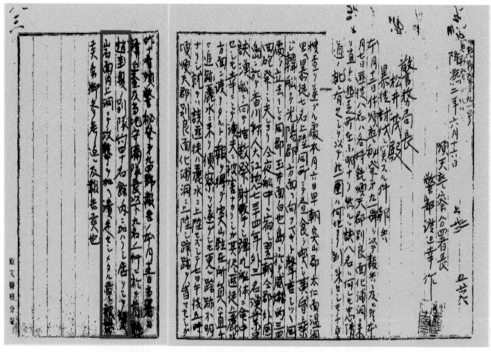

▲ 순천군 별양면 화포동에 조규하 의진 출몰 기록(『폭도에 관한 편책』, 1908.06.16)

『전남폭도사』를 번역한『비록 한말전남의병전투사』의 내용을 정리해 보면, 1908년 5월 29일 조규하 의진 약 40명은 전남 순천군 송광면 낙수장(洛水場)에서 순천경찰서 순사대와 격전을 벌이다가 화승총 4정을 빼앗겼으나 인명 피해는 없었는데, 6월 11일 조규하 의진 약 40명이 순천군 쌍암면 상동에서 아침밥을 먹다가 순천수비대장 이하 9명과 순천경찰서 순사 3명으로 구성된 연합 부대의 기습으로 의병 14명이 전사하였고, 9월 19일에는 구례수비대와 순사대의 공격으로 3명이 전사하였으며, 이들 일본 군경은 다음날인 9월 20일(음력 8월 25일) 조규하 의진 80명을 공격하여 곡성군 사당동(현 목사동면 용사리 속촌)에서 조규하 의병장 이하 23명이 순국하기에 이르렀다는 것이다.

조규하 의진의 의병들은 의병장이 순국하자 신정우와 노인선 의병장이 이끈 의진에 참여하게 되었으나 이들 의병장도 2개월 뒤인 1908년 11월 24일 피체되고 말았다.

전남 곡성분견소의 헌병 2명, 보조원 4명은 순사 4명과 공히 11월 24일 곡성의 동남 약 60리의 지점에서 적 약 40명을 치고, 그 5명을 죽인 후 적괴(賊魁) 신정우(申正雨) 및 노인선(盧仁先)을 체포. 총 9정, 화약 약간을 노획하였다.

- 국사편찬위원회,『한국독립운동사』자료 12권, 676쪽

그 후 조규하 의진을 이끌었던 부장(副將) 강승우(姜勝宇)와 선봉장 최성재(崔性裁) 의병장에 대한 기록이『폭도에 관한 편책』에 드러나 있다.

순천군 쌍암면 구룡리(九龍里)
최성재(崔性裁) 당 37년

우는 지난달 29일 체포의 지(旨) 전보로써 보고한 적괴(賊魁)인바 동인의 자백에 의하면, 동인은 지난해 12월 적괴 순천군 송광면 대곡리(大谷里) 거 조기화(趙基化: 趙奎夏-필자 주)의 부하에 투하여 기하(幾何)도 없이 추대되어 선봉으로 배회 중, 곡성군 목사동(木寺洞)에서 토벌대와 충돌하여 수괴 조기화, 기음적(其釺鏑)[49]에 죽어 차(次)에 부장(副將) 강승우(姜勝宇)는 병을 득하여 둔찬(遁竄)한 이래 스스로 수괴가 되어 부하 50여 명을 인솔, 각처를 배회하고 그간 선암사(仙岩寺) 기타로부터 다액의 금품을 약탈하고 양민 1명을 살해하였다 한다.

그런데, 본년 3월 순천군 서면 구정리(九亭里)에서 토벌대에 격파되어 부하 5명을 실하고 자여(自餘)의 부하는 실(悉)히 사산 궤주하고 차를 수용할 수 없어 그 후 동

---

49) '그 와중(渦中)에'의 의미

인은 그 처자를 보호하여 경상남도 남해군에 도둔(逃遁)하여 지난달 5일 구례군에 와서 동군 소의면 연파정리(蓮波亭里)에 영주의 목적으로 가옥 1동을 매수하고 취구 기타 매입을 위하여 누누이 구례읍내에 왕래 중, 동 29일 드디어 구례주재소 순사에 게 체포된 것으로 죄적(罪跡)이 현저하므로 본월 8일 일인 순사 2명으로 하여금 광 주지방재판소에 압송시킨바 그 도중 동일 오전 8시 낙안가도의 기로(岐路)에서 갑자 기 도주를 기도, 박승(縛繩) 그대로 좌방 산중으로 도입, 이미 포승을 절단하고 압송 원이 취진(取鎭)하고자 함을 극력 저항하여 질주, 그 영(影)을 일(逸)하고자 하므로 부득이 드디어 총살하였다.

- 국사편찬위원회, 『한국독립운동사』 자료 15권, 495~496쪽

● 조규하 의병장에 대한 공적 평가 유감

조규하는 1906년 5월 최익현이 거의하고자 준비할 때 현직 임실군수이면서 서신을 보내 동맹록에 이름을 올렸는데, 동 맹록에 오른 112인의 인물 가운데 품계가 가장 높은 종2품이었기에 의병 참여에 큰 힘이 되었던 인물 이었다.

그와 더불어 의병을 일으켰던 노 인선·신정우 의병장은 그가 전사 순국한 지 2개월 뒤에 피체되어 교 수형으로 순국했고, 그가 순국한 후 의진을 이끌었던 부장(副將) 강 승우(姜勝宇, 본명 진원震遠)는 의

▲ 조규하 의병장 묘(대전현충원 독립유공자 묘역)

진을 해산하고 경남 통영의 연대도에 피신했다가 수년 뒤에 고향으로 돌아와서 암굴에서 생활하다 1921년 붙잡혀 헌병대로 끌려갔다가 그곳에서 자결하였다.

신정우 의병장은 1968년 건국훈장 독립장, 강승우·노인선 의병장은 1977년 건국훈장 독립장이 추서되었으나 이들 의진의 총대장 격이었던 조규하는 이름조차 일본 군경이 사 용했던 한자를 사용한 채 1980년 건국포장이 추서되었다. 정부가 1990년 서훈을 5등급으 로 구분하면서 그에게 건국훈장 애국장이 추서되었다.

그리고 1887년 훈련원 부장, 1890년 부사과, 1891년 내금위장, 만경현령, 1894년 구례현감, 1901년 정3품 승품, 옥구항 경무관, 경위원 경무관, 1902년 길주감리서 주사, 1903년 철산군수, 경무청 경무관(종2품), 1904년 중추원 의관, 경무청 경무관, 임실군수에 임용된 고관 출신이었는데, 어찌 그의 출생연도가 1877년일까?

게다가 공적에 합당한 포상이 이루어져야 했는데, 그렇게 되지 않은 것은 더욱 안타까운 일이다.

19. 전남 중동부에서 활약한 노인선·신정우 의병장

◉ 고관 출신의 의병 거의에 동참하다

▲ 노인선 의병장 초상화(좌) 신정우 의병장

일제가 우리나라 한성(서울)에 통감부를 두고, 우리나라 황제 아래에 일본인 통감을 둔다는 을사늑약에 반대하여 시종무관장 민영환(閔泳煥), 전 좌의정 조병세(趙秉世)가 자결했다는 소식이 전남 곡성에도 들려왔다.

이어 홍선대원군을 탄핵하여 이른바 '최참판'으로 이름났던 최익현(崔益鉉)이 의병을 일으켰다가 붙잡혔다는 소식과 함께 인근 고을인 승주 출신으로 경무청 경무관과 중추원 의관을 거쳐 임실군수를 하던 조규하(趙奎夏)가 의병을 일으키기 위해 벼슬을 버리고 뜻있는 인사를 은밀히 모으고 있다는 풍문이 오랜 기간 들려오던 1907년 11월, 승지 출신이라는 김동신(金東臣)이 5명의 의병을 거느리고 곡성군 죽곡면 태평리에 살던 노인선(盧仁先, 1876~1909, 일명 임수琳壽)을 찾았다.

때마침 의병 거의를 생각하고 있던 노인선은 김동신의 충정에 머리를 숙이며, 자신도 의진의 일원이 되겠다고 약속하고, 그를 따라 곡성과 남원 일대의 우국지사를 찾아 의병 참여를 독려하였다.

한편, 임실군수 직을 버리고 의병 거의를 위해 준비해오던 조규하는 1908년 3월, 곡성

263

군 죽곡면 남양리에 살던 신정우(申正雨, 1879~1909, 일명 정백正栢)와 함께 의병을 일으켰다.

● 조규하·노인선 두 의진, 연계하여 의병투쟁하다

조규하 의진이 조계산에 근거지를 구축한 후, 전남 구례 계사리(季肆里)에서 수비대와 교전하는 등 곡성, 구례, 순천 지역을 무대로 의병활동을 전개하자, 노인선은 그동안 규합해 둔 30여 명의 사람을 모아 그해 4월 의진을 형성하고, 일본 군경에 맞서 조규하 의진과 연계하여 곡성 죽곡면 동계리(桐溪里)에서 일본 군경과 싸우기도 했다.

조규하 의진과 노인선 의진의 의병투쟁 기록은 『폭도에 관한 편책』에는 의진 규모를 정리한 기록이 몇 차례 등장하지만, 의병투쟁에 관한 구체적인 기록은 거의 찾아볼 수 없고, 『전남폭도사』에 기록된 것은 모두 6건이다.

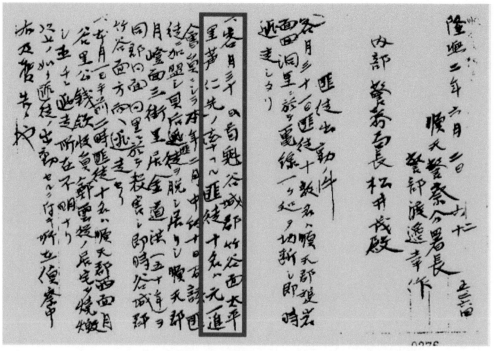

▲ 노인선 의진 활동 기록(『폭도에 관한 편책』, 1908.06.10)

-. 5월 29일 오후 3시 순천경찰서 순사 8명이 송광면 낙수장에서 수괴 조규하(趙奎
夏)가 이끄는 약 40명의 비도와 충돌, 이를 격퇴했는데 화승총 4정을 노획했다.

-. 5월 30일 수괴 노인선(盧仁先)이 이끄는 비도 18명이 순천군 월등면 삼가리에 사
는 일진회원 김도홍(金道洪)을 살해했다.

-. 6월 11일 순천수비대장 이하 9명, 순천경찰서 순사 3명이 순천군 쌍암면 상동(현
순천시 월등면 계월리 상동 부락-필자 주)에서 수괴 조규하(趙奎夏)의 부하 약
40명이 모여 아침식사를 하고 있는 것을 급습, 이를 격퇴하였는데, 적 14명을 죽
이고 화승총 2정을 노획했다.

-. 9월 19일 구례수비대 후쿠다(福田) 군조 이하 6명, 동지 주재소 한인 순사 1명이
곡성군 이사동면(목사동면의 오기인 듯)에서 비도 이증원(李証元)을 체포했는데,
그의 자백에 의해 수괴 조규하(趙奎夏)의 소재를 탐지, 평지동(목사동면 평리 들
말)에서 공격하여 3명을 죽이고 이를 궤란(潰亂)시켰다. 노획물은 화승총 3정.

-. 9월 20일 사당동(현 목사동면 용사리 속촌-역자 주)까지 추적, 수괴 조(趙)가 이
끄는 약 80명의 비도를 공격하여 조(趙) 이하 23명을 죽이고 이를 격퇴했는데, 화
승총 7정, 칼 1자루를 노획했다.

-. 11월 25일 곡성주재소 고또오(後藤) 부장 이하 4명과 동지(同地) 헌병 5명이 동
군 목사동 월평리에서 수십 명의 적을 공격, 4명을 죽이고 화승총 9정을 노획했
다. 오후 6시 동 부대는 죽곡면 동계리에서 수괴 신정우(申正雨)와 노인선(盧仁
先)을 포박했다.

- 이일용, 『비록 한말전남의병전투사』 참조

▲ 노인선·신정우 의병장 피체 기록(『폭도에 관한 편책』, 1908.11.29)

『전남폭도사』를 번역한 『비록 한말전남의병전투사』의 내용을 정리해 보면, 조규하 의진은 40명 내지 80명을 형성하여 의병투쟁을 벌였고, 곡성, 구례, 순천 등지에서 활약하다 9월 20일(음력 8월 25일) 곡성군 사당동(현 목사동면 용사리 속촌)에서 조규하 의병장 이하 23명이 순국하기에 이르렀다는 것이다.

조규하 의병장이 순국하자 조규하 의진의 의병들은 신정우와 노인선 의병장이 이끈 의진에 참여하게 되었으나 이들 의병장도 2개월 뒤에 피체되고 말았다.

그런데 피체 일자가 『전남폭도사』에는 1908년 11월 25일, 『폭도에 관한 편책』에는 11월 24일로 기록되어 있는데, 후자의 기록이 정정된 기록이니 두 의병장의 피체 일자는 11월 24일이 분명해 보인다.

> 지난 8일 「한폭통 제259호」 제2항을 좌와 여히 정정한다.
> 전남 곡성분견소의 헌병 2명, 보조원 4명은 순사 4명과 공히 11월 24일 곡성의 동남 약 60리의 지점에서 적 약 40명을 치고, 그 5명을 죽인 후 적괴(賊魁) 신정우(申正雨) 및 노인선(盧仁先)을 체포. 총 9정, 화약 약간을 노획하였다.
>
> — 국사편찬위원회, 『한국독립운동사』 자료 12권, 676쪽

◉ 피체 · 재판 · 순국 같은 고향 친구

전남 곡성군 죽곡면 출신 노인선 · 신정우 의병장은 나이는 두 살 차이였지만 친구 사이로 의병투쟁도 같이하고, 피체될 때도 같은 날 같은 장소였다. 1908년 11월 24일 곡성 분견소 헌병에게 붙잡혀 광주감옥에 투옥, 이듬해 1월 27일 광주지방재판소에서 교수형이 선고되자 공소, 3월 27일 대구공소원에서 공소가 기각되고, 4월 16일 대심원에서 상고가 기각되어 형이 확정되기에 이르렀다.

판결문 내용 중, 주요 내용에도 그들이 함께 의병투쟁을 전개했음이 드러나고 있다.

> 판결 융희 3년 형상(刑上) 제65호
> 전라남도 곡성군 죽곡면(竹谷面) 남양리(南陽里)
> 피고 신정우(申正雨) 31세
> 제1. 피고는 융희 2년 3월경 정사 변경을 목적으로 하는 내란을 기도하여 자칭 의병의 수괴라 칭하고, 총기를 휴대하며, 부하 20명과 함께 전라남도 곡성군 등 방면에

횡행하여 양식을 약탈한 위에 또 동년 4월 10일 구례군 영사리(影肆里)에서 육군 보병 9명과 교전하고 또 동월 16일 다른 폭도수괴 노인선(盧仁先) 및 그 부하 28명과 합동하여 곡성군 죽곡면 동계리(桐溪里)에서 육군수비대 및 경찰관으로 편성한 협동대와 충돌 교전하였다.

- 독립운동사편찬위원회, 『독립운동사자료집』 별집1, 701~702쪽

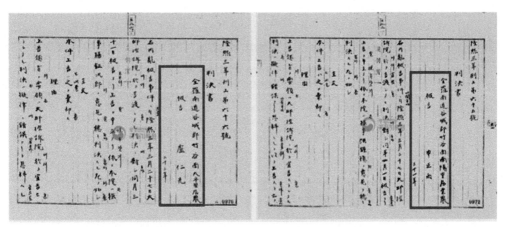

▲ 노인선·신정우 의병장, 교수형 상고기각 판결문(대심원, 1909.04.16)

판결 융희 3년 형상(刑上) 제66호
전라남도 곡성군 죽곡면(竹谷面) 대평리(大平里)
피고 노인선(盧仁先) 33세
제1. 피고는 융희 원년 11월 11일 폭도의 수괴 김동신(金東臣)이 정사를 변경할 목적으로 내란을 일으키려는 정을 알면서 그 부하로 투입하여 김동신 및 그 부하 5명과 함께 동월 22일에 이르는 기간 곡성군 남원군내 각지로 난입 횡행하며 난을 일으켰고,
제2. 피고는 정사 변경의 목적으로 내란을 일으킬 것을 기도하여 융희 2년 4월중 일찍 김동신의 부하였던 자 28명을 규합하여 함께 총기 21정을 휴대하고, 피고는 스스로 수괴가 되어 이들 부하 도당에 좇아 곡성군 구례군 등의 각 촌락으로 난입 횡행하여 동월 16일 다른 폭도수괴 신정우 및 그 부하 20명과 합동하여 곡성군 죽곡면 동계동(桐溪洞)에서 육군수비대 및 경찰관으로 구성된 협동대와 충돌 교전하였다는 사실을 인정하고,

- 독립운동사편찬위원회, 『독립운동사자료집』 별집1, 702쪽

의병장 노인선 · 신정우에 대한 『승정원일기』나 「관보」에도 함께 등장한다.

강도 살인범 신정우(申正雨)와 내란범 노인선(盧仁先)을 교형(絞刑)에 처할 뜻으로 법부대신이 상주(上奏)하여 가(可)하다는 교지를 받들었다.

- 『승정원일기』, 1909년 3월 26일(양력 5월 15일)

융희 3년 5월 15일에 강도살인범 신정우(申正雨)와 내란범 노인선(盧仁先)을 교에 처흐올 의로 법부대신이 상주흐와 가라흐신 지를 봉흐온 후에 본월 21일에대구감옥에셔 집행흔 사

- 「관보」 제4387호. 1909년 05월 27일

국가보훈처는 노인선(盧仁先)과 노임수(盧琳壽)가 다른 인물인 줄 알고, 노인선

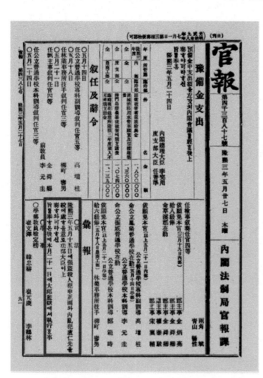

▲ 노인선·신정우 의병장, 1909년 5월 21일 대구감옥에서 교수형으로 순국(「관보」 제4387호, 1909.05.27)

(1877~1909) 건국훈장 애국장, 노임수 (1876~1911) 건국훈장 독립장으로 포상한 적이 있었으나 최근에는 이를 바로잡아 노임수 의병장의 이름이 일명 노인선이라 하였고, 노인선 · 신정우 의병장에 대한 글 마지막에는 "1909년 1월 교수형을 선고받고 형장에서 순국하고 말았다. 정부에서는 고인의 공훈을 기리어 1977년에 건국훈장 독립장을 추서하였다."라고 정정하였다.

의병장의 경우 본명을 사용하기도 하고, 가명이나 자호(字號)를 사용하기도 하였다. 후손이나 학자들이 의병투쟁 당시 사용했던 이름 대신 족보명이나 굳이 본명을 사용하여 포상을 신청한 경우는 그 이름으로 각종 기록을 검색하게 되면 아예 나오지 않는 경우가 허다하다.

268

▲ 독립유공자위령탑 - 전라남도 곡성군 곡성읍 읍내리 341-3번지

전해산(全海山) 의병장의 경우 본명이 기홍(基泓)이라 하여 '전기홍' 의병장이라 하면 오히려 그의 행적을 찾기가 어려울 뿐이다. 일제의 기록에는 안계홍(安桂洪)인데, 족보명 '안규홍(安圭洪)'이라 호칭하니, 그 이름으로 한국사 데이터베이스에 검색하면, 그의 의병 투쟁 기록을 찾을 수가 없다.

의병투쟁 당시 노인선·신정우 이름을 사용했고, 일제의 기록뿐만 아니라 재판기록이나 『승정원일기』, 「관보」 등에도 그 이름으로 기재돼 있기에 '노인선' 의병장, '신정우' 의병장으로 해야 하는데, 굳이 '노임수' 의병장이라 하고, '신정백' 의병장이라 호칭하는 지 이해하기 어렵다.

인천대학교 인천학연구원 독립운동사연구소
총서 제3호(1권, 통권7권)

III. 호남동의단 성립 이후의 호남의병

1. 대동창의단·호남동의단 대장 전해산

⬤ '한일합병조약' 체결 이튿날 순국하다

▲ 전해산기념관 - 전북 장수군 번암면 성암길 72

  일제는 1910년 8월 29일 「조선총독부관보」 제1호를 발행하였다. '한국(일제는 당시 국호를 대한이라 칭하지 않음)을 병합한다는 내용과 황제(융희황제)는 창덕궁 이왕, 태황제(광무황제)는 덕수궁 이태왕으로 책봉한다.'라는 내용을 담고 있다.

  「조선총독부관보」는 메이지(明治, 1910.08.29~1912.07.30) 시대는 통호 580호, 다이쇼(大正, 1912.07.30~1926.12.25) 시대는 4305호까지 4,303차례 정규호가 나왔고, 쇼와(昭和, 1926.12.25~1945.08.15) 시대는 1945년 8월 15일로 끝났지만, 8월 22·25·28·30일 4차례 정규호 및 호외가 발행되어 통호 5567호였으니, 일제침략기에 나온 「조선총독부관보」는 정규호만 10,450차례, 호외가 수백 차례 발행되었다.

  일제는 이 관보를 통하여 대한 사람을 회유하고, 협박하면서 식민통치를 시작했는데,

273

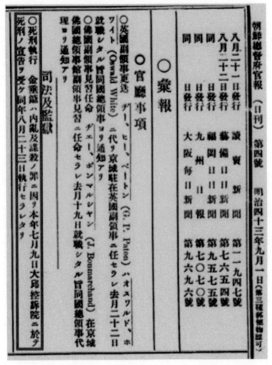

▲ 전수용(김수용으로 오기) 의병장 사형집행 기사
 -「조선총독부관보」제4호(1910.09.01)

당시 나라를 빼앗기지 않으려고 목숨을 걸었던 의병장들과 간도와 연해주 등지에서 광복 활동을 벌였던 지사들이 체포되어 일본 관헌의 온갖 회유에도 끝까지 굴복하지 않자 형식적인 재판을 거쳐 '사형집행'이라는 기사 제목과 함께 어디에서 재판받았고, 언제 어디에서 사형이 집행되었다는 기사가 전체 666차례 실려 있다. 그것이 맨 처음으로 등장하는 것은 1910년 9월 1일자「조선총독부관보」제4호였다.

김수용(金垂鏞)은 내란(內亂과 모살(謀殺)의 죄로 인하여 본년 7월 9일에 대구공소원에서 사형의 선고를 수(受)하고 동년 8월 23일에 집행한 바가 되니라.

기사에 등장하는 김수용은 전수용(全垂鏞, 1879~1910)의 오기이다. 그의 본명은 기홍(基泓), 자는 수용, 호는 해산(海山)이었다. 그는 호남 11개 연합 의병부대였던 '호남동의단(湖南同義團)'을 이끌다가 1909년 12월 18일 붙잡혀 일본군 영산포헌병분대를 거쳐 광주감옥에 투옥되었는데, 일제가 6개월 동안 온갖 감언이설로 회유했지만 끝내 굴하지 않자 신속하게 재판을 진행하여 1910년 6월 3일 광주지방재판소에서 교수형을 선고하였고, 그해 7월 9일 대구공소원에서 공소를 기각하였으며, 이어 8월 20일 상고를 기각하고 사흘 뒤인 23일 교수형을 집행하였다. 이날은 일제 통감부 통감 데라우치 마사타케(寺內正毅)와 그들 앞잡이 내각총리 이완용이 이른바 '일한합방조약'을 체결한 이튿날이었다.

● 이한룡(李漢龍) 문하에서 학문 연마

전해산은 전북 임실군 남면 국화촌 호전동(狐田洞)에서 태어나 당천(唐川) 이한룡(李漢龍, 1862~1926) 문하에서 학문을 연마했고, 특히 사장류(詞章類)에 영특함을 보여 주위

▲ 전해산 의병장(광주감옥)

사람들로부터 칭찬을 들었다.

당천은 전북 남원 출신으로 퇴계학파의 거유(巨儒) 곽종석(郭鍾錫)의 문인이었는데, 남원 고을뿐만 아니라 전국에 널리 알려져 제자를 가르치다 벼슬길에 나아가 장례원 주사를 역임하고, 훗날 당상관을 지낸 인물이었다.

해산은 그 문하에서 학문을 닦고 원근의 유학자들과 교유하였다. 해산은 불의를 보면 의기가 북받쳐 분개하는 마음이 남달랐으며, 유학의 경전 중에서도 특히 심취했던 것은 의리와 명분을 양대 지주로 하는 『춘추좌씨전』이었고, 『월남망국사』와 같은 외국 역사와 관련된 사학에도 깊은 관심을 가졌다.

해산은 학식과 견문을 넓히기 위해 호남 각지를 두루 여행하였는데, 이때 호남에서 이름난 유학자이자 우국지사였던 고광순(高光洵)·기우만(奇宇萬)·기삼연(奇參衍)·김영엽(金永燁)·오성술(吳成述)·오준선(吳駿善) 등과 교유하게 되었고, 이들과 함께 날로 기울어가던 국운을 바로잡기 위해 구국의 방책을 모색하는 등 학문과 시국에 대한 안목을 넓혀 나갔다.

▲ 『당천집(唐川集)』 - 이한룡 사후 1931년 간행된 8권 4책의 목활자본으로 일제의 식민통치를 반대하고, 3·1만세의거의 처절함을 묘사한 시 등으로 인해 금서로 지정되었다.

● 대동창의단 대장에 오르다

을사늑약 후 이듬해 최익현(崔益鉉)이 태인 무성서원에서 창의한다는 소문을 들은 해산은 이석용(李錫庸)과 함께 최익현을 찾아갔으나 최익현의 의진이 전력과 전술면에서 일본군과 맞서 싸우기에는 매우 빈약함을 느끼고 동맹록에 서명도 하지 않은 채 귀향하고 말았다. 그 후 최익현은 정읍, 순창 등지에서 의병투쟁을 전개하였으나 뜻을 이루지 못하고 관군에 붙잡혀 일제에 의해 8월 28일 대마도에 구금되었다가 이듬해인 1907년 1월 1일 병사 순국하였다.

1907년 10월 기삼연, 이철형(李哲衡) 등이 전남 장성의 수연산(隨緣山)에서 호남창의회맹소(湖南倡義會盟所)를 조

직할 때 해산은 그 의진의 종사(從事)로 참여하였고, 이어 이석용이 전북 임실에서 창의동맹
단(倡義同盟團)을 조직하자 그 의진의 참모로 활동하였다.

창의동맹단은 임실과 진안을 중심으로 활약했는데, 1908년 3월 남원 사촌(沙村)에서
일본군에 패한 데 이어 4월 진안과 임실의 경계인 대웅(大熊: 大雲峙) 전투에서 연패하게
되어 의진의 활동이 크게 위축되자, 해산은 남쪽으로 내려가서 김준(金準) 의진에 참여하
고자 하였다. 해산이 전남 장성에 도착했을 때는 이미 김준이 광주 어등산(魚等山)에서
일본군의 흉탄에 전사 순국한 후였다.

기삼연에 이어 김준마저 순국하게 되자 김준 의진의 선봉장이었던 조경환(曺京煥)과
오성술이 의진의 일부를 거두어 진세(陣勢)를 확장하고 있었다.

해산이 조경환과 오성술의 의진에 참여하여 광주, 나주 등지에서 의병을 모집, 일시적
으로 의진을 정비하고 있을 때인 1908년 8월, 7척의 헌헌장부(軒軒丈夫)인 정원집(鄭元
執)이 광무황제의 비밀조직을 휴대하고 30여 명의 해산 군인과 함께 해산을 찾아왔다.

정원집은 시위대 참위 출신으로 일찍이 을사늑약을 규탄하고, 경기도 광주에서 거의한
정철하(鄭喆夏) 의진에 참여하였다가 붙잡혀 전남 지도(智島)에 유배되었는데, 그곳을 빠
져나와 해산을 찾아온 것이었다.

평리원의 유 10년 죄인 이봉래(李鳳來)·정원집(鄭元集)·손성태(孫聖泰)·오인탁
(吳仁鐸)·김창순(金昌淳)의 배소(配所)를 전라남도 지도군 지도(智島)로 정하였다.

- 『승정원일기』, 1907년 12월 26일(음력 11월 22일)

전수용(全垂鏞)이 이석용(李錫庸)과 함께 진안 산중에서 의병을 일으켰다. 이보다
먼저 면암(勉庵) 최 선생이 먼저 의병을 일으켰다. 중도에 패하여 대마도에 잡혀가서
순국하고, 기성재(奇省齋: 성재는 기삼연 의병장의 호-필자 주)와 고녹천(高鹿川:
녹천은 고광순 의병장의 호-필자 주)이 잇달아 일어나고 참봉 김준(金準)이 여러 번
적장을 베어 의병의 기세가 크게 떨쳤다. 드디어 이장(李將: 이석용 의병장-필자 주)
에게 이르기를, "들으니 나주에 김 참봉이 지혜와 도략이 있어 여러 번 싸워서 이겼
다고 하니 나는 가서 전략을 의논하고, 또 기공(奇公)의 남은 군사를 거두어 와서 동
서에서 서로 응하면 완전한 방책이 될 것이다."
하고, 출발하여 장성에 이르자 김 참봉이 군사가 패하여 순국한 것을 듣고 통탄하기
를 마지아니하며, 광주·나주 사이에 방황하다가 의병장 오성술(吳聖述)과 서로 힘
을 합하여 드디어 나주 도림(道林)에 와서 머물렀다.

▲ 의사 전해산 추모비-1972년 장수 유림에서 세웠는데, 여기에는 전해산 가족이 1885년 장수군 번암면 대론리 원촌으로 이사했다고 되어 있으나 1910년 판결문에는 주소가 태생지 전북 임실군 남면 국화촌 호전동으로 기재되어 있어 다시 고향으로 이사했던 것으로 보인다.

김 참봉의 흩어졌던 군사들이 듣고 차츰 와서 모여서 함께 추대하여 대장(大將)을 삼으니 수용이 굳이 사양하기를

"내가 일개 서생(書生)으로 어찌 큰 책임을 감당하리오. 또 김 의장(金義將: 김준 의병장-필자 주)의 선봉장 조경환(曹敬煥: 曹京煥의 오기-필자 주)이 있으니 장수가 될 만합니다."

하였으나 여러 사람이 듣지 아니하였다.

6월에 군사를 광주 양암정(羊岩亭)에서 모으는데, 포군(砲軍)이 문득 한 사람을 얻어 왔다. 그 사람은 키가 7척이요, 기상이 늠름하니 곧 지도(智島)에 귀양살이하던 정원집(鄭元執)이었다. 이 사람은 을사년 협박조약 때에 의병을 일으켜 적을 토벌하려다가 도리어 적의 무리에 모함당하여 바다 섬에 귀양살이로 와 있었다가 본도에 의병의 기세가 매우 떨치고 있는 것을 보고 몸을 탈출하여 이리로 달려 온 것이었다. 모두 인물 얻었음을 기뻐하였다.

7월 29일에 함께 수용을 추대하여 대장을 삼으매 드디어 허락하고, 정원집으로 선봉장을 삼고, 김원범(金元凡: 金元範-필자 주)으로 중군장을 삼고, 윤동수(尹東秀)로 후군장을 삼고, 박영근(朴永根)으로 호군장(護軍將)을 삼고, 이범진(李凡辰)으로 도포장(都砲將)을 삼고, 군령을 엄히 하고 부대를 정비하였다.

– 오준선, 「의사 김준·전수용 합전」, 『독립운동사자료집』 2. 645~646쪽

　전해산은 오성술이 강권해 오던 의병장 직을 고사해 오던 터였지만 광무황제의 비밀조칙을 가지고 온 정원집과 해산군인 30여 명이 합세하여 의병장에 오르라는 요청을 뿌리치지 못하고 대동창의단(大東倡義團)[1]을 조직하여 의병장에 올랐으니, 이때가 1908년 8월 21일(음력 7월 25일)[2]이었다.

---

1) 국가보훈부의 기록에는 의진의 일부만 나와 있어 『해산창의록』에 따라 보완하였다.
2) 오준선은 「의사 김준·전수용 합전」에서 전해산이 대동창의단 대장에 오른 날을 음력 7월 29일 (한자 五와 九는 흘림글씨로 쓰면 비슷함)로 하였으나 『해산창의록』에 따랐다.

대동의병대장: 전기홍(全基泓)

선봉장: 정원집(鄭元執)

중군장: 김원범(金元範)

후군장: 윤동수(尹東秀)

호군장: 박영근(朴永根)

도포장: 이범진(李凡振)

척후장: 임장택(林長澤)

도통장: 김성채(金性采)

참모장: 이봉래(李鳳來)

종사: 김원국(金元局)   전인권(全麟權)

참모: 김공삼(金公三)   김돈(金燉)   이성화(李聖化)   이영준(李永俊)

　　　전내화(全乃和)   전명화(全明和)   전상회(全相澮)

▲ 『해산창의록』 - 오준선의 아들 동수가 보관하던 전해산의 「진중일기」 일부(5책 중 2책)와 각종 문헌, 서찰 등을 모아 전북 장수향교가 중심이 되어 호남 유림에서 1961년 간행한 석판본.

해산이 말하기를,

"왜노(倭奴)는 우리나라 신민의 불공대천(不共戴天)의 원수이다. 임진란의 화 또한 그러하거니와 을미년 국모시해는 물론이고, 우리 종사(宗社)를 망치고 인류를 장차 모두 죽일 것이니 누가 앉아서 그들의 칼날에 죽음을 청할 것인가? 만일 하늘이 이 나라를 돕고 조종을 돌보아 적을 소탕한다면 그날 우리는 마땅히 중흥 제일의 공신이 될 것이다. 일절 폭략(暴掠)을 하지 말고 힘써 나라의 국권회복(國權恢復)을 위해 싸우다 죽자."

하며 의병을 일으킨 동기와 의병투쟁의 당위성을 밝혔고, 국권회복을 위한 결의를 다진 후 의병투쟁에 나섰다.

不肖子南來踰月 近得皇城人鄭元執 奉讀密詔 不勝恐
불초자가 남쪽으로 온 지 한 달이 지났사온데, 얼마 전에 황성 사람 정원집이 가져온
밀조(密詔)를 봉독하고 황공함을 이기지 못하였습니다. (필자 역)

- 전해산, 「상 친정(上親庭)」, 『해산창의록(海山倡義錄)』, 6쪽

得一人乃漢陽人鄭元執 有衣帶之詔 心志相合 結管鮑之誼 而其下有精兵三十 皆武官學
生 善於銃砲 可濟大事矣
의대조칙(衣帶詔勅)을 소지한 한양 사람 정원집을 얻었는데, 서로 마음과 뜻이 맞아
서 관포지교의 의리를 맺었으며, 그 수하에 있는 정예병 30명은 모두 무관학교 학생
(출신)으로 총포술이 훌륭하여 가히 대사를 이룰 만합니다. (필자 역)

- 전해산, 「상 종형 기현 서(上從兄基顯書)」, 앞의 책. 6쪽

해산은 허리띠 속에 광무황제의 비밀조칙을 휴대하고 온 정원집을 만난 사실을 부모와
사촌 형에게 전하고, 사촌 형에게 의진에 참여한 무관학교 학생 출신의 해산 군인 30명은
총포술이 훌륭하여 국권 회복의 거사를 이룰 만하다고 한 것으로 보아 거의의 성공을 기
대하였다.

● 통문을 통한 포수 모집

해산이 이끈 대동창의단 지도부는 유생, 농민, 해산군인, 포수 등 다양한 계층으로 구성
하고, 의병은 김준 의진의 잔류병을 주축으로 인근에서 모집한 농민들이 대부분이었으나
의진의 전력 보강을 위하여 포수 모집에 나섰다. 당시 포수들은 군역을 마친 자로서 전란
이 있을 때 예비군 성격이었기에 고을의 수령이 관리하는 대상이었지만 그들은 산포계(山
炮契/山砲契)를 중심으로 움직이었기에 산포계장이나 산포계 중심인물의 영향력이 컸다.
해산은 산포계장을 비롯한 산포계 중심인물에게 의병참여를 촉구하는 통문을 비밀리
보내어 포수의 의병 참여를 촉구하였다.

279

「令該郡山炮」3)
國家事至此 同爲王民 彼我無問毋論 面與不面知與不知 各持該炮 迅速入陣 以論勤王事.
戊申 九月 十七日
湖南倡義所 海山

해당 군의 산포수에게 명한다
나랏일이 여기까지 이르렀으니, 같은 왕의 백성으로서 서로 묻거나 논할 것 없고, 서로 알고 모르는 것을 가릴 것도 없이 각자가 소지한 총[炮]을 가지고 신속히 의진에 참여하여 나라(임금)에 충성하는 일을 논의하자.
무신년(1908) 9월 17일(양력 10월 11일)
호남창의소 해산

「영 해군 산포(令該郡山炮)」라는 글은 특정인에게 비밀리 전달한 통문(通文)이었다. 이 통문은 나주군 서부면 교촌리(校村里)에 거주하면서 일찍이 김준 의진에 참여했다가 김준 의병장이 순국하자 귀가해 있던 이민영(李敏英)이 같은 면 경현동(京玄洞) 거주 박

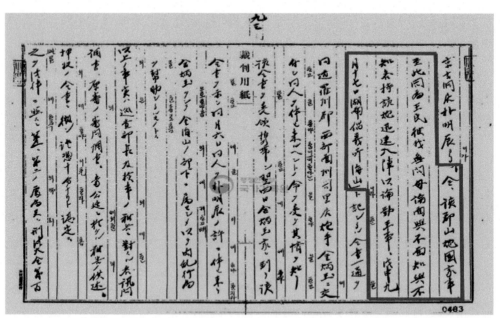

▲ 「영 해군 산포(令該郡山炮)」의 내용이 실린 나주 출신 이민영(李敏英) 지사의 판결문(대구공소원, 1909.02.23)

---

3) 「영 해군 산포(令該郡山炮)」는 당시 전남 나주군 서부면 교촌리(현 나주시 남평읍 속리)에 거주하던 이민영(李敏英) 지사 판결문 속의 내용인데, 번역의 오류를 바로잡음.

명진(朴明辰)으로부터 이것을 받아 같은 면 천사리(川司里) 거주 포수 김병옥(金炳玉)에게 전하고, 함께 전해산 의진에 참여했다는 것인데, 대구공소원 검사 오무라 다이요(大村大代)는 이 통문을 이민영의 의병참여 물증으로 제시하였고, 재판장 마쓰시타 나오요시(松下直義)는 이를 인정하여 그에게 유형 5년을 선고하였다.

이것은 전해산이 포수 모집을 위해 작성했던 통문으로 『해산창의록』에도 없는 것인데, 일제침략기 의병사를 연구하는 데 큰 가치가 있다.

해산이 자신이 이끌고 있던 의진의 이름을 쓰지 않고, 굳이 '호남창의소(湖南倡義所)'라는 이름을 사용한 이유는 당시 민간 사이에 대동창의단이 널리 알려지지 않은 것도 있었겠지만, 나라가 일제에 의해 강탈될 위기에 처했는데, 군대가 없는 상황에서 호남 포수들은 호남의 창의소로 와서 국권회복에 나서기를 촉구하는 의미였기에 호남창의소는 조경환 의진의 이름이라기보다 '호남의 창의소'라는 의미로 보인다.

호남창의소의 이름을 처음 사용한 의병장은 1907년 음력 3월 양회일(梁會一)·이윤선(李允先)이었다. 이듬해인 1908년 4월 김준 순국 후 조경환이 사용했고, 그해 음력 11월 김영엽과 1909년 음력 2월 김공삼이 격문에서 사용하였으며, 1909년 3월 고부, 그해 6월 창평, 그해 8월 김제에서 전사 또는 일본군에 붙잡힌 의병의 소지품에서 호남창의소 인장이 발견되었다.

'호남의소(湖南義所)'는 1908년 음력 3월 김율(金聿)이 두 차례 격문에 사용했는데, 이

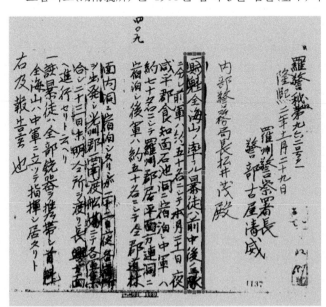

▲ 전해산 의진은 전군 50명, 중군 70명, 후군 50명으로 나눠 의병투쟁한 기록(『폭도에 관한 편책』, 1908.12.03)

에 대한 나주 관아의 공형(公兄)은 답신에서 호남창의소라는 이름을 사용하였고, 1909년 음력 2월 조경환 의진의 전 도통장 박용식(朴庸植)은 격문에서 자신을 일컬어 "호남의소 도통대장"이라 하였다.

해산이 이끌었던 대동창의단은 그 규모가 컸다. 일시적으로 모였다가 흩어지는 단체였다면, 수백, 수천도 가능하겠지만, 의식주를 해결해 가면서 계속 의병투쟁을 전개해야 하는 의진으로서는 수백 명의

의병을 한꺼번에 운용한다는 것은 거의 불가능하였다.

1908년 11월 29일 나주경찰서장 타카야키 요타케(高屋淸威)가 내부경무국장 마쓰이 시게루에게 보고한 기밀문서 「나경비(羅警秘) 제962호의 1」에는 '전해산이 인솔하는 의병들은 전군·중군·후군 세 부대로 나누어 운용되었는데, 전군은 약 50명, 중군은 약 70명, 후군은 약 50명이다.'라는 것이었다.

5백여 명에 달하던 대동창의단을 이끌었던 해산은 신속한 부대 이동과 작전의 기동성을 살리기 위해 부장들에게 각기 40~100명의 의병을 통솔케 하였으며, 자신은 100~150여 명으로 구성된 의진을 거느리고 작전을 수행하다가 필요시에는 합동작전을 수행하였다.

대동창의단은 단독으로 전투를 수행하는 것 외에도 인근 지역에서 활약하던 의진과 연합작전을 펼쳤다.

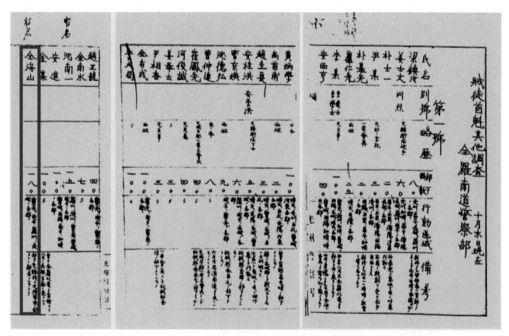

▲ 전해산 의진을 비롯한 전남 지역 의진 규모(『폭도에 관한 편책』, 1908.11.12)

11월 24일, 창평헌병분견소 상등병 2명, 보조원 5명은 광주군 대치면 용산(龍山: 담양 서방 3리) 부근에서 적괴(賊魁) 전해산(全海産, 全海山의 오기-필자 주)과 유창호(柳昌鎬)가 인솔하는 약 300의 적단(賊團)이 배회한다는 정보에 기(基)하여 출동하였으나, 적도(賊徒)들은 이미 수비대가 격퇴한 후였으므로 충돌하지 않았다.

- 국사편찬위원회, 『한국독립운동사』 자료 12권, 674쪽

이 기밀문서는 「한헌경(韓憲警) 을(乙) 제1381호」로 1908년 12월 7일 한국주차헌병대장 육군 소장 아카시 모토지로(明石元二郞)가 대한제국 내부(內部) 경무국장 마쓰이 시게루(松井茂)에게 통보한 것이다.

광주 대치에 전해산 의진과 유창호(자는 종여宗汝) 의진 300명이 배회한다는 정보에 창평헌병분견소 헌병 상등병 2명과 헌병보조원 5명이 출동했으나 일본군 수비대가 이미 격퇴한 후였다는 것이었다.

같은 날 「한폭통(韓暴通) 제258호」로 한국주차군 참모장 육군 중장 무다 게이쿠로(牟田敬九郞)가 경무국장 마쓰이에게 통보한 기록은 날짜가 다른 전투 기록이다.

> 전남 장흥경찰서 순사부장 이하 13명은 11월 27일 장흥 서북방 약 2리에서 전해산(全海山)이 인솔하는 적(賊) 170명을 쳐서 그 2명을 죽이고, 총 4정, 잡품 약간을 노획하였다.
>
> — 국사편찬위원회, 『한국독립운동사』 자료 12권, 675쪽

해산이 이끈 의진 170명과 전남 장흥경찰서 순사부장 이하 13명이 전투한 내용이다. 이처럼 의병은 일본 군경보다 그 수가 훨씬 많아도 고전했던 것은 의병이 소지했던 무기가 매우 열악했기 때문이었다.

● 호남의병 연합체 호남동의단 대장에 오르다

대동창의단의 활동이 활발해질 무렵인 1908년 늦가을 해산은 김영엽 · 심남일 · 오성술 · 조경환 등의 의병장과 함께 수차례에 걸쳐 호남의병 연합체 결성을 상의한 끝에 호남동의단을 조직하였다. 여기에서 해산은 여러 의병장의 추대를 받아 동단의 대장에 선임되었다.

대동창의단 · 호남동의단 대장: 전기홍(全基泓)
제1진 의병장: 심남일(沈南一)
제2진 의병장: 박도경(朴道京)
제3진 의병장: 김영엽(金永燁)

　제4진　의병장: 조경환(曺京煥, 曺大川)

　제5진　의병장: 신화산(愼華山)

　제6진　의병장: 이순식(李淳植, 李大克)

　제7진　의병장: 이기손(李起巽)

　제8진　의병장: 오성술(吳聖述)

　제9진　의병장: 권영회(權寧會, 權澤)

　제10진　의병장: 안덕봉(安德峰, 安桂洪)

이 호남동의단의 의병장들이 활동했던 지역은 전남과 전북 남부지역을 망라하다시피
하고 있었으며, 해산은 호남의병의 정신적 지주가 되어 활동하게 되었는데, 그는 호남동
의단 소속의 의병장이 이끄는 의진뿐만 아니라 다른 의진과도 서로 연합하여 의병투쟁을
전개한 것도 많이 드러나고 있다.

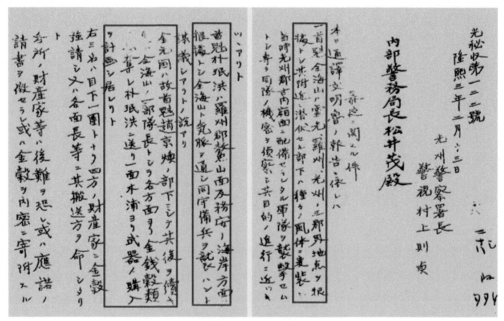

▲ 전해산·박민홍·김원국 의진의 연합투쟁 기록(『폭도에 관한 편책』, 1909.02.13)

오늘 통역 문명로(文明魯)의 보고에 의하면,

-. 수괴 전해산(全海山)은 영광·나주·광주의 세 군계(郡界) 지점을 근거로 하여
　그 부근에 잠복한 부하는 각종의 풍체로 변장하고 당시 광주군 고내상면(古内廂

面)에 배비(配備)된 군대를 습격하고자 오로지 각 부대의 기밀을 정찰하고, 그 목적의 진행에 접근하고 있다고 한다.

-. 수괴 박민홍(朴珉洪)은 나주군 오산면(鰲山面)과 무안의 해안 방면을 근거로 하고 전해산과 기맥을 통하고 동 수비병을 습격하고자 모의하고 있다는 설이 있다.

-. 김원국(金元國)은 고 수괴 조경환(趙京煥: 曺京煥-필자 주)의 부하로 그 후를 이어 목하 전해산의 한 부대장으로 각 방면으로부터 금전·곡류를 약탈하여 박민홍에게 보내고, 일면 목포로부터 무기의 구입을 계획하고 있다고 한다.

-. 우 3명은 목하 한 집단이 되어 사방의 재산가에게 금곡(金穀)을 강청, 또는 각 면장 등에게 그 반송(搬送)할 것을 명령하였다 한다. 각처의 재산가 등은 후난(後難)을 두려워하여 혹은 응낙의 청서(請書)를 징수당하고, 혹은 금곡을 내밀히 기부하는 자가 있다고 하는 설이 있다.

-. 김원국은 광주군 덕산면(德山面) 면장에게 곡류(穀類)를 매각하여 대금을 납부하라고 재삼 시달하였다고 하는 설이 있다.

우에 대하여 목하 엄중 수색 중

- 국사편찬위원회,『한국독립운동사』자료 13권, 367~368쪽)

이 기밀문서는 1909년 2월 13일 광주경찰서장 무라카미 노리사다(村上則貞)가 내부경무국장 마쓰이 시게루(松井茂)에게 보고한 것이다.

해산은 영광·나주·광주의 군계(郡界) 지점에 근거지를 두고 활동하였고, 박민홍은 나주군 오산면(鰲山面)과 무안의 해안 방면을 근거로 하면서 전해산과 기맥을 통하고 수비병을 습격하고자 모의하고 있으며, 김원국은 순국한 조경환 의병장 뒤를 이어 전해산 의진의 한 부대장으로 활약하고 있는데, 그는 각 방면으로부터 군자금과 군량미를 마련하기 위해 재산가에게 금곡(金穀)을 강청하고, 각 면장에게 그것을 반송(搬送)할 것을 명령하였다는 기록이다.

나경비수(羅警秘收) 제134호의 1
융희 3년 2월 15일
나주경찰서장 경부 후루야 키요타이(古屋淸威)
내부경무국장 마쓰이 시게루(松井茂) 앞

폭도수괴 전해산·이대국(李大局) 양인은 지금 함평군 신광면과 손불면 경계인 군유산(群遊山)에 부하 300명을 모아 놓고, 두 면민들로부터 소 13마리를 징발하고 있다는 주재소 순사의 보고에 접하였다.

- 국사편찬위원회, 앞의 책. 373쪽)

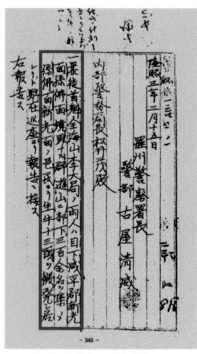

▲ 전해산·이대국 연합의진 300명, 소 13마리 징발 기록(『폭도에 관한 편책』, 1909.02.15)

해산과 이대극 의병장이 이끈 의진 300명이 군유산에 모였고, 호군(犒軍)을 위해 소 13마리를 징발했다는 기록이다.

해산은 호남동의단을 구성하여 일군 군경을 협공하기도 하고, 때로는 하나의 의진이 일본 군경의 공격으로 위기에 처했을 때 서로 도와 위기를 벗어나게 하였다.

호남동의단 대장 전해산 의진이나 제1진 심남일 의진, 제10진 안계홍 의진 등은 그 구성원이 300~500명이었으나 전군·중군·후군, 또는 선봉진·좌익진·우익진 등의 형태로 나눠서 의병투쟁을 전개하였다.

이 기밀문서 속의 전해산·이대국 의진 300명의 구성원도 그 속에 50명 내외의 의진을 구성했던 부장(部將)들이 모인 것이었다고 볼 수 있다.

1909년 2월 전라남북도 경찰부가 각 「전남경비발(全南警秘發) 제417호」와 「고비발(高秘發) 제25호」로 작성한 '폭도세력 비교표'를 통하여 각 의진의 규모를 엿볼 수 있다.

2월 폭도세력 비교표

전라남도 경찰부

수괴	부하 수		습래(襲來)도수		토벌 도수			
	본월	전월	본월	전월	경찰 단독	헌병 단독	수비대 단독	연합
全海山	150	130	8	2	·	·	1	2
沈南一	150	150	3	·	·	·	3	·
安桂洪	50	50	1	3	·	·	1	·

李大局	80	100	2	1	·	·	·	2
姜武景	100	60	1	2	1	·	·	·
朴士一	60	20	2	·	·	·	·	·
金元局	50	·	·	·	·	·	·	·
吳參奉	120	·	1	·	1	·	·	·
安進士	100	100	·	·	·	·	·	·
朴珉洪	80	150	5	2	2	·	·	3
朴基先	20	20	·	·	·	·	·	·
朴士化	100	·	1	·	3	·	·	·
李化三	20	·	1	·	·	·	·	·
梁鎭汝	80	30	5	·	·	1	·	1
曹京煥	20	20	·	1	·	·	·	·
盧仁兄	30	30	·	·	·	·	·	·
姜士文	20	20	·	·	·	·	·	·
金永伯	30	·	·	·	·	·	·	·
金善仲	15	·	·	·	·	·	·	·
金鳳石	25	·	·	·	·	·	·	·
金有成	20	·	·	·	·	·	·	·
張仁朱	40	·	3	·	·	1	1	1
宋基和	20	11	1	1	·	·	·	1
鄭 某	20	20	1	·	·	·	·	1
金主事	38	38	·	·	·	·	·	·
李木浦	18	18	·	·	·	·	·	·
金在善	18	18	·	·	·	·	·	·
李載承	18	18	·	·	·	·	·	·
盧參奉	50	·	1	·	·	1	·	·
성명미상 10명	196	250	40	21	2	1	3	4
합계	1738	1253	76	33	9	4	9	15
비고	1. 심남일, 전해산, 안진사 등의 동작은 전월과 다름이 없고, 양진여, 박민홍 등은 약간 활동으로 옮기었다. 2. 그 원인을 확인할 수 없으나 새로 일어난 수괴가 본월에 이르러 증가하게 되었다. 3. 전월보에 기재한 윤상교(尹相喬) 이하 11명의 수괴의 동정은 전월과 같고 들리는 바 없다. 본월표에는 이를 생략하였다. 4. 전월보 중의 김모(부하 100명)도 동정이 전혀 없고, 일시 본표에 기산(記算)을 보류한다. 5. 기타는 전월표 비고 각항과 다를 바 없다.								

- 국사편찬위원회, 『한국독립운동사』 자료 13권, 437~439쪽

전라북도 경찰부

수괴	부하 수		습래(襲來)도수		토벌 도수			
	본월	전월	본월	전월	경찰 단독	헌병 단독	수비대 단독	연합
李成化	60	70	9	6	5	10	3	3
趙進士	7	19	7	3	·	·	·	·
文泰仁	28	18	5	4	·	·	·	·
申寶鉉	80	80	1	5	·	2	2	·
金達仲	·	50	·	6	·	·	·	·
全海山	200	200	·	1	·	·	·	·
金判乭	40	40	·	1	·	·	·	·
金公三	50	50	1	1	·	·	·	·
盧參文	13	·	6	·	4	6	·	·
鄭大洪	50	·	4	·	·	3	·	1
李錫庸	12	17	1	1	·	·	·	·
梁允淑	30	30	3	1	·	·	·	·
鄭聖鉉	56	·	1	·	·	·	·	·
崔散亨	50	·	2	·	·	·	·	·
불명	69	20	3	6	1	·	·	2
柳宗煥	40	40	1	1	·	·	·	·
全相鎭	40	40	1	1	·	·	·	·
합계	825	674	45	37	10	21	5	6
비고	·							

- 국사편찬위원회, 앞의 책. 440~441쪽

　전해산 의진은 전라남북도를 넘나들며 의병투쟁을 벌여 전남 경찰부에서는 150명으로, 전북 경찰부에서는 200명으로 기산(記算)하였다. 1909년 2월 의병수는 전남 1,738명, 전북 825명으로 전남북 전체 2,563명이다. 그러나 이 비교표에는 전남의 양진여·상기 부자 의진, 전라남북도를 넘나든 박도경 의진, 전북의 이규홍 의진 등이 빠져 있어 실제는 3천여 명의 의병들이 활동했을 것으로 추산한다.

　호남 전체 의병 중에서 호남동의단 소속 의진의 의병장이 이끈 의병수를 보면, 전남에서는　전해산·심남일·안계홍·이대국(이대극)·강무경·김원국·오참봉(오성술)·박사화·이화삼·조경환·장인주(장인초) 의진 880명이다. 강무경·박사화는 각기 심남일 의진의 전군장·중군장이고, 김원국은 당시 전해산 의진의 참모였으며, 이화삼은 이대극 의진의 후군장이고, 조경환 의진은 조경환이 순국한 후 좌익장 이원오가 의진을 수습하던 시기였으며, 장인초는 심남일 의진의 선봉장을 거쳐 당시는 안계홍 의진의 선봉진을 이끌고 있었다.

전북에는 이성화 · 신보현 · 전해산 · 김공삼 · 노삼문(노한문) · 정대홍 의진 453명이다. 이성화 · 신보현 · 김공삼 · 노한문은 전해산 의진의 참모 · 부장이고, 정대홍은 이대극 의진의 부장(副將)이었다.

전라남북도 전체 의병 2,563명 중에 호남동의단 소속 의병은 1,333명으로 그 수가 전체 의병의 절반을 넘고, 일본 군경이 이른바 "거괴(巨魁)"로 지목하여 체포하려고 혈안이 되었던 의병장들이 다수 포함된 의진이었다.

● 부왜인과 영산포헌병분대장에게 띄운 격문과 서찰

해산은 호남지역에서 의진을 규합하여 일본군과 투쟁을 벌이는 한편, 가렴주구를 일삼던 지방관, 일본의 위세를 믿고 횡포를 부리던 헌병보조원, 경찰, 일진회원, 세금징수원, 가짜 의병들을 상대로 경계하는 격문을 보내 회유하기도 하고, 위협도 하여 그 직을 그만두도록 하거나 가산을 몰수하고 체포해서 다스리기도 했으며, 심한 자들은 총살하여 징계하였다.

해산이 대동창의단을 구성하여 의병투쟁을 해오면서 밀정에 의해 의진이 구축한 주요 진지가 드러나게 되거나 의진의 의병투쟁 계획과 전략이 누설되어 일본 군경의 기습으로 이어지기가 일쑤였다. 게다가 의병장을 비롯한 의진의 주요 인물에 대한 신상을 파악하여 이를 일본 군경에 제보하는 바람에 그 가족은 헌병 분견소나 경찰 주재소로 끌려가서 극심한 고초를 겪게 되었고, 부상했거나 가정형편으로 몰래 귀가한 의병을 밀고하여 붙잡히게 하는 등 피해가 컸다. 특히 헌병보조원은 일본 군경의 앞잡이가 되어 그들 복장으로, 또는 의병처럼 변장하여 의병 진압에 적극 나서자 해산은 격문을 띄워 그들의 행위를 꾸짖고, 반성하기를 촉구하였다.

「격 해주군 반당문(檄該州郡反黨文)」
아! 천하의 대의는 세 가지가 있으니 하나만 빠져도 사람이 사람답지 못하고 나라가 나라답지 못하다. 왜 대의는 세 가지가 있다고 하는가? 우리 선왕(先王)의 토지는 한 치라도 남에게 주어서는 안 되고, 우리 선왕의 백성은 한 명이라도 오랑캐가 되어서는 안 되고, 우리 선왕이 숭상한 도학(道學)은 하루라도 없어져서는 안 된다.
우리나라 신민에게 세상에 설 수 없게 만든 놈이 어찌 유독 이등박문(伊藤博文)이나 장곡천호도(長谷川好道)만이겠느냐? 이 모두 평일에 아첨을 일삼는 무리가 조야(朝野)에 벌여 있어 그놈들에게 붙어 앞잡이 노릇을 달게 하며 반드시 우리 종묘사직을 뒤엎고야 말겠다는 심산이기 때문이다.

비록 불민한 전수용(全垂鏞)으로도 일찍이 당세의 대인군자를 상종하여 목숨을 바쳐서라도 의(義)를 취해야 한다는 것을 들었다. 아래는 호해(湖海)에서 칼을 짚고 일어선 성옹(省翁)4)의 흥시를 받았고, 일찍이 성시(城市)에서 방황하던 녹천(鹿泉)5)의 절의를 사모한 것이었다.

요즘 군의 형세가 차츰 떨치고 의로운 깃발이 날로 날리어, 김죽봉(金竹峰)6)·김치재(金痴齋)는 산 고을에 출입하고, 이순식(李淳植)·박도경(朴道京)은 바다 연변에서 연락하고, 신화산(愼華山)·조대천(曹大川)은 서북에서 경영하고, 심남일(沈南一)·안덕봉(安德峰)7)은 동남에서 치달리고, 나도 정원집(鄭元執)과 더불어 수십여 진을 규합하여 산과 바다로 횡행하고 있다. 그리고 그 나머지 벌떼같이 일어나는 장수와 독수리같이 덮치는 군사가 별처럼 박히고 바둑알처럼 놓여 가는 곳마다 용맹을 자랑하며 맹세코 이 왜적의 무리를 없애기로 한다.

아! 너희 보조원들은 시기를 놓치지 말고 죄를 뉘우쳐 한 놈의 적이라도 베어 가지고 와서 이수청명(泥首請命)8)한다면 혹시 살길도 있을 것이나, 만약 미혹에 사로잡힌다면 병력이 미치는 날에 용서 없이 모두 무찔러 죽이고 말 것이다·격문을 보고 반성하여 후회가 없도록 하라.

- 전해산, 「격 해주군 반당문」, 『호남의병장 전해산』(상). 35~38쪽

「게시 해군 대소민인(揭示該郡大小民人)」

현재 좀도둑들이 의병이라 자칭하고 낮에는 숨어 있다가 밤이면 나타나서 의거를 빙자하며 민간에 침해하여, 그 폐단이 말할 수 없는 지경에 이르렀다. 심지어는 부녀자를 강간하며 재산을 약탈하고 사람들을 구타하니 궁촌 백성의 원통한 현상이 이루 헤아릴 수 없이 날마다 본진(本陣)에 들려온다. 얼마나 통탄스러운 일이냐? (중략) 이 도둑놈들에 대해서는 소관 지방에서 본소의 장령(將令)이 있고 없는 것을 자세히 탐지해서, 만약 장령이 없이 사사로이 토색하는 자에게는 즉시 그놈들이 휴대한 무기를 압수하고 잡아 묶어서 본소로 압송하면 단연 용서하지 않고 죽일 것이다. 혹시 그 지방 면장이나 동장이 약속을 준수하지 않고 사정에 얽매어 차마 못 해서 본소로 하여금 듣지도 못하고 알지도 못하는 폐단이 있게 한다면 모든 일이 숨길수록 더욱 나타나게 마련이니, 이후 사정이 탄로되는 마당에 중한 죄를 면하기 어려울 것이다. 각별히 유의하여 궁촌 백성으로 하여금 본소에 와서 원통한 정상을 호소하지 않도록 하라.

- 전해산, 「게시 해군 대소민인」, 앞의 책. 32~33쪽

---

4) 성재(省齋) 기삼연(奇參衍) 의병장
5) 녹천(鹿泉) 고광순(高光洵) 의병장
6) 죽봉(竹峰) 김태원(金泰元) 의병장이다. 이미 순국한 이후지만 일부러 넣은 것으로 본다.
7) 덕봉(德峰) 안계홍(安桂洪) 호남동의단 제10진 의병장
8) 죄지은 사람이 사죄하는 뜻으로 머리에 진흙을 묻히고 와서 용서를 비는 일

이어 「영 삼가면장급 해동동수(令三加面長及該洞洞首)」를 통하여 당시 나주군 삼가면 장과 마을의 동장에게 "사람이란 어차피 한 번 죽고 마는 것이니 왜놈에게 붙어서 죽게 될진대 어찌 의병에 충실하다 죽어서 끝내 좋은 이름을 차지하는 것만 하겠느냐? 아무쪼록 명령에 복종하고 죄를 당하는 지경에 이르지 않게 하라."라고 촉구하였고, 세금을 거두는 세금 징수자에게 「게시 세무영수자류(揭示稅務領收者流)」를 통하여 "아! 제가 제 살을 베어서 굶주린 호랑이 배를 채워 주면 호랑이의 요구는 한도가 없고 제 살은 다 없어지게 될 것이니 살이 없어지고서 목숨이 붙어 있다는 것은 있을 수 없는 일이 아니겠느냐? 무릇 만물이 제 목숨을 아끼는 것이거늘 어째서 제 목숨을 끊으려 드는가? 원컨대 이 말을 두세 번 되풀이해 보고서 빨리 그 직무를 떠나서 우리 군사의 칼날에 피를 바르게 하지 말라."라고 준엄하게 꾸짖었다.

그리고 전남과 전북 일부 지역 헌병대를 관할하던 한국주차군헌병대 영산포헌병분대 장에게 「시 영산포헌병분대장 대원 수사랑(示榮山浦憲兵分隊長大原壽四郎)」이란 서찰을

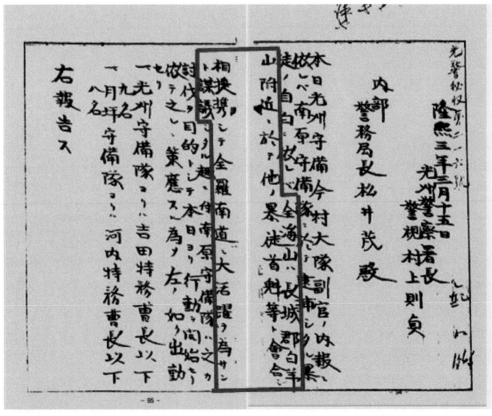

▲ 전해산, 장성 백양산 부근에서 여러 의병장과 전남지역 대활약 모의(『폭도에 관한 편책』, 1909.03.15)

보내 "예전부터 전쟁을 난리라 칭하는데, 이것이 우리 폭도(暴徒)들 때문이라 하여 보조병을 시켜 출몰하고, 내왕하고, 구타하고, 노략질하며, 더구나 겁탈하고, 살해까지 하게 하니, 만약 우리 성질이 본래 포학하다고 인정되면 인(仁)으로 제지하고, 의(義)로 본을 보여야 혹시 포학을 버리고 덕으로 나아갈 가망이 있을 것이거늘 도리어 악으로 훈련하고, 간음으로 날뛰니 무슨 기대가 있겠는가?"하고 일본 군경의 포악함을 꾸짖고, "귀하는 공정한 마음으로써 의리로 저울질하여 우리나라를 안보하고, 보조병을 잘 훈련하여 그 보조병이 우리에게 돌아오게 해야 후환을 면할 것이며, 그래야만 명철한 보신지책이 될 것이다. 내 말을 심각하게 듣고 반드시 채택하라."라고 경고하였다.

일제 앞잡이 전남관찰사 신응희에게는 「격서 광주관찰사(檄書光州觀察使)」라는 격문을 통하여, "왜적에게 충성하고 의병을 거스르는 것은 나라의 멸망을 재촉하는 것이니, 세무자로 하여금 백성에게 납세를 재촉하게 하지 말고, 우리 의병을 길러준다면 대사를 이룰 수 있을 것이다. 왜적을 토벌하고 원수에게 복수하고 임금에게 불충한 신하의 머리를 황성(皇城)의 문에 효시하는 날이 가까이에 있다."라고 하여 의병을 도우면 대사를 이룰 수 있지만, 일제를 돕고, 임금에게 불충하면, 효수하게 될 것임을 경고하였다.

◉ 호남 12개 고을에서 의병투쟁

대동창의단은 1908년 8월 의병투쟁을 개시한 이래 이듬해 7월 의진이 해체될 때까지 약 1년 동안 일본 군경과 70여 차례의 교전을 펼쳤다. 대동창의단의 활동 지역은 전남 서남부 광주·나주·담양·무안·영광·장성·장흥·함평·화순, 전북 고창·부안·순창 등지에 이르기까지 활동 영역이 매우 넓었다.

그러나 일제는 1909년 4~5월 사이에 한국주둔헌병대의 천안 및 영산포 분대의 관할 하에 45개소의 분견소 및 임시파견소를 증설하는 한편, 4만 3천여 명의 한인 무뢰배를 헌병보조원이라 하여 비싼 급료를 주며 분산 배치하고, 의병학살과 정보수집에 주력하게 되자 의병들의 활동은 크게 위축될 수밖에 없는 상황에 놓이게 되었다.

특히 그해 4월부터 일본 군경의 공격은 의진을 정비할 겨를도 없이 계속되었으나 호남동의단 각 의진은 연합작전을 펼쳐 이를 극복해 나갔다.

수괴 전해산이 인솔하는 폭도는 지금 그 부하 300명 내지 400명이라고 칭하나 사실은 일찍이 이대국(李大局)의 부장(副將)이었던 정대홍(鄭大洪)과 김원국(金元局),

박경욱(朴京旭: 박도경-필자 주) 등의 각 부하와 합동한 것으로서 새로이 세력을 증가한 것이 아닌바, 오늘 영광주재소 순사의 보고에 접하였다.

- 국사편찬위원회, 『한국독립운동사』 자료 14권, 147~148쪽

이 기밀기록은 「나경비수(羅警秘收) 제350호의 1」로 1909년 4월 21일 나주경찰서장이 내부경무국장에게 보고한 내용인데, 전해산 의진은 정대홍·김원국·박도경 의진과 연합하여 의병투쟁을 전개한 것이었다.

4월 26일, 전해산이 인솔하는 적도 7, 80명이 영광군 불갑산(佛甲山)에 집합하였다는 정보에 의하여 영광수비대 기병과 주재소 순사 2명은 정찰을 위하여 출동하였다.

- 국사편찬위원회, 앞의 책. 169쪽

이처럼 호남동의단 소속의 의진은 서로 연합하여 활동하기도 하고, 독립하여 활동하였는데, 1909년 4월에는 2개월 전의 전라남북도 경찰부가 작성한 이른바 '폭도세력 비교표'와 다소 차이가 났음을 알 수 있다.

4월 폭도세력 비교표

전라남도 경찰부

수괴	부하 수		습래(襲來)도수		토벌 도수			
	본월	전월	본월	전월	경찰단독	헌병단독	수비대단독	연합
全海山	250	150	8	6	3	1	3	1
沈南一	170	150	3	3	·	·	·	·
安桂洪	150	100	8	4	·	1	·	·
李大局	100	100	·	·	·	·	·	·
吳致元	100	120	1	·	·	·	·	1
姜武景	·	80	·	·	·	·	·	·
朴士一	50	60	2	3	·	·	·	·
金元局	40	60	1	2	·	1	·	·
梁鎭汝	100	100	1	10	·	·	·	·
姜士文	40	20	1	2	·	1	·	·
金永伯	70	30	·	2	·	2	·	·
金鳳石	30	25	1	3	·	·	·	·

수괴	부하 수 본월	전월	습래(襲來)도수 본월	전월	토벌 도수 경찰 단독	헌병 단독	수비대 단독	연합
張仁肖	40	40	·	·	·	·	·	·
鄭大洪	80	80	2	4	·	1	1	·
盧參奉	·	32	·	·	·	·	·	·
朴京旭	70	60	2	2	·	1	1	·
蘇永三	80	80	·	·	·	·	·	·
金東洙	30	30	2	1	·	·	·	2
黃斗一	30	40	·	·	·	·	·	·
李德三	40	50	3	3	1	1	1	·
秋基葉	40	40	·	1	·	·	·	·
宋基和	20	20	·	·	·	·	·	·
梁相基	30	·	3	·	1	1	·	1
羅成化	50	·	1	·	·	1	1	·
朴平南	30	·	4	·	·	3	2	1
(高承天)	·	(220)	(7)	·	(5)	·	·	·
불명	333	535	45	52	8	3	2	5
합계	1,973	2,222	95	98	18	17	11	11

비고	1. 전월에 비해 약간 쇠퇴의 상황이 있음은 수비대, 헌병대의 배치 개소가 증가하였음과 빈번한 토벌에 기인하여서이다. 2. 안진사, 김선중, 김유성, 정모, 김주사, 이목포, 김재선, 이재승 등은 전월부터 소식이 없어 본표에 이를 생략했고, 박민홍, 조경환 등은 사망하여 수령을 잃은 부하도 행동을 중지했거나 다른 수괴가 이끄는 부대에 배속된 바가 있어 생략했다. 3. ( ) 속은 전월 본표에 누락된 수괴로 즉시 체포되고 부하도 해산되어 본월에 이르러 기록할 것이 없다.

- 국사편찬위원회, 앞의 책. 440~441쪽

전라북도 경찰부

수괴	부하 수 본월	전월	습래(襲來)도수 본월	전월	토벌 도수 경찰 단독	헌병 단독	수비대 단독	연합
李成化	60	60	15	45	7	3	3	1
李元五	72	·	4	·	1	1	·	·
申甫鉉	80	80	·	·	·	·	·	·
全海山	150	200	3	·	·	5	1	·
金判突	40	40	·	·	·	·	·	·
金公三	50	50	4	4	·	·	2	·
鄭大洪	50	50	·	2	·	·	·	·
金永伯	100	100	7	1	1	2	5	·
朴道京	40	40	·	·	·	·	1	1

盧參文	·	13	·	8	·	·	·	
李錫庸	20	20	3	1	7	6	10	
鄭聖鉉	50	60	5	1	7	6	10	
梁允淑	35	30	2	3	·	·	·	
崔散亨	25	50	3	2	1	·	·	
朴忠實	40	·	1	·	·	·	·	1
全相鎭	50	30	1	1	·	·	·	
柳宗煥	45	40	1	1	·	1	·	
文太守	40	·	1	·	·	·	·	
불명	10	·	3	·	·	·	·	
불명	·	12	·	1	·	·	·	
불명	30	·	1	·	·	·	·	1
불명	80	101	9	6	7	·	·	
합계	1,067	976	63	76	31	24	32	4
비고		·						

- 국사편찬위원회, 앞의 책, 444~445쪽

　1909년 2월 전남 1,738명, 전북 825명으로 전남북 전체 의병수는 2,563명이었는데, 3월은 전남 2,222명, 전북 976명으로 전체 3,198명이고, 4월에는 전남 1973명, 전북 1067명으로 전체 3,040명이다. 3월 전남에는 전남 제주 출신 고승천 의진 220명이 추가된 까닭인데, 전반적으로 의병의 활동은 비슷하나 의병수는 소폭 증가하는 추세에 있었다.

　그런데, 1909년 4월 이후 일본 군경은 보병・기병・헌병・경찰 연합부대를 운용하여 더욱 강경해지고, 밀정과 헌병보조원은 더욱 기세가 등등하였다.

> 4월 27일 오전 10시, 영광수비대 기병 특무조장 이하 7명의 기병과 동 주재소 한인 순사 2명의 연합부대는 영광군 육창면 오동(梧洞)에서 전해산이 인솔하는 폭도 약 1백 명과 충돌하여 즉시 포화(砲火)를 교환하고 완강한 저항을 받고 있다는 급보에 접하고, 영광수비대로부터 기병 6명, 동 주재소로부터 일인 순사 2명, 동 헌병분견소로부터 헌병보조원 등 13명, 나주수비대로부터는 야마다(山田) 소위 이하 15명, 영광수비대장 이하 7명의 기병이 현장에 급행하여 적을 오동 내에 포위하고, 이튿날 새벽 4시에 일제히 돌격하였던바, 폭도들은 민가에 방화하고 삼삼오오로 흩어져 달아났다.
> 이 전투에서 폭도 사망자는 11명, 부상자는 20명 이상이었고, 포로 1명이었으며, 노획품으로는 화승총 3정, 탄약함 1개, 화약과 의류 약간이었다 · 토벌군의 손해는 영광수비대 입석(立石) 오장은 머리 전면에, 소산(小山) 상등병은 손가락에 각각 경미한 총상을 입었다.

전해산은 부하 약 1백 명을 인솔하고 대포 5문을 갖고 있다고 한다. 그리고 포로의 말에 의하면, 대포 10문, 화승총 약 70정, 양식 연발총 5, 6정을 갖고 있다고 하였다. 그는 쌍안경을 소지하고, 항상 원거리로부터 토벌대의 동정을 시찰하고 있다고 한다.

- 국사편찬위원회, 『한국독립운동사』 자료 14권· 368쪽

5월 5일 나주경찰서장 경부 후루야(古屋淸威)가 내부경무국장 마쓰이(松井茂)에게 보고한 내용을 보면, 대포 10문과 양식 연발총 5, 6정 등으로 무장한 전해산 의진이 일본군 나주·영광 수비대와 기병대, 경찰 헌병대의 이른바 '합동토벌대'와 4월 27일 오전 10시부터 이튿날 새벽 4시까지 무려 18시간 동안 격전을 치르면서 11명이 전사하고, 부상자는 20명이 넘었다고 하니, 그날의 오동촌전투가 얼마나 치열했는지 알 수 있다.

일제의 기록에는 전해산 의진이 약 100명이라고 했는데, 여기에 동원된 일본 군경은 영광수비대 기병 8명과 영광주재소 순사 2명이 처음 대응하다 응원 나온 부대가 영광수비대 기병 6명, 영광주재소 순사 2명, 영광헌병분견소 헌병보조원 등 13명, 나주수비대 야마다 소위 이하 15명, 영광수비대장 이하 7명이라고 했으니, 기병이 14명, 순사 4명, 악명이 높았던 '야마다 토벌대'를 포함한 보병 24명, 헌병보조원이 13명이나 되었다.

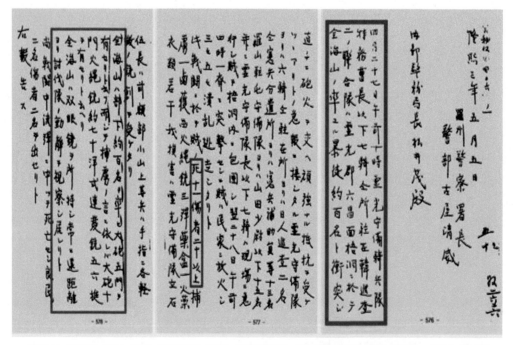

▲ 전해산 의진이 일본 군경 연합대와 벌인 오동촌전투 상황(『폭도에 관한 편책』, 1909.05.05)

좌기 재영광(在靈光) 보병 제1연대 제8중대장으로부터의 보고를 통보한다 ·
좌기
6월 19일 오후 6시, 불갑면에서 전해산이 인솔하는 적 150명과 충돌하여 73명을
죽이고, 포로 1명을 포획, 아(我)는 무사하다 ·

– 국사편찬위원회, 앞의 책, 634쪽

이 기밀문서는 1909년 6월 21일 임시한국파견대 부관 보병 소좌 우메다 이와키(梅田岩樹)가 통보한 「임시한국파견대사령부 송 제125호」이다. 수신인이 적혀 있지 않지만 다른 문서로 미루어 보아 내부경무국장 마쓰이 시게루(松井茂)에게 보낸 것으로 추정할 수 있다.

전해산 의진은 영광 불갑산, 광산 석문산 등지를 본거지로 삼아 곳곳에 산채를 마련하고 의병활동을 하였다.

그런데 일본 군경은 4월부터 하루도 쉬지 않고 교대로 전해산 의진을 추격하였다. 총상을 입은 의병의 치료나 부서진 화승총 수리·제작, 화약의 제조 등을 할 시간도 없을 뿐만 아니라 의진의 의병들은 하루도 쉬지 못한 채 전투에 임해야 했기에 전투력은 고갈된 상태였다.

● 의병 해산과 피체

그 후 농번기로 인해 주변 농민들의 참여가 부진해져 의병의 활동을 중단해야만 했다. 더구나 융희황제의 의병해산령이 당도하자 마침내 전해산은 때가 나아지면 의진을 구성하기로 하고, 그해 7월 3일(음력 5월 16일)[9] 영광 오동촌에서 의진을 해산하였다. 그러나 의병활동을 계속하겠다는 의병은 박도경·박영근·신보현(申甫鉉: 본명 창학昌學) 의진에 참여하였는데, 전남 출신은 박영근 의진에, 전북 출신은 박도경·신보현 의진에 남게 되었다.

당시 전해산의 심정이 「격 제진 해산(激諸陣解散)」[10]에 나타나 있다.

---

9) 필자가 쓴 『호남의병장 전해산』(상·하), 『일제침략기 의병장 73인의 기록』 등에 전해산 의진의 해산 일자를 1909년 5월 16일로 정리한 바 있으나 이는 음력을 양력으로 인식한 오류였기에 바로잡는다.
10) 이태룡, 『호남의병장 전해산』(하), 86~88쪽

▲ 전해산 의진 150명이 전투를 벌여 73명이 전사한 마지막 불갑산전투 기록(『폭도에 관한 편책』, 1909.06.21)

제군은 모르네 · 내가 어떤 사람인지……
나는 연로하신 어버이가 있으나 불효하는 사람
일찍이 정재(靜齋)와 군사를 일으킨 사람
세 번 싸워 세 번 패하고 작별한 사람
집으로 돌아가 어버이를 봉양할 수 없는 사람
스스로 남쪽에서 보국(報國)을 맹세한 사람
성재(省齋)와 녹천(鹿川)의 패진(敗陣) 사람
한 통의 격문으로 온 수천 가운데 한 사람
전군(前軍)이 척후(斥候)로 얻은 한 사람
우리 황궁 안에서 근위(近衛)하던 사람
이끌고 온 병정(兵丁) 30사람
무관학교를 졸업한 사람
옷 안의 조서(詔書)를 나에게 보여준 사람11)
북쪽을 향해 네 번 절하고 목 놓아 크게 운 사람
분기충천(憤氣沖天)해서 동맹(同盟)한 사람12)
심남일(沈南一) 진(陣)의 1백인
박도경(朴道京) 진의 3백인
김치재(金痴齋) 진의 2백여 인
조대천(曺大川) 진의 3백여 인
신화산(愼華山) 진의 2백인
이순식(李淳植) 진의 1백여 인
이기손(李起巽) 진의 1백여 인
오성술(吳聖述) 휘하의 70인
권택(權澤) 진의 50인
안덕봉(安德峰) 진의 1백여 인,
내가 이끈 진의 5백인 (이하 생략)

일제는 해산의 행방을 몰라 백방으로 탐문하는 한편, 현상금을 걸어 그를 붙잡으려고 애썼다. 이때 무기 구매 관계로 해산의 의진에 출입하던 조두환(曺斗煥)이란 자가 영산포 헌병분대 통역 김현규(金顯圭)에게 밀고하여 장수군 중부면 하동화리(현 번암면 동화리)에서 서당을 열고 아이들을 가르친 지 5개월 만인 12월 18일 새벽 3시 일본군에 의해 붙잡히고 말았다.

---

11) 광무황제의 비밀조칙을 가지고 왔던 전해산 의진의 선봉장 정원집(鄭元執)
12) 호남동의단 11개 의진의 의병장

「적괴(賊魁) 체포의 건」(12월 24일 영산포헌병분대장 보고)

전라북도 임실군 남면 국화촌 호전동(狐田洞)
적괴 전수용(全垂鏞, 일명 基洪 · 鍾燁, 호 海山)(31세)

이 자는 전남에 있어서의 폭도 거괴(巨魁)로서 명치 41년 음력 1월 적도(賊徒)에 투신하여 그해 음력 8월경부터 호남의장(湖南義將)이라고 자칭하고 부하 약 3백 명을 인솔하였다. 그는 누누이 아(我) 토벌에 항거하고, 혹은 관아를 습격하는 등 극력으로 일본을 배척하려는 목적을 이루고자 행동한 자였는데, 근래 어디론가 도피하였으므로 수색 중이던바, 지난해 12월 18일 오전 3시 전북 장수군 중부면 하동화리(下洞花里)에 잠복하고 있음을 발견하고 체포하였다.
본인의 진술에 의하면, 일본의 대한(對韓) 정책에 분개하여 적(賊)에게 원(援)하고 호남의장이라 자칭하고 활동한 자라 한다.

－ 국사편찬위원회, 『한국독립운동사』자료 17권, 59~60쪽

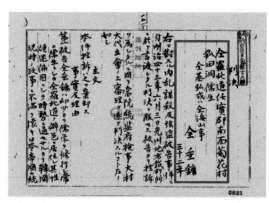

▲ 전해산 의병장, 교수형 공소기각 판결문(대구
공소원, 1910.07.09)

해산은 일본군 영산포 헌병대를 거쳐 광주감옥에 투옥되었는데, 6개월 동안 일제의 온갖 감언이설에도 끝내 굴하지 않자 마침내 1910년 6월 3일 광주지방재판소에서 교수형이 선고되었고, 대구공소원에 공소하여 대구감옥으로 이감되면서 비통한 심정을 우국시로 남겼다.

서생이 무슨 일로 갑옷을 입었나.
본래 세운 뜻이 틀려지니 한숨만 나오네.
조정 신하 날뛰는 꼴 통곡하겠는데,
차마 바다 건너온 도적을 논하겠는가?
대낮의 탄성은 잠기고 강물은 멀어지는데,
푸른 하늘도 오열하며 실버들에 비 뿌리네.
이제는 영산포 길 다시 못 오리니,
죽어 두견새 되어 피를 머금고 돌아오리라.

일본 판·검사도 공경한 호남동의단 대장의 기개

해산은 1909년 12월 18일 영산포헌병분대에 붙잡혀 온갖 회유와 협박을 받았으나 기개를 굽히지 않았고, 광주감옥에 투옥되어 일본인 판·검사의 끈질긴 회유에도 의기를 굽히지 않았다.

▲ 전해산 의병장의 모습 - 1909년 12월 18일 영산포 헌병대에 의해 붙잡혔던 전해산 의병장은 헌병대의 조사를 받고 광주감옥에 투옥되었는데, 이 사진은 장소를 이동하여 촬영한 것이고, 왼쪽 한시는 해산이 옥중에서 쓴 것이다. 그는 최후진술에서, "내가 죽은 후에 나의 눈을 떼어 동해에 걸어 두라. 너희 나라가 망하는 것을 내 눈으로 똑똑히 보리라!"라고 하였다.

수용이 압송되어 영산포로 가는데 길에서 보는 이가 모두 슬퍼하고 탄식하되,
"해산(海山)이 잡혔으니 우리는 어찌하랴!"
하였다. 영산포에 이르자 대장(隊長)이 맞이하여 상좌(上坐)에 앉게 하고 감언(甘言)으로 꼬이기를,
"당신의 인재로 지금 만약 귀화하면 내가 마땅히 천황(天皇)께 아뢰어 좋은 벼슬을 내릴 것을 보증하겠소."
하였다. 수용이 정색하고,
"내가 본시 의병을 일으킨 것은 왜놈의 두목을 무찔러서 국가의 수치를 씻으려 한 것인데, 도리어 너에게 포로가 되었으니 다시 무슨 말이 있으랴. 오직 한 죽음으로 국가에 보답함이 있을 뿐이다."
하니 대장도 의롭게 여겼다.
광주의 옥으로 압송되자 광주의 판사·검사란 자들이 극히 공경히 대우하여 독방에 있게 하고, 음식을 잘 공급하면서 백방으로 꼬였다. 수용이 기색이 더욱 늠름하고 소리를 높여,
"내가 네놈들을 만 동강으로 찢지 못한 것이 한이 된다. 왜 나를 속히 죽이지 않는가!"
하였더니 적이 감히 해치지 못하였다. (중략)
훗날 충성은 사모하고, 의를 좋아하는 군자가 있거든 표창하여 드러내어 주는 이 있을지로다. 수용의 아내 김씨는 반장하는 날에 땅 밑으로 따라갔으니, 아, 열녀로다!

　　　　　　- 오준선, 「의사 김준·전수용 합전」『독립운동사자료집』 2. 648~650쪽

왜적이 말하기를,
"내가 당신을 위하여 죽지 않을 수 있는 한 가지 계책을 내어 줄 터이니 따르겠는가."
하였다. 공이 말하기를,
"내가 죽을 것은 내가 이미 알고 있으니 너희 계책이란 것은 헛것이다."
하였다. 뒤에 대구로 옮겨져서 신문장(訊問場)에 들어가자 크게 꾸짖기를,
"내가 죽은 뒤에 나의 눈을 떼어 동해에 걸어 두라. 너희 나라가 반드시 망하는 것을
내 눈으로 똑똑히 보리라!"(吾死後 抉吾眼 掛東海上 見汝國之必亡)
하고, 말을 마치고 죽음에 나아갔다.

– 기우만, 「전수용전」, 『독립운동사자료집』 2. 662~663쪽

광주지방재판소를 거쳐 대구공소원 재판정에서 재판장 스즈키 고사부로(鈴木伍三郎)
가 '잘못을 뉘우치면 살려주겠다'라는 의미로 회유하자, 해산은 최후 진술에서,
"내가 죽은 뒤에 나의 눈을 떼어 동해에 걸어 두라. 너희 나라가 반드시 망하는 것을
내 눈으로 똑똑히 보리라!"
라고 하여 재판정에 모인 사람들을 숙연케 하였다.

● 통감부 통감의 사형집행 명령과 순국 후 雙喪輿

해산은 7월 9일 대구공소원에서 공소가 기각되자 상고했다. 자신은 광무황제의 비밀조
칙을 받고 의병장에 올랐기에 자신의 목숨을 함부로 버릴 수 없다는 생각이었던지 상고했
던 것인데, 8월 20일 고등법원에서 이를 기각하자 사흘 뒤 일제 통감부 통감은 해산이 구
금돼 있던 대구감옥 관할 대구공소원 검사장에게 사형집행을 명령하였다.

기밀 통발(統發) 제1574호
대구감옥 재수(在囚)
전수용(全垂鏞)
우(右)는 별지대로 사형의 판결이 확정됨으로써 명치 43년 8월 23일 대구공소원 검사
장 구로카와 유타카(黑川穰)에 대하여 사형집행의 명령을 발(發)하였기 이에 통지함.
명치 43년 8월 24일
통감 자작 데라우치 마사타케(寺内正毅)
태자소사(太子少師) 내각총리대신 이완용 각하

통감부 통감이 융희황제의 재가 없이 사형집행을 명령하고, 이를 8월 24일 이완용에게 통보했는데, 실제는 8월 23일(음력 7월 19일) 사형집행 명령이 있자 그날 대구감옥에서 사형집행을 한 것이었다.

시신을 찾아가라는 통보에 해산의 사촌형 기현(基顯)은 대동창의단 호군장 박영근 의병장이 6일 전에 대구감옥에서 순국한 바람에 그의 형과 함께 가서 두 분의 시신을 전남 함평과 전북 장수로 운구하여 장례를 치렀다.

수천 명의 조문객이 흐느끼는 가운데 해산을 모신 상여가 해산이 거의할 때 부모와 아내의 임시 거처를 옮겼던 집 앞의 요천(蓼川) 징검다리를 건너자 해산의 부인 김해김씨는 집으로 돌아와서 극약을 마시고 자결하였다.

부인은 남편이 붙잡혀 간 이튿날 숨진 시어머니, 그 후 일제의 관헌에 시달리다 넉 달 뒤에 세상을 떠난 시아버지 장례를 치른 바 있었다.

해산의 상여는 다시 돌아와서 부인의 시신과 함께 쌍상여로 북망산천을 향했으니, 해산의 충절과 부인의 지조는 충신열녀의 귀감이 되고도 남았다.

해산이 순국하여 전북 장수에서 장례를 치른다는 비보에 광부(狂夫) 기산도(奇山度, 1878~1928)는 달려와서 흐느끼며 붓을 들었다. 그는 을사오적 처단을 도모했다가 고초를 겪었던 기삼연 의병장의 종손(從孫)이자 고광순 의병장의 사위였으며, 해산과 의형제로 지낸 터였다.

▲ 전해산 의병장 부부 묘 - 전북 장수군 번암면 유정리 산5-2

하늘은 한국을 돕지 않고 의병활동은 이루지 못했다.
호남에서 오랜만에 명성이 드높았는데,
지금에 와서 의형제만 맺고 돌아갔던 일 생각하니,
나만 세상에 홀로 살아 있어 부끄럽기만 하구나!

기삼연 의병장 종손(宗孫) 기광도(奇廣度)는 이듬해 봄 해산과 부인 김해김씨의 묘소를 찾아 두 분의 행적을 추모하며, 애도하였다.

우리나라와 천지에 비가 부슬부슬 내릴 적에
검을 들고 남도로 내려와 보국(報國) 위한 충성하고,
약탈을 금하니 항상 작은 원망도 없었고,
가는 곳마다 왜적 도륙한 기이한 공을 세웠도다.
정신은 노중련이 동해로 은둔한 것과 같고,
서산의 백이 숙제의 기개를 다 이어받았구나.
쌍절(雙節) 보인 부부는 봄풀에 묻혀 있고,
밤새 우는 두견새 소리 들으며 애도하네.

대한민국 임시정부 요직과 광복 후 부통령을 지낸 성재(省齋) 이시영(李始榮)은 당시 평남 관찰사 등을 역임했는데, 경술국치를 당하자 간도로 가서 광복활동을 준비하던 중에 해산의 순국 소식을 듣고, 만사(輓詞)를 보냈다.

초야(草野)의 서생으로 의기가 새로워
왜적을 도륙하고 나라에 보국하니 살신성인 이루었네.
죽교 시시(竹橋柴市)[13] 의거가 지금 어느 곳에 있는가?
천재남아(千載男兒) 일로 눈물 흠뻑 적신다.

1907년 가을 전북 임실에서 해산과 함께 거의했던 고향의 의형제 정재(靜齋) 이석용(李錫庸, 1878~1914) 의병장은 전북 일원에서 의병투쟁을 전개하다가 1909년 봄 의진을 해산하고, 일제와 그들 앞잡이의 눈을 피해 경남 거창의 깊은 산속에 피신해 있었는데, 이듬해 가을 뒤늦게 해산의 순국 소식을 듣고, 해산과 부인 김해김씨의 묘소를 찾아 통곡하였다.

---

13) 포은 정몽주와 문천상의 고사

유세차 신해년(1911) 10월 을미 삭 28일 임술일 벗 이석용이 전해산 공의 묘역에서 절을 올리니, 눈물이 끊임없이 옷깃을 적시고, 향이 다 탈 동안 서럽게 통곡하면서 공에 대한 업적을 말하는데, 장차 끝없는 한을 어떻게 다 할 것인가!

오호라! 공은 진정한 의사이로다! 지난날 나는 군중(軍衆)을 움직여 재난이 생길 때는 그들에게 기세를 높이게 했고, 어려움에 처했을 때는 그 재난을 나의 일같이 생각하여 이것을 문장으로 표현하여 무력으로 의거에 참여할 수 있도록 부드럽게 했으며, 일개 서생이었으나 여러 장부의 의표가 되었다.

오호라! 공은 공명과 같은 기재(奇才)이로다!

장막에서 전술을 운용함에 서로의 의견을 잘 조화를 이루어 비책으로 사용함에 더욱더 유용하게 사용하니 제장(諸將)들이 공손하게 대했으며, 점(占)을 침에 귀신과 같았고, 홀로 모든 일을 결정하면 여러 장수가 의심하였으나 오히려 승리만 있을 뿐이었고, 나에게 보내온 서한에 있어서는 그 글이 마치 물 흐르듯 하여 한 번 글을 쓸 때는 거침이 없었는데, 붓을 들기만 하면 훌륭한 글이 나와 공과 겨룰 수가 없었다.

오호라 공의 재사(才士)이로다!

몸이 옷을 이기지 못하는 듯 공손하였으나 갑자기 3척의 칼을 준비하였으며, 용모 또한 다른 사람보다 뛰어나지 않았는데, 3군(郡)을 통솔하는 대장으로 추대되었으며, 운봉(雲峰)의 동쪽을 경계로 관계를 단절하니 가련하고 고립된 부대는 표류하고 흩어졌지만 광남(光南)[14]에서 어려움을 무릅쓰고 왜적을 크게 토멸하여 전국에 명성을 떨쳤다.

오호라! 공은 장사(壯士)이로다!

의병 세력이 약해져 산으로 숨은 것을 누가 알겠는가! 왜적 앞잡이들이 공의 뒤를 밟아 체포하여 옥에 가두니 흘연히 장사의 찢어진 눈매를 보였고, 형장에 임했을 때는 임금을 사모하여 멀리서 임금님의 장수를 축원하며 만세를 불렀다. 칼날을 밟는 듯한 위험 앞에서도 상투를 온전하게 보존한 것은 군자가 명예를 더럽히지 않은 것이다.

오호라! 공은 절사(節士)이로다!

죽을 몸을 시시(柴市)의 사형장에 던져버린 문천상(文天祥)과 같고, 오자서(伍子胥)[15]와 같도다. 지아비는 충절로 죽음을 맞이하고 지어미는 열부로 따르니 오호라! 공의 배필이로다! (중략)

오호라! 공은 나와 같은 고향에 살았으며 같이 거의하였고, 죽어서도 같이 무덤에 들어가야 마땅하도다! 다만 군신의 의리가 중하고 친구 사이의 신의는 가벼우므로 후손들이 반드시 각자 그 어렵고 쉬운 일들을 맡아 일들이 이루어지는 날에 현명한 군주를 보필하여 태평천하를 이룰 것인데, 내가 어찌 홀로 즐겁게 보내고 공의 고생한

---

14) 조선 효종 때 일시 사용했던 전라남도의 옛 이름

15) 춘추전국시대 초나라 오자서(伍子胥)가 오나라로 가서 아버지와 태자의 원수를 갚고 죽게 되었을 때 수도 성문에 자기 눈을 떼어 매달아 두라고 했던 고사를 말함인데, 해산이 대구공소원 재판정에서 최후진술을 할 때, "내가 죽은 후에 나의 눈을 떼어 동해에 걸어 두라. 너희 나라가 망하는 것을 내 눈으로 똑똑히 보리라!"라고 한 말을 견주어 한 말이다.

일들을 저버리겠는가?

(중략)

세월은 물 흐르듯 지나가고 초목은 계절을 맞이하여 시드니, 고국 산하의 옛날과 다름이 슬프도다! 고인께서 한 움큼의 눈물이 비단을 적신 것을 보지 못하고, 여러 차례 울부짖어 하늘과 통했으나 공께서는 어디로 가셨는가! 아! 슬프도다!

— 이태룡, 『호남의병장 전해산』(하). 150~155쪽

남편이 거의했다가 붙잡혀 투옥된 사이에 홀로 시부모상을 치렀던 21세의 젊은 부인, 시신으로 돌아온 남편을 홀로 보내지 않고 쌍상여로 함께 북망산천을 향했던 부인의 무덤 앞에서 정재는 엎드려 그 행적을 추모하였다.

유세차 신해(1911년) 10월 을미 삭 28일 임술일 이석용은 삼가 청주(清酒)와 변변치 않은 음식을 준비하여 해산공 부인 김해김씨의 묘소에 절하면서 이릅니다. (중략) 장차 열녀전을 지어 그 행함을 머리로 삼아서 열부(烈婦)의 모습을 구하고자 합니다. 부인 그 사람은 누구이겠습니까? 그날[16] 큰 절개로 부인께서 순절하시니 불가(佛家)에서는 내세라고 명명하며 신명(神明)께서 그 행위를 거울로 삼았고, 군자는 그 모습을 보배로 삼았습니다.

아아! 부인의 영예를 볼 것 같으면, 족히 부인의 무궁한 슬픔에 대하여 위로할 만합니다. 저 아름다운 부부가 같이 송별하는 모습을 돌아보자니, 두 개의 태양이 밝게 빛나고 저승길은 아득하기만 합니다.

아! 부인은 해산공과 같이 돌아가셨구려! 누가 능히 이같이 하겠습니까? (후략)

— 이태룡, 앞의 책. 156~157쪽

광복 직후 위당(爲堂) 정인보(鄭寅普)는 전북 진안 마이산에 있던 영광사(永光祠)에서 「영광사상향축문(永光祠常享祝文)」을 남겼는데, 해산의 공적에 대하여 이렇게 읊었다.

종묘와 나라가 망할 무렵에
서생으로 창의하셨네.
의로써 순국하시니
천추정기(千秋精氣)로다!

---

16) 전해산 장례일

▲ '제111주기 대동의병대장 전해산추모제'(2021년 음력 9월 9일)

대한민국 정부는 해산의 공훈을 기려 1962년 건국훈장 대통령장을 추서하였고, 국가보훈부는 광복회·독립기념관 공동으로 '이달의 독립운동가'(1995년 7월)로 선정하여 그의 공적과 얼을 기리고 있다.

2. 호남동의단 제1진 의병장 심남일

● 바람재 석굴에서 붙잡힌 두 의병장 부부

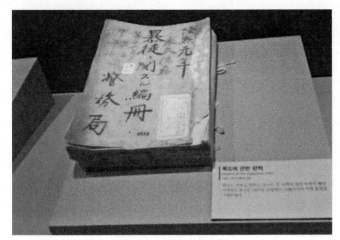

1907년 가을부터 1909년 여름까지 전남 중남부 지역에서 일본 군경에 맞서 강력한 의병 투쟁을 벌였던 남일(南一) 심수택(沈守澤) 의병장이 일본군의 대규모 의병학살전인 이른바 '폭도대토벌작전'에 의해 의병투쟁이 어려워지자 의진을 해산하고 능주(현 화순군 속면) 바람재[風峙] 바위굴에 은신하다가 피체되었다. 『전남폭도사』에는 그날의 상황을 이렇게 기록하였다.

▲ 『폭도에 관한 편책』(내부 경무국)은 1907년 11월부터 1910년 8월까지 일본 경찰이 관여한 의병 진압에 관한 문서로 모두 122권이다.

> 10월 9일 오전 6시 사다케(佐竹) 대위 이하 47명의 토벌대가 능주군 풍치(風峙: 현 화순군 청풍면 이만리 소재-필자 주) 산중 암굴에서 전남 폭도(暴徒: 의병-필자 주)의 거괴(巨魁: 의병 거장을 일컫던 말 -필자 주) 심남일(沈南一)과 그의 부장(部將) 및 처첩을 체포했다.
> 한전(韓錢) 85냥, 단총(短銃) 1정, 쌍안경 1개, 금가락지 4개, 기타 잡품을 압수하였다.[17]

---

17) 이일룡 역주, 『비록 한말전남의병전투사』는 『전남폭도사』(전라남도 경무국. 1913)를 번역한 책인데, 거기에서 탈락된 내용을 필자가 원문에서 찾아 번역하여 기웠다.

▲ 능주 바람재 바위굴에서 피체된 심남일·강무경 의병장 - 앞줄 왼쪽부터 호군장 강달주, 심남일의 처 임사오, 강무경의 처 양방매이다. 일본 군경의 기록에는 앞줄 왼쪽 양용석(梁龍石), 심의 첩, 강의 처로, 일본 왕실도서관 사진 설명에는 양용석을 강무경 처의 남동생이라고 기록했다.

당시 장흥경찰서장이 내부경무국장 마쓰이 시게루(松井茂)에게 보고한 내용이 『폭도에 관한 편책』에 실렸는데, 여기서는 『전남폭도사』보다 구체적인 내용을 담고 있다.

장경비발(長警秘發) 제95호
융희 3년 10월 11일
장흥경찰서장 경부 곤도 도시오(近藤俊夫)
경무국장 마쓰이 시게루(松井茂) 앞

폭도수괴(의병장-필자 주) 체포의 건 보고
본월 9일 오전 6시 40분 제2연대 제3중대장 사다케(佐竹) 대위 이하 47명은 장흥·능주 군계인 풍치(風峙) 산중 암굴(岩窟)(장흥군 월정장 북방 약 2리)에서 수괴 심남일(沈南一), 동 부장(部將) 강무경(姜武京), 동 부하 양용석(梁龍石)과 심(沈)의 첩(妾) 1명, 강무경의 처(妻) 1명을 체포하였다.
또 한전 85원, 사금 약간, 권총 1정, 쌍안경 1개, 은가락지 4개, 기타 잡품 수점을 노획하였다.

– 국사편찬위원회, 『한국독립운동사』 자료 15권, 780쪽

바람재는 화학산 중턱에서 국사봉, 금성산 등지로 이어지는 고개로 행정구역이 바뀌어 현재 화순군 청풍면(淸豊面) 이만리(二晚里)에 있다. 바람재 바위굴은 당시에는 장흥 월정장(月亭場)에서 20리(일본 단위로는 2리) 거리에 있는 곳인데, 작은 계곡 옆에 폭 10여 미터, 높이 약 7미터 절벽 위에 있는 천연 석굴이다.

● 호남동의단 제1진 의병장으로

심남일 의병장은 1871년 3월 30일(음력 2월 10일) 전남 함평군 월야면 정산리 새터[新基]에서 심의봉(沈宜奉)과 진주 강씨(姜氏) 사이의 셋째 아들로 태어났다. 본명은 수택(守澤)이며, 자는 덕홍(德弘)인데, 남일(南一)은 호이다.

비록 벼슬이 끊긴 지 오래되었으나 일찍이 학문을 닦아 사서삼경에 능통했고, 병서(兵書)를 즐겨 익혔다. 『매천야록』에는 일본에 유학하여 신학문과 영어를 익힌 것으로 기록되어 있고, 『독립유공자공훈록』에는 면장을 지냈다고 기록되어 있으나, 1913년 전라남도 경무국에서 간행한 이른바 『전남폭도사』에는 "직업은 농업, 일찍이 훈장이 되었던 일이 있고, 다소 학식이 있으며, 벼슬한 적이 없다."라고 기록하였다.

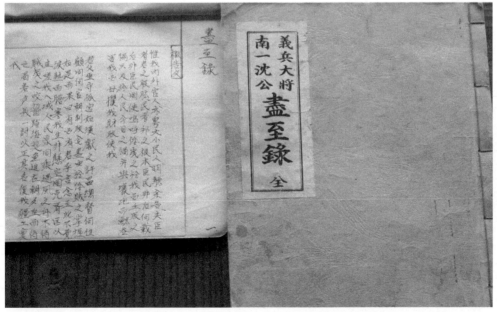

▲ 『진지록』(일명 『심남일실기』) - 『독립운동사자료집』 2권에 수록되어 있다. 왼쪽은 손자 심만섭이 중학교 2학년 때 원문을 보고 베낀 것이다. 남일심수택의병장 기념관 소장

▲ 의병장남일심공순절비 - 광주광역시 광주공원

심남일은 1907년 9월 기삼연(奇參衍) 의병장이 주도하는 호남창의회맹소(湖南倡義會盟所)에 참여하였다가 12월 5일(음력 11월 1일) 전남 각지의 향교에 통문을 돌리고, 「격고문」을 붙여서 함평군 신광면 원산리 덕동재(갓점)에서 의병을 일으킨 후 김율(金律) 의진과 합진하여 그 의진의 부장(部長)으로 활약하다가 이듬해 3월 29일 김율 의병장이 피체되자 흩어진 의병을 규합하여 의병장에 올랐다. 그는 전남 중남부 지역을 배경으로 의병투쟁을 벌였고, 전해산 의병장이 이끈 호남 연합의진이었던 호남동의단(湖南同義團) 제1진 의병장으로 활약한 대표적인 호남의병장이었는데, 그 의진의 주요 장령들은 다음과 같다.

선봉장: 강무경(姜武景: 본명 尹秀. 일명 鉉秀) 임만선(任萬善)
　　　　장인보(張仁甫: 본명 仁初)
중군장: 안찬재(安贊在) 박사화(朴士化: 일명 平南)
후군장: 노병우(盧炳友) 나성화(羅聖化) 최우평(崔友平) 김성재(金聖載)
기군장: 김치홍(金致洪) 이덕삼(李德三) 장문연(張文然)
호군장: 강달주(姜達周) 정관오(鄭官午)
도통장: 김도숙(金道淑)
모사장: 권택(權澤: 본명 권영회權寧會) 정영태(鄭榮兌)
군량장: 이세창(李世昌)
총독: 박기춘(朴基春)
서기 겸 모사: 염원숙(廉元淑)
도포: 장경선(張京先) 김판옥(金判玉) 선도명(宣道明)
도집사: 최유승(崔有承)
통장: 유치선(柳致先) 공진숙(孔盡淑)

심남일이 이끈 의진의 구성을 살펴보면 함평 인근 출신뿐만 아니라 전남 중남부의 의병장들로 구성되어 있음을 알 수 있고, 옥중에서 육필로 남긴 『진지록(盡至錄)』(일명 『심남일실기』) 속의 「접전일기」를 통하여 당시의 의병투쟁을 더듬어 볼 수 있다.

심남일이 독립 부대의 의병장이 되어 치른 첫 전투는 1908년 4월 7일(음력 3월 7일) 전남 강진군 강진읍 오치동(吾峙洞) 전투였는데, 격전 끝에 왜적 수십 명의 목을 베고, 다수의 무기를 노획하는 승리를 거두었다.

● 「접전일기」 속에 나오는 의병투쟁

> 무신(戊申) 3월 7일 남평(南平)으로부터 행군하여 강진 오치동에 당도했는데, 깃발이 공중을 가리고 칼과·창이 서릿발 같으니 보는 사람마다 혀를 내두르고 눈을 휘둥그레지며, 모두 입을 모아 말했다.
> "지금 세상의 강태공(姜太公)·제갈공명(諸葛孔明)이다. 우리 대한 5백년 종묘사직이 이로부터 중흥될 가망이 있다."
> 드디어 군문을 굳게 잠그고 군사들과 더불어 큰 잔치를 하는데 뜻밖에 왜병 수백 명이 충돌하여 싸움을 걸어오므로 군사를 출동시켜 서로 접전하여 오전 6시부터 오후 10시까지에 적 수십 명의 목을 베고 무기를 모조리 빼앗았다.
>
> - 독립운동사편찬위원회, 『독립운동사자료집』 2. 573쪽

이어 5월 14일(음력 4월 15일) 장흥 곽암(藿岩)에서 3명을 사살하고, 7월 17일(음력 6월 19일) 남평 장담원(長淡院)에서 5명을 베고, 7월 23일 능주 노구두(老狗頭)에서 후군장 노병우의 활약으로 5명을 베고 많은 무기를 노획했으며, 8월 26일(음력 7월 30일) 영암 사촌(沙村)에서 기병 10명을 사살했다고 기록하였다.

> 7월 그믐날 오정이 되자 과연 영산포로부터 왜장 금평산(琴平山)이 기병 20여 명을 거느리고 쏜살같이 달려오므로 우리 후군은 포를 터뜨리고 달아나 산속으로 들어가니, 적이 포성을 듣고 우리를 추격해 왔다. 이에 복병이 일제히 포를 터뜨려 금평산과 그 기병 10여 명을 쏘아 죽이고 행장과 무기를 탈취했다.
>
> - 독립운동사편찬위원회, 앞의 책. 575쪽

이날의 전투를 『전남폭도사』에는 이렇게 기록하였다.

8월 26일 영암수비대장 구스모도(楠本) 대위가 동군 내동산(현 영암군 덕진면 영보리 소재-필자 주)을 통행할 때 거괴 심남일이 이끄는 폭도 약 100명이 산속에서 사격해오므로 이와 응전 중, 영암수비대에서 특무조장 이하 16명이 급히 달려와서 10명을 죽이고 격퇴했다. 아군도 1명이 죽고 3명이 부상했다.
8월 28일 영암수비병 하사 이하 9명이 장흥군 유치면 한 대동(현 영암군 영암면 속리)에서 거괴 심남일이 이끄는 폭도 150명과 만나 2시간 동안 교전했으나 탄약이 떨어져 이를 격퇴하지 못하고 귀대했다.

그리고 9월 1일(음력 8월 7일) 나주 반치(盤峙)에서 20명, 10월 14일(음력 9월 20일) 장흥 신풍(新豊)에서 20여 명을 죽였다.

전투일자가 일제의 기록과 차이가 나는 것이 많고, 그 내용도 일치하지 않는 것은 전투일자가 같은 날이라도 한 장소에서만 전투를 하지 않았기 때문에 장소가 다르게 기록될 수 있고, 일본 군경은 그들과 싸운 의진에 대한 정보도 포로나 헌병보조원 등을 통하여 얻은 정보를 바탕으로 기록한 것이기에 다소 차이가 있다.

심남일의 의진과 다른 의진이 연합하여 의병투쟁을 벌인 기록도 『전남폭도사』에는 몇 차례 드러나고 있음을 볼 수 있다.

10월 22일 오후 1시 히라노(平野) 토벌대가 함평군 여황면 용진산에서 거괴 전해산·심남일의 합동 집단 약 150명과 충돌, 이를 격퇴하였는데, 10명을 죽이고 화승총 4정, 군도 4자루를 노획했다. 정(鄭) 보조원이 전사했다.
10월 23일 오전 10시 히라노(平野) 토벌대가 함평군 평림면 석문내산에서 거괴 전해산·심남일·조경환·김기순의 합동집단 250명과 충돌, 이를 깨뜨렸는데, 11명을 죽이고 화승총 5정, 권총 1정, 나팔 1개, 기타 잡품을 노획했다.

11월 2일(음력 10월 9일) 해남 읍성에서, 11월 21일(음력 10월 28일) 능주 돌정(乭亭)에서 각각 100명, 20명을 살상시킨 내용을 「접전일기」에 구체적으로 기록하였다.

10월 9일, 군사 3백 명을 거느리고 기세 좋게 출발하여 해남 성밖 10리 지점에 유진했다. 정탐꾼이 여러 차례 내왕하므로 짐짓 겁내어 위축하는 모양을 보이다가, 밤 10

시경에 군사를 끌고 성안으로 충돌해 들어가서 마구 포를 쏘아 왜적 백여 명을 베었다.

10월 27일. 나는 선봉 강무경(姜武景)과 함께 병이 나서 영암(靈巖) 분토동(粉土洞)에 누워 있으면서 중군 박사화(朴士化), 후군 노병우(盧炳友)·최우평(崔友平), 통장 김도숙(金道淑), 기군장 장문연(張文然), 호군장 정관오(鄭官午)를 불러들여 말했다. (중략) 이튿날 능주읍에 있는 헌병을 무찌를 계획으로 돌정[石亭: 원문 突井]에서 군사를 먹였다. 마침내 토왜(土倭: 밀정-필자 주)의 암롱으로 인해 왜병 3백여 명이 동북쪽으로 들어와 서로 10여 차례 어울렸으나 승부가 나지 않았다.

후군장 최우평이 말을 채찍질하여 나와 크게 꾸짖으며,

"어리석은 오랑캐놈들아, 소위 보조원놈들아! 네놈들이 천벌을 아느냐, 의병을 아느냐? 나는 오늘 결사적으로 네놈들을 모조리 없앨 것이며, 그렇지 못하면 맹세코 물러나지 않겠다."

서로 어울려 싸우다가 탄환에 맞아 죽었다. 천지가 참으로 무심하고 일월도 빛을 잃은 것 같았다. 그 나머지 군사 20여 명도 함께 쓰러지니, 중군 박사화가 분을 이기지 못해 손에 칼을 들고 말을 채찍질하여 적진으로 달려가 싸웠으나 승부가 나지 않았다. 도통장 김도숙이 후군을 보호하여 왜적과 싸워서 20여 명을 베었다.

일본군의 『전남폭도사』에는 이날의 전투 상황이 이렇게 기록되어 있다.

11월 21일 폭도 약 120명이 능주군 대곡면 월곡(月谷-현 화순군 도곡면 속촌-필자 주)에 내습했다. 급보를 받은 능주분견소장 이하 상등병 4명, 보조원 7명이 즉시 추적, 오후 5시 석정리(石亭里-현 화순군 춘양면 속리-필자 주)에서 3면을 협격, 이를 깨뜨렸는데, 28명을 죽이고 화승총 18정, 기타 잡품을 노획했다.

이같이 각종 전투에서 큰 성과를 올렸으나 의진도 피해가 커서 나주 반치전투에서 조기보(趙奇普), 능주 돌정전투에서 최우평을 비롯한 장수와 수많은 의병이 순국하고, 심남일과 선봉장 강무경도 부상하여 병석에 눕게 되었다. 상처와 병을 치료하고, 병장기 수리도 해야 했지만, 무엇보다도 동장군(冬將軍)으로 인해 이듬해 봄까지 의병투쟁을 할 수 없었다.

● 일본군의 공격은 계속되고

일제는 추위로 인해 의병투쟁이 어려운 시기를 이용하여 종전의 수비대·헌병대·순사대 외에 이른바 '토벌대'를 편성하여 영산포헌병분대장이 8개 종대를 이끌었고, 광주수비대장이자 일본군 제2연대 2대대장이 3개 부대를 편성하여 의병 진압에 나선 것이 『전남폭도사』에 나타나 있다.

> 12월 1일 제38헌병관구에서 하사 4명, 상등병 8명, 보조원 23명으로 토벌대를 편성, 10일간의 예정으로 광주, 능주, 장성, 창평, 옥과, 곡성, 담양, 동복, 천원, 광천 방면의 토벌을 위해 행동케 했다.
> 12월 13일 장흥군에 보병 1개 소대가 배치되었다
> 12월 15일 영산포헌병분대장 오오히라(大原) 대위가 전남 일원의 적도 소탕을 기해 8개 종대(縱隊)를 편성하여 출동했다.
> 같은 날 광주수비대 제2대대장 요시다(吉田) 소좌가 약 2주간의 예정으로 다음과 같은 토벌대를 행동케 했다.
> * 야마다(山田) 소위 이하 21명, 순사 2명, 밀정 4명
> * 하세가와(長谷川) 소위 이하 18명, 수사 1명, 통역 1명, 밀정 2명
> * 고오찌(河內) 특무조장 이하 25명, 순사 1명, 밀정 1명

일제는 수비대·헌병대·순사대 외에 이른바 '토벌대'를 편성하여 의병 학살전을 펼쳐 광주지역을 중심으로 맹활약하던 조경환 의병장을 비롯한 의진 수뇌부를 학살하였고, 봄이 되면 의병이 거세게 일어날 것이 염려되어 1909년 2월 말경부터 14연대장의 특별 명령에 따라 대규모 토벌대를 편성하여 의병 학살전을 전개한 것이 『전남폭도사』에 기록되어 있다.

> 2월 25일부터 11일간 보병 제14연대가 연대장의 명령에 따라 토벌대를 조직, 각 방면의 토벌을 개시했는데, 편제 및 참가 부대는 다음과 같다. (이하 생략)

심남일은 1909년 2월(음력) 의진을 가다듬어 다시 의병투쟁을 벌이게 되었는데, 대규모 전투였던 남평 거성동(巨聲洞) 전투는 2월 26일(음력 2월 7일) 선봉장 강무경을 중심으로 나주 월교리(月橋里)에 유진했다가 밤에 남평 운삼동(雲三洞)으로 옮기던 중 정탐부대인 탐마대(探馬隊)로부터 일본군 5명이 운곡(雲谷)으로 들어갔다는 정보를 얻게 되었

다. 이에 심남일은 군사들을 분산 매복시켰다가 기습하여 적을 섬멸했다. 이튿날인 2월 27일 인근의 의병장과 연합하여 대치(大峙)·대항봉(大巷峰)·월임치(月任峙)·덕룡산(德龍山)·병암치(屛岩峙) 등지에 매복시켰다가 기습하니, 능주전투에서 15명 등 수십 명을 베는 전과를 올렸으나 의진의 총독과 박민홍 의진의 좌·우익장 등 많은 의병이 순국하기도 하였다.

영산포에 보발을 보내어 적의 마음을 격동하고, 일변으로는 여러 진의 책임자에게 통고하였다. 그래서 북쪽의 전수용(全垂鏞)·이대국(李大局)·오인수(吳仁洙)와 동쪽의 안계홍(安桂洪)·김여회(金如會)·유춘신(柳春信)이 일제히 와서 상의하였다. 이튿날(2월 27일-필자 주) 새벽에 군중에 영을 내렸다.

"한 부대는 동쪽 대치(大峙)에 매복하여 능주의 적을 방어하고, 한 부대는 대항봉에 매복하여 광주·나주·남평 세 고을의 적을 방어하고, 한 부대는 서남간 월임치에 매복하여 영암의 적을 방어하고, 한 부대는 덕룡산 상봉에 매복하고, 한 부대는 병암치에 매복하여 서로 응원하게 하라."

오전 8시경에 능주의 적이 20여 명이 동쪽에서 들어와 충돌하므로 우리 군사가 일제히 사격하여 적 15명을 죽였다. 10시경에 광주·나주·남평의 적 60여 명이 북쪽에서 들어와 싸움을 걸기로, 우리는 승세를 타고 추격하여 적의 장수인 경무사(警務師)와 졸병 수십 명을 죽였다. 그리고 영암에서 들어온 적 10여 명은 이미 서남간에 매복한 우리 군사에게 패배를 당했다.

이번 싸움에 적을 잡은 것이 70여 명에 달했고, 우리 군사도 약간 명이 죽었는데, 그중 드러난 이는 박여홍(朴汝洪)·박태환(朴泰煥)·박기춘(朴基春)으로, 박여홍·박태환은 박민홍(朴玟洪)의 좌·우익장이었고, 박기춘은 본진 총독이었다.

- 독립운동사편찬위원회, 앞의 책. 578~579쪽

일제는 이날의 전투 상황을 두 곳에 기록하고 있다.

오늘(2월 27일-필자 주) 아침 전보로 보고한 것과 같이 본관은 일·한 순사와 헌병 합동의 한 부대를 인솔하고 정오 무렵, 남평군 죽곡면 선동(船洞:현 나주시 봉황면 철천리-필자 주)에 도착한 바, 수괴 박사화·박민홍·강무경 등이 인솔하는 약 250명의 폭도가 그 마을 배후에 덕룡산이라고 칭하는 고지에 진지를 구축하고 있으므로 즉시 사격을 가하였으나, 폭도는 천험의 지리와 다수를 믿고 완강히 저항하였는데, 대전 3시간 후 영암군 방면으로 궤란시켰다.

이 전투에서 폭도의 사망 7명, 부상자 미상, 포로 2명이었는데, 그중 1명은 수괴 박민홍의 동생인 재무장 박여홍(朴汝洪)으로 오른쪽 이마 아래로부터 오른쪽 머리 부분에

315

관통한 총상을 입고서 있었던 바에 따라 현장에서 일단 신문을 하였던 바, 별지 조사와 같이 신립하였는데, 중상으로 점차 쇠약하여 드디어 절명하였다.

- 국사편찬위원회, 『한국독립운동사』 자료 13권, 412쪽

2월 26일 에리구찌(江里口) · 스스무(進) 양 토벌대가 영산포 철천(현 나주시 영산포읍 운곡리-필자 주) 부근에서 박명홍(朴明洪: 박민홍朴珉洪의 오기-필자 주)이 이끄는 약 2백 명의 적단(賊團)과 충돌, 이를 궤란시켰다.
2월 27일 오후 5시 영암대 이구마(伊熊) 중위 이하 12명이 영암 동북쪽 금산 동쪽 고지에 응거한 박명홍이 이끄는 70명의 적을 공격, 해가 질 무렵에 이를 격파했는데, 수괴 박(朴) 이하 23명을 죽였다.

- 이일룡 역주, 『비록 한말전남의병전투사』, 94쪽

일본군도 피해를 많이 내고 달아났기에 반드시 반격해오리라 예상한 심남일은 능주 장흥 한담리(寒潭里)에서 전열을 가다듬고 있는데, 4월 30일(음력 3월 11일) 일본군은 인근 지역 12고을의 헌병대와 순사대 등 4백여 명을 동원하여 포위공격을 시작했다.

사기충천해 있던 의병들은 능주 풍치(風峙)에서 격전을 벌여 100여 명을 살상했지만 적이 물러서지 않자 심남일은 징을 쳐서 장졸들을 이끌고 두문(杜門)으로 후퇴했다. 이날의 싸움은 치고 빠지는 작전이었으니 일본 군경은 심남일을 잡지 못한 채 수많은 병사만 죽인 셈이 되고 말았는데, 이 전투 이후에 이곳 주민들은 그날의 고소함을 이렇게 노래했다.

▲ 심남일·박사화·박민홍 연합의진이 덕룡산에서 일본군과 혈전을 벌인 기록(『한국독립운동사』 자료 13. 412~413쪽)

심남일은 용마타고 / 산 밖으로 뛰어갔고
강현수는 조화부려 / 공중으로 날아갔다.

심남일의 의병투쟁은 보성 곰재[熊峙] 전투, 보성 천동(泉洞) 전투 등으로 이어졌다. 특히 곳곳에서 전해산·안계홍 의진 등과 연합 전선을 구축하자 일제로서는 여간 괴로운 것이 아니었다.

의진을 해산하고 바람재로

이때 융희황제가 내린 의병 해산 조칙과 함께 자수하면 면죄해 준다는 거짓 회유문이 뿌려졌다. 일제 앞잡이 관리들은 매일같이 의병 귀순을 독려하기에 이르렀다.

일제의 간교한 협박에 못 이겨 내린 조칙인 줄 뻔히 알면서도 심남일은 눈물을 머금고 영암군 금마면 고인동(古引洞)에서 2년여 동안 이끌었던 의진을 해산하니, 이날이 1909년 9월 5일(음력 7월 21일)이었다.

> 가을바람 쓸쓸한데 장졸이 이별하니
> 고인산(古引山) 앞 가는 말이 더디구나.
> 성진(腥塵)을 없앨 날 언젠가 있으리니
> 지난 3년 맹세한 일 부디 잊지 마세.

일신의 안위를 돌보지 않고, 오직 국권회복(國權恢復)을 위해 떨쳐 일어서 수십 차례의 전투를 벌여 수백 명의 일본 군경과 부왜인을 쳐부순 의병들과 마지막 작별을 할 때, 심남일은 북받치는 설움을 내색하지 않고 각자 집으로 돌아가 훗날을 기약하자고 하니, 모두 생사를 같이하겠다고 우겼다. 그러나 심남일은 단호하게 뿌리치고 발길을 돌리니, 장졸들은 피눈물을 뿌렸다.

심남일은 아내와 선봉장 강무경 부부, 호군장 강달주와 함께 능주 풍치의 석굴 안에서 부상한 몸을 치료하던 중 그해 10월 9일(음력 8월 26일) 일본군에게 붙잡혀 광주로 끌려갔다. 일제는 심남일에게 온갖 회유와 협박에도 굴복하지 않고 감옥 속에서도 일제를 규탄했는데, 대구감옥에서 일제 관헌들의 심문에 오히려 꾸짖는 대한의 의병장으로서 기개가 역력하게 드러나고 있다.

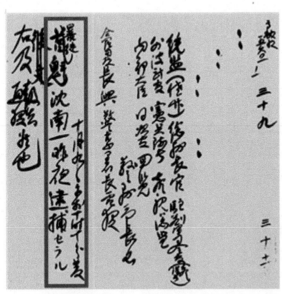

▲ 전남 장흥경찰서장의 전보를 받은 내부경무국장은 통감, 총무장관, 주차군사령관, 외파무관, 헌병대장, 경시총감, 내부대신, 내부차관 등에게 심남일 체포를 보고한 문서(『폭도에 관한 편책』, 1909.10.09)

"제 나라를 위한 것도 죄가 될진대, 남의 나라를 빼앗는 것은 무슨 죄에 해당하느냐?
대장부가 비록 너희들에게 사로잡혔지만 쥐 같은 네놈들과는 옳고 그름을 따지고 싶
지 않다."

심남일은 일제에 조금도 굽힘이 없었고, 그들의 불의를 질책한 후 「결 고국강산(訣故
國江山)」이라는 시를 읊고, 의형제이자 의진의 전군장·부장(副將)이었던 강무경과 함께
1910년 10월 4일(음력 9월 2일) 대구감옥에서 순국하니 향년 39세였다.

중군장 출신 박사화는 독립 의진을 형성하여 나주·영암 등지에서 활약했다. 융희황제
의 의병해산령을 내세워 귀순을 종용하고 회유하는 일본 헌병대와 협상을 벌여 150여 명
의 의병을 구명하기도 했으며, 뒤에 붙잡혀 1910년 4월 13일 광주지방법원에서 교수형이
선고되었고, 이어 대구공소원에 공소했다가 그해 5월 19일 취하하자 교수형이 확정되었
으며, 통감 데라우치 마사타케는 6월 6일 사형집행 명령을 함에 따라 순국했다.

모사장 권영회는 1910년 6월 11일 상고가 기각되어 7월 1일, 군량장 이세창은 그해 9월
6일 공소가 기각되어 10월 31일 대구감옥에서 교수형으로 순국했다. 기군장 김치홍은 광주
지방재판소에서 교수형이 선고되어 대구공소원에 공소했으나 그해 7월 23일 공소가 기각

▲ 심남일(심수택) 의병장 묘 - 서울현충원 독립유공자 묘역

되어 교수형이 확정되었는데, 그 집행된 것이 나타나지 않는 것으로 보아 집행 전에 옥에서 병사 또는 자결한 것으로 보이며, 선봉장 장인초는 의진 해산 후 안계홍 의진에 참여하여 의병투쟁을 계속하다가 붙잡혀 교수형이 선고되고 그해 9월 30일 대구감옥에서 순국했으며, 중군장을 지냈던 안찬재는 안계홍 의진에 참여했다가 의진이 해산되자 임창모 의진에 합류하여 의병투쟁을 벌이다가 마침내 전사하고 말았으니 그 심남일에 그 참모들이라!

정부에서는 1962년 건국훈장 독립장을 추서하였고, 국가보훈처는 광복회와 독립기념관 공동으로 '이달의 독립운동가(2010년 11월)'로 선정하였다.

필자는 지난 2016년 9월 전남 함평군 월야면에 소재한 남일심수택의병장기념관을 찾았다. 이 기념관은 여느 의병장 기념관과 달리 막내며느리 백옥련(白玉蓮)(99) 여사와 막냇손자 심만섭(沈晩燮)(74)이 온갖 궂은일을 마다하지 않고 모은 재산과 함평군의 도움으로 기공한 지 7년 만인 2014년 7월에 준공되어 지난해 국가보훈처로부터 현충시설로 지정된 바 있으나 역사적 사료가 부족하여 사당처럼 꾸며져 있었다.

심남일은 1909년 10월 9일 붙잡혀 온갖 회유와 고문을 받다가 이듬해 6월 3일 광주지방재판소에서 교수형이 선고되자 공소하여 대구감옥으로 이감되었으나 8월 25일 공소를

▲ 남일심수택의병장기념관 – 전남 함평군 월야면 가차길 51-1

319

취하하고, 10월 4일 대구감옥에서 교수형으로 순국하는 바람에 판결문이 없고, 국가기록원에 「형사사건부」와 「수형인명부」만 존재하고 있었기 때문이었다.

필자는 손자의 위임장을 받아 국가기록원 부산기록관으로 가서 심남일의 이름이 적힌 「형사사건부」와 「수형인명부」, 선봉장 장인초, 군량장 이세창, 모사장 권영회, 기군장 김치홍의 판결문 사본을 발급받고, 심남일·강무경·이세창·장인초 의병장의 사형집행 기사가 실린 「조선총독부관보」, 1909년 6월 27일 권영회 의병장에게 사형집행 명령을 한 일제 통감부 통감 데라우치 마사타케(寺內正毅)가 당시 내각총리대신 임시서리 박제순에게 통지한 『통감부래안(統監府來案)』 사본 등을 보내 심남일 의병장이 순국한 지 116주년이 되던 2016년 10월 4일 이를 기념관에 전시하였다.

이에 손자는 "이제 기념관에 꼭 있어야 할 사료들이 갖춰지게 되니 기뻐서 잠이 오지 않는다. 이제는 할아버지와 휘하 의병들의 기록들을 모으고, 정리해서 책으로 펴내는 일만 남았다." 하며 눈물을 글썽이었다.

3. 호남동의단 제2진 의병장 박도경

▲ 박도경 의병장

박도경(朴道京, 1874~1910)의 본명은 경래(慶來)이고, 자가 도경이다. 본관은 밀양이고 대대로 모양(牟陽, 지금의 고창)에서 살았다. 박준식(朴準植)의 아들로 한미한 가정에서 출생하였으나 평시에 언변과 기개가 뛰어났다. 어려서부터 늘 말하기를 "장부가 세상에 태어났다가 방안에서 죽는다면 그 위인을 알 수 있는 것이다."라고 하였다. 1907년 10월 성재(省齋) 기삼연(奇參衍)이 의병을 일으키자, "이제는 내가 죽을 자리를 얻었도다." 하고 동지를 모으고 무기를 수집하였다. 당시 모양성의 무기고에 좋은 총포가 많이 저장되어 있었다. 이러한 정보를 성재에게 알리니 당시 문수사(文殊寺)에 주둔하고 있던 의진을 이끌고 모양성을 내습하였다. 이때 박도경은 동지들과 내응하여 창고의 무기를 모두 꺼냈다. 적과의 접전에서 왜적 수명을 살상하였으나 의진의 희생은 34명이나 되었다. 훈련되지 않은 의진은 무기를 버리고 도망하였다. 박도경은 그 뒤를 따라 무기를 거두어 감추었다가 군사가 모이는 날에 비밀히 기별하여 운반해 가게 하였다.

당시 박도경은 성재가 대장이었던 호남창의회맹소(湖南倡義會盟所)에서 김익중(金翼中)·서석구(徐錫球)·전수용(全垂庸: 全海山)·김치곤(金致坤)·박영건(朴永健)· 정원숙(鄭元淑)·성철수(成喆修) 등과 더불어 종사(從事)로 활약하였다. 그리고 통령(統領)에 김용구(金容球), 선봉(先鋒)에 김준(金準: 金泰元). 중군(中軍)에 이철형(李哲衡)·김수봉(金樹鳳)·김봉규(金奉奎: 金公三) 참모에 김엽중(金燁中)·김수봉(金樹鳳)이 임명되었다. 박도경은 이들과 함께 전남 각지에서 일군과 교전하여 많은 성과를 올렸다. 특히 호남창의회맹소 의진은 무장·법성포·고창·장성 등지에서 위세를 떨쳤다. 그는 포대(砲隊: 砲射隊長)로서 활약하였다. 그 후 몸소 천자포(千字砲)를 휴대하고 대원들을 지휘하여 광주·담양·순창 등지에서 활동하였다.

1908년 2월 3일 기삼연 의병장이 광주 서천교 아래에서 총살 순국한 뒤, 호남창의회맹소 2대 대장에 오른 이대극(李大克)은 자신이 처음 합진한 의진 중심으로 참모진을 꾸리자 박도경은 격문을 돌리고 김공삼(金公三)과 함께 흩어진 군사를 수합하여 스스로는 포사장(砲士將)이 되고, 김공삼은 선봉, 김일문(金一文)을 포장(砲將)으로 임명하고 의진을 지휘하였다. 그러나 종전의 호남창의회맹소 의진은 이대극, 김준 등 주요 의장들에 의하여 나뉘어 지휘하다가 김준·김율 의병장이 순국하자 의진의 의기가 다소 감소하는 듯하였다.

이에 그는 김공삼과 의논하여 여러 진을 합하여 강대한 세력을 구성할 계획을 세웠다. 그리하여 1908년 가을 전해산(全海山)을 중심으로 11개 의진이 호남동의단(湖南同義團)을 구축하기에 이르렀으니, 그의 의진은 호남동의단 제2진이 되었고, 제일 먼저 의진을 이끌고 달려온 김영엽이 재3진 의병장이 되었다. 그러던 중에 김영엽이 유종여 등에게 피살되었다. 박도경은 군사를 거느리고 손룡산(巽龍山)으로 들어가 하수인 2인을 잡아서 죽일 수 있었으나 유종여는 놓쳐 버렸다. 군사를 이끌고 다시 장성으로 돌아와 군사를 교련하면서 그 일대에서 군자금을 모금하며 의병활동을 이어갔다.

1909년에는 상당수의 의진이 해체되었으므로 형세가 어려워졌기 때문에 전해산 의진을 비롯하여 인근 지역에서 활동하던 김영백(金永伯) 의진과도 밀착된 관계를 유지하며 배를 이용하여 무장·부안·홍덕 등 연안 지역에서 활약하였다.

제2중대장 고리야마(郡山) 대위 보고 요지
(1909년-필자 주) 4월 1일, 줄포분둔대장(茁浦分屯隊長) 카나이(金井) 오장은 그곳 사람으로부터 다음의 보고를 얻었다.

-. 3월 29일 밤, 전해산(全海山)·김영백(金永白), 박도규(朴道奎: 박도경의 일명-필자 주)라는 세 수괴가 연합한 적도 약 300명이 흥덕군 인천(仁川)으로부터 조선배 8척 편으로 변산(邊山)에 도착하였다고 한다.

-. 4월 2일, 고부로부터 병 3기(騎)를 줄포분둔대에 증가하고 카나이 오장으로 하여금 변산 부근을 수색하였으나 적은 1일 밤에 이미 변산으로부터 무장(茂長) 방면으로 배를 타고 떠난 후로서 조금도 얻은 바가 없고, 3일 줄포로 귀환하였다. 그곳 사람들의 말과 온갖 정황을 종합하여 살펴보면, 적수는 140명 내외가 되는 것 같고, 일본 군용총, 엽총, 화승총 등 80정가량을 가지고 있는 것 같다.

- 국사편찬위원회, 『한국독립운동사』 자료 14권, 105쪽

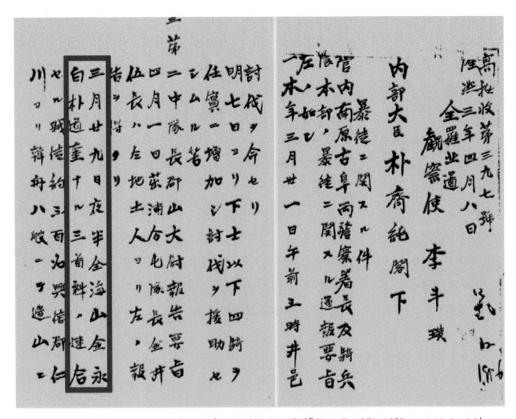

▲ 전해산·김영백·김도규(김도경) 세 의진의 연합(『폭도에 관한 편책』, 1909.04.08)

4월17일 오전 9시경, 수괴 박도경(朴道京)이 인솔하는 약 130명가량의 폭도가 화승 총 70정, 일본군총 1정을 휴대하고 흰색과 흑색의 복장을 한 차림으로 변산(邊山)을 향하여 무장군(茂長郡)으로부터 배를 타고 운호리(雲湖里)로 왔다는 정보가 있다. 군내 줄포주재소 순사 2명, 줄포 주둔 기병 4명은 적을 수색하는 행동을 시작했다.

- 국사편찬위원회, 『한국독립운동사』 자료 14권, 143쪽

▲ 박도경 의진 100여 명이 배로 전 북 무장에서 부안으로 이동한 기록 (『폭도에 관한 편책』, 1909.04.22)

4월 19일 고부경찰서장 보고

수괴 박도경이 인솔하는 폭도 약 100명은 정 오경, 무장군으로부터 배를 타고 부안군 산내 면 운호리(雲湖里)에 상륙하여 동면 석포리 (石浦里)에서 점심밥을 먹고 변산에 잠복하고 있다는 정보를 접하고, 줄포주재소 순사는 동 지 분견(分遣) 기병(騎兵)과 협력하여 17일 오 전 9시경 출발, 적 수색하는 행동을 시작하여 좌산내면, 상서면 등 남김없이 수색을 끝마쳤 으나 얻은 바가 없다. 토인(土人)의 말에 의하 면, 수괴 박도경은 고창군 사령장(使令長)의 아들로 적수는 약 130명가량인데, 그들은 화 승총 70정, 일본군 총 1정을 갖고 흑·백색의 한복을 입고 있는데, 연령이 17, 8세의 자가 전부의 3분의 1을 점하고 있다고 한다. 따라 서 계속 수사 중에 있다.

- 국사편찬위원회, 『한국독립운동사』 자료 14권, 151쪽

1909년 4월 19일 전북관찰사 이두황이 고부경찰서장의 보고를 정리하여 내부대신 박 제순에게 올린 보고서에서 박도경 의병장이 약 130명의 의병을 이끌고 무장군에서 부안 군 운호리로 왔다는 것인데, 참여 의병의 연령이 17, 8세의 자가 전부의 3분의 1을 점하 고 있다고 기록하고 있다.

줄포주재 순사의 보고에 의하면 본월 20일 오전 8시 줄포분둔기병대(茁浦分屯騎兵 隊)는 변산 부근의 폭도 토벌 행동을 개시하여 동일 오후 6시 부안군 상서면 내동리

(內東里)에서 적괴 박도경이 인솔하는 약 100명의 적과 마주쳐 교전 약 1시간 흐른 후 그 7명을 죽이고 궤란시켰다. 이 전투에서 화승총 1정, 한도 1진, 기타 피복, 탄약, 잡품 등을 노획하였다.

- 국사편찬위원회, 『한국독립운동사』 자료 14권, 155쪽

4월 26일 오전 3시경 나주헌병분견소 복암출장소 상등병 이하 6명은 나주군 관동면 복룡산(伏龍山)에서 수괴 박도경이 인솔하는 약 80명의 폭도와 충돌하여 그중 9명을 죽이고, 20명을 부상시킨 후 궤주시켰다. 헌병보조원 1명이 부상하였다.

- 국사편찬위원회, 『한국독립운동사』 자료 14권, 187쪽

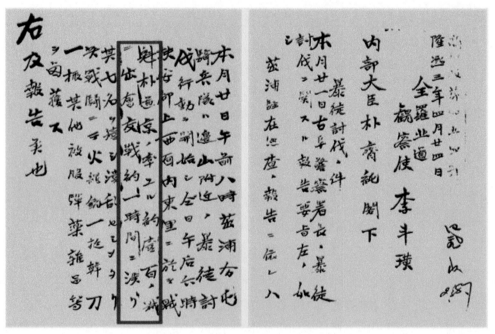

▲ 박도경 의진 100여 명이 일본군과 1시간 전투를 벌인 기록(『폭도에 관한 편책』 1909.04.24)

박도경 의병장은 100명의 의진을 이끌고 1909년 4월 20일 부안군 상서면 내동리(內東里)에서 일본군 줄포분둔기병대를 상대로 1시간 동안 전투를 벌였고, 26일에는 며칠 전 전투에서 전사자 7명 등을 제외한 80여 명의 의병으로 나주군 관동면 복룡산(伏龍山)에서 나주헌병분견소 복암출장소 헌병대와 격전을 벌여 9명이 전사하고, 20명이 부상했다는 기록이니, 참으로 처절한 전투를 벌인 것이었다.

폭도 체포건
관내 고부경찰서장의 폭도 체포에 관한 보고 요지는 좌와 여하다.

충청북도 영춘군 대곡면 하일리 거주
원인석(元仁石, 당 22세)

충청남도 당진군 군내면 하우두리 거주
박우일(朴雨日, 당 31세)

우는 지난달 27일 부내 부안군 건선면 즐포(茁浦)에 있어서의 경비상황 내정의 목적
으로써 동지에 와서 배회 중 순사 김영식·은인길에 의하여 체포되었으므로 취조한
바 그 진술의 요령은 좌와 여하다.
(중략)
(나) 박우일의 진술
자기는 본년 2월 1일 부안군 변산에서 폭도의 대장 박도경(朴道京)의 부하가 되어
이래 함평·영광·무장·고창·흥덕·부안의 각군을 배회하였다.
박도경의 부하는 110명가량으로 선봉장은 이도현(李道玄), 중장군은 손도연(孫道
演), 도십장은 구연택(具連澤), 좌우익장과 참모는 결원이 되어 도십장이 이를 겸하
고 있었다. 선봉 이도현은 40명을 인솔하고, 박 대장은 70명을 인솔하고 합동하여
행동하는 일이 있다. 또 각개로 행동하는 일이 있다. 박도경의 무기는 5연발 기총 1
정, 탄약 13발, 원 진위대가 보유했던 총기 17정, 탄약 100발, 천보총 20정가량, 화
승총 64정이다. 화약은 목포에 있는 청국인으로부터 매입하는 것으로 들었다. 금회
3일간의 예정으로 박도경으로부터 즐포에 이르러 기병, 헌병, 순사 등 경비의 모양
과 일본인의 수 및 지리 등을 채래(採來)하라는 명을 수하고 동지에 지하였던 바 미
구에 체포되었다.

- 국사편찬위원회, 『한국독립운동사』 자료 14권, 601~602쪽

    1909년 6월에 체포된 박우일(朴雨日)의 공술에서 자신은 그해 2월부터 박도경 의진에
참여했는데, '부하는 110명가량이고, 선봉장 이도운(李道云), 중군장 손도연(孫道演), 도십
장 구연택(具連澤)과 좌우익장 및 참모를 거느렸으며, 총기는 5연발 총을 포함 102정 등'
이라는 것에서 당시 의진 중에서 비교적 무력이 강력한 편에 속하였다.
    1909년 4월 20일 부안 상서면 내동리 전투에 이은 그달 26일 나주 복룡산 전투에서
약 40명의 전사자와 부상자를 낸 박도경 의병장은 점차 적의 포위망이 좁혀져 의병활동
을 전개하기 힘들어지자 의진을 해산하고 고향인 전북 고창군 고사면 가협리(加峽里) 산

중으로 피신했으나 일본 군경이 운용하는 밀정에 의해 그의 은신처가 노출되자,

"내가 여기에 있으니 마음대로 잡아가라!"

하였다.

마침내 그는 고향의 선배이자 의병장이었던 김공삼과 함께 체포되었다.

박경래전(朴慶來傳)

박경래는 자는 도경(道京)이다. 본관은 밀양이요, 대대로 모양(牟陽)에 살았다.

(중략)

5적(五賊)이 나라를 팔아 국세가 위급하자 기성재(奇省齋)가 의병을 일으켰다. 도경이 듣고는 기뻐 날뛰며,

"인제는 내가 죽을 자리를 얻었도다."

하고, 드디어 동지들을 모으고 가만히 무기를 수집하였다. (중략)

성재가 해침을 당하자 그는 친척의 죽음을 슬퍼함과 같이하였다. 김공삼이 흩어진 군사를 수합하여 본진(本陣)을 회복하자 도경은 포사장(砲士將)이 되기로 스스로 담당하여 군령이 엄하고 확실히 시행되어, 정연히 질서가 있어서 모든 진(陣)에서 제일이었다. (중략)

김공삼과 비밀히 의논하여 여러 진을 합쳐서 강대한 세력을 만들 계책을 하였더니, 여러 진에서 함부로 침노와 폭행을 하던 자는 죄를 당할까 겁내어 감히 오지 못하고 홀로 김영엽의 군사가 즉시 이르렀다. 가협 산중에서 군사를 휴식시켜 기일을 정하여 관주를 무찔러서 성재의 원수를 갚은 뒤에 차례로 일을 해나가기로 계획을 세웠다가 김영엽이 유종여에게 피살되었다.

군사를 거느리고 손룡산중(巽龍山中)으로 들어가서 종여를 잡아서 장차 죽이려고 하다가 직접 하수한 두 사람을 먼저 죽이고는 종여를 놓쳐 버렸다. 군사를 장성으로 돌려와서 군사를 교련하기 무릇 수순

▲ 김공삼·박도경(박포대朴砲大) 의병장 - 「남한폭도대토벌기념사진첩」(야마구치대학 데라우치 문고에서 필자 재촬영)

(數旬)만에 조경환(曹京煥)[18]·김준(金準)이 전후하여 광주의 어등산에 순국하자,

---

18) 필자가 보완함

형세가 더욱 외롭고 위태하고 적의 세력은 날로 더욱 강성하여 여러 진이 차례로 사로잡힘을 당하였다.(중략)

적들이 사진을 찍어서 보이며

"꼭 닮았지."

하였다. 도경이 땅에 던지며

"나는 포장(砲將)이니 포를 손에 들고 왜놈을 쫓는 것이라야 내 사진이다."

하였다. 왜적이 그 말대로 다시 손에 포를 들고 왜를 쫓으매 여러 왜놈의 쓰러지는 사진을 찍어서 보이며

"이러하면 마음이 쾌하겠느냐?"

하였다. 그제는 하늘을 우러러 웃으며

"곧 죽을 목숨이 이것만 보아도 족히 통쾌하다."

하였다. (중략)

죽임을 당하자 대구의 아전들이 돈을 추렴하여 초상을 치르는데, 마침 약령시(藥令市)가 열릴 때가 되어 북도의 상인들이 많이 왔다. 돈 수백 냥을 모아서 반장(返葬)하도록 하였다.

- 기우만, 「호남의병장열전」, 『독립운동사자료집』 2권, 654~658쪽

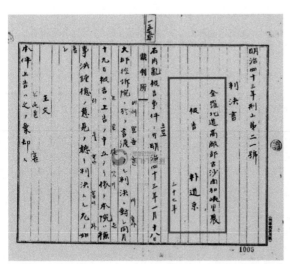

▲ 박도경 의병장, 교수형 상고기각 판결문(고등법원, 1910.02.22)

그는 옥중에서 수많은 고초를 받았으나 그는 끝내 의연하여 의로운 사람이라고 칭송받았다고 전한다.

그는 1909년 12월 3일 광주지방재판소 전주지부에서 교수형. 1910년 1월 18일 대구공소원에서 공소기각, 그해 2월 22일 고등법원에서 상고기각으로 교수형이 확정되었다.

일제 통감부 통감 소네 아라스케(曾禰荒助)는 그해 3월 14일 대구공소원 검사장 구로카와 유타카(黑川穰)에게 판결대로 집행할 것을 명하고, 이를 일제 앞잡이 내각총리대신 이완용에게 통지(通知)하자 3월 18일(음력 2월 8일) 대구감옥에서 교수형 집행으로 순국하였다.

기밀 통발(統發) 제409호
전라북도 고창군 고사면(古沙面)
농업
내란범 박도경(朴道京) 37세

우(右) 자는 융희 2년 1월 초순으로부터 동월 말일까지 내란범 수괴(首魁) 기삼연(奇三衍)19)이란 자의 부하가 되어 그 지휘를 받고 포군장(砲軍將)이라는 명칭으로 부하 150명을 인솔하고 전라남도 장성군·영광군내 각지를 횡행하여 수괴의 내란 행위를 방조(幇助)하고, 동년 2월 4일 기삼연이 사망함에 당일로부터 자기는 수괴가 되고, 내란을 발의(發意)하여 부하 200명을 지휘하여 동 3년 8월까지 총, 혹은 칼을 휴대하여 전기 각지 및 전라북도 무장군·고창군·흥덕군·부안군·정읍군의 각지에서 수비병 또는 순사대와 교전을 20여 회에 이르러 상호간에 사상자를 발생하게 한 자이라. 형법대전 제195조, 제135조, 제129조에 의하여 대구공소원에서 명치 43년 1월 18일 피고를 교(絞)에 처할 지(旨)의 판결(공소기각)을 하였는데, 피고는 이에 대하여 상고를 신청하였으나 동년 2월 22일에 고등법원에서 상고를 기각한지라. 판결이 이에 확정되었음으로써 본일 대구공소원 검사장 구로카와 유타카(黑川穰)에게 판결대로 집행함을 명하였기 우를 통지(通知)함.

명치 43년 3월 14일
통감 자작 소네 아라스케(曾禰荒助)
태자소사(太子少師) 내각총리대신 이완용 각하

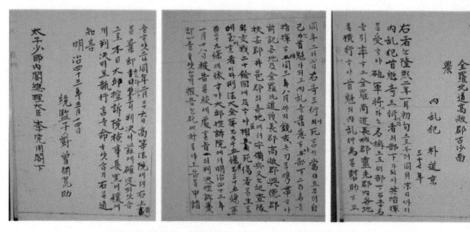

▲ 박도경 의병장 사형집행 명령 통보서(『통감부래안』, 178쪽)

---

19) 奇參衍의 오기. 순국일도 2월 3일이다.

내각고시 제29호
내란범 박도경(朴道京), 강도급살인범 김기중(金祺重), 폭동급강도·강도살인범 정
낙중(鄭洛仲) 본월 18일 대구감옥에셔 교형의 집행을 요(了)훈 사
우 고시홈
융희 4년 3월 26일
내각총리대신 이완용

- 「관보」 제4637호. 1910년 3월 28일

▲ 박도경 의병장의 묘(대전현충원 독립유공자 묘역)

그의 의로운 죽음을 기리고자 대구공소원 앞에는 많은 사람이 모였다. 대구의 아전들
이 돈을 추렴하여 시신을 초빈(草殯) 상태로 둘 수 없다고 하면서 초상을 치렀다. 그 후
대구 약령시(藥令市)가 열렸으므로 많은 상인이 모였는데 이들이 수백 냥을 모아 고향으
로 반장(返葬)할 수 있도록 도왔다.

정부는 고인의 공훈을 기리어 1968년에 건국훈장 독립장을 추서하였다.

4. 호남동의단 제3진 의병장 김영엽

● 장흥의 명가 출신 거의하다

▲ 김영엽 의병장 초상화
(김선일 작)

김영엽(金永燁, 1869~1909)[20]는 광산김씨로 전남 장흥군 관산면(현 관산읍) 송촌리(松村里)에서 태어났다. 자는 여해(如晦)이고, 호는 치재(痴齋)이다. 대대로 내려온 양반 가문으로 문학과 행실로 일찍이 이름이 드러났고, 학문에 뜻을 두어 송사(松沙) 기우만(奇宇萬)의 문인이 되었다.

을사늑약 소식에 통분함을 이기지 못하고 1906년 의재(義齋) 정석면(鄭錫冕) 의진에 참여했으며, 그 후 각 의진을 출입하면서 계책을 일러주고 협조하였다. 이때 신창학(申昌學, 일명 昌榮・甫鉉)이 전북 순창군 복흥면(福興面) 산중에서 의병을 일으켰는데, 군율이 엄정하다는 말을 듣고 그에게 달려갔다. 신창학은 김영엽의 능력을 인정하고 자신이 이끌던 의진의 의병을 반으로 나눠 그 하나를 선뜻 내주어 독자적으로 의병을 이끌 수 있도록 해주었다.

1907년 2월 3일 성재(省齋) 기삼연(奇參衍)이 일본군에 피체되어 광주 서천교 아래에서 피살 순국하고, 다시 그의 의진이 일부가 김공삼(金公三)・박도경(朴道京)에 의해 수습되어 다른 의진과의 연합전선을 도모한다는 소식을 접하고 의진을 이끌고 가서 합진하여 일본 군경과 전투를 벌였다.

그 후 전해산(全海山)의 의진과 합진하여 대치(大峙)에서 일본 군경과 격전을 전개하였다. 대치전투는 많은 의진과 연합하여 치른 것으로서 이 전투에는 전해산・김영엽 의진뿐 아니라 김영백(金永伯)・신창학・심남일(沈南一)・홍재도(洪在道)의 의진도 참가하였다. 그 후 자은촌(自隱村)에서 일본 군경과 전투를 벌이고, 전해산 의진과 분진(分陣)하여 의병투쟁을 전개하였다.

---

20) 『독립유공자공훈록』 제1권 542쪽에는 순국일이 1910년 2월 13일로 기재되었으나 실제는 1909년 3월 3일(음력 2월 12일)이다. - 전해산, 「진중일기」, 『독립운동사자료집』 제2권, 449쪽 참조

호남동의단 제3진 이끌다

김영엽 의병장은 각처에 격문을 발송하여 100여 명의 의병을 모집한 후 심남일 의진과 합진하여 강진, 장흥 등지에서 일본 군경과 교전하기도 하였는데, 1908년 가을 김공삼, 신창학 등의 건의에 따라 전해산 중심의 호남동의단(湖南同義團) 제3진 의병장으로 활약하게 되면서 이들 의진과 연계하여 의병투쟁을 펼쳤다.

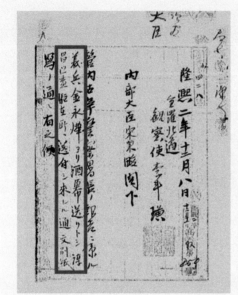

▲ 김영엽 의병장의 격문이 순창주재소에 전달되었다는 기록(『폭도에 관한 편책』, 1908.12.08)

관내 고부경찰서의 보고에 의한 의병 김영엽(金永燁)이 주막(酒幕) 돌리기로 하여 순창순사주재소로 보내온 통문(通文)은 별지 사본과 같다.

南道義兵金永燁瀝血布喩于淳昌郡分隊巡檢僉座
惟我朝鮮은 檀箕五千年禮義之邦이라 祖宗
于堯舜孔孟之道로 文物이 彬彬ᄒ야 君君臣
臣父父子子가 各安其位ᄒ고 興我寶藏寺民
生이 賴厚ᄒ니 鄰國이 莫敢窺測焉ᄒ더니
嗚呼라 豈忍言哉아 壬丁之事는 姑舍ᄒ고
近來 十臣之賊이 惹引島夷ᄒ야 販君賣國에
罪加春秋ᄒ니 何必師士오
(중략)
戊申 十一月 初七日
金永燁 號 痴齋
湖南倡義所 馳告于 各廳 座下

— 국사편찬위원회, 『한국독립운동사』 자료 12권,
612~613쪽

이 기밀문서는 전북관찰사 이두황이 고부경찰서장의 보고서를 다시 내부대신 송병준에게 보고한 것으로 「전북경수(全北警收) 제428호」(1908.12.08)이다.

"南道義兵金永燁瀝血布喩于淳昌郡分隊巡檢僉座"(남도의병 김영엽 역혈포유 우순창군 분대 순검 첨좌)로 시작된 격문은 일본 헌병과 함께 의병 진압에 나선 순창분견대 한인 순검(巡檢)[21]에게 보내는 격문이다.

내무 경무국장 마쓰이 시게루(松井茂)는 이 격문은 번역하여 통감, 부통감, 헌병대장, 내부차관, 농상공부차관 등에게 「고비수(高秘收) 제850호의 1」(1908.12.14)의 문서로 작성하여 보낼 정도로 중요한 격문이었기에 그대로 옮겼다.

南道義兵 金永燁은 피를 뿌리며 淳昌郡 分隊 巡檢 僉座에 布喩한다.

돌이켜 보건대 我 朝鮮은 檀箕 五千年 禮義之國이다. 堯舜孔孟의 道를 祖述한 以來 文物이 彬彬하여 君은 君답고 臣은 臣답고 父는 父답고 子는 子다워 各各 其 位에 安堵하고 我皇이 寶祚를 밟으시니 隣國이 敢히 窺測하는 일이 없었다.
嗚呼 어찌 말할 수 있겠는가. 壬丁의 일은 姑舍하고 近來 十臣의 賊이 島夷를 惹引하여 販君 賣國하니 그 罪 春秋보다 더하다. 伊藤은 어떤 凶物인고 邦國의 賊이 되어 陰猾하기 比할 데 없다. 隻船으로 渡海하여 我國을 侵掠하고 君父 疆土 典章 政治 財源을 皆悉 慟奪하고 我國의 無罪源源한 者를 萬里内地로 勒率해 와서 盡殺하고자 하니 邦民이 만약 이 事理를 안다면 死魂도 我國을 怨望하지 않을 것이고 倭國을 怨望하여 伊藤의 頭足을 陰斬하여 그 憤怒를 풀고 邦國의 恥를 雪辱하리라 너의 所謂 開明이란 者를 나는 아직 그것이 何物인지 알지 못한다. 臣이 그 君을 죽이고 子가 그 父를 죽이는 것이 開明이냐 萬國의 通商은 有無를 相通하는 데 있다. 그런데 通和를 빌리어 我 政府를 삼키고 我 疆土를 빼앗는 것은 어찌된 일이냐. 그 罪惡을 論하면 食肉剝皮도 오히려 不足하다. 그러나 我 聖上은 仁厚한 德으로 好生 惡殺하시어 차마 이를 誅하시지 못하고 그 虎惡을 길러 도리어 淵에 빠져 束手飮毒 血呼吐天하는 狀이 있다. 거기다 群小의 獸腸은 그 까닭을 알지 못하고 從皮内腐하니 痛哉痛哉라. 當日의 譎禍는 萬古 無雙의 일로서 瀝血呼天에 舌骨이 俱枯하고 生尸는 누운 것 같고 魂魄은 몸으로 되돌아오지 않으리라. 玆故로 民은 怒하고 神은 羞하여 義旅가 糾明함은 罪를 聲討하는 뜻이라 이제 이 三畏의 公論을 깨닫지 못하고 保護의 이름을 盜用하여 萬國의 公眼을 欺罔하면 하늘이 반드시 怒하여 너의 나라를 滅亡할 것은 多言을 要치 않는다. 너는 速히 撤還하여 邦國을 위해 꾀함이 可하도다.
嗚呼 我 同胞여 잠시 내말을 들으라. 倭가 되어 살 것인가 國君을 위해 죽을 것인가. 塗地에서 살고 倭와 더불어 侮弄하려거던 차라리 君國을 위해 죽어 우리의 義理를 밝힘만 못하리라. 天祚大宋의 널리 艱難을 救濟함은 一夫一婦를 위한 것이 아니요, 全國을 通한 大欲인 것이다. 特히 巡檢 吏胥 巡査隊도 또한 我 同胞 兄弟로 韓國에서 나고 韓國에서 자라 順氣를 받고 韓의 君國으로 敎養되었는 故로 皆是 兄이 아니면 아우 아우가 아니면 兄이라. 어찌 骨肉 相食할 理가 있겠는가? 다만 貧寒한 疾로 저 救咽에 불렸으나 内心인즉 全然 秉彛의 良知를 가지고 있다. 彼命에 의해 出場하여

---

21) 순검(巡檢) : 조선시대 경무청에 딸린 경리(警吏). 1907년 정미7조약 이후 일제가 경무서를 경찰서로, 순검을 순사로 바꿈. 여기서는 한국인 순사를 뜻함.

我人을 죽이고 回首 歸家하여 스스로 생각하면 自然 血淚가 滂沱함을 알지 못할 것이다. 이 心事는 하늘의 秉彝라. 古人이 말하기를 貧視는 그 하지 않는 바요, 窮視는 그 取하지 않는 바라고 하니, 비록 外面 彼에 붙으나 內心인즉 堅定하여 移動하지 않으며, 우리의 兄弟로 서로 害치지 못한다면 韓을 위해 圖謀하고 倭를 排斥하는 데 힘쓰지 않겠느냐? 어찌 이 理致를 알지 못하고 兄은 아우를 죽이고 아우는 兄을 죽여 搏掌大笑하겠는가?

오직 바라건대, 同胞 兄弟 巡檢 巡查도 苦心血誠으로 五百年 切齒의 賊을 斥殺하여 我 君國의 忿을 雪辱하고 我 生靈의 抑鬱를 풀면 千萬多幸이라.

戊申 十一月 初七日

金永燁 號 痴齋

湖南倡義所 馳告于 各廳 座下

― 국사편찬위원회, 『한국독립운동사』 자료 12권, 614~616쪽

● 유종여(본명 창호)에 피살되다

김영엽 의병장은 1908년 8월부터 김공삼·신창학 의진과 연계하여 의병투쟁을 벌인 후 전해산 의병장을 만나 함께 전남 광산 석문산(石門山) 전투에 참전하였고, 이어 영사재(永思齋) 전투 때는 자신은 부상한 몸을 치료하면서도 의진의 의병을 보내어 승첩을 올리게 했으며, 대치전투에서는 인근의 의진들과 함께 일본 군경과 전투를 벌여 승첩하였다.

그러나 이렇게 여러 의진과의 연합전선을 전개하는 과정에서 다른 의병장과는 의기투합할 수 있었으나 종여(宗汝) 유창호(柳昌鎬) 의병장과는 대민관계 문제에서 의견차가 컸다. 김영엽 의병장은 전남 장성 백양사(白羊寺) 운문암(雲門庵)에서 유종여가 보낸 하수인 황운룡(黃雲龍)·정섬(鄭蟾)에게 피살되었는데, 당시 상황을 전해산은 「진중일기」에 남겼다.

17일(1909년 음력 2월―필자 주) 정묘(丁卯)

(전략)

또 한 장을 뜯어보니 바로 장군 신창학(申昌學)의 편지인데,

"금월 12일 밤에 유종여(柳宗汝)가 제 도당(徒黨) 수십 명을 거느리고 장성(長城) 운문

암(雲門庵)으로 들어와 치재(痴齋) 김여회(金如晦)를 습격해 죽이고 어디로 갔는지 알수가 없으므로 비록 군사를 일으켜 쳐죽이고자 하나 근자에 선봉이 또 적에게 패전을했으니 맨손만 쥔 군사인지라 뜻이 있어도 실천에 옮길 수는 없습니다. 이 세상에 믿을 이는 오직 우리 장군 전해산뿐이니, 원컨대 군사를 거느리고 이곳에 와서 비진(鄙陣)의 지극한 원한을 씻어 주시면 한편으로는 국가사를 위한 것이요, 한편으로 군무상제일 급선무가 되는 것입니다. 공의 의향이 어떠하신지 회보해 주시기를 고대합니다.”하였다. 나는 이 편지를 보고 놀라 어찌할 바를 몰랐다.

아! 김 공이여, 어찌 이 지경에 이르렀단 말인가. 거년 8월 초에 석문(石門)에서 만나자 그 치열한 싸움에 마음과 힘을 같이하여 종일토록 적병을 무찔렀고, 영사재(永思齋) 접전에 공은 명곡에서 병을 치료하면서도 부하 군사를 내보내어 싸움을 독려하여 승첩을 올리게 했고, 한재[大峙]의 접전에도 역시 도와서 큰 승첩을 올렸으며, 내동(內洞) 접전에 공은 순창(淳昌)으로 떠나서 우리 군사의 사상(死傷) 여부를 조사하고 나는 참위 정원집(鄭元執)과 함께 남도로 내려왔기 때문에 몇 달간을 서로 떨어졌었다.

그 후 나는 장군 조경환(曺京煥)과 더불어 합진하여 통안(通安) 등지에서 유진하고있었는데, 이 무렵에 공은 군사를 집합하여 장성(長城) 등지에서 기다리다가 내 소식을 들은 것이었다. 나는 통안을 출발하여 황룡(黃龍)으로 향하는데, 공은 군사 50여명을 거느리고 뒤를 따라와 서로 황룡에서 만났다.

(중략)

지난 겨울에 공은 종여(宗汝) 유창호(柳昌鎬)와 더불어 모임을 했는데, 공은 종여가자칭 기 대장(奇大將, 奇參衍)의 서리(署理)라 하고 국가사도 생각하지 아니하며 군사를 놓아 백성을 토색(討索)함으로써 꾸짖기를 노예와 같이하니, 종여는 분히 여겼으나 아무 말도 없이 서로 헤어졌다. 그 이튿날 종여는 적을 만나 크게 패하게 되니이 때문에 그가 독을 품었다. 그래서 이런 불행한 일을 저지른 것이나 소득이 무엇이냐, 무궁한 한만 끼쳤을 뿐이다. 모진 추위는 지나가고 따뜻한 봄이 왔는데, 본시 함께 큰일을 치르기로 한 그 약속은 이제 그만이다. 아! 애석하다. 우리 김 공을 누가대신하랴.

- 전해산, 「진중일기」, 『독립운동사자료집』 2. 448~451쪽

의병장은 피체되고 의병은 무기를 던지고

1909년 5월이 되자 일본 군경의 의병 진압이 더욱 거세졌다. 일제는 일제 앞잡이 관찰사, 군수를 동원하여 융희 황제의 '의병 해산령'을 앞세워 의병 해산을 종용하자 의병 참

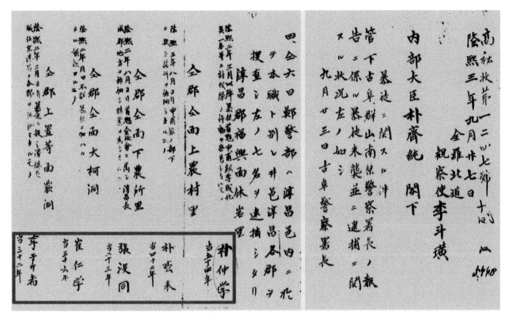

▲ 김영엽 의진 의병 등 자수한 의병(『폭도에 관한 편책』, 1909.09.27)

여자가 현저하게 줄어들자, 대부분의 의병장은 의진을 해산하고 기회를 엿보며 은신했으나 피체되는 경우가 많았다. 특히 그해 9월부터 이른바 '폭도대토벌'이 진행되자 자수하는 의병이 많았다.

9월 6일 고부경찰서 경부 정인하(鄭寅夏)는 정읍·순창 각군을 수색하여 7명을 체포하였는데, 이들은 신보현(신창학), 이성화(李成化), 김영엽(김여회) 등의 의진에 속했던 의병들이었다.

순창군 복흥면 휴암리
융희 2년 3월부터 폭도수괴 신보현·이성화·오일봉 등에게 토벌대의 행동을 밀고한 자
박중학(朴仲學) 당 54년

순창군 복흥면 상농소리
융희 3년 8월부터 신보현의 부하에 투하여 제소(諸所)를 배회한 자
박송래(朴松來) 당 42년

순창군 복흥면 하농소리
융희 2년 8월부터 수괴 김여회(金汝會)에 속하고 순창·장성군 지방을 배회하여 약

탈을 한 자
장설동(張設同) 당 23년

순창군 복흥면 대가동
융희 2년 월일 불상 폭도에 가입한 혐의 있는 자
최인학(崔仁學) 당 36년

순창군 상치등면 농동
융희 2년 2月부터 폭도에 투하여 담양·장성·임실·순창의 각군을 배회한 자
이자근자(李子斤者) 당 32년

순창군 복흥면 정동
융희 2년 3월부터 수괴 신보현의 부하에 투하여 제소를 배회한 자
정자영(鄭自永) 당 42년

전라남도 강진군 남면 마동
융희 2년 6월부터 폭도수괴 신보현에 속하여 순창군을 횡행한 자
김재규(金在奎) 당 25년

- 국사편찬위원회, 『한국독립운동사』 자료 15권, 537~538쪽

1909년 10월 13일 장성 출신 의병 4인이 광주경찰서에 자수하였는데, 강사문(姜士文) 의진 김민화(金珉化), 권(權) 참봉 의진 정영원(鄭寧源), 이기손(李起巽) 의진 김응천(金應天), 김영엽 의진 김인수(金仁守)였다.

장성군 남삼면 맥전(麥田) 거
농 김인수 22년
융희 2년 음력 1월 10일 함평군 신가지(新加地)의 앞산에 있는 부의 성묘 후 귀가 도중 15명을 인솔한 적괴 김여회(金汝會: 여회는 김영엽의 자-필자 주)와 만나 이에 체포되어 8일간 적의 하물(荷物) 등을 등에 지고 각소를 행동하였으나 양가에 금품을 겁탈한 일이 없고, 동월 18일 영광군 면명 미상 선산으로부터 귀가하였다 한다. 우는 모두 도주의 두려움이 없고, 또 면장 등으로부터 신상 보증을 신출하였으므로 일단 방환하고 계속 취조중

- 국사편찬위원회, 『한국독립운동사』 자료 15권, 791쪽

비명에 숨진 의병장 추모

김영엽 의병장은 민중의 재산을 함부로 빼앗는 유종여 의진의 의병을 꾸짖고 매질하였다. 이에 앙심을 품은 유종여가 하수인을 시켜서 전남 장성 백양사 운문암(雲門庵)에서 김영엽 의병장을 살해하였다.

이 사건에 대하여 전해산은 자신의 「진중일기」에 남겼고, 기우만은 『호남의병장열전』 속에 「김영엽전」이라 하여 그의 행적과 함께 자세히 기술하였다.

> 김영엽전(金永曄傳)
> 김영엽은 자는 여회(汝晦)요 호는 치재(痴齋)다. 광산(光山) 사람으로 관산(冠山)에서 대대로 내려온 양반의 집으로 문학과 행실로 유명하였다. (중략)
> 5적이 나라를 팔자 통분하여 스스로 억제하지 못하다가 의병들이 일제히 일어나자 각진(各陣)에 출입하면서 계책을 말하여 협조하였다. 신창학(申昌學)이 복흥산 중에서 의병을 일으켰는데, 모든 진은 약탈과 폭행을 함부로 하는데 홀로 군율이 엄정하여 백성들이 안심한다는 소문을 듣고 달려갔다.
> 신장(申將: 申昌學·申甫鉉-필자 주)은 뜻이 서로 맞아서 군무(軍務)를 위임하며 말하기를, "나는 군사를 통솔할 재주가 없는데 특히 의기로써 일어났을 뿐이다. 군사를 모으고 양식과 기계를 모으는 모든 일은 내가 마땅히 계속할 것이요, 행군하여 적과 싸우는 것은 자네가 스스로 맡으라."
> 하고 군사 반을 주었더니, 간 곳마다 침노하고 약탈함이 없게 하였다. (중략)
> 전해산을 군문(軍門)에서 본즉 방금 적을 뒤밟아 행군하는 중이었다. 즐겨 일을 같이 하기로 하여 대치(大峙)에서 한번 싸우는데 포탄을 피하지 않고 군사들과 수고로운 일까지 같이하여 밥을 나르며 물을 긷는 것까지 몸소 하매 군사들이 모두 심복하였다. 유종여(柳琮汝)는 다른 데로 갈 수도 없고 그 위험하고 노고되는 것이 답답하고 싫어서 치재에게 앙심을 품었고, 또 그의 제지로 제 마음대로 약탈과 폭행을 하지 못하므로 치재를 눈에 박힌 못[釘]처럼 생각하여 밤을 타서 도망하였다. (중략)
> 종여가 본래 앙심을 품었던 차에 그의 방비 없음을 타서 쫓아와서 행패하매 드디어 해침을 당하였다. 주민들이 모두 모여서 통곡하기를 친척을 슬퍼함과 같이하고 지금까지 말할 때에 눈물을 떨어뜨린다. 김공삼(金公三)·박도경(朴道京)이 변을 듣고는 손룡산중(巽龍山中)으로 행군하여 직접 하수(下手)한 두 사람을 총살하고는 종여는 놓쳤더니, 신장(申將)이 선봉을 시켜 종여의 뒤를 밟아서 총살하여 원수를 갚았다. 치재의 부인 백씨가 그 남동생과 함께 변을 듣고 왔다. 내가 관을 마련해 주고 관 위에 '호남의사치재김공지구(湖南義士痴齋金公之柩)'라고 써서 고향에 반장하게 하였다.
> — 기우만, 「호남의병장열전」, 『독립운동사자료집』 3, 663~665쪽

▲ 김영엽 의병장 의적비 - 전남 장흥군 장흥읍 읍성로 96(예양공원)

정부는 고인의 공훈을 기리어 1990년에 건국훈장 애족장(1980년 대통령표창)을 추서하였다.

5. 호남동의단 제4진 의병장 조경환

● 대천 조경환의 가문과 거의

▲ 대천 조경환 의병장(초상화)

조경환(曺京煥, 1876~1909)은 창녕 조씨, 전남 광산(현 광주광역시 광산구) 출신으로 호는 대천(大川)이다.

오랜 세거지는 전남 화순으로 선조 때 서인(西人)들이 조작한 '정여립 모반 사건' 때 정여립의 죽음 소식에 눈물을 흘렸다는 참소로 인하여 추국 과정에 곤장을 맞다가 죽은 후에 부관참시까지 당했던 전라도 도사(都事) 조대중(曺大中)의 13세손이었다.

조대중이 억울하게 죽고, 부관참시까지 당한 것에 대하여 나주에 살던 전 의금부 도사 나덕명(羅德明)이 그의 죄를 씻어줄 것을 청한 상소에서 그가 어떤 사람이며, 왜 참소를 당했는지 그 이유가 어렴풋이 드러난다.

> 조대중은 사람됨이 강개하고 마음씀이 청고(淸苦)하여 권세가에 출입하지 않고 한 길로 고립(孤立)하니 여러 사람들이 헐뜯어댔습니다. 그가 전라도 도사가 되어서 정철(鄭澈)의 집을 들르지 않았으니 그의 노여움을 산 것은 이상할 것도 없습니다.
>
> ─ 『조선왕조실록』, 「선조실록」, 1597년 1월 17일

그는 죽은 지 35년째가 되던 인조 2년(1624)에야 복관되었기에 후손들은 벼슬길에 나아가기를 꺼렸으나 학문을 숭상해 온 가문이었다.

일제침략기 호남에서는 주로 노사(蘆沙) 기정진(奇正鎭)의 학문을 숭상하여 전남에는 후석(後石) 오준선(吳駿善), 전북은 송사(松沙) 기우만(奇宇萬), 영남지역과 인접한 지역에서는 퇴계학통을 이은 당천(堂川) 이한룡(李漢龍), 충청도와 이웃한 지역은 우암학통을 이은 연재(淵齋) 송병선(宋秉璿)의 문하생이 많았는데, 대천은 어릴 때부터 학문에 뜻을 두었고, 청년기에 원근의 유학자를 찾아 학문의 폭을 넓혔다고 하며, 학계에서는 후석과 면암(勉庵) 최익현(崔益鉉)의 문하생으로 분류하고 있다.

대천은 을사늑약 이후 국권이 무너지고, 일제에 의하여 광무황제가 퇴위당하는가 하면, 군대마저 강제 해산되자 통분함을 금치 못하여 1907년 12월 초순 이원오(李元五), 김동수(金東洙), 양상기(梁相基) 등과 광산, 함평 등지의 의병을 모아 거의했다. 이듬해 1월 초순 김준(金準, 자 泰元) 의병장과 협의, 의진을 합진하여 김준의진의 좌익장·선봉장으로 활약하다 4월 25일 김준 의병장이 순국하자 의진을 수습하고, '호남창의대장'으로 추대되어 인근 지역에 통문과 격문을 띄워 의병 참여를 호소하였다.

대천은 주로 어등산을 중심으로 용진산, 석문산, 덕룡산 자락에서 의병투쟁을 벌였는데, 그해 가을부터 심남일(沈南一)·이대극(李大克)·전해산(全海山) 등의 의진과 연합하여 의병투쟁을 전개하다가 순국한 대표적인 호

▲ 1909년 전남 광주군 모습

남의병장이었다.

일제는 의병장이 이끄는 의진의 규모와 그 활약상에 따라 이른바 '소수괴(小首魁)', '수괴(首魁)', '거괴(巨魁)'로 일컬었는데, 대천은 기삼연(奇參衍), 심남일, 안계홍(安桂洪: 족보명 圭洪), 전해산 등과 함께 거괴로 지칭되기도 했던 의병장이었다.

● 대천의진의 활약상

대천을 비롯한 호남지역 의병장들의 공훈록에는 '1908년 2월 2일(설날) 창평의 무동촌(舞童村)에서 광주수비대장 요시다(吉田) 소좌 이하 수명을 포살하였다.'라는 요지의 기록이 있는데, 그 내용에 대한 의견이 분분하다.

이는 당시 광주지역 주요 의진이 함께 무동촌전투에 참여했고, 당시 의병들이 사살한 일본군 부대장이 요시다 소좌였다는 오해로 인해 생긴 것이다. 그런 오해가 생긴 것은 송사가 저술한 『호남의병장열전』에서 광주수비대장 요시다를 처단했다고 기술해 놓은 데서 기인한다.

> 이때 율(聿: 金聿-필자 주)의 군사가 사호(沙湖: 현 광주광역시 광산구 사호동-필자 주)에 있었는데, 적이 불의에 습격하여 사면으로 포위하여 공격하매 의병이 혹은 죽고 혹은 흩어졌다. 준(準: 김준-필자 주)이 듣고 적병을 당할 수 없음을 알고 성문을 굳게 닫고 움직이지 아니하니 적이 방비가 있음을 알고 감히 가까이하지 못하였다. 이에 선봉장 조경환(曺敬煥: 曺京煥-필자 주)이 도포장 최동학(崔東鶴)과 상의하기를,
> "율의 군사가 새로 패하였으니 나는 동복, 창평 등지로 가서 충의의 선비를 모집하여 힘을 합하여 적을 토벌함이 옳겠다."
> 하고, 드디어 정예한 포수 수십 명을 거느리고 장차 떠나려 하는데, 율이 군사 수십 명을 거느리고 따랐다. 바로 창평의 지곡(현 담양군 남면 속리-필자 주)에 도착하여 하루를 머물고 그날 밤에 한 고개를 넘어서 무동촌으로 진군하니, 이날은 무신년(戊申年)(1908년-필자 주) 정월 초하룻날이었다. 적장 요시다 카쯔시부로(吉田勝三郎)이란 놈이 기마병을 거느리고 쫓아왔다. 적은 많고 우리는 적어서 대적이 되지 못할 뿐 아니라 기마병이 매우 정예하였고, 또 요시다는 제 나라의 육군대장으로 키가 10척이나 되고 용력이 뛰어났다. 날랜 말 위에 앉아서 칼을 휘두르며 바로 들어오니, 눈 아래 의병이 없었다.
> (중략)

약속을 이미 정하자 요시다가 날랜 기운으로 바로 담 밖에 이르렀다. 준이 잠복하였던 군사에 눈짓하여 천보총을 쏘아 그놈을 바로 맞추어 연달아 쏘아 모두 맞추니 몸이 넘어져 말에서 떨어졌으나 오히려 죽지 않았다. 준이 그놈의 보검을 빼앗아 쳐죽이고 그의 망원경과 육혈포를 거두고 좌우에서 복병이 모두 총을 쏘니 소리가 뇌성처럼 진동하였다.

- 독립운동사편찬위원회, 『독립운동사자료집』 제2권, 641~642쪽)

당시 일본군 14연대 2대대 소속 '요시다(吉田)'이란 성을 가진 자는 소좌 1명과 특무조장 1명뿐이었다. 무동촌전투에서 사살된 일본군 부대장이 광주수비대장인 줄 알았지만 실상은 다르다. 그날 사살된 적장은 광주수비대의 한 종대(縱隊)를 이끌었던 특무조장(特務曹長, 현 한국의 준위에 해당함)이었다.

그날 무동촌전투에 참전한 일본군 부대장은 특무조장 가와미쯔(川滿)였음이 이른바 『전남폭도사』에 나타나 있다.

▲ 호남의병 진압을 독려하기 위해 경남 하동 화개나루를 건너는 남부관구사령관 육군 소장 와타나베 일행(야마구치현립대학 데라우치 문고에 있는 이른바 『남한폭도대토벌기념사진첩』에 나와 있는 사진을 필자 재촬영)

2월 2일 오전 7시 창평군 내남면 지곡에 폭도 3백여 명이 모여 있다는 정보가 있어 주재소 순사 5명, 광주수비대 하사 이하 6명이 합동수색하여 외남면 무등리(현 담양군 남면 무동리-필자 주)에서 충돌, 가와미쯔(川滿) 조장(曹長)과 하야시(林) 상등병이 전사하고 졸(卒) 2명이 부상함에 한쪽의 혈로를 뚫고 퇴각했다. 광주에서 지원대가 급히 출동했으나 얻은 것이 없다.

— 이일용 역, 『비사 한말전남의병전투사』 35~36쪽

김준, 김율, 조경환, 최동학 등이 이끈 의병부대가 광주수비대 소속 가와미쯔 조장이 이끄는 소규모 부대와 싸워 부대장과 상등병을 사살하고, 2명에게 부상케 한 전투였다.

무동촌전투 승리 후 2개월 뒤에 김율 의병장이 피체되었을 때 이 사실을 내부경무국장에게 보고한 자가 광주수비대장(광주수비구사령관으로 변경) 요시다 소좌였다.

3월 30일 광주수비구사령관 요시다(吉田) 소좌 전보 보고
선암(仙岩: 현 광주광역시 광산구 선암동-필자 주)(광주 서방 3리)에 적장 김율이 인솔하는 10여 명이 집합하고 있다는 보고에 의하여 이구마(伊熊) 중위, 이마무라(今村) 중위, 요시다(吉田) 특무조장을 지난 29일 오후 1시 그곳에 파견하였던 바, 이마무라 · 요시다 두 부대는 선암에서 반(半) 리 떨어진 곳에서 교전하여 수괴(의병장-필자 주) 김율을 생포하고, 그 5명을 죽인 후 약간을 부상시켰다.

— 국사편찬위원회, 『한국독립운동사』 자료 10권, 82쪽

당시 전남 중서부 지역에서 가장 큰 규모의 일본군 부대는 요시다 소좌가 이끄는 14연대 2대대였고, 그가 광수수비대장이었다. 일본군 14연대장 기쿠치(菊池) 대좌는 대구에 머물렀는데, 이듬해인 1909년 6월부터는 14연대를 대신하여 후쿠하라(福原) 대좌가 이끄는 1연대와 미와(三輪) 대좌가 이끄는 2연대로 교체되었다. 요시다 성을 가진 특무조장은 심남일 의진의 모사 출신이자 호남동의단 제9진 의병장으로 활약하던 권영회(權寧會, 일명 권택權澤)을 체포한 장본인이었다.

남부관구사령관 와타나베(渡邊水哉) 소장

제1연대장 후쿠하라(福原) 대좌

제2연대장 미와(三輪) 대좌

같은 날(1909년 9월 25일-필자 주) 제5중대 요시다(吉田) 조장 이하 7명이 장흥 부근에서 폭도수괴 권택(權澤)을 체포했다.

- 이일용 역, 앞의 책. 137~138쪽

대천은 무동촌전투에 참여하여 승리로 이끌었던 것인데, 대천의진의 크고 작은 활약상은 일제의 기록에 40여 군데 나타나 있다. 이른바 『전남폭도사』에 나타나 있는 것을 보면, 광주, 나주, 함평 등지에서 의병투쟁을 벌인 것이 돋보이고, 심남일, 전해산 등이 이끄는 의진과 연합하여 의병투쟁을 벌인 경우가 많다는 것이 특징이다.

-. 10월 23일 오전 10시 히라노(平野) 토벌대가 함평군 평림면 석문내산에서 거괴 전해산·심남일·조경환·김기순(金基順)의 합동집단 250명과 충돌, 이를 깨뜨렸는데, 11명을 죽이고 화승총 5정, 권총 1정, 나팔 1개, 기타 잡품을 노획했다.
-. 12월 16일 야마다(山田) 토벌대가 광주를 출발, 선암, 사창 부근을 수색, 밤낮으로 적정을 살펴 월암(月岩) 고지에서 거괴 전해산·조경환의 합동집단 약 200명을 발견, 헌병대와 합동으로 공격 끝에 이를 무찔렀는데, 9명을 죽이고 2명을 포로하고 화승총 2정을 노획했다.

그리고 일본인 경찰서장이나 일제 앞잡이 관찰사가 내부경무국장에게 보고한 것을 묶은 이른바 『폭도에 관한 편책』을 번역한 『한국독립운동사』에도 대천은 다른 의진과 연합하여 의병투쟁을 벌인 경우가 많았음을 알 수가 있다.

적괴 조경환(曺京煥)·최봉선(崔奉先)의 2명은 각자 인솔한 부하 약 5,60명이 30년식 기총(騎銃) 4정, 군도 6자루, 기타 화승총(인원의 3분의 2가 휴대)을 든 폭도는 나주 고막원, 함평, 영광, 장성 방면에 걸쳐 배회하고 있다.

- 국사편찬위원회, 『한국독립운동사』 자료 12권, 61쪽

27일(1908년 11월 27일-필자 주) 전여산(全汝山)과 조경환(趙京煥)이 인솔하는 적도(賊徒) 약 90명은 영광군 사창(영광 동방 약 30리)에 내습, 수비대 숙사에 방화하고 수비대의 고용인을 참살한 후 함평군 방면으로 갔다는 보고를 득하고 영광헌병분견소 상등병 2명과 보조원 5명은 정찰을 위하여 출장을 나갔다.

- 국사편찬위원회, 앞의 책. 685쪽

이 기록을 살펴보면, 대천과 연합작전을 펼친 것으로 기록하고 있는 최봉선(崔奉先)은 전북지역에서 의병투쟁을 벌이다가 붙잡혀 옥고를 치르던 중, 순국한 최봉선(崔鳳先)이 아니라, 광주, 장성, 함평 등지에서 의병투쟁을 벌이다가 오성술(吳成述) 의진과 합진, 그 의진의 도포장으로 활약한 김봉선(金奉先) 의병장으로 보이고, 전여산(全汝山)은 필사본 을 활자본으로 옮길 때 전해산(全海山)의 '海'를 '汝'로 오독한 것으로 보이며, 대천의 성 을 '趙'로 한 것은 오류이다.

● 대천의 활약상, 전국에 알려지다

일본군은 1907년 10월부터 12월까지 진주·하동수비대, 진해만 중포병대대의 진주파 견대를 동원하여 지리산 부근의 고광순(高光洵)·김동신(金東臣)의 의진을 진압하고자 했다. 그해 10월 17일 연곡사전투에서 일본군은 고광순 의병장을 비롯하여 수십 명을 살 상했지만 의병들은 흩어졌다가 다시 모이기를 반복하고, 한겨울인데도 의병의 불길이 잡 히지 않았다.

일본군은 이듬해 2월 6일부터 3월 5일까지 14연대장을 이른바 '토벌대장'으로 하여 진 주·함양·거창·남원·광주의 수비대와 조치원 주둔의 기병 약 70기, 천안 주둔 헌병 대, 각 지역의 헌병·경찰대 등도 참가하는 대규모 '의병토벌대'를 편성해서 지리산을 중 심으로 영호남 지역 의병대학살에 나섰다.

> 함양군 마천면 지리산맥에 김동신이 이끄는 폭도가 맹렬히 배회하고 있으므로 함양·
> 남원·구례·하동·진주의 각 수비대는 기쿠치 연대장의 명에 의해 오늘 16일(1908년
> 2월-필자 주)부터 지리산맥으로 향해 토벌로 간다는 것은 「거비발(居秘發) 제51호의
> 1」로 이미 보고한 바 ……(중략) 김동신 일파는 이달 12일 기쿠치 연대장이 1중대를
> 이끌고 함양에 내착(來着)한 것을 재빨리 각지(覺知)하고……
>
> － 국사편찬위원회, 『한국독립운동사』 자료 9권, 167쪽

14연대장 기쿠치는 1개월 동안 150여 차례 의병학살전을 펼치는 바람에 지리산 부근 의 의병 756명이 순국하고, 부상 수백 명, 포로 700여 명에 이르렀다. 기쿠치가 출동한 기록이 이른바 『전남폭도사』에도 나타나고 있다.

2월 15일 구례·남원·진주·하동의 각 수비대를 집결하여 적도의 소굴인 지리산을 포위 토벌하기 위해 기쿠치(菊池) 연대장이 대구에서 출동했다.

- 이일용 역, 앞의 책. 36쪽

대천에 대한 기록이 「대한매일신보」와 『매천야록』에도 실려 있는 것은 당시 조치원 주둔의 기병대와 천안 주둔 헌병대의 동정 속에 나타난 것이기도 하지만, 대천이 전국에 알려질 만큼 비중 있는 의병장이었다는 것을 방증하는 것이기도 하다. 내부 경무국에서 엮은 『폭도에 관한 편책』을 번역한 『한국독립운동사』의 내용과 비교해 보면, 그것을 알 수가 있다.

조경환(曺京煥)의 병대(兵隊) 200여 명은 천안에서 싸웠으며,

- 황현, 『매천야록』 제6권, 1908년 11월(음력) '의보' 참조

본월 18일 전라남도 장성군 근처에서 의병장 조경환 씨의 거느린 의병 200여 명이 충청남도 천안군 일헌병과 일수비대와 접전하였다.

- 「대한매일신보」, 1908년 12월 25일, '지방정형란' 참조

전남 광주수비대로부터 출발한 토벌대 및 충남 천안헌병분대로부터 출발한 토벌대는 12월 18일, 전남 장성의 서남쪽 약 2리 지역에서 협력, 적괴(賊魁) 전해산·조경환 등이 인솔하는 약 200명의 적을 쳐서 이들을 궤란(潰亂)시키고…

- 국사편찬위원회, 『한국독립운동사』 자료 12권, 696쪽

당시 경북 대구헌병분대는 영남지역, 전남 영산포헌병분대는 전남지역, 충남 천안헌병분대는 전북과 충남지역을 관할했지만, 연대장이나 대대장의 활동 상황은 헌병대에 보고했기 때문에 대천의진이 천안헌병분대와 싸운 것을 『매천야록』에서는 "천안에서 싸웠다."라고 했고, 「대한매일신보」에는 "천안군 일헌병과 일수비대와 접전하였다."라고 했으니, 바른 기록이라 하겠다. 당시 이른바 『전남폭도사』에 나온 기록과 비교해 보면, 내용은 매우 유사하다. 다만 일자가 각각 16일, 18일로 되어 있는 것은 둘 중 하나는 오류로 판단한다.

> 12월 16일 야마다(山田) 토벌대가 광주를 출발, 선암(현 광주광역시 광산구 선암동-필자 주), 사창(현 장성군 삼계면 속리-필자 주) 부근을 수색, 밤낮으로 적정을 살펴 월암 고지에서 거괴 전해산과 조경환의 합동집단 약 200명을 발견, 헌병대와 합동으로 공격 끝에 이를 궤란시키고(필자가 원문대로 수정-필자 주), 9명을 죽이고 2명을 포로하고 화승총 2정을 노획했다.
>
> - 이일용 역, 앞의 책. 79~80쪽

「대한매일신보」는 대천의진 50여 명이 1909년 1월 10일 일본군 수비대와 접전하였다고 보도했다.

> 본월 10일 광주군 서방 30리 되는 산중에서 의병장 조경환 씨의 거느린 의병 50여 명이 그곳 일수비대와 접전하였다.
>
> - 「대한매일신보」, 1909년 1월 16일, '지방정형란' 참조

▲ 「대한매일신보」(국·한자혼용판)
(1908.12.24.·2면·지방소식란)

▲ 「대한매일신보」(순한글판)
(1908.12.25.·3면·지방정형란)

이 전투에서 대천을 비롯한 20여 명이 순국하고, 10여 명이 피체되었는데, 이 사실은 보도하지 않은 것은 민중이나 의병들의 사기를 고려한 것이었다고 판단한다.

● 일본 군경의 총탄 996발, 거룩한 순국

1908년 여름이 되자 호남지역은 의병천하가 된 듯 의병들의 열기로 가득 찼다. 특히 광무황제의 비밀조칙을 휴대한 전 시위대 참위 정원집(鄭元集)이 유배지를 탈출하여 30여 명의 해산군인들과 함께 전해산을 찾아오자 전해산은 대동창의단을 조직하고 의병장에 올랐으니, 이때가 1908년 8월 21일(음력 7월 25일)이었다.

그 후 대천은 전남 중서부 지역에서 맹활약을 하던 전해산을 중심으로 심남일, 이기손(李起巽), 이대극(李大克) 등의 의진 11개로 구성된 호남동의단의 일원으로 의병투쟁을

전개하니, 일제는 속수무책이었다. 대천과 연합투쟁을 벌인 호남동의단 소속 의진의 활약상은 눈부실 정도였으니, 일본군 제38헌병관구는 이른바 '토벌대'를 편성하여 의병학살전에 나섰다.

12월 1일 제38헌병관구에서 하사 4명, 상등병 8명, 보조원 23명으로 토벌대를 편성, 10일간의 예정으로 광주, 능주, 장성, 창평, 옥과, 곡성, 담양, 동복, 천원, 광천 방면의 토벌을 위해 행동케 했다.

- 이일용 역, 앞의 책. 76쪽

이어 일제는 12월 13일 장흥에 보병 1개 소대를 증파했고, 15일에는 영산포헌병분대장 오하라(大原) 대위가 8개 종대를 편성하여 출동했으며, 광주수비대장 요시다 소좌는 특별부대를 운용했지만 의병투쟁은 계속되었다. 그러나 수개월 동안 의병투쟁을 계속한 탓에 피로가 쌓였고, 혹한기를 산속에서 지낸다는 것도 여간 어려운 일이 아니었다. 특히 설날이 다가오자 대천은 잠시 의진을 해산하기로 하고, 광주 운수동에서 점심을 먹고 있을 때 일본군의 기습을 받게 되었다.

▲ 어등산 - 조경환 의병장의 주 활동지이자 순국지

1월 10일 정오 야마다(山田) 토벌대 20명이 광주군 운수동(현 광주광역시 동구 지원동 소재 등심사 일대-필자 주) 산중에서 적괴 조경환 이하 50명의 비도(匪徒)가 음식을 먹고 있는 것을 발견, 이를 포위하고 공격 2시간 만에 전멸시켰다. 수괴 조(曺) 이하 20명을 죽이고 10명을 포로로 했는데, 노획물은 30년식 군총 1정, 동 기병총 1정이었다.

- 이일용 역, 앞의 책. 86쪽

일본 경찰의 비밀기록인 『폭도에 관한 편책』에는 이렇게 기술해 놓았다.

10일(1909년 1월−필자 주) 정오경, 광주 서방 약 3리(한국식 30리−필자 주) 운수동의 서북방 약 5백 미터의 산중에 수괴 조경환 이하 약 50명의 비도(匪徒)가 주연(酒宴) 중인 것을 발견하고 이들을 포위한 바, 적은 퇴로를 잃고 산마루[山巓] 요지(凹地)에서 일시 저항을 시도하였으나 주위의 고지를 점령한 토벌대는 맹렬히 사격하여 약 2시간(소모탄 996발)에 그 20명을 죽이고 10명을 생포, 거의 전멸에 이르게 하였다.

- 국사편찬위원회, 『한국독립운동사』 자료 13권, 95~96쪽

이 전투에서 일본군은 대천의진을 진압하기 위해 996발의 총탄을 퍼부었다는 것은 그만큼 격렬한 전투를 벌였다는 뜻인데, 이는 일제침략기 호남의병사에서 전무후무한 것이었다.

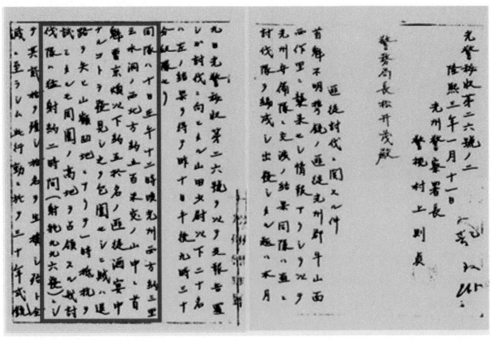

▲ 조경환 의병장 전사 과정에서 일본군이 총탄 996발 소모했다는 문서(『폭도에 관한 편책』, 1909.01.11)

결국, 대천이 순국하고, 의진의 도포장 김원범(金元範)은 생포되었다가 피살되었다. 도통장 박용식(朴鏞植)은 의진을 수습하고, 대천과 의진의 도포장 김원범, 총독장 박규봉(朴圭奉), 1초십장 이동언(李東彦), 3초십장 원재룡(元在龍), 4초십장 서경수(徐景洙), 동

몽집사 김복동(金福東)에게 제사를 지내며 영령을 위로하는 2개의 제문이 일본 경찰의 비밀기록 『폭도에 관한 편책』에 「나경비발(羅警秘發) 제41호」로 실려 있다.

대천의 영령께 올린 제문을 통하여 그의 면모를 엿볼 수 있는 좋은 자료이기에 필자가 이를 번역, 정리해 보았다.

기유년(1909) ○월 ○일, 도통장 박용식은 보잘것없는 제수로 조경환 의병대장의 영령께 제사를 올립니다.

아아! 슬픕니다! 인간이란 태어나면 죽는 것이지만, 죽을 자리에서 죽는다는 것은 어렵기 때문에 한 번 죽을 곳에서 죽으면 편안한 것이요, 하물며 한 번 죽는 것임에랴! 죽음은 백만 병력보다 강하고 거스를 수 없는 것을 아는 바, 성공과 패함, 이로움에 둔감한 것은 무후(武侯)[22]도 오히려 따지지 못했는데, 하물며 다른 사람에랴! 그리고 물고기를 버리고 웅장을 취한 것[23]을 추성(鄒聖)[24]께서 가상히 여기셨습니다. ……

돌이켜 보면, 저는 재주도 없으면서 장군의 휘하에 의탁하고, 혹은 합진, 혹은 분진하여 군용을 떨치기도 하였습니다. 때마침 공께서 저와 분진하여 남정(南征)[25]하실 때 귀신이 돕지 않아 어등산(魚登山)에 좋지 않은 느낌이 있었는데, 조산(祚山)[26]에서 등불이 꺼지고 말았습니다. 회계(回谿)로 나아감에 발걸음이 무거웠는데[27], 슬퍼한들 무슨 소용이 있겠습니까? 하늘이 송나라를 도와주지 않았기 때문입니다.[28] 오직 남아 있어야 할 어린 자식까지 공을 따라 출정하였습니다. 고태(孤駘) 전투에서 왕기(汪踦)의 죽음[29]은 요사(夭死)가 아니었으니 그 죽음에 아쉬움이 없었습니다. 공께서는 선공후사를 위해 순국하셨으니 그 정신은 타오르는 불빛과도 같습니다. 공께서 뒷날 도모할 것을 생각하시고,

---

22) 무향후(武鄕侯)의 준말로 촉나라 재상인 제갈량(諸葛亮)을 말함. 무향후에 봉해짐.
23) 『맹자』에 "물고기도 내가 먹고 싶고, 웅장(熊掌: 곰 발바닥 요리)도 내가 먹고 싶지만 물고기를 버리고 웅장을 취한다."라는 말이 있는데, 이는 목숨을 버리고 의(義)를 취한다는 비유이다.
24) 맹자가 추(鄒) 나라 태생이므로 추성이라고 함.
25) 남쪽 왜적을 물리친다는 의미로 의병투쟁을 뜻한다.
26) 제갈공명이 타계한 우장위안(五丈原)이 소재한 산의 이름이다.
27) 『후한서』「풍이전」에 나오는 고사로 광무제가 "처음에는 비록 회계(回谿)에서 날개를 축 늘어뜨렸으나 끝내 날개를 떨치며 민지(黽池)로 돌아왔다."는 말인데, 처지가 불리하여 좌절을 겪었을 때를 의미하는 말이다.
28) 가명벌송(假命伐宋) 고사. 춘추전국시대 정(鄭) 장공(莊公)은 친히 공자려, 고거미, 영고숙 등 장수를 이끌고, 자신은 친히 중군을 지휘하여 꿩 깃으로 만든 큰 깃발을 세워 모호(蝥弧)라 부르게 하고 그 깃발 위에다 '천자의 명을 받들어 죄를 묻는다.'라는 뜻의 '봉천토죄(奉天討罪)'라는 네 글자를 써서 노거(輅車)에 꽂았다. 다시 동궁호시(彤弓弧矢)를 노거 위에 걸고서 천자가 하사한 것처럼 꾸민 후에 주(周) 경사(卿士)가 죄 있는 자를 토벌하기 위해 출전하는 것이라고 공포하게 하여 송나라를 쳤던 고사. 흔히 불의의 속임수에 인용되는 고사이다. 하늘이 우리나라를 도와주지 않았다는 의미이다.
29) 『예기』에 나오는 고사로 왕기(汪踦)가 비록 15세의 나이로 전사했지만 성인의 예로 장사를 지냄.

"하늘이 거듭 푸르고 달빛이 다시 밝으리라! 사나운 귀신(혼백)이 되어 왜적을 섬멸할 것이다." [天月重蒼 屬鬼殲賊]

라고, 말씀하셨으니, 옛날 저양(睢陽)[30]과 같은 충성이었습니다. 저는 공의 마음을 모두 알았으니, 순국하셨지만 오히려 의로운 혼백으로 남으셨으리라 생각합니다.

"섬나라 도적을 섬멸하지 않으면, 죽어 혼백조차 돌아오지 않겠다." [不滅島夷 惟魂不復]

라고, 하셨습니다.

- 국사편찬위원회, 『한국독립운동사』 14권, 169~172쪽.(필자 역)

▲ 조경환 의병장 국립서울현충원 안장과 묘비제막식
- 곽상훈 전 민의원 의장과 장손 조세현 및 친지들

대천이 총상을 입고 순국 직전에 의진의 문건을 불태웠기 때문에 의진에 대한 명백한 사료가 없어 구체적인 내용을 알 수가 없는데, 이 제문들을 통하여 의진의 일부를 알 수 있게 하는 좋은 자료이다.

제문에 나타나 있는 참모들 가운데, 김원범은 포상됐으나 대부분 아직도 포상되지 않은 것은 참으로 안타까운 일이다.

그리고 대천의진 좌익장·선봉장으로 활약했던 충남 공주 출신 이원오(李元吾) 의병장은 교수형을 받고 고등법원에서 상고가 기각되어 1910년 5월 12일, 의진의 선봉장으로 활약하다가 대천이 순국하자 의진을 맡아 의병장으로 활약했던 광주 출신 김원국(金元國: 본명 창섭昌燮) 의병장도 고등법원에서 상고가 기각되고 5월 13일, 의진의 종사로 참여하다가 전해산 의진의 도포장으로 활약했던 영광 출신 이범진(李凡辰) 의병장도 대구공소원에서 공소가 기각되고 6월 8일, 의진의 참모였던 남평 출신 권택 의병장도 고등법원에서 상고가 기각되어 6월 27일, 의진의 참모였다가 전해산 의진의 호군장으로 활약했고, 전해산이 의진을 해산할 때 의진을 물려받았던 함평 출신 박영근(朴永根) 의병장도 대구공소원에서 공소가 기각되어 8월

---

30) 당(唐) 현종 때에 저양태수(睢陽太守)를 지낸 허원(許遠)을 지칭하는 말. 그는 안록산(安祿山)의 난에 장순(張巡)과 함께 수양성을 지키다가 몇 달을 포위당하여 식량이 다하자 새와 쥐까지 잡아먹으면서 버텼으나 결국 성이 함락되어 함께 사로잡혀 굴복하지 않고 죽었다.

11일, 각각 일제 통감부 통감의 명령에 따라 사형이 집행되어 순국하였다.

당시는 경술국치 전인데도 교수형이 확정된 의병·의병장에게 일제 통감부 통감이 사형집행 명령을 하고, 이를 내각총리에게 '통지(通知)'한 기록이 『통감부래안(統監府來案)』이다. 이러한 기막힌 사실은 필자가 2015년 여름 규장각에 보관 중이던 이 문서를 발견하고, 이를 번역, 정리하는 과정에서 밝혀진 것이다.

대천은 중상을 입고 숨지자 박현동(朴玄東), 조재열(趙載烈) 등 후원군이 도착하여 대천의 시신을 업고 마을 한구석의 두엄자리에 숨겼다고 한다. 뒤늦게 도착한 일본 군경들이 샅샅이 뒤졌으나 끝내 대천의 시신을 찾지 못하고 퇴각한 후에 그 두엄자리에 평장(平葬)하였다고 한다. 당시 일제는 의병장의 목을 자르는 일이 많았기 때문에 묘의 흔적을 숨기기 위함이었다. 자녀들이 성묘 때는 아들은 나무꾼 차림으로, 딸은 나물 바구니를 끼고 먼발치에서 절했다고 전한다.

박현동(1886~1962)은 당시 붙잡혀 유형 5년이 선고되었던 애국지사로 1960년 5월, 가물거리는 정신을 가다듬어 당신의 대장이었던 대천을 추모하는 시를 읊었다.

> 눈물을 흘리며 동쪽 언덕에 서서
> 장렬하게 죽어간 모습 슬피 바라보네.
> 절개는 눈 속에 푸른 소나무 같았고
> 충성은 해악(海嶽)보다 더 높았구려!

정부에서는 대천의 공적을 기려 1963년 건국훈장 독립장을 추서하였고, 국가보훈부는 광복회와 독립기념관 공동으로 '이달의 독립운동가'(2018년 11월)로 선정하여 그 공적과 얼을 기리고 있다.

6. 호남동의단 제5진 의병장 신화산

대동창의단의 활동이 활발해질 무렵인 1908년 늦가을 해산은 김영엽·심남일·오성술·조경환 등의 의병장과 함께 수차례에 걸쳐 호남의병 연합체 결성을 상의한 끝

351

에 호남동의단(湖南同義團)을 조직하였다. 여기에서 해산은 여러 의병장의 추대를 받아 동단의 의병대장에 선임되었다.

호남동의단 대장: 전기홍(全基泓)
제1진 의병장: 심남일(沈南一)
제2진 의병장: 박도경(朴道京)
제3진 의병장: 김영엽(金永燁)
제4진 의병장: 조경환(曹京煥, 曹大川)
제5진 의병장: 신화산(愼華山)
제6진 의병장: 이순식(李淳植, 李大克)
제7진 의병장: 이기손(李起巽)
제8진 의병장: 오성술(吳聖述)
제9진 의병장: 권영회(權寧會, 權澤)
제10진 의병장: 안계홍(安桂洪, 安德峰)

이 호남동의단의 의병장들이 활동했던 지역은 전남과 전북 남부지역을 망라하다시피 하고 있었으며, 해산은 자신의 직할 의진인 대동창의단 대장 직을 수행하면서 호남동의단 대장을 맡게 되어 호남의병의 정신적 지주로서 활동하게 되었다.
신화산은 호남동의단 의병장 가운데 가장 늦게 포상되었고, 훈격도 가장 낮다.

전북 고창(高敞) 사람이다.
전북 무송(茂松)에서 의병장으로 활약하였다.
동아시아의 패권을 장악하고 대한제국을 식민지화하기 위한 일환으로 일제는 1904년 러시아와의 전쟁 도발 직후 곧바로 우리 정부를 강박하여 한일의정서를 강제로 체결케 하고, 나아가 고문정치를 실시하였다. 이어 1905년 전쟁에서 승리하자 을사늑약을 체결하는 한편 통감부를 설치하여 그들의 지배정책을 가속화시켰다. 더 나아가 1907년 헤이그특사사건을 빌미로 광무황제를 강제로 퇴위시키고 곧바로 군대해산을 강제하여 우리 민족의 무력을 박탈하였다. 이러한 국가존망의 위기에 직면하여 전국 각처에서는 의병이 속속 봉기하여 일본군과 친일주구들을 처단함으로써 국권회복을 달성하고자 하였다.
신화산은 이 같은 시기에 반일 의병투쟁을 지속적으로 전개할 목적을 가지고 1907년 전북 무송에서 의병을 일으켜 200여 병사들을 이끌고 전해산(全海山) 의진과 동맹하였다. 전해산 의병장은 1908년 8월 21일 선봉장(先鋒將) 정원집(鄭元執)과 함께 다시 거병하여 전라도 나주(羅州)·영광(靈光) 일대를 중심으로 1909년 3월까지 일제에 대항하여 무장투쟁을 전개한 의병장이다.

신화산은 이 같은 연합의진의 하나인 호남 제5진(第5陣) 의병장으로 항일 무장투쟁을 전개하다가 일경에 붙잡혀 대구(大邱)에서 순국하였다.

정부에서는 고인의 공훈을 기리어 1995년 건국훈장 애국장을 추서하였다.

– 국가보훈처, 『독립유공자공훈록』 제13권, 26쪽

신화산 의병장에 대한 행적은 『해산창의록』(1961)에 "제5진 의병장 신화산(愼華山)"이라 기록된 것뿐이다. 전해산이 남긴 「진중일기」 5권 중, 3권은 발견되지 않고 2권만 발견되어 『독립운동사자료집』 제2권에 수록돼 있다. 이 일기 속에도 다른 의병장은 몇 번씩 등장하지만 신화산이라는 이름은 「檄該郡反黨文」(본 고을 반당에게 보내는 격문) 속에 한 번 등장한다.

요즘 군의 형세가 차츰 떨치고 의로운 깃발이 날로 날리어, 김죽봉(金竹峰)·김치재(金痴齋)는 산 고을에 출입하고, 이순식(李淳植)·박도경(朴道京)은 바다 연변에서 연락하고, 신화천(愼華川)[31]·조대천(曹大川)은 서북에서 경영하고, 심남일(沈南一)·안덕봉(安德峰)은 동남에서 치달리고, 나도 정원집(鄭元執)과 더불어 수십여 진을 규합하여 산과 바다로 횡행하고 있다.

이 격문 속에 등장하는 의병장은 모두 본명이 아니고 자호(字號)를 사용한 이름이다. 신화산 의병장이 의병활동을 했더라면, 다른 문헌에 등장해야 하는데, 국내외 다른 문헌에는 그 이름이 이 격문 외는 등장하지 않았다.

그런데, 신창학(申昌學, 일명 昌永·甫鉉)이 매우 많이 등장하고, 전해산과 함께 연합하여 의병투쟁을 전개하였다.

일제의 『폭도에 관한 편책』, 『전남폭도사』, 『통감부기록』 등에는 신창학의 의병투쟁 기록이 수십 차례 등장하고, 전해산과 연합하여 의병투쟁을 벌인 것이 많이 나타나 있다.

일제의 기록에서 1910년 2월까지 신창학을 체포했다는 기록이 몇 차례 있었으나 모두 사실이 아니라고 기록하고 있다.

---

31) 원문에는 신화산(愼華山). 원문 '愼華山曹大川經營西北' 참조

폭도수괴 신보현(申甫鉉)이라고 체포한 피고인은 진짜 신보현이 아니고 전연 다른
인물임이 판명되었음을 알리는 세키구치(關口) 검사정(檢事正) 및 체포지의 소할 경
찰서장으로부터의 동양(同樣) 통보에 접하였으므로 …

- 국사편찬위원회, 『한국독립운동사』 자료 17권, 239~240쪽

그가 피체된 기록은 없어도 그가 30~40명의 의진을 이끌고 등장하는 것은 1909년 9
월까지이다. 이후 그의 의진은 '신보현의 부하 몇 명이'라는 형태로 이듬해 2월까지
그의 이름이 나타나고 있다. 그가 피체되어 심문을 받았거나 재판받는 과정이 있었더라
면 그에 대한 신상이 자세히 드러났을 것인데, 그렇지 못했기 때문에 알 수가 없다.

신화산(愼華山)의 묘가 발견되지 않고, 후손도 알 수가 없다. 심지어 국사편찬위원
회가 구축한 한국사데이터베이스에 '愼華山'을 검색하면, "검색어 '愼華山'에 해당하
는 자료를 찾을 수 없다."라고 나타난다.

필자는 수십 년 동안 의병연구를 해오면서 신화산은 신창학이고, 그의 자나 호가
'화산(華山)'이며, 전해산의 격문에 적힌 성씨 '신(愼)'은 '신(申)'의 가성(假姓)이 아닐
까 하는 생각을 해보았다.

따라서 신화산은 신창학(신보현)과 동일 인물일 수도 있겠다는 생각에서 전해산이
남긴 「진중일기」를 살펴보았다.

신창학(申昌學)의 중군 이성화(李聖化)가 이제 서호로 들어가 헛총만 쏘아대고 갔다
는 것이다.
나는 인천(仁川)에 이르러 유숙하려 하는데 마을 사람이 문을 열어 주지 않으므로
굳이 열라 하여 들어가니 한 부인이 크게 놀라며
"의병인가, 적인가."
묻기로,
"의병이다."
라고 대답했다.
"그렇다면 어느 진인가."
하므로,
"해산의 진이라."
라고 하였다.
"그렇다면 안심은 되겠으나 근자에 새 의병이 방동산(方東山) 아래서 일어나서 두령

은 김영백(金永伯)인데 수일 전에 불행히 우리 아들이 그 진에 잡혀가서 방금 진중에 유치되었습니다. 비록 군수전 명목으로 몇 백냥을 청구하지만 형편이 어찌할 수 없어 금명간 눈앞에 불이 떨어지는데 차라리 자식을 진중에서 죽일망정 물러 올 가망은 없은즉, 원컨대 귀진(貴陣)은 이름이 해내에 떨쳤으니 그 진에 영을 내려 이 빈한한 백성으로 하여금 문호를 보전하게 하고 또 쇠잔한 목숨을 살려 주소서."
하는 것이었다. 그리고 부인은 친히 문에 나와 그 자부(子婦)와 여자를 밖으로 보내고 곧 방으로 안내하여 편안히 쉬게 하는 것이었다. 그 정경은 가증하나 여기서 방동산을 가자면 20리가 넘으니 기필할 수 없다.

- 전해산, 「진중일기」, 『한국독립운동사자료집』 2, 484~485쪽

7. 호남동의단 제6진 의병장 이대극

● 을사늑약 직후 거의, 호남창의회맹소 주도하다

이대극(李大克, 1875~1909)은 함평이씨로 전남 영광군 대마면 남산리 출신이다. 본명은

▲ 이대극 의병장 묘가 있었던 함평이씨 선산 - 전남 영광군 대마면 송죽리 산11-7. 현재 이대극(보명 이명식) 부부 유골함은 서울현충원 충혼당 212실 106호

355

순식(淳植), 자는 영화(英華)이고, 일제의 기록에는 대국(大局·大國)으로 기록된 것이 많다.

1894년 동학농민혁명이 일어나 동학을 빙자한 무리의 약탈이 심하자 영광읍민의 추대로 수성장(守城將)이 되어 활약하였다. 동학농민혁명이 끝난 뒤 참봉(參奉)으로 임명되었으나 국운이 기울어짐을 개탄하여 귀향하였다. 그 뒤 을사늑약으로 일제의 침략이 가속화되자, 1906년 봄 영광에서 거의(擧義)하여 일본군과 치열한 전투를 벌였다.

이듬해 가을 기삼연(奇參衍)이 장성에서 거의한다는 소식을 듣고 달려가서 기삼연을 호남창의회맹소(湖南倡義會盟所) 맹주(盟主)로 추대하고, 그 휘하에서 도포장(都砲將) 겸 군기감(軍器監)이 되었으며, 10월(음력 9월)에 수백 명의 군사와 다수의 군비를 가지고 고창 문수사(文殊寺)에 유진하고 있던 기삼연을 찾아가 의진을 합진한 뒤 일본군과 전투를 벌였다.

호남창의회맹소 의진은 고창에 이어 무장, 영광 법성포 등지를 전전하며 연전연승을 거두었다. 12월에는 영광의 법성포를 공격하여 쌓아 둔 세곡(稅穀)을 빼앗아 일부는 빈민에게 나누어 주고, 일부는 군량미로 비축하였으며, 영광읍과 장성읍을 점거하여 군아·분파소·세무서·우편취급소 등을 파괴하고, 일본인과 일진회원을 살해하였다.

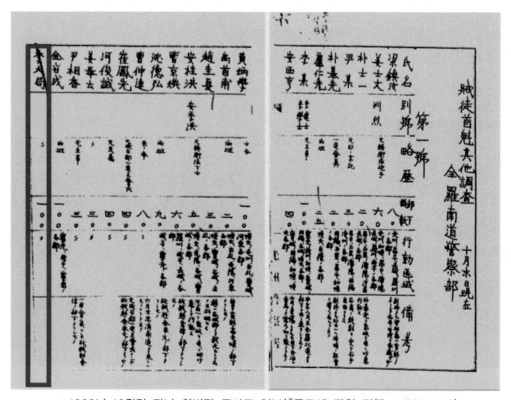

▲ 1908년 10월말 전남 의병장 조사표 일부(『폭도에 관한 편책』, 1908.11.12)

1908년에 들어서도 총기와 포수를 모집하여 고창·나주·영광·장성·함평 등지에서 일본 군경과 싸워 위세를 떨쳤다. 그해 1월 21일 나주경찰분서장 카와사키 이노카(川崎猪鹿)가 「나비발(羅秘發) 제7호」로 내부경무국장 마쓰이 시게루(松井茂)에게 보고한 내용이다.

1. 영광군내와 그 부근 장성·함평·나주의 각군에서 더 나아가 전북 무장·고창의 각 군내를 횡행하고 있는 폭도의 수괴 김유성(金有成)·이대극(李大克)·이 진사(李進士)의 일파는 본월 19일 영광군 황량면 선치(蟬峙, 영광읍내에서 약 5리[32])이며 나주군으로 이어지는 산야)를 거쳐 영광군 삼남면(영광읍내에서 약 6리) 방면에 나타나 동 방면에서 끊임없이 총기와 포수를 모집하였다고 한다. 그 모집의 결과는 판명되지 않았으나 풍설에 의하면 폭도의 수는 약 200명에 미치고 휴대한 총기도 또한 약 100정이었다고 한다. 목하 영광주재소 순사가 사실을 정찰 중이다.
2. 본월 15일 수괴 장성군 기삼현(奇三鉉: 기삼연奇參衍─필자 주)이 이끄는 폭도 약 100명이 전북 고창군 원송리(元松里, 영광읍내에서 약 3리)에 출현하여 동지 일진회원 2명을 포착하여 그 부근 산중에서 참살한 후 모두 영광군 사창시(社倉市, 영광읍내에서 약 4리) 방면으로 향해 도주하였다고 한다(이상은 관외에서 생긴 일).
3. 일진회원의 보고에 의하면 영광·함평·장성·나주의 각군을 횡행한 폭도의 주력은 영광군 사창시(社倉市)에 집합하고 있다. 그리고 그 목적으로 하는 바는 수괴 김유성이 이끄는 일대도 기삼현·김태원(金太元) 및 김율(金律)이 이끄는 각대도 이에 합동일치(합동일치하면 그 수가 약 500 유여일 것이라고 사료된다)하여서 영광읍내에 주둔한 수비대를 습격하고, 나아가 나주읍내를 습격하고, 다시 나아가 영산포 주재의 헌병대도 충격하려는 계획이라 운운한다. 당서에 있어서는 밀정을 파송하여 사실은 오로지 정탐(精探) 중이다.

- 국사편찬위원회, 『한국독립운동사』 자료 8권, 519쪽

● 호남창의회맹소 2대 대장으로 의진 이끌다

그런데 담양 추월산전투에서 기삼연 의병장이 부상하여 순창 복흥산에 치료하던 중 체포되어 이튿날인 2월 3일, 광주 서천교 아래에서 피살 순국하였다.

기삼연이 순국하자, 김준·이대극 등 의진의 참모들은 통곡하며 호남창의회맹소 2대

---

32) 일본식은 4km를 1리로 함. 1909년 후반기 일제의 기록은 한국식으로 바꿈.

대장을 선임했는데, 여기에 추대된 의병장이 이대극이었다. 그는 회맹소의 장령들이 의병대장으로 오르기를 강권하자 사양하다가 대장에 올라 의진을 재편성했다.

뭇사람들이 모두 고집하여 대극(大克)을 추대하니 대극은 개연히 단에 올라 피를 입에 바르고 하늘에 맹세했다.
"국사가 이 지경이 되었으니 한 번 죽어 나라에 보답하는 것이 바른 직무이다. 무릇 함께 맹세한 우리는 몸뚱이는 달라도 마음은 한 가지, 저 해[日]를 두고 맹세한다."
뭇사람들이 모두 날뛰며 분발하므로 이에 노화삼(魯化三)으로 모사를 삼고, 이백겸(李伯謙)으로 선봉장을 삼고, 김남수(金南洙)로 좌익장을 삼고, 김관섭(金寬爕)으로 우익장을 삼고, 유자성(庚子成)으로 포장(砲將)을 삼고, 이화삼(李化三)으로 후군장을 삼고, 봉계칠(奉啓七)·정진옥(鄭珍玉)·주현숙(周賢叔)·주만옥(朱萬玉)을 모두 군사 참모로 삼았다.
이와 같이 소임이 배정되니, 온 군중이 감격하여 모두 의를 떨치고 용기를 냈으며 이로부터 향응하고 따라붙는 자도 날로 더욱 많아서 군의 기세가 자못 성했다.

- 독립운동사편찬위원회, 『독립운동사자료집』 3권, 301~302쪽

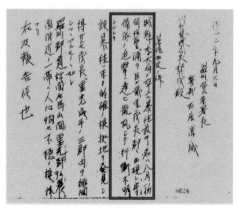

▲ 이대극 의진이 전북 무장군에 출현(『폭도에 관한 편책』, 1908.09.03)

그는 기삼연 의진의 장령들에 의해 호남창의회맹소 2대 대장에 추대되었지만 호남 전체를 대표하던 종전의 회맹소 성격과 달리 회맹소 본진을 일컫는 의미로 바뀌어 갔다.

그런데, 의진의 선봉장 이백겸이 선봉진을 이끌고 의병투쟁을 전개하다 기마병 6기와 4명의 순사로 구성된 일본 군경 연합부대에 34명을 잃는 참사를 당했다.

본월 27일자 「고비발(古警發) 제162호」로 보고한 법성포 출장 순사 4명이 귀도 중 24일 오후 2시 30분경 고창군 대아면을 통과할 제 남방 약 5, 6정 떨어진 동군 오서면 독곡리(篤谷里)에 흰 연기를 인견하는 동시 1발의 총성을 들었는데, 홀연 검은 연기가 하늘에 가득하고 급사격의 총성이 일어났으므로 필시 폭도의 습래로 사료하고 현장으로 치돌(馳突)하였더니, 마침 폭도 약 40명은 인가와 지물에 의거하고, 아 기

병 6기는 일등군의(一等軍醫) 미야지 켄고(宮地賢吾) 지휘하에 고전 중이며, 한 기병은 이미 부상하였는데, 순사 4명이 현장으로 달려갔을 때는 기병 일동은 간절히 감사의 뜻을 표하고 같이 공격에 가담시켰으나 지물에 의거한 적들은 완고히 저항하였으므로 전략상 부득이 민가에 방화하고 거기다 급사격을 더해 오후 6시에 이르는 3시간여에 적의 응사가 끊기었으므로 부락으로 돌격하였는데, 1명의 폭도를 인견하고 이를 체포하고 산재한 좌기 유기품을 노획하고, 또 부민(部民) 15명을 잡아 일단 고창군 읍내로 압송하였다.

그런데, 이 공격에서 40명의 폭도 중 겨우 5명을 놓치고 1명을 포로로 한 외 34명을 모두 전멸하여 사체는 화염 중에 소각되었다. 또 포로는 함평군 해제면 신기리(新己里) 거 김두신(金斗信, 28세)으로 그의 말에 의하면, 폭도의 수괴는 고부군(면리 불명) 이백겸(李白兼, 34세)이며 또 이제까지 장성 각 방면을 소란시키고 점차 영광·무장으로 전환하여 23일 무장군 서이면으로부터 고창군 대아면 모 주막에서 착박하고 동일(24일) 오전 삼시경 현장에 왔던 자이다.

그리고 기병의 부상은 최초 부락에 침입 정찰 중 밀접해 있는 28호의 방면에서 폭도를 인견하고 포격하려고 할 제 배부(背部)에 산탄상(散彈傷) 9개를 받았으나 생명에는 이상이 없다. 또 앞서 압송한 부민 15명은 조사한 결과 전연 폭도와 관계가 없는 것이 판명되었으므로 엄유 방치하고 포로는 고창수비대에서 구금 감시한다.

- 국사편찬위원회, 『한국독립운동사』 자료 9권, 293~294쪽

이대극은 고창 석곡(石谷)에서 일본 군경을 공격하고, 의진을 영광 백수(白岫)로 옮기다가 마침내 이백겸이 이끌던 이대극의 용맹한 선봉진이 무참히 사라진 것이었다. 그래서 강필주(姜弼周)로 선봉장을 삼아 장자산(莊子山)에 이르러 일본 군경과 전투를 벌이다가 강필주 의병장이 또 전사하니, 이대극 의병장은 후퇴하여 의진을 장사산(長沙山)에 주둔했다.

그 후 이대극 의진은 상당수의 의병이 전사하거나 부상으로 의진의 규모는 100여 명으로 운용되었다.

● 호남동의단 제6진 의병장으로서 명성 떨치다

1908년 가을 전남지역 주요 의진은 일본 군경에 맞서 싸우려면 의진 간의 협력이 절실함을 깨닫게 되었다. 그리하여 광무황제의 밀지를 받아 대동창의단(大東倡義團)을 조직해서 의병투쟁을 벌이던 전해산(全海山) 의병장을 중심으로 하는 호남동의단(湖南同義團)이 형성되기에 이르렀는데, 그는 제6진 의병장으로 활동하게 되었다.

> 폭도수괴 전해산(全海山)・이대국(李大局) 양인은 지금 함평군 신광면・손불면 경계
> 인 군유산(群遊山)에 부하 300여 명을 모아 손불면・신광면의 주민으로부터 생우(生
> 牛) 13마리를 징발하고 있다는 주재소 순사로부터의 보고에 접하였다.
>
> - 국사편찬위원회, 『한국독립운동사』 자료 13권, 373쪽

이 기록은 1909년 2월 15일 나주경찰서장이 내부경무국장에게 보고한 「나경비 제134호
의 1」의 기밀문서인데, 두 의진의 의병이 300여 명이고, 의병을 호군(犒軍)하기 위해 함평
군 신광면・손불면 주민에게 소 13마리를 징발했다는 것은 대단한 것이었다.

▲ 이대국 의진 활동상이 드러난 문서
(『폭도에 관한 편책』, 1909.01.26)

2월 28일 「나경비수 제190호의 1」의 속보
(續報)

-. 영광수비대 기병이 말먹이 채취를 위하여
광주에 가는 도중에 2명은 중상을 입었고,
승마 1필이 즉사한 보고를 접하고, 토벌을
위하여 급행한 순사・헌병・기병의 연합
대는 적의 종적을 잃고 조금도 얻은 바가
없이 돌아왔다고 한다.
-. 그 적은 이대국(李大局)의 부하로 그 수
가 약 100명인데 대개 한복을 입었고, 그
중에는 다갈색의 복장을 한 자가 있다고
한다. 화승총은 약 200정을 휴대하고 있
다고 한다. 기병 조난의 장소는 불갑산
기슭 선치(蟬峙)라고 칭하는 곳으로, 적
은 2월 24일 기병이 그곳을 통과하는 것

을 알아내고, 23일 밤 도로 근처의 네 곳에 구덩이를 설치하고 그 주위는 소나무
가지로서 은폐하고 구덩이 속에 잠복하고 있다가 저격한 것이다.
-. 부상 기병의 1명은 대퇴부 관통 총상이며, 다른 1명은 머리・엉덩이・다리 부분 등
에 관통 혹은 총상을 입어 증태이나 생명을 잃는 일은 없을 것이라고 한다.

- 국사편찬위원회, 『한국독립운동사』 자료 13권, 619~620쪽

그는 무장・고산에 의진을 주둔하고, 이어 영광의 불갑산(佛甲山) 연실봉(蓮實峰)에
주진지를 구축하고 의병투쟁을 벌였는데, 그해 2월 24일 불갑산 기슭 매미재[蟬峙]에 구

덩이를 파고, 그 주변을 소나무 가지로 은폐하고 있다가 일본군 기병과 헌병·순사로 편성된 연합대를 저격하는 것을 시작으로 격전을 벌여 일본 기병 2명에게 중상을 입힌 것이었다.

나경비수(羅警秘收) 제217호의 속보(續報)

-. 2월 27일, 영광수비대장 토쿠나가(德永) 기병 대위의 통보에 의하면, 법승포 기병 2명, 순사 3명, 헌병 4명의 연합 토벌대는 전북 무장군 방면을 향하였다. 동군 남면 개갑시(介甲市, 법성포에서 동북방 약 1리반) 동방 산 중턱에 정대인(鄭大仁)이 인솔하는 폭도 약 90명과 충돌하여 급 사격을 가하였으나 폭도는 완강하게 저항하여 쉽게 퇴각하지 아니하여 드디어 일몰에 이르러 피아의 판별조차 할 수 없기에 이르렀으므로 우선 발막(發幕)까지 철수하였는데, 이 전투에서 적의 전사 5명, 부상자 약간 명이 있다. 토벌군은 손해가 없다고 한다. 소모탄은 90발이었다.

-. 해 적도는 이대극(李大局)이 인솔하는 부하 약 60명과 정대인이 인솔하는 약 90명의 폭도로 정대인이 인솔하는 비도는 감색 양복 모양의 의복을 착용하고 화승총 70여 정을 휴대했고, 이대극이 인솔하는 부대는 화승총 30여 정을 휴대하고 있었다고 한다. 토박이들의 말에 의하면 이대극이 인솔하는 폭도는 그날 밤 법성포를 기습하리라고 양언(揚言)하고 있었던 모양으로 일시 법성포로 철수하였다.

-. 다음날 다시 기병·순사·헌병의 연합부대는 무장군 남면 부근을 정찰하였으나 그 종적을 잃어버려 얻은 바가 없이 오후 7시 귀소하였다.

- 국사편찬위원회, 『한국독립운동사』 자료 13권, 642쪽

이대극 의병장은 강필주가 순국한 후 이화삼(李化三)을 의진의 선봉장으로 삼고, 고창·무장·영광·고산·함평 등지를 중심으로 활동하면서 고창·영광 등지에서 활약하던 정대홍(鄭大洪) 의병장을 의진의 부장(副將)으로 영입하여 의진을 보강하였으며, 그의 아우 정대인(鄭大仁) 의병장이 이끄는 의진과 연계하여 의병투쟁을 벌인 사실이 드러나고 있다.

나경비수(羅警秘收) 제69호의 1
융희 3년 4월 26일
나주경찰서장 경부 후루야 키요타이(古屋清威)
경무국장 마쓰이 시게루(松井茂) 앞

수괴 전해산이 인솔하는 폭도는 목하 그 부하가 300명 내지 400명이라고 칭하나 사실은 일찍이 이대극의 부장(副將)이었던 정대홍 및 김원극(金元局), 박경욱(朴京旭:

박도경-필자 주) 등의 각 부하와 합동한 것으로서 새로이 세력을 증가한 것이 아닌
바, 본일 영광주재소 순사의 보고에 접하였다.

- 국사편찬위원회, 『한국독립운동사』 자료 14권, 147~149쪽

이대극 의진은 전해산 의병장이 이끈 호남동의단 여러 의진과 연계하여 의병투쟁을 펼
쳤는데, 특히 고창 출신 박도경 의진과 연합하여 의병투쟁을 벌인 것이 많았다.

● 이대극 의병장, 순국하다

일본 군경은 이대극 의병장을 체포하기 위해 현상금을 내걸었고, 영광에 살던 아내와
자식을 위협했다. 아내는 아들이 일제의 손아귀에서 생명을 잃게 될까 염려하여 의병장
을 내놓을 것을 간청하였으나 듣지 않자 자결하였다는 것이다.

진위 불명이나 한인 사이의 풍설에 의하면, 폭도의 수괴 이대극(李大局)은 누차 그
처로부터 정업(正業)에 복귀할 것을 도모하고 있었으나 전연 그 말에 응종(應從)하
지 않았던바 처는 드디어 지난날 자살하여 이를 간한 결과 동인도 비로소 회오의 색
이 있다. 수일 전 부하를 해산하고 산중에 도둔(逃遁)한 이래 숯가마를 하고 있다고
한다.

- 국사편찬위원회, 『한국독립운동사』 자료 14권, 135쪽

이 기밀문서는 「나경비수(羅警秘收) 제333호의 1」로 나주경찰서장이 1909년 4월 13일 내
부경무국장에게 보고한 것인데, 여기에도 "진위 불명"으로 나와 있어 알 길이 없다.

이때 적은 일변으로 방(榜)을 써 걸어 현상하고 이대극(李大克)의 수급(首級)을 구하
며, 일변으로 간첩을 시켜 돈을 써 가며 대극의 행동을 염탐하니, 대극은 고립된 이
때에 위기일발의 지경에 직면했다. 대극은 미처 알지 못하고 밤이 깊어 바야흐로 잠
이 들었는데, 악독한 손길이 갑자기 뻗쳐 칼을 맞아 시체로 장막 속에 남게 되었으
니, 곧 기유(己酉)년 4월 3일이었다.
아! 이제 희망이 끊어졌다. 온 군중이 부르짖고 우는 바람에 청산이 찢어지는 듯하
고, 물소리가 목 매치는 듯했으나 통솔할 사람이 없어서 마침내 모두 흩어지고 말았

으니 당시 의병의 소리도 이로써 종식되었다. 하늘이 장군을 내어 용맹이 무리에 뛰어나서 여러 번 적의 세력을 꺾었는데, 불행히 중도에 적의 술책에 빠졌으니 하느님의 뜻 아득하여 알 수가 없다.

의병을 일으켜 여러 해 동안에 몸소 군사들 앞에 서서 용감하게 싸워 번갯불과 같이 동으로 번쩍이고 서로 번쩍이니 적이 그 위엄에 떨어 감히 정면으로 공격해 오지 못했다. 이 어찌 용이한 일이냐?

그 우뚝한 의기와 늠름한 절개는 천추에 영원히 썩지 않을 것이다.

　　　　　　　　　　　　- 고광렬, 「삼의사 행장」, 『독립운동사자료집』 3. 302~303쪽

「삼의사행장(三義士行狀)」은 고광렬(高光烈)이 광복 직후 1907년 10월 17일 구례 연곡사 전투에서 순국한 고광순(高光洵)·고제량(高濟亮) 의병장과 호남창의회맹소 2대 대장이었던 이대극 의병장의 삶을 기록한 것이다.

이 글에서 이대극 의병장은 "악독한 손길이 갑자기 뻗쳐 칼을 맞아" 순국하였다고 하였다.

그런데 일제의 기록에는 정대홍 의병장이 앙심을 품고 살해했다는 기록도 있다.

본월 24일 영광주재 순사의 통보에 의하면, 적괴 이대극(李大局)은 5, 6일 전 정대홍(鄭大洪)에게 참살당하였다고 한다.

　　　　　　　　　　　　- 국사편찬위원회, 『한국독립운동사』 자료 14권, 429쪽

5월 25일 나경비발 제46호 속보(續報)

적괴 이대극(李大局)은 지난번 그 부하를 해산하고 잠복하여 가만히 귀순의 의사가 있었던 바이었으나 일찍이 이(李)의 부장(副將)이었던 적괴 정대홍(鄭大洪)은 그 두 마음이 있음을 분히 여기어 5월 21, 2일경 이가 무장군 신기리(新基里)에 숙박하고 그 아우 정대언(鄭大彦) 외 5, 6명의 부하와 공히 동인을 습격하고 총검으로써 참살, 부근 산야에 매몰하였다고 한다.

이대극의 사인(死因)에 관하여 영광헌병분견소원의 주장하는 바에 의하면, 이는 헌병대에 의하여 총기 7정을 압수당하고 갈력(竭力)하여 자살한 것이라고 하나 믿기 어렵다.

　　　　　　　　　　　　- 국사편찬위원회, 『한국독립운동사』 자료 14권, 438쪽

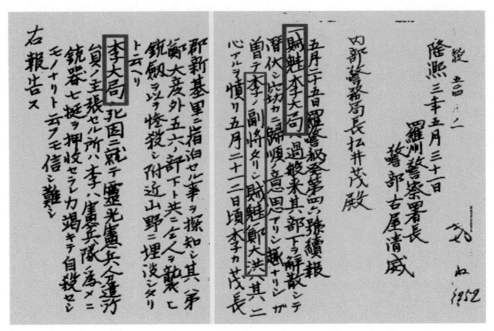

▲ 이대극 의병장 살해에 대한 기록(『폭도에 관한 편책』, 1909.05.31)

적괴 이대극(李大局)은 그 부장인 정대홍(鄭大洪)이 화적적 행위가 있어 양민을 괴롭힘을 미워하여 총기 12정을 수거하였던바, 정(鄭)은 이를 분히 여겨 우연히 동월 21일 이(李)가 부하 약 30명을 인솔하고 오룡리(五龍里)에 휴식하여 석식을 하고 있었던 차에 정은 부하 약 70명을 인솔하고 와서 이를 포위하고 이의 부하를 구타하였으므로 5, 6명은 정의 부하가 되고자 하여 차에 귀속하고, 그 나머지는 도주하였다. 따라서 정은 이(李)를 포박하여 예동(禮洞) 산중에서 차를 총살하였다 한다.

― 국사편찬위원회, 『한국독립운동사』 자료 14권, 592~593쪽

밀정의 말에 의하면, 수괴 정대홍(鄭大洪, 원 한국 소위로 거괴 전해산의 참모이다)은 전라북도 흥덕군 길마재에서 이대극(李大局)의 부장 박포대(朴砲大)에게 수일(일시 미상) 전 참살되고, 또 그 아우 정대인(鄭大仁)도 관내 영광군 무장면에서 이대극의 부하 이(李) 모로부터 동일의 운명에 조우하였다 한다. 차는 일찍이 정대홍 형제가 수괴 이대극을 참살하므로 악역한 죄인으로 단정하고 한을 수하였다 한다.

― 국사편찬위원회, 『한국독립운동사』 자료 15권, 135쪽

1909년 5월 24일부터 그해 7월 31일까지 이대극 의병장의 죽음에 대한 일제의 기록이다. 이후 일본 군경의 기록에는 "고 정대홍"이라 하였다.

윤2월 12일(1909년 4월 2일—필자 주) 임진(壬辰)

검은 옷을 입은 자 수십 명이 달아나는데 의병 같기도 하고 왜적 같기도 하다. 전군(前軍)이 먼저 쫓아 나가 크게 외치기를

"의병이면 앞으로 나오고, 왜적이면 나의 칼과 탄환을 받아라."

하니, 그 사람들이 달아나다 중지하고 섰으므로 나는 박도경(朴道京)과 함께 급히 쫓아가서 여러 군사를 호령하여 사면을 포위하게 하고 삽시간에 그 앞에 당도했다. 본의인즉 만약 김영백(金永伯)의 진이라면 우리 총 7자루를 추심(推尋)할 것이고, 정대홍(鄭大洪)의 진이라면 역시 우리 총 6자루를 추심할 생각이었는데 그 두령의 성명을 물으니 바로 전일 이순식(李淳植: 이대극의 본명—필자 주)의 부하 유 중군(柳中軍)·박 선봉(朴先鋒)들이었다.

이순식은 방금 영광 등지에서 병을 치료하고 있으면서 이 두셋 장수와 군졸 20여 명을 시켜 총을 수합하여 종적을 감출 양으로 이곳에 와 머물렀다가 우리 군사가 노란 옷을 입은 것을 바라보고 적인지 의심하여 달아나던 것이었다.

피차간 성명을 통한 뒤에 나는 유(柳)·박(朴) 두 사람에게 이르기를,

"이 진은 정대홍의 진이 아니냐."

하니,

"절대 아니라."

한다.

"그렇다면 순식은 어째서 여기 오지 않았으며, 또 유공(柳公)은 일찍 정대홍의 부하가 아니었던가."

하니, 유공은 말하기를,

"본인이 무지하고 무식한 까닭에 정대홍에게 잘못 들어가서 수일 동안 일을 하면서 그 동정을 살펴본즉 절대 사생을 같이할 인물이 못 될 것 같기로 정씨를 버리고 나온 적이 오래외다. 근자에 순식과 일을 같이 하고 있는데 어찌 귀진의 무기가 있겠는가. 만약 있다면 당연히 돌려 드릴 것이니 자상히 살펴보라."

하는 것이었다.

— 전해산, 「진중일기」, 『독립운동사자료집』 2. 488~489쪽

전해산 의병장과 종전에 이대극 의진에서 중군장·선봉장을 맡았던 이들의 말에서 이대극 의진의 부장(副將)으로 활약한 정대홍 의병장에 대한 평가의 일면을 엿볼 수는 있지만, 그가 이대극 의병장을 살해했다는 확실한 근거는 아직 찾지 못했다.

『독립유공자공훈록』에는 "일군은 현상금을 걸고 그를 체포코자 하였는데, 1909년 4월 3일 잠든 사이에 현상금을 노린 배반자에 의해 참살됨으로써 순국하였다."라고 기록되어 있다. 당시 의병은 음력을 사용했기에 4월 3일은 양력으로 5월 21일이다.

정부는 고인의 공훈을 기리어 1990년에 건국훈장 독립장을 추서하였다.

8. 호남동의단 제7진 의병장 이기손

● 이기손, 유학자로 두각 드러내다

▲ 금재 이기손 의병장(초상화)

이기손(李起巽, 1877~1957) 의병장은 전남 광산 (현 광주광역시 광산구) 출신으로 본명은 준수(準水), 호는 금재(錦齋)이고, 어릴 적에 불렀던 이름이 기손 이었다.

금재는 1907년 가을부터 의진을 형성하여 이듬해 정월부터 1909년 9월까지 약 2년 동안 전남 서남부 지역에서 활약한 의병장으로 일제 군경과 의병투쟁 을 벌였지만 여느 의병장처럼 전사 순국하거나 붙잡 혀 교수형으로 순국하지 않은 매우 드문 사례이다.

금재는 전주이씨 효령대군의 16세손 이영의(李英 儀)의 맏아들로 태어나서 일찍이 인근의 유학자였던 후석(後石) 오준선(吳駿善) 문하에 들어가 학문을 익

히기 시작하였고, 15세 때 나주 오병수(吳炳洙)의 맏딸 대명(大明)을 아내로 맞았다.

당시 호남지역에서는 주로 노사(蘆沙) 기정진(奇正鎭)의 학문을 숭상하여 전남에는 후 석, 전북은 송사(松沙) 기우만(奇宇萬), 영남지역과 인접한 지역에서는 퇴계학통을 이은 당천(堂川) 이한룡(李漢龍), 충청도와 이웃한 지역은 우암학통을 이은 연재(淵齋) 송병선 (宋秉璿)의 문하생이 많았다.

일제에 의해 왕비가 참살당했던 을미왜란(1895) 때 금재는 19세였지만, 을사늑약 직후 의병이 일어났다는 소식을 들었을 때는 유학자로서 학문이 익어갈 무렵인 서른 살에 이 른 때였다. 이어 광무황제가 퇴위당하고, 군대마저 해산되니 전국 각지에서 의병이 불같 이 일어나자 금재는 광산, 나주, 영광, 함평 등지를 돌아다니면서 동지들과 시국 좌담회 를 열고, 의병을 일으켜서 왜적을 물리쳐야 함을 역설하였다.

● 금재 거의 이전의 호남의병

▲ 용진정사 - 광주광역시 광산구 왕동 소재

1906년 6월, 최익현(崔益鉉)·임병찬(林炳瓚)이 태인에서 거의했으나 전투의병과 거리가 다소 거리가 있어서 8일 만에 관군에 피체된 후, 일제에 의해 '소요죄'로 대마도에 구금되었다. 이어 광양에 은거하던 전 주사 백낙구(白樂九)가 '국권회복(國權恢復)'의 기치를 들자 인근의 우국지사 김상기(金相璣)·이항선(李恒善)·노원집(盧元執)·채상순(蔡相淳)·유병우(柳秉禹) 등이 참여하고, 장정들이 모여들어 수백 명의 군세를 갖춘 의진의 사령장(司令長)에 추대되었다. 백낙구는 의진을 편성한 후 인근 고을에 격문을 돌려 거의의 명분을 천명하고 의병에 적극 참여해 줄 것을 당부하였다.

그리고 장성의 송사 기우만과 창평의 녹천(鹿川) 고광순(高光洵) 등과 연락하여 각지의 군사들을 모아 11월 6일(음력 9월 20일) 순천읍을 공략하기로 계획을 수립하였다. 하지만 모인 군세가 미약하여 백낙구를 비롯한 종사 7명은 광주경무서로 끌려가 심문받고, 마침내 고금도(古今島)에 유배되었다. 그는 이듬해 봄에 석방되자 전남 나주·함평 등지에서 의병투쟁을 벌이던 김준(金準) 의진에 참여하여 후군장으로 활동하다가 그해 4월 태인에서 일본군과 접전 중에 전사 순국하였다.

녹천은 1907년 1월 24일 창평에서 창의하여 양한규(梁漢奎) 의진과 호응하기로 하였는데, 2월 12일(음력 12월 30일) 밤 양한규는 의병 1백여 명을 이끌고 진위대가 주둔한 남원성을 기습하여 이튿날 새벽에는 성을 점령하는 데 성공하여 진위대의 무기와 군수품 등을 수중에 넣었으나 추격해 온 남원분견소 헌병들에 의해 양한규 의병장이 전사함으로써 의병들은 지리산 일대로 흩어지고 말았다.

녹천은 의진을 거느리고 남원으로 진출하였으나 양한규 의병장이 전사하고 그의 의진이 와해된 상태였기에 퇴각하지 않을 수 없었다. 화순으로 돌아온 녹천 의진은 기회를 엿보다가 4월 25일 화순읍을 점령하고, 이튿날 동복으로 진군하는 상황에서 광주에서 파견된 관군·일본군과 도마치(刀摩峙: 일명 圖馬峙, 화순군 남면 유마리 소재)에서 격전 끝에 패하고 말았다.

한편, 녹천 의진과 의각지세(犄角之勢)로 일본 군경을 물리치기 위해 거의한 행사(杏史) 양회일(梁會一) 의진은 능주(현 화순군 속면)의 계당산에 쌍산의소(雙山義所)를 설치하고 능주와 화순 군아를 습격하여 무장을 한 다음, 녹천 의진보다 나흘 전인 4월 22일 일본군과 도마치에서 전투를 벌였으나 패전 끝에 행사를 비롯한 6의사가 붙잡혀 광주경무서에 수감되었다가 마침내 지도(智島)에 유배되었다.

> 호남의병장 양회일과 임낙균(林洛均: 임창모－필자 주) 등은 15년, 안찬재(安贊在)·유태경(柳泰京)·신태환(申泰煥)·이윤선(李允先: 이백래－필자 주) 등은 10년으로 한하여 유배하였다. 양회일 등은 광주에서 오랫동안 수감되어 있다가 이때 선고하였다.
>
> - 황현, 『매천야록』 제5권, 광무11년 정미조

> 양회일·임낙균·안찬재·유태경·신태환·이윤선을 지도군 지도에 유배하다.
>
> - 『일성록』, 1907년 5월 28일(양력 7월 8일)

6의사는 그해 12월 3일 융희황제의 즉위 기념 사면조칙에 의해 석방되었다. 그 후 행사는 귀향하여 몸을 추스르던 중, 1907년 5월 강진분견소에 압송되었으나 조금도 굴하지 않고 의병을 일으킨 것에 대하여 당당하게 그 정당성을 역설하고 귀가하였다. 그러나 6월 17일 장흥분견소에 압송되어 가혹한 고문을 당하자 이에 항의하여 식음을 전폐한 지 7일 만에 옥중에서 순국하니 그날이 6월 24일이었다.

녹천은 도마치전투에서 패한 후 농번기였기에 의병으로 하여금 생업에 종사하게 했지만, 의진의 주요 장령과 의병으로 하여금 유격전을 펼치며 의진을 가다듬고 있었는데, 김동신(金東臣) 의병장이 의병을 이끌고 찾아오자 그해 9월 10일, 김동신 의진과 연합하여 순창의 헌병분파소와 우편취급소를 습격한 후 경남 하동 화개동으로 들어가 유진하자 전남의 동복·순천·곡성·광양·구례, 경남 거창·안의·하동 지역의 의병이 몰려들어 그 수는 약 1천명에 이르자 일제는 인근의 수비대는 물론, 진해만 중포병대대까지 동원하여 녹천·김동신 의진을 공격하였다.

10월 17일(음력 9월 11일) 일본군의 대규모 공격에 하동 화개상면 탑촌에 진을 쳤던 김동신의진은 다수의 피해를 입고 포위망을 벗어났지만, 구례 연곡사(燕谷寺)에서 결사항전을 벌였던 녹천의진은 녹천을 포함한 의병 수십 명이 순국하고 다수가 부상을 당하고 말았다.

10월(음력 9월) 장성 출신 기삼연(奇參衍)과 고창 출신 이철형(李哲衡) 등이 호남의 우국지사들에게 통문을 띄우자 영광·함평 등지에서 활약하던 이대극(李大克) 의진 등 당시 크고 작은 의진을 형성하여 의병투쟁을 하고 있던 의병장이나 거의를 준비하던 우국지사들이 모여들었다. 그들은 장성의 수연산(隨緣山) 석수암(石水庵)에서 호남창의회맹소(湖南倡義會盟所) 의진을 조직하였다.

이어 격문을 띄워 의병이 몰려들자 이들이 싸울 무기가 절실히 필요했다. 이에 고창 출신의 포군장이었던 박도경이 당시 모양성(牟陽城)(현 고창읍성)의 무기고에 총포가 많이 있으니 그곳을 점령하여 무기를 확보하고 장기적인 투쟁의 거점으로 삼자고 제의하자, 기삼연을 비롯한 의진의 장령들은 이에 찬성하였다.

10월 30일 모양성을 공격하기 위해 문수사(文殊寺)에 주둔하고 있던 의진은 거사일 하루 전인 10월 29일(음력 9월 23일) 일본군 헌병대였던 무장분파소의 내습을 받아 접전하게 되었다. 격전 끝에 모양성으로 들어가서 많은 무기를 탈취해 두었다가 뒤에 의진을 무장할 수 있었지만, 그 과정에서 성벽이 무너질 정도의 격전이 벌어져서 왜적도 많이 죽였지만, 의진의 종사관 김익중(金翼中)과 후군장 이남규(李南圭)[33] 등 의병 34명이 전사하는 큰 희생을 치렀다.

1908년에 들어서도 무장·고창·법성포·장성 등지에서 일본 군경과 싸워 위세를 떨쳤으나 담양 추월산전투에서 기삼연 의병장이 부상하여 치료를 위해 순창 복흥산에 들어갔다가 붙잡혀 광주로 끌려가서 이튿날인 2월 3일 서천교 아래에서 총살 순국하였다.

> 2월 3일, 군대에서 생포한 적괴(賊魁: 의병장-필자 주) 기삼연은 그날 광주수비대로 압송 도중, 누차 도주를 기도하고, 또 반항하므로 부득이 총살하였다고 수비대장으로부터 통지가 있었다.
>
> — 국사편찬위원회, 『한국독립운동사』 자료 9권, 225쪽

기삼연 의병장이 순국하자, 김준, 이대극 등 의진의 참모들은 통곡하며 호남창의회맹소 2대 대장을 선임했는데, 여기에 추대된 이가 이대극 의병장이었다.

> 뭇사람들이 모두 고집하여 대극(大克)을 추대하니 대극은 개연히 단에 올라 피를 입에 바르고 하늘에 맹서했다.
> "국사가 이 지경이 되었으니 한 번 죽어 나라에 보답하는 것이 바른 직무이다. 무릇

---

33) 이남규 의병장은 중상 후, 피신했으나 며칠 뒤 체포되어 순국하였다.

함께 맹서한 우리들은 몸뚱이는 달라도 마음은 한 가지, 저 해[日]를 두고 맹세한다."
뭇사람들이 모두 날뛰며 분발하므로 이에 노화삼(魯化三)으로 모사를 삼고, 이백겸 (李伯謙)으로 선봉장을 삼고, 김남수(金南洙)로 좌익장을 삼고, 김관섭(金寬燮)으로 우익장을 삼고, 유자성(庚子成)으로 포장(砲將)을 삼고, 이화삼(李化三)으로 후군장을 삼고, 봉계칠(奉啓七) · 정진옥(鄭珍玉) · 주현숙(周賢叔) · 주만옥(朱萬玉)을 모두 군사 참모로 삼았다.
이같이 소임이 배정되니, 온 군중이 감격하여 모두 의를 떨치고 용기를 냈으며 이로부터 향응하고 따라붙는 자도 날로 더욱 많아서 군의 기세가 자못 성했다.

— 독립운동사편찬위원회, 『독립운동사자료집』 3권, 301~302쪽

한편, 전북 임실 출신 이석용(李錫庸) 의병장은 1907년 10월 10일 동향인 전해산과 더불어 임실 · 진안에서 20여 명의 의병을 모아 기병하여 성대할 때는 3백여 명이 되었고, 김동신 · 정일국(鄭日國) 의진과도 연합하여 의병투쟁을 전개하기도 했는데, 대부분 독자적으로 임실 · 장수 · 진안 · 용담 · 남원 등지에서 활약하였다.

● 용진산에서 거의하다

殺我國母之讐 數十明治而未盡報
辱我皇上之罪 數百伊藤而猶有餘

우리 국모 참살한 원수는 명치(明治)를 수십 번 보복해도 모자라고,
우리 황제 욕보인 죄는 이등박문(伊藤博文)을 수백 번 보복해도 오히려 남도다.
(필자 역)

▲ 용진산 − 광주광역시 광산구 본량동·사호동 소재

1907년 가을 기삼연 의병장 등 유생이 중심이 되어 구성된 호남창의회맹소가 장성, 고창, 영광 등지에서 의병투쟁에 나서자, 금재는 광산, 나주 지역에 격문을 날려 의병을 모집하게 되었는데, 모여든 열혈청년들이 이듬해 음력 정월까지 8백여 명에 이르게 되어 의진을 구성하였다.

상대장: 이기손

선봉장: 박일동(朴日東) 엄석운(嚴錫雲)

중군장: 양동환(梁東煥)

후군장: 오용근(吳鎔根) 34)

호군장: 김선원(金先元)

좌익장: 조만길(曹晩吉)

우익장: 정만선(鄭萬先)

포대장: 김봉선(金琫先)

서기: 이재흠(李在焄)

의병을 모으면서 포대장 김봉선에게 병기를 모으도록 하였는데, 구식 대포를 포함하여 양총, 화승총 등 5백여 정을 모았고, 광산군 본량면 문장환(文狀煥)을 비롯한 부호들로부터 협조를 받아 용진산 기슭에 진지를 구축한 후 인근 지역에서 활동하던 김준의진과 협력하며 의병투쟁의 길로 나서게 되었는데, 『독립유공자공훈록』 1권(국가보훈처)과 『어등의 맥』 제2집(광산문화원, 2003)의 내용은 일부 오류가 보인다.

> 장성의 기삼연(奇參衍) 의진의 부장 전해산(全海山)·김죽봉(金竹峰: 金準)과 상의하여 호남의 서부지방 즉 광산·나주·함평 일대의 상본장(相本將)이 되었다. 일군으로부터 노획한 총 500정으로 의병의 무장을 마친 이기손은 본격적인 의병전을 전개하였다. 1908년 2월 용진산(龍鎭山) 35) 전투에서 다수의 적을 사살하고 총 100여 정을 노획하였으며, 이어서 전개된 전투에서 다시 적병을 사살하였다. 그 후 용진산보다 지형이 좋고 군량미 조달이 용이한 성문산(城門山)으로 본진을 옮겨 담양 등지로 원정하여 왜장 요시다(吉田)를 사살하고 적병 수십 명을 사살하였다.
>
> — 국가보훈처, 『독립유공자공훈록』 1권, 808쪽

> 창평에서 김준과 만나 작전을 협의한 그는 무동촌(舞童村: 지금의 담양군 남면 무동리)에 기세를 떨치고 있는 요시다(吉田勝三郎) 부대를 공격하기로 결정하였다. 그날 밤 군사를 충분히 쉬게 한 후 이튿날 새벽 김준 부대와 동서로 나누어 무동촌을 기습, 일본군 안에서도 용맹하기로 이름난 광주수비대장 요시다 소좌를 쏘아죽이고, 그 부하 5, 6명도 사살하였다. 이날이 1908년 음력 정월 설날이었고, 양력으로는 2월

---

34) 이기손의 격문에 나온 것을 기웠다. 그동안 후임 선봉장이 엄석훈(嚴錫訓)으로 알려졌으나 격문대로 바로잡았다. 국사편찬위원회, 『한국독립운동사』 자료 14권, 363·389쪽

35) 용진산(聳珍山)의 오기

초순이었다.

- 광산문화원, 『어등의 맥』 제2집. 211쪽

호남지역 의병장들의 공훈록에는 '1908년 2월 2일(설날) 창평의 무동촌(舞童村)에서 광주수비대장 요시다(吉田) 소좌 이하 수명을 포살하였다.'라는 요지의 기록이 있어 포살의 주인공은 누구이며, 그 내용에 대한 의견이 분분하다.

이는 당시 광주지역 주요 의진이 함께 무동촌전투에 참여했고, 당시 의병들이 사살한 일본군 부대장이 요시다 소좌였다는 오해로 인해 생긴 것이다. 그런 오해가 생긴 것은 기우만(奇宇萬)이 저술한 『호남의병장열전』(1916)에서 광주수비대장 요시다를 처단했다고 기술한 데서 기인한 것이다.

이때 율(聿: 김율-필자 주)의 군사가 사호(沙湖: 현 광주광역시 광산구 사호동-필자 주)에 있었는데, 적이 불의에 습격하여 사면으로 포위하여 공격하매 의병이 혹은 죽고 혹은 흩어졌다. 준(準: 김준-필자 주)이 듣고 적병을 당할 수 없음을 알고 성문을 굳게 닫고 움직이지 아니하니 적이 방비가 있음을 알고 감히 가까이하지 못하였다. 이에 선봉장 조경환(曺敬煥: 曺京煥-필자 주)이 도포장 최동학(崔東鶴)과 상의하기를,
"율의 군사가 새로 패하였으니 나는 동복, 창평 등지로 가서 충의의 선비를 모집하여 힘을 합하여 적을 토벌함이 옳겠다."
하고 드디어 정예한 포수 수십 명을 거느리고 장차 떠나려 하는데, 율이 군사 수십 명을 거느리고 따랐다. 바로 창평의 지곡(현 담양군 남면 속리-필자 주)에 도착하여 하루를 머물고 그날 밤에 한 고개를 넘어서 무동촌으로 진군하니, 이날은 무신년(戊申年)(1908년-필자 주) 정월 초하룻날이었다. 적장 요시다(吉田勝三郎)란 놈이 기마병을 거느리고 쫓아왔다. 적은 많고 우리는 적어서 대적이 되지 못할 뿐 아니라 기마병이 매우 정예하였고, 또 요시다는 제 나라의 육군대장으로 키가 10척이나 되고 용력이 뛰어났다. 날랜 말 위에 앉아서 칼을 휘두르며 바로 들어오니, 눈 아래 의병이 없었다.
(중략)
약속을 이미 정하자 요시다가 날랜 기운으로 바로 담 밖에 이르렀다. 준이 잠복하였던 군사에 눈짓하여 천보총을 쏘아 그놈을 바로 맞추어 연달아 쏘아 모두 맞추니 몸이 넘어져 말에서 떨어졌으나 오히려 죽지 않았다. 준이 그놈의 보검을 빼앗아 쳐 죽이고 그의 망원경과 육혈포를 거두고 좌우에서 복병이 모두 총을 쏘니 소리가 뇌성처럼 진동하였다.

- 독립운동사편찬위원회, 『독립운동사자료집』 2권, 641~642쪽

당시 일본군 14연대 2대대 소속 '요시다(吉田)'이란 성을 가진 자는 소좌 1명과 특무조장 1명뿐이었다. 무동촌전투에서 사살된 일본군 부대장이 광주수비대장인 줄 알았지만 실상은 다르다. 그날 사살된 적장은 광주수비대의 한 종대(縱隊)를 이끌었던 특무조장(特務曹長: 현 한국의 준위에 해당함)이었다. 그날 무동촌전투에 참전했던 일본군 우두머리는 특무조장 가와미쯔(川滿)였음이 이른바 『전남폭도사』에 나타나 있다.

2월 2일 오전 7시 창평군 내남면 지곡에 폭도 3백여 명이 모여 있다는 정보가 있어 주재소 순사 5명, 광주수비대 하사 이하 6명이 합동수색하여 외남면 무등리(현 담양군 남면 무동리-필자 주)에서 충돌, 가와미쯔(川滿) 조장(曹長)과 하야시(林) 상등병이 전사하고 졸(卒) 2명이 부상함에 한쪽의 혈로를 뚫고 퇴각했다. 광주에서 지원대가 급히 출동했으나 얻은 것이 없다.

- 이일용 역, 『비사 한말전남의병전투사』 35~36쪽

결국, 김준·김율·조경환·최동학·이기손 의병장 등이 이끈 의병부대가 광주수비대 소속 가와미쯔 조장이 이끄는 소규모 부대와 싸워 부대장과 상등병을 죽이고, 2명에게 부상을 준 전투였다.

● 본격적인 의병투쟁에 나서다

금재는 전해산이 이끈 호남 연합의진이었던 호남동의단(湖南同義團)의 제7진 의병장으로 활약하면서 전남 서남부 지역인 광산·나주·영광·함평 등지에서 활약하게 되었다. 1908년 겨울에는 일시 의진을 해산했다가 이듬해 2월 다시 거의하였는데, 그 기록이 『전해산진중일기』에 드러나고 있다.

윤2월 14일(양력 4월 4일-필자 주) 갑오(甲午).
이날 비로소 들으니 조경환 씨 진(陣)이 전일에 나산(羅山)의 적과 접전하여 적 3명을 죽이고, 승리를 얻어 좌도(左道) 여러 고을을 순회하고 신함평(新咸平)으로 돌아와 내 진과 합세할 차로 지금 근처에 머물러 있다고 하고, 또 이(李) 장군 기손(起巽) 씨가 창의한 지 두어 달 만에 갑자기 사촌(沙村)에서 패전하여 군사 약간 명을 거느리고 근처에 있다고 하므로 곧 사람을 보내어 통기했다.

- 독립운동사편찬위원회, 『독립운동사자료집』 2권, 492쪽

1908년 이후 병력과 장비를 증강시킨 적의 의병 토벌대와 접전하기에는 중과부적이므로 부득이 의병을 해산시켰다. 1909년에 다시 거의하였으나 2월에 사촌(沙村)에서 패전한 후 전해산 의진과 동맹하여 호남 제7진의 의병장으로 활약하다가 적에게 체포당하였다. 그러나 압송하던 병졸이 술을 마시고 취한 틈을 이용해 결박을 풀고 탈출하여 금산(錦山)에 은신하였다.

- 국가보훈처, 『독립유공자공훈록』 1권, 808쪽

금재가 호남동의단 제7진 의병장으로 활약해 오다가 사촌(현 함평군 나산면 초포리 속촌) 전투에서 패한 것인데, 『독립유공자공훈록』 1권은 선후가 바뀐 것이고, 피체되었다가 탈출했다고 하나 일제의 기록에는 드러나지 않고 있다.

금재는 지도(智島)까지 진출하여 의병을 증모하기 위한 격문을 띄웠다.

湖南義將 李起㢽 中軍 梁東煥 先鋒 嚴錫雲 後軍 吳鎔根 等이 謹히 檄文을 省內 各位에게 告白한다. (중략) 此로써 同胞에게 바란다. 때는 왔다. 振起하면 國讐는 復할 것이다. 疆土는 還할 것이다. 括目屆括 檄文이 到進함을 기다려 即時 一朝 蹶然히 雷風 雲雨와 如히 起하면 事成就 아니할 것이냐? 大丈夫의 志 是와 如히 하여 足할 것이다. 千萬裁諒
己酉 三月 二日
右敬通于
務安移中(務安校中의 오기-필자 주) 印

▲ 이기손 의병장의 격문

- 국사편찬위원회, 『한국독립운동사』 자료 14권, 388~390쪽

이 격문은 1909년 음력 3월 2일(양력 4월 21일) 작성된 것으로 5월 14일 목포경찰서장 경시 이치카와(市川信淸)가 내부경무국장 마쓰이(松井茂) 앞으로 보낸 비밀문서인데, 무안군 읍내 공자묘직인(孔子廟直人: 향교 관리자) 윤자신(尹滋信) 집에 5월 9일경 도착했다는 무안부윤(務安府尹)의 보고가 있어 현재 수사 중이라고 보고하였다.

이어 음력 3월 9일(양력 4월 28일) 금재가 전남관찰사 신응희 앞으로 보낸 통문이 5월 4일 도달했다고 전남경찰부장 경시 무라가미(村上則貞)가 내부경무국장 마쓰이에게 보고한 내용이 일제의 비밀문서에 실려 있다.

今 四日 羅州 方面으로로부터 步撥便으로 賊魁 李起巽으로부터 當 觀察使 앞으로 別紙
寫와 如한 通文을 送來하였다.
己酉 三月 九日 義生 李起巽 拜上
客月兩度書 想必下覽之 或無洪喬之嘆則 幸甚幸甚. (후략)

- 국사편찬위원회, 『한국독립운동사』 자료 14권, 363~364쪽

금재가 보낸 통문 첫머리에 "客月兩度書"이라고 한 것을 보면, 전남관찰사 신응희에게 이미 지난달에 2차례 통문을 보낸 사실이 드러나고 있다. 이 같은 통문은 전해산·심남일 등 의병장이 전남관찰사 신응희에게 보낸 것과 유사한 것으로 일제를 도와 의병진압에 나서지 말라는 것이었다.

그 후 금재가 이끈 의진은 함평·영광 등지에서 의병투쟁을 전개한 것이 『전남폭도사』에 나타나고 있다.

- . (1909년) 6월 16일 오후 6시 나주분견소 임곡임시파견소(현 광주광역시 광산구 임곡동-필자 주) 상등병 2명, 보조원 6명이 적괴 이금제(李錦濟)[36]가 이끄는 약 40명의 비도와 함평군 장본면 장림촌(현 광주광역시 광산구 동호동-필자 주)에서 충돌, 2명을 죽이고 모젤총 1정과 기타 잡품을 노획했다.
- . 7월 4일 오후 1시 함평군 월악면(현 월야면-필자 주) 월악산에서 구밀(현 함평군 해보면 문장리 속촌-필자 주) 파견소 헌병 2명, 보조원 3명과 삼거리파견소 헌병 1명, 보조원 4명이 적괴 이금제(李錦濟)가 이끄는 폭도 50명과 충돌, 이를 격파했는데, 3명을 죽이고 화승총 1정을 노획했다.
- . 7월 6일 오후 7시 영광군 마촌면 산정리(현 대마면 화평리 속촌-필자 주)에서 동지 분견소 헌병 2명, 보조원 4명이 적괴 이기손(李起巽)이 이끄는 약 80명의 비도를 공격, 화승총 1정을 노획했다.
- . 7월 26일 오후 6시 말재파견소 헌병 1명, 보조원 3명이 영광수비대원 30명과 협력해서 영광군 삼북면(현 장성군 삼계면-필자 주) 흥관산에서 수괴 이기손이 이끄는 약 20명의 적을 공격, 2명을 죽이고 이를 격퇴했다. 화승총 1정을 노획했다.
- . 같은 날 오후 11시 사가점파견소 헌병 1명, 보조원 4명이 영광군 삼북면 수하리(현 장성군 삼계면 화산리 사하부락-필자 주) 고지에서 적괴 이기손이 이끄는 약 30명의 적을 공격, 이를 궤주시켰는데, 6명을 죽이고 화승총 6정을 노획했다.

---

36) 금재(錦齊) 이기손(李起巽)

일제는 1909년 6월 호남의병 진압을 위해 종전의 14연대를 2연대로 교체하고, 8월 25일 양진여(梁振汝) 의병장 체포를 시작으로 9월 1일부터 이른바 '폭도대토벌' 작전을 전개하여 10월에는 1연대를 추가로 투입하여 의병학살전을 펼쳤다.

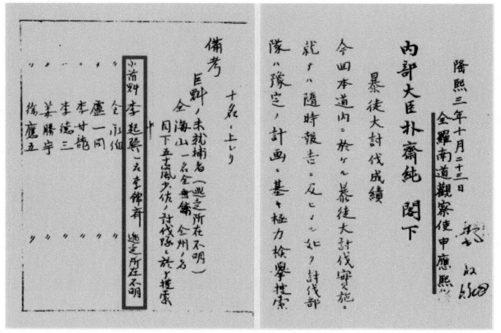

▲ 이기손 의병장, 전남 관찰사 신응희는 이른바 '폭도대토벌성적' 미체포자로 기록(『폭도에 관한 편책』, 1909.10.23)

● 금재의 망명과 가족의 수난

1909년 9월 초순, 금재는 의진의 참모들과 숙의를 가졌다. 수차례 의병투쟁 끝에 불과 수십 명의 의진으로 일본 군경과 대적한다는 것은 부질없는 일이기에 일시 해산하여 후사를 도모하자는 참모들의 의견을 받아들여 금재는 「해병서(解兵書)」를 발표하기에 이르렀다.

금재는 의진을 해산한 직후 집에 들러 부인에게 후사를 당부한 후 군산으로 가서 배를 타고 함경도를 거쳐 연해주로 망명길에 올랐다. 금재가 떠난 후 종형 이기룡(李起龍)도 몸을 피하자 일본 헌병과 경찰은 부인 오대명과 종형수 최씨를 장성군 동화면 헌병파견소로 끌고 가서 혹독한 매질을 한 후 거꾸로 매달고 코에 고춧가루 물을 붓는 등 악독한 고문을 가하고, 재판도 없이 3년여 동안 헌병대와 경찰서를 전전해야만 하였다. 금재의 아내는 열두 살과 열 살의 두 아들, 다섯 살과 두 살의 두 딸을 돌봐 줄 사람이 없어서 함께 헌병대와 경찰서에서 생활했는데, 일본 헌병은 백마 위에 맏아들을 태우고 다니면서 금재의 자수를 권유하고 다녔다고 전한다.

▲ 이기손 의병장 기적비 - 광주 송정공원

경술국치 이듬해 풀려나서 3년 만에 집으로 돌아오니, 집은 잡초에 파묻혀 폐허가 된 채였고, 일제와 그들 앞잡이 눈초리가 무서워 의병장 가족을 돌봐 줄 이웃이 없었다. 얼마 후 둘째 아들은 병사했고, 3남매를 데리고 문전걸식해야 했던 금재의 부인 오대명 여사는 막내딸마저 병사하자 맏아들·맏딸과 함께 온갖 궂은일도 마다하지 않고 살았다.

한편, 연해주 망명길에 올랐던 금재는 1915년 가을 일제의 눈을 피해 충남 금산군 추부면 추정리로 숨어들었다. 이름은 용섭(龍攝), 아호를 연해(淵海)라고 하고…… 처자식이 보고 싶고, 고향이 그리워도 일제의 수배령이 무서워서 가족을 찾거나 섣불리 소식조차 전할 수 없었다.

금재는 그곳에서 서당의 훈장 노릇을 하게 되자 주위 사람들은 그에게 혼인하기를 권유하기에 이르렀고, 자신의 처지를 말할 수 없었던 금재는 김해김씨와 혼인하여 광복될 때까지 금산의 용섭으로 살았다. 그리고 그곳에서 부호 가문이던 온양이씨 문중을 설득하여 융희황제를 위한 어필각(御筆閣)과 숭봉전(崇奉殿)을 세우기도 하였다.

광복된 후 금재는 고향을 찾았다. 이미 머리가 파뿌리처럼 변한 부인 오대명은 금재가 집에 오자 손을 잡은 채 말없이 눈물만 흘렸고, 맏아들 일봉(一奉)은 큰절을 올리며 통곡했다. 청안이씨 집안으로 출가했던 맏딸 복림(福林, 일명 福任)은 아들 정석(正錫, 현 법무법인 북부합동법률사무소 대표변호사)을 데리고 한걸음에 달려와서 목 놓아 울었다. 다섯 살 어린 나이에 작별한 부친이 저승에 가신 줄로만 알았는데, 백발노인이 되어 돌아왔으니 그날의 감회를 어찌 짐작이나 할 수 있을까?

정부는 금재의 공적을 기려 1977년에 건국훈장 독립장을 추서하였다.

9. 호남동의단 제8진 의병장 오성술

● 20대 참봉 청년, 의기를 들다

▲ 오성술 의병장(초상화)

일제침략기 22세의 나이에 참봉이 되었고, 이어 24세부터 국권회복을 위해 의병투쟁을 벌이다가 27세의 나이로 대구 감옥에서 순국한 오성술(吳成述) 의병장에 관한 행적을 추적하기 위해 광주(光州)를 몇 차례 방문했으나 제대로 살필 수가 없었다. 다행히 양진여(梁振汝)・양상기(梁相基) 부자 의병장의 후손 양일룡(梁日龍) 씨를 만나고 나서야 의문점이 풀리기 시작했다.

1992년 10월 17일, 광주에 도착하니 천둥 번개를 동반한 때아닌 가을비가 세차게 내렸다. 버스 정류장이 시 외곽에 있어 여관을 찾아 시내로 들어갔다. 그날은 오성술 의병장의 손자 용진(容珍) 씨와 함께 양일룡 씨를 만나기로 약속한 날이었다. 시계를 보니 7시, 의병장 후손들을 만나려면 아직 3시간의 여유가 있어 저녁밥을 먹은 후 여관방에서 자료를 다시 한번 살펴보았다.

오성술은 갑신왜란이 일어난 해인 1884년, 전남 광산군 삼도면 송산리 죽산(竹山)에서 오영선(吳榮善)과 나주 임씨를 부모로 하여 독자로 태어났다. 그의 본명은 인수(仁洙), 자는 성술(聖述)이며, 호는 죽파(竹波)이다.

대대로 유학을 숭상하던 문벌 가문에 태어난 공은 어릴 적부터 불의를 참지 못하는 성격을 가졌고, 서당에 들어간 지 열흘 만에 천자문을 뗄 정도로 특출했다. 공의 부친은 공을 인근의 학자 후송(後松) 양상하(梁相賀)에게 보내 학문의 기초를 닦게 한 다음 집안 숙부뻘 되는 후석(後石) 오준선(吳駿善)의 문하에서 학문을 넓혔다.

후송과 후석은 당시 도학과 문장이 장성의 송사(松沙) 기우만(奇宇萬)과 쌍벽을 이루던 거유(巨儒)로 그들이 거처하던 용진산(聳珍山)의 용진정사(聳珍精舍)에는 항상 초만원을 이루었다고 한다. 그곳이 훗날 공이 의병 진지로 삼은 바로 용진산이며, 조경환(曺京煥), 이기손(李起巽) 등 의병장이 활동한 곳이기도 했다. 당시 공은 그곳에서 많은 지사, 선비들과 친교를 맺었는데, 그가 의병을 일으켰을 때 큰 도움이 되었다.

공이 22세가 되던 1905년 7월, 나라로부터 참봉 벼슬을 받았다. 교지의 내용인즉 '9품 종사랑 충의 참봉(九品從仕郎忠義參奉)'이었다. 평소 청산유수 같은 말솜씨와 호탕한 웃음으로 누구에게나 호감을 샀던 공은 원근 선비들로부터 칭송이 자자했고, 국운이 기울어져 가던 때라 조정에서 각 지방의 뜻있는 선비에게 벼슬을 내렸던 것이리라!

그로부터 몇 달 뒤에 을사늑약 소식을 전해 들은 공은 의병을 일으킬 것을 다짐하고 부친의 승낙을 얻어 노비 문서를 태워 버렸다. 그리고 옛 노비들에게 재산을 나눠주는 한편, 가난한 이웃에게도 더욱 도움의 손길을 보냈다. 낮에는 매일같이 주막에서 빈부귀천을 가리지 않고 함께 어울려 술타령으로 보냈으나, 밤에는 인재를 모을 궁리와 함께 병서를 탐독하면서 세월을 보냈다. 이듬해 전국 각지에서는 국권회복을 위한 의병이 거세게 일어났다. 공은 논밭 50여 마지기를 팔아서 그 돈으로 무기를 준비하는 한편, 동지 규합에 나섰으며, 본부를 용진산 기슭에 있는 영사재(永思齋)로 정했다. 그 곳은 선산이자 고향인 죽산까지는 30여 리 떨어진 곳이었다.

● 김준 의진과 합진하여 의병투쟁

1907년 2월, 1년 동안 거사 준비를 해오던 끝에 드디어 국권 회복의 기치를 드니, 불과

10여 일 만에 2백여 명이 모여들었다. 중지를 모아 대장 및 12부서 책임자를 정했으니 대장 오성술, 도통장 오상렬(吳相烈), 선봉장 김성현(金聖鉉), 중군장 오원규(吳元圭), 도포장 김봉선(金奉先) 등이었다.

의진이 구성되자 부서를 정하여 무기의 제조와 구입, 군사 훈련에 박차를 가했다. 시간이 흐름에 따라 의진은 점차 강성해져서 그해 7월에는 5백 명의 군세를 보이자 나주·함평을 근거지로 의병을 일으켰던 김준(金準, 자는태원泰元) 의병장이 찾아와서 의병을 일으킨 목적이 같으니 합진(合陣)하자는 것이었다. 오 대장은 막료들과 갑론을박 끝에 합진하기로 하고, 두 의병장은 사의지맹(死義之盟)을 맺었다.

그로부터 한 달 뒤에 호남의 맹장 기삼연(奇參衍)이 영광·장성을 배경으로 의병을 일으켰다. 오 대장은 김준 의진의 선봉장이 되었고 기삼연 의진이었던 '호남창의회맹소(湖南倡義會盟所)'의 야전 선봉장 역할도 하며, 의병투쟁을 벌이게 되었다.

일제와의 싸움은 고창읍에 있던 일본 헌병대 분파소 습격을 시발로 영광, 무장, 법성포 등지에 있는 헌병의 분견소, 경찰의 주재소 등을 쳐부수는 의병투쟁을 거듭했다. 오 대장이 이끄는 의진은 당시 호남의 여느 의진과 같이 일본군, 헌병들과 싸우는 한편, 경제 수탈을 일삼는 일본인과 부왜인(附倭人, 일제 앞잡이 일진회원·밀정·헌병보조원 등)을 처단했다.

이듬해 설날 기삼연 의병장이 체포되어 뒷날 광주 서천교 아래 백사장에서 총살당하고, 이어 4월 김준 의병장이 순국하자, 의병들의 사기가 떨어졌다. 오 대장은 의진을 수습하기 위해 용진산으로 들어가 잠시 은거하고 있을 때 전해산(全海山) 의병장이 찾아왔다.

전수용(全垂鏞, 수용의 전해산의 자-필자 주)이 이석용(李錫庸)과 함께 진안(鎭安) 산중에서 의병을 일으켰다. 이보다 먼저 면암(勉庵) 최 선생이 먼저 의병을 일으켰다. 중도에 패하여 대마도에 잡혀가서 순국하고, 기성재(奇省齋: 성재는 기삼연 의병장의 호-필자 주)와 고녹천(高鹿川: 고광순 의병장의 호-필자 주)이 잇달아 일어나고 참봉 김준(金準)이 여러 번 적장을 베어 의병의 기세가 크게 떨쳤다. 드디어 이장(李將: 이석용 의병장-필자 주)에게 이르기를,

"들으니 나주에 김 참봉이 지혜와 도략이 있어 여러 번 싸워서 이겼다고 하니 나는 가서 전략을 의논하고, 또 기공(奇公)의 남은 군사를 거두어 와서 동서에서 서로 응하면 완전한 방책이 될 것이다."

하고, 출발하여 장성에 이르자 김 참봉이 군사가 패하여 순국한 것을 듣고 통탄하기를 마지아니하며, 광주·나주 사이에 방황하다가 의병장 오성술(吳聖述)과 서로 힘을 합하여 드디어 나주 도림(道林)에 와서 머물렀다.

- 오준선, 「의사 김준·전수용 합전」, 『독립운동사자료집』 2. 645~646쪽

오 대장은 흩어진 의병을 다시 모으고, 의진을 수습하여 나이와 덕망이 자신보다 전해산이 높다고 여겨 지휘권을 넘기려 했지만, 전해산이 끝내 고사하자, 김준 의진을 수습, 흡수한 의진을 이끌었다.

● 호남동의단 제8진 의병장으로 활약

그 뒤 전해산이 광무황제의 비밀조칙을 가져온 정원집(鄭元執)을 비롯한 해산군인들과 합세하여 '대동창의단(大東倡義團)'을 결성, 독립했지만 의각지세(倚角之勢)로 의병투쟁을 전개하였다.

일제의 이른바 『전남폭도사』에는 '전해산의 합동집단'이란 말이 4번 등장하지만, 호남 지역을 망라하는 연합 의진을 『해산창의록(海山倡義錄)』에는 '호남동의단(湖南同義團)' (대장 전해산)이라 명명하고 제8진 의병장으로 오 대장의 이름이 기록된 것으로 보아 상당 기간 연합 의진을 형성하여 의병투쟁을 벌인 것이었다.

오 대장은 그해 9월 4일(음력 7월 27일) 광산 석문산(石門山) 전투를 비롯하여 크고 작은 전투에서 큰 전과를 올렸지만, 그해 겨울 용진산 전투에서 일본군 수비대의 기습을 받아 도통장 오상렬이 순국하고, 포수 출신으로 그동안 총포와 화약 제조에 큰 공을 세웠던 도포장 김봉선이 중상을 입는 큰 피해를 보았다.

▲ 광산 영사재 - 광주광역시 광산구 명곡길 170-30 (명도동)

이듬해인 1909년 1월 31일, 25명의 정예병을 이끌고 광주군 대지면 곡촌(曲村)에 있던 일본인 농장을 습격하여 3백여 석의 벼와 집을 불태웠다.

봄이 되자 본진을 용진산에서 영사재로 또 옮겨야만 했다. 점점 노골화 되던 일제의 감시와 부왜인들의 눈초리에 한 곳에 오랫동안 머물 수 없는 데다가 부친으로부터 받은 군자금이 고갈되어 군량을 마련할 길이 어려웠기 때문이었다. 오 대장은 마침내 좌익장 오성범(吳聖範)에게 자기의 친척집을 찾아가서 군량을 헌납하게 했다.

며칠 후 오성범이 돌아와 보고하기를,

"군량을 헌납할 마음은 있으나 밀고가 두려워 헌납하지 못하고 있다."

라는 것이었다. 그의 보고를 들은 오 대장은 의병들을 이끌고 마을에 도착한 다음 집 안의 어른을 묶게 하고, 추상같은 호령을 내렸다.

"나라 없는 백성이 어디 있단 말인가? 목숨을 바쳐 싸우는 의병들에게 대접이 이렇게 소홀한가?"

집안사람들이 의아한 눈빛으로 대하며 항의하려 하자, 다짜고짜 다가가서 뺨을 후려친 다음 당장이라도 요절을 낼 듯한 행동에 모두 놀라고 말았다. 군수품을 확보하고 돌아오 는 길에 부장들이 의아해하자,

"허허, 나라와 백성을 위해 일어선 우리가 하물며 내 혈족을 아끼지 않으랴! 우리 가족들 이야 왜놈들의 핍박을 받고 있지만 어찌 친척들까지 고생시킬 수 있겠는가? 순순히 헌납했 다는 것이 알려지면 어찌 되겠는가? 그래서 강제로 빼앗아 온 것처럼 한 걸세."

그날의 군자금 마련 활동과 일본 헌병대 밀정 노릇을 하던 부왜인을 처단하고 박민홍 (朴民琫) 의진과 연계하여 의병투쟁을 전개했는데, 일제는 당시 상황을 이렇게 기술해 놓 았다.

2월 4일 오후 12시경 오 참봉이 인솔하는 폭도 약 120명은 각 총을 휴대하고 나주군 신촌면 興龍洞(현 나주읍 송월리-필자 주) 두구도장(斗口渡場) 나귀종(羅貴宗) 가에 위입(圍入)하여 군용전(軍用錢)을 납부하라고 협박하고 소지금 12냥을 약탈하고 주 인 귀종을 체포하여 동면 투주동(投珠洞) 산중으로 인치하고 동소에서 납거한 손홍 규(孫洪圭)·이옥화(李玉化)를 포살한 후 본인은 동군 마산면 산중으로 납거되었는 데 동소에서 박민홍(朴民琫)의 일단과 합하여 총수 200여 명이 되었는데, 박은 나귀 종과 지기의 사이로써 방면되었다.

- 국사편찬위원회, 『한국독립운동사』 자료 13권, 426쪽

● '폭도대토벌' 때 피체되어 순국하다

오 대장 의진은 그해 여름까지도 전해산, 심남일(沈南一), 안계홍(安桂洪) 등이 이끄는 의진과 상호 협력하여 의병투쟁을 펼쳤으나 대명동(大明洞: 현 광주 광산구 명도동) 전투에서 격전을 치른 후에는 그 규모가 30여 명으로 줄어들어 거처를 용문산으로 옮겼다.

일본 군경은 의병 진압을 위한 대대적인 작전을 전개하니 각처의 의진은 무너지고, 의진에서 이탈하거나 투항하는 의병 수효가 늘어만 갔다. 일제는 당시 상황을 이렇게 요약해 놓았다.

이 대토벌 작전은 3기로 구분하여 약 40일간(실제 55일 - 필자 주)에 걸쳐 실시했는데, 일찍이 없었던 대규모 작전이었다. 비도는 이 대토벌의 풍설을 듣고 모두 떨었으며, 거괴 안(安: 안계홍-필자 주)과 같은 사람은 부대를 나눠 여러 곳에 숨겨 놓을 정도로 작전의 결과는 예상했던 것보다 훨씬 위대했다. 8월 25일, 작전 벽두 수괴 양진여(梁鎭汝)를 잡고부터 자수, 투항, 포박, 살육이 잇달았으며, 10월 25일 작전 종결에 이르러서는 폭도가 가라앉아 도내의 어지러움은 거의 없었다.

- 이일롱 역주, 앞의 책. 18~19쪽

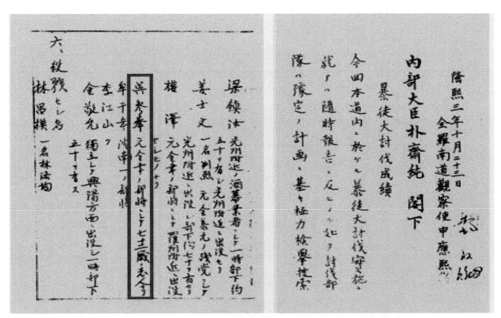

▲ 이른바 '폭도대토벌성적' 문서 속에 있는 오성술(오참봉) 의병장 기록(『폭도에 관한 편책』, 1909.10.23.)

한편 용문산에서 측근들과 은거하면서 재기를 노리던 오 대장은 그해 10월 2일 새벽, 영산포헌병분대 소속 요시무라(吉村) 중위가 이끄는 헌병대에 의해 생포되고 말았으니, 약 3년간의 의병투쟁은 막을 내리게 되었다.

며칠 뒤 전남 경찰부장 무라카미(村上則貞)가 내부경무국장 마쓰이(松井茂)에게 보낸 비밀문서 「전남경비발 제1951호」(1909.10.13.)에는 한 달여 동안 벌인 이른바 '폭도대토벌'의 성과를 다음과 같이 기록하고 있다.

금회의 대토벌은 수비대·경찰의 협력으로 9월 1일부터 대수색 대검거의 결과 예기(豫期) 이상의 좋은 결과를 주(奏)하여 약간 큰 수괴는 거의 주살 또는 체포하고, 혹은 세가 궁하여 자수, 항복하는 등 거의 박멸에 이르렀으므로 예정의 계획에 기(基)하여 본월 15일까지를 일단락하고, …… 폭도의 절멸을 기하기 위하여 다시 예정 일수보다 15일간을 연기하고……

금회의 대토벌은 기성적이 좌와 같이 10월 5일까지의 조사에 의하면,

* 적도의 사자 - 374명
* 체포 및 자수자 - 1,055명(그중 자수자 약 500명)
* 노획품 - 총 295정
* 자수자 - <생략>
* 체포자 - <전략>, 수괴 양진여(梁鎭汝), 수괴 권택(權澤), 수괴 오 참봉(吳參奉), 거괴 심남일(沈南一)
* 전사자-거괴 임창모(林昌模)의 소수괴 수명 있음

- 국사편찬위원회, 『한국독립운동사』 자료 15권, 780~782쪽

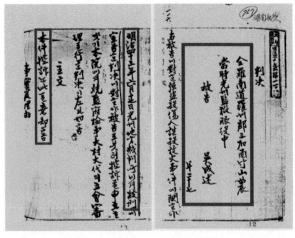

▲ 오성술 의병장, 교수형 공소기각(대구공소원, 1910.07.16)

오 대장은 영산포헌병분대를 거쳐 광주감옥에 투옥되어 고초를 겪다가 이듬해 6월 17일 광주지방재판소에서 교수형이 선고되자 공소, 7월 16일 대구공소원에서 기각되었고, 고등법원에 상고했다가 취하하여 형이 확정되었으며, 그해 9월 15일 대구감옥에서 교수형으로 순국하였다.

● 의병장 손자 두 분을 만나다

▲ 오성술 의병장의 손자 오용
진(현재 고인이 됨)

광주광역시 북구 신안동에 있는 이화장 여관, 밤 10쯤 되니 안내 전화가 왔다. 손님 두 분이 오셨다고 한다. 오 대장의 손자 용진 씨와 양진여 의병장 손자 일룡 씨였다. 오용진 씨는 조치원에 있는 국정교과서에서 근무하면서 사단법인 '순국선열유족회(殉國先烈遺族會)'의 감사를 맡아 순국선열들의 얼을 선양하고자 맹활약하고 있다고 양 일룡 씨가 귀뜸했다.

"슬하에 자녀가 몇 명입니까?"

"3남 2녀입니다."

"3대 독자 집안에 아들 셋이면 조상의 음덕이 큽니다."

"아! 네, 저의 조부께서 독신이신 데다가 부친마저 역시 단신이셨으니 '왜정시대' 외롭고 고통스러운 그 세월이 오죽했겠습니까?"

오 대장은 16세 때 금성(錦城) 라씨(羅氏)와 결혼했지만 10여 년 동안 자식이 없었다. 오 대장이 의병을 일으키자 일제의 시달림을 받다 못해 인근 산골짜기에 들어가 피난살이를 했다. 오 대장이 가족을 찾아왔다가 간 후 그토록 고대하던 태기가 있어 옥동자를 낳았으니, 오 대장이 체포되기 석 달 전의 일이었다.

부인은 기구한 운명을 지니고 태어난 아들을 누가 볼세라 몰래 키우다가 일제와 부왜인의 눈초리가 무서워 당시 나주군 문평면 오룡리 쌍정 부락에 살고 있던 오 대장의 처남댁에서 키웠다고 한다. 자라면서도 오 대장의 아들 만근(萬根: 자는 八萬)이 아니라 고아처럼, 일꾼(머슴, 말짐수레꾼 등)처럼 행세하면서도 끝내 창씨개명을 하지 않았다고 말하는 용진 씨는 비감어린 표정이었다.

이튿날 아침 용진 씨가 바쁜 업무(교과서 편찬)로 인해 떠나야 했기에 새벽 4시까지 시간을 아끼면서 대화를 나누었다. 용진 씨는 '후손(용진 씨는 相敎, 釋敎, 仁均 등 아들 셋을 둠)이 광주까지 왔다가 조상의 묘소를 둘러보지도 못한 채 그냥 돌아가야 하다니!' 하면서 가슴 아파했다.

필자와 양일룡 씨는 여관을 나와 김태원 의병장의 동상이 서 있는 광주 중심부로 가서 광주-나주간 직행버스 555번을 탔다. 이 버스를 타고 가면 오 대장이 대승을 거둔 고막원(古幕院)도 나오고, 광주감옥에서 대구감옥으로 이감(移監)될 때 가족들과 이별했던 영산포(榮山浦) 부둣가에 다다르리라!

385

▲ 오성술 의병장의 묘소-가운데 선 이는 양진여 의병장 손자 일룡 씨. 우측은 오 의병장 족손 갑렬 씨(1992). (현재는 대전현충원 독립 유공자 묘역으로 이장함)

　　오 대장의 모습을 상상하는 사이 옆 좌석에 앉은 양일룡 씨가 내리자고 했다. 송정리(松汀里)였다. 우리는 택시로 바꿔 타고 영광·장수 방면의 국도로 접어들었다. 시가지를 벗어나자 꽤 너르고 푸른 강이 왼편으로 흐른다. 불과 1백여 년 전 오 대장이 동무들과 멱감고, 물고기 잡던 강, 영산강 지류 황룡강(黃龍江)이다. 장성(長城) 들판을 적시며 나주의 젖줄로 흘러드는 이 강줄기마다 국권회복을 위한 임들의 애타는 절규가 어린(魚鱗)을 일으키며 눈부시다. 영광 방면으로 20여 리를 가다가 송산교(松山橋)를 지나 오른쪽으로 접어든다. 이 길로 곧장 가면 오 대장의 의진 본거지였던 용진산이 나오리라! 광산 들판을 가로질러 10여 리를 들어가니 용진산 앞 들녘 중간에 고개를 내민 야트막한 산이 죽산(竹山)이다. 오 대장이 태어난 곳이자 잠들고 있는 곳이다.

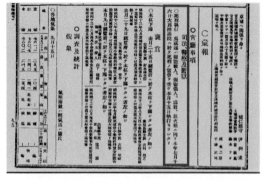

▲ 오성술 의병장, 1910년 9월 15일 대구감옥에서 순국(「조선총독부관보」 제22호, 1910.09.22)

　　오 대장은 광주지방재판소에서 이른바 '강도죄'로 15년 징역형이 선고되었다가 죄목이 추가되어 다시 재판하게 된 특수한 경우이다.

　　그리하여 이듬해(1910년) 6월 17일 교수형이 선고되자, 가족들이 대구공소원에 공소하지 않았던가! 그러나 일제 통감부 판사는 공소를 기각(7월 16일)하니, 다시 상고하였으나 오 대장이 상고를 취하하는 바람에 형이 확정되었고, 경술국치를 당한 지 20여 일이 지난 9월 15일 대구감옥에서 교수형이 집행되고 말았으니, 27세의 꽃다운 나이에 순국한 것이었다.

묘소 들머리에는 이 마을에 사는 종증손(從曾孫) 오갑렬(吳岬烈) 씨가 바쁜 가운데도 우리를 기다리고 있었다.

의병대장 나주오공성술지묘(義兵大將 羅州吳公成述之墓) 묘소를 척손(戚孫) 전 국회의원 나중렬(羅重烈)이 중심이 되고, 후손들의 정성으로 양지바른 언덕에 안장되어 있었다. 오 대장은 지하에서조차 당신의 피땀이 어린 어등산(魚登山)을 못 잊어 누운 채 바라보고 있었다.

돌아오는 고속버스 속에서 묘비에 새겨진 구절, "임의 얼이 민족의 기개되어 양단된 쓰라림은 통일로 번영하고, 겨레여 강산이여, 만세 무궁하여라!"라는 말을 중얼거려 보았다.

▲ 오성술 의병장과 부인 라형림의 묘(대전현충원 독립유공자 묘역)(2022년 5월)

10. 호남동의단 제9진 의병장 권영회

● 전남 남평 출신으로 여러 의진에서 활약

▲ 이른바 '남한폭도대토벌사진첩' 속에 있는 권택(본명 권영회) 의병장

권영회(權寧會, 1885~1910) 의병장은 전남 남평(南平) 출신으로 주로 권택(權澤)이라는 이름으로 활약하였다.

1907년 9월 기삼연(奇參衍) 의병장이 조직한 호남창의회맹소(湖南倡義會盟所)에서 활동하다가 심남일(沈南一) 의진에서 활동하였다. 1908년 3월부터 10월까지 전남 영광·강진·장흥·남평 등지에서 일본 군경과 전투를 벌였고, 조경환(曺京煥) 의진의 참모로 활동하기도 하였으며, 그해 11월 호남장의도회소(湖南壯義都會所)를 이끌면서 호남동의단(湖南同義團) 제9진 의병장으로 활약하기도 하였는데, 그는 격문을 통하여 일본 헌병대·순사대 앞잡이가 되어 의병을 공격하고, 무고한 사람을 난타하며, 의병 가족이 사는 집에 방화한 것을 꾸짖고 있다.

근래 왜적과 순사대가 흑석(黑石)의 석문(石門, 광주에서 3리 되는 흑석면의 석문을 말함)에서 접전한 이후로 무고한 평민들을 무수히 난타하고 마을에 폐단을 일으켰다. 더구나 의병의 집이라는 핑계로 불을 놓아 태워버렸으니 어리석다! 너희 큰 군대가 이 무슨 짓인가. 참으로 옥석의 구별 없이 함께 태워버리는 것이라 하겠다. 그리하여 갈수록 의병이 더욱 일어나니 이것은 하늘이 우리 군대를 도우는 것이다. 아! 너희들도 우리 한민족이거늘 어째서 머리를 깎고 형벌을 받으며 의를 굽혔는가. 아무리 생활의 이익을 위하고 목숨을 구하여 살 곳으로 간 것이라 하더라도, 왜인을 속이고 의를 두려워하여 암암리에 국가를 위하고 백성을 보호해야 할 것이다. 그리하여 전날의 형제와 벗에 대한 죄과를 고치는 것이 옳을 것이다. 어리석다! 너희 순사대는 오직

천리(天理)를 기억하라. 너희들의 마음이 환장하였다면 어찌 형제들의 원수를 갚을 수 있겠는가. 왜인에게 빌붙어 섬기는 것은 왜국의 충성이니 쓸데가 없고, 의리를 섬기는 것은 한국의 충성이니 비록 살고 죽더라도 충절의 마음을 돌이키라. 우리 의병을 보고 포를 쏘되 공중을 향해 쏜다면 혹여 너희들을 살펴 들 것이다. 그렇지 않고 우리 의병을 겨냥하여 포를 쏘아 살해한다면 비록 그 당시는 살았더라도 하늘이 반드시 죽일 것이다. 천명을 돌이켜보고 개과천선하는 것이 매우 마땅할 것이다.

술신(戊申) 10월 12일(음)

호남장의도회소 대장 권택(權澤)

근래 들건대 장사꾼들과 걸인들이 일본 헌병에게 보고하는 꼬나풀로 마을에 탐문하러 다닌다고 한다. 참으로 이른바 죄인들이 참다운 사람 곁에 있는 것이 확실하다. 비록 진짜 장사꾼이나 거짓 장사꾼이라도 목숨이 아깝거든 시장에서만 매매해야 할 것이다. 그리하여 멋대로 마을에 다니며 탐문하고, 보고해서 의리를 해치는 일을 하지 말라. 만약 이 훈령을 시행하지 않으면 모조리 잡아다가 먼저 군율에 의해 목을 벨 것이다.

술신(戊申) 10월 12일(음)

호남장의도회소 대장 권택(權澤)

대체로 우리 의병이 무엇을 위해 일어났는가. 국가의 권세와 정부의 재산 및 산림과 천택 모두를 일본 오랑캐 수단에 빼앗기고 저들 나라에 항복하였다. 더구나 역신들이 권력을 쥐고 체통을 버린 채 머리를 깎았다. 그리하여 잠자리에 누워도 편치 않고 앉아 있어도 자리가 불안하며, 길을 가도 중앙을 걷지 못하고 말을 해도 제대로 되지 않았다. 또한 정치는 근본을 다스리지 못하고 백성들은 마음이 편치 못하였다. 그러기를 20년 가까이 되는 동안 충신들은 간교한 적신(賊臣)들의 손에 헛되이 죽었고, 이른바 아래에 있는 국민들은 제(齊)와 초(楚)처럼 원수의 양국 사이에 끼어 있었다. 이에 얼굴을 가린 모리배들은 충성이란 말을 알지 못했고 개와 같은 정성마저 하나도 없었으니, 그 한탄스럽고 답답한 마음은 말(斗)로서는 바닷물을 헤아릴 수 없는 것과 같았다. 다만 땅을 치고 하늘에 호소한들 운(運)인데 어찌할 것이며, 수(數)인데 어찌할 것인가. 우리는 약하고 저들은 강하여 냇물을 막는 것보다 심할 뿐이다. 연전 3월에 최 선생(이름 익현) 면암(勉菴) 어른이 먼저 일어나 왜놈을 공격하였으나 일본의 대판(大阪)에서 죽고 말았다. 하지만 충의의 당당함에 바닷물도 넘치고 해와 달이 더 빛났으며 상서로운 무지개가 드리웠다. 그런데도 나와 같은 그 당시의 의병장은 외딴섬으로 쫓긴 자가 많았고 혹은 개집 같은 옥에 갇히게 되어 일을 이루지 못하였다. 다행히 참봉 김준(金準, 이름 태원) 씨와 김율(金聿) 씨 형제가 분발하여 의병을 일으켜 저들 수천여 명을 잡아 죽였으니 이미 성공한 것이다. 또한, 기삼현(奇參鉉)·고광순(高光順)·양해심(梁海心) 등은 절의(節義)에 죽었다. 이 같은 충신들의 원수에 대해 나 역시 충의로 보복할 마음이 있다. 이에 장군 조준환(曺準煥, 이름 경환) 씨와 전수용(全垂鏞, 또는 海山)·양진여(梁振如, 鎭如) 씨 등 네 진이 합세하고 다 함께 대응하여, 먼저 나주와 영산포로 들어가고 그 후 광주에 들어가 군수와 해당 세무관 및 순사대의 무리를 먼저 죽일 것이다. 이런 취지를 차례로 전하고 파발을 띄워 25일 이내로 꼭 모두가 알도록 함이 마땅할지어다.

술신(戊申) 10월 12일(음)
호남장의도회소 대장 권택(權澤)

이 격문들은 같은 날 띄운 것으로 『통감부문서』 9권 5. 폭도격문 제4집에 실린 것이다. 비록 최익현 의병장이 거의한 날짜와 순국한 장소가 다르고, 의병장들의 한자 이름이 올바르지 않은 것이지만 당시 상황을 짐작하는 데 큰 어려움이 없는 자료이다.

나경비수 제903호의 1
융희 3년 9월 28일
나주경찰서장 경부 후루야키 요타이(古屋淸威)
내부경무국장 마쓰이 시게루(松井茂) 앞

당서 순사 안득주의 참가한 임시파견 보병 제2연대 제5중대는 본월 24일 폭도수괴 권택(權澤) 체포의 목적으로써 수색 중 동인은 전남 장흥군 읍내에 있어서 목하 구세군에 가맹하여 그 성명을 정찬회(鄭贊會)라 위칭하고 구세군 영내에 잠복하고 있는 바 안 순사의 탐지한 바가 되어 동 순사는 다음 날 25일 밀정 2명과 공히 동인을 체포하고 이를 동대에 인도하였다.
권택은 취포시 전라남북도 의병장의 도대장(都大將)이라고 자칭하고 있었다고 한다.

- 국사편찬위원회, 『한국독립운동사』 자료 15권, 549~550쪽

● '폭도대토벌작전'에 의진 해산

권영회 의병장은 일제의 '폭도대토벌'에 의진을 해산하고, 전남 장흥군 읍내의 구세군에 가맹하여 이름도 정찬회(鄭贊會)라고 하여 은신하였으나 마침내 1909년 9월 25일 피체되었다.

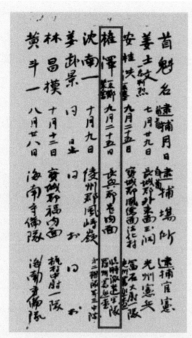

▲ 권택(본명 권영회) 의병장 등 7인의 피체 상황(『폭도에 관한 편책』, 1909.10.15)

고비수 제5800호의 1
융희 3년 10월 19일
(경무국장 보안과장) 통감 총무장관 내부대신 앞
경무국장 명

전라남도에 있어서의 이번 '폭도대토벌'은 수비대와 경찰의 협력으로 9월 1일부터 대수색, 대검거의 결과 예기(豫期) 이상의 좋은 결과를 거두어 초대(稍大)한 수괴는 거의 주살 혹은 체포하고, 혹은 자수·투항하는 등 대략 박멸(撲滅)되었다. 예정의 계획에 의하여 이달 10일까지 일단락하고 임시파견대사령부는 이달 12일, 목포의 가사무소(假事務所)를 폐쇄하고 대구로 옮겼다.

그리고 토벌 후의 질서를 회복하고 겸하여 둔찬(遁竄) 적도의 수색, 검거를 속행하여 폭도의 절멸을 기하기 위하여 다시 예정 일수로부터 15일간을 연기하여 이달 25일까지 제2연대와 제1연대의 일부 부대를 잔류시켜 계속 행동하기로 하였다. 현재 경찰도 이에 협력하여 예의 수색 중이다.

또, 각 부대가 공히 옮길 때에는 돌아가는 길에 토벌 수색을 하면서 순차적으로 일정의 임지에 나아갈 예정이다.

이번 대토벌의 그 성적은 다음과 같은데, 이는 10월 5일 조사에 의한 것이다.

* 폭도의 사망자 374명
* 포로 및 자수자 1,055명(자수자 5백여 명)
* 노획품 총 295정, 칼 35자루
중요한 수괴의 체포 또는 죽인 자 좌와 여하다
【자수자】
수괴 황두일(黃斗一)
황두일의 참모장 송병운(宋丙雲)
수괴 안계홍(安桂洪)의 부장(部將) 손덕오(孫德五)
수괴 안계홍의 부장 염규범(廉圭範)
수괴 안계홍의 부장 염인서(廉仁瑞)
수괴 안계홍의 부장 정기찬(鄭奇贊)
수괴 안계홍의 부장 임재문(任在文)
수괴 안규홍의 도십장 임하중(林夏中)

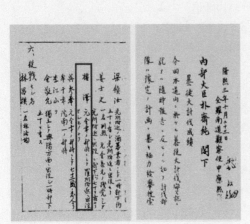

▲ 이른바 '폭도대토벌성적' 문서 속에 나오는 권택(권영회) 의병장 기록(『폭도에 관한 편책』, 1909.10.23)

수괴 안규홍의 도포수 황봉대(黃奉大)
【체포자】
수괴 심남일(沈南一)의 부장(部將) 윤홍팔(尹洪八)
수괴 심남일의 부장 강채홍(姜采洪)
원 김박사(元金博士, 金聿)의 부장 임행초(林行楚)
수괴 안계홍의 부장 유우삼(劉又三)
수괴 안계홍의 부장 신문경(申文京)
수괴 안계홍의 부장 김영희(金永禧)
수괴 양진여(梁鎭汝)
거괴(巨魁) 안계홍
수괴 권택(權澤)
수괴 오참봉(吳參奉)
거괴 심남일
【전사자】
거괴 임창모(林昌模)
외에 소수괴(小首魁) 수명이 있다.

- 국사편찬위원회, 『한국독립운동사』 자료 15권, 890~891쪽

　그의 행적은 강사문, 심남일, 안계홍 등 의병장 6명의 기록과 함께 비교적 자세히 기록돼 있다.

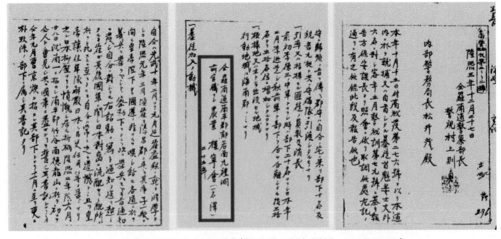

▲ 권영회 의병장 심문내용(폭도에 관한 편책. 1909.12.27)

금년 10월 15일부 「고비발 제276호」로써 본도 내에서 체포 또는 자수한 폭도수괴 강사문(姜士文) 외 6명에 대하여 작년 5월 「경비훈 제70호」에 기초하여 보고함. 보안과장으로부터 조회에 의하여 취조한 바 좌기와 같은바 이에 보고한다.

(중략)

전라남도 남평군 욱곡면 구영동

전관직 없음. 농업

권영회(權寧會, 일명 澤) 25년

一. 폭도 가입의 동기

자기는 광무 10년 2월부터 9월까지 최익현(崔益鉉)에게 수학하였는데, 융희 원년 3월경 최(崔)가 순창군에 와서 그 제자 일반에게 말하기를, 황제 폐하로부터 국운의 비함을 탄하시어 각도에서 의병을 일으키라는 밀칙을 내리었음으로써 거병할 통지를 발하여 자기에게도 우 조칙의 사(寫)와 통지를 송월하였는데,[37] 최가 그 후 국군에 대하여 일본 대마도에 유배되어 그곳에서 죽기에 이르렀는데, 자기가 항상 이를 유감으로 여기고 또 황제양위, 군대해산, 일본 관리 임용 등의 일이 있은 후 이를 일본 억압이라고 분개하고 있을 때인 융희 2년 음력 6월 28일 심남일(沈南一)에게 초치(招致)되어 남평군 죽곡면 덕룡산(德龍山)에서 처음 동인과 회견하고 함께 국사에 진가할 것을 서약 그 서기(書記)가 되었었는데, 동년 9월 조경환(曺京煥)에게 초치되어 그 부하가 되었다가 11월에 그 서기가 되었다.

一. 체포에 대한 감개

박민수(朴玟洙, 본명 민홍民洪-필자 주)는 금년 2월 10일(2월 27일 전사-필자 주) 영암군 지정면에서 전사하였는데 그때 귀순의 조칙을 보고 폭동이 불가함을 깨닫고 자수하고자 생각하였으나 보통의 폭도와 동시(同視)될 것을 두려워 장찬회(鄭贊會)라고 위칭하고 자택 부근에 잠복하여 음력 6월 12일 구세군(救世軍)에 가입, 그 서기가 되어 장흥읍에 있다가 음력 8월 23일[38] 체포되었는데 구세군에 가입한 것은 나쁘다고 생각하나 의병에 간여함은 국사를 위함이므로 한 국인으로서는 악한 일이 아니라고 생각하였다.

一. 인솔 또는 지휘한 비도의 원수(員數) 및 그 소장(消長)

자기는 서기이었으므로 스스로 부하를 인솔 또는 지휘한 일이 없다.[39]

一. 근거지 또는 주로 출몰한 지역

심남일, 박민수의 부하로 행동한 것은 남평, 나주, 장흥, 광주, 보성군 등으로, 조경환은 함평, 장성, 영암 등이다.

- 국사편찬위원회, 『한국독립운동사』 자료 19권, 677~681쪽

---

37) 최익현은 1906년 6월 4일 거의, 6월 12일 피체되고, 이듬해 1월 1일 대마도에서 순국하였기에 연대와 내용이 올바르지 못하고, 당시 면암에게 준 광무황제의 조칙은 없었다.

38) 나주경찰서장의 보고서 「나경비수 제903호의 1」(1909.09.28)에는 권영회 의병장을 9월 25일(음력 8월 13일) 체포했다고 기록하였다.

39) 1908년 10월(음력) '호남장의도회소(湖南壯義都會所) 대장 권택' 이름의 격문을 세 차례 발송한 기록이 있고, 다수의 투쟁기록으로 보아 실제와 다르다.

그는 자신이 의병장이 아니고 "서기"에 불가하다고 하였으나 각종 기록에는 그가 의병장으로 활동했음이 드러나 있고, 양상기(梁相基) 의진과도 연계하여 의병투쟁을 벌인 사실도 있었다.

> 양상기(梁相基)는 융희 2년 4월까지 전남 광주경찰서에서 순사로 봉직한 자이나 평소 결근 등으로 직무에 불성실하였고, 실부(實父)가 폭도수괴였으므로 동월 23일 순사가 면제되었다. 그런데 양(梁)은 평소 실부와 수괴 권택(權澤) 등과 기맥을 통하고 있었는데, 실부가 붙잡힌 후 양은 우민에 대하여 우리는 전 순사로 경찰의 행동비밀을 잘 아는 고로 일한 순사 등이 토벌하나 두려워할 것이 없다고 운운하였다.
>
> - 국사편찬위원회, 『한국독립운동사』 자료 17권, 241쪽

● 교수형으로 순국하다

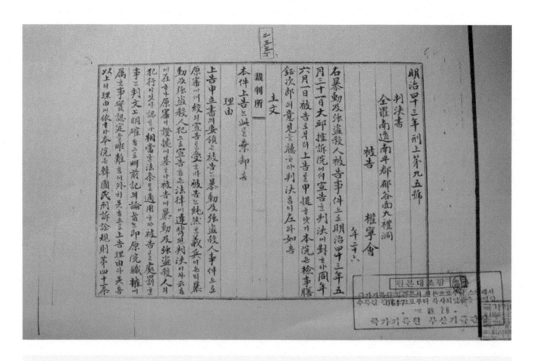

판결
전라남도 남평(南平)군 욱곡면 구례동
피고 권영회(權寧會)

[일명: 권택(權澤)] 26세

위 피고에 대한 폭동 및 강도살인사건으로 명치 43년 4월 13일 광주지방재판소에서 선고한 판결 중 유죄의 부문에 대하여 피고로부터 공소를 신립하였기에 본원에서 검사 대촌대대(大村大代)의 입회로 심리를 수행하고 다음과 같이 판결한다.

주문

본건 공소는 이를 기각한다.

이유

제1. 피고는 융희 2년 7월 26일(음력 6월 28일)에 폭도수괴 심남일(沈南一)이가 총 약 60정을 휴대한 도당 약 60~70명을 모아 폭동을 일으키는 정을 알고, 그 부하로 투입하여 모사(謀士)라는 명목의 책임을 맡고 위 도당과 함께 총을 휴대하고 동년 10월(음력 9월)경까지 동일한 의사를 계속하여 전라남도 영광·강진·장흥·남평 등 각 군내에서 군대·헌병대·순사대의 진무(鎭撫)에 대하여 5회에 걸쳐서 반항하여 위 수괴 심남일의 폭동 행위를 방조하였고,

제2. 피고는 동년 10월경(음력 9월경)에 폭도수괴 조경환이가 총 약 1백여 정을 휴대한 도당 약 100명을 모아 폭동을 일으키는 정을 알고 그 부하로 투입하여 모사(謀事)라는 명목의 책임을 맡고 위 도당과 함께 총을 휴대하고 동년 12월경(음력 11월경)까지 동일한 의사를 계속하여 동도 함평·광주 등 각 군내에서 헌병의 진무에 대해서 4회에 걸쳐서 반항하여 위 수괴 조경환의 폭동행위를 방조하였고,

제3. 피고는 동년 12월경(음력 11월경)에 폭도수괴 박민홍(朴珉洪)이가 총 약 40정을 휴대한 도당 약 40~50명을 모아 폭동을 일으키는 정을 알고 그 부하로 투입하여 참모장이라는 명목의 책임을 지고 위 도당과 함께 총을 휴대하고 동 3년 3월경(음력 2월경)까지 동일한 의사를 계속하여 동도 나주·남평 등 각 군내에서 일본군대의 진무에 대항하여 2회에 걸친 위 수괴 박민홍의 폭동 행위를 방조하였고,

제4. 피고는 동 3년 1월 2일 오전 3시경에 재물을 겁취할 목적으로 총을 휴대한 박민홍 이하 도당 약 40명과 함께 동도 무안부 읍내에 난입하여 순사 함필영(咸弼永)의 숙사를 포위 공격하여 동 순사가 도주하는 것을 피고는 총으로 사격하여 그의 목과 팔꿈치와 복부 등에 참상을 입히고 그 집안으로 침입하여 동 순사의 관복·찰 및 소속품, 기타 잡품 20여점을 겁취하고 동 순사는 위 총상으로 인하여 동월 29일 죽게 하였다.

위의 사실은 임시 한국 파견 보병 제2연대 중대장 중야경정(中野鏡正)의 피고에 대한 신문조서와, 권택 체포 후 상황서와 나주경찰서에서 한 피고 신문조서와, 원심 검사정에서 한 피고의 신문조서와 증인 심남일·나성화(羅聖化)의 각 신문조서와 목포경찰서장 경시 시천신청(市川信淸)의 작성한 폭도내습사건 보고서 등 사본과 동 폭도에 관한 보고등사와 원심 심문 조서와 피고 권택의 본 공정에서의 공술에 의하여 증빙이 충분하다.

이를 법률에 비춰보니, 피고의 제1 내지 제3의 소위는 각 형법대전 제677호 전단(前段)에 해당하나 종범(從犯)이 되므로 동법 제135조에 의하여 각 본율에서 1등을 감하고 제4의 소위는 동법 제478조 강도를 행할 때에 사람을 죽인 자 율에 해당한바, 수죄가 병발되었으므로 동법 제129조에 의하여 그중에서 무거운 제4의 죄에 좇아 피고를 교수형에 처함이 상당하다.

그런즉, 전기와 동일한 취지에서 다루어진 원판결은 상당하여 피고의 공소는 그 이유가 없으므로 민·형소송규칙 제33조에 의하여 주문과 같이 판결한다.

- 독립운동사편찬위원회, 『독립운동사자료집』 1. 801~803쪽

권영회 의병장은 1909년 9월 25일 피체되어 이듬해 4월 13일 광주지방재판소에서 교수형이 선고되자 공소하였으나 그해 5월 31일 대구공소원에서 기각되었고, 이어 6월 11일 고등법원에서 상고가 기각되었다.

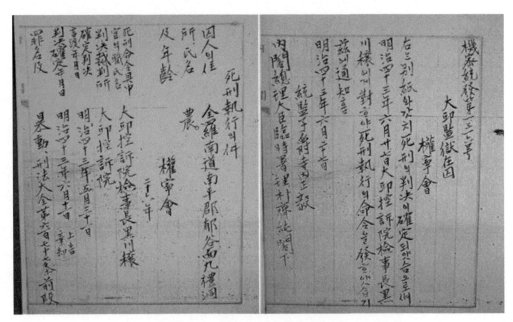

▲ 이태룡 역주, 『통감부래안(統監府來案)』, 171쪽

■ 기밀 통발(統發) 제1316호

대구감옥 재수(在囚)
권영회(權寧會)

우(右)는 별지와 같이 사형의 판결이 확정되었음으로써 명치 43년 6월 27일 대구공소원 검사장 구로카와 유타카(黑川穰)에게 대하여 사형 집행의 명령을 발(發)하였기 이에 통지(通知)함.

명치 43년 6월 27일
통감 자작 데라우치 마사타케(寺内正毅)
내각총리대신 임시서리 박제순 각하

● **사형집행의 건**
* 수인(囚人)의 주소, 씨명 및 연령
  전라남도 남평군 욱곡면(郁谷面) 구례동(九禮洞)
  농업
  권영회. 26세
* 사형 명령 구신관(具申官)의 직, 씨명
  대구공소원 검사장 구로카와 유타카(黑川穰)
* 판결재판소
  대구공소원
* 확정 판결 언도 연월일
  명치 43년 5월 31일
* 판결 확정 연월일
  명치 43년 6월 11일(상고기각)
* 죄명 및 적용법조
  폭동 – 형법대전 제677조 전단 및 제135조
  강도살인 – 동법 제478조 및 129조

● **범죄 사실의 개요**
피고는 제1, 융희 2년 7월부터 동 3년 3월경까지 연차로 폭동범 수괴(首魁) 심남일(沈南一)・조경환(曹京煥)・박민홍(朴珉洪)의 부하로 들어가서 모사(謀事), 또는 참모장의 명목으로서 총기를 휴대한 다중 도당(多衆徒黨)과 함께 전라남도 영광・강진・장흥・남평・함평・광주 및 나주의 각 군내를 누누이 토벌 관헌에게 반항하여 각 수범(首犯)의 폭동행위를 방조(幇助)하고, 제2, 피고는 전기 박민홍의 부하에 속하여 각지를 횡행 중, 동 3년 1월 2일 오전 3시경에 강도의 목적으로써 박민홍 및 그 도당 수 명과 함께 총기를 휴대하고 동도 무안부 읍내에 난입(欄入)하여 순사 함필영(咸弼永)의 숙사(宿舍)를 습격하고, 피고가 스스로 동 순사를 사격하여 머리, 배 등에 증상을 입게 한 후 그 집에 있는 동 순사의 제복, 패검, 잡품 20여 점을 강취하였는데, 동 순사는 총상으로 인하여 동월 29일에 끝내 죽음에 이르게 한 자이라.

마침내 6월 27일 통감부 통감 데라우치 마사타케(寺內正毅)는 대구공소원 검사장 구로카와 유타카(黑川穰)에게 권영회 의병장의 사형집행을 명령하자 7월 1일 대구감옥에서 교수형이 집행되어 순국하였다.

정부는 1990년 건국훈장 애국장(1986년 건국포장)을 추서하였다.

11. 호남동의단 제10진 의병장 안계홍

● 동소산 기슭 머슴, 거의하다

1906년 6월 4일(음력 윤4월 13일), 최익현(崔益鉉)이 전북 태인에서 거의했으나 전투의병과 성격이 달라서 그달 11일 관군에 피체된 후 일제에 의해 '소요죄'로 대마도에 구

▲ 파청대첩비가 있던 곳에서 바라본 보성군 조성면. 산줄기는 석호산, 동소산으로 이어진다. (1991년 필자 촬영)

금되었다. 이어 광양에 은거하던 전 주사 백낙구(白樂九)가 '국권회복(國權恢復)'의 기치를 들었고, 최익현이 거의 소식에 의병을 거느리고 순창으로 나아갔으나 이미 최익현 등이 피체된 뒤였기에 말고삐를 돌렸던 고광순(高光洵)은 1907년 1월 24일(음력 12월 11일) 창평에서 재거의했으며, 그해 2월 12일(음력 12월 30일) 초계군사(草溪郡事)를 지낸 양한규(梁漢奎)가 거의해서 남원성을 점령했다가 곧 순국하였고, 능주(현 화순군 속면)의 양회일(梁會一)이 그해 4월 21일 거의하여 고광순과 의각지세로 의병투쟁을 벌이기로 했으나 거의 직후 붙잡혔다.

그해 추석이 지난 직후 전북 임실을 중심으로 이석용(李錫庸)이 거의하고, 음력 9월에는 기삼연(奇參衍)을 비롯한 호남의 우국지사들이 망라된 호남창의회맹소(湖南倡義會盟所)가 설치되어 의병투쟁에 나서게 되었으며, 1908년에 들어서자 남녀노소 모두 나라가 일제에 의해 망하게 되었다는 생각에 전남 보성군 문덕면 동소산 아랫마을 청년들도 모여 의병을 일으켜서 '왜놈'과 싸워야 함을 역설하고 있었다.

'임금은 왜놈에 의해 쫓겨나고, 군대는 해산되어 나라가 곧 망하게 생겼는데, 일이 손에 잡히겠는가! 비록 시골에서 담살이로 살아가지만 이대로 왜놈의 종이 된단 말인가? 우리 마을에 왜놈들이 쳐들어오면 우리가 나서서 싸워야 하지 않겠는가?'

일제에 의해 광무황제가 퇴위당하고, 군대마저 해산되었다는 소문은 전남의 시골에도 전해져 의병을 일으켜서 나라를 구해야겠다는 결심을 하고, 일심계(一心契)를 조직한 이가 있었으니, 그는 일찍이 부친을 여의고 편모슬하에서 자라면서 어릴 적부터 머슴(담살이)으로 생활하던 안계홍(安桂洪)[40]이었다.

그는 머슴살이하던 마을 청년들을 중심으로 수십 명을 규합한 후 고용주에게 나라를 위해 의병을 일으키고자 하나 재물이 없으니 군수품을 지원해 줄 것을 간청하여 군량과 자금을 받고, 특히 비밀리 무기와 군자금을 지원한 참봉 안극(安極)의 도움으로 거의하였다.

안계홍은 1879년 4월 10일 전남 보성에서 태어났다. 부친 달환(達煥)은 정실 선씨(宣氏) 사이에 2남 1녀, 부실(副室) 정씨(鄭氏) 사이에 1남 1녀를 두었는데, 안계홍은 부실 소생이었다. 어머니 정씨는 남편이 죽자 어린 남매를 데리고 동소산 아래로 이사했으며, 안계홍은 소년 시절부터 머슴살이를 시작하여 사람들이 "안담살이"라고 불렀다.

당시는 일제가 광무황제 퇴위에 이은 정미7조약, 군대해산을 거쳐 우리나라를 병탄할

---

40) 안규용(安圭容)이 엮은 『담산실기(澹山實記)』(1954)에는 족보명 안규홍(安圭洪)으로 하였으나 국내외 각종 기록에는 호적에 등재된 안계홍으로 기재되어 있다.

준비를 노골적으로 하던 시기로 경제적으로도 손을 뻗쳐 일본 상품의 대량 유입과 금융 시장을 교란하던 시기였고, 더구나 식민정책의 일환으로 일본 농어민의 대량 이주가 추진되던 상황이었다.

▲ 안규용, 『담산실기』(1954)

안계홍은 국권회복을 위한 거의에 앞서 도적을 막기 위한 향리 단체에서 활동했는데, 민심이 흉흉해지자 의병을 가장한 도적들이 횡행했기 때문이었다. 방도(防盜) 단체에서 좀도둑을 잡던 안계홍은 나라의 도둑질하려는 일제를 물리치기 위해 1908년 2월 거의하니, 이에 동참하는 자는 대부분 머슴이나 농민뿐이었고, 양반·유생들은 머슴이 의병을 일으키는 것에 대하여 오히려 수치로 여겼다니 안타까운 현실이었다.

『담산실기』에는 그가 처음 의병을 일으킨 것은 1908년 음력 2월이라고 기록했는데, 이는 그가 의진을 구성한 시기를 말한 것으로 보이며, 그가 일본군에 피체된 후 심문을 당했는데, 거기에는 1908년 2월 8일(음력 1월 7일)부터 의병을 모으기 시작하였다고 기록하였다.

전라남도 보성군 봉덕면 법화촌
농부(농가의 용인庸人)
일정자(一丁字) 없다[41]. 진사가 아니다.
안계홍 31세

비도 소집의 동기
일본이 한국에 대한 평화적 수단으로 지도 개발하지 아니하고, 병력으로써 이를 압박함으로써 그 불의를 징계하고자 하여 융희 2년 음력 1월 7일 의병을 일으켰는데, 최초는 흥양, 순천 등의 시장을 돌아다니며 국정(國情)을 말하여 점차 100명가량의 부하를 모았다.

- 국사편찬위원회, 『한국독립운동사』 자료 19권, 678쪽

---

41) '낫 놓고 기역자도 모른다'는 뜻이다.

그 무렵 서울에서 의병 수십 명을 이끌고 내려온 오주일(吳周一)이 안계홍 의진에 들어오게 되었다. 게다가 염인서(廉仁瑞)를 비롯한 보성 봉덕(鳳德: 현 문덕) 농민들이 합세하여 동소산에서 의기를 들게 되니, 안계홍 의진은 더욱 탄탄한 의진이 되었음이 『담산실기』에 나타나 있고, 안계홍 의진의 목적과 활동 방향이 나타나 있다.

● 보성지방의 의진들과 연계투쟁

1908년 2월 안계홍이 거의할 무렵 보성과 인근지역에는 광주 출신으로 보성군 용문면에 거주하면서 을사늑약 직후부터 의병장으로 활약한 임창모(林昌模, 자 洛均), 관북지방의 의병을 이끌고 남하한 강성인(姜性仁, 일명 龍彦), 그리고 전남 장성에서 탄탄한 의진을 형성하여 보성과 순천에서 활약하던 강사문(姜士文, 호 판열判烈) 등이 이끄는 의진 등이 있었는데, 안계홍 의진은 이들 의진과 합진, 또는 연합하여 의병투쟁을 전개하였다.

임창모는 1907년 3월 능주 양회일 의진의 선봉장으로서 화순·능주·동복 등지를 휩쓸고 광주로 향하다가 도마치(刀摩峙: 너릿재[板峙])에서 체포당해 15년 유배형을 받았으나 이듬해 유배가 풀리자 이백래(李白來)의 호남창의소 도통장으로 활약했던 의병장이었고, 안계홍 의진이 크게 활약하자 다시 거의하였는데, 일제의 기록에는 안계홍이 그를 납치하였다고 기록하였다.

> 1909년 4월 11일 오전 5시, 안계홍이 인솔하는 약 120명의 폭도가 보성군 도촌면 해창(海倉)에 침입하여 그곳 위병환(魏秉煥)의 집에 저장하고 있던 경성 사람 이 찬정(李贊政)의 소유 소작분 70가마를 빼앗아서 그곳 사람들에게 나눠주고, 나머지는 이를 가져가면서 그곳에 있던 보성군 용문면 거주 임창모를 납치해 갔다고 한다.
> 임창모는 광무 11년(1907년) 5월경 폭도 100여 명의 수괴가 되어 능주경찰고문분파소를 습격한 후 체포되어 유형에 처하게 되어 유배 중, 재작년 특사 방면되어 집으로 돌아온 후 지금까지 근신을 표하고 있던 자이다.
>
> - 국사편찬위원회, 『한국독립운동사』 자료 14권, 131쪽

임창모는 전 재산을 처분하여 정태화(鄭太化)를 선봉장, 임봉수를 포병장, 강영섭·임하중·임양표를 참모로 하는 의진을 편성하여 '호(虎)'기를 앞세우고 다시 의병투쟁에 나섰다.

이른바 '폭도대토벌작전'이 실시되기 전의 전남지역 의병활동에 대하여 일본군이 파악하고 있던 자료에 의하면, 영광을 주 무대로 하던 전해산(全海山) 의진 500명, 능주를 주 무대로 한 심남일(沈南一)·강무경(姜武京) 의진이 각 500명과 300명, 보성을 주 무대로 한 안계홍·임창모 의진이 각 450명과 300명이었다고 하니, 그 규모를 짐작할 수 있다.

임창모 의진은 안계홍 의진과 합진하여 활약하다가 1909년 8월, 안계홍이 의진을 해산하자 그는 끝까지 싸울 것을 주장한 108명을 이끌고 일본군과 의병투쟁을 벌이다가 흑석동전투에서 맏아들 임학규(林學圭, 일명 學淳)와 함께 전사했다. 일본 비밀기록에는 그를 기삼연·김준·김율·심남일·안계홍·이대극·전해산·조경환과 함께 호남의병장 중에서 이른바 "거괴(巨魁)"로 분류할 정도로 대단한 활약을 한 의병장이었다.

관북 출신 강성인은 무장한 의병 수십 명을 이끌고 와서 합세하니 안계홍 의진은 이에 합진하여 동소산에서 훈련하였다. 그런데, 강성인은 성격이 난폭하고 잔인하여 민폐가 컸다고 한다. 안계홍은 그를 포박하여 죄상을 밝힌 후 처단하기에 이르렀다.

강사문은 전남 장성의 대장장이 겸 포수 출신으로 1908년 1월 28일 김준 의진에 참여하다가 고향으로 가서 수십 명의 의병을 모집하고, 총기 40여 정으로 무장하여 장성 구산리에서 의병투쟁을 벌이던 군소 의진들과 합치니, 의병 112명, 총기 80여 정을 갖춘 당당한 의진을 구성하게 되었고, 드디어 보성·순천 지역으로 나아가 의병투쟁을 벌였다.

▲ 파청승첩비 - 보성군 득량면 예당리

강사문 의진은 안계홍 의진과 합진하여 그해 4월 26일 보성군 득량면 파청 고개에서 일본군 보성분견소 기마병 2명을 총살, 1명을 부상케 하고, 총 3정과 탄환 2백여 발을 노획한 이른바 '파청승첩'을 거두었다.

의병들은 일본 기마병의 옷에 별이 달린 것을 보고 지위가 매우 높은 줄 알고 사기가 충천했는데, 일본 군경과 몇 차례 전투를 치른 후 문제가 발생했다. 강사문이 이끌고 왔던 의병들은 장성 출신인데, 안계홍을 따르던 의병들은 보성 출신이었던 관계로 갈등을 빚게 된 것이었다.

결국 강사문은 장성의병을 이끌고 보성을 떠나게 되었고, 안계홍은 보성·순천·장흥

지역을 돌면서 의병모집에 나서게 되었다. 그 후 안계홍 의진에 해산군인 출신 오주일(吳周一)이 수십 명을 거느리고 와서 합진하였고, 염재보(廉在輔)[42]를 비롯한 보성 문덕면 청년들이 합세, 동소산에서 탄탄한 의진을 구성하게 되었다.

한편, 강사문은 장성의병을 이끌고 보성·순천을 떠나 주로 장성·창평·광주 등지에서 의병투쟁을 벌여 큰 전과를 올렸는데, 이듬해 3월 4일 창평군 연천(현 담양군 남면 속리)에서 광주경찰대와 격전을 치러 적에게 막대한 피해를 주었지만, 다리에 총상을 입어 의진을 해산하고 총기 60정과 탄환 등은 숨겨 두었다. 부상에서 일어난 다음에는 소규모 형태로 의병투쟁을 벌였는데, 일본 군경과 밀정들의 끈질긴 추격에 결국 체포되기에 이르렀다.

> 비도수괴(匪徒首魁: 의병장-필자 주) 강사문은 7월 29일 장성군 외동면 옥동에서 부장(部將) 박포대(朴砲大)[43]와 광주헌병분견소의 손에 체포되어 은닉 무기도 함께 압수되었다.
>
> - 국사편찬위원회, 『한국독립운동사』 자료 15권, 135쪽

● 일본 군경이 두려워한 안계홍 의진

안계홍은 의병투쟁을 하면서 의병들의 비행을 철저히 단속하고, 약탈을 금했다. 그 결과 민중들의 열렬한 지지를 받고 의병투쟁을 전개하였는데, 그중에서 가장 통쾌하게 승전을 한 것은 이른바 '파청승첩'(파청대첩)이었다.

1908년 4월 26일 장흥경찰분서장 사카네(坂根利貞)가 경무국장 마쓰이(松井茂)에게 급전한 내용이 『폭도에 관한 편책』에 실려 있고, 이어 4월 29일 주차한국 일본군 헌병대장 아카시(明石元二郎)가 경무국장 마쓰이에게 통보한 문서에는 파청승첩의 전말이 자세히 기록되어 있다.

> 영산포헌병분대 보성분견소 전보의 보고에 의하면, 4월 26일 오전 7시 낙안분견소와 교통을 위하여 파견한 쓰보이(坪井)·나가토(永戸)·나가이(永井)의 세 상등병은 그날

---

42) 염재보(廉在輔, 1863~1910) 자는 인서(仁瑞). 교수형으로 순국하였다. 국가보훈부는 염재보 이름으로 건국훈장 애국장, 염인서 이름으로 건국훈장 독립장을 추서한 바 있었으나 최근 염재보에게 추서한 서훈을 취소하였다.

43) 장성·고창·영광 등지에서 맹활약했던 박도경(朴道京) 의병장을 일컫는다.

10시, 보성의 동방 약 2리 반 '하세이'에 도달할 때 부근 산상에 있는 적(賊) 약 150명을 발견하고 이에 사력을 가하여 교전 약 2시간에 휴대했던 탄환을 거의 사진(射盡)하고, 고전 후 3명이 같이 부상, 드디어 쓰보이·나가토 2명은 그 자리에서 전사하고, 나가이는 부상 후 오후 2시 간신히 귀소(歸所)하였다.
따라서 후지시마(藤島) 오장은 즉시 상등병 2명, 순사 2명을 인솔하고 현장에 급행하였던 바, 적은 계속 산상에 있으면서 완강히 저항하여 약 3시간 교전 후 밤이 되어 행동이 여의치 않아 부득이 쓰보이·나가토의 2명의 상등병 사체를 수용하고 일단 철수하였다. 또, 계속 토벌을 향하던 교통병의 휴대 병기는 모두 적의 손에 들어갔다.

- 국사편찬위원회, 『한국독립운동사』 자료 10권, 340~341쪽

안계홍 의진이 일본군 헌병 쓰보이(坪井)·나가토(永戶) 부대를 섬멸하자 민중뿐만 아니라 양반·유생들도 점차 호응하게 되고, 사람들은 그를 "비장(飛將)"이라 일컬었으니, 이 전투의 영향은 매우 컸다.

그러나 의병투쟁을 펼치는 것이 의기만으로 할 수 있는 것이 아니기에 열악한 무기로써 신형무기로 무장한 일본 군경에 맞서 전투를 벌인 결과, 많은 의병이 희생된 것이 이른바 『전남폭도사』를 역주한 『비록 한말전남의병전투사』에 많이 나타나 있다.

1908년 8월 24일 순천군 광천첩(현 승주군 주암면 광천리-역주자 주) 수비병 7명과 순천경찰서 순사 1명이 보성군 문전면(현 문덕면-역주자 주)에서 거괴(巨魁) 안계홍(安桂洪)이 이끄는 70명의 비도와 회전(會戰) 중, 동군 복내면 주둔 기병 9명이 내원(來援)하여 비도를 거의 전멸시켰다. 아군의 손해는 중상 3명, 경상 1명이었다.

- 이일룡 역주, 『비록 한말전남의병전투사』, 61쪽

1908년 여름부터 이듬해 봄까지 전남 중남부 지방은 안계홍·심남일·임창모·박민홍(朴民洪) 등이 이끄는 의진의 맹활약을 펼치는 가운데, 나주·영암을 주 무대로 활약하던 전해산 의진이 화순지역까지 활동 영역을 넓히게 되었고, 각 의진은 연합하여 의병투쟁을 전개하였다.

4월 2일 보성군 봉덕면 법화촌 후방의 산상에 안계홍(安桂洪)이 인솔하는 약 500명의 폭도가 집합하여 각 면에 대하여 군용품을 제공하라는 취지의 명령서를 발송하였다.

- 국사편찬위원회, 『한국독립운동사』 자료 14권, 176쪽

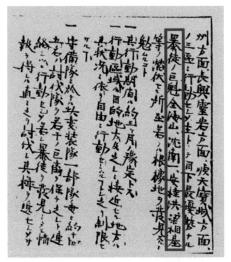

▲ 일제는 안계홍·양상기·심남일·전해산 의병장을 "거괴(巨魁)"로 호칭했다.(『폭도에 관한 편책』, 1909.06.01)

4월 18일, 보성군 미력면 방면의 석호산(石虎山)에서 심(沈: 심남일-필자 주)·안(安: 안계홍-필자 주)이 인솔하는 의병 약 200명이 집합하여 동군 내의 14개 면의 면장에게 50원 내지 200원을 제공할 것을 명하였던바, 2, 3개 면의 면장은 부득이 20원 내지 30원을 제공한 것 같다.

- 국사편찬위원회, 앞의 책. 155쪽

안계홍 의진은 점차 대담하게 의병투쟁을 전개하기에 이르러 의병을 상인으로 가장하여 시장 주변에서 감시활동을 펴던 일본군을 저격하거나 척후대를 공격하였다.

4월 20일 오전 3시 순천군 쌍암면 쌍암시장에 순천수비대 정지척후(停止斥候) 타카가(高賀) 상등병 이하 6명이 수괴 안계홍(安桂洪)의 집단에게 습격을 받아 타카가 상등병 외 2명이 전사했다. 토벌대가 급히 출동했으나 종적을 알 수가 없었다.

- 이일룡 역주, 앞의 책. 104쪽

일제는 전남 중남부 지역에서 의병활동의 중추적인 역할을 하고 있던 안계홍 의진을 진압하기 위해 1909년 4월 22일부터 일본군 광주수비관구 제2대대와 남원수비관구 제1대대가 합동작전을 전개하였다.

순천·보성 사이에 출몰하는 폭도수괴 안(安)이 인솔하는 폭도를 포위, 토벌할 목적으로 광주수비관구 제2대대와 남원수비관구 제1대대가 서로 책응(策應)하여 4월 22일부터 좌기 모든 부대의 행동을 개시한다.
광주·능주 양수비대는 이달 24일 직시 동복 사평장·복내장 부근을 수색하고, 26일 아침 직시 순천군 광천점과 동복군 복내장 중간 우시장(牛市場)에 집합하여 동 지점으로부터 다시 부서를 정하고, 능주수비대장 에리구치(江里口) 대위 지휘 하에 보성·장흥 방면을 수색 행동하였다.
남원·구례·순천 수비대는 송치·석보장·주암장·송광사 영봉 부근을 수색하고, 우시장 부근에 집합하여 상황에 인하여 부서를 정하여 행동할 예정이다.

- 국사편찬위원회, 앞의 책. 152쪽

안계홍 의진이 1908년 2월 거의하여 이듬해 여름까지 보성·순천·화순 등지에서 일본 군경과 수십 차례 전투를 벌였고, 가렴주구를 일삼던 관리나 탐학지주를 처벌하거나 일진회원을 처단한 것도 수차례였다.

● 피체와 심문 과정

일제는 1909년 4월부터 대규모 군경을 동원하여 의병학살에 나서게 되자 전남 중남부 지역에서 활약하던 의진은 많은 희생을 내게 되었고, 7월에는 밀정·일진회원을 동원하여 변장대를 본격적으로 가동하며 의병학살에 나서게 되자 의진에서는 희생자가 더욱 발생하게 되었다.

> 8월 12일 오후 7시 벌교수비대 하라다(原田) 오장 이하 5명이 기산에서 안계홍(安桂洪)의 부하 30명과 충돌, 5명을 죽이고 1명을 포로하고 이를 격퇴했다. 노획물은 화승총 2정과 기타 잡품이었다.
> 8월 13일 보성수비대장 나가세(長瀨) 중위 이하 20명이 장흥군 회령면 율포(현 보성군 회천면 속리-역주자 주) 뒷산 산정에서 수괴 임창모(林昌模)의 부하 10여 명을 급습, 이를 전멸시켰다.
> - 이일룡 역주, 앞의 책. 130쪽

일제는 이른바 '폭도대토벌' 작전을 앞두고 그들 앞잡이 전남관찰사 신응희를 비롯한 각지의 군수를 동원하여 '자수하면 면죄부를 준다'라고 회유하는 글과 함께 각지 유력인사를 모아 선전하자 8월 30일 해남지역에서 활약하던 황두일(黃杜一)·송병운(宋炳雲) 의병장이 투항하기에 이르렀고, 이어 많은 의병장이 자수하게 되니, 안계홍도 더 이상 의병투쟁을 할 수 없게 되어 8월 말 의진을 해산하고, 법화촌에서 은거하다가 붙잡히게 되었다.
1909년 8월 30일부터 10월 16일까지 전사·피체·자수한 호남지역 주요 의병장 현황을 정리하면 다음과 같다.

전사·피체·자수한 호남지역 주요 의병장 현황

구분	일자	장소	의병장	나이	의병수
자수	08.30	전남 해남	황두일黃杜一	35	60
〃	〃	〃	송병운宋炳雲	불명	불명

피체	09.04	전남 복내장 동북방 법화사	염군명廉君明	30	10
자수	09.18	전남 보성	임하중林夏仲	39	30
〃	〃	전남 보성 복내장	손덕오孫德五	44	10
〃	〃	〃	염규범廉圭範	40	10
〃	〃	〃	염인서廉仁瑞	47	10
〃	09.19	〃	정기찬鄭奇贊	30	15
〃	〃	〃	임재문任在文	28	10
피체	〃	전남 복내장 서남방 2km	유우삼柳又三	38	20
〃	〃	전남 대야(사창장 서남방)	김익수金益洙	32	50
〃	09.22	전남 사창장 동북2리	정인성鄭仁成	33	50
전사	09.24	전남 국사봉(월정장 서북방)	손무경孫武京	32	20
피체	〃	전남 복내장 동북방 1리반	안계홍安桂洪	32	200
〃	〃	전남 장흥	권택權澤	35	30
자수	09.29	전남 충동(사창 북방 2km)	이세창李世昌	28	100
전사	10.06	전남 나산 부근	오참봉吳參奉	72	30
피체	10.09	전남 풍치(월정 북방 3리)	심남일沈南一	39	200~700
〃	〃	〃	강무경姜武景	32	200~500
전사	10.12[44]	전남 흑석(복내 동북방 1리)	임창모林昌模	불명	200
〃	〃	〃	안찬재安贊在	〃	100
〃	〃	〃	임학규林學奎	〃	20
	일본군 1연대 관할(주로 전북)		의병장 54명		1,235
	일본군 2연대 관할(주로 전남)		의병장 49명		2,903
합계	호남지역 의병장 103명				4,138

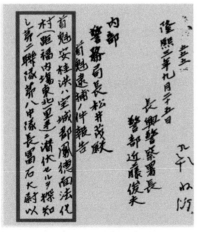

▲ 안계홍 의병장 피체(『폭도에 관한
   편책』, 1909.09.25)

안계홍 의병장에 대한 피체 기록은 『전남폭도사』와 『폭도에 관한 편책』에는 다소 차이가 있다. 두 책은 모두 일본 경찰이 관여한 기록이지만 전자는 1913년 전라남도 경찰부에서 전남지역 의병의 진압 내용을 필사본으로 한데 엮은 하나의 책이고, 후자는 내부 경무국에서 1907년 8월부터 1910년 12월까지 전국 의병진압에 대한 낱낱의 필사본을 122권으로 엮은 것이다.

---

44) 『전남폭도사』에는 1909년 10월 13일 0시 30분에 작전을 개시하여 임창모 등 3인을 죽였다고
   기록하였다.

▲ 일본군 제2연대 8중대장 도미이시(富石) 대위

9월 25일 오전 9시 보성군을 본거지로 각군을 횡행해 온 거괴(巨魁) 안계홍이 우리 관헌의 중압(重壓)에 못 견뎌 보성군 봉덕면 법화촌에 잠복 중, 제8중대장 도미이시(富石) 대위 이하 6명과 한인 순사 2명에게 체포되었다.

거괴 안계홍

주소: 보성군 봉덕면 법화촌

나이: 31세

융희 2년(1908) 4월 순천 부근을 점거한 강용언(姜龍彦)의 부장(副將)으로 있다가 같은 해 5월 어떤 일로 인하여 강(姜)을 원망, 그를 죽이고 스스로 수괴가 되어 보성군을 중심으로 각군을 날뛰었다. 그 세력이 한창일 때는 부하의 수가 2백 명을 넘었고, 전해산, 심남일과 나란히 폭도의 거괴 중 첫째가는 인물이다. 여러 번 관헌과 충돌할 때마다 교묘하게 체포를 면했고, 악랄한 약탈을 자행했는데, 대토벌이 시작되자 부하를 해산하고 여러 곳에 숨어 다녔으나 여기서 체포되었다.

- 이일룡 역주, 앞의 책. 137쪽

생금(生擒)에 대해서의 감개(感慨)

금년 9월에 이르러 본인(안계홍-필자 주)은 폭동이 불가함을 깨닫고 복내장수비대에 사람을 시켜 자수를 신청하였던바, 동월 25일 동대로부터 자기 거촌에 출장 도중 출회(出會)한 것으로 체포된 것이 아니라 이 이상은 상당한 처분을 기대될 뿐이다.

- 국사편찬위원회, 『한국독립운동사』 자료 19권, 678쪽

『폭도에 관한 편책』에는 『전남폭도사』와 달리 안계홍의 심문 내용을 담고 있다. 일본 군경의 혹독한 진압작전에 더이상 의병투쟁이 불가하므로 '복내장수비대에 사람을 보내어 자수를 신청한 것과 자수를 신청하여 피체되었기에 그에 상응하는 처분을 기대한다.' 라는 내용이다. 의병투쟁이 불가능한 상황에서 무모하게 싸우다가 죽느니 자수하여 훗날을 도모하고자 한 것으로 볼 수도 있다.

재판과 순국 과정

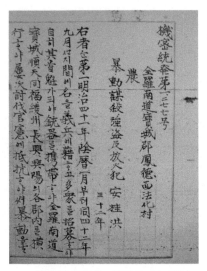

▲ 『통감부래안』 안계홍 편 일부

안계홍은 광주감옥에 수감되어 이듬해인 1910년 4월 27일 광주지방재판소에서 교수형이 선고되자 대구공소원에 공소하였다가 5월 26일 공소를 취하하여 형이 확정되었고, 6월 18일 일제 통감부 통감 데라우치(寺內正毅)는 대구공소원 검사장 구로카와(黑川穰)에게 사형을 집행할 것을 명령하고, 이를 내각총리대신 임시서리 박제순에게 통보한 문서가 『통감부래안(統監府來案)』 1권에 나타나 있다. 안계홍은 공소를 취하하여 판결문이 없기에 이 자료는 판결문을 요약한 것이고, 또한 재판과정이 드러난 유일무이한 것이어서 매우 중요한 것이다.

기밀 통발(統發) 제1277호
전라남도 보성군 봉덕면 법화촌
농업
폭동, 모살, 강도 및 방화범
안계홍(安桂洪) 32세

우(右) 자는
제1, 명치 41년 음력 1월부터 동 42년 9월까지 이름을 의병에 차(藉)하고 다중(多衆)을 소집하여 스스로 그 수괴(首魁)가 되어 총기를 휴대하고 전라남도 보성·순천·동복·능주·장흥·흥양의 각 군내를 횡행하여 누차 토벌 관헌에 저항하여 폭동을 하고,
제2, 전항 기간 내에 다른 폭도의 수괴 강사문(姜士文)[45], 화적(火賊) 강(姜) 아무개 및 일진회원 박봉조(朴鳳朝)는 양민의 재물을 약탈하는 자이라 하고, 또 일진회원 염영화(廉永化) 및 동 회원 이용서(李用西)는 피고 등의 행동을 수비대로 밀고하는 자라

---

45) 『통감부래안』 1권 안계홍 편과 안계홍 의진 참모 손덕오·염인서 등의 판결문에는 강사문 의병장을 죽였다고 했으나 강성인(姜性仁)의 오류이다. 당시 강사문 의병장은 순천 지방을 떠나 광주, 장성 등지에서 활동하다가 붙잡혀 광주감옥에 수감 중, 1909년 10월 27일 박사화 의병장 등과 탈옥을 기도했지만 실패하고 10월 30일 교수형을 받은 후 공소를 하지 않고 12월 6일 통감의 사형집행 명령에 의해 광주감옥에서 순국함. 『한국독립운동사』 자료 15권 135쪽 및 『통감부래안』 1권 기밀 통발(統發) 제2077호(명치 42년 12월 6일). 강사문 의병장 편 참조

하여 모두 이를 살해코자 결의하여 부하를 인솔하여 수차례 전기 5명을 붙잡아 강사 문은 순천군 송광면(松光面)에서, 염영화는 보성군 법덕면(法德面)에서, 피고가 스스로 이를 총살하고, 화적 강 아무개는 동복군내에서 부하에게 명하여 이를 강물에 던져서 익사케 하고, 박봉조는 보성군 송곡면(松谷面)에서 부하에게 명하여 돌과 땔나무[薪]로써 이를 난타하여 죽음에 이르게 하고, 또 이용서는 순천군 서면에서 부하에 명하여 이를 참살하게 하고, (중략)

본년 4월 27일 광주지방재판소에서 피고를 교(絞)에 처할 지(旨)의 판결을 하였는데, 피고는 이 판결에 대하여 공소를 신청하였으나 동년 5월 26일 공소를 취하하고, 판결이 이에 확정되었음으로써 본일 대구공소원 검사장 구로카와 유타카(黑川穰)에게 판결대로 집행함을 명하였기 우를 통지(通知)함.

명치 43년 6월 18일
통감 자작 데라우치 마사타케(寺内正毅)

내각총리대신 임시서리 박제순 각하

그는 1910년 6월 22일 대구감옥에서 교수형으로 순국하였고, 정부는 1963년 건국훈장 독립장을 추서하였다.

▲ 안계홍 의병장 모습(야마구치대학 데라우치문고 소장 『남한폭도대토벌기념사진첩』에서 필자 촬영)

내각고시 제74호.
폭동, 모살, 강도 및 방화범 안계홍(安桂洪), 본월 22일 대구감옥에서 교형의 집행을 완료한 사(事)

- 「관보」 제1717호. 1910년 6월 29일

안규홍은 하는 수 없이 의병을 해산시키고 고향으로 돌아가던 중 9월 25일 보성군 봉덕면 법화촌에서 부하 염재보·정기찬과 함께 토미이시의 부대와 광주경찰서 일경에게 체포되었다. 곧 광주에서 대구감옥으로 이감되었으며, 1911년 5월 5일 교수형에 처해져 한을 남기고 순국하였다.

- 국가보훈처, 『독립유공자공훈록』 1권, 702쪽

공훈록에 기록된 순국일자는 실제와 1년여 차이가 있다. 판결문은 없고, 『통감부래안』은 최근에 발견된 것이었다고 할지라도 「관보」을 보았더라면 이처럼 큰 오류가 생기지 않았을 것이다.

그리고 당시 각종 기록은 호적에 나와 있는 안계홍으로 되어 있는데, 굳이 족보명 안규홍을 사용함으로써 그 이름으로 국사편찬위원회 데이터베이스를 비롯한 각종 기록을 검색하면, 당시의 문서를 찾을 수가 없어 오히려 그의 명성을 감소시키는 결과를 가져왔기에 매우 안타까운 일이다.

12. 대동창의단 선봉장 정원집 의병장

● 일제침략에 반발하여 의병투쟁에 나서다

일제는 1905년 11월 17일 을사늑약으로 대한 침략을 노골화하여 이듬해 통감부를 설치하였고, 이어 1907년 7월 헤이그특사 사건을 빌미로 광무황제를 강제로 퇴위시키고, 그

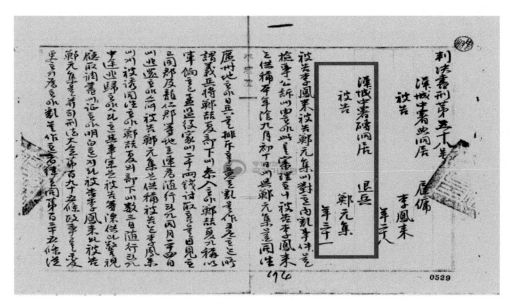

▲ 경기도 광주·용인에서 의병 참여, 내란죄로 유형 10년(평리원, 1907.11.30)

411

앞잡이 내각이 군대마저 해산하자 시위대 참위(參尉) 출신인 정원집(鄭元集, 이명 元執)
은 그해 10월 16일(음력 9월 10일) 동지 이봉래(李鳳來)와 함께 정철하(鄭喆夏) 의진에
투신하여 의병투쟁에 나섰다.

그리하여 그는 경기도 광주·용인 일대에서 무장투쟁을 전개하다가 붙잡혀 같은 해
11월 30일 평리원에서 내란죄로 유형 10년이 선고되었다.

판결서 형 제58호

한성 중서(中署) 전동(典洞) 고용
피고 이봉래(李鳳來) 28세

한성 중서(中署) 전동(磚洞) 퇴역병
피고 정원집(鄭元集) 31세

피고 이봉래·피고 정원집에 대한 내란사건을 검사 공소(公訴)에 의하여 이를 심리하
니, 피고 이봉래는 공칭하기를 음력 9월 초 10일에 정원집으로 더불어 광주(廣州) 지
방으로 함께 가서 일본병을 배척할 뜻으로 난을 일으키는 소위 의병장 정철하(鄭喆
夏)의 부하로 참가하여 정철하가 군량이라 칭하고 맹 감역(孟監役) 집에서 돈 2천 냥
을 토취(討取)하는 것을 목격하고 동군 및 용인군 등지로 수행하다가 동월 24일에 도
주해 돌아왔으며, 피고 정원집은 공칭하기를 피고는 이봉래에게 권유를 받고 정철하
의 부하로 수삼일간 수행하다가 중도에 도주하여 돌아왔다 한 사실은 피고들의 진
술과 경시청 취조서에 의하여 명백한지라, 피고 이봉래와 피고 정원집을 아울러 형법
대전 195조 정사를 변경하기 위하여 난을 일으키는 자 율과 동 제135조 종범은 수범
의 율에서 1등을 감하는 율에 의하여 처단할 것이로되 피고 등이 처음 수행한 것은
우둔한 경험에서 나온 것이고, 종내에 도주하여 돌아온 것은 양심상 깨달은 바가 있
고 뉘우치는 소치라, 정상을 참작하여 가히 작량할 점이 있으므로 본율에서 각 2등을
감하여 유형 10년에 처한다.

- 평리원, 1907년 11월 30일

정원집과 이봉래는 평리원에서 내란죄로 유형 10년이 선고되어 전남 지도군 지도(智
島)로 유배되었다.

평리원 피고 이봉래(李鳳來)와 정원집(鄭元集)을 모두 『형법대전(刑法大典)』제195조

412

'정사를 변경하기 위하여 난(亂)을 일으킨 자'의 율(律)에서 2등을 감률(減律)하여 유 10년(流十年)으로 처결하라는 뜻을 법부대신이 상주하여 가하다는 교지를 받들었다.

－ 『승정원일기』, 1907년 11월 15일(양력 12월 19일)

평리원의 유10년(流十年) 죄인 이봉래(李鳳來)·정원집(鄭元集)·손성태(孫聖泰)· 오인탁(吳仁鐸)·김창순(金昌淳)의 배소(配所)를 전라남도 지도군 지도(智島)로 정 하였다.

－ 『승정원일기』, 1907년 11월 22일(양력 12월 26일)

● 유배지를 탈출하여 전해산을 찾아가다

1908년 7월, 한 무리의 장정들이 전해산(全海山)이 머무르고 있는 산채(山寨)로 찾아와 서 허리띠 속에 비밀리 간직했던 광무황제의 비밀조칙을 바치는 게 아닌가! 광무황제의 밀조를 휴대했던 정원집은 전남 지도에서 유배 생활을 하던 중, 그가 은밀히 간직해 오던 광무황제의 밀조를 전달하기 위해 전해산 의병장을 찾아온 것이었다.

▲ 정원집·이봉래 의병장 유배지 전남 지도군아(智島郡衙) 터

413

전해산은 1908년 2월 기삼연(奇參衍) 순국 직후 호남창의회맹소(湖南倡義會盟所) 선봉장 김준(金準)이 의진을 수습했다는 소식을 듣고 광주로 향했는데, 오는 도중에 김준도 순국하고, 오성술(吳成述)과 조경환(曺京煥)이 의진을 수습하는 중이라는 소문을 듣게 되었다.

전해산이 이들 의진을 찾아가니, 그들은 전해산에게 의병장에 오를 것을 권했지만 그는 한사코 사양하고, 의진 수습에 몰두하고 있는데, 이때 정원집이 무관학교 출신 해산군인 30여 명을 이끌고 전해산을 찾아온 것이었다.

정원집과 함께 온 전 무관학교 출신 해산군인들은 전해산을 의병장에 추대하니, 이에 전해산은 '대동창의단(大東倡義團)'을 구성하고 의병장에 올랐고, 정원집은 그 의진의 선봉장을 맡았으니, 이날이 1908년 8월 21일(음력 7월 25일)이었다.

> 대동의병대장   전기홍(全基泓)
> 선봉장: 정원집(鄭元執)
> 중군장: 김원범(金元範)
> 후군장: 윤동수(尹東秀)
> 호군장: 박영근(朴永根)
> 도포장: 이범진(李凡振)
> 척후장: 임장택(林長澤)
> 도통장: 김성채(金性采)
> 참모장: 이봉래(李鳳來)
> 종사: 김원국(金元局)   전인권(全麟權)
> 참모: 김공삼(金公三)   김돈(金燉)   이성화(李聖化)   이영준(李永俊)
>   전내화(全乃和)   전명화(全明和)   전상회(全相澮)

(전해산이) 6월에 군사를 광주 양암정(羊岩亭)에서 모으는데, 포군(砲軍)이 문득 한 사람을 얻어 왔다. 그 사람은 키가 7척이요, 기상이 늠름하니 곧 지도(智島)에 귀양 살던 정원집(鄭元執)이었다. 이 사람은 을사년 협박조약 때에 의병을 일으켜 적을 토벌하려다가 도리어 적의 도당에게 모함을 당하여 바다 섬에 귀양살이로 와 있었다가 본도에 의병의 기세가 매우 떨치는 것을 보고 몸을 탈출하여 이리로 달려온 것이었다. 모두 인물 얻었음을 기뻐하였다.
7월 29일(7월 25일-필자 주)에 함께 수용(垂鏞, 전해산의 자-필자 주)을 추대하여 대장으로 삼으매 드디어 허락하고, 정원집으로 선봉장을 삼고, 김원범으로 중군장을 삼고, 윤동수로 후군장을 삼고, 박영근으로 호군장(護軍將)을 삼고, 이범진으로 도포장(都砲將)을 삼고, 군령을 엄히 하고 부대를 정비하였다.

- 기우만, 「의사 김준·전수용 합전」, 『독립운동사자료집』 2. 646쪽

▲ 『해산창의록』 - 오준선의 아들 동수가 보관하던 전해산의 「진중일기」 일부(5권 중 2권)와 각종 문헌, 서찰 등을 모아 전북 장수향교가 중심이 되어 호남 유림에서 1961년 간행한 석판본.

전해산을 비롯한 대동창의단 참모들은,

"왜노(倭奴)는 우리나라 신민의 불공대천의 원수이다. 임진의 화 또한 그러하거니와 을미 시국모(弑國母)는 물론이고 아종사(我宗社)를 망치고 인류를 장차 다 죽일 것이니 누가 앉아서 그들 칼날에 죽겠는가! 만일 하늘이 이 나라를 돕고 조종이 권고(眷顧)하여 이 적을 소청(掃淸)하는 날에는 우리들은 마땅히 중흥제일공신(中興第一功臣)이 될 것이다. 일체 폭략(暴掠)을 하지 말고 힘써 나라 회복을 위해 싸우다가 죽자."

라고 맹세한 후 의병투쟁에 나서게 되었는데, 전해산이 대동창의단을 조직하고 의병장에 올랐던 그날의 상황을 부친과 사촌형에게 보낸 편지에도 나타나 있다.

－. 불초 소자가 남쪽으로 온 지 한 달이 지났사온데, 얼마 전에 한양 사람 정원집이 가져온 밀조를 봉독하고 황공함을 이기지 못하여……

－. 의대조칙(衣帶詔勅)을 소지한 한양 사람 정원집과 서로 마음과 뜻이 맞아 관포지교의 정을 맺었는데, 그 수하에 있는 정예병 30명은 모두 무관학교 출신으로 총포술이 훌륭하여 가히 대사를 이룰 만합니다.

－ 『해산창의록(海山倡義錄)』, 15쪽 상 친정, 상 종형 기현 서

의진의 지도부는 유생, 농민, 해산군인 등으로 구성되었으며 의병들은 인근에서 모집된 농민들이 대부분이었기에 의진의 전력을 강화하기 위하여 포수를 모집하였다. 의진의 편제는 의병 10명마다 십장(什長)을 두었고, 십장 위에는 도십장(都什長), 도십장 위에는 도포(都砲)를 두었으며, 도포 위에는 선봉(先鋒)을 두었다. 선봉 위에는 대장을 두는 구조를 하였다.

전해산은 훈련되지 않은 군사, 전술에 밝지 못한 지도부, 빈약한 무기와 군수에도 불구하고 장성·영광·나주·무안·함평 등 당시 호남 24개 군 가운데 중서부 지방을 완전히

장악하였는데, 이는 정원집을 비롯한 무관학교 출신 해산군인의 활약이 컸기 때문이었다.

대동창의단은 1908년 8월 불갑산(佛甲山)에서 일군과 전투를 벌였으며, 9월 27일에 나주 석문동(石門洞)에서 적을 대파하여 그 이름을 크게 떨쳤다. 이어서 10월에는 대명동(大明洞)·대치(大峙) 전투에서 많은 전과를 올렸던 것도 의진의 선봉장 정원집의 공이 컸다.

전해산은 일제 앞잡이 전남관찰사 신응희에게 서신을 통하여 정원집과 더불어 의진을 형성하여 의병투쟁에 나선 것을 당당히 밝히고, 일제에 협력하고 있는 신응희의 행위를 규탄하였다.

> 오백 년 종묘사직과 삼천리강산을 왜적에게 팔아 우리 신하와 백성이 천지 사이에서 자립할 수 없게 했으니 반드시 모두 소멸해야 할 뿐입니다. 이 때문에 면암 최 선생이 대의를 펴서 나라 안팎의 의사들이 밤낮으로 근심했습니다. 고광순(高光洵), 기삼연(奇參衍)이 잇달아 일어나 순절했습니다. 제가 정원집(鄭元執), 박영근(朴永根)과 수십 진(陣)을 규합하고 여러 고을을 순회하자 제군(諸軍) 장졸의 사기가 배가되고 성세를 서로 지원하여 왜적을 소멸하겠다고 맹세했을 뿐입니다.
> 각하는 선유(宣諭)하는 글로써 황상의 조서를 칭해 우리 의병을 위협했을 뿐만 아니라, '폭도(暴徒)'의 이름까지 더했습니다. 그러나 이것이 어찌 황상의 명이었겠습니까? 지금 정령(政令)의 크고 작은 것은 모두 이등(伊藤) 통감(統監)의 아래에서 나오는데 우리 황상께서 어찌 참뜻으로 이 글을 썼겠습니까?
> 저의 의진의 선봉장 정원집은 우리 황상의 근위병 참위(參尉)로 비밀리에 황상의 조서를 받고 몸을 빼고 와서 나에게 주고 의를 같이한 사람입니다.
>
> – 전해산, 「치서 광주관찰사」, 『호남의병장 전해산』(하). 81~82쪽

전해산은 신응희가 융희황제의 조서를 내세워 "선유(宣諭)한다"고 하면서 의병을 위협했을 뿐만 아니라, 의병을 "폭도(暴徒)"라고 하는 것이 통감부 통감 이토 히로부미(伊藤博文)의 뜻이지, 어찌 황제의 명령이겠느냐 하고, '자신의 의진 선봉장 정원집은 황제의 근위병 참위로 비밀리 황제의 조서를 받고' 거의한 바를 명백히 밝히고 있다.

● 전해산의 호남동의단 구축에 큰 힘이 되다

전해산은 '의병을 일으켜서 국권을 회복하라'는 광무황제의 밀조를 받은 의병장 신분이라 의병들의 사기와 주민들의 호응은 대단했다. 그리하여 인근 지역에서 활약하던 10

여 의진의 주요 의병장들이 '호남동의단(湖南同義團)'을 형성하고 그를 의병대장으로 추대하기에 이르렀다.

4월 14일(1909년) 오전 10시 15분, 함평군 해보면 발미(불갑산 동남방 약 1리)에서 영광군 헌병대 상등병 이하 10명은 전해산 외 2명의 연합으로 구성된 330명의 집단과 충돌하여 교전 7시간 만에 그 5명을 죽이고 20명을 부상시켰다.

– 국사편찬위원회, 『한국독립운동사』 14권, 181쪽

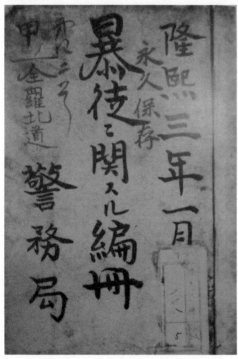
▲ 『폭도에 관한 편책』(전 122권)

전남 일원에서 활동하던 11개 의병부대가 전해산 의진인 대동창의단을 중심으로 활발하게 움직이는 가운데, 일제는 헌병보조원과 밀정을 동원하여 의병 진압에 기승을 부리자, 전해산은 일제 앞잡이가 된 무리에게 「본 고을 반당(反黨)에게 보내는 격문」을 통하여, '천하의 대의는 세 가지가 있으니 하나만 빠져도 사람이 사람 되지 못하고 나라가 나라 되지 못한다. 우리 선왕(先王)의 토지는 한 치라도 남에게 주어서는 안 되고, 우리 선왕의 백성은 한 명이라도 오랑캐가 되어서는 안 되고, 우리 선왕이 숭상한 도학(道學)은 하루라도 없어져서는 안 된다. 더구나 도학이 없어지면 임금이 임금 되지 못하고, 신하가 신하 되지 못하고, 아비가 아비 되지 못하고, 자식이 자식 되지 못하여 인도(人道)는 영영 끊어지고 만다. 그러므로 토지와 백성은 없어질지언정 도학은 하루도 없어져서는 안 되는데, 우리나라 신민으로 하여금 세상에 설 수 없게 만든 놈이 어찌 유독 이등박문(伊藤博文)이나 장곡천호도(長谷川好道)만이겠느냐. 평일에 아첨을 일삼는 무리가 조야에 벌여 있어 그놈들에게 붙어 앞잡이 노릇을 달게 하며 반드시 우리 종묘사직을 뒤엎고야 말겠다는 심산인 때문이다.'라고 통탄하고, 자신은 호남동의단을 형성하여 정원집과 더불어 맹렬하게 의병투쟁을 전개함을 밝혔다.

417

비록 불민한 전수용(全垂鏞)으로도 일찍이 당세의 대인 군자를 상종하여 목숨을 바쳐서라도 의(義)를 취해야 한다는 것을 들었다. 아래는 호해(湖海)에서 칼을 짚고 일어선 성옹(省翁: 奇參衍-필자 주)의 흥시를 받았었고, 일찍이 성시(城市)에서 방황하던 녹천(鹿泉: 高光洵의 호-필자 주)의 절의를 사모한 것이었다.

비록 이분들과 서로 제휴하여 저 오랑캐를 무찔러 우리 국가를 안정시키지 못하고 장성(將星)이 갑자기 떨어져서 영웅이 눈물을 머금고 있지만, 이 의리는 천지와 같이 유구하고 일월과 같이 밝아서 생사(生死)로써 있고 없는 것도 아니오, 성패로써 더하고 덜하는 것도 아니다.

요즘 군의 형세가 차츰 떨치고 의로운 깃발이 날로 날리어, 김죽봉(金竹峰)·김치재(金痴齋)는 산 고을에 출입하고, 이순식(李淳植)·박도경(朴道京)은 바다 연변에서 연락하고, 신화천(愼華川)·조대천(曹大川)은 서북에서 경영하고, 심남일(沈南一)·안덕봉(安德峰)은 동남에서 치달리고, 나도 정원집(鄭元執)과 더불어 수십여 진을 규합하여 산과 바다로 횡행하고 있다. 그리고 그 나머지 벌떼같이 일어나는 장수와 독수리같이 덮치는 군사, 별처럼 박히고 바둑알처럼, 놓여 가는 곳마다 용맹을 자랑하며 맹세코 이 왜적의 무리를 없애기로 한다.

아! 너희 보조원 여러 사람은 시기를 놓치지 말고 죄를 뉘우쳐 한 놈의 적이라도 베어 가지고 와서 목숨을 빈다면 혹시 살길도 있을 것이나, 만약 미혹에 사로잡힌다면 병력이 미치는 날에 용서 없이 모두 무찔러 죽이고 말 것이다. 격문을 보고 반성하여 후회가 없도록 하라.

- 전해산, 「진중일기」, 『독립운동사자료집』 2. 423~424쪽

특히 헌병보조원이 많은 보수를 받고 일본 헌병대에 앞장서서 의병 진압에 나서고 있는 상황에 대하여 "만약 미혹에 사로잡힌다면 병력이 미치는 날에 용서 없이 모두 무찔러 죽이고 말 것이다. 격문을 보고 반성하여 후회가 없도록 하라."고 강력하게 경고하였다.

● 고막원 전투에서 부상, 끝내 일어나지 못하다

정원집은 대동창의단 선봉장이 되어 전남 나주·담양·함평 등지를 중심으로 전남 중서부 일대에서 수십 차례 일본 군경을 상대로 의병투쟁을 전개하여 수많은 적을 처단하였고, 1909년 1월 말 의진을 나누어 나주 고막원(古幕院)에 있는 일본군 병참을 공격하였다. 이때 그는 의병들과 약속하기를, "내가 혼자 들어가서 일이 여의하면 나올 것이고, 일이 여의치 못하면 포를 놓을 터이니 포 소리를 듣게 되면 일제히 쏘라."라고 지시하였다.

그는 이 싸움에서 일본군 5명을 사살하고 수많은 무기를 노획하였다. 그러나 불행하게도 이 과정에서 부하의 오발로 인해 부상, 귀대하였다가 순국하고 말았다.

그의 순국일은 불행히도 자세히 드러나지 않고 있다. 전해산이 남긴 「진중일기」 5책 가운데, 3책이 발견되지 않는데, 특히 그가 부상한 시기인 1909년 양력 1월 말경의 「진중일기」가 이에 속한다.

10월 16일. 영사재에 유진하고 휴식하였다. 이날 12시에 북성 마을 사람이 쌀을 싣고 왔다. 군사들이 춥고 배고파서 견디지 못하므로 아이들을 시켜 가져 온 쌀을 방아에 찧어 밥을 짓게 하였다. 이윽고 한 사람이 와서 보고하기를
"북창(北倉) 등지에 적 90여 명이 있는데 내용을 알 수 없다."
하니 군사들이 모두 의아해하므로 즉시 윤일삼(尹日三)과 함께 가서 정세를 염탐하고 돌아오게 하고, 나는 급히 산마루에 올라 사방을 바라보니 아직 아무 일도 없었다. 이때에 파수꾼이 춥고 배고파 견딜 수 없어 나무를 안아다 불을 피우니 연기가 공중에 솟아올랐다. 그래서 아무리 불을 꺼서 흔적을 나타내지 않으려고 했지만 군사들이 응하지 아니하고 나 역시 심히 책망하지 않았다.
윤일삼이 방금 와서 아무 일이 없다고 보고했다. 그러나 또 높은 봉에 올라 망원경을 비추어 보니 과연 적 20여 명이 갓모를 쓰고 왕산(王山)·내동(內洞)·원당(元堂)으로 줄이어 들어가고 흰옷 입은 놈 5, 6명은 순사 2, 3명과 함께 마을 앞 주점에 서서 사방을 관망하고 있으므로 나는 즉시 선봉으로 하여금 군사를 일으키게 하였다.

- 전해산, 「진중일기」, 『독립운동사자료집』 2, 417쪽

2월 3일 계축(癸丑). 계속 관동에서 머물렀다. 이영준(李永俊) 형이 왔기로 잠간 이야기를 나누고 몇 사람에게 징발에 관한 문자를 써서 대야(大也)·해보(海保) 2면 등지로 떠나보냈다.
……
불갑산 아래 한 마을에 당도하니 바로 전일에 정 참위(鄭參尉:元執) 공과 함께 이 진영에 와 머물면서 잘못 알고 산고(産故) 든 집으로 들어갔다가 돌아선 곳이었다.

- 전해산, 앞의 책, 439~440쪽

전해산의 「진중일기」는 1908년 음력 10월 17일부터 이듬해 1월 16일까지 약 2개월 동안의 기록이 없어 그의 행적이 마지막으로 드러난 일자는 1908년 10월 16일(양력 11월 9일)이고, 전해산이 1909년 2월 3일(양력 2월 22일) 전남 영광의 불갑산 아랫마을에 당도

했을 때 "전일에 정 참위(鄭叅尉: 元執) 공과 함께 이 진영에 와 머물면서"라고 회상한 대목이 나온다.

전해산 의진이 나주 고막원 헌병분견소 공격과 연관된 일본 군경의 기록을 통하여 그날의 상황을 짐작할 뿐이다.

나경비수 제20호의 1
융희 3년 1월 11일
나주경찰서장 경부 후루야 키요타이(古屋清威)
내부경무국장 마쓰이 시게루(松井茂) 앞
(전략)
3. 나주군 두동면(豆洞面) 몽탄포(夢灘浦)를 거한 약 1리반 무안군 석진면(石津面) 다산(茶山) 및 구산촌(九山村) 등에는 수괴 전해산(全海山)이 인솔하는 일단이(고막원 헌병분견소를 습격한 여당) 잠복하고 있다는 풍설이 높다.
(후략)

　　　　　　　　　　　　- 국사편찬위원회, 『한국독립운동사』 13권, 96~97쪽

한폭통 제21호
메이지 42년 1월 29일
한국주차군참모장 아카시 모토지로(明石元二郎)
내부경무국장 마쓰이 시게루(松井茂) 앞
통보
(전략)
2. 전남 영산포헌병분대 관내 연합토벌대 하사 3, 상등병 6, 보조원 32의 한 부대는 1월 19일 고막원(영산포 서북 3리반) 동남 약 1리의 곳에서 약 150의 적을 쳐서 2,3을 죽이고, 화약, 잡품 약간을 노획하였다.
동 토벌대의 한 부대 하사 2, 상등병 6, 보조원 25는 1월 21일 나주(영산포 북방 약 2리) 서남 약 3리의 곳에서 약 70의 적을 궤주시키고, 총 2, 화약, 잡품약간을 노획하였다.

　　　　　　　　　　　　　　- 국사편찬위원회, 앞의 책. 144쪽

나주경찰서장은 1909년 1월 11일 전해산이 이끄는 대동창의단이 무안군 석진면(石津面) 다산(茶山) 및 구산촌(九山村) 등지에 잠복하고 있음을 내부경무국장에게 보고한 것이 있고, 1월 19일 하사 3명, 상등병 6명, 헌병보조원 32명으로 구성된 영산포헌병분대

▲ 고막원역

관내 연합토벌대가 고막원 동남 약 1리(일본식, 4km) 떨어진 곳에서 약 150명의 의병부대와 싸워 3명을 죽였다는 기록으로 보아 이 무렵 정원집이 부상했던 것으로 추정할 수 있다.

장차 고막(古幕)의 병참(兵站)을 무찌르려 하여 밤 2경에 군사를 거느리고 고막을 포위하여 적 두어 놈을 죽이고 선봉장 정원집이 바로 병참에 들어가서 남은 적을 수색하여 잡다가 어두운 밤에 불이 없어 총탄에 맞아 상하였다. 메고 민가로 가서 치료하기 10여 일에 일어나지 못하고 말았다. 수용이 슬퍼하여 한 팔을 잃음과 같고, 군사들이 기운이 꺾이었다.

- 기우만, 「의사 김준·전수용 합전」, 『독립운동사자료집』 2. 647~648쪽

해(歲)가 저물 무렵에 장차 군사를 쉬게 하려는데 막하(幕下)에 참위(參尉) 정원집(鄭元執)이 포(砲)를 잘 쏘아 적을 많이 죽인 자이다. 적이 고막원(古幕院)에 있다는 말을 듣고 장차 추격하려 하였다. 해산이 말리기를,
"처음엔 비록 득의(得意)하더라도 뒤에는 반드시 재앙이 있으리라."
하였다. 정원집이 분진(分陣)하여 가서 고막원에 이르러 군사들과 약속하기를,
"내가 혼자 들어가서 일이 여의하면 나올 것이고, 일이 여의치 못하면 포를 놓을 터이니 포(砲) 소리를 듣거든 일제히 쏘라."
하고 밤이 깊어서 칼을 짚고 홀로 가서 고막원의 적을 거의 다 죽였으므로 포를 놓을 필요가 없었는데, 포가 돌에 부딪혀서 절로 발하매 군사들이 연달아 쏘아서 정원집이 오발탄에 맞아 죽었다.
해산이 듣고 매우 애통하기를
"본시 이와 비슷한 일이 있을 줄을 추측하였는데 그가 내 말을 듣지 않은 것은 운이다. 내가 믿던 사람을 잃었으니 큰일은 틀렸구나."
하였다.

- 기우만, 「전수용전」, 『독립운동사자료집』 2. 660~662쪽

전해산 휘하의 11개 의진의 연합의진이었던 호남동의단에서 전직 시위대 참위가 선봉장으로 활약한 경우는 대동창의단이 유일했기에 일본 군경과 수십 차례의 전투를 치를 수 있었다.

전해산은 정원집이 중상으로 치료 중 채 10일이 되지 않아 숨지자 은밀히 묻었다가 그해 3월(음력) 묘소를 찾아 추모하고, 슬픈 심회를 읊은 5언절구를 남겼다.

「곡 선봉 정원집묘(哭先鋒鄭元執墓)」

군귀아독생(君歸我獨生)
자괴부초맹(自愧負初盟)
사아군하재(捨我君何在)
사군몽불성(思君夢不成)

그대는 죽고 나 홀로 살아있으니
처음의 맹약 저버려 절로 괴롭네.
나를 버리고 그대는 어디에 있는가?
그대를 생각하니 잠을 이룰 수 없구나.

- 이태룡, 『호남의병장 전해산』(하). 56쪽

정부는 고인의 공훈을 기리어 1995년에 건국훈장 독립장을 추서하였다.

13. 대동창의단 도통장 김찬순 의병장

● 대동창의단 도통장이 되어

김찬순(金燦純) 의병장은 전남 장성 출신으로서 본은 고산(高山)이다. 의병활동 당시에는 성채(成彩)라는 이름으로 활약하였다.

1905년 을사늑약에 이어 1907년 정미7조약이 체결되고 군대마저 해산되자 호남지방에서는 고광순(高光洵)·기삼연(奇參衍) 의진이 크게 활약하였다. 그러나 이들 의병장은 일본 군경과의 접전에서 패하고 전사하거나 피체되어 총살 순국하였다. 이어서 김준(金準)·김율(金聿) 형제 의병장마저 1908년 4월 순국하자 그 의진의 선봉장이었던 조경환(曺京煥)과 오성술(吳聖述)이 의진을 수습하고 있었는데, 전북에서 전해산(全海山)이 찾아왔고, 이 무렵 광무황제의 비밀조칙을 휴대한 전 시위대 참위 정원집(鄭元執)이 유배지 지도(智島)에서 부하들을 거느리고 찾아와서 전해산을 의병대장으로 추대함으로써 그해 8월 21일(음력 7월 25일) 전해산 의병부대인 대동창의단(大東倡義團)이 구성되었으며, 김찬순은 그 의진의 도통장(都統將)이 되었다.

대동의병대장: 전기홍(全基泓, 海山)
선봉장: 정원집(鄭元執)
중군장: 김원범(金元範)
후군장: 윤동수(尹東秀)
호군장: 박영근(朴永根)
도포장: 이범진(李凡振)
척후장: 임장택(林長澤)
도통장: 김성채(金性采, 燦純)
참모장: 이봉래(李鳳來)
종사: 김원국(金元局)   전인권(全麟權)
참모: 김공삼(金公三)   김돈(金燉)   이성화(李聖化)   이영준(李永俊)
       전내화(全乃和)   전명화(全明和)   전상회(全相澮)

이와 같이 진용을 정비하고 각지에서 의병투쟁을 전개했는데, 그해 8월 말 불갑산(佛甲山)에서 적과 접전하여 일본 군경 수명을 포살(砲殺)하였고, 나주의 석문(石門)에서 많은 수의 일본 군경을 물리쳤다. 10월에는 대명동(大明洞)과 대치(大峙)에서 일본 군경과 접전하여 많은 적을 살상하였을 뿐 아니라 5연발총 5정, 탄환 650발, 군복 3점을 노획하여 의진의 진세를 증진시키는 데 도움이 되었다. 그리고 11월에 고막원(古幕院)의 적의 병참(兵站)을 습격하여 다수의 적을 살상하였다.

● 「진중일기」 속에 나온 김찬순의 행적

전해산이 남긴 「진중일기」 속에 김찬순의 행적이 몇 군데 드러나 있다.

423

이튿날(1908년 음력 9월 12일. 양력 10월 6일-필자 주) 새벽에 무생동(茂生洞) 마을 사람으로 하여금 밥을 지어 실어 오게 하였다. 이때 비가 내려 군사들이 추위에 떨었다. 낮이 되자 도통장(都統將) 김성채(金成采)가 나더러 이르기를,
"생골(生洞)에 채경윤(蔡景允)이란 사람이 있는데 이 사람은 바로 도통장 이대국(李大局) 씨의 총독장입니다. 그 사람됨이 큰일을 상론할 만하니 한번 청해 보고 이·김 두 진과 그 밖의 다른 진을 모두 합칠 의논을 해보시지요."
하므로 나 역시 그렇게 여겼다.
이윽고 곧 채경윤을 청해 와서 소회를 들어 말했더니 대답하기를,
"나 역시 그렇게 말했는데, 그쪽에서 진을 합치려 하지 않으니, 제가 어찌합니까? 장차 또 말은 해보겠습니다."
하였다.

- 전해산, 「진중일기」, 『독립운동사자료집』 2. 389~390쪽

10월 16일(1908년 음력 10월 16일, 양력 11월 9일-필자 주). 영사재(永思齋)에 유진(留陣)하고 휴식하였다. 이날 12시에 북성 마을 사람이 쌀을 싣고 왔다. 군사들이 춥고 배고파서 견디지 못하므로 아이들을 시켜 가져온 벼를 방아에 찧어 밥을 짓게 하였다. 이윽고 한 사람이 와서 보고하기를
"북창(北倉) 등지에 적 90여 명이 있는데 내용을 알 수 없습니다."
하니 군사들이 모두 의아해하므로 즉시 윤일삼(尹日三)과 함께 가서 정세를 염탐하고 돌아오게 하고, 나는 급히 산마루에 올라 사방을 바라보니 아직 아무 일도 없었다. 이때 파수꾼이 춥고 배고파 견딜 수 없어 나무를 안아다 불을 피우니 연기가 공중에 솟아올랐다. 그래서 아무리 불을 꺼서 흔적을 나타내지 않으려고 했지만 군사들이 응하지 아니하고 나 역시 심히 책망하지 않았다.
윤일삼이 방금 와서 아무 일이 없다고 보고했다. 그러나 또 높은 봉에 올라 망원경을 비추어 보니 과연 적 20여 명이 갓모를 쓰고 왕산(王山)·내동(內洞)·원당(元堂)으로 줄이어 들어가고 흰옷 입은 자 5, 6명은 순사 2, 3명과 함께 마을 앞 주점에 서서 사방을 관망하고 있으므로 나는 즉시 선봉으로 하여금 군사를 일으키게 하였다.
이때 우리 군사가 아침밥을 먹고 있다가 적이 온다는 말을 듣고 일제히 산으로 올라오고 선봉도 와서 분산된 군사를 불러 산마루에 매복시켰다. 그리고 선봉은 홀로 원당 근처로 향하여 적의 동향을 살폈다.
이윽고 적이 영사재 뒷산 기슭 깊은 골짜기로 향한다는 보고가 있으므로 나는 일찌감치 지달치(池達峙)로 향하여 군사들을 매복시키려고 했으나, 숲이 짙지 않아서 그만둘 수밖에 없었다. 그러자 군사들은 나더러 앞을 잘 내다보았다고 탄복했다.
조금 뒤에 흰옷 입은 자 1명이 노랑옷 입은 자 3명을 끌고 돈목동(敦木洞)으로 들어

오는데, 이쪽저쪽이 과히 멀지 않은 거리였다. 그래서 군사들은 포를 터뜨리려 하므로 나는 굳이 말리며 말하기를,

"적이 가깝게 침범해 올 모양이니 가까운 곳에서 발포하는 것만 같지 못하다."

나는 전군을 끌어오려고 하는데 아군의 총소리가 일제히 터지므로 나는 아이 한 명을 데리고 즉시 달음질쳐서 빠져나왔다. 그러자 양편의 총소리가 나란히 터졌다. 이때 종사 여러 사람이 아래 재실에서 옮기지 않고 있다가 비로소 내가 달아나는 것을 보고 내 뒤를 따라 생문(生門) 방으로 나와 석문(石門) 뒷산 기슭으로 올랐다. 무릎을 깨서 씹으며 떡을 꺼내어 먹었다.

그런데 우리 총소리는 점점 끊어지고 적의 총소리는 골짜기 안으로부터 자주 터져 나오므로 그제야 우리 군사가 피한 줄은 알았으나 승패는 알 길이 없었다. 황혼을 타고 행군하여 산으로 들로 허덕이며 돌에 부딪히고 가시덩굴에 찔리면서 밤이 깊어서야 겨우 덕령(德嶺)에 이르러 밥을 지어 먹었다. 밥을 먹고 양지(陽地)로 가서 유숙했다. 이 마을은 족인(族人)이 살고 있으므로 모두 기뻐하며 영접한다. 그리고 때때로 음식과 과일을 대접하며 적의 형세를 두루 살피어 내 마음을 편안케 해주지만 마치 못에서 나온 고기와 같아서 마음이 항상 근심스럽고 두려워서 견딜 수 없었다. 문득 우리 군사 수십 명이 이미 약속한 땅에 왔다고 전해 왔으나 그 실상을 알 길이 없었다. 그래서 근처 사람을 도통장 김성채(金性采)에게 책임 지워서 함께 가 보게 한바, 안잔골[內細洞]로 찾아가서 만나지 못하고, 다시 밖잔골[外細洞]로 가서도 역시 만나지 못하고, 용머리[龍頭]로 가서야 비로소 만났다. 그래서 어제 싸움의 결과를 자세히 들은즉 불행히 우리 군사 3명이 적의 총탄에 맞았으나 치료를 잘하면 별로 탈은 없을 것 같고, 적은 많이 죽었다는 것이었다.

- 전해산, 앞의 책. 417~419쪽

27일(1909년 음력 2월 27일, 양력 3월 18일-필자 주) 정축(丁丑). 아침 식사 후에 원촌(院村)으로 들어가 유진하였는데, 이날은 심씨의 서원(書院) 제삿날이라 심·이씨 여러 선비가 술 1병과 찬수 1섬을 가지고 와서 우리 군사를 위로하였다. 그 마을 사람을 시켜 점심을 지어 오게 하였다.

석양에 출발하여 소도(小都)에 이르러 주인 성씨를 찾아서 저녁밥을 먹고 밤에 출발하여 화산(化山)에 당도하니 이미 새벽 4시가 지났다. 아침밥을 먹고서 들으니 도통의 진(陣)이 방금 멀지 않은 장소에 왔다고 하므로 서로 만나서 일을 의논할 양으로 장정빈(張正彬)을 그 진에 보내어 이날 밤에 신대(新大)에서 만나자고 약속했다. 때마침 도통 김성채(金成采) 씨가 이감술(李甘述)과 함께 와서 온갖 이야기를 나누고 바로 떠나갔다.

- 전해산, 앞의 책. 458~459쪽

김찬순은 전해산의 대동창의단 도통장으로 일본 군경과 전투를 벌일 때 이를 총괄 지휘하는 직책이었기에 중군장과 함께하는 의진의 대장 전해산과 행동을 달리하면서 전투부대를 이끄는 직책이기에 그의 활동상이 구체적으로 드러나지 않고 있다.

● 1909년 4월 이후 전사 순국하다

『독립유공자공훈록』 제1권에는 그의 순국에 대하여 "장성에서 적과 교전하다가 체포되어 총살되었다고 전하나 순국한 일시 등은 미상이다."라고 기록하고 있다.

전해산이 남긴 「진중일기」는 모두 5권이었다. 집의 울타리로 만든 대나무 속에 비밀리 보관해 온 것도 있고, 독 속에 넣고 땅속에 비밀리 보관했다가 2권만 온전히 남고, 3권은 현재 발견되지 않고 있다.

이 일기는 전해산이 1907년 10월 기삼연(奇參衍)의 호남창의회맹소(湖南倡義會盟所)에 종사로, 이석용(李錫庸)의 호남창의동맹단(湖南倡義同盟團)에는 참모로 참여했다가 이듬해 8월 대동창의단을 구성하고, 이어 호남동의단을 형성하여 전남지역 11개 의진이 일본 군경에 맞서 함께 의병투쟁을 전개하였으며, 1909년 7월 3일(음력 5월 16일) 영광 오동촌에서 의진을 해산하기까지 약 2년 동안의 것이었다.

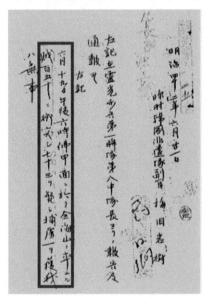

▲ 전해산 의진 150명이 전투를 벌여 73명이 전사한 마지막 불갑산전투 기록(『폭도에 관한 편책』, 1909.06.21)

그런데, 5권 중, 남은 2권은 1908년 10월부터 이듬해 윤2월(4월 초순)까지의 기록이니, 전해산이 대동창의단 구성 과정과 초기 의병투쟁 과정, 1909년 4월과 5월에 있었던 오동촌전투와 불갑산전투, 그리고 의진 해산과정이 빠진 상태이니, 대동창의단 도통장 김찬순의 순국 과정은 구체적으로 알 길이 없다.

> 좌기 재영광(在靈光) 보병 제1연대 제8중대장으로부터의 보고를 통보한다·
> 좌기
> 6월 19일 오후 6시, 불갑면에서 전해산이 인솔하는 적 150명과 충돌하여 73명을 죽이고, 포로 1명을 포획, 아(我)는 무사하다.
> - 국사편찬위원회, 『한국독립운동사』 자료 14권, 634쪽

1909년 4월 27일 오전 10시부터 이튿날 새벽 4시까지 무려 18시간 동안 대포 10문과 양식 연발총 5, 6정 등으로 무장한 전해산 의진 100여 명이 일본군 나주·영광 수비대 24명, 기병대 14명, 경찰 4명, 헌병보조원 13명으로 구성된 이른바 '합동토벌대'와 격전을 치르면서 11명이 전사하고, 20여 명이 부상했는데, 이어 6월 19일 150여 명의 전해산 의진이 일본군 제1연대 8중대와 격전을 벌여 73명이 전사한 것이 일제의 비밀기록에 남아 있다.

김찬순 의병장도 이 시기에 전사 순국한 것으로 추정할 수 있는데, 공훈록에는 순국 일자를 1907년 8월 30일로 기록했으니, 참으로 어처구니없는 것이다.

정부는 1990년에 건국훈장 애국장(1980년 건국포장)을 추서하였다.

14. 대동창의단 도포장 이범진 의병장

● 조경환 의진 종사, 전해산의 대동창의단 도포장

이범진은 전남. 영광(靈光) 사람이다. 그는 일제의 국권침탈로 국가가 풍전등화의 위기에 처하자 1908년 7월 19일 조경환(曺京煥) 의진에 참여하여 종사(從事)의 직임을 맡아 전남 영광·함평 일대에서 의병투쟁을 전개하였는데, 그 무렵 조경환과 오성술(吳成述)·전해산(全海山) 의병장이 김준(金準) 의진을 수습하고 있을 무렵, 한 무리의 장정들을 이끌고 전해산을 찾아와서 허리띠 속에 비밀리 간직했던 광무황제의 비밀조칙을 바쳤다. 광무황제의 밀조를 휴대했던 전 시위대 참위 정원집(鄭元執)은 전남 지도에서 유배 생활을 하던 중, 그

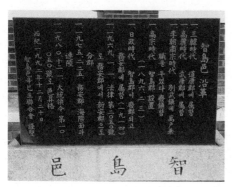

▲ 전남 신안군 지도읍 연혁

가 은밀히 간직해 오던 광무황제의 밀조를 전달하기 위해 전해산 의병장을 찾아온 것이었다.

정원집과 함께 온 전 무관학교 출신 군인들은 전해산을 의병장에 추대하니, 이에 전해산은 '대동창의단(大東倡義團)'을 구성하고 의병장에 올랐고, 정원집은 그 의진의 선봉장, 이범진은 도포장(都砲將)을 맡았으니, 이날이 1908년 8월 21일(음력 7월 25일)이었다.

　　대동의병대장: 전기홍(全基泓)

　　선봉장: 정원집(鄭元執)

　　중군장: 김원범(金元範)

　　후군장: 윤동수(尹東秀)

　　호군장: 박영근(朴永根)

　　도포장: 이범진(李凡振)

　　척후장: 임장택(林長澤)

　　도통장: 김성채(金性采)

　　참모장: 이봉래(李鳳來)

　　　종사: 김원국(金元局)　　전인권(全麟權)

　　　참모: 김공삼(金公三)　　김돈(金燉)　　이성화(李聖化)　　이영준(李永俊)

　　　　　　전내화(全乃和)　　전명화(全明和)　　전상회(全相澮)

전수용(全垂鏞, 본명은 基泓, 수용은 자-필자 주)은 본관이 천안(天安)인데 스스로 해산(海山)이라 호(號)를 지었다. 어려서부터 공부하기를 좋아하여 경서(經書)와 역사를 널리 보고 글짓기를 잘하고 항상 강개(慷慨)하여 불평한 뜻이 있었다. 나라가 위급한 것을 보고 걱정과 분함에 속이 벅차서 장차 사방으로 두루 다니면서 명산 승지나 구경하여 울분을 풀고자 하였다.

을사년에 협박으로 조약이 체결되자 나라가 이미 망하였다. 뜻있는 선비들이 통분하여 죽고자 않는 이가 없었다. 수용이 이석용(李錫庸)과 함께 진안(鎭安) 산중에서 의병을 일으켰다. 이보다 먼저 면암(勉庵) 최 선생이 먼저 의병을 일으켰다. 중도에 패하여 대마도에 잡혀가서 순국하고, 기성재(奇省齋)와 고녹천(高鹿川)이 잇달아 일어나고 참봉 김준(金準)이 여러 번 적장을 베어 의병의 기세가 크게 떨쳤다. 드디어 이 장(李將)에게 이르기를,

"들으니 나주에 김 참봉이 지혜와 도략이 있어 여러 번 싸워서 이겼다 하니 나는 가서 전략을 의논하고, 또 기공(奇公)의 남은 군사를 거두어 와서 동서에서 서로 응하면 완전한 방책이 될 것이다."

하고, 출발하여 장성에 이르자 김 참봉이 군사가 패하여 순국한 것을 듣고 통탄하기를 마지아니하며, 광주·나주 사이에 방황하다가 의병장 오성술(吳聖述, 본명 仁洙-필자 주)과 서로 힘을 합하여 드디어 나주 도림(道林)에 와서 머물렀다.

김 참봉의 흩어졌던 군사들이 듣고 차츰 와서 모여서 함께 추대하여 대장(大將)으로 삼으니 수용이 굳이 사양하기를,

"내가 일개 서생(書生)으로 어찌 큰 책임을 감당하리오. 또 김 의장(金義將)의 선봉장 조경환(曹京煥)이 있으니 장수가 될 만하다."

하였으나 여러 사람이 듣지 아니하였다.

6월에 군사를 광주 양암정(羊岩亭)에서 모으는데 포군(砲軍)이 문득 한 사람을 얻어 왔다. 그 사람은 키가 7척이요, 기상이 늠름하니 곧 지도(智島)에 귀양살이하던 정원집(鄭元執)이었다. 이 사람은 을사년 협박조약 때에 의병을 일으켜 적을 토벌하려다가 도리어 적의 도당에게 모함을 당하여 바다 섬에 귀양살이로 와 있었다가 본도에 의병의 기세가 매우 떨치는 것을 보고 몸을 탈출하여 이리로 달려 온 것이었다. 모두 인물 얻었음을 기뻐하였다.

7월 29일에 함께 수용을 추대하여 대장으로 삼으매 드디어 허락하고, 정원집으로 선봉장을 삼고, 김원범(金元凡)으로 중군장을 삼고, 윤동수(尹東秀)로 후군장을 삼고, 박영근(朴永根)으로 호군장(護軍將)을 삼고, 이범진(李凡辰)으로 도포장(都砲將)을 삼아 군령을 엄히 하고 부대를 정비하였다.

격문을 지어 원근(遠近)으로 돌리고 군중에 명령하기를,

"옛적에 군사를 잘 쓰는 이는 비록 적의 경계에 들어가서도 추호(秋毫)도 약탈하지 아니하거든, 하물며 우리 사람으로서 우리 지방에 다니면서 불의한 짓을 함부로 하여 평민을 해치고 학대한다면 어찌 적을 토벌할 수 있겠느냐."

하였다.

- 기우만, 「호남의병장열전」, 『독립운동사자료집』 2. 645~646쪽

● 「진중일기」 속에 나타난 이범진의 행적

전해산의 대동창의단은 전남 나주·영광·함평을 중심으로 전남 중서부 일대에서 크게 활약했는데, 대표적인 것이 나주 불갑산(佛甲山)에서 적의 기마병을 포살하였으며, 10월에는 영사재(永思齋)에서 수백 명의 적병과 접전을 벌였고, 광주 대치(大峙)에서는 많은 적병을 사살하고 총기와 탄약을 노획하는 등 전과를 올렸다. 이어 고막원(古幕院)에서 일본군의 병참을 공격하였다.

이범진은 대동창의단 도포장으로서 대장 전해산과 늘 함께했는데, 전해산의 「진중일기」 곳곳에 그의 행적이 기록돼 있다.

윤 주사(尹主事; 殷卿)와 이범진(李凡辰)이 수일 전에 의병을 모집할 양으로 사창(社倉) 등지에 머물러 있으며, 따라오지 아니하니 군중이 모두 소란하였다.

이튿날 8월 21일(1908년 9월 16일-필자 주) 을해(乙亥)에 자지고개[紫芝峴]에 복병하기로 했는데, 하늘이 말리는 듯이 비가 갑자기 쏟아져 그치지 아니하므로 뜻대로

429

되지 못했다.

윤 주사와 이범진 두 사람이 어제 예림(禮林)에 도착하여 모집된 군사를 보내 주지 않고 방금 그곳에서 머뭇거리며 떠나지 않고 있다고 하므로 즉시 사람을 시켜 속히 군사를 보내라고 했다.

- 전해산, 「진중일기」, 『독립운동사자료집』 2. 375~376쪽

이튿날 3일(1908년 음력 10월 3일, 양력 10월 27일-필자 주) 을묘(乙卯). 산으로 가고 싶은데 하늘이 만류하여 비가 내리므로 가지 못했다. 얼마 후에 마을 사람이,

"적이 온다."

하고 보고하니 군사들은 모두 소란하였다. 오직 도포장 이범진(李凡辰)의 말이

"적이 아니오. 우리 군사일 것이니 절대로 겁을 내지 말고 다만 무기는 갖되 담장 밖에는 나가지 말라. 내가 밖에 나가서 보고 오겠다."

하였는데 과연 우리 종사 6, 7명이 갓모를 쓰고 왔다.

- 전해산, 앞의 책, 405쪽

2월 3일(1909년 음력 2월 3일, 양력 2월 22일-필자 주) 계축(癸丑). 계속 관동에서 머물렀다. 이영준(李永俊) 형이 왔기로 잠깐 이야기를 나누고 몇 사람에게 징발에 관한 문자를 써서 대야(大也)·해보(海保) 두 면 등지로 떠나보냈다.

또 이범진(李凡振)을 만나서 이날 밤으로 함께 가기로 굳게 약속하였다.

- 전해산, 앞의 책, 439쪽

이튿날 15일(1909년 윤2월 15일, 양력 4월 5일-필자 주) 을미(乙未). 낮에 적의 기병 7명이 방금 한골[大谷]에서 내려온다고 하므로 군사를 뽑아 미리 농구에 복병했다. 아이 하나가 피를 흘리며 찾아와 하소연하되,

"수일 전에 북포(北布) 17필을 팔아서 지화(紙貨) 17원을 받아 한 큰 고개를 넘어오다가 가짜 의병에게 빼앗겼으니 원컨대, 군사를 보내어 잡아다 엄중히 다스린 후 돈을 찾아 주시기를 바랍니다."

하는 것이었다.

이때 도포(都砲) 이범진(李凡振)이 곁에 있다가 이 말을 듣고

"그 적의 거지로 가서 잡아 오겠다."

라고 자청하므로 즉시 허락했다.

- 전해산, 앞의 책, 492~493쪽

이와 같이 이범진은 전해산의 대동창의단에서 도포장으로 전해산과 함께 의병투쟁을 전개하였다.

● 대동창의단 해산 후 피체, 교수형으로 순국

전해산 의진이 영광 불갑산, 광산 석문산 등지를 본거지로 삼아 곳곳에 산채를 마련하고, 호남동의단 11개 의진이 서로 유기적으로 연합하여 의병투쟁을 벌이자 전남지역 의병활동은 최전성기를 이루었다.

그런데 일본 군경은 1909년 4월부터 하루도 쉬지 않고 교대로 전해산 의진을 추격하였다. 총상을 입은 의병의 치료나 부서진 화승총 수리·제작, 화약의 제조 등을 할 시간도 없을 뿐만 아니라 의진의 의병들은 하루도 쉬지 못한 채 전투에 임해야 했기에 전투력은 고갈된 상태가 되었다.

특히 6월 19일 일본군 나주·영광 수비대와 경찰로 구성된 연합대와 전투를 벌인 불갑산전투에서 전해산 의진 150명이 전투를 벌여 73명이 전사하고 나니, 전투력이 거의 상실되기에 이르렀다.

전해산과 부장·참모들은 의진 수습을 위해 의병모집에 나섰으나 농번기로 인해 농민들의 참여가 부진하여 의병활동을 중단해야만 했다. 더구나 융희황제의 의병해산령이 당도하자 마침내 전해산은 때가 나아지면 의진을 구성하기로 하고, 그해 7월 3일(음력 5월 16일) 영광 오동촌에서 의진을 해산하였다.

▲ 전해산 의진 150명이 전투를 벌여 73명이 전사한 불갑산전투 기록(『폭도에 관한 편책』, 1909.06.21)

이범진은 대동창의단 호군장 박영근(朴永根)과 함께 의병투쟁을 계속하다 결국 일본 군경에 피체되어 1910년 4월 13일 광주지방재판소에서 소위 폭동, 모살 등으로 교수형을 받고 상고하였으나, 5월 21일 대구공소원에서 기각, 형이 확정되었고, 나라를 빼앗기기 전인 1910년 6월 8일 데라우치(寺內正毅) 통감은 대구공소원 검사장 구로카와 유타카(黑川穣)에게 판결대로 교수형을 집행할 것을 명령하고, 이를 내각총리대신 임시서리 박제순에게 통보하였다.

기밀 통발(統發) 제1201호
전라남도 영광군 외서면(外西面) 대도동(大都洞)
농업
폭동, 모살급모살치상범(謀殺及謀殺致傷犯)
이범진(李凡辰). 32세

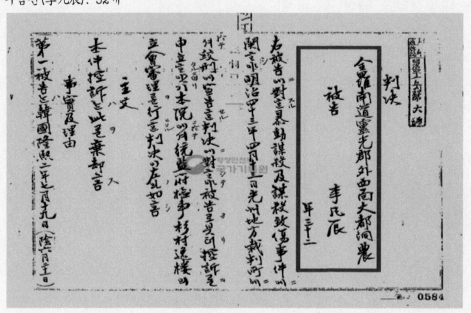

▲ 이범진 의병장, 교수형 공소기각(대구공소원, 1910.05.21)

우(右)는
제1, 융희 2년 7월부터 동 3년 4월까지 수차 폭동범 수괴(首魁) 조경환(曹京煥) 동 전해
산(全海山)의 부하에 들어가서 총기를 휴대한 다수의 도당(徒黨)과 함께 전라남도 영광
군 외 수개의 군내를 횡행하여 각 수범(首犯)의 폭동행위를 방조(幇助))하고,
제2, 융희 2년 9월 8일 전기(前記) 수괴 전해산이 예전에 한을 품었던 동도 영광군
황량면(黃良面) 변영서(邊永瑞)를 살해할 사(事)를 발의함에 대하여 피고 외 1명은
이 일에 찬동하여 전해산 지휘하에 함평군 식지면(食知面) 군평(群坪)의 들판에서
변영서를 총살하고,
제3, 동 3년 2월 24일 전해산이 영광군 주둔 기병의 한 부대가 광주군 방면으로 향하
여 통행하는 것을 정찰하여 알고, 이를 살해하고자 발의함에 대하여, 피고는 이 일에
찬동하여 전해산 지휘하에 다중도당(多衆徒黨)과 함께 함평군 매일치(埋一峙) 언덕
에서 총으로써 그 일행을 저격하여 이시(石井) 오장(伍長) 및 병졸 1명을 부상케 하
고, 피고는 조경환의 부하로 각지를 횡행하여 동인의 폭동행위를 방조(幇助)한 사실
에 대하여 체포 전에 자수한 소위에 대하여 형법대전 제677조 전단 및 제135조, 제
142조, 제473조 전단, 제507조 중 전단, 제129조에 의하여 본년 5월 21일 대구공소

원에서 피고를 교(絞)에 처할 지(旨)의 판결(공소기각)을 하여 판결이 확정됨으로써 본일 대구공소원 검사장 구로카와 유타카(黑川穰)에게 판결대로 집행할 사(事)를 명하였기 우를 통지(通知)함.

명치 43년 6월 8일

통감 자작 데라우치 마사타케(寺內正毅)

내각총리대신 임시서리 박제순 각하

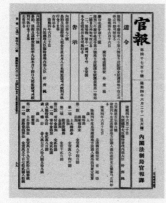

내각고시 제71호

폭동·모살급모살치상범(謀殺及謀殺致傷犯) 이범진(李凡辰) 본월 14일 대구감옥에서 교형의 집행을 요(了)흔 사

우 고시흠

융희 4년 6월 20일

내각총리대신 임시서리 내부대신 박제순

▲ 이범진 의병장 순국(「관보」
제4710호, 1910.06.20)

마침내 이범진 의병장은 6월 14일 대구감옥에서 교수형 집행으로 순국하였다. 정부는 고인의 공훈을 기리어 2000년에 건국훈장 애국장을 추서하였다.

15. 대동창의단 척후장·선봉장 임장택 의병장

● 대동창의단 척후장 되어

전해산(全海山)은 오성술(吳成述)이 강권해 오던 의병장 직을 고사해 오던 터였지만 광무황제의 비밀조칙을 가지고 온 정원집과 해산군인 30여 명이 합세하여 의병장에 오르라는 요청을 뿌리치지 못하고 대동창의단(大東倡義團)을 조직하여 의병장에 올랐으니, 이때가 1908년 8월 21일(음력 7월 25일)이었다.

대동의병대장: 전기홍(全基泓)
선봉장: 정원집(鄭元執)
중군장: 김원범(金元範)
후군장: 윤동수(尹東秀)
호군장: 박영근(朴永根)
도포장: 이범진(李凡振)
척후장: 임장택(林長澤)
도통장: 김성채(金性采)
참모장: 이봉래(李鳳來)
종사: 김원국(金元局)·전인권(全麟權)
참모: 김공삼(金公三) 김돈(金燉) 이성화(李聖化) 이영준(李永俊)
      전내화(全乃和) 전명화(全明和) 전상회(全相澮)

임장택(林長澤)은 전남 영광군 남죽면 금동리 출신으로 전해산의 대동창의단에 참여하여 1908년 10월 9일부터 1909년 1월 17일까지 일본 군경의 동정을 탐지하는 정찰 활동을 하는 척후장(斥候將)으로 활동하다 대동창의단 선봉장 정원집(鄭元執)이 1909년 1월 말경 부상으로 끝내 숨지자 전해산은 그를 의진의 선봉장으로 임명하여 활동하게 하였다.
그의 의병활동 기록은 전해산의 「진중일기」에 부분적으로 나타나 있다.

이튿날 23일(1909년 1월 23일, 양력 2월 13일-필자 주) 계묘(癸卯). 이봉래(李鳳來)가 와서 서울로 떠난다고 작별하고 갔다. 군사를 집합시키고 도포(都砲)를 박장엽(朴長燁)으로 정한 다음, 여러 군사에게 훈시하되,
"이 사람이 비록 미천한 집안이라 하지만 나라를 위하는 정성이야 어찌 요즘 세상의 반역도당에 비하겠느냐? 그렇다면 오늘날 구태여 명분만 따질 게 있느냐? 여러 군사는 명령에 따라 거행하되 절대로 내 말을 범연히 듣지 말라."
하니 군사들이 모두 응낙하였다.
또 전봉규(全鳳圭)로 도십장을 정하고 또 쓸모 있는 사람을 뽑아서 따로 각 초의 십장을 정하여 화약과 탄환 등속을 나누어 주었다. 마을 사람의 급보에
"적 25명이 방금 백토지(白土地)로부터 온다."
하므로 곧 복병하여 적과 대항하려 하는데 장포(將砲) 임장택(林長澤)이 말하기를,

"지세가 이롭지 못하고 적의 수효는 몹시 많으니 월향산(月香山)으로 올라가서 대항하는 것이 좋겠습니다."
하므로 나 역시 그렇게 여겼다.

- 전해산, 「진중일기」, 『독립운동사자료집』 2, 430~431쪽

선달(先達) 김창순(金昌順)이 진작 정참위(鄭參尉)·이봉래(李鳳來)와 함께 진중에 왔다가 병이 들어, 뒤떨어져 오수산(五秀山) 아래서 치료하였는데 지금은 조금 나아서 다시 진중으로 들어왔다. 그는 노래를 잘 부르므로 밤에 임장택(林長澤)과 더불어 서로 노래하며 북을 치는데 족히 울적한 심회를 풀 수 있었다.
이튿날 13일(1909년 2월 13일, 양력 3월 4일-필자 주) 계해(癸亥), 월향산(月香山) 뒷기슭 송림 속으로 올라가서 유진하고 휴식하였다. 지족실 사람으로 하여금 숯을 가져다 불을 피우게 하여 심한 추위를 모면했다. 군인 중에 감기 걸린 자는 약을 지어 달여 먹였다.

- 전해산, 앞의 책, 444쪽

어두울 녘에 화산(化山)으로 들어가서 밥을 먹고 신흥에 당도했다. 전일에 임장택(林長澤)과 더불어 여기서 모이기로 약속했기로 군인으로 하여금 특별히 파수에 주의하게 하고 아침까지 눈썹을 붙이지 않았으나 끝끝내 종적이 없으니 몹시 의심스러웠다.
20일(1909년 2월 20일, 양력 3월 11일-필자 주) 경오(庚午). 신흥 뒷산 봉정사(鳳亭寺) 뒤 송림 속으로 올라가 휴식하였다. 사람을 외서(外西)에 보내어 임장택(林長澤)의 거취와 영풍 사람의 소식을 염탐하게 하였다. 대동(大洞) 사람으로 하여금 점심을 지어 오게 하고 사발을 짊어진 아이가 방금 그곳으로 가서 밥을 재촉하려고 가는데, 공교롭게 기병 7명을 만나서 대숲 사이에 잠복해 있다가 적이 떠나간 후에야 돌아오면서 떡 한 바구니를 가지고 왔다. 그래서 다 먹었다. 대동 사람이 밥을 지어 와서 군사들에게 나누어 먹였다.
일기가 다시 싸늘하여 오래 머물 수 없으므로 석양에 출발할 예정으로 산간에서 군사를 교련하다가 빈 총을 잘못 터뜨렸다. 어두울 녘에 검손(檢巽)으로 들어가니 외서에 갔던 사람이 이곳에 와서 나를 기다렸다. 그래서 보고 하기를,
"임장택의 군사가 수일 전에 외간(外間) 등지에 잠적하고 있었는데, 때마침 정진(鄭陣: 鄭大洪 의진-필자 주)에서 분산된 군사가 굴수(屈首)에서 겁을 먹고 근처에 숨었기 때문에, 굴수로부터 돌아가는 적이 그 기미를 알고 갑자기 들어오니 정군(鄭軍: 정대홍

435

▲ 전북 부안 내소사 - 1909년 3월 전해산 의진 주둔지

의진 의병-필자 주)은 달아나고, 임장택(林長澤)은 총소리를 듣고 산으로 올라가고, 노연숙(魯連叔)은 동중(洞中)에서 병들어 있으므로 번호에 참여하지 못하고, 그 나머지는 탈이 없으며 무기도 유실되지 않았습니다. 정포(鄭砲: 정대홍 의진 포장)는 나이 늙어서 따라가기 어려우므로 무기를 동료에게 주고 그 집으로 돌아가다가 역로에 외서를 들려 이범진(李凡振)을 만나 이 이야기를 하고서 자기 집으로 돌아갔다고 하는데, 이범진도 역시 그 종적을 알지 못하고 영풍 사람도 아직 소식이 없으니, 만약 금명일에 오지 않으면 아마도 범진이 영풍 사람과 함께 올 모양이라 합니다."

하는 것이었다. 그러나 이 역시 꼭 그렇다고 믿을 수는 없는 일이라 듣고 놀라 견디기 어려웠다. 그래서 곧 먼 데로 옮기려 했으나, 임장택(林長澤)이 오늘 밤에 가까운 곳으로 오면 아마도 만나게 될 것이라 생각되어 사선(四仙)으로 돌아와 유숙하였다.

- 전해산, 앞의 책, 454~455쪽

전해산은 1909년 3월 초순부터 약 1개월 동안 전북 고창·부안·흥덕 등지에서 활동하였는데, 이때는 의진의 선봉장 임장택과 도포장 박장엽(朴長燁)이 주요 부장으로 활동하였고, 고창지역에서 활약하던 호남동의단 제2진 의병장 박도경(朴道京)과 대동창의단 참모 김공삼(金公三)이 이끄는 의진과 유대를 강화하며 일본 군경과 전투를 준비하던 때였다.

● 오동촌전투, 불갑산전투에서 격전을 치르다

1909년 4월 이후 일본 군경은 보병·기병·헌병·경찰 연합부대를 운용하여 더욱 강경해지고, 밀정과 헌병보조원은 더욱 기세가 등등하였다. 일제의 기록을 보면, 대포 10문

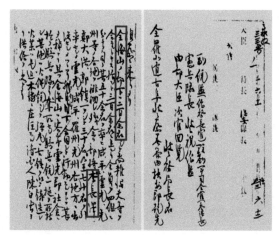

▲ 임장택이 전해산 의진 선봉장으로 활약한 기록
(『폭도에 관한 편책』, 1909.06.12)

과 양식 연발총 5, 6정 등으로 무장한 전해산 의진이 일본군 나주·영광 수비대와 기병대, 경찰 헌병대의 이른바 '합동토벌대'는 기병이 14명, 순사 4명, 악명이 높았던 '야마다 토벌대'를 포함한 보병 24명, 헌병보조원이 13명이나 되는 대규모 일본 군경과 격전을 벌인 것이 4월 27일 오전 10시부터 이튿날 새벽 4시까지 무려 18시간 동안 격전을 치르면서 11명이 전사하고, 부상자는 20명이 넘었다는 기록이다.

그리고 6월 19일 전해산 의진 150명이 전투를 벌여 일본 군경과 격전을 벌여 73명이 전사한 마지막 전투였던 불갑산전투는 절반이 순국하였다고 하였으나 나머지 절반은 대부분 중경상을 당했을 수밖에 없던 처절한 전투였다.

불갑산전투가 벌어지기 직전 전해산과 임장택의 활동상을 엿볼 수 있는 일본 비밀기록이다.

고비수 제659호
융희 3년 6월 8일
전라북도 관찰사 이두황
내부대신 박제순 앞

폭도체포건
관내 고부경찰서장의 폭도 체포에 관한 보고 요지는 좌와 여하다.

충청북도 영춘군 대곡면(大谷面) 하일리(夏日里) 거주
원인석(元仁石, 당 22세)
충청남도 당진군 군내면(郡內面) 하우두리(下牛頭里) 거주
박우일(朴雨日, 당 31세)
우는 객월 27일 부내 부안군 건선면(乾先面) 줄포(茁浦)에 있어서의 경비상황 내정의 목적으로써 동지에 내하여 배회 중 순사 김영식, 동 은인길에 의하여 체포되었으므로 취조한 바 기 진술의 요령은 좌와 여하다.

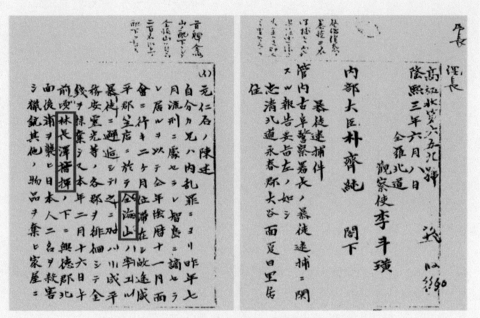

▲ 임장택의 의병투쟁 행적(『폭도에 관한 편책』,1909.06.11)

(가) 원인석의 진술

자기의 형은 내란죄에 의하여 작년 7월 유형에 처해져 지도(智島)에 적(謫)되어 있었으므로써 동년 음력 11월 면회차 가서 2개월가량 체재하고 귀도(歸途), 함평군 입점(笠店)에서 전해산이 인솔하는 폭도에게 해후(邂逅)하여 차에 가입, 함평, 무안, 영광 등의 각군을 배회하여 금전을 약탈하고, 또 본년 2월 16일(양력 3월 7일-필자주) 오전 2시경 임장택(林長澤) 지휘하에 흥덕군 북면 후포(後浦)를 습격, 일본인 2명을 살해하고 엽총, 기타의 물품을 약탈하고 가옥에 방화하였다. 금회는 전해산이 줄포에 있어서의 일본인의 수와 수비대·헌병대·경찰관의 배치를 정찰하고 내하라는 명에 의하여 동지에 내하여 배회하고 있는 것을 체포하였다.

임장택은 전해산의 부하이다. 전해산은 목하 부하 2백인가량을 갖고 차에 소사(小使) 등의 잡부를 합하면 약 3백명이 된다. 그리고 차를 4조로 분하여 전해산은 51명을 인솔하고, 함평, 영광, 광주 등의 지구를 배회하고, 정대홍(鄭大洪)은 부하 70명을 인솔하고 영광, 함평의 각군을 배회하고, 곽진일(郭鎭一)은 부하 30명을 인솔하고 나주, 광주 등지에 행동하였다. 합동하여 행동하는 것은 희소하다. 전해산의 총기는 기총 3정, 보병총 1정으로 차는 작년 영광군 사창에서 기병대로부터 탈취한 것이다. 탄환은 1정이므로 20발에 불과하다. 화승총의 탄환은 과부(鍋釜)의 유로서 주조하고, 화약은 목포에 있는 진백운(陳白雲)이라는 지나인으로부터 공급을 받았다.

— 국사편찬위원회, 『한국독립운동사』 자료 14권, 601~602쪽

임장택은 전해산 의진의 선봉장으로서 1909년 3월 7일 전북 흥덕(현 고창군 속면)에서 일본인 2명을 처단하고, 엽총과 기타 물품을 수거한 후 일본인 가옥을 불태웠다는 기록이다.

그러나 전해산 의진은 불갑산전투에서 격전을 치른 뒤 전투력이 거의 상실되기에 이르렀다. 전해산과 부장·참모들은 의진 수습을 위해 의병모집에 나섰으나 농번기로 인해 농민들의 참여가 부진하여 의병활동을 중단해야만 했다. 더구나 융희황제의 의병해산령이 당도하자 마침내 전해산은 때가 나아지면 의진을 구성하기로 하고, 그해 7월 3일(음력 5월 16일) 영광 오동촌에서 의진을 해산하였다.

임장택은 대동창의단 호군장 박영근(朴永根)과 함께 의병투쟁을 계속하다 결국 일경에 붙잡혀 1910년 2월 7일 광주지방법원 재판에서 폭동죄로 징역 5년이 선고되어 고초를 겪었는데, 판결문은 발견되지 않고, 「수형인명부」만 남아 있던 관계로 2020년에야 건국훈장 애국장이 추서되었다.

16. 대동창의단 호군장 박영근 의병장

● 호남창의소에 참여하다

▲ 박영근 의병장 기적비 - 전남 함평공원

을사늑약 이후 국권이 무너지고, 일제에 의하여 광무황제가 퇴위당하는가 하면, 군대마저 강제 해산되자 통분함을 금치 못한 조경환(曺京煥)은 1907년 12월 초순 이원오(李元五)·김동수(金東洙)·양상기(梁相基) 등과 광산, 함평 등지의 의병을 모아 거의했다. 이듬해 1월 초순 김준(金準)과 협의, 의진을 합진하여 김준 의진의 좌익장과 선봉장으로 활약하면서 창평의 무동촌(舞童村)에서 광주수비대장 요시다(吉田)를 처단했다는 소문으로 인해 의병은 물론, 인근 호남 민중들은 매우 흥분하기에 이르러 의병에 참여하는 자가 매우 많았는데, 박영근(朴永根, 1885~1910)

도 이 무렵 조경환 의진에 참여하게 되었다.

그해 4월 25일 김준·김율(金聿) 형제 의병장이 순국하자 조경환은 의진을 수습하고, '호남창의소'를 설치하여 인근 지역 향교를 중심으로 통문과 격문을 띄워 의병 참여를 호소하자, 많은 사람이 호남창의소에 몰려들었는데, 전북 임실 출신 전수용(全垂鏞: '수용'은 全海山의 字)이 호남창의소를 찾아온 것도 이 무렵이었다.

피고 박영근은 조경환(曹京煥)이 정사를 변경하기 위하여 도당을 모아 총기를 준비하고, 전라남도 함평군 지방에서 의병을 일으킬 무렵 그 세력을 방조하기 위하여 융희 2년 4월 10일 동군 (면명미상) 용진산(龍珍山)에서 그 부하로 투입하여 그 도당과 함께 동월 13일까지 함평군 지방을 횡행하고, 동일 일단 그 군대를 떠났었으나 다시 동일한 의사를 계속하여 동년 7월 29일경 역시 조경환의 부하로 투입하여 8월 23일까지 수괴 이하 60명의 도당과 함께 토벌대와 교전을 목적하고 동도 함평·광주·장성 등 모든 군내를 횡행하고,

- 독립운동사편찬위원회, 『독립운동사자료집』 별집 1권, 827쪽

박영근은 전남 함평군 식지면(食知面: 현 나산면) 수상리(水上里) 유덕산(有德山) 출신으로 20세부터 서당의 훈장으로 활동하면서 을사늑약 소식을 듣고 비분강개해 오던 차에 조경환이 거의했다는 소문을 듣고 의병에 투신하게 되었다.

조경환은 어릴 때부터 학문에 뜻을 두었고, 청년기에 원근의 유학자를 찾아 학문의 폭을 넓혔기에 학계에서는 후석(後石) 오준선(吳駿善)과 면암(勉庵) 최익현(崔益鉉)의 문하생으로 분류하는데, 후석은 노사(蘆沙) 기정진(奇正鎭)의 학맥을 이은 광산 출신의 거유(巨儒)였다. 후석은 광산의 용진산에 정사(精舍: 훗날 용진정사)를 짓고 선비들과 더불어 도학과 함께 시국을 논했는데, 원근의 선비들이 많이 드나들었다고 전한다.

전수용이 김준의 명망을 듣고 그와 더불어 의병활동을 하기 위해 남하했다가 김준 의병장이 순국한 직후인 상황에서 조경환의 호남창의소에 참여하게 된 것도 후석 문하에서 호형호제한 사이였기에 자연스러웠듯이 박영근도 전수용과 같은 입장이었을 것으로 추정할 수 있다. 김준 의진의 일부를 수습하여 의병활동에 나선 오성술(吳聖述) 역시 후석 문하에 드나들었기에 함께 거의에 참여했던 것이었다.

● 대동창의단 호군장으로 활약하다

박영근은 전해산과 함께 호남창의소에 참여하여 의병활동을 해오던 중, 뜻밖의 일이 생겼다. 창의소에 8척의 헌헌장부(軒軒丈夫)가 수십 명의 병사와 함께 온 것이었다. 그 주인공은 시위대 참위 출신 정원집(鄭元執)으로 일찍이 을사늑약을 규탄하고, 군대해산에 반대하여 의병에 참여했다가 전남 지도(智島)에 유배되었는데, 유배될 때 광무황제의 비밀조칙을 허리띠에 감추고 유배지를 이탈하여 전해산을 찾아와서 의병을 일으켜서 의병장에 오르라는 것이었다.

> 평리원의 유(流) 10년 죄인 이봉래(李鳳來)·정원집(鄭元集)·손성태(孫聖泰)·오인탁(吳仁鐸)·김창순(金昌淳)의 배소(配所)를 전라남도 지도군 지도(智島)로 정하였다.
>
> - 『승정원일기』, 1907년 12월 26일(음력 11월 22일)

전해산은 오성술이 강권해 온 의병장을 고사해 오던 터였지만 광무황제의 비밀조칙에 따라 의병을 규합하고, 의진의 이름을 대동창의단(大東倡義團)이라 하고 의병장에 올랐으니, 이때가 1908년 8월 21일(음력 7월 25일)이었는데, 박영근은 군수품을 조달·운반하고, 의병들의 사기를 북돋우는 역할을 담당하는 호군장(護軍將)을 맡았다.

대동의병대장: 전기홍(全基泓)
선봉장: 정원집(鄭元執)
중군장: 김원범(金元範)
후군장: 윤동수(尹東秀)
호군장: 박영근(朴永根)
도포장: 이범진(李凡振)
척후장: 임장택(林長澤)
도통장: 김성채(金性采)
참모장: 이봉래(李鳳來)
종사: 김원국(金元局) 전인권(全麟權)
참모: 김공삼(金公三) 김돈(金燉) 이성화(李聖化) 이영준(李永俊)
　　　전내화(全乃和) 전명화(全明和) 전상회(全相澮)

박영근 의병장은 접전 활동에도 적극적이어서 대동창의단이 1908년 9월 26일 영광 불갑산(佛甲山)에서 일본 군경과 전투를 벌이는 등 전남 각지에서 일본 수비대와 헌병·경찰대와 전투를 벌일 때마다 큰 역할을 하였다.

> 피고 박영근은 종래 조경환의 군문에 참여하였던 전해산[전수용(全垂鏞)]이 융희 2년 8월 23일(21일 오기-필자 주) 조경환과 갈라져 독립의 수괴가 되고 정사를 변경할 목적으로 도당을 모아 총기를 준비하고, 의병을 일으킬 무렵 그 세력을 방조하기 위해서 솔선해서 그 부하로 투입하고 호군장(護軍將)으로서 치중(輜重)의 부문을 맡고, 융희 3년 5월 28일 수괴 이하 다수 도당과 함께 전라남도 영광·함평·나주·장성·담양·광주·순창 등 각 군내를 횡행하고, 그간 융희 2년 9월 26일 영광군 불광산(佛光山: 불갑산의 오기-필자 주)에서 10월 9일 동군 장본면(章本面) 석문(石門) 안에서, 11월 3일 동군 적량면(赤良面)에서, 11월 22일 광주군 대치(大峙)에서, 11월 25일 장성군 자인곡(自引谷)에서, 11월 26일 순창군 내동(內洞)에서, 12월 8일 동군 삼남면(森南面) 낭월산(朗月山)에서, 12월 21일 동군 식지면(食知面) 대안촌(大安村) 산에서, 융희 3년 5월 4일 영광군 육창면(六昌面) 묵동(黙洞)에서 일본수비대 헌병대 및 경찰관과 교전하고,
>
> - 독립운동사편찬위원회, 앞의 책. 827~828쪽

▲ 의사 전해산 추모비 - 1972년 장수유림에서 세웠는데, 전해산 이주와 관련하여 상당한 오류가 있다.

대동창의단은 유생, 농민, 해산군인, 산포수 출신으로 지도부를 구성되었다. 의진의 구성을 보면 김준의진 일부와 인근에서 모집된 농민들이 대부분이었으나 의진의 전력을 강화하기 위하여 산포수들도 불러 모았다.

해산은 대동창의단 단독으로 전투를 수행하는 것 외에도 부근에서 활약하던 심남일(沈南一)·조경환·김영엽(金永燁)·박도경(朴道京) 등의 의진과 연합작전을 펼쳤다.

해산은 신속한 부대 이동과 작전의 기동성을 살리기 위해 부장들로 하여금 각기 40~100여 명의 의병을 통솔케 하였으며, 자신은 평소 100~150여 명으로 구성된 의진을 거느리고 작전을 수행하였다. 총 5백여 명에 달하던 대동창의단은 평소 소부대 단위로 나누어 통상적인 활동을 하다가 필요시에는 합동작전을 수행하였다.

대동창의단의 활동이 활발해질 무렵인 1908년 늦가을에 해산은 심남일(沈南一)·김영엽(金永燁)·오성술

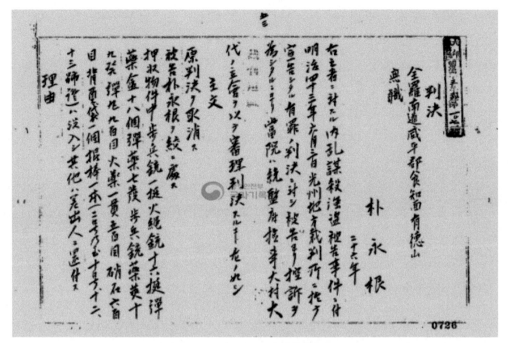

▲ 박영근 의병장, 교수형 판결문(대구공소원, 1910. 07. 21)

(吳聖述) 등의 의병장과 함께 수차에 걸쳐 호남의병 연합체 결성을 상의한 끝에 호남동의
단(湖南同義團)을 조직하였다. 여기에서 해산은 의병장들의 추대를 받아 의병대장에 선
임되었다.

대동의병대장: 전기홍(全基泓)
제1진 의병장: 심남일(沈南一:본명 守澤)
제2진 의병장: 박도경(朴道京)
제3진 의병장: 김영엽(金永燁)
제4진 의병장: 조대천(曹大川: 본명 京煥)
제5진 의병장: 신화산(愼華山)
제6진 의병장: 이순식(李淳植: 일명 大克)
제7진 의병장: 이기손(李起巽)
제8진 의병장: 오성술(吳聖述)
제9진 의병장: 권택(權澤: 본명 寧會)
제10진 의병장: 안덕봉(安德峰: 본명 桂洪)

이 호남동의단의 의병장들이 활동했던 지역은 전남과 전북 남부지역을 망라하다시피 하였고, 해산은 호남의병의 정신적 지주가 되어 활동하였다.

해산은 호남지역에서 의진을 규합하여 일본군과 투쟁을 벌이는 한편, 가렴주구를 일삼던 지방관, 일본의 위세를 믿고 횡포를 부리던 헌병보조원, 경찰, 일진회원, 세금징수원, 부왜인(附倭人), 가짜 의병들을 상대로 격문을 보내 그들을 회유하기도 하고, 위협도 하여 그 직을 그만두도록 하거나 가산을 몰수하고 체포해서 다스리기도 했으며, 심한 자들은 총살하여 징계하는 등 의병활동을 맹렬히 전개하였다.

한편, 박영근은 대동창의단 호군장으로서 그 역할을 다하면서 무기구입 자금을 마련하기 위해 애쓰는 모습이 전해산의 「진중일기」에 나타나 있다.

기유년(己酉年) 정월 17일 무술(戊戌). 아침에 아버지를 뵙고 집안일을 여쭈니,
"(너희) 큰아버지께서 지난해 10월 14일 세상을 떠나셨다."
는 것이다. 또 이석용(李錫庸)의 거처를 여쭈니,
"지난해 3월 20일. 대웅(大雄)에서 싸우다 죽은 군사들을 매장하기 위하여 백여 명 군사를 거느리고 시체를 보호해 갔는데 아직도 어디 있는지는 모른다."
하시니, 예전 일들이 생각나서 견딜 수 없었다.
……
이영준(李永俊) 공이 박영근(朴永根) 공에게 편지를 보내왔는데, 그 내용이 '돈은 액수대로 되지 않고 그 일은 몹시 급하니 일을 알 만한 종사원 몇 사람을 보내 달라'는 것이므로 나는 두환(斗煥)에게 당부하기를
"영준의 편지 내용이 이와 같으니 아마도 불일내로 돈이 마련되는 모양이다. 그렇게 되면 곧장 영산포(榮山浦)로 가라. 김 형과 상의하여 떠나서 범사를 경솔히 하지 말고 부디 조심하여 나의 대사를 그릇되게 하지 말라."
하였다. 석양에 친근한 여러 벗이 내 아버지가 오셨다는 말을 듣고 모두 뵈러 왔다가 밤이 되어서야 돌아갔다.

- 독립운동사편찬위원회, 『독립운동사자료집』 2권, 420~421쪽

일제의 의병 학살을 위한 계책은 날로 악랄해져 갔는데, 1907년부터 일본 군경과 헌병보조원을 늘리기 시작하여 1909년 4~5월에는 한국 주둔 헌병대 천안 및 영산포 분대의 관할 하에 45개소의 분견소 및 임시파견소를 증설하는 한편, 4만 3천여 명의 한인 무뢰배들을 헌병보조원이라 하여 후한 급료를 주면서 의병학살과 정보수집에 주력하고 있었다.

이런 상황에서 시간이 지날수록 의병들의 활동은 크게 위축될 수밖에 없었다. 특히 1909년 3월 영광의 오동(梧洞)과 덕흥(德興) 전투에서 일본군 수비대와 헌병대에 연패를

당한 뒤에 수많은 사상자를 내고 겨우 탈출하였으나 의병의 사기는 급격히 저하되었고, 의진을 정비할 겨를도 없이 일본 군경의 추격은 계속되었다.

5월 5일 나주경찰서장 경부 후루야(古屋淸威)가 내부경무국장 마쓰이(松井茂)에게 나주·영광 수비대와 기병대, 헌병대가 합동으로 전해산이 이끄는 대동창의단과 전투를 벌인 기록을 보고한 내용을 보면, 그날의 오동촌전투가 얼마나 격전이었는지 알 수 있다.

4월 27일 오전 10시, 영광수비대 기병 특무조장 이하 7명의 기병과 동 주재소 한인 순사 2명의 연합부대는 영광군 육창면 오동(梧洞)에서 전해산이 인솔하는 폭도(의병-필자 주) 약 1백 명과 충돌하여 즉시 포화(砲火)를 교환하고 완강한 저항을 받고 있다는 급보를 듣고, 영광수비대로부터 기병 6명, 동 주재소로부터 일인 순사 2명, 동 헌병분견소로부터 헌병보조원 13명, 나주수비대로부터는 야마다(山田) 소위 이하 15명, 영광수비대장 이하 7명의 기병이 현장에 급행하여 의병들을 오동에서 포위하고, 이튿날 새벽 4시에 일제히 돌격하였던 바, 폭도들은 민가에 방화하고 삼삼오오로 흩어져 달아났다.

이 전투에서 폭도 사망자는 11명, 부상자는 20명 이상이었고, 포로 1명이었으며, 노획품으로는 화승총 3정, 탄약함 1개, 화약과 의류 약간이었다. 토벌군의 손해는 영광수비대 다데이시(효石) 오장은 머리 전면에, 오야마(小山) 상등병은 손가락에 각각 경미한 총상을 입었다.

전해산은 부하 약 1백 명을 인솔하고 대포 5문을 갖고 있다고 한다. 그리고 포로의 말에 의하면, 대포 10문, 화승총 약 70정, 양식 연발총 5,6정을 갖고 있다고 하였다. 그는 쌍안경을 소지하고, 항상 원거리로부터 토벌대의 동정을 시찰하고 있다고 한다. 또 전투 중, 유탄에 맞아 양민 2명이 죽고, 2명이 부상을 입었다고 한다.

- 국사편찬위원위원회, 『한국독립운동사』 자료 14권, 368쪽

오동촌전투 때 순국자와 부상자가 많이 나왔을 뿐만 아니라 농번기로 인해 주변 농민들의 참여가 부진하여 의병활동을 중단해야만 했다. 더구나 융희황제의 의병해산령이 당도하자 해산은 사세가 다했음을 판단하고 마침내 의병을 해산하고, 후사를 도모하고자 하였다.

● 후기 대동창의단 이끌다

1909년 7월 3일(음력 5월 16일), 마침내 전해산은 영광 오동촌에서 대동창의단의 지휘권을 호군장 박영근(朴永根)에게 넘겼다. 박영근은 자신을 따르고자 하는 대동창의단 직

할부대 30여 명을 바탕으로 의병을 규합하여 10여 일 뒤인 7월 15일(음력 5월 28일) 후기 대동창의단 대장에 오르게 되었고, 일부 의병들은 박도경·신보현(申甫鉉:신창학申昌學) 등의 의진으로 가게 되었다.

　박영근은 종전의 대동창의단이 의병활동을 전개했던 전남 영광·장성·광주·무장·나주 지역에서 일본 군경과 치열한 전투를 벌였다.

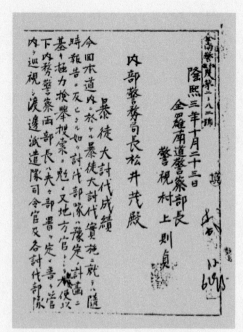

▲ 박영근 의병장 등 호남지역 의병장 피체
(『폭도에 관한 편책』, 1909.10.23)

피고 박영근은 융희 3년 5월 28일 전해산이 교전할 때마다 불리하여 힘이 빠져 병(兵)을 해산하고, 그 종적을 감추게 되자 그 뒤를 이어 정사를 변경할 목적으로 난을 일으킬 것을 발의하여 전해산의 잔당 30여 명을 규합하고, 압수된 총기 탄약 및 그 부속품(2호내지 10호·12호 증거품)을 부하에게 휴대시켜 동일 이후 동년 7월 16~17일경까지 부하를 거느리고 전라남도 영광·장성·광주·무장·나주군 등을 횡행하고, 그간에 군수에 공급하기 위하여 6월 8일 함평군 해보면(海保面) 화리(化里) 공금 영수원 성연풍(成年豊) 집으로 난입하여 압수된 피고 소유의 곤봉(13호 증거품)으로 동인을 구타하고, 돈 2백 냥을 징수하고, 동월 14일 동군 갈동면(葛洞面) 양촌리(陽村里) 공금영수원 김돈섭(金敦燮) 집으로 난입하여 돈 1백 냥을 징발하고, 동년 6월 19일 영광군 불리면(佛里面) 건두산(乾頭山)에서 일본수비대 및 헌병대와 교전하였다.

- 독립운동사편찬위원회, 앞의 책. 828쪽

　판결문과 일제의 『폭도에 관한 편책』 나타나 있는 박영근 의병장의 행적을 보면, 그는 1909년 7월 24일(음력 6월 8일)과 7월 30일(음력 6월 14일) 전남 함평군 일대에서 군자금 모금을 위한 활동을 하고, 8월 4일(음력 6월 19일)에는 영광군 불리면 건두산(乾頭山)에서 일본군 수비대·헌병대와 교전하였으며, 이후 8월 31일(음력 7월 16일) 이후에는 영광·장성·광주·무장·나주 일대에서 의병투쟁을 전개하였다. 그 후 영광 건두산(乾頭

山) 일대에서 일본군 수비대와 교전하였으나 현격한 무기의 열세로 패배한 후 의병투쟁을 할 수 없다고 판단하여 의진을 해산하고, 함평 식지면에 살던 자형(姉兄) 집에 은신하고 있다가 1909년 10월 10일 임곡(任谷:현 광주광역시 광산구 속동) 헌병파견소(憲兵派遣所) 헌병대에 체포되었다.

> 나경비발 제84호
> 융희 3년 10월 15일
> 나주경찰서장 경부 후루야키 요타이(古屋淸威)
> 내부경무국장 마쓰이 시게루(松井茂) 앞
>
> 당서 관내 각지에 출몰 횡폭를 자한 적괴 이강산(李江山) 외 4명은 좌기 헌병대에 자수 혹은 동대에게 체포되었다.
>
> 좌기
> 10월 3일 함평헌병분견소에 자수 수괴 이강산
> 10월 9일 함평헌병분견소에 자수 수괴 모천년(牟千年)
> 10월 10일 임곡헌병파견소에서 체포 수괴 전해산의 부하 박영근(朴永根)
> 10월 12일 영산포헌병분대에 자수 수괴 나성화(羅成化)
> 10월 13일 영산포헌병분대에서 체포 수괴 박사화(朴士化)
> 우 보고함.
>
> — 국사편찬위원회, 『한국독립운동사』 자료 15권, 789쪽

● 재판 및 순국 과정

박영근 의병장은 전해산, 심남일, 강무경(姜武京) 등과 함께 1910년 6월 3일 광주지방재판소에서 재판을 받고 불복하여 공소하였는데, 7월 21일 대구공소원에서 교수형이 선고되었고, 상고하지 않은 채 7월 27일 교수형이 확정되었다.

> 기밀 통발(統發) 제1530호
>
> 대구감옥 재수(在囚)
> 박영근(朴永根)

우(右)는 별지대로 사형의 판결이 확정됨으로써 명치 43년 8월 12일 대구공소원 검사장 구로카와 유타카(黑川穰)에게 대하여 사형 집행의 명령을 발(發)하였고 이에 통지(通知)함.

명치 43년 8월 12일

통감 자작 데라우치 마사타케(寺內正毅)

태자소사(太子少師) 내각총리대신 이완용 각하

8월 12일 일제 통감부 통감 데라우치의 명령에 의해 대구공소원 검사장 구로카와 유타카(黑川穰)는 8월 17일 사형을 집행한 것이 「관보」에 실렸다.

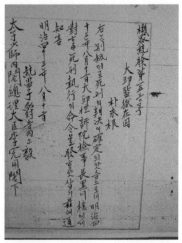

▲ 박영근 의병장 사형집행 명령이 담긴 『통감부래안』 일부

이어 8월 23일 통감의 명령에 의해 그날 사형이 집행된 이가 대동창의단 대장이자 호남동의단 대장 전해산이었는데, 그의 순국 사실은 「조선총독부관보」 제4호(1910.09.01.)에 '김수용(金垂鏞: 全垂鏞의 오류)'이라는 이름으로 실렸으니, 「조선총독부관보」 상으로는 첫 사형수로 기록된 셈이다.

필자는 규장각에 잠자고 있던 『통감부래안(統監府來案)』을 역주하여 몇 년 전에 출간한 바 있다. 『통감부래안』은 일제 통감부가 대한의 의정부에 보낸 문서를 엮어놓은 미간행본 문서철이다.

그 속에는 일제는 대한의 국권을 강탈하기 이전인 1909년 11월부터 1910년 8월까지 융희황제의 재가를 거치지 않고 통감부 통감의 명령으로 의병장·의병에 대한 교수형 집행을 명령하고, 이를 대한의 내각총리에게 통지한 것이니, 이같이 순국한 의병장·의병이 108명이나 되는데, 호남에서 활동한 의병장·의병은 50여 명에 이른다. 전해산 의병장은 행여나 경술국치 대사령으로 석방될지 모르기에 이른바 '한일합방' 도장을 찍은 이튿날 사형집행 명령을 내리고, 그날 사형집행을 한 사실이 드러나고 있다.

『통감부래안』의 의병장·의병 현황

연번	책면	이름	나이	주소	사형집행 명령일
1	4	정일국鄭一國	28	전북 남원군 장흥방 금촌	1909.11.25
2	16	강사문姜士文	34	전남 장성군 외동면 용산리	1909.12.06

3	33	정낙중鄭洛仲	27	전남 함평군 평릉면 축동	1910.03.09
4	38	박도경朴道京	37	전북 고창군 고사면	1910.03.14
5	39	김기중金祺重	40	전북 남원군 생조벌면 방동	1910.03.14
6	40	이성근李聖根	22	전북 여산군 북삼면 중발리	1910.03.15
7	41	김운익金雲益	41	전북 여산군 서삼면 신리	1910.03.15
8	42	김공삼金公三	46	전북 고창군 고사면 가협리	1910.03.17
9	45	이성용李成用	29	전북 고부군 성포면 용산리	1910.03.31
10	46	정기선鄭基善	33	전북 순창군 구암면 황계촌	1910.03.31
11	50	양윤숙楊允淑	36	전북 순창군 구암면 국화촌	1910.04.08
12	51	이복근李復根	32	전북 영암군 곤일시면 율리	1910.04.12
13	54	최산흥崔山興	28	전북 순창군 구암면 통안리	1910.04.26
14	55	김영백金永伯	31	전북 장성군 북이면 달성리	1910.04.27
15	56	양경학梁景學	27	전북 순창군 구암면 구암리	1910.04.29
16	57	김태일金太一	37	전북 순창군 좌부면 하절리	1910.04.29
17	60	이중백李仲伯	33	전남 장성군 서삼면 외현리	1910.05.06
18	61	임윤팔林允八	25	전남 광주군 오치면 외촌	1910.05.06
19	62	김재민金在珉	24	전남 광주군 천곡면 봉산리	1910.05.06
20	63	송학묵宋學黙	40	전남 광주군 갑마보면 거진리	1910.05.06
21	65	박봉석朴奉石	26	전남 광주군 도천면 수박등	1910.05.12
22	66	이원오李元吾	34	충남 공주군 성내 봉촌	1910.05.12
23	67	김창섭金昌燮	37	전남 광주군 당부면 북촌	1910.05.13
24	68	황준성黃俊聖	27	전북 진안군 남면 오정리	1910.05.17
25	69	이황룡李黃龍	24	전북 순창군 무림면 장암리	1910.05.24
26	70	양진여梁振汝	51	전남 장성군 갑향면 향정리	1910.05.25
27	72	이강산李江山	37	전남 함평군 대야면 복룡리	1910.05.28
28	73	박치일朴致一	29	전남 함평군 대야면 복룡리	1910.05.28
29	74	정인술鄭寅述	36	전남 함평군 대야면 운암리	1910.05.28
30	75	박장봉朴章奉	30	전남 함평군 해보면 백토리	1910.05.28
31	76	서성학徐成學	46	전남 함평군 대야면 동촌	1910.05.28
32	77	양창국梁昌國	36	전남 함평군 해보면 구시장	1910.05.28
33	78	김일수金日洙	24	전남 담양군 우면 우무리	1910.05.28
34	80	임영화林永化	27	전남 나주군 시랑면 내동	1910.05.30
35	81	박인찬朴仁贊	33	전남 나주군 모계면 수동	1910.05.30
36	82	임도돌林道乭	24	전남 나주군 시랑면 내동	1910.05.30
37	83	김유성金有星	42	전남 나주군 모계면 용계	1910.05.30
38	84	박사화朴士化	29	전남 나주군 전왕면 석길촌	1910.06.06
39	89	이범진李凡辰	32	전남 영광군 외서면 대도동	1910.06.08
40	93	안계홍安桂洪	31	전남 보성군 봉덕면 법화촌	1910.06.18

41	94	권영회權寧會	26	전남 남평군 욱곡면 구례동	1910.06.27
42	96	임익상林翊相	24	전북 무주군 일안면 죽장리	1910.06.27
43	97	김선여金善汝	36	전북 순창군 복흥면 상마치	1910.06.27
44	101	손덕오孫德五	44	전남 보성군 봉덕면 마치동	1910.07.12
45	102	염인서廉仁瑞	48	전남 보성군 봉덕면 내동	1910.07.12
46	103	정기찬鄭奇賛	31	전남 보성군 봉덕면 마치동	1910.07.12
47	104	임하중林夏仲	40	전남 보성군 옥암면 유천동	1910.07.23
48	105	양상기梁相基	28	전남 광주군 서양면 이동	1910.07.28
49	106	유병기劉秉淇	28	전남 구례군 마산면 청천리	1910.07.28
50	107	박영근朴永根	26	전남 함평군 식지면 유덕산	1910.08.12
51	108	전수용全垂鏞	32	전북 임실군 남면 국화촌	1910.08.23

* 청색으로 표시된 분은 호남동의단에서 활동하거나 연합하여 의병투쟁한 의병장

일제가 전후기 대동창의단 대장 전해산·박영근 의병장의 시신을 인수해 가라는 통지를 보내자, 박영근의 형 영유(永裕)와 전해산의 종형 덕필(德弼)이 시신을 인수하여 함평과 장수에서 장례를 치를 때 수많은 사람이 몰려와서 매우 슬퍼했다고 전한다. 특히 전해산이 피체된 날 하직인사를 하러 온 아들을 보고 실신해서 깨어나지 못한 채 별세한 시어머니와 4개월 뒤에 타계한 시아버지 장례를 치른 지 6개월 만에 또 남편을 떠나보내게 된 전해산의 아내 김해김씨는 남편을 모신 상여가 집 앞의 개울을 건너자 집으로 돌아와 극약을 마시고 자결하는 상황이 벌어지자, 장지로 향하던 상여가 되돌아와서 부인마저

▲ 박영근 의병장과 부인 금성 오씨 묘. (손자 희수 씨)

모신 쌍상여로 장례를 치르게 되었으니, 각지에서 몰려들었던 사람들의 통곡소리가 장수 번암고을에 메아리쳤다고 전한다.

'그 할아버지에 그 손자'라고 했던가? 박영근의 손자 희수(喜洙) 씨는 중견 금융인으로 활동하다가 퇴직한 후 독립유공자를 기리고, 그 후손들의 삶을 돌보는 광복회 대의원으로, 전해산의 손자 영복(永福) 씨는 고위 공직을 마친 후 역시 광복회 대의원과 독립기념관 이사로 활동 중이니, '적선지가 필유여경(積善之家必有餘慶)'이란 말이 빈말이 아니로다!

한동안 박영근 의병장 행적이 구전되어 오기만 하던 것을 고향의 편영범(片泠範, 1931~1985) 선생이 각종 자료를 모으고 정리하여 포상을 신청한 끝에 1977년 건국

포장, 1990년 건국훈장 애국장이 추서되었으나 포상 신청 당시 객관적인 자료를 구하는 데 한계가 있었기에 공적에 비해 훈격이 낮게 된 점이 못내 안타깝다.

17. 대동창의단 후군장 국호남 의병장

● 대동창의단 후군장이 되어

국호남(菊湖南, 1867~1912)은 전남 장성 사람으로 본명은 동완(東完)이고, 이명으로 치원(致元)·찬서(贊書)·차서(次書) 등이 있다.

전해산(全海山) 의진에서 후군장(后軍將), 김영백(金永伯) 의진에서 부장으로 활약하였으나 거의 독자 의진을 이끌고 의병활동을 전개하였다.

전해산이 대동창의단(大東倡義團)을 조직한 것이 1908년 8월 21일(음력 7월 25일)이었는데, 이때 대동창의단 후군장은 윤동수(尹東秀)였다.

대동의병대장: 전기홍(全基泓)

선봉장: 정원집(鄭元執)

중군장: 김원범(金元範)

후군장: 윤동수(尹東秀)

호군장: 박영근(朴永根)

도포장: 이범진(李凡振)

척후장: 임장택(林長澤)

도통장: 김성채(金性采)

참모장: 이봉래(李鳳來)

종사: 김원국(金元局)   전인권(全麟權)

참모: 김공삼(金公三)   김돈(金燉)   이성화(李聖化)   이영준(李永俊)

　　　전내화(全乃和)   전명화(全明和)   전상회(全相澮)

국호남은 1908년 4월 전남 광산·장성에서 일본 군경군과 교전하여 전과를 올린 후 1909년 4월 이후 전해산이 의진을 재편할 때 후군장으로 활약한 것으로 보인다. 전해산은

1909년 4월 27일 오동촌전투와 6월 19일 불갑산전투에서 약 100명에 이르는 의병이 순국하자 의진 수습을 꾀했으나 농번기로 인해 농민들의 참여가 부진해져 의병의 활동을 중단하고, 그해 7월 3일(음력 5월 16일) 영광 오동촌에서 의진을 해산하였다.

● 독자 의진 형성하여 의병장으로 활약

그가 단독 의진의 의병장으로서 구체적 활동이 일제의 비밀기록에 드러난 것은 불갑산전투 며칠 전부터이다.

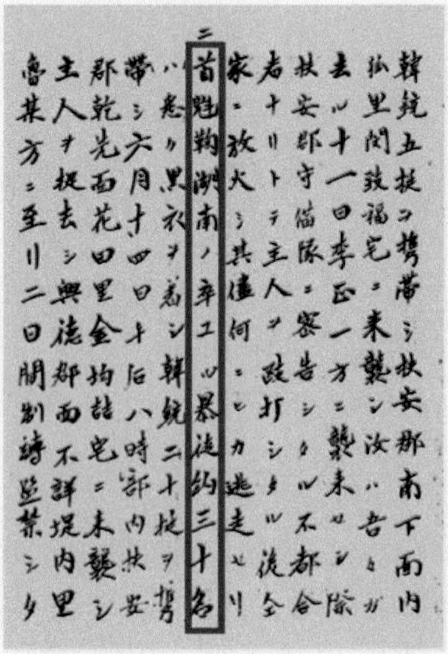

▲ 국호남 의병장, 전북 부안·흥덕 등지에서 활약한 기록(『폭도에 관한 편책』, 1909.07.03)

고비수 제792호
융희 3년 7월 3일
전라북도 관찰사 이두황
내부대신 박제순 앞

고부경찰서장 보고
수괴 국호남(鞠湖南)이 인솔하는 폭도 약 30명은 모두 흑의를 착하고 한총 20정을 휴대하고 6월 14일 오후 8시 부내 부안군 건광면 화전리(花田里) 김균철(金均喆) 댁에 내습하여 주인을 제거하다가 흥덕군 면 미상 제내리(堤內里) 노 모(魯某) 방에 이르러 2일간 묶어 감금한 후 구타를 가하고, 금 10원, 기타 수점을 탈취 방환(放還)한 후 적은 장성 방면으로 도주한 지 탐문, 목하 동 주재소에서 연루자를 수색 중.

    - 국사편찬위원회, 『한국독립운동사』 자료 15권, 70쪽

고비수 제844호
융희 3년 7월 12일
전라북도 관찰사 이두황
내부대신 박제순 앞

폭도에 관한 건
관내 고부경찰서장의 폭도수색에 관한 보고 요지는 좌와 여하다.

본직은 6월 18일 정(鄭) 경부 이하 일한 순사 8명을 인솔하고 폭도 수사 및 토벌을 위하여 태인·정읍·흥덕·고창·무장·고부의 각군에 출장하여 26일 정 경부 이하 4명을 정읍에 남기고 동일 귀서하였다. 그 상황은 좌와 여하다.

6월 25일 고부군 성포면 봉양리(鳳陽里)에서 폭도 수명이 잠복했음을 탐지하고 이를 포위하려 하였으나 폭도는 재빨리 이를 찰지(察知)하고 도주를 시작하였다. 그리고 부근을 수사 중, 논 가운데 모내기하고 있는 농민 중에 거동이 괴이한 자가 있음을 발견하고 체포, 취조하였던바, 부안군 하서면 신기리(新基里) 문판석(文判哲, 당 20년)으로 동인은 국치원(鞠致元, 金永伯의 부장)에 속하고 각지를 배회하여 본일은 동류 5명과 30여 명의 집단으로 분리하여 동소에 휴게 중 수색대가 온 것을 알고 진퇴의 도를 잃고 농민에 섞여 모내기를 하고 있었다고 진술하고, 논 가운데로부터 촌전엽총 1정을 발견하였다(엽총은 5월 30일 고부군 거마면 대삼농장에서 피탈된 것이다).

- 국사편찬위원회, 『한국독립운동사』 자료 15권, 93쪽

고비수 제898호
융희 3년 7월 23일
전라북도 관찰사 이두황
내부대신 박제순 앞

폭도 사살의 건
관내 고부경찰서장의 폭도 사살에 한한 보고 요지는 좌와 여하다.

줄포순사주재소의 보고에 의하면 박판쇠(朴判釗) 외 5명은 폭도라 칭하고 본년 음력 5월 14일 부내 부안군 입상면 진목동(眞木洞) 김암의(金岩衣) 방에 내습, 화승총 5정을 예치하였다. 그런데, 그 후 폭도수괴 국호남(鞠湖南)이 부하 동군 동면 소부곡리(小富谷里) 강만리(姜萬里)의 아는 바가 되어 그 총을 약탈하였다. 이를 알게 된 박판쇠 외 5명은 예주(預主)에 대하여 그 총의 손해배상을 요구하여 엽전 1,500냥을 제공하라고 강박하였으나 동인은 몹시 가난하여 그 요구에 응할 수 없어 따라서 드디어 그 이민(里民) 일동으로 그 배상금액을 부담할 약속을 하고 원래 피등은 금원(金員) 독촉으로 누누이 동리에 출입한다는 풍설을 문지하고 주의 시찰 중 본월 13일 밤 인근 마을 하림리(下林里) 문도여(文道汝) 방에 내습 기박 중이라는 밀고에 접하고 해 주재순사 3명은 다음 날 14일 오전 8시 동지를 향하여 출장 수사를 한 바 적은 동일 새벽 장등리(長燈里) 방향을 향하여 도주한 것이 판명되었으므로 추색(追索)한바 동일 오후 5시 장등 주막 박재석(朴再石) 방에 폭도 1명이 잠복하였음을 탐지하여 드디어 체포, 취조를 한 바 그 죄상은 좌와 여하다. (후략)

- 국사편찬위원회, 『한국독립운동사』 자료 15권, 116~117쪽

일제는 국호남 의병장을 김영백(金永伯) 의진의 부장으로 파악하고 있었다. 그럴 수 있는 것은 김영백 의진이 전해산 의진과 연합하여 의병투쟁을 전개했기 때문이었다.

국호남 의병장의 피체와 순국

일제는 호남지역에 2개 연대를 동원하여 1909년 9월 1일부터 이른바 '폭도대토벌' 작전을 전개하였다. 일본군과 경찰·헌병, 헌병보조원, 밀정을 총동원하여 의병 진압에 나서는 바람에 점차 의병은 발붙일 곳이 없는 상황이 되었고, 국호남 의병장도 9월 16일 전북 고창의 금곡에서 피체되기에 이르렀다.

일본군 임시한국파견대사령부에서 9월 1일부터 이날까지 남한 지방의 의병을 진압하였는데, 이 기간에 전사, 체포, 자수한 의병장은 다음의 표와 같다.[46]

연대명	구분	연월일	장소	의병장	연령	부하수
보병 제1연대	체포	9월 16일	전남 두동(비홍장 서남방 약 2리)	박기홍 (朴其洪)	44	12
중략						
보병 제1연대	체포	9월 16일	전북 금곡(고창 동남방 약 1리반)	국차서 (國次書)	42	40

국호남 의병장은 전해산 의진이 해산된 후 김영백(金永伯) 의진의 부장(部將)으로 활동하다 피체되어 군산감옥에 수감 중, 탈옥하는 바람에 1910년 11월 30일 광주지방재판소 군산지부 궐석재판에서 교수형이 선고되었다. 2년 뒤에 다시 피체되어 1912년 4월 24일 광주지방법원 전주지청에서 교수형이 선고되자 공소, 그해 5월 18일 대구복심법원에서 기각되었고, 이어 6월 28일 고등법원에서 상고가 기각되었으며, 7월 23일 대구감옥에서 교수형이 집행되어 순국하였다.

명치 45년 형공 제118호
판결
전라북도 흥덕군 동일면(東一面) 월명리(月明里) 농업

46) 국사편찬위원회, 『고종시대사』6집. 융희 3년 10월 30일조 참조. 필자가 내용을 정리함

454

국호남 33세

위 강도 살·상인, 방화, 죄인 도주 피고사건에 대해 광주지방재판소 군산지부는 메이지 43년(1910년) 11월 30일 언도한 궐석 판결에 대해 피고가 이의신청을 함에 따라 본 지청은 조선총독부 검사 무라카미 키요시(村上淸)가 관여 심판함이 다음과 같다.

주문

피고인 국호남(鞠湖南)은 사형에 처한다.

압수에 관계된 물건은 모두 몰수한다.

이유

피고인은 명치 41년(1908년) 4월경부터 강도를 목적으로 부하 200여 명을 인솔하여 총검을 휴대하고 전라남북도를 횡행하고 다음과 같은 소위를 했다.

제1. 피고인은 동 41년 8월 21일 오후 1시경 다른 여러 명을 이끌고 전라남도 영광군 사창면 사창시장(社倉市場) 한국파견기병대분견소를 습격하여 휴대한 칼과 검을 사용하여 기병 상등병 오다카 호와(尾高法輪)의 좌측 흉부에 자상(刺傷) 및 다른 여러 곳에 절상(切傷)을 입히고, 동 일등병 모리 로오스케(森郞輔)의 복부를 가르고, 또 다른 여러 곳에 절상을 입혀 각각 그들을 살해하고 30년식 기병총 4자루 외 여러 점을 강탈하였고,

제2. 피고인은 명치 42년(1909년) 3월 7일 오전 1시경 부하 약 30명을 이끌고 전라북도 흥덕군 북면 사포(沙浦)에 사는 히라이 토쿠조오(平井德藏)의 집을 포위하고 그에게 발포하며 집안으로 난입하여 휴대한 총·검으로 토쿠조오(德藏)의 머리 부분에 절창(切創), 좌측 폐부에 총창(銃創)을, 동거인 츠즈키 노부야스(都築信安)의 뒤통수 및 코밑에 타박상을 입혀 두 명을 살해하여 덕장(德藏)의 장남 승(昇, 4세)의 뒤통수 한 곳에 절창(切創)을 입히고 엽총 외, 수점을 강탈하고, 그 집에 방화하여 가옥 4동을 전소시켰고,

제3. 피고인은 동년 5월 30일 정오경에 부하 약 11명을 이끌고 그 담군(擔軍)으로 위장하고, 전라북도 고부군 거마면 평교리(平橋里) 거주 오모리 고로키치(大森五郞吉)의 집에 침입하여 그곳에 와 있던 나카츠 토쿠조오(中津德造)를 주먹, 다리로 구타, 강박하여 30년식 보병총 3자루 외 6점을 강탈하였고,

제4. 피고는 앞의 피고사건으로 광주감옥 군산분감에 피구금 중, 명치 43년(1910년) 10월 26일 오전 6시경 다른 13명의 죄수와 공모하여 도주를 기획하고 감옥 관리와 격투를 벌인 끝에 그 목적을 달성한 자이다.

(중략)

그러므로 주문과 같이 판결한다.

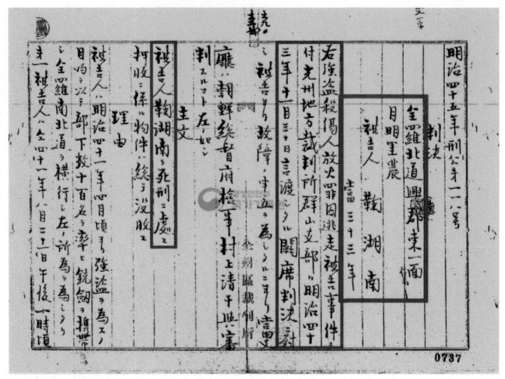

▲ 국호남 의병장, 1910년 11월 군산감옥에서 탈옥 후 궐석재판에서 교수형, 1912년 피체 사형선고(광주지방법원 전주지청. 1912.04.24)

『독립유공자공훈록』제1권에는 "1909년 9월 6일에 국동완은 42세의 나이로 전북 금곡(金谷, 고창동남 10리)에서 40여 명의 부하와 함께 일본 보병 제1연대에 의해 체포되어 9월 10일 총살 순국하였다."라고 기록하고 있다. 정정 요청을 하였으나 "유족제출자료상에 기재된 사망일자를 반영한 것"이기 때문에 수정 불가함을 말하였다.

그의 의진에서 활약하다 피체된 고부 출신 김옥엽(金玉燁)은 징역 3년, 정원채(鄭遠采)는 태100, 고창 출신 김동환(金東煥)은 징역 10년 옥고를 치르다가 옥사하였고, 장성 출신 채봉선(蔡鳳善)은 징역 종신, 최동이(崔同伊)는 징역 15년, 김요랑(金堯郞)은 징역 7년, 흥덕 출신 송성무(宋聖武)는 징역 5년, 부안 출신 김낙선(金洛先)은 징역 15년형이 선고되어 옥고를 겪다가 옥사하였으며, 문판석(文判石) 징역 2년이 선고되어 고초를 겪었다.

▲ 국호남 의병장, 1912년 7월 23일 대구감옥에서 사형 순국(「조선총독부관보」 제0577호, 1912.07.29)

정부는 고인의 공훈을 기리어 1991년에 건국훈장 애국장(1980년 대통령표창)을 추서하였다.

18. 대동창의단 참모장 이봉래 의병장

● 일제침략에 반발하여 의병투쟁에 나서다

일제는 1905년 11월 17일 을사늑약으로 대한 침략을 노골화하여 이듬해 통감부를 설치하였고, 이어 1907년 7월 헤이그특사 사건을 빌미로 광무황제를 강제로 퇴위시키고, 그 앞잡이 내각이 군대마저 해산하자 일제침략기 후기의병은 더욱 거세졌다.

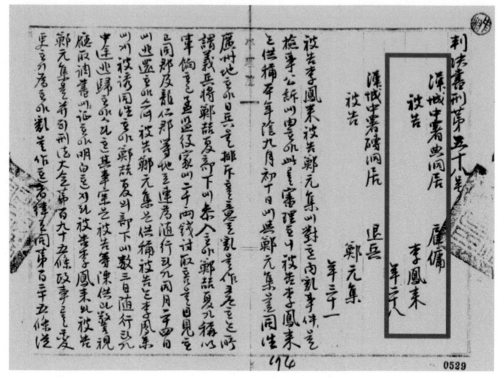

▲ 이봉래 의병장, 유형 10년(평리원,1907.11.30)

이봉래(李鳳來, 일명 峯來)는 시위대 참위(參尉) 출신인 정원집(鄭元執)과 그해 10월 16일 경기도 광주·용인 일대에서 무장투쟁을 전개하던 정철하(鄭喆夏) 의진에 투신하여 의병투쟁에 나섰다가 붙잡혀 같은 해 11월 30일 평리원에서 내란죄로 유형 10년이 선고되었다.

판결서 형 제58호

한성 중서(中署) 전동(典洞) 고용
피고 이봉래(李鳳來) 28세

한성 중서(中署) 전동(磚洞) 퇴역병
피고 정원집(鄭元集) 31세

피고 이봉래·피고 정원집에 대한 내란사건을 검사 공소(公訴)에 의하여 이를 심리하니, 피고 이봉래는 공칭하기를 음력 9월 초 10일에 정원집으로 더불어 광주(廣州) 지방으로 함께 가서 일본병을 배척할 뜻으로 난을 일으키는 소위 의병장 정철하(鄭喆夏)의 부하로 참가하여 정철하가 군량이라 칭하고 맹 감역(孟監役) 집에서 돈 2천 냥을 토취(討取)하는 것을 목격하고 동군 및 용인군 등지로 수행하다가 동월 24일에 도주해 돌아왔으며, 피고 정원집은 공칭하기를 피고는 이봉래에게 권유를 받고 정철하의 부하로 수삼일간 수행하다가 중도에 도주하여 돌아왔다 한 사실은 피고들의 진술과 경시청 취조서에 의하여 명백한지라, 피고 이봉래와 피고 정원집을 아울러 형법대전 195조 정사를 변경하기 위하여 난을 일으키는 자 율과 동 제135조 종범은 수범의 율에서 1등을 감하는 율에 의하여 처단할 것이로되 피고 등이 처음 수행한 것은 우둔한 경험에서 나온 것이고, 종내에 도주하여 돌아온 것은 양심상 깨달은 바가 있고 뉘우치는 소치라, 정상을 참작하여 가히 작량할 점이 있으므로 본율에서 각 2등을 감하여 유형 10년에 처한다.

- 평리원, 1907년 11월 30일

정원집과 이봉래는 평리원에서 내란죄로 유형 10년이 선고되어 전남 지도군 지도(智島)로 유배되었다.

평리원 피고 이봉래(李鳳來)와 정원집(鄭元集)을 모두 『형법대전(刑法大典)』 제195조 '정사를 변경하기 위하여 난(亂)을 일으킨 자'의 율(律)에서 2등을 감률(減律)하여 유10년(流十年)으로 처결하라는 뜻을 법부대신이 상주하여 가하다는 교지를 받들었다.

- 『승정원일기』, 1907년 11월 15일(양력 12월 19일)

평리원의 유10년(流十年) 죄인 이봉래(李鳳來) · 정원집(鄭元集) · 손성태(孫聖泰) · 오인탁(吳仁鐸) · 김창순(金昌淳)의 배소(配所)를 전라남도 지도군 지도(智島)로 정하였다.

- 『승정원일기』, 1907년 11월 22일(양력 12월 26일)

● 유배지를 탈출하여 전해산을 찾아가다

1908년 7월, 한 무리의 장정들이 전해산(全海山)이 머무르고 있는 산채(山寨)로 찾아와서 허리띠 속에 비밀리 간직했던 광무황제의 비밀조칙을 바치는 게 아닌가! 광무황제의 밀조를 휴대했던 정원집은 전남 지도에서 유배 생활을 하던 중, 그가 은밀히 간직해 오던 광무황제의 밀조를 전달하기 위해 전해산 의병장을 찾아온 것이었다.

전해산은 1908년 2월 기삼연(奇參衍) 순국 직후 호남창의회맹소(湖南倡義會盟所) 선봉장 김준(金準)이 의진을 수습했다는 소식을 듣고 광주로 향했는데, 오는 도중에 김준도 순국하고, 오성술(吳成述)과 조경환(曺京煥)이 의진을 수습하는 중이라는 소문을 듣게 되었다.

전해산이 이들 의진을 찾아가니, 그들은 전해산에게 의병장에 오를 것을 권했지만 그는 한사코 사양하고, 의진 수습에 만전을 기하고 있었는데, 이때 이봉래와 정원집이 무관학교 출신 30여 명을 이끌고 전해산을 찾아온 것이었다.

이들은 전해산을 의병장에 추대하니, 이에 전해산은 '대동창의단(大東倡義團)'을 구성하고 의병장에 올랐고, 정원집은 그 의진의 선봉장, 이봉래는 참모장을 맡았으니, 이날이 1908년 8월 21일(음력 7월 25일)이었다.

> 대동의병대장: 전기홍(全基泓)
> 선봉장: 정원집(鄭元執)
> 중군장: 김원범(金元範)
> 후군장: 윤동수(尹東秀)
> 호군장: 박영근(朴永根)
> 도포장: 이범진(李凡振)
> 척후장: 임장택(林長澤)
> 도통장: 김성채(金性采)
> 참모장: 이봉래(李鳳來)
> 종사: 김원극(金元局) 전인권(全麟權)
> 참모: 김공삼(金公三) 김돈(金燉) 이성화(李聖化) 이영준(李永俊)
>   전내화(全乃和) 전명화(全明和) 전상회(全相澮)

(전해산이) 6월에 군사를 광주 양암정(羊岩亭)에서 모으는데, 포군(砲軍)이 문득 한 사람을 얻어 왔다. 그 사람은 키가 7척이요, 기상이 늠름하니 곧 지도(智島)에 귀양 살던 정원집(鄭元執)이었다. 이 사람은 을사년 협박조약 때에 의병을 일으켜 적을 토벌하려다가 도리어 적의 도당에게 모함을 당하여 바다 섬에 귀양살이로 와 있었다가 본도에 의병의 기세가 매우 떨치는 것을 보고 몸을 탈출하여 이리로 달려온 것이었다. 모두 인물 얻었음을 기뻐하였다.

7월 29일에 함께 수용(垂鏞, 전해산의 자-필자 주)을 추대하여 대장을 삼으매 드디어 허락하고, 정원집으로 선봉장을 삼고, 김원범(金元凡)으로 중군장을 삼고, 윤동수(尹東秀)로 후군장을 삼고, 박영근(朴永根)으로 호군장(護軍將)을 삼고, 이범진(李凡辰)으로 도포장(都砲將)을 삼고, 군령을 엄히 하고 부대를 정비하였다.

- 기우만, 「의사 김준·전수용 합전」, 『독립운동사자료집』 2. 646쪽

● 「진중일기」 속에 나온 이봉래의 행적

전해산이 남긴 「진중일기」 속에 이봉래의 행적이 몇 군데 드러나 있다.

이튿날(1908년 음력 9월 24일, 양력 10월 18일-필자 주) 아침에 과연 간청한 여러 물건을 보내오니 사람들이 듣고서 모두 부산했다. 아침 식사 후에 천보총 소리가 강 마을로부터 들려오는데, 이는 김 장군(金將軍: 김영엽金永燁-필자 주)이 바야흐로 진에 들어가면서 이처럼 포를 터뜨린 것이다. 양쪽 진이 서로 호응하여 포 소리가 두 군데서 들리니 먼 곳 사람들은 적과 접전하는 줄로 알고 어찌할 바를 몰랐다는 것이다. 얼마 후에 김 장군이 부하 정병 30여 명을 거느리고 진에 들어와 잠깐 큰일이 났다고 말하고, 사호(沙湖)에 부탁하여 빨리 보룡철환(寶龍鐵丸)을 만들어 오게 하였다. 석양에는 종사 이봉래(李奉來)가 마을 사람을 거느리고 왔다. 주막 주인 김 공이 포대 하나를 내어 주기로 풀어 보니 바로 납철환인데 600개가 넘었다. 김 공이 말하기를,

"이 물건을 내 집에 보관해 둔 것은 내 사위 심남일(沈南一) 장군에게 뜻을 두고 한 것이었는데, 사세가 부득이 그렇지 않느냐?"

하므로, 나는 매우 기뻐하고 3일 후에 보룡철환을 대신 찾아가라고 하였다.

- 전해산, 앞의 책, 398~399쪽

10월 11일(1908년 양력 11월 4일) 계해(癸亥). 산마루로 올라가 유진하고 즉시 서양촌 사람으로 하여금 점심을 지어 가져오게 하여 먹었다. 선봉 정원집(鄭元執)을 시켜 20명 군사를 거느리고 가서 김기순(金基淳)을 잡아 오게 했다.

이때 날이 갑자기 비가 쏟아지는데 나도 김 장군(金將軍)과 함께 군사를 거느리고 선봉을 뒤쫓아 가서 산동리(山洞里)에 당도하니 날이 이미 어두웠다.

드디어 선봉의 동향을 물은즉 과연 기순과 함께 있다고 하므로 즉시 군인으로 하여금 일제히 마당 가운데 열을 지어 서게 하고 영을 내려 기순을 데리고 오라 했더니 기순이 과연 와서 인사하고 자리를 같이하자 주인이 술을 내서 권하여 모두 마셨다.

여러 군사가 기순을 엄습해 죽일 양으로 이미 기순의 총 17자루를 빼앗고, 종사 이봉래(李鳳來)로 하여금 일본 말로 선봉을 교섭하고 있는데, 김 장군의 장포(將砲)가 방안으로 들어와 기순을 치려고 하니, 기순은 이미 이리될 줄을 알고 손에 든 신식 양총을 발사하려고 했다. 때마침 선봉이 기순과 함께 앉았다가 급히 기순의 손에 든 양총을 빼앗았는데, 기순은 본시 몸이 장대하고 힘이 세어서, 도로 곧 빼앗는 순간 여러 군사가 한꺼번에 몰려드니 중과부적(衆寡不敵)이 되었다. 이윽고 기순이 이미 결박되었다는 보고가 있었다.

나는 이 광경을 보고 진중에 들어가서 기순을 잡아내게 하여 제놈의 죄상을 낱낱이 말하고 밥을 재촉해 먹고 비를 무릅쓰고 수백 보를 행군하여 가서 멈추고 기순을 쏘아 죽이고, 비를 무릅쓰고 이암(耳岩)에 이르러 유숙하였다. 군사들이 폭우로 인하여 의복과 무기가 모두 젖었기로 의복은 말려서 입고 총은 탄약을 다시 쟁였다.

- 전해산, 앞의 책, 410~411쪽

오정 때 주사 이봉래(李鳳來)가 와서 서울로 돌아간다고 하면서 구슬 같은 눈물을 떨어뜨리는데 처량한 심정은 말로 다 형언할 수 없었다.

21일 임인(壬寅). 밤에 눈을 밟고 행군하여 모양(牟陽)에 이르러 유숙하였다.

(중략)

이튿날 23일(1909년 음력 1월 23일, 양력 2월 13일) 계묘(癸卯). 이봉래가 와서 서울로 떠난다고 작별하고 갔다.

- 전해산, 앞의 책, 429~430쪽

1908년 8월부터 대동창의단 참모장과 종사로 활약하던 이봉래는 이듬해 2월 13일 전해산 의병장에게 작별을 고하고 의진을 떠났다.

그런데, 그가 무명 장수 신분으로 충남 오천군(鰲川郡, 현 보령시 속면)에서 피체되어 1909년 12월 7일 경성지방재판소에서 '유형수가 유배지를 이탈한 죄를 물어 태형 100대와 함께 본형(유형 10년)을 그대로 집행한다.'라고 선고되었다.

판결

충청남도 오천군(鰲川郡) 천북면(川北面) 하만리(河滿里) 30통 2호
강원도 춘천군 북면(北面) 지촌(芝村)

무명 장수 이봉래(李鳳來) 32세

위 피고에 대한 수도 도주(囚徒逃走) 사건에 대하여 검사 양각빈(兩角斌)이 입회하고 판결함이 다음과 같다.
주문
피고를 태형 1백 대에 처하고 본형을 그대로 집행한다. 이미 경과한 형과 도주한 기간은 모두 계산하지 않는다.
이유
피고는 한력(韓曆) 융희 원년 11월 30일 평리원에서 내란죄로 유형 10년의 선고를 받고 전라남도 지도(智島)에서 그 형을 집행 중 동 2년 음력 9월 21일[47) 후 배편으로 그곳에서 도주한 자이다.
위의 사실은 피고의 당법정에서의 공술, 육군헌병장 군조 용구호길(龍口虎吉)이 작성한 피고에 대한 신문 조서, 당원 검사의 피고에 대한 신문조서, 경성공소원 검사국의 회답서의 각 기록을 종합하여 이를 인정한다.
법률에 비추건대, 그 소위가 형법대전 제303조 전단에 해당하므로 동조를 적용하여 주문과 같이 판결한다.

– 독립운동사편찬위원회,『독립운동사자료집』별집1, 377쪽

▲ 이봉래 의병장 유배지 전남 지도

그는 강원도 춘천 출신으로 1907년 음력 9월 초순 경기도 광주 정철하(鄭喆夏) 의진에 참여했다가 피체되어 재판받을 때는 신분이 '고용(雇傭)'으로 나와 있었으나 전 시위대 참위 출신 정원집보다 먼저 판결문에 이름이 나온 점과 전해산이 그를 '주사'로 호칭한 것으로 보아 그의 신분이 단순한 고용인은 아니었던 것으로 보인다.

정부는 그의 공훈을 기리어 2018년에 건국훈장 애국장을 추서하였다.

---

47) 대동창의단 창단 일자 후이다. 정원집과 함께 유배지 전남 지도를 떠나 전해산을 찾아와서 대동창의단을 구성했던 일자보다 약 1개월가량 차이가 난다. 판결문의 내용에 대동창의단 참여 사실이 없는 것으로 보아 전해산 의진에 참여한 사실을 숨기고자 의도적으로 임의의 날짜를 말한 듯하다.

19. 대동창의단 참모 김공삼 의병장

● 호남창의회맹소 중군장으로 활약

▲ 김공삼 의병장(오른쪽) - 야마구치현립대학 데라우치 문고에 소장된 이른바 『남한폭도대토벌기념사진첩』 속에 나온 것을 필자가 재촬영

1907년 10월(음력 9월) 전남 장성 출신 기삼연(奇參衍)과 전북 고창 출신 이철형(李哲衡) 등이 호남의 우국지사들에게 통문을 띄우자 전남 영광·함평에서 활약하던 이대극(李大克), 전북 임실·진안에서 의병을 일으켰던 이석용(李錫庸) 등 당시 크고 작은 의진을 형성하여 의병투쟁을 하고 있던 의병장이나 거의를 준비하던 우국지사들이 참여하였다. 의진의 참모들은 대부분 기삼연이 이끈 직할부대에 참여했지만, 선봉장을 맡은 김준(金準) 의병장은 아우 김율(金聿)과 더불어 나주·함평 등지에서 독자적인 의진을 이끌었고, 종사를 맡은 이석용은 이미 거의한 창의동맹단을 이끌면서 의진에 동참하였으며, 전해산(全海山)은 의진의 종사로 활동하면서 창의동맹단 참모로 활동하였고, 그들은 장성의 수연산(隨緣山) 석수암(石水庵)에서 호남창의회맹소(湖南倡義會盟所)를 결성하기에 이르렀는데, 김공삼(金公三)은 이철형(李哲衡)과 함께 중군장으로 활동하게 되었다.

호남창의회맹소
　대장: 기삼연(奇參衍)

통령: 김용구(金容球)

선봉: 김준(金準)

중군: 이철형(李哲衡) 김봉규(金奉奎)[48]

후군: 이남규(李南奎)

참모: 김엽중(金燁中)   김수봉(金樹鳳)

종사: 김익중(金翼中)   서석구(徐錫球)   전수용(全垂鏞)   이석용(李錫庸)

　　　김치곤(金致坤)   박영건(朴永健)   정원숙(鄭元淑)   성철수(成喆修)

　　　박도경(朴道京)

총독: 백효인(白孝仁)

감기: 이영화(李英華)

군량: 김태수(金泰洙)

좌익: 김창복(金昌馥)

우익: 허경화(許景和)

포대: 김기순(金基淳)

　호남창의회맹소 장령은 거의 당시에는 17명이었으나 거의 후 6명이 추가로 그 임무를 맡았다.

● 대동창의단 참모가 되어

　전해산은 이석용이 이끈 창의동맹단에서 임실과 진안을 중심으로 활약했는데, 1908년 3월 남원 사촌(沙村)에서 일본군에 패한 데 이어 4월 진안과 임실의 경계인 대웅(大熊: 大雲峙) 전투에서 연패하게 되어 의진의 활동이 크게 위축되자, 전해산은 남쪽으로 내려가서 김준(金準) 의진에 참여하고자 하였다. 전해산이 전남 장성에 도착했을 때는 이미 김준이 광주 어등산(魚等山)에서 전사 순국한 후였다.

　기삼연에 이어 김준마저 순국하게 되자 김준 의진의 선봉장이었던 조경환(曺京煥)이 오성술(吳成述)과 함께 의진의 일부를 거두어 진세(陣勢)를 확장하고 있었다. 전해산은 오성술이 강권해 오던 의병장 직을 고사해 오던 터였지만 광무황제의 비밀조칙을 가지고 온 정원집(鄭元執)과 해산군인 30여 명이 합세하여 의병장에 오르라는 요청에 대동창의

---

48) 김봉규(金奉奎): 김공삼(金公三)의 본명이다. 김봉규 이름으로 건국훈장 독립장, 김공삼으로 애국장이 추서되었다.

단(大東倡義團)을 조직하여 의병장에 올랐고, 호남창의회맹소 중군장으로 활약한 바 있던 김공삼은 그 의진의 참모로 참여하였다.

대동의병대장: 전기홍(全基泓)
선봉장: 정원집(鄭元執)
중군장: 김원범(金元範)
후군장: 윤동수(尹東秀)
호군장: 박영근(朴永根)
도포장: 이범진(李凡振)
척후장: 임장택(林長澤)
도통장: 김성채(金性采)
참모장: 이봉래(李鳳來)
종사: 김원국(金元局)   전인권(全麟權)
참모: 김공삼(金公三)   김돈(金燉)   이성화(李聖化)   이영준(李永俊)
　　　전내화(全乃和)   전명화(全明和)   전상회(全相澮)

김공삼의 본명은 김봉규(金奉奎)이고, 전북 고창군 고사면 가협리(加峽里) 출신으로 전해산의 대동창의단에 참여하여 참모로 활동하다가 독자 의진을 형성하여 의병투쟁을 전

▲ 김공삼 의병장 묘 - 전북 고창군 공설묘지(아산면 주진리 산16)

개하기도 하고, 기삼연 의병장이 순국한 이후 호남창의회맹소를 수습하여 선봉장을 맡기도 하였으며, 호남동의단 제2진 박도경(朴道京) 의진과 연계하여 활약하기도 하였다.

그의 의병활동 기록은 전해산의 「진중일기」를 비롯하여 기우만(奇宇萬)의 「호남의병장열전」 등에 나타나 있다.

아침 식사 후에 신대로 가서 그 진(陣: 호남창의회맹소-필자 주) 선봉장 김공삼(金公三)과 도포(都砲) 박도경(朴道京) 두 사람과 더불어 군무에 대한 것을 자세히 의논했다. 두어 시간 후에 적이 이미 한사(寒沙)로부터 왔다는 말을 듣고 급히 군사를 모아 고성산(高城山) 절정에 올라가 유진하였는데, 바로 29일(1909년 음력 1월-필자 주) 기묘일이었다.

－ 전해산, 「진중일기」, 『독립운동사자료집』 2. 458~459쪽

성재(省齋, 기삼연의 호-필자 주)가 해침을 당하자 김공삼(金公三), 박도경(朴道京)이 본진(本陣: 호남창의회맹소-필자 주)을 다시 수합하여 모든 진과 힘을 합할 계책을 한다는 것을 듣고 흔연히 달려가서,
"이것은 나의 본시 계획이다."
하고 함께 약속과 계책을 정하였는데, 대개 급함이 있으면 합치고 완화된 때에 나누어 각기 군사를 모을 계획을 하였다.

－ 기우만, 「호남의병장열전」, 『독립운동사자료집』 2. 663쪽

김봉규전(金奉奎傳)
김봉규는 자는 공삼(公三)이요, 본관은 김해다. 키가 크고 수염이 있었다. 가협산(加峽山) 중에 궁벽하게 살아서 이름을 아는 이가 적었으나 강개하여 기절(氣節)이 있었다.
성재(省齋)가 적을 토벌하여 원수 갚을 뜻이 있음을 알고 서로 왕래하여 비밀히 의논하고 뜻있는 선비들을 연락하여 때를 기다렸다. 성재가 일을 시작하매 군인과 무기에 주선한 바가 많았다. 성재가 본시부터 그가 쓸 수 있는 인재임을 알았으므로 군무를 맡기니 사양하기를
"나는 가문이 낮으니 높지 않으므로 믿지 않아서 백성이 따르지 않을 것이요. 모든 일을 보좌하는 데 있어서는 나의 힘에 미치는 것이라, 비록 죽어도 사양하지 않겠나이다."
하고 적세를 정탐하고 군사와 백성들을 권하여 일으키고, 무기를 모으고 군량을 계

467

속하여 대는 데는 일심으로 협력하여, 성재에게 좌우의 손발과 같았다.

성재가 해침을 당하자 군사들이 흩어졌다. 이에 말하기를,

"내가 스스로 담당하지 않으면 큰일이 안 되겠다. 국가의 일을 어찌하며 성재의 원수를 어찌하랴."

하였다. 여러 사람이 추대하여 대장(大將)을 삼으니 전에 성재의 하던 규율을 그대로 따르며 군사들을 크게 모아 맹세하고 고하기를

"오늘날의 모든 의병은 누가 기 장군과 죽음을 같이하기를 약속한 사람이 아니었는가. 기 장군이 참혹하게 화를 당하였는데도 원수 갚을 계획을 하지 않으면 의(義)를 같이한다는 것이 어디 있는가."

하니 여러 사람이 모두 허락하였다.

드디어 기 장군을 위하여 설위(設位)하여 통곡하고 흰옷으로 행군할 제 박도경(朴道景)에게 포사장(砲士將)의 직책을 맡겼다. 두 사람이 동심하여 서로 의논하기를,

"무릇 일은 합하면 강하고 나누이면 약한 것인데, 지금 의사들이 벌떼처럼 일어나 모두 군사가 천 명에 차지 않고, 총은 100자루에 차지 않으니 마땅히 일제히 통고하여 한 곳에서 모아 맹세하여 동심합력하도록 하여야겠다. 이렇게 하면 성공되고, 이렇게 하지 않으면 패한다."

하고, 이에 각진(各陣)에 통문을 보내어 날짜를 정하여 일제히 모이게 하였다.

모든 진에서 이름만 의병으로 핑계하고 사욕만 생각하는 자는 다 오지 않고 홀로 김영엽(金永燁)이 먼저 이르러 말하기를,

"이것은 나의 처음부터의 계획이다."

하였다. 가협에 모여서 소를 잡고 술을 마련하여 음악을 하고 즐기기를 한참 하다가 문득 서로 슬피 울며 말하기를,

"오늘 일은 군사와 백성의 마음을 진정시키기 위한 것이나, 술을 마신들 목구멍에 내려가며, 음악을 한들 귀에 들어가겠는가."

하였다. 이로부터 일이 있으면 합하고 일이 없으면 나누되 기일을 정하여 모였다가 흩어졌다가 하여, 군기를 충실히 하여 광산(光山)을 무찌를 계책을 하였는데, 김영엽이 유종여(柳宗汝)에게 해침을 당하였다. (중략)

적의 세력은 더욱 치성하여 주재(駐在)하는 병참(兵站)이 별처럼 벌어 있고 바둑처럼 두어져서, 주민들은 강제로 징발하여 산을 샅샅이 뒤지고 들에도 가득 찼다. 어찌할 계책이 없어 드디어 박도경과 전후하여 잡히었다. 왜적이 고문하기를 무수히 할수록 의기(義氣)는 더욱 열렬하여 꾸짖는 혀(舌)가 더욱 굳세었다.

왜적도 또한 의롭게 여겨 술과 찬을 주며 위로하였으나 물리치고 받지 않으며

"나는 네놈들을 먹고 네놈들의 가죽을 벗겨서 깔고 잠자려 하다가 일이 틀려졌다. 도리어 네놈의 술을 마시며 네놈의 찬을 먹어 하루라도 살기를 바라랴."

하였다. 광주로 압송되었다가 다시 대구로 옮기었다. 적이 꼬이기를,

"머리를 숙이면 용서하겠다."
하였다. 크게 꾸짖기를
"본국의 신민(臣民)으로 국가의 망하는 것을 보고 의병을 일으켜 나라를 찾으려고 하였으니, 이것은 천지간의 바른 도리이다. 어찌 나의 당당한 의(義)를 굽혀서 개 염소의 무리에게 살려 달라고 애걸한단 말이냐. 한 죽음이 있을 뿐이다. 속히 나를 죽이라. 나는 마땅히 모진 귀신이 되어 적을 모조리 죽이리라."
하였다. 적들은 서로 혀를 휘두르며,
"의사다."
하고 칭하였다. 마침내 죽여서 성밖에 묻었다. 모양(牟陽)의 인사들이 각기 돈을 내어 모아서 고향에 반장하였다.

- 기우만, 「호남의병장열전」, 『독립운동사자료집』 2. 651~654쪽

일제의 기록에는 그가 70여 명의 독자 의진을 이끌고 전북 무장군(현 고창군 속면)에서 헌병과 헌병보조원으로 구성된 무장헌병분견소의 공격을 받은 것이 나타나 있다.

▲ 김공삼 의병장의 활약상이 드러난 기록(『폭도에 관한 편책』, 1909.05.10)

고비수 제508호
융희 3년 5월 6일
전라북도 관찰사 이두황
내부대신 박제순 앞

폭도에 관한 건
관하 고부경찰서장의 보고에 계한 폭도의 상황은 좌와 여하다.
수괴 김공삼(金公三)이 인솔하는 폭도 70여 명은 화승총 44, 5정, 30년식 보병총 5, 6정을 휴대하고 15, 6명은 다갈색의 복을 착하고 기타는 보통 한장을 하고, 지난달 26일 오후 2시경 부내 무장군 청해면 평시리(平市里) 고지에 집단하고 있는바, 동면장의 보고에 접하고 동지 분견소 헌병 상등병 2명, 보조원 4명은 토벌차 동지를 향하여 출장하였던바, 적은 오후 3시경부터 동방 고창군 산내면 방면으로 도주하였다는 정보를 득하고 동지를 향하여 전진하였던바, 과연 동군 동면 부항리(釜項里)에 잠복하고 있음을

확지(確知)하고, 오후 4시 사격을 가하였던바, 적도 저항 난사 약 40분간 교전을 하고 적도(賊徒: 의병-필자 주) 9명을 폐하고, 화승총 2정, 잡품을 넣은 포대 4개, 탄약 약간을 노획하였는데, 보조원 1명은 등 부분으로부터 왼쪽 팔에 관통 총상을 입은 것 외는 손해가 없다.

- 국사편찬위원회, 『한국독립운동사』 자료 14권, 370쪽

● 박도경 의병장과 함께 피체, 순국하다

1909년 6월 20일 고창군에서 부하 의병을 해산시키고 재기하려 계획하던 중 동년 9월 20일 일경에게 붙잡혔다. 그후 동년 12월 8일 광주지방재판소에서 소위 내란죄로 교수형이 선고되어 공소하였으나 1910년 1월 27일 대구공소원에서 기각되었고, 이어 3월 2일 고등법원에서 상고가 기각되어 3월 23일 대구감옥에서 교수형으로 순국하였다.

판결 명치 43년 형상 제 호
전라북도 고창군 고사면(古沙面) 가협리(加峽里)
농업 김공삼(金公三) 46세

위의 내란 피고 사건에 대하여 명치 42년 12월 8일 광주지방재판소 전주지부에서 피고를 교수형에 처할 것을 선고한 판결에 대해 피고로부터 항소의 제기가 있었으므로 본원은 통감부 검사 삼촌일루(三村逸樓)의 입회 아래 심리하여 다음과 같이 판결한다.
주문
본건 항소는 이를 기각한다.
이유
제1. 피고 김공삼은 기삼연(奇三衍)이라는 자가 수괴가 되어 정사(政事)를 변경할 목적으로 내란을 일으킨다는 정을 알고, 그 부하에 투입하여 동인의 지휘 아래 동 부하 40명내지 2백여 명과 함께 총을 휴대하고 한국 융희 원년 10월경(음 9월경)부터 동년 12월경(음 11월경)에 이르기까지 의사를 계속하여 전라북도 고창군·무장군, 전라남도 담양군 등을 횡행하여 순사 및 수비대 등과 수차례 교전함으로써 수범자의 내란 행위를 방조하고,
제2. 피고 김공삼은 위 수괴 기삼연이 동 융희 2년 2월 4일(음 1월 3일) 수비대에게

포박된 후로부터 동인이 동일한 목적을 가지고 스스로 수괴가 되어 동일부터 동 3년 8월 5일(음 6월 20일)에 이르기까지 의사를 계속하여 20명 내지 4백여 명이 총을 휴대한 부하를 지휘하여 전라남도 장성군·영광군, 전라북도 무장군·고창군·정읍군·부안군 등을 횡행하여, 각지에서 순사 및 수비대 등과 자주 교전함으로써 내란을 일으킨 자이다.

이상의 사실은 피고의 당 법정에서의 공술, 검사정에서의 피고의 신문조서, 헌병오장이 작성한 피고의 청취서 및 원심 심문조서에 의하여 그 증빙이 충분하다.

이를 법률에 비춰보니, 위 피고의 제1·제2의 소위는 각각 형법대전 제195조에 해당하는 바, 제1의 소위는 종범이므로 동법 제135조에 의하여 수범의 율에서 1등을 감하고, 2죄가 병발하였으므로 동법 제129조에 따라 무거운 제2의 소위에 따라 교수형에 처할 것이다.

따라서 모든 점에서 전기한 바와 동일한 취지에서 이루어진 원판결은 타당한 것으로, 항소는 이유 없으므로 민·형소송규칙 제33조에 의하여 주문과 같이 판결 한다.

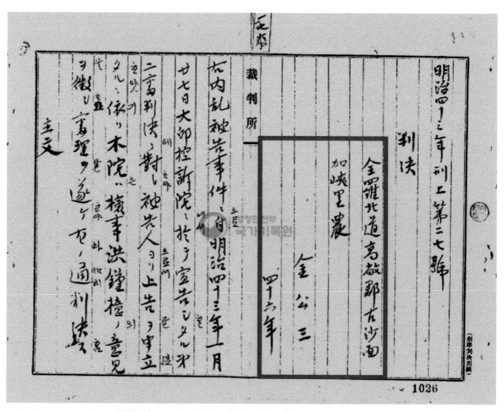

▲ 김공삼, 교수형 상고기각 판결문(고등법원, 1910.03.02)

판결문에서 김공삼은 '기삼연 의진에 참여하여 1907년 10월경부터 동년 12월경에 이르기까지 전북 고창·무장, 전남 담양 등지에서 일본 군경과 수차례 교전함으로써 기삼연 의병장의 내란 행위를 방조하고, 1908년 2월 4일부터 1909년 8월 5일에 이르기까지 20명 내지 400명의 의병을 지휘하여 전남 영광·장성, 전북 고창·무장·부안·정읍 등지에서 일본 군경과 자주 교전함으로써 내란을 일으킨 자'라고 하였다.

> 기밀 통발(統發) 제436호
> 전라북도 고창군 고사면(古沙面) 가협리(加峽里)
> 농업
> 내란범 김공삼(金公三). 46세
> 우(右) 자는
> 제1, 내란범 수괴(首魁) 기삼연(奇三衍: 奇參衍의 오기─필자 주)의 부하에 들어가서 그 도당(徒黨)과 함께 융희 원년 10월경부터 동년 12월경에 이르기까지 전라북도 고창군, 기타 각지를 횡행하여 순사 및 수비대 등과 수차례 교전하고,
> 제2, 기삼연이 수비대에 체포된 후 피고는 기삼연의 의사를 승계하여 수괴가 되고, 융희 2년 2월 이후부터 동 3년 8월까지 부하 다수를 인솔하여 전라남도 장성군, 기타 각지를 횡행하여 순사 및 수비대와 누차 교전한 소위에 대하여 형법대전 제195조, 제135조 및 129조에 의하여 본년 1월 27일 대구공소원에서 피고를 교(絞)에 처할 바로 판결(공소기각)을 하였는데, 피고는 이 판결에 대하여 상고를 신청하였으나 3월 2일 고등법원에서 상고를 기각하여 판결이 이에 확정되었으므로 본일 대구공소원 검사장 구로카와 유타카(黑川穰)에게 판결대로 집행함을 명하였기 우를 통지(通知)함.
>
> 명치 43년 3월 17일
> 통감 자작 소네 아라스케(曾禰荒助)
> 태자소사(太子少師) 내각총리대신 이완용 각하
>
> ─ 이태룡 역주, 『통감부래안(統監府來案)』, 68쪽

3월 2일 고등법원에서 상고가 기각되자, 통감부 통감 소네 아라스케(曾禰荒助)는 대구공소원 검사장 구로카와 유타카(黑川穰)에게 교수형을 집행할 것을 명령하고, 이를 이완용에게 통보했으니, 김공삼 늬병장은 경술국치 5개월여 전인 3월 23일 대구감옥에서 교수형이 집행되어 순국하였다.

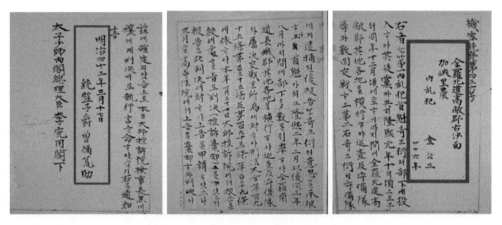

▲ 이태룡 역주, 『통감부래안(통감부래안)』, 172쪽

김공삼 의병장의 순국은 관보에 나와 있다.

내각고시 제35호

내란범 김공삼(金公三) 본월 23일 대구감옥에셔 교형의 집행을 요(了)훈 사
우 고시훔.

융희 4년 3월 30일
내각총리대신 이완용

- 「관보」 제4640호. 1910년 3월 31일

● 정부의 포상은 본명과 자로 두 차례

김공삼 의병장은 1991년 건국훈장 애국장, 본명 김봉규로 1995년 건국훈장 독립장으
로 다시 포상하였는데, 후자의 공적 내용 중, 전반부는 대체로 사실에 부합되지만, 후반
부는 오류가 많고, 순국한 연도가 1908년으로 기록하였으니, 실제와 2년의 차이가 있다.

김공삼(金公三, 1865~1910)

전북 고창 사람이다. 1907년 음력 8월말 의병장 기삼연(奇參衍)의 휘하에서 증군장
으로 있으면서 전북 고창·무장·부안과 전남의 담양 등지에서 활동하였다. 동년 음
력 9월경 고창주재소 순사를 습격하여 고창읍내에서 교전하였으며, 또 동년 11월에

473

는 추월산(秋月山)에서 일군 수비대와 접전하며 활동하였다. 그 후 1908년 음력 1월 기삼연이 붙잡힌 후에는 의병장으로 추대되어 부하 20~200명을 지휘하며 동년 음력 2월 25일경 전남 장성군 송치산(松峙山)에서 일군 4명을 저격하고 사살하고 동년 3월 6일에는 장성군 월반(月半) 장터에서 접전을 벌여 일인 순사 3명과 한인 순사 3명을 살해하였다. 또한 5월 18일 전북 무장군에서 일군 기병 7명을 사살하는 등의 활동을 하기도 하였다. 이듬해인 1909년 2월 25일에는 고창군과 부안군의 접경인 변산(邊山)에서 일군 기병과 교전하였고 동년 6월 20일에는 고창군에서 부하 의병을 해산시키고 재기하려 계획하던 중 동년 9월 20일 일경에게 붙잡혔다. 그 후 동년 12월 8일 광주지방법원(광주지방재판소-필자 주)에서 소위 내란죄로 교수형을 선고받아 공소하였으나 1910년 1월 27일 대구공소원에서 기각, 형이 확정되어 교수·순국하였다.

정부에서는 고인의 공훈을 기리어 1991년에 건국훈장 애국장을 추서하였다.

김봉규(金奉奎, 미상~1908)

전남 광산(光山) 사람이다. 기삼연(奇參衍) 의진의 의병장으로 전남·북 일대에서 활약하였다. 1895년 일제에 의한 명성황후 시해와 단발령이 강행되자, 이듬해 2월 전남 장성에서 삼종질(三從姪) 기우만(奇宇萬)과 함께 의병을 일으켰던 기삼연이 1907년 9월 재차 봉기함에 김봉규는 이에 동참하였다.

그리하여 그는 기삼연을 중심으로 결성된 호남창의맹소(湖南倡義盟所)에 이철형(李哲衡)과 함께 중군장이 되어 호남창의맹소의 대장인 기삼연 의병장을 시종일관 추종하였다. 때문에 그는 기삼연 의병장의 좌우 손발과 같았다고 한다.

그는 기삼연 의병장을 도와 1907년 9월 23일 선봉장 김태원(金泰元)과 함께 전북 고창 문수암(文殊岩)으로 접근해 오는 일본군을 공격하여 큰 타격을 주었고, 같은 해 12월 7일에는 법성포) 순사주재소를 기습 공격하여 소각시킨 후 창곡(倉穀)을 탈취하는 전과를 올리는 데 기여하였다.

그리고 1908년 2월 2일 기삼연 의병장이 붙잡혀 순국한 이후에는 박도경(朴道京)과 함께 이 의진의 본진을 이끌며 대일 항전을 지속하기도 하였다. 그러다가 박도경과 함께 붙잡혀 일제의 회유를 당했지만, 그는 "나라의 신민으로서 나라가 망하는 것을 보고 의병을 일으켜 나라를 구하려 하였으니, 이것은 천지간의 바른 도리이다." 라고 하며 끝내 거절하고 피살 순국하였다.

정부에서는 고인의 공훈을 기리어 1995년에 건국훈장 독립장을 추서하였다.

국가보훈처(국가보훈부)에 오래전부터 이 사실을 말했으나 아직도 바로잡지 않고 있으니, 매우 안타깝다.

20. 대동창의단 종사·중군장 김원국·원범 형제 의병장

● 을사늑약 이후 의병투쟁에 나선 형제

김원국(金元國, 1870~1910)의 본명은 김창섭(金昌燮)이고, 호는 석포(石浦), 이명은 원국(元局)이다. 전남 광주군 당부면 북촌리(北村里)에서 출생하였다.

1906년 3월 아우 김원범(金元範, 1886~1909)과 함께 광주 무등촌에서 의병을 일으켜 일본군과 교전을 하였다. 1907년 9월 호남의진의 거두인 기삼연(奇參衍)이 호남창의회맹소를 구성하자 김준(金準)은 선봉장으로 활약하게 되었다. 1908년 2월 기삼연이 순국하고, 4월에는 김준마저 순국하여 일시 호남의진의 기세가 잠시 소강상태에 빠졌으나 김준 휘하의 부장들이 각기 의병장이 되어 의진을 수습하였다. 그는 그해 6월 조정인(趙正仁) 의진에 참여하여 함평에서 일본 군경과 접전하였는데, 동생 원범이 조경환(曺京煥) 의진에서 도포장(都砲將)으로 활약하고 있음을 알고 그 의진으로 가서 선봉장으로 활약하게 되어 형제가 함께하였다.

한편, 이석용(李錫庸)이 이끈 창의동맹단은 1907년 10월 거의하여 임실과 진안을 중심

▲ 이른바 『남한폭도대토벌사진첩』 속의 김원국 의병장 – 야마구치현립대학 데라우치 문고에서 필자 재촬영

475

으로 활약했는데, 이 의진에서 전해산(全海山)은 참모로 활동하였다. 창의동맹단은 1908년 3월 남원 사촌(沙村)에서 일본군에 패한 데 이어 4월 진안과 임실의 경계인 대웅(大熊: 大雲峙) 전투에서 연패하게 되어 의진의 활동이 크게 위축되자, 전해산은 남쪽으로 내려가서 김준(金準) 의진에 참여하고자 하였다. 전해산이 전남 장성에 도착했을 때는 이미 김준이 광주 어등산(魚等山)에서 전사 순국한 후였다.

이에 김준 의진의 선봉장이었던 조경환이 오성술(吳成述)과 함께 의진의 일부를 거두어 진세(陣勢)를 확장하고 있었다. 전해산은 오성술이 강권해 오던 의병장 직을 고사해 오던 터였지만 광무황제의 비밀조직을 가지고 온 정원집(鄭元執)과 해산군인 30여 명이 합세하여 의병장에 오르라는 요청에 대동창의단(大東倡義團)을 조직하여 의병장에 올랐고, 형 김원국(金元局)은 종사, 이우 김원범(金元範)은 중군장으로 활약하였다.

대동의병대장: 전기홍(全基泓)
선봉장: 정원집(鄭元執)
중군장: 김원범(金元範)
후군장: 윤동수(尹東秀)
호군장: 박영근(朴永根)
도포장: 이범진(李凡振)
척후장: 임장택(林長澤)
도통장: 김성채(金性采)
참모장: 이봉래(李鳳來)
종사: 김원국(金元局) 전인권(全麟權)
참모: 김공삼(金公三) 김돈(金燉) 이성화(李聖化) 이영준(李永俊)
      전내화(全乃和) 전명화(全明和) 전상회(全相澮)

김원국·원범 형제는 조경환 의진과 전해산 의진을 오가며 활동했는데, 1908년 가을에는 전해산 의진에서, 1909년 1월 이후에는 조경환 의진에서 활동한 것이 드러나 있다.

제3. 피고 전수용은 전라남도 영광군 황량면(黃良面) 변영서(邊永瑞)라는 자는 헌병의 밀정이라 하고 피고 등에게 불리한 존재라 하여 이를 살해할 것을 발의하여 명치 41년 9월 8일(융희 2년 음력 8월 13일) 부하 20명을 인솔하고 동도 함평군 식지면 군평(群坪)에서 변영서를 붙들어 부하 김원범(金元範) 외에 1명을 시켜서 총살하였고,

– 독립운동사편찬위원회, 『독립운동사자료집』 별집1, 914쪽

10일(1909년 1월–필자 주) 정오경, 광주 서방 약 3리(한국식 30리–필자 주) 운수동의 서북방 약 5백 미터의 산중에 수괴 조경환 이하 약 50명의 비도(匪徒)가 주연(酒宴) 중인 것을 발견하고 이들을 포위한 바, 적은 퇴로를 잃고 산마루[山巓] 요지(凹地)에 서 일시 저항을 시도하였으나 주위의 고지를 점령한 토벌대는 맹렬히 사격하여 약 2시 간(소모탄 996발)에 그 20명을 죽이고 10명을 생포, 거의 전멸에 이르게 하였다.

– 국사편찬위원회, 『한국독립운동사』 자료 13권, 95~96쪽

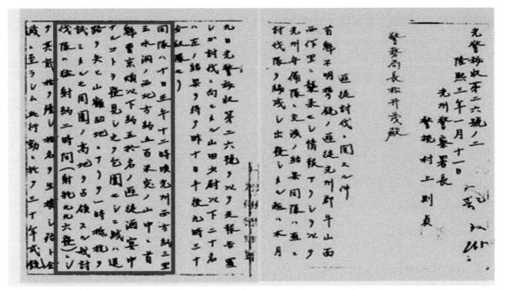

▲ 조경환 의병장 전사 순국 과정에서 일본군이 총탄 996발 소모했다는 문서(『폭도에 관한 편책』, 1909.01.11)

1909년 1월 10일 광주 운수동에서 일본군은 조경환 의진을 진압하기 위해 996발의 총 탄을 퍼부었다는 것은 그만큼 격렬한 전투를 벌였다는 뜻인데, 이는 일제침략기 호남의 병사에서 전무후무한 것이었다.

결국, 조경환 의병장이 순국하고, 의진의 도포장 김원범(金元範)은 생포되었다가 피살 되었다. 도통장 박용식(朴鏞植)은 의진을 수습하고, 조경환과 의진의 도포장 김원범, 총 독장 박규봉(朴圭奉), 1초십장 이동언(李東彦), 3초십장 원재룡(元在龍), 4초십장 서경수 (徐景洙), 동몽집사 김복동(金福東)에게 제사를 지내며 영령을 위로하는 2개의 제문이 일 본 경찰의 비밀기록 『폭도에 관한 편책』에 「나경비발(羅警秘發) 제41호」(1909.04.29)로 실려 있다.

● 김원국 의병장 활약상

김원국 의병장의 활약상은 전해산의 「진중일기」를 비롯하여 일제의 비밀기록에 많이 수록돼 있다.

(1909년 음력 1월 20일, 양력 2월 10일-필자 주) 일찍이 선봉(조경환 의진의 선봉장 -필자 주) 김원국(金元局)과 더불어 어제 날짜로 약속한 바 있기로 오늘 김성률(金成律)을 신함평 등지로 보내고, 또 이경학(李京學)·박장엽(朴長燁)을 산안(山內) 등지로 보냈다. 마침 모은명(牟殷明)이 왔기로 군에 관한 일을 자세히 들었는데, 이미 군사를 수합하여 지족실(知足實)에서 기다린다는 것이었다.

- 전해산, 「진중일기」, 『독립운동사자료집』 2, 429쪽

(1909년 음력 2월 6일, 양력 2월 25일-필자 주) 석양에 행군하여 신정영(新亭營)에 이르러 저녁밥을 먹었다. 어젯밤에 적이 머물렀던 흔적이 지금도 완연하였다. 어두울 녘에 염치(鹽峙) 박 군이 삶은 돼지와 술을 가지고 왔기로 군사에게 나누어 먹이고 출발하면서 월포(月圃)와 약속하기를,
"나는 멸재[滅峙] 등지로 가서 복병하여 광주(光州)로 내왕하는 적을 습격하려고 생각하니 공은 곧장 광주 등지로 향하여 잠시 종적을 숨기고 있다가 선봉 김원국(金元局)과 서로 만나서 초7일에 쌍계(雙溪) 등지로 회합하여 자세히 의논하고 일을 치러 나가는 것이 어떻겠는가?"
하니 그의 대답이,
"그렇게 하겠다."
라고 했다. 약간 명의 군사를 뽑아서 곧장 어랑(魚浪) 앞길로 행군하여 풍설을 무릅쓰고 밤중에 관동(冠洞)에 이르러 유숙했다.

- 전해산, 앞의 책, 439쪽

2월 7일(1909년 양력 3월 28일-필자 주) 사호(沙湖) 뒷산에 올라 유진하고 휴식하였다. 그리고 부근 마을에 부탁하여 혹은 술과 안주·짚신·담배를 가져오게 하고, 혹은 숯과 밥을 가져오게 하였다. 석양이 되자 파수꾼의 보고에,
"적 7, 8명이 방금 원당(元堂) 뒷산 송림 속으로부터 기어들어 온다."
하므로 급히 정병 수십 명에게 나가 매복하고 기다리라 했는데, 1시간이 지나도 어떠한 흔적이 없었다. 그래서 잘못 보고 헛 놀란 것으로 알았다.

이때 조성진(曹聖振) 형이 와서 대강 가친의 안부를 살폈다. 조진(曹陣: 조경환 의진
-필자 주)의 여러 장수를 불러들여 약속하기를,
"귀진(貴陣)이 아직도 두령이 없어 명령이 시행되지 않으니 군에 대한 일이 마침내
이루어질 수가 없다. 그래서 진중의 여론에 의하여 대장을 내세우기로 한 적이 오래
였다."
하고 선봉 김원국을 대장으로 삼았다. 황혼을 타고 행군하여 송림촌(松林村)에 이르
러 저녁밥을 먹었다. 동주(洞主) 이 선생이 진작 내 이름을 듣고 한 번 서로 만나고
자 하던 차였는데 이제야 만났다. 떠날 무렵에 두루마리[周紙] 1축과 봉투 1축을 내
주는데 품질이 매우 아름다웠다. 밤이 이슥해서 달빛을 타고 행군하여 탑동에 이르
러 유숙했다. 이때 김원국은 이미 부근 마을로 가서 유숙했다.

- 전해산, 앞의 책, 441~442쪽

전해산은 대동창의단이 조직되기 전부터 조경환 의진과 밀접한 관계에 있었고, 대동창
의단이 구성될 때 제4진을 맡았던 조경환이 1909년 1월 10일 순국하자 그 의진에서 선봉
장으로 활약한 바 있던 김원국이 그 의진의 대장으로 추대되었음이 드러나 있다.

김원국은 호남동의단 제4진 의병장으로 추대되기 이전부터 그 의진의 선봉부대를 이
끌고 크게 활약했음이 일제의 비밀기록에도 나타나 있다.

광비수 제122호
융희 3년 2월 13일
전라남도 경찰부장 경시 무라카미 노리사다(村上則貞)
내부경무국장 마쓰이 시게로(松井茂) 앞

폭도에 관한 건
본일 통역 문명로(文明魯)의 보고에 의하면
-. 수괴 전해산(全海山)은 영광·나주·광주의 3군계 지점을 근거로 하여 그 부근에
   잠복한 부하는 각종의 풍체로 변장하고 당시 광주군 고내상면에 배비(配備)된 군
   대를 습격하고자 전(專)히 각대(各隊)의 기밀을 정찰하고 그 목적의 진행에 접근
   하고 있다고 한다.
-. 수괴 박민홍(朴珉洪)은 나주군 오산면 및 무안의 해안 방면을 근거로 하고, 전해
   산과 기맥을 통하고 동 수비병을 습격하고자 모의하고 있다는 설이 있다.
-. 김원국(金元國)은 고 수괴 조경환(趙京煥: 曺京煥-필자 주)의 부하로 그 후를 이
   어 목하 전해산의 한 부대장으로 각 방면으로부터 금전·곡류를 약탈하여 박민홍

479

에게 보내고, 일면 목포로부터 무기의 구입을 계획하고 있다고 한다.

-. 우 3명은 목하 일단(一團)이 되어 사방의 재산가에게 금곡을 강청, 또는 각 면장 등에게 그 반송(搬送)할 것을 명령하였다 한다.

각처의 재산가 등은 후난을 두려워하여 혹은 응낙의 청서(請書)를 징수당하고 혹은 금곡을 내밀히 기부하는 자가 있다고 하는 설이 있다.

-. 김원국은 광주군 덕산면장에게 곡류를 매각하게 하여 금전을 납부하라고 재삼 시달하였다는 소문이 있다.

- 국사편찬위원회, 『한국독립운동사』 자료 13권, 367~368쪽

2월 27일(1909년-필자 주), 폭도의 한 수괴 김원국(金元局)은 광주향교에 격문을 송부(送付)하여 왔다.

- 국사편찬위원회, 『한국독립운동사』 자료 13권, 434쪽

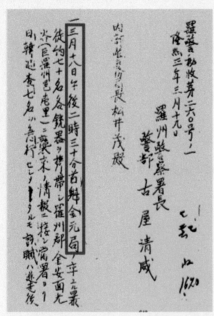

▲ 김원국 의병장에 대한 일제의 비밀기록(『폭도에 관한 편책』, 1909.03.19)

3월 18일 오후 2시 30분, 수괴 김원국(金元局)이 인솔하는 폭도 약 70명이 각각 총기를 휴대하고 나주군 금안면 광곡(光谷)에 내습하였다는 정보에 접하고 당 경찰서에서 일한 순사 7명이 급행하였으나, 적들은 도주한 후로 그 종적을 잃고 귀서하였다.

이 집단은 17일 오후 금안면 광곡에 와서 그날 밤을 보내고 다음 날 마을 뒷산 위에 점심을 운반하게 하고 어디론가 갔다고 하므로 순사대는 그곳에서 마주친 수비대와 같이 동군 용문면 방향으로 추적하였으나, 전혀 그 종적을 얻지 못하고 그날 밤 귀서하였다.

적괴 김원국은 연령 40세의 광주 출신이라고 한다.

- 국사편찬위원회, 『한국독립운동사』 자료 13권, 688~689쪽

3월 29일부 장성주재소 순사 나카무라 키스케(中村喜助)의 보고에 의하면, 김원국(金元局)이 인솔하는 적(賊) 약 100명이 26일 저녁에 장성군 남일면 안청리(安清里) 거주 이서현(李西玄)의 집에 침입하여 그가 보관하고 있던 벼 100여 가마(전라북도 부안군 김진안 소유)를 탈취하고 광주군 소고룡면 방향으로 도주하였다는 정보에 접한 바, 27일부 나카무라(中村) 순사의 보고에 의하여 즉시 광주·남원 수비대 및 광주헌병분견소에 통보하고, 또 담양주재소 순사에게 수배할 것을 명하고, 동시에 장성주재소 나카무라 순사에게 그곳 분견소 헌병과 협의하고 적의 추적 및 피해 물품을 회수할 것에 대하여 전화로 시달하였다.

- 국사편찬위원회, 『한국독립운동사』 자료 13권, 717~718쪽

수괴 전해산(全海山)이 인솔하는 폭도는 지금 그 부하 300명 내지 400명이라고 하나 사실은 일찍이 이대극(李大局)의 부장(副將)이었던 정대홍(鄭大洪)과 김원국(金元局), 박경욱(朴京旭) 등의 각 부하와 합동한 것으로서 새로이 세력이 증가한 것이 아닌바, 오늘(1909년 4월 21일-필자 주) 영광주재소 순사의 보고에 접하였다.

- 국사편찬위원회, 『한국독립운동사』 자료 14권, 147~148쪽

● 피체와 순국

김원국은 전해산 의진의 종사, 조경환 의진의 선봉장으로서 활약하다가 조경환 순국 이후 그 의진의 대장이 되어 전해산 의진과 협력하여 의병투쟁을 전개했는데, 일제 앞잡이 밀정의 밀고에 의해 마침내 피체되기에 이르렀고, 이어 광주경찰서에서 취조한 것이 기록으로 남아 있다.

6월 18일 보병 제2연대장 보고
파견대 사령관 앞
6월 11일 오전 1시 30분 광주경찰서로부터 다음의 통보를 받았다.
적도(賊徒) 수괴 김원국(金元局, 부하 80명)이 10일 저녁, 우산(牛山: 광주 서북 2리 반)에 투숙하였다는 정보에 의하여 제8중대로부터 하사 1명, 상등병 1명, 병졸 13명을 인솔하고 오노다(小野田) 특무조장의 지휘를 받게 하여 경찰관 5명과 협동, 그 체포에 임하게 하였다.

토벌대는 오전 2시 광주를 출발하여 오전 4시 20분 우산(牛山)에 도달하여 그 마을을 포위하고 적이 숙박한 가옥을 습격, 김원국 이하 6명을 체포하였다.

— 국사편찬위원회, 『한국독립운동사』 자료 14권, 576쪽

융희 3년 7월 5일
광주경찰서장 경시 무라카미 노리사다(村上則貞)
내부경무국장 마쓰이 시게로(松井茂) 앞

적괴(賊魁) 김원국(金元局)에 관한 건
6월 11일자 「광경비수 제506」의 속보(續報)

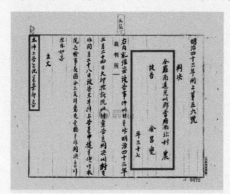

▲ 김원국(본명 김창섭) 의병장, 교수형 상
고기각 판결문(고등법원, 1910.04.28)

수괴 김원국은 취조의 결과 내란 및 강도의 합병죄로서 7월 1일 당 지방재판소에 신병을 송치하였다. 그 비도(匪徒) 모집의 주원인과 목적은 다음과 같다.

1. 성명·연령·신분·직업·전 관직의 구별
광주군 당부면 북촌 거주, 무직, 평민, 김원국(金元國, 혹은 元局), 본명은 김창섭(金昌燮, 36세)이라고 하고 호를 석포(石浦)라 칭한다. 일찍이 관직 경력이 없고, 또 훈위 영전이 없다.

2. 비도를 일으키고 혹은 옹립되어 수괴가 된 동기 즉, 원인·수단·목적
지금 한국의 내치외교는 날로 일본 정부와 주요 관리의 손에 옮기어 이제 한국 관민은 상하를 통하여 그 턱짓으로 사람들을 마음대로 부리는 것을 감수하지 않으면 안될 비운에 이르렀다고 말하는 바, 보호국의 미명을 빙자하였다고 깊이 탄서(呑噬)[49]의 생각을 품는 오해를 하고, 일본 정부와 관민에게 혐오하는 마음을 갖고서 수괴 조경환(曹京煥)과 광주군 선암시장에서 만나 주종관계를 맺고 그 부하에 들어가서 선봉장이 되었다. 이때가 융희 2년 9월 5일이었다.
이에 앞서 원국의 친동생 김원범(金元範)은 이미 그 적단(賊團)의 도포장(都砲將)이 되었다. 지난 1월 10일, 광주군 소지면 어등산에서 토벌대의 습격을 받아 그 일단이 패하여 조경환이 이에 죽고 김원범 역시 생포되었다. 잔당으로 어찌할 바를 모르고 있을 때, 김원범이 살해되었다는 소식을 듣고는 비분, 드디어 일신을 희생하여 국권

---

49) 탄서(呑噬): 서제막급(噬臍莫及)의 의미이다. 배꼽을 물어뜯어도 이미 늦다, 기회를 잃고 탄식해도 소용이 없다는 뜻이다.

을 기도(旣倒)에서 회복(恢復)하고 동시에 동생의 원수를 갚기 위해 우선 군대의 헌병·경찰관을 섬멸할 것을 기대하고 올해 1월 하순 별지 격문을 각 관헌에게 보내고, 흩어진 조경환의 잔당을 규합하고, 곽진일(郭鎭一)을 선봉장에, 오덕신(吳德信)을 중군장에, 김재연(金在淵)을 후군장에, 이교학(李敎學)을 도포장에, 조찬성(趙贊成)을 호군장으로 하는 적단을 형성하여 스스로 대장이라 칭하여 이들을 지휘하기에 이르렀다.

3. 생포 또는 귀순에 관하여 느낌 또는 의견

생포 후 그의 목적은 일시에 구름처럼 흩어져 일본 군대의 정예함을 당할 수 없음을 자각하고, 참모들의 지혜가 족하지 못함을 한탄하고, 시세를 달관하고 얻지 못함을 탄식하기에 이르렀다.

4. 인솔 또는 지휘한 비도의 인원과 그 성쇠

적단 형성 당시에는 부하 약 100명으로 올해 4월 초순에 이르는 기간은 증감이 없었다. 그러나 그 행동에 있어서는 새로운 것이 없고 처음에 크게 패한 후였으므로 기백이 오르지 않고, 무기 역시 준비가 되지 않아 도저히 정예의 토벌대에 대적할 수 없으므로 교묘히 출몰하여 그 예기를 피하였다. 그리고 국가를 위하여 일어난 의병이라는 명목 아래 양민을 납치 혹은 민가에 침입하여 군수라 칭하고 금전과 곡식을 강탈하는 것을 일삼았는데, 올해 2월 하순에 이르러 나주군 관동에서 일본군 병졸 4명이 통과하는 것을 저격하고, 또 4월 2일 함평군 오산면에서 헌병대와 교전하는 등 다소 활동이 볼 만한 것이 있었으나, 그는 그때 부상하여 스스로 적단을 이끌 수가 없어서 적단의 일체를 부하 곽한일에게 맡기고 자신은 잠복하며 체포를 피하고 있었다. 이상에 의하여 볼 때, 곽한일의 행동은 쇠약의 경향에 있는 것 같다.

5. 주된 근거지 혹은 출몰한 지역

주된 근거지는 함평군 적량·여황·오산면이고, 출몰 지역은 광주·나주·능주·동복·창평·담양·장성·영광 등의 각 군이다.

- 국사편찬위원회, 『한국독립운동사』 자료 15권, 75~76쪽

김원국은 1909년 11월 23일 광주지방재판소에서 교수형이 선고되자 공소, 이듬해 3월 24일 대구공소원에서 기각되었고, 이어 4월 28일 고등법원에서 상고가 기각되었으며, 통감부 통감 소네 아라스케(曾禰荒助)가 대구공소원 검사장 대리 검사에게 교수형 집행을 명령함으로써 5월 16일 대구감옥에서 순국하였다.

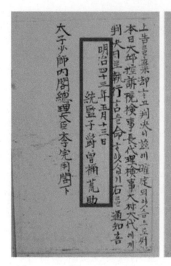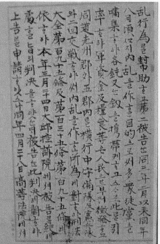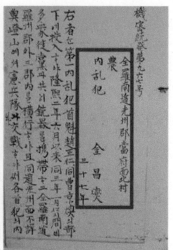

기밀 통발(統發) 제967호[50]
전라남도 광주군 당부면(當府面) 북촌(北村) 농업
내란범 김창섭(金昌燮). 37세
우(右) 자는 제1, 내란범 수괴 조정인(趙正仁)·조경환(曺京煥)의 부하로 들어가서
융희 2년 6월부터 동 3년 1월까지 다중도당(多衆徒黨)과 함께 총기를 휴대하고 전라
남도 나주군 외 3개 군내를 횡행하여 동도 광주군 면 불상 무등산에서 헌병대와 교
전하여 각 수범(首犯)의 내란행위를 방조(幇助)하고, 제2, 피고는 동 3년 2월부터 동
년 8월경까지 내란을 일으킬 목적으로 다중도당을 소집하여 총, 또는 칼을 휴대케
하고 스스로 이를 인솔하여 군자금 및 식량 등은 인민으로부터 징발하고, 광주군 외
5개 군내를 횡행중 수비대 및 헌병대와 2회 교전하여 내란을 일으킨 소위에 대하여
형법대전 제195조 및 제135조에 의하여 본년 3월 24일 대구공소원에서 피고를 교
(絞)에 처할 지(旨)의 판결을 하였는데, 피고는 이 판결에 대하여 상고를 신청하였으
나 동년 4월 28일 고등법원에서 상고를 기각하고 판결이 이에 확정되었음으로써 본
일 대구공소원 검사장 대리 검사 오무라 오다이(大村大代)에게 판결대로 집행함을
명하였기 우를 통지(通知)함.

명치 43년 5월 13일
통감 자작 소네 아라스케(曾禰荒助)
태자소사(太子少師) 내각총리대신 이완용 각하

---

50) 이태룡 역주, 『통감부래안(統監府來案)』, 102쪽

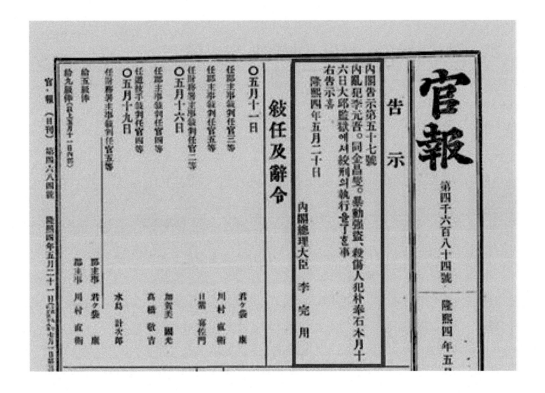

내각고시 제57호
내란범 이원오(李元吾), 동 김창섭(金昌燮), 폭동강도·살상인범 박봉석(朴奉石) 본
월 16일 대구감옥에셔 교형의 집행을 요(了)훈 사
우 고시 흠
융희 4년 5월 20일
내각총리대신 이완용

정부는 형인 김원국(김창섭)에게 1963년, 아우 김원범에게 1968년 모두 건국훈장 독립
장을 추서하였고, 국가보훈부는 광복회와 독립기념관 공동으로 '이달의 독립운동가'(2013
년 6월)로 선정하여 그 공적을 기리고 있다.

21. 대동창의단 참모 이성화 의병장

● 대동창의단 참모가 되어

이성화(李成化) 의병장은 전북 고부(현 정읍시 속면) 출신으로서 이명은 성화(聖化)·민효(敏孝)이다.

1905년 을사늑약에 이어 1907년 정미7조약이 체결되고, 군대마저 해산되자 호남지방에서는 고광순(高光洵)·기삼연(奇參衍) 의진이 크게 활약하였으나 이들 의병장이 전사하거나 피체되어 총살 순국하였으며, 이어 김준(金準)·김율(金聿) 형제 의병장마저 1908년 4월 순국하자 그 의진의 선봉장이었던 조경환(曺京煥)이 오성술(吳聖述) 등과 의진을 수습하고 있었는데, 전북에서 전해산(全海山)이 찾아와 합류하였다.

이 무렵 광무황제의 비밀조칙을 휴대한 전 시위대 참위 정원집(鄭元執)이 유배지 지도(智島)에서 해산군인을 거느리고 찾아와서 전해산을 의병대장으로 추대함으로써 그해 8월 21일(음력 7월 25일) 전해산 의진인 대동창의단(大東倡義團)이 구성되었으며, 이성화는 그 의진의 참모가 되었다.

> 대동의병대장: 전기홍(全基泓, 海山)
> 선봉장: 정원집(鄭元執)
> 중군장: 김원범(金元範)
> 후군장: 윤동수(尹東秀)
> 호군장: 박영근(朴永根)
> 도포장: 이범진(李凡振)
> 척후장: 임장택(林長澤)
> 도통장: 김성채(金性采, 燦純)
> 참모장: 이봉래(李鳳來)
> 종사: 김원국(金元局)　전인권(全麟權)
> 참모: 김공삼(金公三)　김돈(金燉)　이성화(李聖化)　이영준(李永俊)
> 　　　전내화(全乃和)　전명화(全明和)　전상회(全相澮)

이성화는 1908년 3월 전북 고부에서 수십 명의 의병을 모으고, 군자금을 모집하여 군비에 충당하여 의병투쟁에 나서 전북 태인·고부·순창 등지에서 활동하며 군세를 확장하고 있던 터에 대동창의단의 참모가 된 것이었다.

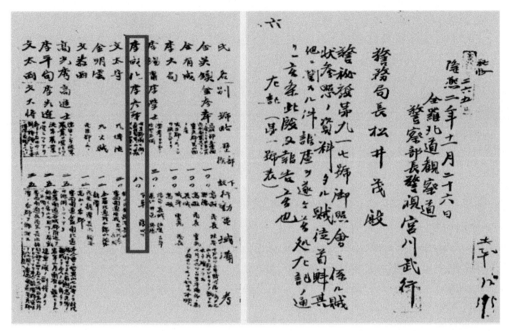

▲ 이성화 의진에 대한 기록(『폭도에 관한 편책』, 1908.11.26)

● 전남북 지역에서 신출귀몰한 의병투쟁

이성화 의병장은 본래 신보현(신보현, 본명 창학昌學) 의진의 중군장으로 의병투쟁을 벌일 때는 주로 신보현 의진과 연합하여 일본 군경은 물론, 일본인과 일제 앞잡이를 처단하는 활동을 전개하였는데, 전북관찰사 이두황이 「고비수 제216호의 2」(1909.02.24.)로 내부대신 송병준에게 보고한 문서에 그 일부가 드러나고 있다.

이달 22일 보고한 김제군 부량면 등본합자회사출장소(藤本合資會社出張所)에 관하여 전주경찰서장의 상세한 보고 요지는 다음과 같다.
이달 20일 밤, 수괴 이성화(李成化)가 인솔하는 폭도 50여 명이 김제군 홍산면 쌍궁리(雙弓里)에 내습하였다. 그들은 쌀장수 조준영(趙焌永)의 집에 침입하여 그 집에 숙박

중이던 군산 등본합자 회사원 가와하라 히라스케(川原平助) 외 2명의 소지 금품(미츠요시 요키치光吉卯吉는 엽총 1정, 부속품 가격 30원, 의류 약간 가격 25원, 가와하라는 현금 1백 원, 의류 약간 가격 70원, 장부 1책, 이케다 쿠마타로池田熊太郎은 한복 1벌 가격 14원)과 집주인 조준영의 소유 금품(현금 20원, 엽전 2백 냥, 의류 잡품 8개 가격 53원)을 약탈, 가옥을 불태운 후, 태인군 방면으로 퇴각하였다.
조준영의 집에 숙박 중이던 가와하라 외 2명은 폭도가 내습한다고 듣자 겨우 맨몸으로 도주하여 다행히 그 위기를 면하였다.

- 국사편찬위원회, 『한국독립운동사』 자료 13권, 397쪽

특히 이성화 의진은 신보현(申保玄)·노찬문(盧贊文)·이학사(李學士)·정성현(鄭聖玄) 의병장이 이끈 의진들과 연합하여 의병투쟁을 전개하였다.

전북 순창군에서의 폭도 수장(首將) 밀회 내용 보고 건
헌기 제509호
2월 21일 당소에서 체포한 적도의 자백에 따르면 음력 12월 하순 전라북도 순창군 하치면 농암(籠巖) 거주 적도 문재화(文在化)의 자택에서 적장 신보현(申保玄)·이성화(李成化)·노찬문(盧贊文)·이학사(李學士)·정성현(鄭聖玄) 등 몇 명이 집합하여 밀의했다. 그 결과는 아래와 같다.
1. 음력 2월 20일 전라남도 장성군 백양사산(白羊寺山)에 있는 사원에 각 적장이 부하를 이끌고 집합한 뒤에 전라남도에서 대활동을 하려고 한다고 한다.
2. 전라남북 양도의 적도 수령은 전해산(全海山)으로 그 부하에 김여회(金汝回, 중군장)·이성화(선봉군장)·노찬문(우익군장) 등이 있다고 한다.
3. 적장 신보현의 부하에 안담사리('담사리'란 용인傭人이라는 의미라고 함)라는 적장이 있다.

명치 42년 3월 6일

- 국사편찬위원회, 『통감부문서』 6권, 「1. 헌병대기밀보고」, 헌기 제509호

이성화 의진이 노삼문·신보현 의병장이 이끈 의진과 연계하여 의병투쟁을 전개한 것이 전북 관찰사 이두황이 내부대신 박제순에게 보고한 문서 「고비수 제283호」(1909.03.13.)에 나타나고 있다.

폭도 내습의 건
폭도 내습에 관하여 고부경찰서장의 보고 요지는 좌와 여하다.

본월 3일 태인군 순사주재소의 보고에 의하면 동 지방에 흉폭를 마음대로 하는 수괴 이성화(李成化) 및 노삼문(盧三文) 등은 전북 전남 양도에 출몰하는 신보현(申保玄) 등과 기맥을 통하고 그리고 이성화는 지나인(支那人)의 손에 의하여 총기 300정 매입의 약속을 하였다 한다. 우는 지난번 동군 고현면 행단리(杏壇里)에서 헌병에게 체포된 자가 진술한 것이나 그 근거로 하는 바 분명치 아니하다.

- 국사편찬위원회, 『한국독립운동사』 자료 13권, 670쪽

이후 이성화 의진의 활동에 대하여 전북 관찰사 이두황은 당시 내부대신 송병준·박제순에게 10여 차례 보고하였다.

제2중대 이시하라(石原) 중위의 부하 쿠라시나(倉科) 오장 이하 8명은 4월 5일 새벽 1시, 전북 순창군 가포곡(加布谷) 북방에서 수괴 신보현(申保玄)과 이성화(李成化)가 인솔하는 약 100명의 적과 회전 약 1시간 만에 적은 사체 30을 유기하고 달아났다. 이 전투에서 총 8정, 기타의 전리품이 있다. 사체에 의하면 관지면 야소교도(耶蘇敎徒), 또는 시천교도(侍天敎徒) 같아 보인다.

- 국사편찬위원회, 『한국독립운동사』 자료 14권, 101쪽

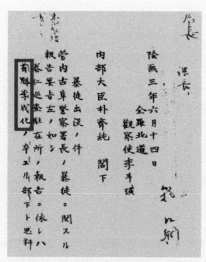

▲ 이성화 의병장의 활약상이 드러난 기록(『폭도에 관한 편책』, 1909.06.14)

태인순사주재소의 보고에 의하면, 적괴(賊魁) 이성화(李成化)가 인솔하는 적도(賊徒) 약 15명(과반수 총기 휴대)이 5월 18일 오후 10시, 태인군 인곡리 괴동(槐洞)에 와서 빈집 네 곳에 방화하고, 계속하여 인접한 흥천면 궁동(弓洞)에 이르러 금품을 약탈하고, 고부군 벌말면 대사리(大寺里)로 향하였다고 한다.

다음 날 오후 3시에 이르러 태인 헌병은 그 정보를 얻고는 상등병 2명, 보조원 4명은 즉시 급행하였다. 적은 재빨리 이를 탐지하고 도주하기 시작하였다. 이에 급히 추격하여 2명을 죽였다. 노획품으로 화승총 4정, 화약 약간이 있다. 토벌군 손해 없다.

- 국사편찬위원회, 『한국독립운동사』 자료 14권, 408쪽

고부헌병분견소 헌병 3명, 보조원 5명, 통역 1명이 고부군을 수색 중, 지난 6월 20일 오후 8시경, 동군 우덕면 두지리(斗池里)에서 수괴 이성화(李成化)가 인솔하는 약 15명의 적과 충돌, 교전한 지 20분 만에 그 2명을 죽이고, 북방 송산리(松山里) 방면으로 흩어지게 했다. 이 전투에서 적의 손에 끌려갔던 양반(태인군의 사람) 1명을 돌아오게 하였다.

- 국사편찬위원회, 『한국독립운동사』자료 14권, 639쪽

일제의 통계에 의하면, 이성화 의진이 전북에서 1909년 1월 6회, 2월에는 9회에 걸쳐 기습작전을 벌였는데, 일제는 그해 2월에만 경찰 단독 5회, 헌병 단독 10회, 수비대 단독 3회, 연합토벌 3회 등 총 21회에 걸쳐 출동한 것으로 나타나고 있는데, 이는 대부분 이성화 의진을 공격한 것이었다.

● 의진에 참여한 의병들의 모습

1909년 4월 이성화 의진은 신보현 의진과 합세하여 순창군 가포곡(加布谷) 일대에서 1시간여에 걸쳐 일본군과 접전을 벌였고, 5월 1일에는 태인군 인곡면(仁谷面)에서, 19일에는 고부군 벌말면(伐末面)에서, 6월 20일에는 고부군 우덕면(優德面)에서 일본 헌병대와 전투를 벌였다.

전라북도 경찰부장 미야카와 타케유키(宮川武行)이 내부경무국장 마쓰이 시게루(松井茂)에게 보고한 문서「고비발 제509호」(1910.05.18)에는 전북의 의병장 및 의병수 증감 상황을 다음과 같이 정리하였다.

수괴 이석용(李錫庸)·신보현(申甫鉉)·정성현(鄭聖鉉)·김동구(金洞九)·김영택(金永澤)·문태수(文太守)·이성화(李成化) 등의 족적에 대하여는 아직도 단서를 잡지 못하고 있음. 현재 수괴라고 하는 자들로서는 마정길(馬正吉)이라는 자가 부하 4명을 이끌고 무주·금산·용담군의 일부에 나타났다 숨었다 하며 수괴 서응오(徐應五)는 부하 약 10명을 데리고 무장군·부안군에 출몰하고, 기타 수괴 불명의 삼삼오오 잡당들은 도처에 그림자만 비칠 뿐 적세는 현저하게 쇠퇴하고 폭도수도 완전히 감퇴하는 형세를 나타내고 있음. (중략)
고부경찰서 관할 아래에 있어서는 폭도의 수괴는 전월과 같고 현재 완전히 세력을

잃어 감히 출몰한 형적도 없음. 신보현, 이성화 등과 같은 수괴도 계속하여 예의 수
사 중이나 완전히 그 종적을 끊어버린 것 같음.

- 국사편찬위원회, 『한국독립운동사』 자료 18권, 211~212쪽

일제의 조사에 따르면, 1909년 6월 이성화 의병부대의 활동 횟수는 13건이고 7월에는
일경, 헌병, 수비대 등과 무려 26회에 걸쳐 교전한 것으로 나타나고 있다.

고부경찰서 경부 정인하(鄭寅夏)는 밀정으로부터 이성화의 부하로 김제시장에서 등짐
장수[負商]을 하는 자가 있다는 것을 탐지하고, 1909년 8월 6일 밀정자를 앞장세우고 이
튿날 고부경찰서장과 함께 순사 5명을 한복으로 변장하고 은밀히 김제시장에 나왔는데,
밀정은 명태를 팔고 있던 이성화 의진의 김노성(金魯性) 체포하였고, 이어 신보현·이성
화 의진에서 활동했던 의병들을 붙잡게 되었다.

전주부 남문외
본년 2월 폭도수괴 신보현의 부하에 속한 자
최성권(崔成權) 당 31년

고부군 답내면 영동리
융희 2년 12월부터 이성화의 부하가 된 자
김만식(金萬植) 당 32년

전라남도 담양군 동면 상교리
본년 6월부터 신보현의 부하가 되어 십장이 된 자
김홍석(金洪石) 당 28년

- 국사편찬위원회, 『한국독립운동사』 자료 15권, 301~302쪽

고부경찰서 경부 정인하는 1909년 8월 18일 신보현 의진의 참모 윤천만(尹千萬)을 전
북 순창에서 체포한 후 순창 지역을 수색하여 5명을 붙잡고, 이른바 '폭도대토벌'이 시
작되자 밀정을 동원하여 순창, 정읍 등지에서 수십 명의 의병을 체포하였는데, 체포된 의
병들은 대부분 전해산의 대동창의단과 호남동의단 소속 의병장 신보현(신창학), 이성화,
김영엽(김여회) 등의 의진에서 활동하던 의병들이었다.

9월 6일 정 경부는 순창읍내에서 본직과 헤어져 정읍·순창 각군을 수색하여 좌의 7명을 체포하였다.

순창군 복흥면 휴암리
융희 2년 3월부터 폭도수괴 신보현·이성화·오일봉 등에게 토벌대의 행동을 밀고한 것
박중학(朴仲學) 당 54년

순창군 복흥면 상농소리
융희 3년 8월부터 신보현의 부하에 투하여 제소(諸所)를 배회한 자
박송래(朴松來) 당 42년

순창군 복흥면 하농소리
융희 2년 8월부터 수괴 김여회(金汝會)에 속하고 순창·장성군 지방을 배회하여 약탈을 한 자
장설동(張設同) 당 23년

순창군 복흥면 대가동
융희 2년 월일 불상 폭도에 가입한 혐의 있는 자
최인학(崔仁學) 당 36년

순창군 상치등면 농동
융희 2년 2월부터 폭도에 투하여 담양·장성·임실·순창의 각군을 배회한 자
이자근자(李子斤者) 당 32년

순창군 복흥면 정동
융희 2년 3월부터 수괴 신보현의 부하에 투하여 제소를 배회한 자
정자영(鄭自永) 당 42년

전라남도 강진군 남면 마동
융희 2년 6월부터 폭도수괴 신보현에 속하여 순창군을 횡행한 자
김재규(金在奎) 당 25년

- 국사편찬위원회, 『한국독립운동사』 자료 15권, 537~538쪽

● 전사 순국한 의병장과 고초를 함께한 의병들

일제의 이른바 '폭도대토벌' 시기였던 1909년 9월 1일부터 10월 25일 사이에도 의병투쟁을 전개했던 이성화 의진은 1910년 7월 중순 이후 그 모습이 사라지고 말았다. 그는 7월 10일경 전사한 것으로 보인다.

> 전라북도 군산·전주·익산·함열 부근은 완전히 평온으로 돌아가 거의 적의 정세가 없음. 7월 중 수비대 및 헌병 등의 토벌 행동은 수차에 걸쳐 적도(賊徒)의 소굴을 거의 일소하고 끝난 결과로서 대단히 평정한 상황을 드러내었으며, 전주·임실·남원 간 및 전주·김제 간의 연도는 상인(常人)의 단독여행에 대해 특별히 호위할 필요를 인식하지 않게 되었음. 임실군 부근의 수괴 이석용은 3개월 이전부터 부하를 해산하고 어딘가에 숨었으며, 수괴 정성현도 7월 17, 8일경 부하를 해산했다는 설이 있음. 태인군 부근에서 횡행하던 수괴 이성화는 지지난달 이래 수차례의 공격을 만나 부하를 거의 전부 잃고 간 곳을 알지 못함. 기타 수괴 이원오, 양윤숙, 신보현 등의 무리도 어딘가에 숨어서 소식 불명임. 다만 부안군 중계의 연안 각지 촌락에는 20명 내지 수십 명의 무리가 출몰하고 소군산도 부근의 각 도서에 왕래하는 자가 있는 듯함. 무주·용담·금산군 지방에 출몰한 수괴 문태서 이하는 지난달 이래 소재를 감추었는데, 이래 그 지방은 매우 평온한 상태임.
>
> — 국사편찬위원회, 『통감부문서』 10권, 「11. 헌병대기밀문서 7」, '(3) 천안헌병분대 관내'

▲ 이성화 의진에서 활동하다 피체되어 징역 2년 옥고를 겪은 홍성서 지사

▲ 이성화 의진에서 활동하다 피체되어 징역 2년 옥고를 겪은 허재홍 지사

이성화 의진은 100여 명이 전사 순국하고, 전북 고부 출신 김영식(金永植)·김유봉(金有奉)·김화춘(金化春)·신봉렬(申奉烈)·이기삼(李基三)·임봉여(林奉汝)·전덕진(全德鎭)·최대형(崔大形)·최명춘(崔明春)·최순보(崔順甫)·한팔복(韓八福)·허재홍(許在弘), 전북 부안 출신 이경선(李京先)·진상구(陳相九), 전북 순창 출신 추재엽(秋再葉), 전북 정읍 출신 김치덕(金致德)·이순화(李順花)·홍성서(洪性西), 전북 태인 출신 권금암(權金岩)·김봉안(金奉安)·김자화(金子化)·김수만(金水萬), 전남 장성 출신

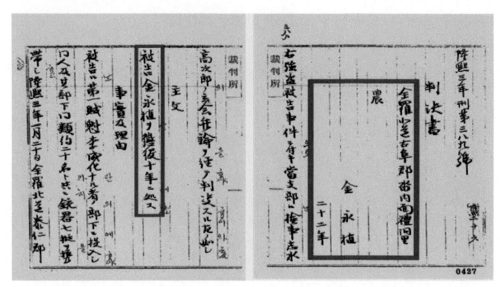

▲ 이성화 의진의 김영식 지사, 징역 10년 판결문(광주지방재판소 전주지부, 1909.10.06)

김선옥(金善玉) 등 23은 붙잡혀 모진 고문 후 재판에 회부되어 김자화 15년, 김수만·김영식 10년, 김화춘·신봉렬·진상구·최대형·한팔복 징역 7년, 이경선·전덕진·추재엽·최순보 징역 5년, 김선옥·김치덕·이순화 징역 3년, 권금암 2년6월, 허재홍·홍성서 징역 2년, 임봉여 1년 6월, 김유봉·이기삼·최명춘 징역 1년, 김봉안 태 100도가 선고되어 고초를 겪게 되었는데, 이들 중, 김영식·김화춘·이경선·진상구·최순보 등은 옥사 순국하였으니, 당시 얼마나 혹독한 옥살이였는지 짐작할 수 있겠다.

정부는 이성화 의병장의 공훈을 기려 2000년에 건국훈장 독립장을 추서하였다.

22. 대동창의단 참모 이영준 의병장

● 대동창의단 참모가 되어

이영준(李永俊) 의병장은 전남 함평 출신으로서 이명은 두헌(斗憲)이다.

1905년 을사늑약에 이어 1907년 정미7조약이 체결되고 군대마저 해산되자 호남지방에서는 고광순(高光洵)·기삼연(奇參衍) 의진이 크게 활약하였다. 그러나 이들 의병장은 일본 군경과의 접전에서 패하고 전사하거나 피체되어 총살 순국하였다. 이어서 김준(金準)·김율(金聿) 형제 의병장마저 1908년 4월 순국하자 그 의진의 선봉장이었던 조경환(曺京煥)이 오성술(吳聖述)과 함께 의진을 수습하고 있었는데, 전북에서 전해산(全海山)이 찾아왔다.

이 무렵 광무황제의 비밀조칙을 휴대한 전 시위대 참위 정원집(鄭元執)이 유배지 지도(智島)에서 부하들을 거느리고 찾아와서 전해산을 의병대장으로 추대함으로써 그해 8월 21일(음력 7월 25일) 전해산 의병부대인 대동창의단(大東倡義團)이 구성되었으며, 이영준은 그 의진의 참모가 되었다.

> 대동의병대장: 전기홍(全基泓, 海山)
> 선봉장: 정원집(鄭元執)
> 중군장: 김원범(金元範)
> 후군장: 윤동수(尹東秀)
> 호군장: 박영근(朴永根)
> 도포장: 이범진(李凡振)
> 척후장: 임장택(林長澤)
> 도통장: 김성채(金性采, 燦純)
> 참모장: 이봉래(李鳳來)
> 종사: 김원국(金元局)　전인권(全麟權)
> 참모: 김공삼(金公三)　김돈(金燉)　이성화(李聖化)　이영준(李永俊)
> 　　　전내화(全乃和)　전명화(全明和)　전상회(全相澮)

이와 같이 진용을 정비하고 각지에서 의병투쟁을 전개했는데, 그해 8월 말 불갑산(佛甲山)에서 적과 접전하여 일본 군경 수명을 포살(砲殺)하였고, 나주의 석문(石門)에서 많은 수의 일본 군경을 물리쳤다. 10월에는 대명동(大明洞)과 대치(大峙)에서 일본 군경과 접전하여 많은 적을 살상하였을 뿐 아니라 5연발총 5정, 탄환 650발, 군복 3점을 노획하여 의진의 진세를 증진시키는 데 도움이 되었다. 그리고 11월에 고막(古幕院)의 적의 병참(兵站)을 습격하여 다수의 적을 살상하였다.

●「진중일기」 속에 나온 이영준의 행적

▲ 광주감옥에 투옥된 호남 의병장 중 이영준 의병장(원내) - 필자가 야마구치현립대학 데라우치 문고 『남한폭도대토벌기념사진첩』에서 재촬영

전해산이 남긴「진중일기」속에 이영준의 행적이 여러 곳에 나타나 있다.

> (1909년 음력 1월 17일, 양력 2월 7일-필자 주) 이영준(李永俊) 공이 박영근(朴永根) 공에게 편지를 보내왔는데, 그 내용이 '돈은 액수대로 되지 않고 그 일은 몹시 급하니 일을 알 만한 종사원 몇 사람을 보내달라'는 것이므로 나는 두환(斗煥, 曺斗煥)에게 당부하기를,
> "영준의 편지 내용이 이와 같으니 아마도 불일내로 돈이 마련되는 모양이다. 그렇게 되면 곧장 영산포(榮山浦)로 가라. 김형(金兄)과 상의하여 떠나서 범사를 경솔히 하지 말고 부디 조심하여 나의 대사를 그릇되게 하지 말라."
> 하였다.
>
> - 전해산,「진중일기」,『독립운동사자료집』2, 421쪽

이영준은 의병 자금을 모집하러 나갔다가 예상한 만큼의 금액을 모으지 못한 사정을 의진의 호군장 박영근에게 서신을 보냈고, 이를 전해산에게 보고한 것인데, 이 자금은 영산포에서 서양인이나 중국인으로부터 무기 구매를 위한 것이었다.

2월 3일(1909년 음력 2월 3일, 양력 2월 22일-필자 주) 계축(癸丑). 계속 관동에서 머물렀다. 이영준(李永俊) 형이 왔기로 잠깐 이야기를 나누고 몇 사람에게 징발에 관한 문자를 써서 대야(大也)·해보(海保) 두 면 등지로 떠나보냈다.
또 이범진(李凡振)을 만나서 이날 밤으로 함께 가기로 굳게 약속하였다. 이때 도포(都砲) 박장엽이 보고하기를,
"오늘의 행군은 오로지 멸재에 복병하자는 것이니 오늘 밤에 제가 앞서 행군하여 귀밀(歸密) 등지로 가서 대개 적의 동향을 염탐한 다음 불갑산(佛甲山) 아래 유진하고서 자세히 상의하여 일을 치러 나가는 것이 옳을 듯합니다."
하므로 나도 그렇게 여기고 황혼을 타서 행군하는데, 풍설이 몰아쳐 그치지 않았다.

- 전해산, 앞의 책, 439~440쪽

12일(1909년 2월 12일, 양력 3월 3일-필자 주) 임술(壬戌). 이성범(李聖範) 형이 간지(簡紙) 두 축과 납철환 5백 개를 보내왔는데, 물품이 극히 아름다워서 그 두터운 정의에 감격했다. 당일 밤으로 달빛을 따라 행군하여 모평(牟平)에 이르러 잠깐 전일에 적을 만나 쫓고 쫓기고 한 일을 이야기했다. 그리고 군인을 임시 돌려보냈던 군산들의 집으로 보내어 잡아 오게 하였는데 군사가 모두 있지 아니하여 잡아 오지 못했다. 이때 이영준(李永俊)과 더불어 이곳에서 모이기로 약속하였는데, 저 왜적이 내왕하는 관계로 길이 막혀서 약속을 어기고 오지 아니하므로 부득이 행군하여 지족실[知足谷]에 이르러 유숙하였다.

- 전해산, 앞의 책, 444쪽

(1909년 2월 21일, 양력 3월 12일-필자 주) 아침 식사 후에 떠나려면서 종사원을 염치(鹽峙)에 보내어 군량미 5말을 가져다가 점심을 지어 오게 하고, 군장(軍莊) 뒷산 송림 속에 올라가 유진하였다. 이때 비가 온 적이 오래되지 않아서 초목이 오히려 습기가 있고, 또 바람이 자못 거세므로 마을 사람을 시켜 숯을 가져다 불을 피우고 어한(禦寒)을 했다. 낮이 되자
"적이 대안(大安)으로부터 행북(杏北)을 넘어옵니다."
라는 도통장의 기별이 매우 급하고, 또 편군(片君)이 염치로부터 돌아와서 보고하기를,
"어제 사창장에서 적의 동향을 그 앞잡이에게 물은즉 '금명일간에 사창 등지를 떠나는데 오늘은 대안(大安)으로 갈 것이라.' 하니 아마도 오늘쯤은 반드시 이곳을 지나갈 것입니다."
하였다. 이윽고 파수군의 보고에,
"적 40여 명이 방금 대동(大洞)으로부터 아계(阿溪)로 향해 갑니다."
하더니 오후에 순찰(巡察)이 부성(富成)·대동(大洞) 등지로부터 돌아와 보고하기를,

"아까 적을 길에서 만나 포박을 당하여 곤욕을 보다가 다행히 이감술(李甘述)을 만나서 화를 면하게 되었습니다."

하며 소매 속에서 이영준(李永俊)의 편지를 꺼내 주는데, 그 편지 내에 '오늘 소도(小都) 성형(成兄) 집으로 기별해 달라.'고 했다.

- 전해산, 앞의 책, 455~456쪽

(1909년 음력 2월 29일, 양력 3월 20일-필자 주)

가친(家親)께서 노자가 부족한 관계로 아직까지 고향에 돌아가지 못하고 계시므로 호군장 박영근(朴永根) 씨가 이영준(李永俊) 형에게 편지를 보냈다. 그래서 영준 형은 편지 1장을 써서 박 공의 편지를 동봉하여 정 조사원 편에 부쳐 보냈는데, 정 조사원은 수일 전에 산안 박장엽의 집에서 유련하면서 군사가 수합되기를 기다려서 거느리고 왔다.

- 전해산, 앞의 책, 460쪽

17일(1909년 윤2월 17일, 양력 4월 7일-필자 주) 정유(丁酉). 주사(主事) 조두환(曹斗煥)에게 명령을 내려, 총값 7백 냥을 추심하기 위해 조를 백남신(白南信)의 집에 보냈는데, 주막 사람을 보발로 삼아 전달했다. 어젯밤 건손(乾巽)에서 이미 이에 대한 독촉이 한 차례 있었다.

이때 근처에 머무른 여러 종사원이 내가 이곳에 왔다는 말을 듣고 모두 와서 영접하며 말하기를,

"풍문에 의하면 해산이 군사를 거느리고 돌아갔다고 하기에 의병들이나 민간이 모두 실망하고 있었는데, 갑자기 이렇게 뵙게 되니 참으로 큰 가뭄에 장맛비를 만난 것 같습니다. 민간의 소원은 적을 토벌하고 안 하는 것을 막론하고, 한 차례 다녀가시면 병든 백성이 소생되는 것입니다. 그러니 나산(羅山) 등지로 행군하시는 것이 어떻겠습니까?"

하였다. 전일 사선동에서 유진했을 적에 이영준(李永俊)·정 주사 두 분이 와서 역시 종사원이 환영하는 것같이 하며 근처 백성들의 소망을 말하므로 어제 신흥에서 작별하면서 다짐하기를,

"여러분들은 먼저 가시라. 나는 마땅히 뒤를 따라 나산의 적을 토벌하고 말겠다. 만약 쳐부수지 못하는 날이면 나는 마땅히 고향으로 돌아가 의병을 해산할 계획이니 그리 아시고 먼저 가시라."

하니 두 분이 감복하고 물러갔다.

- 전해산, 앞의 책, 494~495쪽

이같이 이영준은 전해산과 대동창의단에서 함께 의병투쟁을 전개하였음이 나타나 있다.

● 대동창의단 해산 때까지 의병투쟁

▲ 이영준 의병장에 대한 「수형인명부」 해제

전해산이 이끈 대동동의단 의진은 1909년 4월 영광·장성 등지로 나아가 일본 군경과 큰 전투를 벌였다.

4월 27일 오전 10시부터 이튿날 새벽 4시까지 무려 18시간 동안 대포 10문과 양식 연발총 5, 6정 등으로 무장한 전해산 의진 100여 명이 일본군 나주·영광 수비대 24명, 기병대 14명, 경찰 4명, 헌병보조원 13명으로 구성된 이른바 '합동 토벌대'와 격전을 치르면서 11명이 전사하고, 20여 명이 부상했는데, 이어 6월 19일 150여 명의 전해산 의진이 일본군 제1연대 8중대와 격전을 벌여 73명이 전사한 것이 일제의 비밀기록에 남아 있다.

그 후 이영준은 피체되어 1910년 3월 6일 광주지방재판소에서 징역 2년이 선고되어 옥고를 치렀는데, 판결문은 발견되지 않고 있다.

정부는 그의 공적을 기리어 1990년 건국훈장 애족장을 추서하였다.

23. 대동창의단 수습한 신보현 의병장

● 전북 순창에서 거의

신보현(申甫鉉) 의병장의 본명은 창학(昌學)이고, 이명은 보현(保玄·寶鉉)이다. 그의 생몰연대는 정확하지 않지만, 순창 출신으로 1908년 5월부터 전북 순창군 복흥면(福興

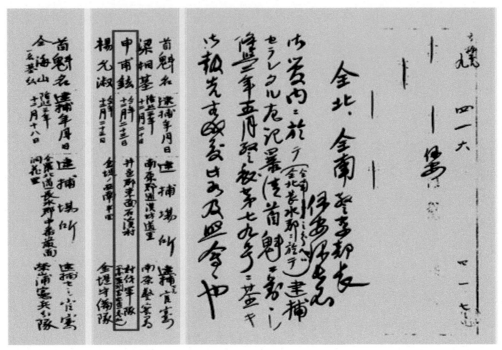

▲ 활약지를 전남북 구분할 수 없는 의병장, 전해산, 신보현 등 4인(『폭도에 관한 편책』, 1910.01.06)

面) 일대에서 40~50명으로 편성된 의병부대로 활동하였는데, 그해 11월 26일 순창군 하치등면 내동(內洞)에서는 약 200명의 의병부대를 이끌고 순창수비대 토벌대와 전투를 벌였으며, 1909년 12월까지 순창·고부 등 전라남·북도 일대에서 의병장으로 활동하였는데, 그의 의병활동 기록은 전해산의 「진중일기」와 기우만의 「호남의병장열전」, 일제의 비밀기록에 나타나 있다.

> 곁에 있던 김 종사원이 편지 2장을 내놓는데 1장을 뜯어보니 바로 송암(松庵) 홍재도(洪在道)의 편지인데 그 내용에,
> "근자에 창평(昌平) 등지에서 머물고 있다가 장군 신창학(昌學)을 만났는데, 그는 편지 1장을 써 주며 말하기를, '해산에게 전해서 내 분을 씻어주게 하라.' 하므로 그 사유를 물어본바, 의리에 당연하니 부디 신 장군의 지극한 소망을 저버리지 말라." 하였다.
> 또 1장을 뜯어보니 바로 장군 신창학의 편지인데, '금월 12일 밤에 유종여(柳宗汝)가 제 도당(徒黨) 수십 명을 거느리고 장성 운문암(雲門庵)으로 들어와 치재(痴齋) 김여회(金如晦)를 습격해 죽이고 어디로 갔는지 알 수가 없으므로 비록 군사를 일으켜 쳐 죽이고자 하나 근자에 선봉이 또 적에게 패전했으니 맨손만 쥔 군사인지라 뜻이 있어

도 실천에 옮길 수는 없습니다. 이 세상에 믿을 이는 오직 우리 장군 전해산뿐이니, 원컨대 군사를 거느리고 이곳에 와서 비진(鄙陣)의 지극한 원한을 씻어주시면 한편으로는 국가사를 위한 것이요, 한편으로 군무상 제일 급선무가 되는 것입니다. 공의 의향이 어떠하신지 회보해 주시기를 고대합니다.' 하였다.

- 전해산, 「진중일기」, 『독립운동사자료집』 2, 449쪽

주진(蛛陣) 뒷산에 당도하자 박도경(朴道京)은 서호(西湖)를 무찌를 차로 진을 멈추고 의논하는데, 때마침 들리는 말이 신창학(申昌學)의 중군 이성화(李聖化)가 이제 서호로 들어가 헛총만 쏘아대고 갔다는 것이다. 어젯밤 노적촌으로 들려온 총소리도 모두 이 때문이라 한다. 요량해 보건대 어제 그들이 이미 식겁을 했으니 아마도 구원병이 왔을 것이요, 그렇지 않으면 파수를 특별히 단속할 것인즉 만약 오늘 저녁에 그리로 들어갔다가 적에게 발목을 잡히게 되면 실패 볼 것은 뻔한 일이었다. 이 경위를 김·박 두 분에게 낱낱이 설명하니 모두가 옳은 말이라고 시인하였다.

- 전해산, 앞의 책, 484쪽

원집(元執: 정원집-필자 주)이 분진(分陣)하여 가서 고막원에 이르러 군사들과 약속하기를,
"내가 혼자 들어가서 일이 여의하면 나올 것이고, 일이 여의치 못하면 포를 놓을 터이니 포(砲) 소리를 듣거든 일제히 쏘라."
하고, 밤이 깊어서 칼을 짚고 홀로 가서 고막원의 적을 거의 다 죽였으므로 포를 놓을 필요가 없었는데, 포가 돌에 부딪혀 절로 발하매 군사들이 연달아 쏘아서 원집이 그릇 탄환에 맞아 죽었다.
해산이 듣고 매우 애통하기를,
"본시 이와 비슷한 일이 있을 줄을 추측하였는데 그가 내 말을 듣지 않은 것은 운이다. 나의 믿던 사람을 잃었으니 큰일은 틀렸구나."
하였다. 모든 진(陣)이 흩어져 도망하여 거의 다 없어지고 전해산과 신창학(申昌學)의 군사가 홀로 온전할 뿐이었다.

- 기우만, 「호남의병장열전」, 『독립운동사자료집』 2, 661~662쪽

김영엽은 자는 여회(汝晦)요 호는 치재(痴齋)다. 광산(光山) 사람으로 관산(冠山)에서 대대로 내려온 양반의 집으로 문학과 행실로 유명하였다. 일찍부터 공부에 뜻을 두고 이름난 선비 친구를 찾아 놀아서 나에게 다닌 지 여러 해이었다. 시국에 대하여

501

상심(傷心)하여 항상 불에 타는 것을 구하고 물에 빠진 것을 건질 뜻이 있었다. 한번은 사교도(邪敎徒)가 바른 도덕을 능멸히 여기는 것을 보고 수판(手板)으로써 때렸더니, 그 사람이 뒤에 병으로 죽으매 치재에게 혐의를 씌우므로 원수를 피하여 나한테 와서 우거하기 해가 넘었다.

오적이 나라를 팔자 통분하여 스스로 억제하지 못하다가 의병들이 일제히 일어나자 각진(各陣)에 출입하면서 계책을 말하여 협조하였다. 신창학(申昌學)이 복흥산 중에서 의병을 일으켰는데, 모든 진은 약탈과 폭행을 함부로 하는데 홀로 군율이 엄정하여 백성들이 안심한다는 소문을 듣고 달려갔다.

신장(申將: 신창학 의병장-필자 주)은 뜻이 서로 맞아서 군무(軍務)를 위임하며 말하기를

"나는 군사를 통솔할 재주가 없는데 특히 의기로써 일어났을 뿐이다. 군사를 모으고 양식과 기계를 모으는 모든 일은 내가 마땅히 계속할 것이요, 행군하여 적과 싸우는 것은 자네가 스스로 맡으라."

하고 군사 반을 주었더니, 간 곳마다 침노하고 약탈함이 없게 하였다. 민간에서는 방금 의병이란 이름을 빙자하고 사욕을 채우는 자들이 있어서 재물을 탐하고 백성에게 포악하게 하므로 백성들이 살 수가 없었는데, 그는 홀로 위로하고 어루만지니 다른 진이 올 때는 모두 거절하다가도 치재의 군사가 온다는 것을 들으면 모두 술과 찬을 장만하여 환영하고 위로하였다.

성재(省齋: 기삼연의 호-필자 주)가 해침을 당하자 김공삼(金公三)·박도경(朴道京)이 본진을 다시 수합하여 모든 진과 힘을 합할 계책을 한다는 것을 듣고 흔연히 달려가서,

"이것은 나의 본시 계획이다."

하고 함께 약속과 계책을 정하였는데, 대개 급함이 있으면 합치고 완화된 때에 나누어 각기 군사를 모을 계획을 하였다. 모두 말하기를,

"공(公)은 의기가 명백하고 말이 정확하니 각 진에 가서 이 계책을 말하여 한 마음으로 힘을 같이 하여 어려운 시국을 함께 건지도록 하시오."

하였다. 이르는 곳마다 모두 이름을 듣고 흠앙하기를,

"어찌 서로 보기가 늦었는고."

하여, 말에 따라 응낙하였으나 재물을 탐하여 사욕을 채우는 자는 모두 보기를 원치 않았다.

전해산(全海山)을 군문(軍門)에서 본즉 방금 적을 뒤밟아 행군하는 중이었다. 즐겨 일을 같이하기로 하여 한재[大峙]에서 한번 싸우는데 포탄을 피하지 않고 군사들과 수고로운 일까지 같이하여 밥을 나르며 물을 긷는 것까지 몸소 하매 군사들이 모두 심복하였다.

유종여(柳琮汝)는 다른 데로 갈 수도 없고, 그 위험하고 노고되는 것이 답답하고 싫

어서 치재에게 앙심을 품었고, 또 그의 제지로 제 마음대로 약탈과 폭행을 하지 못하므로 치재를 눈에 박힌 못[釘]처럼 생각하여 밤을 타서 도망하였다.

치재는 해산과 함께 남으로 가서 자은촌(自隱村)에 이르러 적을 만나 크게 부수고는 분진(分陣)하여 돌아오매, 해산의 군사가 따르기를 원하는 자가 많았다. 모두 허락하지 않으며,

"의(義)를 같이 하고 일을 같이 하는데 군사가 네 군사 내 군사가 없는 것이요, 또 전장(全將)은 계책 도략이 많아서 장수가 될 만하니 생사를 의탁할 만하다."

하였다. 이미 돌아오매 세말(歲末)이 되었다. 군사들을 흩어 보내되,

"각기 집에 돌아가서 가족들과 과세하라. 세후에 마땅히 비밀 기별이 있을 것이니 다시 모여라."

하고는 나한테 와서 과세하고 군사를 미처 모으기 전에 신장(申將)을 만나기 위하여 장차 순창 산중으로 들어가다가 마침 종여의 군사들이 치재를 버리고 이르지 않고 촌락에서 포학을 부리는 것을 보았다. 주민들이 그의 오는 것을 보고 모두 환영하며 호소하였다. 이에 종여의 군사를 잡아서 곤장을 치고는 그 총과 칼을 빼앗으며,

"이 물건들은 왜적을 막아서 위로는 임금을 위하고 아래로는 백성을 위하려는 것인데 도리어 백성에게 포학을 부려서 적이 이르기를 기다리지 않아도 백성이 살 수 없도록 하는 것이 옳으냐. 나는 방금 백암(白岩)으로 들어가니 돌아가서 너희 대장에게 고하여 한 번 와서 서로 보고 잘못한 것을 빌면 흔연히 내어 주리라."

하였다. 종여가 본래 앙심을 품었던 차에 그의 방비 없음을 타서 쫓아 와서 행패하매 드디어 해침을 당하였다. 주민들이 모두 모여서 통곡하기를 친척을 슬퍼함과 같이 하고 지금토록 말한 때에는 눈물을 떨어뜨린다. 김공삼·박도경이 변을 듣고는 손룡산중(巽龍山中)으로 행군하여 직접 하수(下手)한 두 사람을 총살하고는 종여는 놓쳤더니, 신장(申將)이 선봉을 시켜 종여의 뒤를 밟아서 총살하여 원수를 갚았다.

치재의 부인 백씨가 그 남동생과 함께 변을 듣고 왔다. 내가 관을 마련하여 주고 관위에, '호남의사치재김공지구(湖南義士痴齋金公之柩)'라고 써서 고향에 반장하게 하였다. 처음 해침을 당했을 때 사람을 보내어 수렴하여 매장하려 하였더니, 가본즉 신장(申將)이 이미 산 밖에 초빈(草殯)을 해 두었었다.

- 기우만, 앞의 책, 663~665쪽

신보현은 50~100명 정도의 의병을 거느리고 독자적인 의병활동을 전개하는 한편, 전해산 의진과 연합하였고, 특히 대동창의단 참모이자 자신의 의진 중군장 이성화 의진과 합세하여 크게 활동하였다. 이성화 의진은 1908년 3월부터 6월까지 정읍·태인·고부·순창 등지에서 군자금을 모집활동을 통해 군세를 확장하였다. 1909년 1월에는 6회, 2월에는 9회에 걸쳐 기습작전으로 일본 군경을 공격하였다.

● 전남북 여러 의진과 연계하여 의병투쟁

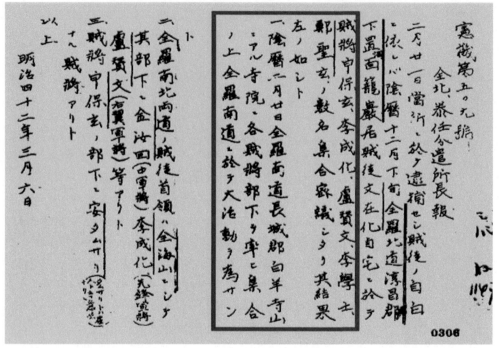

▲ 1909년 2월 21일 의병장 신보현, 이성화, 노찬문, 이학사, 정성현 등의 회합에 관한 보고
(『폭도에 관한 편책』, 1909.03.06)

신보현 의진은 총기 150정을 소지하고 있었을 만큼 상당한 위력을 갖춘 의진을 형성하여 의진의 중군장 이성화와 함께 의병투쟁을 전개하였다.

특히 신보현 의진은 이성화·노찬문(盧贊文)·이학사(李學士)·정성현(鄭聖玄) 의병장이 이끈 의진들과 연합하여 의병투쟁을 전개하였다.,

전북 순창군에서의 폭도 수장(首將) 밀회 내용 보고 건
헌기 제509호
2월 21일 당소에서 체포한 적도의 자백에 따르면 음력 12월 하순 전라북도 순창군 하치면 농암(籠巖) 거주 적도 문재화(文在化)의 자택에서 적장 신보현(申保玄)·이성화(李成化)·노찬문(盧贊文)·이학사(李學士)·정성현(鄭聖玄) 등 몇 명이 집합하여 밀의했다. 그 결과는 아래와 같다.
1. 음력 2월 20일 전라남도 장성군 백양사산(白羊寺山)에 있는 사원에 각 적장이 부하를 이끌고 집합한 뒤에 전라남도에서 대활동을 하려고 한다고 한다.

2. 전라남북 양도의 적도 수령은 전해산(全海山)으로 그 부하에 김여회(金汝回, 중군장)·이성화(선봉군장)·노찬문(우익군장) 등이 있다고 한다.
3. 적장 신보현의 부하에 안담사리('담사리'란 용인傭人이라는 의미라고 함)라는 적장이 있다.
이상.

명치 42년 3월 6일

- 국사편찬위원회, 『통감부문서』 6권, 「1. 헌병대기밀보고」, 헌기 제509호

고비수 제283호
융희 3년 3월 13일
전라북도 관찰사 이두황
내부대신 박제순 앞
폭도 내습의 건
폭도 내습에 관하여 고부경찰서장의 보고 요지는 좌와 여하다.
본월 3일 태인군 순사주재소의 보고에 의하면 동 지방에 흉폭를 마음대로 하는 수괴 이성화(李成化) 및 노삼문(盧三文) 등은 전북 전남 양도에 출몰하는 신보현(申保玄) 등과 기맥을 통하고, 그리고 이성화는 지나인(支那人)의 손에 의하여 총기 300정 매입의 약속을 하였다 한다. 우는 지난번 동군 고현면 행단리(杏壇里)에서 헌병에게 체포된 자가 진술한 것이나 그 근거로 하는 바 분명치 아니하다.

- 국사편찬위원회, 『한국독립운동사』 자료 13권, 670쪽

고비수 제388호
융희 3년 4월 7일
전라북도 관찰사 이두황
내부대신 박제순 앞

폭도에 관한 건
군대의 폭도토벌에 관한 관내 각 경찰서장의 보고 요지는 좌와 여하다.
제2중대 이시하라(石原) 중위의 부하 쿠라시나(倉科) 오장 이하 8명은 4월 5일 새벽 1시, 전북 순창군 가포곡(加布谷) 북방에서 수괴 신보현(申保玄)과 이성화(李成化)가 인솔하는 약 100명의 적과 회전(會戰) 약 1시간 만에 적은 사체 30을 유기하고 달아났다. 이 전투에서 총 8정, 기타의 전리품이 있다.

- 국사편찬위원회, 『한국독립운동사』 자료 14권, 101쪽

이처럼 신보현 의진은 이성화 의진과 연합하여 의병투쟁을 전개한 것이 여러 차례 드러나고 있다.

● 대동창의단 의진 수습하여 활동하다

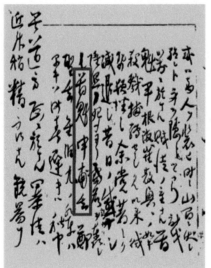

▲ 신보현 의병장 활약에 대한 기록
(『폭도에 관한 편책』, 1910.04.06)

전해산 의진은 1909년 4월부터 영광 불갑산, 광산 석문산 등지를 본거지로 삼아 곳곳에 산채를 마련하고 의병활동을 하였다. 그런데 일본 군경은 하루도 쉬지 않고 교대로 전해산 의진을 추격하였다. 총상을 입은 의병의 치료나 부서진 화승총 수리·제작, 화약의 제조 등을 할 시간도 없을 뿐만 아니라 의진의 의병들은 하루도 쉬지 못한 채 전투에 임해야 했기에 전투력은 고갈된 상태가 되었다. 게다가 농번기로 인해 주변 농민들의 참여가 부진해져 의병의 활동을 중단해야만 했다.

마침내 융희황제의 의병 해산령이 당도하자 전해산은 때가 나아지면 의진을 구성하기로 하고, 그해 7월 3일(음력 5월 16일) 영광 오동촌에서 의진을 해산하였다. 그러나 의병활동을 계속하겠다는 의병은 박도경·박영근·신보현 의진에 참여하였는데, 전남 출신은 박영근 의진에, 전북 출신은 박도경·신보현 의진에서 활동하였다.

특히 신보현 의진은 1908년 9월 전북 남원 출신 정일국(鄭一國) 의진까지 합류했으니, 의진의 진세가 상당히 강성했으며, 전해산이 이끈 대동창의단과 협력하여 의병투쟁을 전개한 것이 전해산이 대동창의단을 해산할 때 그 의진의 일부를 수습할 수 있었던 것으로 보인다.

> 융희 2년 9월 순창군 월성리(月城里)에서 부하 100여 명을 신보현(申甫鉉)에게 미루고 잠복중 금전거래를 위하여 순창군 읍내시장에 와서 드디어 포(捕)에 취한 것이라고 한다.
>
> - 국사편찬위원회, 『한국독립운동사』 자료 15권, 886쪽

1909년 8월, 고부경찰서 경부 정인하(鄭寅夏)는 밀정으로부터 이성화(李成化)의 부하로 김제시장에서 등짐장수[負商]을 하는 자가 있다는 것을 탐지하고, 8월 6일 밀정자를 앞장세우고 이튿날 고부경찰서장과 함께 순사 5명을 한복으로 변장하고 은밀히 김제시장에 나왔는데, 밀정자는 명태를 팔고 있던 이성화 의진의 김노성(金魯性) 체포하였고, 이어 신보현(申甫鉉)·이성화 의진에서 활동했던 의병들을 붙잡게 되었다.

> 전주부 남문외
> 본년 2월 폭도수괴 신보현의 부하에 속한 자
> 최성권(崔成權) 당 31년
>
> 고부군 답내면 영동리
> 융희 2년 12월부터 이성화의 부하가 된 자
> 김만식(金萬植) 당 32년
>
> 전라남도 담양군 동면 상교리
> 본년 6월부터 신보현의 부하가 되어 십장이 된 자
> 김홍석(金洪石) 당 28년
>
> － 국사편찬위원회, 『한국독립운동사』 자료 15권, 301~302쪽

고부경찰서 경부 정인하는 1909년 8월 18일 신보현 의진의 참모 윤천만(尹千萬)을 전북 순창에서 체포한 후 순창 지역을 수색하여 5명을 붙잡고, 이른바 '폭도대토벌' 시작되자 밀정을 동원하여 순창, 정읍 등지에서 수십 명의 의병을 체포하였는데, 체포된 의병들은 대부분 전해산의 대동창의단과 호남동의단 소속 의병장 신보현, 이성화, 김영엽(김여회) 등의 의진에 속했던 의병들이었다.

> 9월 6일 정 경부는 순창읍내에서 본직과 헤어져 정읍·순창 각군을 수색하여 좌의 7명을 체포하였다.
>
> 순창군 복흥면 휴암리
> 융희 2년 3월부터 폭도수괴 신보현·이성화·오일봉 등에게 토벌대의 행동을 밀고한 것
> 박중학(朴仲學) 당 54년

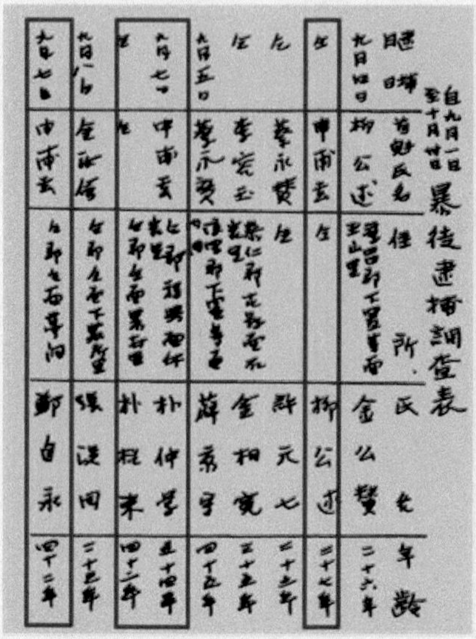

▲ 이른바 '폭도대토벌' 때 전북지역 의병 피체자 중, 신보현 의진의 의병이 다수임(『폭도에 관한 편책』, 1909.11.09)

순창군 복흥면 상농소리
융희 3년 8월부터 신보현의 부하에 투하여 제소(諸所)를 배회한 자
박송래(朴松來) 당 42년

순창군 복흥면 하농소리
융희 2년 8월부터 수괴 김여회(金汝會)에 속하고 순창·장성군 지방을 배회하여 약탈을 한 자
장설동(張設同) 당 23년

순창군 복흥면 대가동
융희 2년 월일 불상 폭도에 가입한 혐의 있는 자
최인학(崔仁學) 당 36년

순창군 상치등면 농동
융희 2년 2월부터 폭도에 투하여 담양·장성·임실·순창의 각군을 배회한 자
이자근자(李子斤者) 당 32년

순창군 복흥면 정동
융희 2년 3월부터 수괴 신보현의 부하에 투하여 제소를 배회한 자
정자영(鄭自永) 당 42년

전라남도 강진군 남면 마동
융희 2년 6월부터 폭도수괴 신보현에 속하여 순창군을 횡행한 자
김재규(金在奎) 당 25년

- 국사편찬위원회, 『한국독립운동사』 자료 15권, 537~538쪽

● 신보현 의병장, 전사 순국으로 추정

신보현 의진은 1909년 5월부터 12월에 이르기까지 고부·순창·정읍 일원에서 활발하게 의병투쟁을 전개하였는데, 일본 경찰은 신보현을 체포하였다고 보고하였다.

나주경찰서장은 경무국장에게 「나경비수 제1134호의 1」(1909.12.27.)로 "본월 23일 오후 2시 당서 순사의 동행한 토벌대는 전북 정읍군 동촌 석한촌(石漢村)에서 폭도수괴 신보현을 체포하였다."라고 보고하였고, 전라북도 경찰부장은 「고비수 제31호」(1910.01.18.)로 경무국장에게 "수괴 신보현은 정읍군에서 체포되기에 이르러 대체로 (의병의) 세력 감퇴가 인정되었다."라고 하였다.

그러나 신보현은 체포되지 않은 것이 일제의 비밀기록에 드러나고 있다.

고비수 제34호
융희 4년 2월 2일
전라북도 경찰부장 경시 미야카와 타케유키(宮川武行)
경무국장 마쓰이 시게루(松井茂) 앞

폭도수괴 신보현(申甫鉉)이라고 체포한 피고인은 진짜 신보현이 아니고 전연 다른 인물임이 판명되었음을 알리는 세키구치(關口) 검사정(檢事正) 및 체포지의 소할 경찰서장으로부터의 동양 통보에 접하였으므로 본보에는 양윤숙(楊允淑)·양상기(梁相基) 2명의 조서에 그치고 또 수괴 양윤숙의 사진 1엽 첨부하였음을 자에 부기한다.

- 국사편찬위원회, 『한국독립운동사』 자료 17권, 239~240쪽

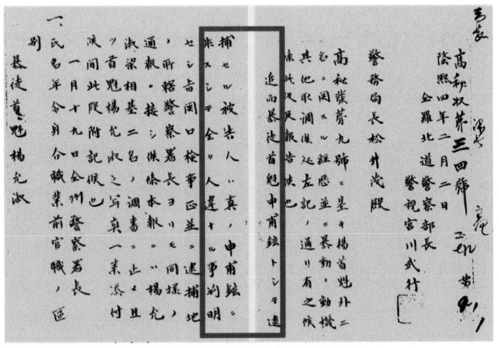

▲ "신보현이라고 체포한 피고인은 진짜 신보현이 아님"을 기록한 문서(『폭도에 관한 편책』, 1910.02.02.)

고비발 제165호
융희 4년 2월 14일
전라북도 경찰부장 경시 미야카와 타케유키(宮川武行)
경무국장 마쓰이 시게루(松井茂) 앞

폭도 상황 월보
본년 1월 중 폭도 상황은 좌기와 같으므로 보고한다.
수괴 문태수(文太洙)의 부장(副將) 길창서(吉昌西)가 전사한 이래 그 부하를 약간 잃었으며, 한때 체포되었다는 풍문이 돌았던 신보현(申甫鉉)은 사실무근으로서 교묘히 행적을 감추고 있음. 또한 숨어 있으므로 아직 포박되지 않고 있는 者 중에는 김동구(金洞九)·이석용(李錫庸)·김영택(金永澤) 등의 중요한 수괴들이 있으며, 그 부하는 확실한 통계를 구하기가 어려움.

- 국사편찬위원회, 『한국독립운동사』 자료 17권, 250쪽

전라북도 경찰부장 미야카와 타케유키(宮川武行)가 내부경무국장 마쓰이 시게루(松井茂)에게 보고한 문서 「고비발 제509호」(1910.05.18)에는 전북의 의병장 및 의병수 증감 상황을 다음과 같이 정리하였다.

수괴   이석용(李錫庸)·신보현(申甫鉉)·정성현(鄭聖鉉)·김동구(金洞九)·김영택(金永澤)·문태수(文太守)·이성화(李成化) 등의 족적에 대하여는 아직도 단서를 잡지 못하고 있음.
(중략)
고부경찰서 관할 아래에 있어서는 폭도의 수괴는 전월과 같고 현재 완전히 세력을 잃어 감히 출몰한 형적도 없음. 신보현, 이성화 등과 같은 수괴도 계속하여 예의 수사 중이나 완전히 그 종적을 끊어버린 것 같음.

- 국사편찬위원회, 『한국독립운동사』 자료 18권, 211~212쪽

이와 같이 신보현은 "일본 군경을 상대로 유격전을 전개하다가 1909년 12월 23일 정읍군 동면(東面) 석계촌(石溪村)에서 체포되었다."라고 『독립유공자공훈록』에 기록하고 있으나 이는 오류이다. 신보현 의병장은 이성화 의병장처럼 전사 순국한 것으로 추정한다.
신보현 의진에서 활약했던 전남 강진 출신 김재규(金在奎) 징역 2년, 광주 출신 조성학(趙聖學) 징역 1년, 담양 출신 이부업(李富業) 징역 2년, 장성 출신 이태우(李台宇) 징역 5년, 마신엽(馬新葉) 징역 2년, 박판기(朴判基) 징역 1년 6월, 전북 고산 출신 이용서(李

用西) 2차례 태160, 순창 출신 김선여(金善汝) 교수형, 김성칠(金星七) 징역 5년, 김만룡(金萬龍)·박중학(朴仲學)·정태경(鄭泰京) 징역 3년, 박선용(朴善用)·정자영(鄭自永)·최병길(崔丙吉)·최인숙(崔仁淑) 징역 1년, 전주 출신 최성권(崔聖權) 징역 2년 6월의 고초를 겪었다.

정부는 고인의 공훈을 기려 2008년에 건국훈장 애족장을 추서하였는데, 그의 공적에 비해 현저히 저평가된 것이었다. 그의 의진에서 부장(部將)으로 활약한 이성화·김선여는 건국훈장 독립장이 추서됐기 때문이다.

24. 대동창의단과 연합 투쟁한 김영백 의병장

● 외세 물리치고자 몽둥이 든 청년

▲ 김영백 의병장(초상화)

우리나라가 일제 통감부의 통감에 의해 좌우됨은 국가로서의 독립을 해치는 것으로 단정하고, 일본인을 비롯한 외국인을 추방하고자 1907년 11월 전남 장성군 북이면에서 몽둥이를 들고 일어선 이가 있었으니, 그는 27세의 청년 김영백(金永伯, 1880~1910)이었다.

그가 의병을 일으킨다는 소문을 듣고 인근의 열혈 청년들이 모여들어 약 1천 명을 헤아리게 되었고, 총기 2백 정으로 무장한 의진을 구성하여 전남 장성·광주, 전북 고부·정읍·태인·부안·홍덕·고창·순창 등지에서 일본 군경과 전투를 벌였다는 것이 판결문에 드러나 있다.

융희 원년 11월(음력 10월) 일자미상에 정사(政事)를 변경할 목적으로 내란을 일으킬 것을 발의(發意)하고, 전라남도 장성군 북이면(北二面)에 근거지를 두고 부하 약 1천 명을 취합하여 피고가 스스로 수괴가 되고, 선봉·중군·후군장·좌우익장·군량관 등 명목으로 부대를 편성하여 총 2백 정을 휴대하고 동 3년 6월 17일(음력 4월 말일)

까지 의사를 계속하여 전라남도 장성·광주, 전라북도 고부·정읍·태인·부안·흥덕·고창 및 순창의 각 군내를 횡행하고, 이 동안에 수비 기병, 또는 헌병·순사대와 십수 회 교전하여 서로 사상자가 나게 하였고, ……

— 독립운동사편찬위원회, 『독립운동사자료집』 별집1, 817쪽

그런데 거의를 위한 준비 기간이 길었던 이유도 있겠지만, 타지에 비해 호남지역은 의병활동이 다소 늦게 시작되었고, 그에 따라 호남의병에 대한 일제의 기록이 1907년 11월 이후에야 나타나지만, 당시에는 일본 군경이 의병장에 대한 신상 정보를 제대로 파악하지 못하고 있다가 그의 행적이 『폭도에 관한 편책』에 처음 나타난 것은 1908년 7월이었다.

7월 22일 전남 장성군 북일면 원덕리(元德里, 장성의 동북 약 4리)에 적도(賊徒) 약 40명이 내습하였다는 보고에 접하고 장성헌병분견소 하사 이하 9명이 출장하였던바 적들은 금전을 강청하여 득치 못하고 이미 도주한 후로서 그 부근을 수색하였으나 득한 바 없다.(수괴는 원 일진회원 김영백金永伯이라 한다.)

— 국사편찬위원회, 『한국독립운동사』 자료 11권, 556~557쪽

이 기밀문서는 한국주차헌병대장 아카시 모토지로(明石元二郎) 육군 소장이 각지의 헌병대로부터 보고를 받아 이를 내부경무국장 마쓰이 시게루(松井茂)에게 통보한 「한헌경(韓憲警) 을(乙) 제933호」(1908.08.04)이다.

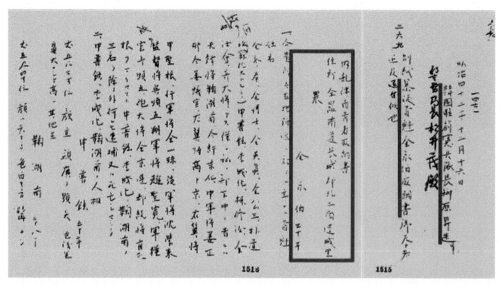

▲ 한국주차헌병대장이 직접 심문한 김영백 의병장 취조서(『폭도에 관한 편책』, 1909.12.16)

이 문서에는 김영백 의병장이 이끈 의진은 약 40명이고, 김영백 의병장은 종전 일진회원이었다는 것인데, 그가 일진회원이었다는 사실은 다른 기록에서는 찾을 수 없다.

● 전해산의 대동창의단과 연합하다

김영백 의진은 1908년 8월부터 이듬해 2월까지 그 활동상이 드러나지 않지만, 이듬해 3월부터 의병활동이 매우 활발했음이 드러나고 있다.

> 이미 보고한 대로 폭도에게 납치당한 정읍군 현내면 모암리(帽岩里) 거주 김기동(金箕東)은 이달 3일 귀가하였다. 그의 진술 내용을 기록하면 다음과 같다.
> 3월 16일 오전 3시, 선교리(先橋里)로 향하는 도중, 30여 명의 적단(賊團)에게 체포되어 금시계, 금가락지, 기타 의관 등을 대부분 빼앗기고 동군 남일면에 이르렀던바, 적단(20명)이 나타나 그들과 합하여 동군 남일면에서 다시 50여 명의 적단과 합하였는데, 3월 19일 장성군 지방에서 기병대의 공격을 받고 그로부터 흥덕군 이남면에서 다시 헌병대와 충돌하여 다소의 손해를 입고, 그로부터 장성·영광 방면을 향하여 나아가 민간인의 재물을 약탈하는 등, 그 심하기가 적지 않다.
> 적괴(賊魁)는 장성군 김영백(金永伯)으로 선봉장은 심 아무개, 중군장은 박 아무개, 후군장은 박 아무개로 이들 지휘자는 피람자의 접근을 싫어하는 것 같아서 신변에 접근하지 않는 경향이 있다고 한다. 그는 금전을 제공하고 방환(放還)된 것 같으나, 이러한 것들은 말하지 않았다.
>
> ― 국사편찬위원회, 『한국독립운동사』 자료 14권, 104쪽

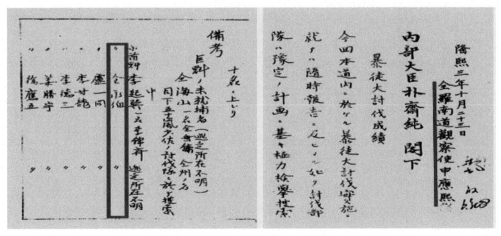

▲ 김영백 의병장, 이른바 '폭도대토벌성적' 미체포자로 기록(『폭도에 관한 편책』, 1909.10.23)

이어 김영백 의진은 전해산(全海山)·박도경(朴道京) 의진과 연합, 대규모 의진을 형성하여 무장·부안·흥덕 지역에서 활동한 것이 나타나 있다.

제2중대장 고리야마(郡山) 대위 보고 요지
(1909년-필자 주) 4월 1일, 줄포분둔대장(茁浦分屯隊長) 카나이(金井) 오장은 그곳 사람으로부터 다음의 보고를 얻었다.
3월 29일 밤, 전해산(全海山)·김영백(金永白), 박도규(朴道奎: 박도경의 일명-필자 주)라는 세 수괴가 연합한 적도 약 300명이 흥덕군 인천(仁川)으로로부터 조선배 8척 편으로 변산(邊山)에 도착하였다고 한다.
4월 2일, 고부로부터 병 3기(騎)를 줄포분둔대에 증가하고 카나이 오장으로 하여금 변산 부근을 수색하였으나 적은 1일 밤에 이미 변산으로부터 무장(茂長) 방면으로 배를 타고 떠난 후로서 조금도 얻은 바가 없고, 3일 줄포로 귀환하였다. 그곳 사람들의 말과 온갖 정황을 종합하여 살펴보면, 적수는 140명 내외가 되는 것 같고, 일본 군용총, 엽총, 화승총 등 80정가량을 가지고 있는 것 같다.

– 국사편찬위원회, 『한국독립운동사』 자료 14권, 105쪽

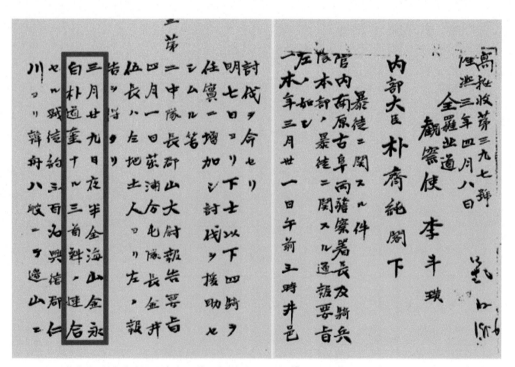

▲ 전해산·김영백·김도규(김도경) 세 의진의 연합(『폭도에 관한 편책』, 1909.04.08)

전해산 의병장은 자신의 직할대인 대동창의단(大東倡義團)을 이끌면서 호남지역 주요 11개 의진과 호남동의단(湖南同義團)을 형성하여 의병투쟁을 벌였는데, 그 호남동의단에 참여하지 않은 양진여(梁振汝) 의진과 연합투쟁을 벌였듯이 김영백 의진과도 연합투쟁을 벌인 것이 드러난 것이다. 『매천야록』에서 "호남의병장 김영백이 광주 대치(大峙)에서 대첩을 거두었다."라고 기록한 것으로 보아 전해산 의진이 중심이 되었던 대치전투도 김영백 의진이 함께한 것이었다.

윤2월 12일 임진(壬辰)

(전략) 박도경은 무장읍을 쳐들어갈 것을 중지하려 하므로, 내가 말하기를,
"적의 수효가 30명에 지나지 아니하니 우리는 많고, 그쪽은 적은데 어찌 코앞에 닥친 일을 그만둘 수 있겠는가? 정병을 뽑아서 토벌하는 것이 어떠한가?"
하였다. 도경은 말하기를
"일의 성패는 하늘에 달렸지 사람에게 있지 않습니다. 어찌 용이하게 말할 수 있겠습니까? 우리 진은 이미 경영한 바 있어 그 기한이 닥쳤으니 제 생각은 오늘 밤에 30~40리를 가서 그전 길로 나가 영광·함평 등지로 가서 경영한 일을 끝마치고 다음에 만나서 일을 하기로 약조하는 것이 어떠하신지요? 오늘은 비록 그놈들에게 약하게 보이지만 그렇다고 어찌 다른 기회가 없겠습니까?"
한다.
(중략)
출발하여 강정(江亭)에 이르러 바라보니 검은 옷을 입은 자 수십 명이 달아나는데, 의병 같기도 하고 왜적 같기도 하다. 전군(前軍)이 먼저 쫓아가서 크게 외치기를,
"의병이면 앞으로 나오고, 왜적이면 나의 칼과 탄환을 받아라!"
하니, 그 사람들이 달아나다 중지하고 섰으므로 나는 도경과 함께 급히 쫓아가서 여러 군사를 호령하여 사면을 포위하게 하고, 삽시간에 그 앞에 당도했다.
본의인즉 만약 김영백(金永伯)의 진(陣)이라면 우리 총 7자루를 추심(推尋)할 것이고, 정대홍(鄭大洪)의 진이라면 역시 우리 총 6자루를 추심할 생각이었는데, 그 두령의 성명을 물으니 바로 전일 이순식(李淳植)의 부하 유 중군(柳中軍)·박 선봉(朴先鋒)들이었다.

- 전해산, 「진중일기」, 『독립운동사자료집』 2, 486~488쪽

특히 전해산의 「진중일기」 속의 "만약 김영백(金永伯)의 진(陣)이라면 우리 총 7자루를 추심(推尋)할 것이고"라는 구절에서 전해산 의진이 김영백 의진에 총을 7자루 빌려준 적이 있었다는 것은 그들의 의진 관계를 방증한다고 하겠다.

● 전남북 넘나들며 의병투쟁

김영백 의진은 일본 군경과 전투를 벌일 때 그 규모가 7, 80명의 의진이었는데, 점차 전사자와 부상자가 많이 발생하고, 무기와 탄약의 부족으로 인해 상당수의 의병이 무기를 수리하거나 탄약을 제조하는 작업을 해야 했기 때문이었다.

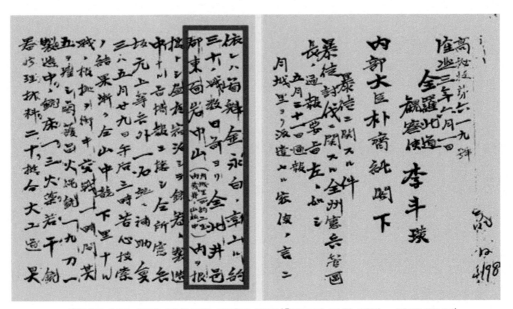

▲ 김영백 의진, 정읍 암건산에 근거지 마련(『폭도에 관한 편책』, 1909.06.01)

4월 18일(1909년-필자 주) 오후 4시 30분, 장성군 북삼면 동산리(東山里)에서 장성 헌병분견대는 수괴 김영백(金永伯)의 부하 70명과 충돌하여 그 9명을 죽이고, 10명을 부상시킨 후 이들을 흩어지게 하였다.

- 국사편찬위원회, 『한국독립운동사』 자료 14권, 183쪽

흥덕주재소의 보고에 의하면, 적괴(賊魁) 김영백(金永伯)은 부하 약 80명(총기 22명 휴대)을 인솔하고, 5월 18일 오전 10시, 무장군으로부터 흥덕군 일서면 화시산 용정사(龍井寺)에 와서 그 절을 근거로 부하 14, 5명을 산기슭인 삼체·궁현·중등·백운리에 파견하여 술과 음식을 징발하고 있다는 정보에 접하고, 이노우에(井上) 순사는 분둔대(分屯隊) 야마구치(山口) 특무조장 이하 5기의 기병과 협력하여 동시에 급

행하였던바, 적은 토벌대가 산중턱에 가까이 옴을 기다려 산병선(散兵線)을 펴고, 공격에 노력하였다. 이에 있어서 한 부대는 맹렬한 사격을 가하여 드디어 약 2시간 후에 이들을 흩어지게 하였다. 적 전사자 7명, 토벌군 손해 없다.

- 국사편찬위원회, 『한국독립운동사』 자료 14권, 418쪽

월성리로부터 파견한 밀정의 말에 의하면, 수괴 김영백(金永伯)이 인솔하는 약 30명의 적이 수일 전부터 전북 정읍군 동면 암건산(岩巾山) 내를 근거로 하여 주야로 숙박하며 총기를 제조 중이라는 정보를 접하고, 그곳 헌병 사카모토(坂元) 상등병 외 1명과 보조원 3명은 5월 29일 오후 3시, 고십하여 수색한 결과, 겨우 그 산의 용하리(龍下里)에 있는 적의 근거지에서 충돌하여 교전 1시간 만에 5명을 죽였다.

- 국사편찬위원회, 『한국독립운동사』 자료 14권, 580쪽

1909년 6월부터 일본 군경의 의병 진압이 강경해져 의병활동이 힘들게 되었는데, 이른바 '폭도대토벌'이 시작되던 9월에는 불과 2, 30명으로 운용할 수밖에 없었다. 상당수 의병은 치료하거나 휴식을 취할 수밖에 없었던 가장 큰 이유는 무기와 탄약의 부족 때문이었지만 일본 군경은 물론, 일제에 협력하는 관찰사와 군수의 활동이 곳곳에 미쳐 의병은 의식주 해결조차 하기 어려운 상황이 되었다.

흥덕순사주재소의 보고에 의하면, 6월 14일 오전 10시, 수괴 김영백(金永伯)이 인솔하는 폭도 약 70명이 검은 옷을 입고, 총기를 휴대하여 흥덕군 일동면 관동(冠洞)에 내습하였다는 보고를 접하고 순사 2명, 그곳에 분둔하던 보병 특무조장 이하 22명과 협력하여 출장하였던바, 적은 이미 정읍군 방면으로 도주한 후로 조금도 얻은 바가 없었다고 한다.

- 국사편찬위원회, 『한국독립운동사』 자료 14권, 635쪽

- 7월 24일 장성군 북상면 새재(북하면 신성리 소재)에서 약수정파견소 헌병 2명, 보조원 4명이 적괴 김영백(金永伯)의 부하 약 20명과 교전, 1명을 죽이고 이를 격퇴했다.
- 10월 22일 신평파견소 상등병 1명, 보조원 4명이 장성군 북이면 은동리(현 원덕리)에서 적괴 김영백(金永伯)이 이끄는 약 20명을 공격, 이를 격퇴했는데 2명을 죽이고 화승총 1정을 노획했다.

- 이일룡 역주, 『비록 한말전남의병전투사』 참조

● '폭도대토벌'에 부하 의병 살리고자 자수하다

일제는 1909년 9월 1일부터 10월 30일까지 이른바 '폭도대토벌' 작전을 펼침과 아울러 융희황제의 의병해산 조칙을 내세운 일본 군경과 일제 앞잡이 내각은 관찰사, 군수 등을 각지에 보내어 회유공작을 벌였으며, 특히 고부·고창·무장·영암·흥덕 등지의 의병을 살육하기 위해 10월 중순 이후에는 일본군 제2연대 병력과 기병대가 대규모로 배치하여 2차 대살육전을 전개하면서 변장대와 밀정의 손길이 벋치지 않은 곳이 없는 상황이 되자 의병장은 의진을 해산하고 체포되기에 이르렀다.

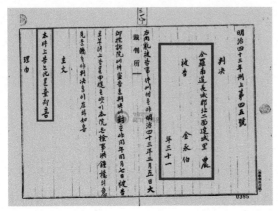

▲ 김영백 의병장, 교수형 상고기각 판결문(고등법원, 1910.04.07)

마침내 김영백은 융희황제의 의병해산령에 따라 2백여 명의 부하 의병을 구명하기 위해 스스로 체포되기에 이르렀다.

10월 25일자 광주헌병관구장의 통보에 의하면, 10월 22일, 장성헌병분견소 신평파견소 상등병 1명, 보조원 4명은 장성군 북이면 은동리(隱洞里)에 수괴 김영백(金永伯)이 인솔한 약 20명이 숙박하고 있음을 비밀리 보고해 옴에 따라 이를 토벌하기 위해 오전 5시 30분, 이들과 충돌하여 교전 20분 만에 적은 북상면 방면으로 물러갔다. 이들을 추적하였으나, 산속에 들어가서 드디어 그 종적을 잃었다. 적은 다갈색과 백색의 한복을 입고, 화승총 15정을 휴대하였다고 한다.
이 전투에서 화승총 1정, 화약 약간, 잡품 수점을 노획하고, 적 전사자 2명을 내었다고 한다. 토벌대의 손해는 없다고 한다.

　　　　　　　　　　　　　　　　　　　- 국사편찬위원회, 『한국독립운동사』 자료 15권, 833~834쪽

이달(11월-필자 주) 8일 오전 11시 폭도수괴 김영백(金永伯)은 정읍 주둔 수비보병대에 자수하여 그 부대에 구류 중에 있으므로 이에 보고한다.

　　　　　　　　　　　　　　　　　　　- 국사편찬위원회, 『한국독립운동사』 자료 16권, 139쪽

김영백 의병장은 그해 12월 20일 광주지방재판소 전주지부에서 교수형이 선고되자 공소, 이듬해 3월 5일 대구공소원에서 기각되고, 이어 4월 7일 고등법원에서 상고가 기각되

어 5월 3일 대구감옥에서 순국하였다.

정부는 고인의 공훈을 기리어 1982년에 건국훈장 독립장을 추서하였다.

▲ 김영백 의병장 묘 - 대전현충원 독립유공자 묘역

25. 심남일 의진 전군장·부장(副將) 강무경 의병장

● 심남일 의진의 전군장 · 부장(副將)이 되어

강무경(姜武景)은 전북 무주군 풍서면 설천리(현 설천면 소천리) 출신으로 본명은 윤수(尹秀)이고, 이명은 무경(武京) · 현수(鉉秀)이다.

1907년 심남일(沈南一)로부터 의병을 일으키자는 통문을 받고서 의형제를 맺고, 김율(金聿)이 순국하자 심남일을 대장으로 추대하고 그 의진의 전군장(선봉장) · 부장(副將)이 되어 1909년 9월까지 전남 남부지역에서 수십 차례 의병투쟁을 전개하였다.

▲ 강무경 동상 - 전북 무주군 라제통문

나경비발 제23호
융희 3년 2월 26일
나주경찰서장 경부 후루야 키요타이(古屋清威)
내부경무국장 마쓰이 시게루(松井茂) 앞
오늘 아침 전보로 보고한 것과 같이 본관은 일한 순사와 헌병 합동의 한 부대를 인솔하고 정오 무렵, 남평군 죽곡면 선동에 도착한바, 수괴 박사화(朴士化)·박민홍(朴珉洪)·강무경(姜武京) 등이 인솔하는 약 250명의 폭도가 그 마을 배후의 덕룡산(德龍山: 일명 국사봉國師峰-필자 주)이라고 칭하는 고지에 진지를 구축하고 있으므로 즉시 사격을 가하였으나, 적은 천험(天險)의 지리와 다수를 믿고 완강히 저항하였는데, 대전 3시간 후 영암군 방면으로 궤란시켰다.
이 전투에서 적의 사망 7명, 부상자 미상, 포로 2명(그중 1명은 수괴 박민홍의 동생인 재무장 박여홍朴汝洪으로 오른쪽 옆구리 아래로부터 오른쪽 머리 부분에 관통한 총상을 입고 있었던 바에 따라 현장에서 일단 신문을 하였던 바, 별지 조사와 같이 신립하였는데, 중상으로 점차 쇠약하여 드디어 절명하였다.)

- 국사편찬위원회, 『한국독립운동사』 자료 13권, 412쪽

일본군 헌병대는 심남일 의진이 양총을 밀매입하고, 선봉장 박사화 의진과 합류하여 활동하면서 남평군 죽곡면 거성동(巨城洞)의 궁민(窮民) 일반에 대해 의연금으로 금 1,000냥을 기부하였다고 하였다.

헌기 제825호
정보 (전라남도)
1. 전부터 그 종적을 감추었던 폭도수괴 심남일(沈南一)은 작년 12월경부터 해남 부근에 숨어 있으며 양총 40여 정을 밀매입하고 동 지방에서 50명의 부하를 모집하여 이달 하순에 영암군에 들어가 그의 부장(副長) 강무경(姜武京)과 박사화(朴士華) 이하 수십 명의 부하를 소집하고 이들과 합류하여 100여 명의 단체를 이루어 현재 남평 및 영암 두 군내를 배회하고 있다.
2. 수괴 심남일은 남평군 죽곡면 거성동(巨城洞)의 궁민(窮民) 일반에 대해 의연금으로 금 1,000냥을 기부하였다고 한다.
메이지 42년 4월 21일

- 국사편찬위원회, 『통감부문서』 6권, 「1. 헌병대기밀보고」, 1909년 4월 21일

일본군 지도부는 심남일·강무경 의병장이 안계홍(安桂洪)·임창모(林昌模) 의병장과 함께 "거괴(巨魁)"로서 일반 의병과 취지를 달리하여 의병들의 비행이나 약탈을 금하고, 오로지 국권회복을 목적으로 삼는 바는 일본의 대한(對韓) 정책 실패를 초래시켜 통감정치의 잘못이라는 것을 표명하여 끝내는 한국의 독립을 확립하려는 의도를 가진 것으로 파악하고 있다.

메이지 42년 9월(1909년 09월)
발신자 한국남부수비관구사령관 육군소장 와타나베 미즈야(渡邊水哉)
전라남북도
다른 도에 비하여 적세가 창궐하고 수괴가 각지에 기치할거(碁峙割據)해서 그 세력이 강대한 것은 수백 명의 부하를 가지고 항상 제방(諸方)을 횡행하는데, 심한 것은 백주에 집단으로 행동하고 양민을 납치하며, 강제로 그 도류(徒類)에 따르게 하며, 혹은 무고를 잔살(殘殺)하거나 또는 부자를 큰 소리로 위협해서 전곡을 강청한다. 이에 응하지 않는 자는 즉시 이를 살해하고 혹은 부녀를 간하는 등 수행(獸行)이 이르지 않는 곳이 없고, 또 재류 일본인을 급습하며 심한 자는 소수인 수비 근무병 또는 호위병을 요격하고, 병기 또는 화물을 표탈(剽奪)하는 등 그 세력과 위세가 매우 폭려(暴戾)한 바가 있다.
그러나 이 도의 폭도 중 거괴(巨魁) 심남일(沈南一)·강무경(姜武景)·안계홍(安桂洪)·임창모(林昌模) 등의 일당은 약간 그 취지를 달리하여 엄히 부하의 비행을 계칙하여 약탈을 금하고 오로지 한국인을 선동하여 폭도의 영속, 도당을 강대하기 위해 힘쓰는 것 같다. 그리고 그 목적으로 삼는 바는 이 폭동의 영속·항구는 실로 일본의 대한(對韓) 정책의 실패를 초래시켜 통감정치의 잘못이라는 것을 표명하여 끝

내는 열국으로 하여금 이에 용훼(容喙) 시킴으로써 한국의 독립을 안고(安固)하게 만들려고 하는 망상을 품고 있다.

그러므로 그 박멸을 기하여 교전 이래 몇 회에 걸쳐 큰 타격을 주었는데도 불구하고 그들에게 외복(畏服)하는 완민(頑民)의 원조에 의하여 아직 여세를 유지하고 항상 소요가 끊임이 없는 상태이다.

- 『통감부문서』 9권, 「10. 남한대토벌실시계획 기타」

● 능주 풍치 석굴에서 심남일 부부와 함께 부부 피체

1909년 10월 9일(음력 8월 26일) 당시 능주 풍치(風峙) 석굴에서 심남일 부부와 함께 강무경 부부도 붙잡혔다.

장경비발 제95호
융희 3년 10월 11일
장흥경찰서장 경부 콘도 토시오(近藤俊夫)
경무국장 마쓰이 시게루(松井茂) 앞

폭도수괴 체포의 건 보고
본월 9일 오전 6시 40분 제2연대 제3증대장 사타케(佐竹) 대위 이하 47명은 장흥·능주 군경계인 풍치산중(風峙山中) 암굴(岩窟, 장흥군 월정장 북방 약 2리)에서 수괴 심남일(沈南一), 동 부장 강무경(姜武京), 동 부하 양용석(梁龍石) 함께 심의 첩(처-필자 주) 1명, 강무경의 처 1명을 체포하였다.
또 한전 85원, 사금 약간, 권총 1정, 쌍안경 1개, 은제 가락지 4개, 기타 잡품 수접을 노획하였다.

- 국사편찬위원회, 『한국독립운동사』 자료 15권, 780쪽

심남일·강무경 의병장과 함께 안계홍의 피체, 임창모의 전사 소식은 대단한 것이어서 경무국장 마쓰이 시게루(松井茂)는 통감(佐竹) 내부대신 내부차관 총무장관 헌병대장 외무무관 주차군사령관(참모장)에게 「고비발 제397호」로 보고하였다.

522

▲ 심남일·강무경(오른쪽) 의병장과 가족. 오른쪽이 강무경의 처 양방매
－ 능주 바람재[風峙] 바윗굴에서 피체(1909.10.09)

9월중 폭도 상황
一. 전라남도
당 관내는 전토(全土)에 있어서의 가장 폭도 창궐의 땅이다. 지난달 하순부터 행동을 개시하여 이달에 들어 준렬한 활동으로 옮긴 군대토벌은 비상한 위공(偉功)을 주(奏)하고 도처 질풍초미(疾風草靡)의 관(觀)이 있다. 경찰에 있어서도 각 서원의 대부분을 파견하여 중대 또는 소대로 모두 1명 내지 2명의 순사를 분속(分屬)시키고, 또는 변장대를 파견하는 등 군대와 서로 호응하여 노력, 수사 정찰에 임하였다. 그 결과는 거괴(巨魁)의 취박(就縛), 수괴의 포나(捕拿) 1,500명에 가까운 자수 또는 주륙자(誅戮者)를 출하고 거의 당도 폭도의 진멸을(본월에 이름) 보기에 이르렀다.
거괴 안계홍(安桂洪)을 우선 박(縛)에 취하고 심남일(沈南一), 임창모(林昌模) 등 역시 장차 낭중(囊中)에 있다. <10월 중 거괴 심남일은 체포되고, 임창모는 주륙되었으며, 수괴 오 참봉(吳參奉) 강무경(姜武景) 역시 박에 취한 쾌보가 있다.>

－ 국사편찬위원회, 『한국독립운동사』 자료 15권, 617쪽

그리고 이른바 「폭도대토벌」 성적에도 심남일과 강무경에 대하여 구체적으로 기록하고 있다.

폭도 대토벌 성적
자 8월 25일 지 10월 21일
1. 폭도의 사자 420명
2. 체포 또는 자수자 1,687명 그중 자수자 약 850명
3. 노획 총기 455정
4. 창찰 51개
(중략)
강무경, 심남일의 고굉(股肱)의 부장(部將)으로 심(沈)과 형제와 교(交)를 결하고 심과 공회 풍치(風峙)의 암굴 내에서 피체

　　　　　　　　　－ 국사편찬위원회, 『한국독립운동사』 자료 15권, 817쪽

● 광주감옥에서 오랜 심문 끝에 대구감옥에서 순국

　강무경 의병장은 심남일 의병장과 함께 1909년 10월 9일 전남 능주(현 화순군 속면) 풍치 석굴에서 피체되어 광주감옥에서 오랜 심문을 받았다.

전남경비수 제2002호
융희 3년 10월 27일
전라남도 경찰부장 경시 무라카미 노리사다(村上則貞)
내부경무국장 마쓰이 시게루(松井茂) 앞

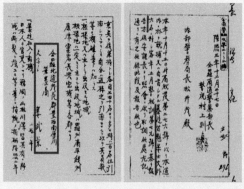

▲ 강무경 의병장 취조 문서(『폭도에 관한 편책』, 1909.12.27)

금년 10월 15일부 「고비발 제276호」로써 본도내에서 체포 또는 자수한 폭도수괴 강사문(姜士文) 외 6명에 대하여 작년 5월 「경비훈 제70호」에 기초하여 보고함. 보안과장으로부터 조회에 의하여 취조한 바 좌기와 같은 바 이에 보고한다.
(중략)
전라북도 무장군(茂長郡: 茂朱郡의 오기-필자 주) 풍서면 설천 필묵상, 문자없다.

강무경(姜武景) 32년

-. 폭도 가입의 동기

일본인이 관리가 되어 한국의 산천을 다 그들의 소유로 하고, 혹은 단발을 강요하는 등의 일을 분개하여 융희 2년 음력 4월경 심남일(沈南一)로부터 서면으로써 파(頗)히 가입을 신립하여 그 부하가 되어 전군(前軍)의 장(將)이 되었다.

-. 체포에 대한 감개

금일에 이르러 수비대장 또는 재판관 등에서 일본이 정성으로 한국을 지도부액(指導扶掖)하였음을 말하여 처음으로 폭도의 잘못을 깨닫기에 이르렀으나 이미 체포한 후엔 죽음을 기대하는 일 외에는 없다.

-. 인솔 또는 지휘한 비도의 원수(員數) 및 그 소장(消長)

자기는 전장군(前將軍)으로 하고, 항상 심남일과 행동을 함께하고 있었는데 신체 병약으로 진두에 선 일이 없으나 부하는 70명에서 100명가량이 있었다. 그리고 가장 성하였을 때는 금년 4, 5월경이다.

-. 근거지는 일정하지 않다. 주된 출몰 지역은 심남일과 같이 나주, 남평, 능주, 강진, 영암, 장흥, 보성 등의 각군이다.

- 국사편찬위원회, 『한국독립운동사』 자료 19권, 677~682쪽

광주감옥에서 오랜 심문과 회유 끝에 1910년 6월 3일 광주지방재판소에서 교수형이 선고되자 공소, 대구감옥으로 이감되었고, 8월 25일 공소취하로 형이 확정되어 10월 4일 대구감옥에서 교수형으로 순국하였다.

정부는 고인의 공훈을 기리기 위하여 1962년에 건국훈장 독립장을 추서하였다.

▲ 강무경 의병장의 묘 - 서울현충원 독립유공자 묘역

26. 심남일 의진 중군장 안찬재 의병장

● 양회일의 쌍산의진 호군장으로 참여

▲ 쌍산의소 병영터와 성벽

안찬재(安贊在)는 본명이 안최언(安崔彦), 자는 찬재였다. 1907년 3월 3일(음력 1월 19일), 행사(杏史) 양회일(梁會一)은 "양모(梁某)"의 이름으로 「격고문(檄告文)」을 널리 띄워 의병 모집에 나섰다.

이 격문에는 '군부(君父)가 훼손을 당하고 국모가 화를 입으면 인신(人臣)된 자는 마땅히 원수를 갚아야 하는데 병자년 통상(通商) 이후 갑오년과 을미년의 멸의(滅義)와 비통을 당했으며, 을사년의 변괴로 5백년의 사직과 3천리 강토가 다 무너졌고, 민영환, 조병세, 송병선, 최익현 등의 원로들이 순국했으니, 우리 모두 일어나서 왜적을 물리치고 역신들을 응징하기 위해 3월 상순에 쌍산의소에 참여하라'고 역설하였다.

행사는 이광언(李光彦)·이백래(李白來, 자 윤선允先)·이항선(李恒善)·임창모(林昌模) 등 원근의 우국지사들과 함께 의병 100여 명을 모집하여 능주 계당산(桂堂山)에 쌍산의소를 설치하고 1907년 4월 21일(음력 3월 9일) 거의하였는데, 그 과정이 『행사실기』에 자세히 나타나 있다.

녹천(鹿川) 고광순(高光洵), 성재(省齋) 기삼연(奇參衍)에게 도모토록 하니, 두 분도 함께 그 기백과 의기를 칭찬하였다. 고광순은 칼을 차고 한두 번 찾아와서 기무(機務)를 매우 자세하게 논의하였다. 또 이르기를,
"기공(奇公)은 장성에서 의병을 일으키고, 나는 장차 광주에서 의병을 불러 모으기로 하였다. 공이 만약 여기서 거사를 시작한다면 나도 기공과 힘을 합쳐 공과 함께 원수를 몰아내자."
라고, 하였다.
이에 공은 양열묵(梁烈默)과 이병화(李秉華)로 하여금 재지(才智)가 뛰어난 사람들을 끌어들이거나 혹은 장사들과 교분을 맺게 했다. 곧 화개(花開)의 정언(正言) 이광언(李光彦), 남원의 노현재(盧鉉在), 보성의 임창모(林昌模), 본면의 최기표(崔基杓)·신재의(辛在義)·안찬재(安贊在) 등이다. (중략)
공은 눈물을 흘리면서 부모님 명을 받들어 정미년 3월 9일(양력 4월 21일) 가산 3천석을 모두 정리하여 부대에 배치된 2백여 명을 불러 모았다.

– 조선대학교 고전연구원, 『국역 행사실기』, 60~61쪽

쌍산의진 결의 장소는 당시 전남 능주군 도림면 증동(甑洞: 현 화순군 이양면 증리 60) 참봉 임노복(林魯福)의 집에서 이루어졌다. 임노복은 일찍이 강개한 뜻을 품고 계당산에 은거하고 있었는데, 행사가 그를 불러서 대소사를 함께 도모하였다고 하였다. 그는 능주와 보성의 지사들을 많이 불러 모았는데, 임창모가 그들 중 한 사람이었다고 기록하고 있다.
『행사실기』에 기록된 쌍산의진의 주요 장임은 다음과 같다.

맹주(盟主): 양회일
총무: 양열묵(梁烈默)
참모: 임상영(林相永) 박중일(朴重一) 양수묵(梁壽默)
서기: 이병화(李秉華)
도통장: 이광언(李光彦)
부통장: 노현재(盧鉉在)
선봉장: 임창모(林昌模)
부장(副將): 신재의(辛在義)
중군장: 안기환(安淇煥)
후군장: 최기표(崔基杓)
호군장: 임노복(林魯福) 안찬재(安贊在)
포군장: 유병순(柳炳珣)

일제의 기록인 이른바 『전남폭도사』에서는 능주 군아와 주재소를 공격하여 총 5정을 뺏고, 화순 군아와 헌병분파소를 공격하여 헌병보조원 3명과 교전한 다음, 양회일을 비롯한 6의사를 붙잡았다고 기록하였다.

> (1907년) 4월 22일 최익현의 잔당인 경상남도 유생 이광선(李光先: 일명 恒善), 능주군의 양회일(梁會一) 등의 비도 1백여 명(총기 45)이 능주읍을 습격, 군아와 주재소 등에 침입하여 총 5정을 뺏고 다시 진격, 화순에 내습하여 군아와 분파소를 공격하여 보조원 3명과 교전한 다음 동복 방면으로 퇴각했다. 이 급보를 받은 이쯔끼(壹岐) 보좌관보가 보조원 4명, 총순 이하 7명을 이끌고 추적하여 도마산(刀摩山) 산정에 적이 집합하고 있음을 발견, 교전 끝에 이를 격퇴하였는데, 1명을 죽이고 부수령(副首領) 양회일 이하 6명을 포로하고 화승총 24정, 무라다식[村田式] 단발총 2정과 기타를 노획했다.
>
> - 이일룡 역주, 『비록 한말전남의병전투사』, 23~24쪽

행사를 비롯한 6의사는 광주 경무서에 수감된 후 전라남도재판소에서 재판을 받게 되었는데, 모든 사실을 시인하여 '정사를 변경하기 위해 난을 일으킨 자의 죄로 사형에서 1등을 감하여 종신형에 처하여야 하나, 우매 몰지각하여 1등을 감하여' 행사와 임창모는 유형 15년, 안찬재·유태경·신태환·이윤선(이백래)은 유형 10년이 선고되어 전남 지도(智島)로 유배되었다.

> 법부대신 조중응의 상주에 의하여 전라남도재판소에서 심리한 능주의병 양회일·임낙균(林洛均-임창모-필자 주)·안찬재·유태경·신태환·이윤선 등을 해 재판소의 판결대로, 양회일·임낙균은 각각 유 15년, 안찬재·유태경·신태환·이윤선은 각각 유 10년에 처하게 하다.
>
> - 「관보」 제3815호, 광무 11년 7월 11일

> 전라남도재판소에서 심리한 내란죄 유 15년 죄인 양회일·임낙균과 유 10년 죄인 안찬재·유태경·신태환·이윤선 등의 정배소를 동도 지도군 지도지의(智島之意)로 법부대신이 상주하여 주상의 뜻을 받들었다.
>
> - 「관보」 제3818호. 광무 11년 7월 15일

행사를 비롯한 6의사는 유배를 떠난 지 5개월 만인 1907년 12월 3일 융희황제의 즉위 기념 사면조칙에 의해 풀려나게 되었다.

심남일 의진 중군장 등으로 활약

김준(金準)·김율(金聿) 의병장이 1908년 4월 순국하자 심남일(沈南一) 의병장이 의진을 수습하여 의병장에 올랐는데, 이때 안찬재는 의진의 중군장으로 활약하게 되었다.

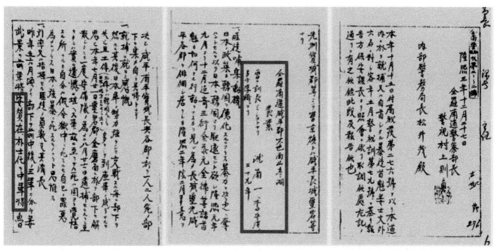

▲ 안찬재 의병장(심남일 의진 중군장) 기록(『폭도에 관한 편책』, 1909.12.27)

선봉장: 강무경(姜武景)·임만선(任萬善)·장인보(張仁甫)
중군장: 안찬재(安贊在)·박사화(朴士化)
후군장: 노병우(盧炳友)·나성화(羅聖化)·최우평(崔友平)·김성재(金聖載)
도통장: 김도숙(金道淑)
통장: 유치선(柳致先)·공진숙(孔盡淑)
군량장: 이세창(李世昌)
호군장: 강달주(姜達周)·정관오(鄭官午)
기군장: 장문연(張文然)·이덕삼(李德三)
모사장: 권택(權澤)·정영태(鄭榮兌)
서기 겸 모사: 염원숙(廉元淑)
도포: 장경선(張京先) 김판옥(金判玉) 선도명(宣道明)
도집사: 최유승(崔有承)

심남일은 향리에서 도학으로 명성을 떨쳤기 때문에 규율을 엄히 하고 민가의 재물을 약탈하거나, 부녀자를 겁간하는 행위, 가축을 희생시키는 일 등에 대하여 엄히 처단할 것을 공포하였다.

　일본 군경과 수많은 교전 끝에 수십 명을 살상하고 무기를 다수 노획하여 의병들의 사기는 하늘을 찌를 듯하였고, 각지의 의병 부대와 연락하여 연합 전선을 구축하여 의병투쟁을 전개하여 그 이름을 떨쳤으나 의병을 해산하라는 황제의 조칙이 내려지게 되었다.

　심남일 의병장은 협박에 못 이겨 내려진 조칙인 줄 뻔히 알면서도 1909년 9월 5일(음력 7월 21일) 영광군 금마면 고인동(古引洞)에서 의진을 해산하지 않을 수 없었다.

◉ 전남 보성군 복내면 흑석촌(墨石村)에서 전사 순국

　안찬재는 심남일 의진에서 해산하지 않은 의병을 수습하여 임창모 의진과 함께 의병투쟁을 계속하였으나 1909년 10월 13일 새벽 일본군의 기습으로 전사 순국하였다.

> 장경 제611호
> 융희 3년 10월 13일
> 장흥경찰서장 경부 콘도 토시오(近藤俊夫)
> 내부경무국장 마쓰이 시게루(松井茂) 앞
>
> 폭도에 관한 건 보고
> 제8중대 카지무라(梶村) 중위 이하 9명과 일한 순사 각 1명은 수괴 임창모(林昌模, 일명 임낙균林洛均) 이하 8명이 보성군 복내면 흑석리(墨石里)에서 석식을 먹고 있다는 밀고에 접하고 즉시 동지에 이르러 정찰을 수하여 숙박하는 것을 확인하고 본 13일 오전 0시 30분 숙박처의 양 입구로부터 돌입, 수괴 임창모와 실자 임학규(林鶴奎) 및 안 참봉(安參奉, 안최언安崔彦인 듯), 기타의 부하 3명을 죽였다. 아에 손해없다.
> -. 이 전투에서 적은 권총을 사격하고 방어하였다.
> -. 이 전투에 있어서의 노획품 권총 1정, 한국식 군도 1본, 기타 잡품 약간
>
> － 국사편찬위원회, 『한국독립운동사』 자료 15권, 785~786쪽

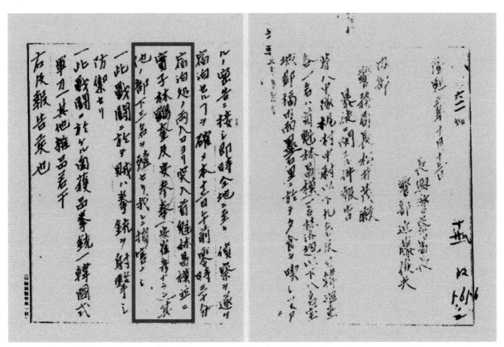

▲ 안찬재(본명 안최언, 벼슬 참봉 추정) 의병장 전사 순국(『폭도에 관한 편책』, 1909.10.13)

고비수 제5656號의 3
융희 3년 10월 21일
통감(佐北) 내부대신 내부차관 총무장관 헌병대장 외파무관
경무국장 명

전라남도 장흥경찰서장으로부터 보고가 있었다.
목하 토벌 중의 제8중대 카지무라(梶村) 중위 이하 9명과 일한 순사 각 1명 공동, 수
괴 임창모(林昌模, 一名 임낙균林洛均) 이하 8명 보성군 복내면 흑석리(墨石里)에서
석식을 끽함을 밀고에 접하고, 본월 13일 오전 0시 30분 숙박하는 장소에서 임창모
및 그 部下[51] 임학규(林鶴奎) 및 安若奉[52](안최언安崔彦인 듯) 기타의 부하 3명을
죽였다. 적은 권총을 사격하고 방전(防戰)에 노력하였다. 이 전투에서 권총 1정, 한
국 군도 1본, 기타 잡품 약간을 노획하였다.

– 국사편찬위원회, 『한국독립운동사』 자료 15권, 897쪽

---

51) 部下: 원문 '實子'의 번역 오류
52) 安若奉: 원문 '安贊在'의 번역 오류

일본의 임시한국파견대사령부에서 지난 9월 1일부터 이날까지 남한 지방의 의병을 진압하였는데, 이 기간에 전사하거나 체포되거나 자수한 의병장은 다음의 표와 같다.

연대명	체포 자수 전사	동상 연월일	동상 지점	의병장 성명	연령	부하의 개수
보병 제2연대	自	9. 18	전남 복내장	孫德五	44	10
〃	自	9. 18	전남 복내장	廉圭範	40	10
〃	自	9. 18	전남 복내장	廉仁瑞	47	10
〃	捕	9. 19	전남 복내장 서남방 약2000m	柳又三	38	20
〃	自	9. 19	전남 복내장	鄭奇贊	30	15
〃	自	9. 19	전남 복내장	任在文	28	10
〃	捕	9. 25	전남 복내장 동북방 1리반)	安桂洪	32	200
〃	死	10. 12	전남 흑석(복내장 동북방 1리)	任昌模	不明	200
〃	死	10. 12	전남 흑석(복내장 동북방 1리)	安贊在	不明	100

안찬재 의병장은 일본군 보병 제2연대 8중대 카지무라(梶村) 중위가 이끄는 군경 연합대의 기습을 받고 처절한 전투 끝에 1909년 10월 13일 새벽 임창모 의병장과 함께 전사 순국하였다.

정부는 고인의 공훈을 기리어 1991년에 건국훈장 애국장을 추서하였다.

27. 심남일·안계홍 의진 선봉장 장인초 의병장

심남일·안계홍 의진에 참여

장인초(張仁初)는 전남 능주(현 화순군 속면) 한천면 출신으로 이명은 윤초(允初)·인보(仁甫)·인상(仁尙) 등이다.

1909년 2월 전남 보성·순천 등지에서 활약하던 안계홍(安桂洪) 의진에 들어가 선봉장이 되어 60~70정의 총기로 무장한 80~90명의 선봉진을 이끌고 같은 해 3월까지 보성·장흥·강진 등지에서 의병투쟁을 전개하였다.

3월 중에는 염인서(廉仁瑞)·염문명(廉君明)·임하중(林夏仲) 등과 함께 보성군 봉동(鳳洞)에 살며 양민으로부터 금품을 약취하던 가짜 의병 박봉조(朴鳳朝)를 찾아가 처단하는 일도 하였다.

그해 7월에는 나주·강진 일대에서 활약하던 심남일(沈南一) 의진으로 옮겨가 역시 선봉장으로 장흥·강진·보성 등지를 무대로 의병투쟁을 계속하였고, 8월에는 다시 안계홍 의진으로 돌아와 총기류 확보에 노력하였으나 안계홍 의진이 해산되고, 9월 안계홍 의병장이 피체되었으며, 이어 10월에는 심남일 의병장이 피체되자 그 의진을 수습하여 임창모(林昌模)·안찬재(安贊在) 의진과 협력하여 의병투쟁을 전개하였다.

> 전남경비수 제2203호
> 전월에 있어서 거괴(巨魁) 안계홍(安桂洪)은 우선 포박이 되어 일반의 환호를 수한 바 본월에 이르러 더욱 토벌의 광휘를 발양하고 거괴(巨魁) 심남일(沈南一)을 체포, 임창모(林昌模)를 주륙한 것을 최(最)로 하고, 수괴 강무경(姜武景)·오참봉(吳參奉)·박사화(朴士化)·이영준(李永俊)·모천년(牟千年)·임학규(林鶴奎) 등 모든 수령을 포박 혹은 주륙하고, 전남의 폭도로 하여금 거의 전멸시키기에 지하였다. 이제야 남은 김영백(金永伯)·양상기(梁相基)·장인초(張仁肖)·이덕삼(李德三)·강승우(姜勝宇)·김동수(金東洙)·정대홍(鄭大洪) 등의 소수괴(小首魁) 수인에 불과하다.
>
> － 국사편찬위원회, 『한국독립운동사』 자료 15권, 845~846쪽

일제가 작성한 전남지역에서 활약한 의병장의 활동상을 정리하면 다음과 같다.

○ 別紙 [각 지방 폭도수괴 및 세력]

전남지역 의병장 할거(割據) 지역 및 그 부하 일람표		
의병장 할거 지명	의병장 성명	부하의 개략적인 수
천원	양인숙(梁仁叔)	70
화개, 부안	박도경(朴道京)	70
흥덕, 고창	김영백(金永伯)	80
	신보현(申甫玄)	50
담양	양윤숙(楊允淑)	30
	김동황(金東璜)	50
창평, 광주	양상기(梁相基)	50
화순	김동수(金東洙)	60
장성, 월평, 광주	황재풍(黃在豊)	不明
영광, 무안, 나주, 선창, 무장	전해산(全海山)	500
	김광삼(金光三)	不明
나산	나성화(羅成化)	50
백야원, 이산	정대홍(鄭大供)	40
사천	김삼국(金三國)	不明
함평	박포대(朴砲大)	不明
법성포	이기손(李起巽)	30
영산포, 남창, 대초평, 능주	심남일(沈南一)	500
보성	임창모(林昌模)	300
몽탄, 영암	박사화(朴士化)	50
광양, 순천	강무경(姜武景)	200
석보장, 흥양 일대의 지	姜士文(姜判烈)	100
	김경구(金京久)	130
복내장,보성,장성원,자양평,사창장	안진사(安進士)	450
월정장, 장흥	박해원(朴海元)	30
강진, 실약제, 죽석장, 병영	장인보(張仁甫)	100
이하 필자가 생략함		

장인초 의병장은 1909년 말까지 100여 명의 의진을 형성하여 의병장으로 활동하다가 강진 실공장(實公場) 병영 부근에서 붙잡히고 말았다.

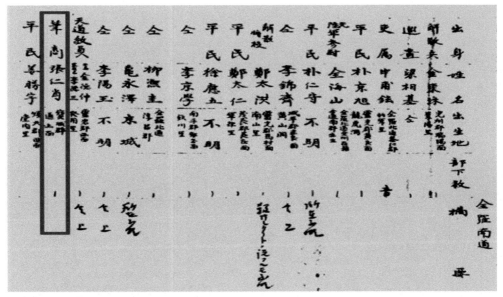

▲ 이른바 '폭도수괴조사표'에 기록된 장인초 의병장에 대한 기록(『폭도에 관한 편책』, 1910.02.01)

● 대구감옥에서 교수형으로 순국

장인초 의병장은 1910년 6월 28일 광주지방재판소에서 소위 폭동 및 강도·모살(謀殺)죄로 교수형이 선고되었고, 같은 해 8월 20일 대구공소원에서 공소기각, 9월 15일 고등법원에서 상고가 기각되어 9월 30일 대구감옥에서 교수형이 집행됨으로써 순국하였다.

판결 명치 43년 형상(刑上) 제132호
전라남도 능주(綾州)군 한천면(寒泉面) 어대동(於待洞)
피고(대목) 장인복(張仁福: 仁初의 오기-필자 주) 34세

위 자에 대한 폭동 강도·모살 피고 사건으로 명치 43년 8월 20일 대구공소원에서 언도한 판결에 대하여 피고로부터 상고를 하였기 당원은 검사 홍종억(洪鍾檍)의 의견을 참작하고 다음과 같이 판결한다.
주문
피고를 교수형에 처한다.
폭동의 소위에 대해서는 피고를 면소한다.

535

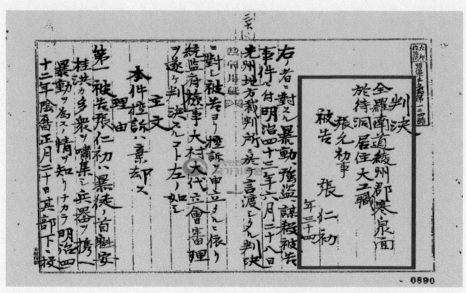

▲ 장인초 의병장, 교수형 공소기각(대구공소원, 1910.08.20)

이유

상고 신립서의 취의는 요컨대 모살의 점에 대해서는 자기의 행위가 아닌 고로 제1심 및 제2심에서 증인 환문의 신청을 하였으나, 이를 채용치 않은 것은 위법이라 하였으나 본 논지는 원원(原院)의 직권에 속한 사실로 인정되며 아울러 증인 환문 신청의 허락 여부에 대해서 비난을 하는 것은 상고의 이유가 되지 못한다.

이상 설명에 의하여 상고의 취지는 이유가 되지 않으나 본건의 폭동죄는 본년 8월 칙령 제325호에 의하여 사면하였은 즉, 당원은 이상 폭동죄에 대해서는 면소의 처분을 언도 아니할 수 없으므로 피고의 상고는 결국 이유가 있는 데에 귀착된다. 그리하여 당원은 민·형소송규칙 제42조·제33조에 준하여 원판결을 취소하고 다시 판결을 다음과 같이한다.

원판결에 인정된 사실에 의해서 이를 법률에 비춰보니, 제1·제2의 폭동의 소위는 명치 43년 8월 29일 칙령 제325호 제1조 중의 제59호에 의하여 피고를 면소하고, 제3의 박봉조(朴鳳朝)를 난타하여 절명케 한 소위는 형법대전 제473조 모살 하수자의 율에 제445의 총기를 약탈한 소위는 함께 동법 제593조 제1항의 기득재율에 해당하고 3죄가 병발하여서 각각 그 형이 상등(相等)하므로 제129조에 좇아 그 하나인 제3의 모살 하수죄에 의하여 피고를 교수형에 처하기로 하고 주문과 같이 판결한다.

판사도변창(渡邊暢)

- 독립운동사편찬위원회, 『독립운동사자료집』 별집1, 899~900쪽

정부는 고인의 공훈을 기리어 1990년에 건국훈장 독립장을 추서하였다.

28. 이대극 의진 선봉장 서종채 의병장

● 이대극 의진의 선봉장이 되어

▲ 의병장 서종채의 묘 안내 표지석 - 전남 영광군 홍동읍 칠곡리 산81-6

서종채(徐鍾採, 1881~1916)는 전북 무장(茂長, 현 고창군 속면) 출신으로 이명은 응오 (應五)·종주(鍾珠)·종채(鍾蔡) 등이다.

1907년 10월 40명의 의병을 소집하여 활약하다가 기삼연(奇參衍)의 호남창의회맹소 (湖南倡義會盟所) 의진에 합진하였다.

1908년 2월 기삼연 의병장이 순국 후 이대극(李大克) 의진의 선봉장으로 활약하였는 데, 1909년 5월 이대극 의병장이 순국한 후 200여 명으로 부대를 재편성하여 함평·영광 ·무장·부안·고창 등지에서 여러 차례 적과 접전하여 많은 전과를 올렸다.

고비수 제926호
융희 3년 7월 30일

537

전라북도 관찰사 이두황
내부대신 박제순 앞

폭도에 관한 건
김낙선(金洛先) 당 25년
우는 일찍부터 폭도에 가입하고 있는 자인 것을 탐지하고 주의 중이었던바 본월 13일 줄포순사주재소에서 동인이 귀택 중임을 탐문하고 자택에서 차를 체포취조한 결과, 융희 3년 음력 2월 5일 폭도 서종채(徐鍾蔡: 鍾採의 오기-필자 주)의 부하가 되어 부안군 각처를 배회하여 복룡리(伏龍里) 허공선(許公善) 및 소주리(小舟里) 박덕경(朴德京) 방에서 벼[籾]의 집유(執留)를 명하고, 아울러 동년 4월 10일 수괴 국호남(鞠湖南)의 부하가 되어 부안군 입하면 선야리(先野里) 김경량(金京亮) 댁에서 엽전 70냥을 약탈한 것 외 2건을 자백하여 본월 20일부로써 신병을 광주지방재판소 전주지부에 송치하여 두었다.

- 국사편찬위원회, 앞의 책, 131쪽

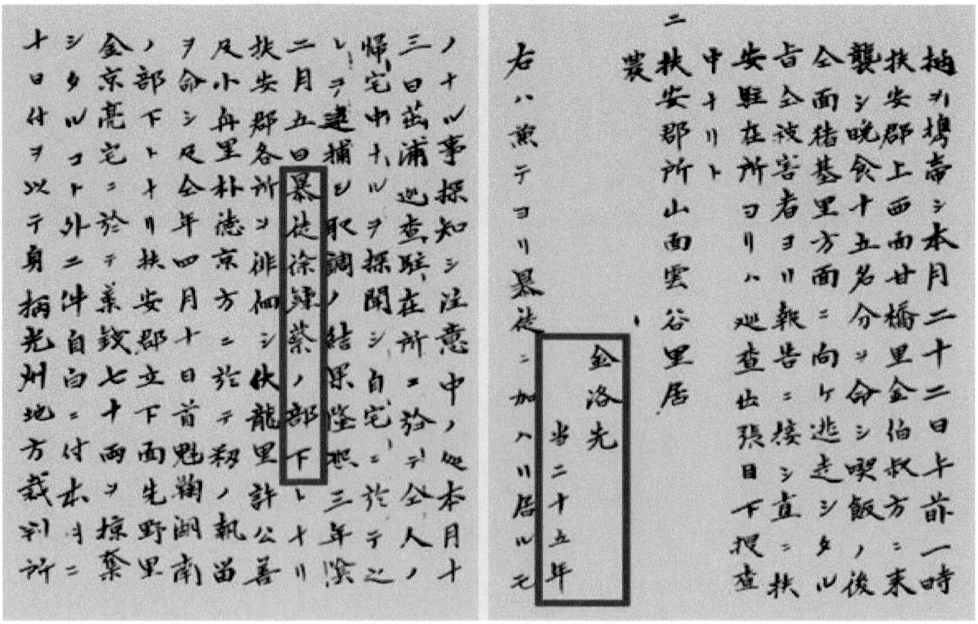

▲ 서종채 의진의 김낙선 의병 피체 기록(『폭도에 관한 편책』, 1909.08.03)

전북 부안 출신 김낙선(金洛先)이 향리에서 의병활동을 하다 피체된 상황을 기록한 것인데, 그는 서종채와 국호남(鞠湖南) 의진에서 활약하였다.

나경비수 제749호의 1
융희 3년 8월 16일
나주경찰서장 경부 후루야 키요타이(古屋淸威)
내부경무국장 마쓰이 시게루(松井茂) 앞

-. 본월 9일 수괴 불명의 폭도 100여 명이 전북 무장군 동음면 내기동(内基洞) 김상
  원(金相元) 방에 내습하여 영광군 홍농면 하봉리(下奉里) 거 박(朴) 모 외 1명을
  참살한 급보에 접하고, 법성포 주재 일한 순사 3명이 동지 파견수비대 하사 이하
  5명과 동소 헌병 상등병 이하 6명은 동일 현장에 급행하였으나 적은 이미 장성군
  방면으로 도주 후로 전기 박(朴) 모 외 1명은 그 내기동을 거한 약 5정의 송림에
  서 두부 및 복부가 찔려 참살되어 있었다고 한다.
-. 그 폭도는 수괴 서응오(徐應五)가 인솔한 약 50명의 적단(賊團)으로 각 천황색의
  복장을 하고 화승총 약 40정을 갖고 있었다고 한다.
-. 전기 토벌대는 부근을 정찰하나 득한바 없이 다음 날 10일 귀소하였다.

- 국사편찬위원회, 『한국독립운동사』 자료 15권, 299쪽

100여 명으로 구성된 서종채 의진이 전북 무장군에서 전남 영광군 홍농면 하봉리 사는
박(朴) 아무개 외 1인을 처단한 내용인데, 당시 의병은 일제 앞잡이 노릇을 하던 헌병보
조원이나 밀정을 처단하는 일이 의병활동 중의 하나로 여겼다.

● 일제의 '폭도대토벌'에도 아랑곳하지 않아

일제는 1909년 9월 1일부터 10월 25일까지 일본군 2개 연대와 기마대, 헌병·경찰대
를 동원하여 이른바 '폭도대토벌'이라는 이름으로 의병 진압에 나섰다. 그러나 서종채 의
병장은 이에 아랑곳하지 않고 의병투쟁을 전개하였다.

융희 3년 10월 23일
전라북도 관찰사 이두황
내부대신 박제순 각하

< 폭도대토벌 성적 >
(전략)

거괴(巨魁)의 미취포자(도주 소재불명)

전해산(全海山) 일명 전수용(全垂鏞) 전주의 자

목하 이가라시(五十嵐) 소좌의 토벌대에서 수색 중

소수괴(小首魁) 이기손(李起巽) 일명 이은재(李錦齊) 도주 소재불명

소수괴 김영백(金永伯) 도주 소재불명

소수괴 노일동(盧一同) 도주 소재불명

소수괴 이감룡(李甘龍) 도주 소재불명

소수괴 이덕삼(李德三) 도주 소재불명

소수괴 강승우(姜勝宇) 도주 소재불명

소수괴 서응오(徐應五) 도주 소재불명

- 국사편찬위원회, 『한국독립운동사』 자료 15권, 822쪽

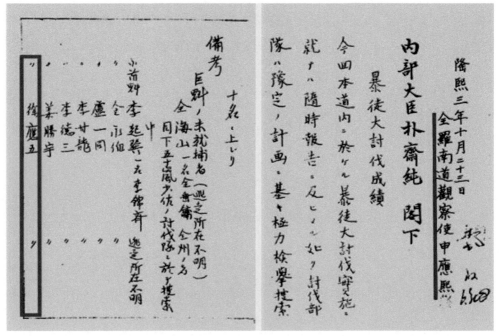

▲ 서종채(서응오) 의병장, 이른바 '폭도대토벌성적' 미체포자로 기록(『폭도에 관한 편책』, 1909.10.23)

일제의 '폭도대토벌 성적' 속에 많은 의병장·의병들이 전사·피체·자수 형태로 정리했는데, 서종채 의병장은 전해산(全海山) 의병장과 더불어 피체되지 않았고, 이듬해 6월까지 의병활동을 계속하고 있음이 드러나 있다.

고비발 제290호
융희 4년 3월 9일
전라북도 경찰부장 경시 미야카와 타케유키(宮川武行)
경무국장 마쓰이 시게루(松井茂) 앞

폭도 상황 월보
2월 중의 폭도 상황은 별지와 같으므로 이에 보고한다.
(전략)
2. 수괴 및 폭도수 증감 상황
교묘히 종적을 감추고 있는 수괴로서는 이석용(李錫庸)·신보현(申甫鉉)·김동구(金洞九)·정성현(鄭聖賢) 등으로 수괴 문태수(文太洙)는 금산군 일각을 배회하였었으나 지금은 경상북도 내로 도주하여 본 기간 중에는 겨우 수괴 서응오(徐應午)라는 자의 일단이 배회한 것을 으뜸으로 하여 수괴 불명의 삼삼오오의 무리가 일단으로 된 한 부대가 구 연말에 내습하여 다소의 피해를 준 사실이 있음. 이 때문에 평일에 비하여 횡행수가 증가된바 이는 매년 피치 못할 재액(災厄)으로 보아야 할 것임.

– 국사편찬위원회, 『한국독립운동사』 자료 17권, 475쪽

고비발 제390호
융희 4년 4월 20일
전라북도 경찰부장 경시 미야카와 타케유키(宮川武行)
경무국장 마쓰이 시게루(松井茂) 앞

폭도 상황 보고
3월 중의 폭도 상황은 별첨과 같으므로 이에 보고한다.
현재 수괴 마정길(馬正吉)이라는 자가 부하 5명을 인솔하고 무주·금산·용담 등지에. 수괴 서응오(徐應五)는 부하 약 20명을 가지고 무장·부안군의 일각에 출몰하며 기타 수괴 불명의 일단은 도처에 그 모습을 나타내고 있는데 불과하며, 적세는 점차 쇠퇴하여지고 폭도 수는 현저하게 감퇴하는 추세를 나타내고 있음.

– 국사편찬위원회, 『한국독립운동사』 자료 18권, 82쪽

고비발 제646호
융희 4년 6월 23일
전라북도 경찰부장 경시 미야카와 타케유키(宮川武行)

경무국장 마쓰이 시게루(松井茂) 앞

폭도 상황 월보

5월 중의 폭도 상황은 별지와 같으므로 이에 보고한다.

근래 출몰하는 폭도의 수괴라고 지목할만한 무장군 출생의 서응오(徐應五)라는 자는 융희정변 이래 김영진(金永鎭)의 부하로 있다가 김(金)의 사후 스스로 수괴가 되어 부안·고부·무장·김제의 각군을 횡행하며 한때 부하를 100여 명이나 가지고 있었으나 지난 가을의 대토벌 이래 해상으로 도망한 후 소군산(小群山) 일대를 근거지로 하여 때때로 육상에 출몰하고 있으며, 성질은 흉폭하고 간계에 능하며 항상 주기(酒氣)를 띠고 있다고 함.

- 국사편찬위원회, 『한국독립운동사』 자료 18권, 361쪽

● 1913년 피체, 고문 후유증으로 대구감옥에서 순국

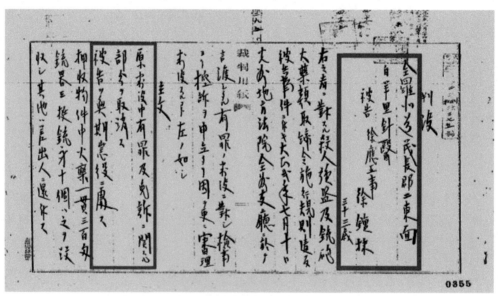

▲ 서종채 의병장, 무기징역(대구복심법원, 1913.09.27)

그러나 마침내 일본군에 체포되어 1913년 7월 10일 광주지방법원 전주지청에서 소위 살인·강도 및 '총포·화약류 취체령' 위반으로 징역 15년이 선고되어 공소, 9월 27일 대구복심법원에서 무기징역이 선고되었다.

판결문 내용을 보면,

"피고는 구한국의 통감정치에 불만을 품고, 이의 변혁을 꾀하여 명치 40년(1907) 음력 9월 전라남도 장성의 기삼현(奇三鉉: 奇參衍-필자 주)의 부하가 되고, 그 후 옮겨서 이대곡(李大谷: 李大克-필자 주)의 부하가 되었는데, 명치 41년(1908)이 되어 스스로 수령이 되어 70~200명의 부대를 인솔하고, 총기와 칼을 휴대하고 전라남도 담양·함평, 전라북도 고창·무장·부안 등 여러 군을 횡행하고, 함평군의 성문 안, 담양군의 추월산, 무장군의 고성산, 다른 곳에서 여러 번 수비대 등과 총화(銃火)를 주고받고, 관권(官權)에 대항하여 전력을 다하고……"

그는 1907년 10월 기삼연의 호남창의회맹소에 참여한 후 이대극 의진의 선봉장, 독자 의진 의병장으로 1913년까지 활약했던 것이었다.

▲ 서종채 의병장과 부인 전주이씨 어울무덤과 비석 - 전남 영광군 홍동읍 칠곡리 산81-6

그에게 선고된 무기징역이 1914년에 20년으로, 1915년에 15년으로 감형되었으나 1916년 4월 22일 심한 고문의 여독으로 대구감옥에서 순국하였다. 그가 체포되고 난 후에도 부인을 비롯하여 온 가족이 일경의 탄압을 받았음은 말할 것도 없다.

정부는 고인의 공훈을 기리어 1980년에 건국훈장 독립장을 추서하였다.

29. 조경환 의진 좌익장 이원오 의병장

● 충남 공주 출신으로 전남 광주에서 거의하다

이원오(李元吾, 1870~1910)는 충남 공주 출신으로 이명은 재열(在烈)이다. 1908년 조경환(曺京煥) 의진의 좌익장으로 활동하다 김동수(金東洙) 의진의 중군장으로 활동하였고, 나중에는 독립의진의 의병장으로 전남 광주를 중심으로 활약하였다.

그가 조경환 의진의 좌익장으로 활약하던 1909년 1월 10일, 조경환 의병장은 설을 앞두고 이름이 드러나지 않은 의병은 귀가하여 설을 쇤 후 다시 모이기로 하고 의병들을 모아 주연(酒宴)을 베풀었는데, 밀정의 밀고에 의해 일본 군경이 기습하였다.

> 10일(1909년 1월 10일-필자 주) 정오경, 광주 서방 약 3리(한국식 30리-필자 주) 운수동의 서북방 약 5백 미터의 산중에 수괴 조경환 이하 약 50명의 비도(匪徒: 의병-필자 주)가 주연(酒宴) 중인 것을 발견하고 이들을 포위한바, 적은 퇴로를 잃고 산마루[山巓] 요지(凹地)에서 일시 저항을 시도하였으나 주위의 고지를 점령한 토벌대는 맹렬히 사격하여 약 2시간(소모탄 996발)에 그 20명을 죽이고, 10명을 생포, 거의 전멸에 이르게 하였다.
>
> - 국사편찬위원회, 『한국독립운동사』 자료 13권, 95~96쪽

이 전투에서 일본군은 조경환 의진을 진압하기 위해 996발의 총탄을 퍼부었다는 것은 그만큼 격렬한 전투를 벌였다는 뜻인데, 이는 일제침략기 호남의병사에서 전무후무한 것이었다.

결국 조경환 의병장 등 20여 명이 순국하고, 조경환 의진의 도포장 김원범(金元範)은 생포되었다가 피살되었으며, 의진의 부장들이 많이 순국하고 말았다.

● 독자 의진 활동도 잠시, 피체되었다

김동수 의진에서 독립하여 독자 의진을 형성하여 활동하던 이원오 의진은 의병투쟁을 하면서 김동수 의진과 연합하여 의병투쟁을 펼쳤으나 얼마 후 전남 광주군 천곡면에서 피체되었다.

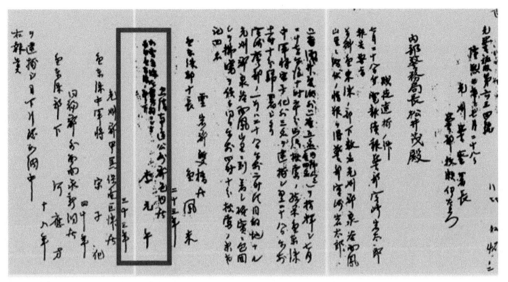

▲ 이원오 의병장 피체 기록(『폭도에 관한 편책』, 1909.07.28)

광경비수 제634호
융희 3년 7월 28일
광주경찰서장 경부 마키요 이사에몬(牧瀨伊左衛門)
내부경무국장 마쓰이 시게루(松井茂) 앞

적도(賊徒) 체포의 건
7월 28일부 전보 속보(續報) 경부 미야자키 이와타로(宮崎岩太郞) 보고 요지

수괴 김동수(金東洙)의 부하 수명이 광주군 천곡면 봉산리(鳳山里)에 잠복의 정보를
득하고 경부 미야자키 이와타로오(宮崎岩太郞)은 순사 사카이 나츠지(酒井夏次) 외
순사 5명을 지휘하고 7월 27일 오후 10시 20분 출장 수색의 결과 김동수(金東洙) 중
군장 송자화(宋子化) 외 3명을 체포하고, 다음날 28일 오전 11시 10분 귀서하였다.
미야자키 경부 일행은 28일 오전 2시경 목적지인 광주군 천곡면 봉산리에 도착하여
확실히 포위하여 새벽을 기다려 동일 오전 4시 10분 수색 끝에 좌기 4명을 체포하고
목하 인치 취조 중

영암군 쌍교 거
김동수 도십장 김봉래(金鳳來) 23년
충청남도 공주군 읍내 거

고 조경환(曺京煥) 좌익장으로 당시 김동수의 부하
이원오(李元午) 33년
광주군 신마보면 거진 거
김동수 중군장 송자화(宋子化) 40년
동복군 외서면 영신동 거
김동수 부하 하응방(河應方) 18년

- 국사편찬위원회, 『한국독립운동사』 자료 15권, 126~127쪽

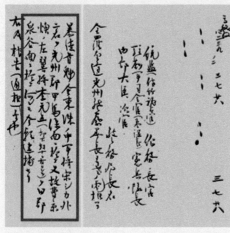

▲ 이원오 의병장 피체 기록(『폭도에 관한 편책』, 1909.07.28)

고비수 제4239호의 2
융희 3년 7월 28일
통감(좌주비서관) 총무장관 주차군사령관(참모장) 헌병대장 내부대신 차관 경무국장 명

전라남도 광주경찰서장으로부터 좌의 전보가 있었다. 폭도수괴 김동수(金東洙)의 중군장 송자화(宋子化) 외 2명을 광주군 갑마보면에서, 또 고 조경환(曺京煥)의 좌익장 이원오(李元五, 부하 수십을 가진 자)를 동군 천곡면에서 모두 오늘 아침 체포하였다.

- 국사편찬위원회, 앞의 책, 195쪽

● 대구감옥에서 교수형으로 순국

그는 1909년 8월 21일 광주지방재판소에서 유형 10년이 선고되었으나 검사의 공소에 의해 1910년 2월 24일 대구공소원에서 교수형이 선고되었고, 이에 상고하였으나 4월 22일 고등법원에서 기각되었다.

판결 명치 43년 형상 제35호
충청남도 공주군 성내 봉촌(逢村)

피고 이원오(李元晋) 34세
위 내란 피고 사건으로 명치 43년 2월 24일 대구공소원에서 선고한 판결에 대하여
동월 28일 피고로부터 상고를 신립하였기 본원은 검사 홍종억(洪鍾檍)의 의견을 참
작하고 다음과 같이 판결한다.

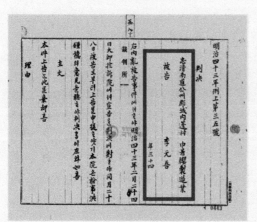

▲ 이원오 의병장, 교수형 상고기각(고등법원, 1910.04.22)

주문
본건 상고는 이를 기각한다.
이유
상고 취의 요지 제1점은 원판결은 법령 위배라 하나 원판결에 어떠한 점이 법령에 위배되는지 이를 명시치 못하였으므로 그 당비를 변명하는 데에 실마리가 없은즉 본 논지는 이유가 되지 못한다. 동 제2점은 피고는 융희 2년 음력 10월 중 폭도수괴 조경환(曹京煥) 등의 위협을 받아 부득이 수행한 사실이 있으나, 그 뒤 14~15일간 자기 마을로 도망해 돌아와서 상업에 종사하여 귀순할 뜻을

표하고 있을 무렵 융희 3년 음력 6월 12일 돌연히 경찰서로 인치되어 제1심 판결을 거쳐서 원심에서 피고는 폭도에 가담하여 선봉이 되어 혹은 민가로 난입하고 재물을 강탈한 자로 인정되어 교수형의 판결을 받은지라. 그러나 그 판결은 가령 폭동함이 옳지 못하다 할지라도 그 판결 유일의 증빙이 되는 김모(金某)로부터 이원오(李元午)에게 보낸 서면은 전혀 피고와 관계치 않는 바이니 그 서면을 부친 인명(人名)은 이원오(李元午)이요, 피고의 성명은 이원오(李元晋)인즉 그는 별개의 인물인 것은 말할 것도 없이 명백한데 원심에서 그 서면은 김모로서 피고에게 보낸 글이라 인정하고 단죄 자료로 삼아서 피고를 유죄로 판결을 내리게 하였음은 증거를 체취하는 법에 어긋나는 불법의 판결이라고 믿는다 하여, 원판결을 취소하고 다시 관대한 판결을 바란다는 것이나, 원심이 피고의 범죄 사실을 인정하고 적법한 처단을 내린 것이니 본 논난자는 원심 직권에 속한 증거 채취의 낭비를 비난함에 불과하다. 그 채용한 증거 1호증에 피고의 성명을 이원오(李元午)라고 하였다 할지라도 같은 음으로 간주함에 무방한 자인즉, 이를 채용하여도 원판결의 결함이 있는 것이 아니고, 또 원판결의 사실 인정을 비난하는 것도 역시 상고하는 적법한 이유가 되지 못하므로 본 논지는 무리한 것이다.
변호인 시라이 카츠고(白井勝悟)의 상고 논지 확장서 요령은 원원의 판결 이유에 상고인은 조경환(曹京煥) 전사 후 자기가 독립으로 수괴가 되어 정사 변경할 목적으로 난을 조작하였다 하나, 대저 상고인이 광주경찰서 및 제1심 검사에게 심문을 받은

조서에 의하면,

제1. 상고인은 융희 2년 음력 10월 말일에 조경환 부하로 가담한바, 병으로 다음 11월 20일에 그 부하를 탈퇴하여 그 이후 마포 상업을 경영한 사실,

제2. 상고인이 순사에게 체포될 무렵에 마포 상품을 휴대하였던 사실,

제3. 기타 상고인이 조경환의 부하로 있었던 기간은 겨우 1개월 내외이며, 그 사이에 하등의 활동을 행한 사적이 없었다는 등등의 사실을 감안해 보면, 상고인은 조경환의 권유에 의해서 일시 그 부하로 가담한 사실이 있으나 융희 2년 11월 말일 그 부하를 벗어난 것이 명백하고, 융희 3년 1월 이후 조경환 전사 후에도 계속하여 폭도에 가입하여 자기가 수괴가 되고 난을 조작하였다는 사실은 심히 명백치 못하거늘 원원(原院)이 전기와 같이 인정하였음은 사실을 부당히 인정한 재판으로 사료한다고 운운함에 있는지라, 이에 의하여 고찰하니 원판결은 2개의 사실을 인정한 것이 있어서 이것을 적법히 처단한 것이요, 1개의 소위로 인정한 것이 아니므로 본 논지는 원심 직권에 속한 사실 인정을 비난함에 불과한 자이니 본 상고는 이유가 되지 못한다. 이상 설명과 같이 본 상고 논지는 모두 그 이유가 되지 못하므로 본원은 한국 민·형소송규칙 제42조·제33조에 준하여 주문과 같이 판결한다.

— 독립운동사편찬위원회, 『독립운동사자료집』 별집1, 382~383쪽

기밀 통발(統發) 제950호
충청남도 공주군 성내 봉촌(蓬村)
건착영(巾着纓) 제조업
내란범 이원오(李元吾). 34세

우(右) 자는 제1, 내란범 수괴 조경환(曹京煥)의 부하로 들어가서 융희 2년 11월 하순 이후부터 동 3년 1월 상순까지 그 도당(徒黨)과 함께 총기를 휴대하고 전라남도 영광군 외 2개 군내를 횡행하여 수범(首犯)의 내란행위를 방조(幇助)하고, 제2, 동년 1월중 수괴 조경환이 토벌대에 공격당한바 되어 전사한 후 피고는 동인의 의사를 계승하여 스스로 수괴가 되어 총기를 휴대한 다중의 부하를 인솔하고 동년 7월까지 동도 광주군 외 1개 군내를 횡행 중, 헌병대와 교전하여 내란을 일으킨 소위에 대하여 형법대전 제195조 및 제135조, 제129조에 의하여 본년 2월 24일 대구공소원에서 피고를 교(絞)에 처할 지(旨)의 판결을 하고, 피고는 이 판결에 대하여 상고를 신청하였으나 동년 4월 22일 고등법원에서 상고를 기각하고 판결이 이에 확정되었음으로써 본일 대구공소원 검사장 대리 검사 오무라 오다이(大村大代)에게 판결대로 집행함을 명하였기 우를 통지(通知)함.

명치 43년 5월 12일
통감 자작 소네 아라스케(曾禰荒助)
태자소사(太子少師) 내각총리대신 이완용 각하

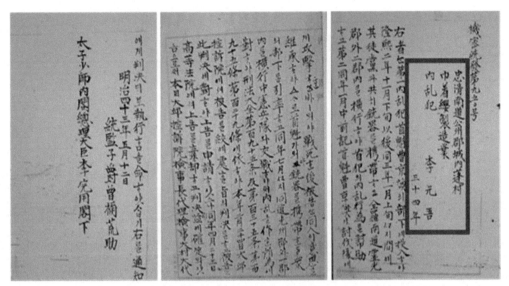

▲ 이원오 의병장, 사형집행을 명령했다는 통감의 통보서(『통감부래안』)

통감부 통감 소네 아라스케(曾禰荒助)는 대구공소원 검사장 대리 검사 오무라 오다이 (大村大代)에게 이원오 의병장을 판결대로 집행할 것을 명령한 후 이를 이완용에게 통보함에 따라 1910년 5월 16일 대구감옥에서 교수형이 집행되어 순국하였다.

내각고시 제57호
내란범 이원오(李元吾), 동 김창섭(金昌燮), 폭동강도·살상인범 박봉석(朴奉石) 본월 16일 대구감옥에셔 교형의 집행을 요(了)흔 사
우 고시홈
　　　　　　　　　융희 4년 5월 20일
내각총리대신 이완용

정부는 고인의 공훈을 기리어 1995년에 건국훈장 애국장을 추서하였다.

30. 호남동의단과 연합투쟁한 박민홍·여홍 형제 의병장

● 형의 거의에 아우도 동참하다

박민홍(朴民洪, 1869~1909)은 전남 나주 출신으로 이명은 민홍(珉洪)·민수(民洙·敏秀)·명홍(明洪)이고, 아우는 여홍(汝洪, 1879~1909)이다.

박민홍이 1908년 12월경 전남 나주·함평 등지에서 약 40~50명의 의병을 거느리고 의병장으로 활동했다. 그 후 전해산·심남일·박사화 의병장이 이끈 의진과 서로 연합하여 의병투쟁을 전개하였다.

박민홍 의진에 대한 기록은 전해산의 「진중일기」, 심남일의 「접전일기」와 일본군 조선주차군사령부, 「조선폭도토벌지」 등에 나타나 있다.

(1909년 음력 2월 18일, 양력 3월 9일-필자 주) 얼마 후에 신흥 사람이
"쇠붙이를 싣고 가는 사람이 지나갔다."
하고 보고하므로 그제야 헛 놀란 것임을 알았다. 이때 종사원이 구수동(求水洞)으로 가서 밥을 지어왔기로 잘 먹었다. 조진(曹陣: 조경환 의진-필자 주)의 군사 한 사람이 왔기로,
"지금 어디 있느냐."
물었더니,
"방금 홍정(紅亭) 등지에 머물고 있다."
하여 또 박민수(朴敏秀)의 실패 본 일을 물은즉
"확실히 그렇게 되어 형제가 다 죽었다."
라는 것이었다.

- 전해산, 「진중일기」, 『독립운동사자료집』 2, 452쪽

남평 거성동(巨聲洞) 접전
기유(己酉) 3월 8일(1909년 4월 27일, 실제와 2개월 정도의 차이-필자 주).
대장 서리 강현수(姜鉉秀)는 박봉주(朴奉柱)·박채홍(朴彩洪)과 함께 나주 월교리(月橋里)에서 유진하였다.
이날 밤에 세 사람의 진이 남평 운삼동(雲三洞)에서 집합하여 선동(船洞)으로 옮기

는데 정탐꾼이 와서,

"왜적 15명이 몰래 운곡(雲谷)으로 들어갔다."

보고하므로 다시 군사를 정돈하여 본진은 장암(墻巖)에 머물고, 박봉주·박채홍은 철천(鐵川)에 진을 치고, 박민홍(朴玟洪)은 선동(船洞)에 주둔하여 네 진이 서로 4, 5마장 사이에 있었다.

정탐꾼이 와서 적이 출발해서 선동으로 들어갔다고 하므로 이내 군중에 영을 내려 돌담 밑에 복병하게 하고 적을 유도하여 싸움을 건 결과 겨우 5명을 쏘아 죽였다. 그리고 남은 적은 영산포로 달아났다.

여러 장수가 이 소식을 듣고 와서 모였기에 나는 여러 사람에게 말했다.

"적의 세력이 점점 치열하여 감히 포학을 부리니 그 세력을 막아낼 수 없은즉 여러 진이 모두 모여 적을 유도해 끌어내어 서로 어울려 승부를 결단하는 것만 같지 못하다. 만약 숨고 도망하여 각자도생한다면 이 어찌 대장부가 나라 위해 충성을 바치려는 뜻이겠느냐? 어찌 이웃 나라에 알릴 수 있는 일이겠느냐?"

일변으로는 영산포에 보발을 보내어 적의 마음을 격동하고, 일변으로는 여러 진의 책임자에게 통고하였다. 그래서 북쪽의 전수용(全垂鏞)·이대국(李大局)·오인수(吳仁洙)와 동쪽의 안규홍(安圭洪)·김여회(金如會)·유춘신(柳春信)이 일제히 와서 상의하였다.

이튿날 새벽에 천기(天氣)를 바라보게 한 바, 5색의 무지개가 서쪽을 꿰뚫었다. 모사 권택(權澤)이 점을 쳐 보니 점괘에 '두 호랑이가 다투어 싸우는데 서쪽들이 어찌 변했느냐?' 하였기로, 즉시 군중에 영을 아래와 같이 내렸다.

"한 부대는 동쪽 대치(大峙)에 매복하여 능주의 적을 방어하고, 한 부대는 대항봉(大巷峯)에 매복하여 광주·나주·남평 세 고을의 적을 방어하고, 한 부대는 서남간 월임치(月任峙)에 매복하여 영암의 적을 방어하고, 한 부대는 덕룡산(德龍山) 상봉에 매복하고, 한 부대는 병암치(屛巖峙)에 매복하여 서로 응원하게 하라."

오전 8시경에 능주의 적 20여 명이 동쪽에서 들어와 충돌하므로 우리 군사가 일제히 사격하여 적 15명을 죽였다. 10시경에 광주·나주·남평의 적 60여명이 북쪽에서 들어와 싸움을 걸기로 우리는 승세를 타고 추격하여 적의 장수인 경무사(警務師)와 졸병 수십 명을 죽였다. 그리고 영암에서 들어온 적 10여 명은 이미 서남간에 매복한 우리 군사에게 패배하였다.

이번 싸움에 적을 잡은 것이 70여 명에 달했고, 우리 군사도 약간 명이 죽었는데, 그중 드러난 이는 박여홍(朴汝洪)·박태환(朴泰煥)·박기춘(朴基春)으로 여홍·태환은 박민홍(朴玟洪)의 좌·우익장이었고, 기춘은 본진 총독이었다.

— 심남일, 「접전일기」, 『독립운동사자료집』 2, 577~579쪽

전라남북 양도는 전년부터 계속 소란이 그치지 않았다. 특히 남도에서 더욱 심하였다. 지금 그 주된 폭도의 행동을 약술하면 가장 횡포를 극하였던 수괴 전해산(全海山)은 영광군(靈光郡) 불갑산(佛甲山) 부근을 근거로 영광·함평·장성·고창 및 무장(茂長) 각 지방을 횡행하였는데, 토벌대가 출동하면 곧 부하를 해산하고 북도로 도피하였다가 기회를 보아 다시 남하하는 것이 상투수단이었다. 그러나 6월 중순 불갑산(佛甲山) 부근에서 수비대에게 대타격을 받아 그 태반이 궤멸된 이후로는 일시 세력이 쇠하여졌다.

심남일(沈南一)은 1월 이후 주간에는 산중에 은신하였다가 야간에만 행동하여 일시 그 종적을 감추었으나, 4월 상순부터 250명의 부하를 규합하여 남평·영암 및 보성 등 각군에 걸쳐 출몰하였다.

또 전기 2명과 백중한 세력이 있는 조경환(曹京煥)과 박민홍(朴民洪)은 다 같이 나주·함평 부근을 배회하였으나 조경환은 1월 중순 운수동(云水洞)에서 토벌대에게 사살되고, 기타 강무경(姜武京)·안계홍(安桂洪) 및 임창모(林昌模)는 영암·장흥·보성 및 복내장(福內場) 지방에 웅거하고, 이 학사(李學士)와 정성현(鄭聖鉉)은 임실·순창·남원 지방에서 활동하고, 김경삼(金京三)·최사영(崔士永)은 태인·임실·장수 일대의 지방에서, 이원오(李元五)·문태서(文太西)는 전주 북서부 익산·함열·임피 및 김제 지방에서, 양윤숙(楊允淑)·신보현(申補玄)은 정읍·장성·순창 지방에, 그리고 고부 부근에는 박춘화(朴春化)·이성화(李成化)가 있어 수백 내지 수십의 부하를 이끌고 전라 양도 각지에 출몰하였다.

- 조선주차군사령부, 「조선폭도토벌지」, 『독립운동사자료집』 3, 801~802쪽

일본군은 박민홍·조경환 의진을 전남 영광을 중심으로 활약하던 전해산 의진, 남평을 중심으로 활약하던 심남일 의진과 백중한 세력을 갖춘 의진으로 평가하기도 하였다.

● 3개월에 걸친 격렬한 의병투쟁으로 형제 순국하다

박민홍 의병장은 1908년 12월 거의하여 전남지역에서 맹위를 떨치던 전해산·심남일 의병장과 연대하여 3개월 동안 격렬한 의병투쟁을 벌였다.

(1909년 1월) 16일 오전 10시경, 박민홍(朴珉洪)이 인솔하는 50여 명의 폭도는 나주군 수다면으로부터 마산면을 향하여 강을 건널 때, 그곳을 항행 중인 한선 1척을 빼앗아 적재해 있던 벼 40가마를 강탈하였다.

20일 오후 3시, 수괴 심남일(沈南一)과 박민홍(朴珉洪)이 인솔하는 약 150명의 폭도가 나주군 수다면 초동에 들어와 술과 밥을 먹고 금전을 빼앗아갔다.

- 국사편찬위원회, 『한국독립운동사』 자료 13권, 155~156쪽

-. 1월 13일 적괴 박민수(朴民水, 朴珉洙인 듯)가 인솔한 폭도 약 50명이 각 총기를 휴대하고 나주군 거평면 도장곡(道將谷)의 부호 김성기(金成基) 가에 습래하여 동인을 납거할 목적이었으나 도망, 부재였으므로 이루지 못하고 밤에 동소에서 1박하고 다음날 14일 조식을 끽하고 동군 용문면 불로치를 넘어 어디론가 거하였다 한다 운운.

-. 1월 14일 오후 3시경 적괴 심남일(沈南一), 동 박민홍(朴珉洪)이 인솔하는 폭도약 150명이 나주군 수다면 초동(草洞)에 와서 주식(酒食)을 자행하고 금전을 강징(强徵)하고 거하였다고 한다.

- 국사편찬위원회, 앞의 책, 137~138쪽

박민홍 의진은 심남일 의진과 연합하여 150여 명의 의진으로 전남 나주 수다면에서 주식(酒食)을 하고, 의병 군자금을 모금하였다고 기록하였다.

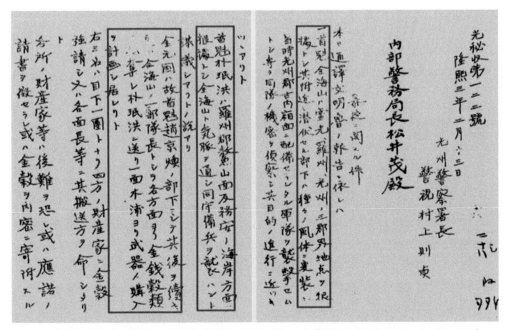

▲ 박민홍 의진이 전해산, 김원국 의진과 연계투쟁 기록(『폭도에 관한 편책』, 1909.02.13)

광비수 제122호
융희 3년 2월 13일
전라남도 경찰부장 경시 무라카미 노리사다(村上則貞)
내부경무국장 마쓰이 시게로(松井茂) 앞

폭도에 관한 건
본일 통역 문명로(文明魯)의 보고에 의하면
-. 수괴 전해산(全海山)은 영광·나주·광주의 3군계 지점을 근거로 하여 그 부근에 잠복한 부하는 각종의 풍채로 변장하고 당시 광주군 고내상면에 배비(配備)된 군대를 습격하고자 전(專)히 각대(各隊)의 기밀을 정찰하고 그 목적의 진행에 접근하고 있다고 한다.
-. 수괴 박민홍(朴珉洪)은 나주군 오산면 및 무안의 해안 방면을 근거로 하고, 전해산과 기맥을 통하고 동 수비병을 습격하고자 모의하고 있다는 설이 있다.
-. 김원국(金元國)은 고 수괴 조경환(趙京煥: 曺京煥-필자 주)의 부하로 그 후를 이어 목하 전해산의 한 부대장으로 각 방면으로부터 금전·곡류를 약탈하여 박민홍에게 보내고, 일면 목포로부터 무기의 구입을 계획하고 있다고 한다.
-. 우 3명은 목하 일단(一團)이 되어 사방의 재산가에게 금곡을 강청, 또는 각 면장 등에게 그 반송(搬送)할 것을 명령하였다 한다.
각처의 재산가 등은 후난을 두려워 혹은 응낙의 청서(請書)를 징수당하고 혹은 금곡을 내밀히 기부하는 자가 있다고 하는 설이 있다.

- 국사편찬위원회, 앞의 책, 367~368쪽

박민홍 의진은 전해산 의진, 조경환 의병장 순국 후 그 의진의 의병장으로 활약한 김원국 의진과 함께 영광·나주·광주 세 군계 지역에서 일본군 수비대를 습격하려 한다고 하였다.

-. 2월 9일 밤, 나주군 수다면 개구정에 수괴 박민홍(朴珉洪)이 인솔하는 약 60명의 비도는 1박을 하고, 다음날 아침밥을 먹을 무렵, 폭도 토벌을 위해 나갔던 헌병이 전방 약 5, 6정의 곳에 나타났음을 보고 낭패하여 뒷산 속으로 잠복, 헌병의 행동을 감시하고 있었는데, 헌병은 이를 모르고 다른 방면을 향하였음을 확인하고, 정오경 산맥을 더듬어 북방으로 갔다고 한다.
-. 작년 11월경, 수괴 심남일(沈南一)과 분리하여 기치를 든 박민홍은 당시 60명의 당류(黨類)를 갖고 군내 각처를 횡행함으로 군수는 크게 이를 두려워하며, 재산을 가진 자는 흉흉하여 피난의 준비를 게을리하지 않고, 또 궁핍한 사람들은 속속

그들의 무리에 가입하려고 하는 경향이 있는 것 같다고 한다.

- 국사편찬위원회, 앞의 책, 381~382쪽

2월 17일 밤 나주군 곡강면 송림(松林) 박(朴) 문중 묘가(墓家) 유택(留宅)에 박민홍 (朴珉洪)이 인솔하는 폭도 100여 명이 1박하고 다음날 18일 동군 오산면 방향으로 도주하였다 한다.

- 국사편찬위원회, 앞의 책, 399쪽

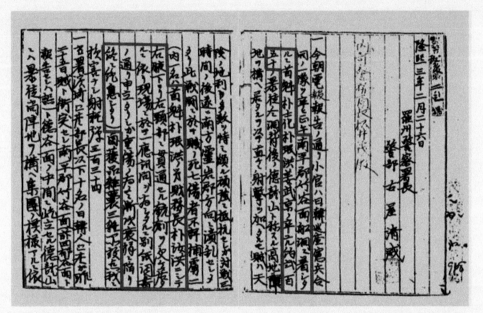

▲ 1909년 2월 26일 박민홍·박사화·강무경 세 의진 250여 명이 나주경찰헌병 연합대 와 전투, 박민홍 의진 재무장이자 동생 박여홍의 순국(『폭도에 관한 편책』, 1909.02.26)

나경비발 제23호
융희 3년 2월 26일
나주경찰서장 경부 후루야 키요타이(古屋淸威)
내부경무국장 마쓰이 시게루(松井茂) 앞

오늘 아침 전보로 보고한 것과 같이 본관은 일·한 순사와 헌병 합동의 한 부대를 인솔하고 정오 무렵, 남평군 죽곡면 선동에 도착한바, 수괴 박사화(朴士化)·박민홍 (朴珉洪)·강무경(姜武京) 등이 인솔하는 약 250명의 폭도가 그 마을 배후의 덕룡산 (德龍山: 일명 국사봉 國師峰─필자 주)이라고 칭하는 고지에 진지를 구축하고 있으므로 즉시 사격을 가하였으나, 적은 천험(天險)의 지리와 다수를 믿고 완강히 저항하였는데, 대전 3시간 후 영암군 방면으로 궤란시켰다.

이 전투에서 적의 사망 7명, 부상자 미상, 포로 2명<그중 1명은 수괴 박민홍의 동생인 재무장 박여홍(朴汝洪)으로 오른쪽 옆구리 아래로부터 오른쪽 머리 부분에 관통한 총상을 입고 있었던 바에 따라 현장에서 일단 신문을 하였던바, 별지 조사와 같이 신립하였는데, 증상으로 점차 쇠약하여 드디어 절명하였다.>

- 국사편찬위원회, 앞의 책, 412쪽

< 포로신문조서 >

나주군 나주읍 남문 외 거주
박민홍(朴珉洪) 제 박여홍(朴汝洪, 당 30세)

문: 너는 적괴 박민홍(朴珉洪)의 아우인가?
답: 그렇다.
문: 폭도가 된 것은 언제인가?
답: 나는 의병이 될 생각은 없었으나 실형 민홍이가 의병의 우두머리가 되어 있어서 오래 귀가치 아니하여 한 번 면회(面會)하고자 생각하고 심방(尋訪)하여 온 이래 회계역(會計役)이 되어 재무장(財務長)으로 동행하고 있었다.
문: 언제부터 동행하였는가?
답: 근래부터이다.
문: 폭도의 무리에 들어간 이래 약탈 또는 전투 등의 대략 경력을 말하라.
답: 나는 근래 동행하였을 뿐 아니라 회계인 관계로 현저히 말할 것이 없다.
문: 금회의 집단 수괴는 누구누구인가?
답: 박사화(朴士化), 박민홍, 강(姜) 대장(이름 부지)이다.
문: 총수 몇 명인가?
답: 상세하게는 모른다. 2백여 명일 것이다.
문: 총기는 얼마가량 되는가?
답: 상세히 모른다. 대저 소지하고 있었다.
이상 기록한다.

융희 3년 2월 26일 오후 6시
남평군 죽곡면 선동(船洞)에서
나주경찰서장 경부 후루야 키요타이(古屋淸威)

- 국사편찬위원회, 앞의 책, 413~414쪽

▲ 박여홍 의병장 묘(대전현충원 독립유공자 제4묘역)

전남에 있어서의 폭도 피해 및 그 정황
목포일본인상업회의소

26일 남평군 죽곡면 선동(船洞) 덕룡산(德龍山)에 집합, 진지를 포(布)하고 있는 박민홍(朴珉洪) 외 2명의 수괴가 인솔하는 250명의 폭도를 나주경찰서장 후루야(古屋) 경부가 헌병대와 협력, 정오에 공격을 개시하여 교전 3시간에 드디어 남방 영광군 방면으로 궤란시켰다. 이 전투에서 박민홍의 아우 박여홍(朴汝洪)이 폐사(斃死)하였다.

- 국사편찬위원회, 앞의 책, 424쪽

지난달 27일 오후 7시경, 영암수비대는 그곳에서 북방 약 30리 떨어진 지점인 동군 원정면에서 수괴 박민홍(朴珉洪, 현 장흥군수의 종제라고 한다)의 무리 약 70명과 충돌하여 수괴 박 이하 23명을 죽이고, 화승총 7정, 칼 8자루, 기타 잡품 수접을 노획하였다. 수비대는 조금도 손해 없다.

- 국사편찬위원회, 앞의 책, 630쪽

557

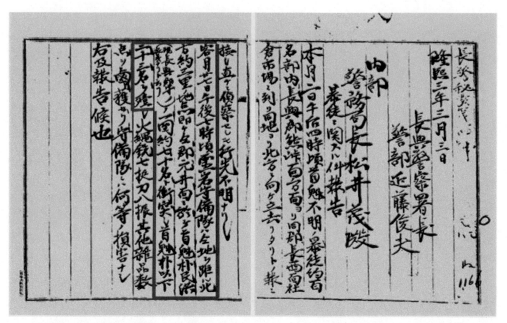

▲ 1909년 2월 27일 박민홍 의진 70여 명이 일본군 영암수배대와 전투, 박 의병장 등 23명 순국(『폭도에 관한 편책』, 1909.03.08)

1909년 2월 26일 남평군 죽곡면 선동(船洞) 소재 덕룡산(德龍山, 일명 국사봉國師峰)에서 박민홍·강무경(姜武景)·박사화 의병장이 이끈 250여 명의 연합의진과 나주경찰서장이 이끈 경찰·헌병대와 격전을 벌였는데, 이때 아우 여홍은 중상을 입고 순국하고, 이튿날 박민홍 의진 70여 명이 영암군 원정면에서 일본군 영암수비대와 격전을 벌여 박민홍 의병장 등 23명이 전사 순국하였다.

이른바 『전남폭도사』에 기록된 박민홍 의진에 대한 기록은 4차례 나타나 있다.

-. 1월 19일 영산포헌병분대 제1, 제2의 양구(兩區) 연합토벌대가 나주군 수다면 초동(현 다시면 영동리 속촌)에서 거괴(巨魁) 심남일(沈南一) 및 박민홍(朴民洪)이 이끄는 약 150명의 적과 교전하여 3명을 죽이고 격퇴했다.

-. 2월 6일 오후 4시 토벌대가 사까구찌(坂口) 군조 이하 12명이 나주군 마산면 내동(현 왕곡면 신포리 속촌)에서 수괴 박민홍(朴民洪)이 이끄는 약 1백 명을 공격, 11명을 죽이고 이를 격퇴했는데 화승총 8정을 노획했다.

-. 2월 26일 에리구찌(江里口), 스스무(進) 양 토벌대가 영산포 철천(현 나주시 영산포읍 운곡리) 부근에서 박명홍(朴明洪)이 이끄는 약 2백 명의 적단(賊團)과 충돌, 이를 궤란시켰다.

-. 2월 27일 오후 5시 영암대 이구마(伊熊) 중위 이하 12명이 영암 동북쪽 금산 동쪽 고지에 웅거한 박명홍(朴明洪)이 이끄는 70명의 적을 공격, 해가 질 무렵에 이를 격파했는데, 수괴 박(朴) 이하 23명을 죽였다.

정부는 박민홍·여홍 형제의 공훈을 기리어 1991년에 건국훈장 애국장을 추서하였다.

▲ 박민홍·여홍 방계손이 사는 남파고택(南坡古宅, 박경중가옥) - 전남 나주시 금성길 13

31. '폭도대토벌'에 맞섰던 임창모·학규 부자 의병장

● 대한의사 임창모 의병장

임창모(林昌模, 1869~1909) 의병장에 대한 기록은 1954년 김문옥(金文鈺) 선생이 찬(撰)한 내용을 담은 '大韓義士林公昌模紀績碑(대한의사 임공창모 기적비)'에 새겨져 있고, 『독립유공자공훈록』 1권(1986. 국가보훈처)에는 이 내용이 대체로 수용되어 이렇게 기록되어 있다.

▲ 대한의사 임창모 기적비 - 전남 보성군 보성읍
용문리 836-3

임창모는 전라남도 광주(光州) 출신이다.

노일전쟁 이후 일제의 한반도 식민지화 정책이 노골화되어 가는 과정에서 을사조약이 체결되자, 이에 대한 민족적 대응으로서 의병운동이 전국적인 양상으로 전개되었다. 이때 임창모는 능주 출신 양회일(梁會一)과 함께 의병을 일으켰다. 1907년 능주를 공격하고 다시 광주를 치려다가 날이 저물어 화순·동복 경계인 흑토치(黑土峙)에 둔병(屯兵)하던 중 적에게 포위를 당하였다. 포위망을 탈출할 수 없게 되자 양회일이 선등대호(先登大呼)하여,

"의병대장 양회일이 여기 있으니 맞서서 싸우자."

하고 외치면서 나아가 싸우다가 적에게 잡혔다. 임창모 역시 힘껏 싸웠으나 역부족하여 결국 체포되었다. 그 후 양회일은 광주형무소(광주감옥의 오기-필자 주)에서 장흥으로 옮겼으나 단식 7일 만에 순국하였고, 뒷날 임창모는 지도로 유배되었다가 1908년 해배(解配)되어 귀가하였다.

이즈음 전라남도 보성 일대에서 안규홍(安圭洪)의 의진이 가장 성세를 이루고 있었다. 임창모는 해배되자마자 안규홍의 의진에 입대하여 선봉장으로 활동하였다. 당시 안규홍의 보성의진은 파청대첩(巴靑大捷)·진산대첩(眞山大捷)·원봉산(圓峰山) 전투 등에서 적극적인 공세를 취하여 의병사에서 기념비적인 승리를 구가하였다.

6월 이후 임창모는 독립부대를 편성하여 안규홍 의진과 분진하여 보성을 거점으로 활동하였으며, 전성기에는 부하가 2, 3백 명에 이르기도 하였다.

1909년 10월 12일 일본의 의병대 토벌전이 전개되어 흑석산(黑石山)에서 일군과 접전하던 중 전사하였다.

정부에서는 그의 공을 기리어 1963년에 건국훈장 국민장을 추서하였다.

일제의 비밀기록에는 임창모 의병장의 거주지는 전남 보성군 용문면(현 보성읍 속리)로 나타나 있지만, 출생지에 관한 것은 없다.

임창모 의병장의 묘비에는 순국선열 임창모 의병장 조상과 자호 및 부인과 며느리의 행적에 대해서 "부인 관산임씨는 의기심중(義氣深重)하여 여중군자(女中君子)로 존칭(尊稱) 받았고, 자부 탐진최씨는 시모 봉양과 침선으로 여생을 보냈다."라고 간략히 기술하고 있다.

애국지사 임공창모는 고려조 좌승상을 지내신 조양군(兆陽君) 휘 세미(世味)의 22세 손이시다. 공의 증조는 휘 지영(之榮)이시고, 조고는 휘 성옥(成玉)이시고, 고는 영수(英秀)이시고, 비는 숙인 탐진(耽津) 최씨이시며, 자는 낙균(洛均)이시고, 호는 월담(月潭)이시니, 1869년(고종 5년) 무진년에 태어나셨고, 을유년(1885)에 무과에 등과하시어 중추원 의관으로 계시다가 병오년(1906)에 왜적이 창궐하여 위국함을 보시고 능주 양회일(梁會一), 전해산(全海山) 등 제(諸) 의사와 규합하여……

수필가 임병식은 임창모 의병장 묘비의 내용을 바탕으로 정리한 것으로 보이는데, 임창모 의병장은 전남 보성군 우산리 태생으로 무과 급제 후 중추원 의관 벼슬을 지내다가 일제에 의해 왕비가 참살된 을미왜란(1895)이 발발하자 벼슬을 버리고 낙향했다고 기술하고 있는 점이 특이하다.

내 고향 사람으로 독립운동의 족적이 뚜렷한 사람이 몇 명 계시다. 그중에서 언급하고자 하는 분은 그리 널리 알려지신 분은 아니다. 이름은 임창모(林昌模). 선생은 조선말에 수차례 의병활동을 벌이면서 아들과 함께 분전 중에 최후를 마친 분이다. 선생은 무진년(1868) 보성군 우산리에서 태어났다. 18세에 무과에 급제하고 중추원 의관이 되었으며 명성황후 시해사건이 일어나자 벼슬을 버리고 낙향했다.

중추원 의관은 일반적으로 독립협회가 주관한 만민공동회의 건의에 의해 중추원이 생기고, 그에 따른 벼슬처럼 정리한 글이 많다. 그러나 중추원 의관은 개국 504년(1895) 음력 3월 25일 칙령 제40호, 「중추원 관제와 사무장정(中樞院官制及事務章程)」을 반포한 이후의 벼슬이니, 을미왜란 직후 생긴 벼슬이 아니라 그보다 5개월 전에 생긴 벼슬이었음은 분명하다.

● 쌍산의소에서 선봉장으로 활약하다

'대한의 황제 아래 일본인 통감을 둔다.'라는 을사늑약에 반대하여 민영환(閔泳煥)·조병세(趙秉世)가 자결하였다. 민영환은 내부·외부대신을 지내고 종1품 시종무관장(현 청와대 경호실장격)이었고, 조병세는 종1품 좌우 의정을 역임한 원로로 을사늑약 반대 상소의 소두(疏頭)였다. 이어 연재(淵齋) 송병선(宋秉璿)이 자결했다는 소식이 들려왔는데, 그는 기호지방뿐만 아니라 호남지방에 많은 제자를 길렀던 유학자였기에 수많은 제자가 의병을 일으키기 위해 동분서주할 때 면암(勉菴) 최익현(崔益鉉)마저 대마도에서 순국했다는 소식이 들려오자 능주(현 화순군 속면)의 유생 행사(杏史) 양회일(梁會一)은 기우만(奇宇萬)과 정재규(鄭載圭)에게 동지들을 보내어 의병을 일으키고자 하는 뜻을 질의하였다. 그들은 노사(蘆沙) 기정진(奇正鎭)의 고제자(古弟子)로 기우만은 장성 사람이었지만 정재규는 경남 합천에 살고 있었다. 양회일은 그들로부터 크게 격려를 받자, 고광순(高光洵), 기삼연(奇參衍) 등과 긴밀히 협의한 후 3천 석치 가산을 기울여 군자금을 마련하여 능주의 쌍봉사 뒤편 계당산 자락에 쌍산의소(雙山義所)를 설치하고, 1907년 3월 3일(음력 1월 19일)「격고문(檄告文)」을 띄우니, 이광언(李光彦)·이백래(李白來, 자 윤선允先)·이항선(李恒善) 등과 함께 참여한 이가 임창모(林昌模) 의병장이다.

양회일이 남긴 유고를 바탕으로 엮은 『행사실기』에 기록된 쌍산의진에서 임창모는 선봉장으로 기록돼 있다.

맹주(盟主): 양회일
총무: 양열묵(梁烈默)
참모: 임상영(林相永) 박중일(朴重一) 양수묵(梁壽默)
서기: 이병화(李秉華)
도통장: 이광언(李光彦)
부통장: 노현재(盧鉉在)
선봉장: 임창모(林昌模)
부장(副將): 신재의(辛在義)
중군장: 안기환(安淇煥)
후군장: 최기표(崔基杓)
호군장: 임노복(林魯福) 안찬재(安贊在)
포군장: 유병순(柳炳珣)

● 쌍산의진에서 격전 치르고

쌍산의진 의병들은 막사를 짓고 그 주변에 둘레 약 1km의 성을 구축하는가 하면, 주변에 무기 제작을 위한 대장간을 마련하고, 탄약의 재료인 유황을 생산하여 굴을 파고 이를 저장하였으며, 훈련을 거듭한 후 드디어 의병투쟁에 나섰다.

▲ 쌍산의소 막사터 - 전남 화순군 이양면 증리 산 12

쌍산의진이 능주와 화순 군아를 습격하기 위해 쌍산의소를 출발한 날이 1907년 4월 21일(음력 3월 9일)이었다. 이날 경남 하동 출신으로 쌍산의진의 도통장을 맡은 이광언과 정읍 출신으로 광양에 거주하면서 백낙구(白樂九)와 더불어 의병을 일으킨 바 있던 유병우(柳秉禹)가 다수의 의병을 거느리고 쌍산의진에 합세했기 때문에 의병들의 사기는 높았다.

『행사실기』에는 쌍산의진 100여 명은 총기 45정을 휴대하고 이튿날인 4월 22일 초저녁에 화순 군아와 헌병분파소를 습격하여 전선을 끊고 건물에 불을 질렀으며, 양총 6정과 군도 3자루, 총탄 500여 발을 노획하고 일진회원의 집에 불을 질렀다고 기록하였다.

일제의 기록인 이른바 『전남폭도사』에서는 능주 군아와 주재소를 공격하여 총 5정을 뺏고, 화순 군아와 헌병분파소를 공격하여 헌병보조원 3명과 교전한 다음, 양회일을 비롯한 6의사를 붙잡았다고 기록하였다.

(1907년) 4월 22일 최익현의 잔당인 경상남도 유생 이광선(李光先: 일명 恒善), 능주군의 양회일(梁會一) 등의 비도 1백여 명(총기 45)이 능주읍을 습격, 군아와 주재소 등에 침입하여 총 5정을 뺏고 다시 진격, 화순에 내습하여 군아와 분파소를 공격하여 보조원 3명과 교전한 다음 동복 방면으로 퇴각했다. 이 급보를 받은 이쯔끼(壹岐) 보좌관보가 보조원 4명, 총순 이하 7명을 이끌고 추적하여 도마산(刀摩山) 산정에 적이 집합하고 있음을 발견, 교전 끝에 이를 격퇴하였는데, 1명을 죽이고 부수령(副

563

首領) 양회일 이하 6명을 포로하고 화승총 24정, 무라다식[村田式] 단발총 2정과 기타를 노획했다.

- 이일룡 역주, 『비록 한말전남의병전투사』, 23~24쪽

쌍산의진에 참여하여 총상을 입고 간신히 목숨을 구한 행사의 동생 양회룡(梁會龍, 1881~1959)이 쓴 「가장」에 행사의 피체 순간이 자세히 기록되어 있다.

행군하여 곧장 본 고을 순청(巡廳: 순라를 보던 관청. 여기서는 주재소-필자 주)으로 쳐들어가서 공격하니 적들은 병기를 버리고 도주해 버렸다. 병기를 거두어 화순성 안에 이르니 적들은 이미 도주해 버렸다. 공은 곧 광주로 달려가고자 하는데 행렬을 선도하던 전구(前驅)가 제지하며 말했다.
"너릿재[板峙]는 길이 좁고 골이 깊어서 복병이 있을까 우려되므로 저문 밤에 행군하는 것은 계책이 되지 못합니다."
라고 하였다. (중략)
화순과 동복 접계(接界)에서 밤을 새며 숙영한 이튿날 아침 일찍 욕식(蓐食)을 하고 출발하는데, 적이 과연 너릿재에서 뒤쫓아와서 사방으로 포위했다.

- 조선대학교 고전연구원, 『국역 행사실기』, 61쪽

『임전일록』에는 4월 23일(음력 3월 11일) 정오에 동복 군아와 분파소를 습격했으나 일본 군경이 미리 대비하여 겨우 양식을 보충하고 건물에 불을 지른 후, 광주 방면으로 향하다가 광주와 경계지점인 도마산(刀摩山)에서 추격을 받아 대장 정세현(鄭世鉉)[53]이 순국하고, 행사를 비롯하여 임창모, 이백래, 안찬재, 유태경(柳泰京), 신태환(申泰煥) 등 6명이 피체되었다고 기록하였다.

쌍산의진이 일본 군경과 격전을 벌였던 곳은 화순이나 동복 방면에서 광주로 통

▲ 유병우 의병장 유형 15년, 판결문(광주지방
재판소 전주지부, 1909.08.25)

---

53) 정세현(鄭世鉉, 1877~1908) 『임전일록』에는 대장이라 기록했으나 『행사실기』에는 장임이 아니고 '의사(義士)'로 기록함.

하는 도마산에 있는 재였던 것은 분명하다. 도마산에 있는 재이니, '도마치'라 기록하고, 그 전투를 '도마치전투'라고 기록했을 수도 있지만, 그 지형에 대하여 잘 알고 있던 양회룡, 안규용 등은 『행사실기』에서 모두 화순의 '너릿재[板峙]'라고 기록하고 있다.

◉ 피체와 유배

쌍산의진 6의사는 광주경무서(광주경찰서 전신)에 수감된 후 전라남도재판소(광주지방법원 전신)에서 재판을 받게 되었는데, 모든 사실을 시인하여 '정사를 변경하기 위해 난을 일으킨 자의 죄로 사형에서 1등을 감하여 종신형에 처하여야 하나, 우매 몰지각하여 1등을 감하여' 행사와 임창모는 유형 15년, 안찬재·유태경·신태환·이윤선(이백래)은 유형 10년에 처해졌고, 마침내 전남 지도(智島)로 유배되었다.

> 법부대신 조중응의 상주에 의하여 전라남도재판소에서 심리한 능주의병 양회일·임낙균(林洛均: 임창모의 자-필자 주)·안찬재·유태경·신태환·이윤선 등을 해 재판소의 판결대로, 양회일·임락균은 각각 유 15년, 안찬재·유태경·신태환·이윤선은 각각 유 10년에 처하게 하다.
>
> - 「관보」 제3815호, 광무 11년 7월 11일

쌍산의진 6의사는 유배를 떠난 지 5개월 만인 1907년 12월 3일 융희황제의 즉위 기념 사면조칙에 의해 풀려나게 되었다. 그 후 행사는 귀향하여 몸을 추스르던 중, 이듬해 5월 강진분견소에 압송되었다. 일본 헌병이 지난날 의병을 일으킨 것은 잘못이기에 유배를 간 것이라는 취지로 힐난하자 양회일은 의병을 일으킨 것에 대하여 그 정당성을 당당하게 역설하고 귀가하였다. 그 후 6월 17일 장흥분견소에 또 압송되어 가혹한 고문을 가하자 이에 강력히 항의하기 위하여 식음을 전폐한 지 7일 만에 옥중에서 순국하니 그날이 6월 24일이었다.

◉ 다시 거의하여 안계홍 의진과 연합하다

임창모 의병장은 1907년 4월 22일 붙잡혀 광주경무서를 거쳐 전라남도재판소에서 유형 15년이 선고되어 지도로 유배를 떠났다가 그해 12월 3일 사면되어 귀향하였다. 그는

이듬해 안계홍 의진에 참여했다가 그해 5월 다시 독자적인 의진을 구성하여 의병을 일으켰다.

일제는 이른바 『전남폭도사』에 이렇게 기술하였다.

> (1907년) 4월 최(崔: 최익현-필자 주)의 뒤를 이은 양회일(梁會一) 등이 이광선(李光先), 임낙균(林洛均: 임창모, '낙균'은 그의 자-필자 주)과 합세, 능주(綾州)에서 거사하였으나 성공하지 못하고 양(梁)·임(林)의 두 수괴는 체포되었다.
>
> (중략)
>
> 이로써 제2기에 있어서의 거괴(巨魁: 의병장 중의 거장-필자 주)는 모두 사라져 각 군의 경우 평온을 되찾았다고는 하나 강용언(姜龍彦)이 순천에, 임창모(林昌模)·안계홍(安桂洪)이 보성에, 김동신(金東臣)이 영광에 있고, 조경환(曺京煥)·전해산(全海山)·강사문(姜士文)·김기순(金基順)·오재수(吳在洙)·양진여(梁鎭汝)·조정인(趙正仁)·임선달(林先達)의 도당이 각지에 출몰했다.
>
> - 이일룡 역주, 앞의 책. 12~18쪽

1908년 4월 26일 안계홍 의진은 파청에서 일본군 기마병 2명을 사살하고, 1명에게 부상케 하는 승첩을 거두게 되었다.

당시 장흥경찰분서장 사카네(坂根利貞)가 경무국장 마쓰이(松井茂)에게 급전한 내용이 『폭도에 관한 편책』에 실려 있고, 이어 4월 29일 주차한국 일본군 헌병대장 아카시(明石元二郎)가 경무국장 마쓰이에게 통보한 문서에는 파청승첩의 전말이 자세히 기록되어 있다.

> 영산포헌병분대 보성분견소 전보의 보고에 의하면, 4월 26일 오전 7시 낙안분견소와 교통을 위하여 파견한 쓰보이(坪井)·나가토(永戸)·나가이(永井)의 세 상등병은 그 날 10시, 보성의 동방 약 2리 반 '하세이'에 도달할 때 부근 산상에 있는 적(賊) 약 150명을 발견하고 이에 사격을 가하여 교전 약 2시간에 휴대했던 탄환을 거의 사진(射盡)하고, 고전 후 3명이 같이 부상, 드디어 츠보이·나가토 2명은 그 자리에서 전사하고, 나가이는 부상 후 오후 2시 간신히 귀소(歸所)하였다.
>
> - 국사편찬위원회, 『한국독립운동사』 자료 10권, 340~341쪽

안계홍 의진의 파청승첩은 민중뿐만 아니라 양반·유생들도 점차 호응하게 되고, 사람들은 그를 "비장(飛將)"이라 일컬었으니, 이 전투의 영향은 매우 컸다.

『전남폭도사』에는 임창모 의병장에 대한 풍설이 기록되어 있는데, 여타 기록으로 보아 이때 다시 거의한 것으로 보기는 어렵다.

(1908년) 5월 30일 수괴 노인선(盧仁先)이 이끄는 비도(匪徒: 의병-필자 주) 18명이 순천군 월등면 삼가리(현 승주군 월등면 속리-필자 주)에 사는 일진회원 김도홍(金道洪)을 살해했다. 이날 보성군에 유배 중 특별사면으로 석방된 임창모가 거병했다는 풍설이 나돌았다.

- 이일룡 역주, 앞의 책. 50쪽

임창모 의병장은 안계홍 의진이 보성지역을 중심으로 크게 활약하자 다시 거의하였는데, 일제의 기록에는 안계홍이 그를 납치하였다고 기록하였다.

▲ 의사안공파청승첩비 - 전남 보성군 득량면 예당리

1909년 4월 11일 오전 5시, 안계홍이 인솔하는 약 120명의 폭도가 보성군 도촌면 해창(海倉)에 침입하여 그곳의 위병환(魏秉煥)의 집에 저장하고 있던 경성사람 이 찬정(李贊政)의 소유 소작분 70가마를 빼앗아서 그곳 사람들에게 나눠주고, 나머지는 이를 가져가면서 그곳에 있던 보성군 용문면 거주 임창모를 납치해 갔다고 한다.

임창모는 광무 11년(1907년) 5월경 폭도 100여 명의 수괴가 되어 능주경찰고문분파소를 습격한 후 체포되어 유형에 처하게 되어 유배 중, 재작년 특사 방면되어 집으로 돌아온 후 지금까지 근신을 표하고 있던 자이다.

- 국사편찬위원회, 『한국독립운동사』 자료 14권, 131쪽

이는 안계홍 의병장이 임창모 의병장의 명성을 일찍이 알고 있었던 터라 의진 참여를 권유했던 상황으로 볼 수 있다. 그 후 임창모 의병장은 전 재산을 처분하여 정태화(鄭太化)를 선봉장, 임봉수를 포병장, 강영섭·임하중·임양표를 참모로 하는 의진을 편성하여 '호(虎)'기를 앞세우고 다시 의병투쟁에 나서 안계홍 의진과 함께 활약했기 때문이다.

(1909년) 7월 3일 오전 7시 수괴 안계홍·임창모가 이끄는 약 170명의 비도가 세금을 징수하고 있던 동복군 외남면 운산리(현 화순군 남면 속리-필자 주) 이장 신공백(申公百)을 요격, 그를 보성군 월우치(현 복내면 일봉리 소재-필자 주)에 납치하여 죽였다.

- 이일룡 역주, 앞의 책. 122쪽

이른바 '폭도대토벌'이 실시되기 전의 전남지역 의병활동에 대하여 일본군 측이 파악하고 있던 자료에 의하면, 300명 이상의 의진은 영광을 주 무대로 하던 전해산(全海山) 의진 500명, 능주를 주 무대로 한 심남일(沈南一)·강무경(姜武京) 의진이 각 500명과 300명, 보성을 주 무대로 한 안계홍·임창모 의진이 각 450명과 300명이었다고 하니, 그 규모를 짐작할 수 있다.

● 임창모 아들도 의병장으로 활약

임창모 의병장 아들 학규(學圭, 일명 鶴圭·學淳)이 의병장으로 활약한 기록이 『폭도에 관한 편책』을 번역한 『한국독립운동사』에 있다. 1909년 8월 5일 장흥경찰서장 곤도 도시오(近藤俊夫)가 내부경무국장 마쓰이 시게루(松井茂)에게 「장경비발(長警秘發) 제70호」로 보낸 비밀문서에 나와 있다.

광주수비대 하라(原) 소위가 인솔하는 17명의 토벌대는 8월 3일 8시경, 장흥군 천포면 청포에서 임학규(林學圭: 임창모의 장남, 24세)가 인솔하는 폭도 70명과 충돌, 교전하였다. 폭도는 점차 퇴각하므로 추격전을 벌여 드디어 그날 오후 8시에는 보성군 왕암면 노산동까지 이르렀는데, 그곳에서 폭도는 어느 방면인지 흩어져 그 종적을 잃었다. 이 전투에서 폭도의 사망자는 9명이었고, 화승총 3정, 화약 외 잡품 약간을 노획하였다. 폭도들은 화승총 45정, 22년식 기병총 1정, 30년식 보병총 1정, 천보총 1정, 군도 3자루를 소지하고 있었다.

- 국사편찬위원회, 『한국독립운동사』 자료 15권, 274쪽

임창모 아들 학규가 독립의진을 이끌었을 수도 있으나 당시 대규모 의진을 운용하기 어려워 부친의 의진 중에 일부를 이끌고 의병투쟁을 전개했던 것으로 보인다. 특히 임창

모 의병장은 의진을 둘로 나눠 효율적인 전투를 벌였던 것이 같은 날 일본 순사 도쿠다(德田忠)가 광주경찰서장 마세키(牧瀨伊左衛門) 경부에게 보고한 비밀문서에 드러나고 있다.

현재 육상에서 각 토벌대에게 타격을 받은 폭도는 빈번히 해안 부근과 그 부근 섬에 배회하는 형적이 있다는 정보에 접하고, 하라(原) 소위 이하 15명, 일인 순사 1명의 토벌대는 원산(보성군 동남방 약 4리 해안)에 있다. 소직은 이 부근 해안 마을 정찰의 명을 받고, 밀정 2명을 인솔하여 그곳을 출발하여 청포에 이르렀다. 그날 아침 5시경, 임창모(일명 낙균落均)가 인솔하는 약 70명의 폭도는 그곳에 상륙하여 토벌대가 원산에 옴을 비밀리 보고한 자가 있었다.
(중략)
토박이[土人]의 말에 의하면, 폭도는 원산 방면으로부터 추격하면서 노산동에 와서 거의 허기와 피로가 극도로 심하고, 그 마을에서 장차 식사를 하고자 함에 처음 타격을 받은 것으로서 총기는 천보총 2정, 기총 1정, 보병총 1정, 화승총 43정을 갖고 있었는데, 임창모와 그의 장남 임학규가 의병장이었다고 한다.

- 국사편찬위원회, 앞의 책. 275~278쪽

임창모·학규 부자가 이끌던 임창모 의진은 1909년 8월 3일부터 일본 군경의 추격으로 인해 8월 5일까지 식사를 전혀 하지 못한 채 기진맥진해 있는 상태였던 것이 드러나고 있다.

● 임창모·학규 부자의 거룩한 순국

임창모 의진은 안계홍 의진과 합진하여 활약하다가 1909년 8월, 안계홍이 의진을 해산하자 그는 끝까지 싸울 것을 주장한 108명을 이끌고 일본군과 의병투쟁을 벌였다. 그러나 임창모 의병장은 밀정들의 밀고에 의해 한밤중에 일본 군경에 포위된 상태에서 벌인 흑석동전투에서 맏아들 임학규, 의병 5명 등과 함께 순국했다.

(1909년) 10월 13일 오전 0시 30분 토벌대 가지무라(梶村) 중위 이하 9명과 순사 2명이 보성군 복내장 흑석동(현 보성군 복내면 복내리)에서 적장 임창모(林昌模) 이하 7명을 공격, 육박전을 벌인 끝에 수괴 이하 5명을 쓰러뜨리고 1명을 포로로 했다.

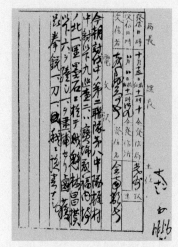

▲ 임창모 순국 전보(『폭도에
관한 편책』, 1909.10.13)

수괴 임창모
* 호 낙균(洛均: 임창모의 자-필자 주)
* 벼슬은 한 적이 없고, 작위영전도 없음. 다소 한서를 읽으며 문필에 능하다.
항상 배일사상을 품고 융희 원년(1907) 11월 지리산 거병에 가담, 이듬해 능주 습격 때에는 이광선(李光先), 양회일(梁會一) 등과 함께 한 부대의 수령으로서 참가하였으나 여지없이 패하고 체포되어 유형에 처해졌다. 그 후 대사(大赦)로 귀향 중, 거괴(巨魁) 안계홍의 부장(副將)이 되었는데, 융희 3년 4월의 일이었다. 같은 해 8월, 일을 함에 있어 안(安)과 뜻이 맞지 않아 아들 학규(鶴圭)와 임 참봉(任參奉) 등과 함께 따로 기치를 들었으나 이에 이르러 전몰했다.

— 이일룡 역주, 앞의 책. 140~141쪽

▲ 임창모 부부(위), 임학규 부부(아래) 어울무덤
- 전남 보성군 보성읍 용문리 836-3

일본의 비밀기록인 『폭도에 관한 편책』, 『전남폭도사』 등에는 그를 기삼연·김준·김율·심남일·안계홍·이대극·전해산·조경환과 함께 호남의 병장 중에서 이른바 "거괴(巨魁)"로 분류할 정도로 위대한 의병장이었다.

정부는 임창모 의병장의 공적을 기려 1963년 건국훈장 독립장, 아들 학규의 공적을 기려 1991년 건국훈장 애국장을 추서하였다.

570

32. 임창모 의진 선봉장 정태화 의병장

● 안계홍 의진에 참여

▲ 정태화 의병장

정태화(鄭太化, 1871~1955)는 전남 보성군 백야면(현 겸백면) 출신으로 호는 백암(白巖)이고, 이명은 재화(在化)이다.

그는 1908년 안계홍(安桂洪) 의진에 참여하여 의병활동을 시작하였다. 안계홍은 거의를 목적으로 머슴살이하던 동지들과 일심계(一心契)를 조직하고, 주인에게 군량과 의병자금을 받아내는 한편, 참봉 안극(安極)에게도 무기와 자금을 제공받아 의병을 일으켰다.

1908년 2월 관북 출신의 강성인(姜性仁)과 합세하여 병력 70여 명으로 대오를 정비한 후 안계홍은 의병대장으로 추대되었다. 안계홍 의진이 전남 보성·장흥을 중심으로 크게 활약하자 임창모(林昌模) 의병장은 다시 거의하였는데, 일제의 기록에는 안계홍이 그를 납치하였다고 기록하였다.

1909년 4월 11일 오전 5시, 안계홍이 인솔하는 약 120명의 폭도가 보성군 도촌면 해창(海倉)에 침입하여 그곳의 위병환(魏秉煥)의 집에 저장하고 있던 경성사람 이 찬정(李贊政)의 소유 소작분 70가마를 빼앗아서 그곳 사람들에게 나눠주고, 나머지는 이를 가져가면서 그곳에 있던 보성군 용문면 거주 임창모(林昌模)를 납치해 갔다고 한다.
임창모는 광무 11년(1907년) 5월경 폭도 100여 명의 수괴가 되어 능주경찰고문분파소를 습격한 후 체포되어 유형에 처하게 되어 유배 중, 재작년 특사 방면되어 집으로 돌아온 후 지금까지 근신을 표하고 있던 자이다.

- 국사편찬위원회, 『한국독립운동사』 자료 14권, 131쪽

이는 안계홍 의병장이 임창모 의병장의 명성을 일찍이 알고 있었던 터라 의진 참여를 권유했던 상황으로 볼 수 있다.

임창모는 일찍이 양회일(梁會一) 의병장과 함께 쌍산의소에서 활동하다 피체되어 전라

남도재판소에서 유형 15년이 선고되어 전남 지도에서 고초를 겪고, 사면되어 귀향해 있던 터였다.

녹천(鹿川) 고광순(高光洵), 성재(省齋) 기삼연(奇參衍)에게 도모토록 하니, 두 분도 함께 그 기백과 의기를 칭찬하였다. 고광순은 칼을 차고 한두 번 찾아와서 기무(機務)를 매우 자세하게 논의하였다. 또 이르기를,

▲ 장흥지역 의병 학살로 악명이 높았던 장흥분견소 헌병들의 모습(1909)

"기공(奇公)은 장성에서 의병을 일으키고, 나는 장차 광주에서 의병을 불러 모으기로 하였다. 공이 만약 여기서 거사를 시작한다면 나도 기공과 힘을 합쳐 공과 함께 원수를 몰아내자."
라고, 하였다.
이에 공은 양열묵(梁烈默)과 이병화(李秉華)로 하여금 재지(才智)가 뛰어난 사람들을 끌어들이거나 혹은 장사들과 교분을 맺게 했다. 곧 화개(花開)의 정언(正言) 이광언(李光彦), 남원의 노현재(盧鉉在), 보성의 임창모(林昌模), 본면의 최기표(崔基杓)・신재의(辛在義)・안찬재(安贊在) 등이다. (중략)
공은 눈물을 흘리면서 부모님 명을 받들어 정미년 3월 9일(양력 4월 21일) 가산 3천 석을 모두 정리하여 부대에 배치된 2백여 명을 불러 모았다. '부모님을 도와야 한다'든가, 혹은 '처자식을 구제해야 한다'고 하는 사람들은 모두 해산시켰다.

- 조선대학교 고전연구원, 『국역 행사실기』, 60~61쪽

법부대신 조중응의 상주에 의하여 전라남도재판소에서 심리한 능주의병 양회일·임낙균(林洛均-임창모-필자 주)·안찬재·유태경·신태환·이윤선 등을 해 재판소의 판결대로, 양회일·임낙균은 각각 유 15년, 안찬재·유태경·신태환·이윤선은 각각 유 10년에 처하게 하다.

- 「관보」 광무 11년 7월 11일

● 임창모 의진의 선봉장이 되어

임창모 의병장은 전 재산을 처분하여 정태화를 선봉장, 임봉수를 포병장, 강영섭·임하중·임양표를 참모로 하는 의진을 편성하여 '호(虎)'기를 앞세우고 다시 의병투쟁에 나서 안계홍 의진과 함께 활약하였다.

(1909년) 7월 3일 오전 7시 수괴 안계홍·임창모가 이끄는 약 170명의 비도가 세금을 징수하고 있던 동복군 외남면 운산리(현 화순군 남면 속리-필자 주) 이장 신공백(申公百)을 요격, 그를 보성군 월우치(현 복내면 일봉리 소재-필자 주)에 납치하여 죽였다.

- 이일룡 역주, 『비록 한말전남의병전투사』54). 122쪽

이른바 '폭도대토벌'이 실시되기 전의 전남지역 의병활동에 대하여 일본군 측이 파악하고 있던 자료에 의하면, 300명 이상의 의진은 영광을 주 무대로 하던 전해산(全海山) 의진 500명, 능주를 주 무대로 한 심남일(沈南一)·강무경(姜武京) 의진이 각 500명과 300명, 보성을 주 무대로 한 안계홍·임창모 의진이 각 450명과 300명이었다고 하니, 그 규모를 짐작할 수 있다.

일제의 이른바 '폭도대토벌'이 전개되기 약 2개월 전에 일본군은 대대 병력으로 광주·나주·선암·나산·영암·몽탄포·무안·능주·장흥·강진·해남 각 방면으로부터 11개 종대를 편성하고, 경찰·밀정을 동원한 기록이 보인다.

---

54) 『비록 한말전남의병전투사』: 이일룡이 『전남폭도사』를 번역한 책

토벌행동개시의 건
당지 수비보병대대에서는 본월 13일부터 약 1개월의 예정으로써 별지 약도와 같이
폭도 토벌 행동 개시의 예정
우 보고함.
이 행동에는 광주·나주·선암·나산·영암·몽탄포·무안·능주·장흥·강진·해
남 각 방면으로부터 11개 종대를 편성하고 이에 경찰관 및 밀정을 붙여 정황을 득하
는 데 따라 어느 방면에서도 그 구역을 제한치 않고 활동하는 것으로서 약 1개월의
예정이나 중요한 적괴(賊魁)를 죽이기까지는 어디까지나 행동을 속행할 결심으로 주
된 목적은 전해산(全海山), 심남일(沈南一)을 죽이는 데 있다.

- 국사편찬위원회, 『한국독립운동사』 자료 15권, 92쪽

　　이 무렵 안계홍 의진은 그 진세가 약간 약세를 보이는 상황 속에 얼마 후 의병을 해산
하기에 이르렀다. 안계홍 의진과 임창모 의진은 각각 독립 의진이었지만 서로 밀접한 관
계에 있었고, 1909년 6월경부터 두 의진이 합진 형태로 의병투쟁을 전개해 온 터였는데,
그해 8월, 안계홍이 의진을 해산하자 임창모는 끝까지 싸울 것을 주장한 108명을 이끌고
일본군과 의병투쟁을 벌였다.
　　임창모·학규 부자, 안찬재(安贊在) 등 6명은 1909년 10월 13일 새벽 보성군 복내면
흑석리(墨石里)에서 일본군의 기습으로 전사 순국하였다.

장경 제611호
융희 3년 10월 13일
장흥경찰서장 경부 콘도 토시오(近藤俊夫)
내부경무국장 마쓰이 시게루(松井茂) 앞

폭도에 관한 건 보고
제8종대 카지무라(梶村) 중위 이하 9명과 일한 순사 각 1명은 수괴 임창모(林昌模,
일명 임낙균林洛均) 이하 8명이 보성군 복내면 흑석리(墨石里)에서 석식을 먹고 있
다는 밀고에 접하고 즉시 동지에 이르러 정찰을 수하여 숙박하는 것을 확인하고 본
13일 오전 0시 30분 숙박처의 양 입구로부터 돌입, 수괴 임창모와 실자 임학규(林鶴
奎) 및 안 참봉(安參奉55), 안최언安崔彦인 듯), 기타의 부하 3명을 죽였다. 아에 손
해 없다.
-. 이 전투에서 적은 권총을 사격하고 방어하였다.

---

55) 안찬재를 안 참봉이라 일컬었고, 본명은 최언(崔彦), 자는 찬재(贊在)

-. 이 전투에 있어서의 노획품 권총 1정, 한국식 군도 1본, 기타 잡품 약간

- 국사편찬위원회, 『한국독립운동사』 자료 15권, 785~786쪽

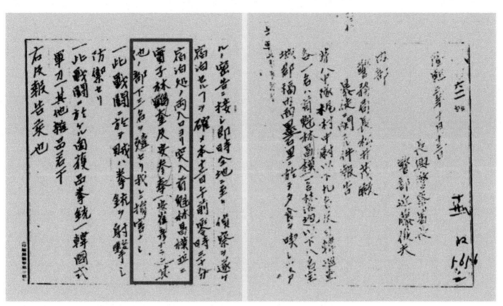

▲ 임창모·학규 부자, 안찬재 의병장 전사 순국(『폭도에 관한 편책』, 1909.10.13)

고비수 제5656號의 3
융희 3년 10월 21일
통감(佐北) 내부대신 내부차관 총무장관 헌병대장 외파무관
경무국장 명

전라남도 장흥경찰서장으로부터 보고가 있었다.
목하 토벌 중의 제8중대 카지무라(梶村) 중위 이하 9명과 일한 순사 각 1명 공동, 수괴 임창모(林昌模, 一名 임낙균林洛均) 이하 8명 보성군 복내면 흑석리(墨石里)에서 석식을 끽함을 밀고에 접하고, 본월 13일 오전 0시 30분 숙박하는 장소에서 임창모 및 그 部下[56] 임학규(林鶴奎) 및 安若奉[57](안최언安崔彦인 듯) 기타의 부하 3명을 죽였다. 적은 권총을 사격하고 방전(防戰)에 노력하였다. 이 전투에서 권총 1정, 한국 군도 1본, 기타 잡품 약간을 노획하였다.

- 국사편찬위원회, 앞의 책, 897쪽

56) 部下: 원문 '實子'의 번역 오류
57) 安若奉: 원문 '安贊在'의 번역 오류

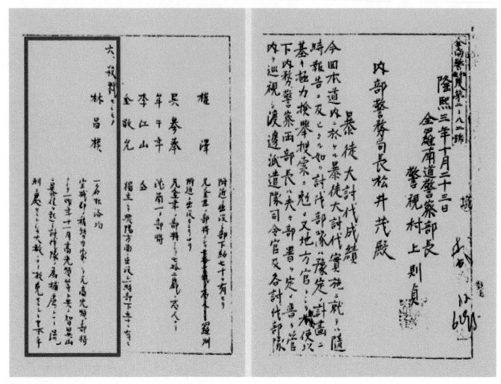

▲ 임창모 의병장, 이른바 '폭도대토벌성적'에 '살육'으로 기록(『폭도에 관한 편책』, 1909.10.23)

임창모는 흑석동전투에서 맏아들 임학규(林學圭, 일명 學淳)와 함께 전사했다. 일본 비밀기록에는 그를 기삼연(奇參衍)·김준(金準)·김율(金聿)·심남일(沈南一)·안계홍·이대극(李大克)·전해산(全海山)·조경환(曺京煥)과 함께 호남의병장 중에서 이른바 "거괴(巨魁)"로 분류할 정도로 대단한 의병장이었다.

임창모 의진의 선봉장으로 활동하던 정태화는 피체되어 1909년 10월 30일 광주지방재판소에서 징역 7년이 선고되었다.

● 정태화 가족의 수난사

한편, 광주지방재판소에서 징역 7년이 선고(판결문 발견되지 않음) 광주감옥에서 수형생활을 하던 정태화는 탈옥하여 전북 각지에서 떠돌이로 생활하다가 1930년에야 고향 인근으로 찾아들었다.

정태화 가정은 1907년 전남 보성군 백야면 입석동(현: 겸백면 석호리)에서 도탄에 빠

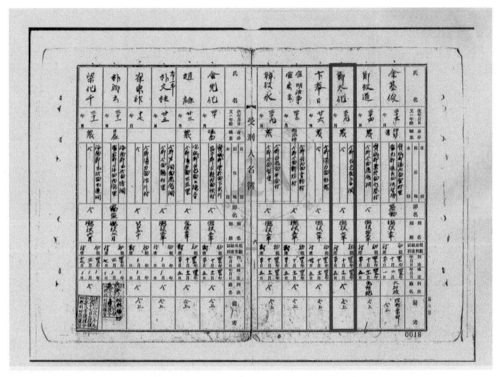

▲ 정태화 의병장, 징역 7년이 기록된 「수형인명부(受刑人名簿)」

진 나라를 구하는 것이 백성의 도리라고 믿은 정환종(鄭煥宗)과 그 아들 태화는 대대로 이어온 유교사상과 선비정신으로 자긍심과 의협심이 강했다.

일제침략기 일제에 의해서 자행된 주권 침탈 및 인권 말살 만행은 이들 부자에게 끓어 오르는 분노를 이기지 못해 의병투쟁에 나섰다. 정태화는 보성군 백야면 입석동에서 아버지 정환종과 어머니 선갈음을 모시고 김가곡을 부인으로 맞아 슬하에 3남 3녀의 자녀와 함께 중농의 농사로 넉넉한 생활 속에 행복하게 살았다.

정태화가 안계홍 의진에 참여하자 일본 경찰과 헌병은 그의 집으로 와서 부친 정환종, 모친 보성 선씨, 처 김가곡에게 의병에 동조하여 식량을 지원한 "폭도가족"이라고 행패를 부리고, 정태화가 숨은 곳을 말하라고 극심한 구타로 인해 부친은 그날 사망하고, 처는 1908년 12월, 모친은 심한 구타 후유증으로 1912년 사망하였다. 정태화의 아들 셋과 딸 셋은 뿔뿔이 흩어져 일제침략기를 보내야 했다.

▲ 정태화 의병장 묘 - 전남 보성군 겸백면 도안리 산 103

정태화는 1930년 59살의 나이에 보성군 득량면 마천리에 은둔하여 경주 김씨와 재혼하여 아들 둘을 낳고 노년을 보내다 1953년(제적등본에는 1955년) 1월 29일 운명하여 고향 선산에 잠들었다.

정부는 고인의 공적을 기려 2012년 건국훈장 애족장을 추서하였다.

33. 전남 동부 의병장 강진원

● 서당 훈장 접고 조계산에서 거의하다

강진원(姜震遠, 1881~1921)은 전남 승주(현 순천시) 출신으로 자는 형우(亨佑)·형원(亨遠), 호는 성산(聖山)이다. 이명은 승우(承宇·勝宇)·형오(亨吾·炯吾)·여명(汝明)·의연(義淵) 등 매우 많다.

일찍 아버지를 여의고 불행한 가정환경 속에서 자라면서도 일찍부터 서당에 나아가 한

▲ 강진원 의병장 순의비
- 전남 순천시 조비길 36(석현동 230)

문을 수학하였으며, 26살 때에는 자신이 직접 서당을 열었다.

1907년 일제에 의해 광무황제가 퇴위되고 이어 군대도 해산됨에 통분하여 각지에서 다투어 의병이 분기하자 이에 호응하여 창의의 기치를 들고자 결심한 뒤 제자를 기르던 생활을 청산하고, 1908년 고향의 우국지사인 김명거(金明巨)·김화삼(金化三)·권덕윤(權德允)·김병학(金炳學) 및 곡성의 김양화(金良化) 등과 더불어 의병을 일으킬 것을 결의한 후 의병을 모집하고 무기를 구입하여 창의를 계획하였다.

드디어 그해 6월에 의진을 인솔하고 승주군의 조계산(曹溪山)으로 나아가 유진하면서 훈련하였으며, 7월에는 죽음을 맹세한 동지 33명이 이 의진에 합세하였다. 그 후 보성 곡성 등지에서 활약하던 조규하(趙圭夏) 의진에 합류하였다.

● 조규하 의진의 부장(副將)으로 활약하다

조규하(趙奎夏, 미상~1908)는 승주군(현 순천시) 송광면 대곡리 출신으로 일찍이 훈련원 부장, 내금위장, 만경현령, 구례현감 등을 지냈고, 1901년 정3품 승품된 후 옥구항 경무관, 경위원 경무관, 길주감리서 주사, 철산군수를 역임한 후 종2품 경무청 경무관, 중추원 의관, 경무청 경무관, 1894년 임실군수에 임용되었던 고관 출신으로 승주지역에서 명망이 매우 높은 인물이었는데, 그가 거의하자 그 영향이 매우 컸다.

강진원은 조규하 의진의 부장(副將)으로 활약하게 되었다.

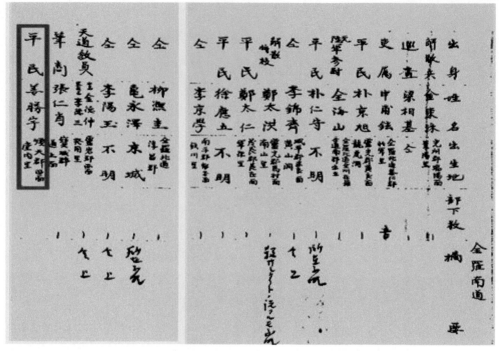

▲ 이른바 '폭도수괴조사사표'에 기록된 강진원(강승우) 의병장(『폭도에 관한 편책』, 1910.02.01)

순경비발 제29호
융희 3년 7월 5일
순천경찰서장 경부 코마쓰 미키오(小松己生)
내부경무국장 마쓰이 시게루(松井茂) 앞

폭도를 죽인 건
순천군 쌍암면 부근은 부절히 폭도의 출몰하는 바인 바 경일(頃日) 수괴 강승우(姜承字)는 쌍암면 무학(舞鶴) 및 목화동(花木洞)·두모리(斗毛里)에 잠복하고 있는바 지난 2일 밀정의 내보가 있었으므로 직시 당수비대장에게 통보하였던바 병졸 10명은 변장하고 그날 밤 해 밀정을 선도로 하고 우선 무학리에서 1명의 폭도 민가에 잠복하고 있으므로 이를 체포코자 하였으나 질주 도주하므로 사격, 이를 죽이고, 다시 서면 대구치(大口峙)에서 강승우(姜承字)의 부하인 비도 이종삼(李從三)을 체포하고 동인의 구공(口供)에 의하여 강승우는 쌍암면 고산도불리(高山嶋不里)에 잠복하고 있는 사실을 발견하여 동지를 향한바 동리는 이미 타의 수비대가 와서 수탐(搜探)하였으므로 강(姜)은 어디론가 도주하여 종적 불명이었다.

- 국사편찬위원회, 『한국독립운동사』 자료 15권, 74~75쪽

순경수 제2094호
융희 3년 9월 11일
순천경찰서장 경부 코마쓰 미키오(小松己生)
내부경무국장 마쓰이 시게루(松井茂) 앞

폭도 압송 도중 총살의 건
순천군 쌍암면 구룡리(九龍里) 거
최성재(崔性裁) 당 37년
우는 지난달 29일 체포의 지(旨) 전보로써 보고한 적괴(賊魁)인바 동인의 자백에 의하면, 동인은 지난해 12월 적괴 순천군 송광면 대곡리(大谷里) 거 조기화(趙基化: 趙奎夏-필자 주)의 부하에 투하여 기하도 없이 추대되어 선봉으로 배회중 곡성군 목사동에서 토벌대와 충돌하여 수괴 조기화, 기음적(其鈝鏑)58)에 죽어 차에 부장(副將) 강승우(姜勝宇) 병을 득하여 둔찬(遁竄)한 이래 스스로 수괴가 되어 부하 50여 명을 인솔, 각처를 배회하고 그간 선암사(仙巖寺) 기타로부터 다액의 금품을 약탈하고 양민 1명을 살해하였다 한다.
그런데, 본년 3월 순천군 서면 구정리(九亭里)에서 토벌대에 격파되어 부하 5명을 실하고 자여(自餘)의 부하는 실(悉)히 사산 궤주하고 차를 수용할 수 없어 그 후 동인은 그 처자를 보호하여 경상남도 남해군에 도둔(逃遁)하여 지난달 5일 구례군에 와서 동군 소의면 연파정리(蓮波亭里)에 영주의 목적으로 가옥 1동을 매수하고 취구 기타 매입을 위하여 누누이 구례읍내에 왕래 중 동 29일 드디어 구례주재 순사에게 체포된 것으로 죄적(罪跡)이 현저하므로 본월 8일 일인 순사 2명으로 하여금 광주지방재판소에 압송시킨바 그 도중 동일 오전 8시 낙안가도의 기로(岐路)에서 갑자기 도주를 기도, 박승(縛繩) 그대로 좌방 산중으로 도입 이미 포승을 절단하고 압송원이 취진(取鎮)하고자 함을 극력 저항하여 질주, 그 영(影)을 일(逸)하고자 하므로 부득이 드디어 총살하였다.

- 국사편찬위원회, 앞의 책, 495~496쪽

강진원 의진에서 선봉장을 맡았던 최성재(崔性裁)는 승주군 쌍암면 구룡리 출신으로 처음에 조규하 의진에서 활동하다가 조규하 의병장이 전사하자 뒤를 이은 강진원의 휘하에서 선봉장으로 활동하였다.

한때 그는 강진원을 대신하여 부대를 통솔하기도 하였으나, 1909년 3월 서면 구정리(九亭里) 전투에서 크게 패하여 경남 남해로 피신하였다가 다시 육지로 나와 지리산 자락

---

58) '그 와중(渦中)에'의 의미

▲ 일본군 영산포헌병분대 괴목장(순천시 황전면 괴목리 소재) 분견대 모습(야마구치현립대학
　데라우치 문고 소장 『남한폭도대토벌기념사진첩』에서 필자 재촬영)

의 구례군 소의면 연파정리(蓮波亭里)에 은둔하려다가 구례주재소 순사에게 피체되어 광
주지방재판소로 호송하는 도중 탈출하려다 피살당한 것이었다.

⬤ 일제의 '폭도대토벌'에 의진 해산 후 연대도 피신

강진원 의진은 1909년 9월 1일부터 전개된 일제의 이른바 '폭도대토벌'에도 아랑곳하
지 않고 의병투쟁을 전개하다 9월 28일 여수군 율촌면에서 일본 군경 연합대의 기습으로
30여 명의 의진 가운데 9명이 전사하고, 5명이 부상하자 결국 의진을 해산하고 경남 통영
의 연대도(烟臺島, 통칭 蓮臺島·蓮大島)로 피신하였다.

폭도 토벌에 관한 건
본월(1909년 9월-필자 주) 28일 오전 10시 당서 일인 순사 2명, 한인 순사 4명을 당

지 수비병 2명과 협력 폭도 상황 정찰을 위하여 여수군 율촌면에 출장시키었던바 동일 오후 6시 30분 동면 내청대리(内青大里, 순천읍을 거한 남방 3리반)에 적괴 강승우(姜勝宇)가 인솔한 폭도 30명이 식사 도중임을 탐지하고 이를 급격(急擊)하고, 교전 약 30분 후 그 9명을 죽이고, 5명 이상을 부상시켰다.

- 국사편찬위원회, 앞의 책, 553쪽

▲ 일제의 '폭도대토벌성적'에 나
온 미체포 의병장 기록 속의
강진원(강승우) 의병장(『폭도
에 관한 편책』, 1909.10.23)

<폭도대토벌 성적>

(전략)
수괴의 미취포자(도주 소재불명)
전해산 일명 전수용(全垂鏞) 전주의 자
목하 이가라시(五十嵐) 소좌의 토벌대에서 수색 중

소수괴(小首魁) 이기손(李起巽) 일명 이은재(李錦齊) 도주 소재불명
소수괴 김영백(金永伯) 도주 소재불명
소수괴 노일동(盧一同) 도주 소재불명
소수괴 이감룡(李甘龍) 도주 소재불명
소수괴 이덕삼(李德三) 도주 소재불명
소수괴 강승우(姜勝宇) 도주 소재불명
소수괴 서응오(徐應五) 도주 소재불명

- 국사편찬위원회, 앞의 책, 822쪽

● 일제침략기 귀향했다가 피체, 옥중 자결하다

연대도로 피신한 강진원은 일본군의 무자비한 군사작전이 종료되자 순천으로 돌아왔다. 그는 서당을 개설했던 쌍암면 두모리에 위치한 오성산(五聖山) 동굴에 은신하였다. 아마도 은신하는 기간에 남평문씨와 혼인하여 1남 1녀를 두었으나, 1921년 여름 모자가 홍역을 앓다가 동시에 사망하고 어린 딸만 남겨졌다. 오성산 동굴에 은신해 있으면서 그는 아동들을 가르쳤다. 때로 제자들이 심경을 물으면 그는 "패장이 무슨 할 말이 있겠는가"라는 한마디뿐이었다고 한다. 그는 10여 년 동안 장영섭을 비롯한 제자들의 도움을 받아 은신해 있던 중 1921년 음력 7월 16일 체포되고 말았다.

583

「동아일보」 1921년 8월 31일자 기사를 통하여 당시의 상황을 짐작할 수 있다.

왕시(往時)의 의병두목(義兵頭目) - 강형오 등 테포 순사 한 명은 부상

전라남도 순련군(順天郡) 출싱으로 각처에서 강대장이란 일흠을 듯는 강형오(姜炯吾, 四二)는 일한병합이 된 후 의병이라 칭하고 부하 수빅명을 거나리고 전라남북도 각 디방에서 헌병수비대와 여러 번 교전되여 부하의 대부분은 임의 테포처분되고 오륙명의 부하로 강도단을 조직하야 가지고 도라

▲ 강진원(강형오) 피체 기사(「동아일보」, 1921.08.31)

다니며 강도살인을 하얏는대 순련헌병대에서 여러 번 그의 잇는 곳을 탐지하얏스나 강형오는 신출귀몰한 힝동으로 잡히지 아니 하얏섯는대 금번에 그의 부하 한 명이 순련군 괴목경찰관주재소(槐木警察官駐在所)에 테포되야 그 자빅으로 강대장이 지금 순련군 쌍암면 두월리(順天郡 雙巖面 斗月里)에 잇는 줄 알고 괴목(槐木) 주재소에서 합력하야 순사 여섯명이 출장하야 당시간 동안 격투한 후 테포하얏는대 테포할 째에 좌등(佐藤) 순사는 강형오의 칼에 마저서 증상을 당하얏다더라.

강형오라는 의병장이 1921년 8월 괴목주재소의 순사들과 격투 끝에 체포되었다는 것이다. 비록 후대의 기록이지만 당시의 상황을 구체적으로 드러난 글이 『강진원 의병장 약전』에 기록돼 있다.

강 장군은 신유년(1921) 7월 16일(음력) 밤 승주군 쌍암면 두모리 자택(장영섭의 사랑방살이를 하였음)에서 일본 헌병대장 좌등(佐藤)이 이끄는 수십여 명의 대원에 체

포되어 그 순간 대장 좌등을 난자해서 중상을 가하고 대원들 2-3명을 죽이고 쌍암병
참소를 경유, 순천 헌병본부로 압송되어 가는 도중 서면 산정(山亭) 앞 노상에 이르
러 헌병본부에 가면 고문이 심해 의병 조직체계를 탄로시킬까봐 스스로 자기 혀를
끊고 본부로 송치되었는데, 그로부터 3일 후에 순천헌병청에서 죽었는데, 그때 강
대장 나이 향년 41세가 되었지요

－ 민족문화협회, 『강진원 의병장 약전』, 170쪽

위의 글은 강진원의 제자 장영섭(張永燮)의 증언을 바탕으로 기록한 것이다. 그는 강 대
장이라 불리는 강진원이 1921년 음력 7월 16일 밤 일본 헌병대에 체포되었는데, 이때 일
본인 순사에게 중상을 입혔다는 것이다.

강 대장이라 불리는 의병장이 같은 시기, 같은 장소에서 일본 경찰과 격투 중에 체포되
는 과정에서 좌등에게 중상을 입혔다는 사실이 두 자료에서 일치한다는 점에서 이름은 다
르지만 같은 인물일 가능성이 매우 크다.

1921년 7월 중순경, 순천 주둔 일본 헌병대 좌등(佐藤)이 지휘하는 수십여 명의 헌
병들이 두모리 마을을 포위하였고 두 패로 나뉜 헌병의 한 떼가 장군이 들어있는 장
영섭의 집 사랑채로 들이닥쳤다. 왜경들이 달려들자 장군은 품속에 지니고 있던 비
검(秘劍)을 휘둘러 저항하였으나 중과부적이었다. 다만 이때 장군의 칼을 맞은 헌병
대장 좌등은 전치 20여 일의 중상을 입었다

－민족문화협회, 앞의 책, 168쪽

마침내 1921년 8월 22일(음력 7월 19)일 그는 비밀을 지키기 위하여 옥중에서 스스로
혀를 물고 자결한 것으로 전해진다.

정부는 고인의 공훈을 기리어 1977년 건국훈장 독립장을 추서하였다.

34. 전남 중부 의병장 양진여·상기 부자

● 양진여·상기 부자, 의병 일으키다

양진여는 본관이 제주로 본명은 진영(振泳)이고, 자가 진여(振汝)이며, 호는 서암(瑞菴)
이다. 철종 11년(1860년) 조상 대대로 살아온 전남 광주군 서양면 이동(泥洞: 현 광주시
북구 중흥동)에서 부친 석진(錫珍)과 모친 밀양 박씨 사이의 장남으로 태어났다.

서암은 일찍이 정이암(鄭李庵)에서 10여 년간 수학한 후 과거를 보고자 했으나 시국이
어지러워지자 포기한 후, 갑오왜란(1894)에 이어 을미왜란(1895)으로 왕후 민비가 일본
군경과 자객들의 손에 무참히 살해당하자 나라의 원수를 갚을 길은 병서를 탐독하고 무
예를 연마하는 것이 급선무라 여겼다. 그리하여 광주 인근인 담양군 태전면 삼인산(三人
山)에 풍정암(風征庵)이라고 이름을 붙인 절 아닌 절을 세우고, 수년 동안 인재를 길렀다.

1904년, 일제는 러일전쟁을 일으킨 후 대한으로부터 인적·물적 자원을 얻기 위해 일
제 앞잡이 이지용과 짜고 한일의정서를 체결한 후 이어 한일협약을 체결, 사실상 외교권
을 빼앗고 강제로 군율을 적용하는 바람에 우리나라는 일본 군율에 의해 통치되는 나라

▲ 양진여(원내) 의병장 등 호남의병장(1909년 광주감옥)

가 되고 말았다.

서암은 국권회복(國權恢復)을 위해서는 일본과 싸워야 하는데, 그 방안을 모색하기 위해 본격적인 행동에 들어갔다. 먼저 가족의 주거지를 처가가 있는 전남 장성군 갑향면 행정리 (杏亭里: 현 담양군 대전면 행성리)로 옮겼다. 그곳은 풍정암과 가까웠기 때문에 인재 양성과 가사 돌보기에 편리하도록 위해서였다. 서암은 가산을 정리한 돈으로 인근 고을 10여 곳에 주막을 차려 군자금을 마련했는데, 이 일은 서암의 부인 박 여사가 맡았다. 그리고 아들 상기를 한성의 시위대에 입대하도록 한 후 자신은 동지 규합에 나섰다.

그리하여 1908년 7월 31일, 서암은 그동안 규합한 동지 30여 명과 함께 거의했다. 격문을 각처에 보내어 의병을 모으니 순식간에 3백여 명이 모여들어 군제를 편성하니 의진의 대장에 서암이 추대되었다.

상기는 1883년 광주군 서양면 이동에서 서암의 3남1녀 중 장남으로 태어났다. 족보의 이름은 병기(秉奇)이며, 호는 설죽(雪竹)이다. 어려서부터 정이암에게 학문을 배웠는데 국운이 기울자 부친이 세운 풍정암에서 무예를 닦았고, 부친의 뜻을 좇아 이듬해 시위대[59]에 들어가 국방의 일익을 담당하고자 했으나 정미7조약으로 인해 군대가 해산되자 집으로 돌아왔다. 그가 집에 돌아왔을 때는 이미 부모는 의병을 일으키기 위해 가산을 정리한 후 고향을 떠나고 없었다. 담양 풍정암을 찾아 의병 규합에 열중하던 부친과 외가 부근에서 주막업을 차린 모친을 만나본 그는 부인 수원백씨와 함께 덩그렇게 남아 있던 고향집을 찾았다. 서암은 전답을 비롯한 전 재산을 처분하여 군자금을 마련했으나 조상 대대로 살아온 고향집은 남겨 두었기 때문이었다.

며칠 뒤 그는 광주경찰서로 가서 경찰이 되기를 자원하자 일제는 그가 해산군인 신분이었음을 확인하고 쾌히 승낙하니, 그날로 일본 경찰들과 어울리게 되었다. 이렇게 되어 그는 부친의 지시대로 경찰서에 들어가서 일제의 기밀을 탐지할 수 있게 되었고, 비밀리 무기를 구하여 풍정암으로 보내기를 7개월, 일제는 그의 정체에 대해 의심하게 되었다.

1908년 4월, 마침내 그에게 체포령이 내리자 재빨리 탈출하여 부친이 이끄는 의진에서 정훈과 교육을 담당하는 훈련장을 맡아 당시 농기구만을 만졌던 의병들에게 총검술을 가르쳤다. 그 후 일본 군경에 맞서 의각지세(倚角之勢)로 싸울 것을 부친과 상의한 후 독립 의진을 형성하기 위해 길을 떠났다.

---

59) 『독립운동사』 제1권, 484쪽에는 병졸(兵卒), 『독립운동사자료집』 3. 557쪽에는 광주진위대 병졸로 기재되어 있으나 다른 의병장의 경우도 오류가 매우 많아서 『독립유공자공훈록』을 따랐다.

● 그 아버지에 그 아들

서암은 의병을 일으킨 후 그해 겨울까지 주로 정읍·순창·고창·담양 등지의 일본 헌병대를 공격하여 많은 전과를 올렸다. 의병들의 활약상에 놀란 일본군 광주수비대장 요시다(吉田) 소좌는 이듬해 1월 하순 대규모 부대를 이끌고 의병 공격에 나섰다. 이에 맞서 전남 장성군 비치(非峙: 현 장성군 서삼면 모암리 소재)에서 서암 의진이 격전을 벌였지만 무기의 열세로 수십 명이 살상당하는 큰 피해가 났다.

일제는 당시의 상황을 이른바 『전남폭도사』에 간략하게 기록해 놓았다.

> 요시다(吉田)·고오찌(河內) 양 종대가 26일 오후 4시 장성군 비치 마을 부근에서 3백 명의 적단을 공격, 40분간 교전 끝에 이를 격파했는데 32명을 죽이고, 화승총 17정, 기타 잡품을 노획했다.
>
> — 이일룡 역주, 『비록 한말전남의병전투사』. 34쪽

서암은 다시 의병을 증모하여 의진을 가다듬고, 일본군을 쳐부술 기회를 엿보던 중, 그해 2월 김준(金準) 의병장이 원병 요청을 해 오자, 우익장 김처중(金處中) 외 50여 명의 의병을 파견하여 무등촌전투에서 일본군을 물리치게 했는데, 일제는 당시의 상황을 이렇게 기술했다.

> 2월 2일 오전 7시, 창평군 내남면 지곡에 폭도 3백 명이 모여 있다는 정보가 있어 주재소 순사 5명, 광주수비대 하사 이하 6명이 합동 수색하여 외남면 무등리에서 충돌, 가와미쯔(川滿) 조장과 하야시(林) 상등병 전사하고 졸 2명이 부상함에 한쪽의 혈로를 뚫고 퇴각했다. 광주에서 지원대가 급히 출동했으나 얻은 것이 없었다.
>
> — 이일룡 역주, 앞의 책. 35~36쪽

이 전투는 1908년 설날 새벽에 벌였던 이른바 '무등촌전투'이다. 김준·김율(金聿) 의진과 김준 의진의 선봉부대였던 조경환(曹京煥) 의진, 서암 의진 등 300여 명이 광주수비대 가와미쯔 조장이 이끄는 일본군 6명, 창평주재소 순사 5명 등과 전투를 벌여 일본군 하사 1명, 상등병 1명을 사살하고, 병졸 2명이 부상한 전투였으니, 당시는 보기 드문 승전이었다.

설날 아침의 승전으로 인하여 의병들은 정초여서 약 보름 동안 전투를 벌이지 않았고,

일본 군경은 패전의 충격이었든지 출동하지 않았는데, 2월 15일 대구에 본부를 둔 14연대 연대장 기쿠지(菊池) 대좌가 직접 의병 학살을 위해에 나섰다.

> 2월 15일, 구례·남원·진주·하동의 각 수비대를 집결하여 적도(賊徒: 의병-필자 주)의 소굴인 지리산을 포위 토벌하기 위해 기쿠지(菊池) 연대장이 대구에서 출동하였다.
>
> - 이일룡 역주, 앞의 책. 36쪽

서암은 의병투쟁을 벌이면서 한편으로는 의병모집을 위해 분주하게 다녔는데, 모병이 필요한 군자금은 가산을 정리한 자금, 주민들로부터의 모금도 있었지만 부인 박순덕(朴順德) 여사가 주막업을 경영해서 번 돈이 밑바탕이 되었다. 그리고 박 여사는 담양 인근 고을 10여 곳에서 주막을 경영하면서 얻은 자금과 정보를 서암에게 주어 군자금 확보와 함께 일본군의 움직임을 정확히 파악, 대처할 수 있는 효과를 거두기도 했다.

서암이 이끄는 의진의 규모는 작게는 수십 명에게 많게는 수백 명 규모였는데, 전술방식도 유격전, 합동전 등 갖가지 형태로 전투를 벌여 일본 군경을 주무르다 보니, 일본 군경은 신출귀몰한 서암을 붙잡기 위해 혈안이 되었다. 그들은 헌병보조원, 일진회원 등 부왜인을 동원하여 의병 증모와 군자금 모금을 위해 광주 등지로 나갔던 서암을 기습하는 등 갖은 노력을 기울였음을 볼 수 있다.

> 10월 26일 수괴 양진여가 이끄는 폭도 수색을 위해 나까고지(中小路) 군조 이하 7명, 순사대 순사 4명이 광주군 신촌(현 광주광역시 광산구 송정정 속촌-필자 주)에 출장 중, 그 마을 동쪽 산 위에서 약 20명의 적을 공격하여 이를 격퇴했는데, 5명을 죽이고 화승총 4정을 노획했다.
> 11월 5일 조(趙)·마(馬) 양 경시(警視)[60]가 이끄는 제2특설순사대로 하여금 전북 경계에 도량하는 수괴 양진여 일당의 수색을 위해 1주일간 광주·장성·영광·나주 지구를 수색하게 했다.
>
> - 이일룡 역주, 앞의 책. 69~71쪽

---

60) 경시(警視): 각도의 경찰부장이나 갑지(甲地) 진주·전주 등지의 경찰서장에 보임되었던 경찰 계급. 1909년까지 광주·나주경찰서장은 이보다 한 계급 낮은 경부였으니, 2명의 경시가 이끄는 '특설순사대'는 보기 드문 사례이다.

◉ 연합의진 형성, 줄기차게 싸우다

▲ 양진여 의병장 부인 박순덕 여사가 주막을 경영하던 곳
– 전남 장성군 갑향면 행정리(1991 필자 촬영)

1908년 11월 중순, 서암은 의진의 본부를 담양에서 장성군 북하면 약수리로 옮겼다. 이미 부왜인들의 밀고로 인해 의진의 본부가 일본 군경의 표적이 되었기 때문이다. 그 무렵 전남지역의 의병들은 속속 담양군 대전면 한재[大峙] 부근으로 몰려들었다. 각지의 의병장들이 회동하거나 통문을 보내 광주수비대를 유인하여 섬멸하기 위한 작전이 전개된 것이었다. 여기에 참여한 의진으로는 호남동의단(湖南同義團)을 이끌었던 전해산(全海山) 의병장을 비롯한 제장이 참여했는데, 일제의 기록인 『전남폭도사』에는 전해산 의진 300여 명, 심남일(沈南一) 의진 150여 명, 서암의 의진 100여 명 등과 싸웠다고 기술했다.

당시 한재를 중심으로 연합작전에 참여한 의진은 일제의 기록 외에 화순·동복에서 온 양상기 의진 200여 명 등 연합의진의 규모는 900여 명이 넘었다. 이 연합의진에 대해 주목할 만한 것은 군대해산 후 부친의 뜻에 따라 일본 경찰 노릇을 하면서 기밀을 탐지해 오다가 탈출한 서암의 아들 양상기가 독립의진을 이끌고 참여했던 점이라 하겠다.

이 연합의진은 12일 동안 격렬한 전투를 벌였는데, 11월 25일, 의병학살로 악명이 높았던 야마다(山田) 소위가 이끄는 이른바 '산전토벌대'와 격전을 벌인 서암 의진은 일본 군경을 많이 살상했으나 의진의 피해도 막심했고, 서암마저 총상을 입었는데, 일제는 당시 상황을 이렇게 기술해 놓았다.

> 11월 25일 야마다 소위 이하 20명의 토벌대가 우다(宇田) 토벌대와 대치(大峙)에서 교전한 적을 추적, 약수정(藥水亭)에서 적정을 파악한 뒤 다시 진군하여 무명고지에서 적장 양진여가 이끄는 100여 명의 적을 발견하고 우회하여 적이 추월산 꼭대기에 둔진하는 것을 기다렸다가 불의에 습격, 15명을 죽이고, 1명을 포로하고, 포 1문, 화승총 7정을 노획했다.
>
> – 이일룡 역주, 앞의 책. 74쪽

일제는 의병학살에 심혈을 쏟았으나 의병의 기세가 날로 거세지자 그해 12월 15일, 이미 구성된 많은 '토벌대'와는 별도로 헌병대·수비대·경찰·밀정 등으로 편성된 의병학살 부대를 전남 전역에 배치했다. 즉 영산포헌병대장 오하라(大原) 대위가 의병 소탕을 위해 8개 종대를 편성했고, 광주수비대 2대대장 요시다(吉田) 소좌는 하세가와(長谷川) 중위, 야마다(山田) 소위, 고오찌(河內) 특무조장이 이끈 3개의 의병 학살 부대를 투입한 것이었다.

특히 일제는 엄청난 돈을 뿌려 일진회원과 밀정을 활용하여 의병들의 활동을 밀고하거나 헌병보조원을 의병학살전에 참여시킨 자가 부지기수였다. 밀정에게는 월 8원의 돈이 지급되었는데, 당시 송아지 1마리 가격이 4원, 황소 1마리는 25원 정도였으니, 돈에 눈이 어두워 부왜인이 된 자들이 많았다. 그래서 의병들은 그들을 일본 군경보다 더 증오하여 그들의 집을 불태우거나 심지어 처단하는 일이 허다했다.

양상기는 부친의 의진과 근거리를 유지하면서 의병활동을 펼쳤는데, 서암이 주로 일본 군경과 전투를 많이 벌인 데 비하여. 양상기는 부왜인을 많이 처단하였다. 그리하여 유력 인사들이 의병에 협조할 수 있도록 주로 각지의 신망 있는 자들을 의진의 참모로 기용하였다. 의진의 참모를 보면, 의병을 일으킬 때 김준 의진의 좌익장 출신 이범진(李凡辰)의 도움을 받았고, 구례의 선비로 소문이 났던 유병기(劉秉淇)를 의진의 참모장으로, 광주의 이문거(李文居)를 후군장, 진위대 정교 출신 안판구(安判九)를 도통장으로, 담양의 선비로서 "조참봉"이라고 불렸던 조사윤(曹士允)을 도선봉장으로 하는 의진을 구성하여 적게는 20여 명, 많게는 200여 명으로 의진을 운영하였다.

(1909년) 3월 16일부 동복주재소 순사 소천장차랑(小川莊次郎)의 보고에 의하면, 소천 순사와 한인 순사 2명은 그곳의 분둔(分屯) 수비대 병사와 공동으로 적도(賊徒: 의병-필자 주)의 소재를 탐색 중, 3월 14일, 적괴(賊魁: 의병장-필자 주) 양상기는 부하 80명을 인솔하고 12일 밤 창평군 외남면 이치(耳峙)로 향한 것을 탐지하고, 그곳에 급행하여 그 부근 일대를 엄중하게 수색한바, 그들이 통과한 것은 사실이나 그 후의 행방은 불명이라 한다.

- 국사편찬위원회, 『한국독립운동사』 자료 13권, 686쪽

그가 이끄는 의진은 신출귀몰하여 일본 군경이 부왜인의 밀고를 받고 즉시 출동하여도 이미 딴 곳으로 가버리기 일쑤여서 기습하기 위해 노력했던 것이 많이 드러나고 있다.

◉ 국운도 기울고, 의기도 꺾고

일제침략기 의병의 몸통은 농민이었기 때문에 농한기에 해당하는 여름에 많이 활약하고, 가을로 접어들수록 서서히 규모가 줄어들다가 겨울에는 대개 이듬해 재거의를 다짐하고 잠시 해산했던 것이 상례였는데, 전남지역에서는 1908년 여름부터 이듬해 봄까지 의병투쟁이 줄기차게 계속되었다.

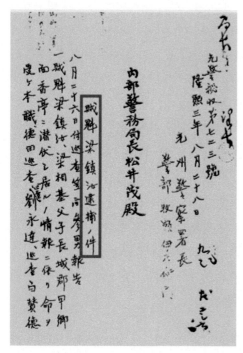

▲ 양진여 의병장 피체(『폭도에 관한 편책』, 1909.08.28)

일제는 헌병·경찰 중심의 의병학살 부대를 수시로 편성하여 특정 지역에 집중적으로 배치, 운영했지만 국권회복 의지에 불탔던 전남지역 의병들의 기세를 꺾을 수 없자, 종전과는 달리 '수비대에서 선발한 정규군으로 편성된 새로운 의병토벌대를 조직하라'는 일본군 제14연대장 기쿠치(菊池) 대좌의 명령이 떨어졌다. 즉 2월 25일부터 11일간 제14연대 제2대대가 연대장의 명령에 따라 11개의 의병학살 부대를 조직, 각지에서 의병 학살을 전개한 것이었다.

전남의병과 일본 군경과의 치열한 전투는 1909년 봄까지 계속되었지만 증파된 일본 정규군·헌병대·변장대 등을 비롯하여 헌병보조원이나 일진회원 등으로 구성된 부왜인들로 인해 의병들은 점차 산속으로 몰리게 되었는데, 서암이 이끄는 의진도 예외는 아니었다. 1908년 11월 하순부터 12월 상순까지 의병투쟁을 위해 연합의진에 참가했던 서암은 추월산전투에서 큰 부상으로 상처를 치료해야 했으나 이를 돌볼 겨를도 없이 의진을 이끌었다. 그러나 의병들의 사기는 떨어져만 갔고 아울러 의진 활동이 더욱 어려워져 갔다. 이에 서암은 과감한 결단으로 의진의 규모를 대폭 축소한 후 혹한기에도 아랑곳하지 않고 신춘 공세를 위한 준비에 박차를 가했다. 서암이 군자금 조달과 새로운 의진 편성을 위해 전남 중서부 지역을 순회할 때 부왜인들의 밀고로 인해 일본군의 기습을 받기도 했지만 지혜롭게 대처하여 위기를 벗어날 수 있었다. 이듬해 봄부터는 소규모 의진을 편성, 본격적인 유격전을 벌여, 광주·나주·영광·장성 등지의 일본 헌병 분견소를 공격했는데, 서암은 이 유격전에서 또 총상을 입게 되었다.

그 무렵 일제는 융희황제의 이름으로 '의병해산' 조칙을 내렸다. 서암은 의진의 참모들과 논의를 거쳐 눈물을 머금고 이 조칙에 따르기로 했는데, 이때가 1909년 6월 하순이었다.

서암은 총상으로 인해 만신창이가 된 몸을 제대로 가눌 길 없어 의병의 등에 업혀서 전남 장성 갑향골로 들어가서 치료에 전념했다.

그러던 1909년 8월 25일 새벽 4시 반, 광주수비대 가지무라(梶村) 중위가 이끄는 일본군과 광주경찰서 정찰대가 장성의 어느 주막 주변을 에워쌌다.

적괴(賊魁: 의병장-필자 주) 양진여·양상기 부자가 장성군 갑향면 향정에 잠복하고 있다는 정보에 의하여 명령을 받고, 본직을 비롯한 일인 순사 2명, 한인 순사 2명, 번역관보(飜譯官補) 1명이 한 부대가 되어 광주수비대 가지무라 중위 이하 37명(그 중, 6명은 한국인 복장을 하고 있었다)과 연합하여 지난 8월 25일 오후 9시 반, 목적지 향정으로 향하였다.

다음날 새벽 4시 반에 목적지에 도착한 즉시 수비병은 그 마을을 포위하고, 경찰대와 변장한 병사 6명은 수색대가 되어 그 마을 수색에 종사하였다. 수색대는 그 마을의 서북쪽 모퉁이 대밭이 있는 곳에 이르렀다. 어찌 알았으랴! 대밭의 주변은 모두 울타리와 같이 동여매여서 외부로부터의 습격을 방비하기 위해 준비한 것과 같이 되어 있고, 그 중간에 보통 한인들이 제작하여 사용하는 문이 있었는데, 엄중히 폐쇄되어 있었다. 본직 등은 의심스러운 마음을 갖고서 그 안을 살펴보았지만 인가가 있는 것으로 생각되지 않았는데, 여하튼 내부를 수색할 필요가 있다고 인정, 즉시 그 문을 열고 침입한바, 또 문이 있어 이를 열고 안으로 들어가니, 과연 인가가 있었다.

본직 등은 더욱 의심스러워 그 인가에 대하여 수사하려고 할 때, 50여 세의 남자가 비를 들고 마당을 쓸고 있었다. 일인 순사가 성명을 물으니, '박여진'이라고 답하고, 태연자약하게 청소하고 있었다. 그렇지만, 한인 순사 백찬덕(白贊德)과 번역관보 문명로(文明魯)는 적괴 양진여의 얼굴을 알고 있으므로,

"저 사람은 양진여다!"

라고 소리치자, 그는 낭패하여 뒤쪽 대밭 속으로 도주하려는 것을 일인 순사 토우다(德田)는 제일 먼저 추적하여 붙잡자, 그는 저항하였다. 본직과 가지무라 중위 기타 일동이 달려와서 그를 체포하였다. 때는 그날 오전 5시였다. 그는 수일 전부터 이 마을에 도착하여 이성일이란 자의 집을 빌려서 '박여진(朴汝鎭)'이라 하고, 잠복하고 있었음을 발견하였다. 그리고 양상기는 드디어 보이지 않았다. 풍설에 의하면, 보성군에 갔다고 하여 소재 판명이 되지 않았다. 이 마을에 잠복한 모양이 아니므로 연합대는 그날 오후 5시 반에 경찰서로 돌아왔다.

적괴 양진여를 체포할 당시 그는 아내를 불러서 유언적으로 말하기를,

"나는 의병을 일으킬 때부터 죽음을 결심하고 국가를 위하여 힘을 다하고자 함이었으나, 오늘에 이르렀으니 죽어도 결코 유감이 없소. 내가 죽은 후 큰아들 상기는 또 의병으로서 전투 중에 있으므로 작은아들로서 가독(家督)을 상속시켜 가정을 정리하시오!"
라고 말하였다.

— 국사편찬위원회, 『한국독립운동사』 자료 15권, 327~328쪽

한편, 양상기는 1909년 3월 화순군 서유촌에서 일본군 수비대와 교전을 벌였고, 이어 부왜인들의 밀정 활동에 쐐기를 박기 위해 수많은 밀정 처단 활동도 벌였다. 그런데, 5월 17일 담양 덕실(현 담양군 무정면 덕곡리)에 이르렀을 때 그곳에 거주하던 일진회원 정황두의 밀고로 인해 일본군 헌병대와 경찰의 매복 공격을 받았다. 이 전투에서 전사자만 23명이나 되었고, 양상기 의병장은 왼쪽 다리에, 참모장 유병기는 팔에 총상을 입는 등 큰 피해가 났다.

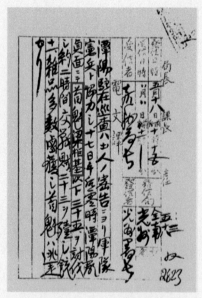

▲ 양상기 의진, 일본 군경과 전투 2시간에 23명 순국한 전보(『폭도에 관한 편책』, 1909.05.18)

수괴(首魁: 의병장-필자 주) 양상기 이하 약 40명이 5월 16일 밤, 담양군 정면 덕곡리에 침입하여 지금도 머무르고 있는 바, 마을 주민 김수만의 통보에 의하여 담양주재소 순사 세키타 코오타로(說田光太郎)은 한인 순사 3명과 그곳 분둔 수비대 군조 이하 6명, 헌병 상등병 2명, 보조원 4명과 협력하여 토벌을 위하여 17일 오전 9시 20분, 그곳으로 급행하였다. 일행은 목적지에 도착하기 전 각 부서를 정하고 순사와 헌병은 적이 집합하고 있는 덕곡리의 후방을 우회하여, 수비병은 직진하였다. 그리고 일행은 예정과 같이 행동하여 17일 정오경 각 부대가 보조를 맞춰 목적지에 접근하였다. 적은 거의 포위되었고, 그들 일부는 마침 부근의 대밭으로 퇴각하고 있을 때였으므로 각 부대는 즉시 이를 공격하였던바, 적은 완강히 저항하며 쉽게 물러날 기색이 없었다. 따라서 순사는 수비병 2명과 협력하여 의병이 근거지로 삼아 지키려는 대밭에 돌진하여 이를 흩어지게 하고 2명을 죽였다.

이 전투는 5월 17일 정오에 시작하여 오후에 끝을 내었는데, 적 전사자는 23명이었다. 화승총 17정, 칼집 1개, 탄약 약간, 잡품 다수를 노획하였다. 적은 양상기가 인솔하는 약 35명으로 양총 3정, 화승총 32정을 휴대하고, 그 다수는 다갈색의 한의를 입고, 또 양 수괴는 엽총을 휴대, 도주한 것 같다.

각 부대의 소모 탄환은 총계 725발로 그중 경찰의 분 기총탄 70발, 구라다 총탄 55발이다.

- 국사편찬위원회, 『한국독립운동사』 자료 14권, 401~402쪽

날이 갈수록 부왜인들의 밀고로 인한 의진의 피해는 늘어만 갔고, 급기야는 그물 같은 비밀조직이 형성되어 대규모 의병활동이 어렵게 되자 부왜인 처단과 헌병 분파소를 공격하는 유격전으로 대처했으나 의진을 유지하기가 어려웠다.

그해 8월 서암이 피체되고, 이어 의병 학살 대작전이었던 '폭도대토벌작전'이 전개되어 의진의 중군장과 후군장을 맡았던 이문거가 9월 21일 광주경찰서에 붙잡혔고, 11월 8일에는 참모장을 맡았던 유병기마저 구례경찰서 의병학살대에 의해 피체되고 말았으니 의병활동을 중단할 수밖에 없었다.

양상기 대장은 몇 명의 의병들과 함께 전북 남원군 통한면 방도리(坊道里: 현 남원읍) 민가에 은신하던 중 부왜인의 밀고로 남원경찰서에서 파견한 의병학살대의 포위 공격을 받아 사로잡히고 말았으니, 나라를 구하기 위해 1906년 전후 시위대에 입대한 이후부터 총칼을 잡고서 혈우성풍(血雨腥風)이 진동했던 산하를 누빈 지 어언 4년이 지난 1909년 12월 18일이었다.

전북 남원군내에서 적괴 양상기를 체포하였다.

12월 18일, 영산포헌병분대의 변장수색대 상등병 2명, 보조원 1명, 밀정 1명은 적괴 전해산(全海山)을 체포하고 인치 도중, 남원의 동방 약 1리 지점(촌명 불명)에 이르렀을 때, 그 부근에 적괴 양상기가 잠복하고 있음을 탐지하고 상등병 1명, 보조원 1명과 밀정은 그를 체포하려 하였으나, 양(梁)은 일찍이 이를 알고 도주하였다.

따라서 추적 중에 밀정은 양 수괴가 도주하였음을 인정하고 마을 사람들에게 도움을 구하여 겨우 이를 체포하였으나, 호송 인원 부족으로 양상기의 유치방(留置方)을 남원경찰서에 위탁해 두고 전해산은 인치하였다.

- 국사편찬위원회, 『한국독립운동사』 자료 17권, 151~152쪽

● 양진여·상기 부자 의병장의 순국

(1909년) 8월 25일, 토벌대의 가지무라(梶村) 중위 이하 40명과 경찰 정찰대가 장성군 갑향면 행정리에서 수괴(首魁: 의병장−필자 주) 양진여를 체포했다.

수괴 양진여
광주군 서양면 이동리
50세. 과거 벼슬은 한 적이 없고, 작위·영전 없다.

융희 원년(1907년) 7월까지 주막을 경영했다. 어느 날 밤 수 명의 내객이 있었는데, 한국 현시의 국세와 정권을 잡고 있는 대관의 악정을 말하고, 지금 이것을 바로잡지 않으면 이 나라 예의 3천년의 사직이 멸망할 것이라는 말을 듣고 분개한 나머지 거병할 것을 결심, 융희 2년 6월 격문을 띄워 도당 30명을 모았다. 수괴로 추대되어 병력의 충실에 힘써 성시는 그 부하가 백여 명에 이르렀다. 그 후 병으로 쇠약해져 은퇴하여 향리에 잠복 중 토벌대에 체포되었다.
그는 자기 한 목숨은 아깝지 않으나 뜻을 이루지 못하고 욕을 당해 형을 받고 죽는 것은 유감이라고 한탄했다

－ 이일룡 역주, 앞의 책, 133~134쪽

양진여(梁振汝)·상기(相基) 부자 의병장 후손한테 8월은 악몽의 달이다. 양진여 의병장이 1909년 8월 25일 일본 군경한테 붙잡혔고, 양상기 의병장이 1910년 8월 1일 대구감옥에서 순국했기 때문이다.

▲ 양진여 의병장, 1910년 5월 30일 교수형 집행(「관보」 제4698호, 1910.06.07)

내란범 양진여 본년 5월 30일 대구감옥에서 교형의 집행을 了한 事
右 고시홈
융희 4년 6월 6일

－ 「관보」 제4698호

폭동, 강도, 방화 및 모살범 양상기 본월 1일 대구감옥에서 교형의 집행을 了한 事
右 고시홈
융희 4년 8월 5일

－ 「관보」 제4750호

● 일가족 5명의 고귀한 희생 앞에 우리는 ……

서암은 일본 군경의 심문을 받게 되었는데, 한결같이 지사다운 풍모를 보인 것은 그가 어린 시절부터 충의에 대한 인식이 깊었고, 이를 실천했던 것으로 보인다. 광주경찰서장 일본인 경부는 내부경무국장에게 보고한 문서에서 서암을 이렇게 평했다.

> "양진여는 어린 시절 능주의 유학자에게서 학문을 배운 적이 있었다. 성장함에 지꺼 이 공자의 도를 배우고 있었다고 한다. 고로 한국인의 보통 이상의 학식이 있는 것 같다."
>
> － 국사편찬위원회, 앞의 책. 479~480쪽

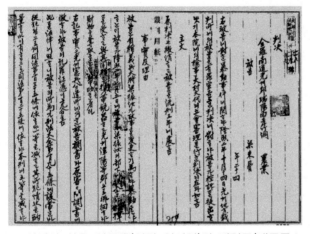

▲ 양진여 아우 양동골(일명 양서영)의 판결문(대구공소원, 1908.12.25)

서암은 그해 9월 1일, 광주지방재판소에 송치되어 12월 13일 교수형을 받게 되자 공소하였는데, 이듬해인 1910년 3월 5일 대구공소원에서 원판결 일부를 취소한 후 다시 교수형을 받게 되어 상고했지만, 4월 13일 고등법원(현 대법원)에서 상고가 기각되어 형이 확정되었다. 5월 25일 통감 소네 아라스케(曾禰荒助)는 대구공소원 검사장 대리 검사 오무라 오다이 (大村大代)에게 판결대로 교수형 집행할 것을 명하고, 이를 당시 대한의 내각총리대신 임시서리 박제순에게 통보한 후 5월 30일 대구감옥에서 교수형이 집행되어 순국하니 우리 나이로 51세였다.

양상기는 1910년 3월 29일 광주지방재판소에서 교수형이 선고되자 공소하여 5월 17일 대구공소원에서 기각, 상고했으나 6월 16일 고등법원에서 다시 기각되어 형이 확정되었다. 7월 28일 통감 데라우치 마사타케(寺內正毅)는 대구공소원 검사장 구로카와 유타카 (黑川穰)에게 사형 집행을 명령하고, 이를 내각총리대신 이완용에게 통보한 후 8월 1일 대구감옥에서 교수형이 집행되어 순국하니, 향년 28세였다.

▲ 순국 부자 의병장 양진여·상기 묘소 입구 안내석
- 광주광역시 광산구 백마산 기슭

아! 아비가 섰던 재판정 그 자리에 자식이 서고, 아비가 선 교수대에 자식이 또 그대로 섰으니, 어찌 이런 일이 있단 말인가!

서암은 3남 1녀를 두었으나 장남 상기는 서암보다 2개월 뒤에 같은 장소에서 순국했고, 차남 병수와 막내 병공은 서암이 붙잡혔을 때 18세와 10세였다. 그리고 서암의 동생 동골(東骨. 일명 서영)은 서암보다 약 2년 전에 붙잡혀 3년 유배형을 받고 충남의 섬에서 고초를 겪었다.

서암이 광주감옥에 투옥될 당시 부인 박순덕 여사와 차남 병수도 일본 헌병대에 끌려가서 갖은 고문을 당해 모자는 폐인이 되어 돌아온 후 일제 관헌의 눈을 피해 광산군 서창면 벽진리(현 광주시 광산구 벽진동)로 숨었으나 늘 병석에서 신음하다가 병수는 26세 되던 해 자식을 두지 못한 채 한 많은 생애를 마쳤고, 일제의 모진 고문으로 반신불수의 몸으로 눈에 고춧가루 고문 후유증으로 인해 피눈물을 흘리며 막내를 길렀던 박 여사는 광복이 되던 해 2월, 한 많은 세상을 떠났으니, 오호라! 이토록 처절한 가족사가 또 있으랴!

서암이 대구감옥에서 순국했을 때 시신을 운구해 올 사람이 없어 당신의 사위 정병모(鄭昞模: 일명 八模)가 가서 안장했다가 당시 10세였던 막내아들의 손자(일룡)가 순국한 지 70년이 지난 뒤에야 현재의 장소로 모실 수 있었다고 한다.

필자가 1992년 서암의 증손자 양일룡 댁을 찾아 광주광역시 남구 백운동의 가파른 계단을 올랐다. 이른바 '달동네'에 있는 ㄱ자형의 작은 기와집으로 10평이라고 했는데, 이른바 '미니 한옥 모델하우스' 같았다.

"10여 년 전 당시 원호처의 융자금 3백만 원으로 마련했다."라고 회상하면서, 셋방살이할 때 당시 '고건' 전남도지사가 방문하였지만 앉을 곳이 없자, 혀를 끌끌 차고 돌아간 뒤에 쌀을 한 가마를 보내왔더라고 한다.

일가족 5명의 고귀한 희생 앞에 우리는 무엇을 어떻게 해야 할 것인가를 곰곰 생각해 보았다.

정부는 양진여 의병장의 공적을 기려 1977년 건국훈장 독립장, 아들 상기의 공적을 기려 1990년 건국훈장 애국장을 추서하였다.

35. 대장장이 · 포수 출신 전남의병장 강사문

● 김준 의진에서 활약 후 독자 거의

강사문(姜士文, 1876~1909)은 전남 장성군 외동면(外東面) 용산리(龍山里) 출신으로 대장장이 겸 포수였는데, 일명 판열(判烈)로 불렸다. 국권회복을 도모하고자 1908년 1월 28일 김준(金準: 자 태원泰元) 의진에 참여하였다가 고향으로 가서 수십 명의 의병을 모집하고, 총기 40여 정으로 무장하여 장성에서 의병투쟁을 벌이던 군소 의진과 합치니, 의병 112명, 총기 80여 정을 갖춘 당당한 의진을 구성하게 되었다.

> 전라남도 장성군 외동면 옥동
> 단활직(鍛活職) 겸 엽부(獵夫)
> 전 관직 무, 무학, 강사문(일명 판열判烈)(34세)
>
> 의병을 일으킨 동기
> 현재의 시정(施政)에 불만을 품고서 일본병을 쫓아내고 정치를 변경할 목적으로 융희 2년 1월 28일 폭도에 투신하여 거괴(巨魁) 김태원(金泰元)의 부하가 되었다. 그해 2월 14일, 함평군 내에서 김(金)의 적단(賊團)을 벗어나 자택에 돌아가서 스스로 부하를 소집하고 총기 40정을 모았는데, 당시 장성군 구산리에 부하 100여 명을 이끌고 있던 이(李) 아무개와 합동하여 부하 112명, 총기 80정을 얻음으로써 스스로 총대장이 되어 이(李)를 부장(副將)으로 하고, 같은 해 3월 3일부터 행동을 개시하였다.
>
> - 국사편찬위원회, 『한국독립운동사』 자료 19권, 677쪽

강사문 의진은 주로 전남 장성 · 창평 · 광주 등지에서 의병투쟁을 벌여 큰 전과를 올렸는데, 1909년 3월 4일 창평군 연천(蓮川: 현 담양군 남면 속리)에서 광주경찰대와 격전

599

을 치러 적에게 막대한 피해를 주었지만, 의병 5명을 잃고 자신도 다리에 총상을 입어 의진을 해산한 후 총기 60정과 탄환 등은 숨겨 두었다. 부상이 다소 호전되자 의진을 소규모로 꾸려 의병투쟁을 벌였는데, 일본 군경과 밀정들의 끈질긴 추격에 결국 체포되기에 이르렀다.

> 비도수괴(匪徒首魁: 의병장-필자 주) 강사문은 7월 29일 장성군 외동면 옥동에서 부장(部將) 박포대(朴砲大)[61]와 광주헌병분견소의 손에 체포되어 은닉 무기도 함께 압수되었다.
>
> — 국사편찬위원회, 『한국독립운동사』 자료 15권, 135쪽

● 강사문 의병장에 대한 오해와 진실

강사문에 대한 오해가 오랫동안 지속된 것은 여러 가지 이유가 있는데, 그 첫째 이유는 안계홍 의진 참모였던 손덕오(孫德五)·염인서(廉仁瑞) 등의 판결문에 '안계홍이 강사문을 죽였다'라고 한 데서 기인한 것이었다.

> 피고 손덕오·염인서는 동년 4월 6일경(음력 3월 6일경)에 위 수괴 안계홍이가 다른 폭도수괴 강사문(姜士文: 일명 龍彦)은 양민에게서 재물을 겁취한 자라 하여 동인을 모살하려는 정을 알면서 그 살해를 용이케 하기 위해서 안계홍의 부하 30여 명과 함께 동도 순천군 문전면(文田面) 고부기(古府基) 산중에서 강사문을 포박하여 이를 조력하고 안계홍은 위 조력에 의하여 동인을 총살하였고,…
>
> — 독립운동사편찬위원회, 『독립운동사자료집』 별집 1권, 840~841쪽

두 번째는 최근 규장각에서 발견된 『통감부래안』의 안계홍 사형집행 명령 통지문 속에 '안계홍이 강사문 등을 죽였다'라고 한 데에 있었다.

---

61) 전남 장성·영광, 전북 고창 등지에서 맹활약했던 박도경(朴道京) 의병장을 일컫는다.

기밀 통발(統發) 제1277호
전라남도 보성군 봉덕면 법화촌
농업
폭동, 모살, 강도 및 방화범
안계홍(安桂洪) 32세

(전략)
제2, 전항 기간 내에 다른 폭도의 수괴 강사문(姜士文), 화적(火賊) 강(姜) 아무개 및
일진회원 박봉조(朴鳳朝)는 양민의 재물을 약탈하는 자이라 하고, 또 일진회원 염영
화(廉永化) 및 동 회원 이용서(李用西)는 피고 등의 행동을 수비대로 밀고하는 자라
하여 모두 이를 살해코자 결의하여 부하를 인솔하여 수차례 전기 5명을 붙잡아 강사
문은 순천군 송광면(松光面)에서, 염영화는 보성군 법덕면(法德面)에서, 피고가 스
스로 이를 총살하고, 화적 강 아무개는 동복군내에서 부하에게 명하여 이를 강물에
던져서 익사케 하고, 박봉조는 보성군 송곡면(松谷面)에서 부하에게 명하여 돌과 땔
나무[薪]로써 이를 난타하여 죽음에 이르게 하고, 또 이용서는 순천군 서면에서 부
하에 명하여 이를 참살하게 하고, (중략)

- 이태룡 역주, 『통감부래안』, 129쪽

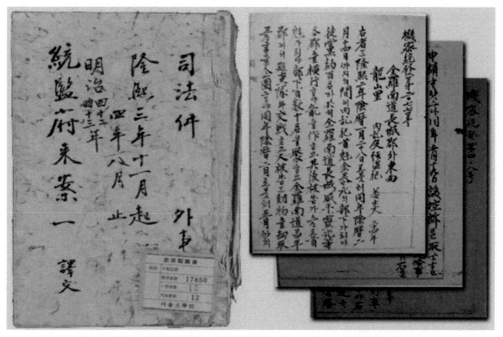

▲ 일제 통감부로부터 대한의 의정부에 온 문서 『통감부래안』

세 번째는 『국사관논총』 제23집에 실린 순천대 홍영기 교수의 논문에서 『독립운동사
자료집』 별집 1권의 내용과 같이 강용언(姜龍彦)을 가리켜 강사문이라고 한 데서 기인한
것으로 보인다.

> 안규홍은 재물이 없었으니 그를 따르는 사람들은 가진 것이라고는 호미·팽이·나
> 무작대기에 불과했다. 그때 강원도에서 의병활동을 하던 강성인(姜性仁: 姜龍彦, 일
> 명 姜士文)이 보성 부근에서 활약하기에 그 휘하로 들어가 강(姜)이 탐학하여 백성
> 들의 재물을 겁취하자 그를 죽이고 의병장이 되었다.

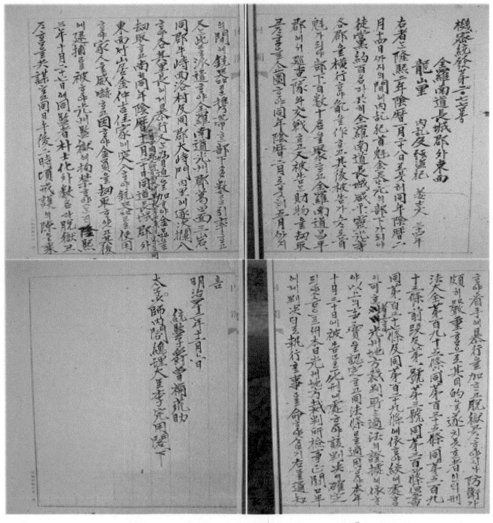

▲ 『통감부래안』에 담겨 있는 강사문 의병장 사형집행 통지문

그러나 강사문은 1908년 4월 6일 안계홍에 의해 총살되지 않고 전남 광주·담양·장성 등지에서 맹활약을 벌인 것이 드러나고 있고, 일제가 이른바 남한대토벌작전으로 호남지역 의병장들을 체포하여 광주감옥에 수감한 사진 속에 그가 포함되어 있다. 이 사진은 1909년 12월 초에 촬영한 것으로 추정되기에 1908년 4월 안계홍이 총살했다는 강용언은 강사문이 아님이 분명하다.

필자도 손덕오·염인서 등의 판결문 내용과 호남의병에 천착하여 대가를 이룬 홍영기 교수의 주장처럼 강용언이 강사문과 동일인이라고 판단했고, 다만 강사문 의병장은 안계홍에 의해 총살된 것이 아니라고 주장한 바 있다. 그리고 강사문 의병장이 여느 의병장처럼 창의 초기에 고향 장성을 떠나 전남 보성·순천 지역에서 활약하다가 고향 쪽으로 온 것으로 판단했는데, 이것은 잘못된 것이었고, 강용언과 강사문은 다른 사람일 가능성이 크다고 본 문대식 선생의 판단이 옳았음을 알 수 있다.

강사문 의병장이 일본 군경과 의병투쟁을 벌인 것이 『폭도에 관한 편책』과 『전남폭도사』에 10여 차례 나오고, 특히 1909년 12월 6일 일제 통감부 통감 소네 아라스케(曾禰荒助)가 강사문 의병장에 대한 사형집행을 명령하고 이를 대한의 내각총리대신 이완용에게 통지한 문서 『통감부래안』속에 명백히 드러나고 있기 때문이다.

기밀 통발(統發) 제2077호
전라남도 장성군 외동면(外東面) 용산리(龍山里)
내란 및 강도범
강사문(姜士文). 34세

우(右) 자는 융희 2년 음력 1월 28일부터 동년 음력 2월 14일까지 내란범 수괴(首魁) 김태원(金泰元)의 부하가 되어 도당(徒黨) 약 100명과 함께 전라남도 장성·함평·영광 등 각 군을 횡행하여 난(亂)을 일으키고, 그 후 피고가 스스로 수괴가 되어 부하 백 수십 명을 모아 전라남도 창평군에서 순사대와 교전하고, 또 피고는 재물을 겁취코자 함을 기도하여 동년 음력 2월부터 5월까지 기간에 총기를 휴대한 부하 다수를 인솔하고, 또는 이를 파견하여 전라남도 광주군 갈전면(葛田面) 삼암(三岩), 동군 우치면(牛峙面) 각 촌락 및 동군 대치(大峙) 문내리(門內里)에 차례로 난입하여 각 이장에게 폭행, 또는 협박을 가하여 금품을 겁취하고, 또한 동년 음력 9월 중에 동군 삼소지면(三所旨面) 대촌리장 이사집(李士集)의 집 및 동년 음력 12월 20일 동도 장성군 외동면 죽산(竹山) 김중길(金仲吉)의 집에 돌입하여 총기를 사용하여 가인(家人)을 위혁(威嚇)하고, 인하여 금품을 겁취하였고, 그 후에 체포되어 광주감옥에 구금되었는데, 융희 3년 10월 27일에 동 수감자 박사화(朴士化) 외 수 명과 탈옥코자 함을 공모하고 동일 오후 2시경에 계호(戒護)의 틈을 타서 간수에게 폭행을 가하고 탈옥코자 하였으나 방위(防衛)가 심히 엄중함으로 그 목적을 이루지 못한 자인데, 형법대전 제195조, 동 제593조 전단 및 제1호, 제3호, 동 제304조 단서 동 제137조 및 동 제129조에 의하여 교(絞)에 처함이 가한 자로 하여 광주지방재판소는 적법의 증거에 의하여 이상의 사실을 인정하고 동 법조(法條)를 적용하여 본년 10월 30일에 피고를 사형에 처하여 해당 판결이 확정되었음으로써 본일 광주지방재판소 검사정(檢事正) 세키구치 나카바(關口半)에게 판결대로 집행할 사(事)를 명(命)하였기에 우를 통지(通知)함.

명치 42년 12월 6일

통감 자작 소네 아라스케(曾禰荒助)

태자소사(太子少師) 내각총리대신 이완용 각하

● 1908년 전남지역 의병투쟁의 개요

1913년 전라남도 경무과에서 필사본으로 펴낸 이른바 『전남폭도사』의 「총설」에는 전남지역 의병활동에 대하여 그 개요를 정리하고 있다.

> 융희 2년(1908) 1월 하순 기삼연(奇參衍)이 재차 담양을 습격하고 장차 나주를 치려고 하였으나 동월 30일 함평에서 크게 패하여 단신으로 전북 순창군 조동(曹洞:현 복흥면 동산리)에 달아났다가 이마무라(今村) 추격대에 체포되어 도주를 기도하여 총살당했다.[62]
>
> 기삼연이 죽은 후 김태원(金太元)·김율(金聿) 형제가 여러 곳에 출몰하였는데, 관헌의 토벌 기관이 점점 조여들고 또 대부대의 행동이 어렵게 되어 삼삼오오로 흩어져 각지에 잠복하면서 야간 약탈을 하고 아울러 그들의 원수인 일진회원을 마구 죽이는 등 교묘하게 관헌의 손을 피해 흉행(兇行)을 저질렀으나 3월 19일[63] 광주군 정동(鼎洞: 광주광역시 광산구 서봉동-필자 주) 전투에서 패해 이마무라 중대에 동생 김율이 사로잡히고 말았다.

---

62) 기삼연 의병장은 1908년 2월 3일(음력 1월 2일) 광주 서천교 아래에서 난자(亂刺) 당한 후 총살 순국하였다.

63) 『전남폭도사』 원문에는 3월 29일로 기록되어 있다.

이로써 제2기에 있어서의 거괴(巨魁)는 모두 사라져 각 군의 경우 평온을 되찾았다고는 하나 강용언(姜龍彦)이 순천에, 임창모(林昌模) · 안계홍(安桂洪)이 보성에, 김동신(金東臣)이 영광에 있고, 조경환(曺京煥) · 전해산(全海山) · 강사문(姜士文) · 김기순(金基順) · 오재수(吳在洙) · 양진여(梁鎭汝) · 조정인(趙正仁) · 임선달(林先達)의 도당이 각지에 출몰했다.

- 이일룡 역주, 『비록 한말전남의병전투사』, 14~17쪽

이 글 속에는 강용언과 강사문은 각기 다른 지역에서 의병투쟁을 벌인 의병장으로 나타나고 있다.

● 강사문의 의병투쟁

강사문은 대장장이 일을 하면서 포수였다고 기록되어 있다. 그래서 『독립운동사』에는 그를 군인 출신으로 기록하고 있는데, 틀린 말은 아니다. 당시 포수는 지역의 관청에 등록된 전직 군 출신이 대부분이었고, 유사시 관장이 소집하면 이에 응했기에 오늘날 예비군 성격과도 유사한 신분이었다.

그가 김준 의진에 참여하여 의병투쟁을 전개하다가 고향으로 돌아가서 의병을 모집하고, 40여 정의 총기를 갖추고, 인근 지역에서 활동하던 군소 의진과 합진하여 100여 명의 의진의 의병장이 되었다고 하니, 그 의진 속에 상당수의 포수 출신이 가담했으리라 짐작할 수 있다.

그의 의진이 일본 군경과 전투를 벌인 첫 기록은 1908년 4월 초이다.

4월 3일 오전 6시 광주경찰대가 창평군 내남면 연천(蓮川: 현 담양군 남면 연천리燕川里-역자 주)에서 우두머리 강사문(姜士文)이 이끄는 40명과 우연히 만나 수비대와 협공, 이를 격퇴했는데, 적 10명을 죽이고 화승총 4정, 탄약 약간을 노획했다.

- 이일룡 역주, 앞의 책. 40쪽

40여 명의 소규모 의진으로 일본 군경 합동부대와 전투를 벌이면서 의병 10명이 희생되었다고 하니, 엄청난 피해가 난 것이었다.

이듬해에는 20여 명의 소규모 의진을 편성하여 의병투쟁을 벌였으나 화력이 우수한 일본 군경에 맞서기란 역부족이었다.

3월 16일(1909년 - 필자 주) 새벽 4시, 장성헌병분견소 하사 1명, 상등병 이하 5명은 담양군 소막곡면 용금동에서 수괴 강판열(姜判烈)이 인솔하는 폭도 약 20명과 충돌 하여 이를 흩어지게 하고, 그 3명을 죽이고, 5명을 부상시킨 후 한총 2정, 피복·잡 품류 10점을 노획하였다.

- 국사편찬위원회, 『한국독립운동사』 자료 13권, 738쪽

4월 12일 오후 5시, 전남 장성군 외동면 옥동에서 장성헌병분견소 하사 이하 7명은 수괴 강판열이 인솔하는 폭도 10명과 충돌하여 그 2명을 죽이고 흩어지게 했다.

- 국사편찬위원회, 『한국독립운동사』 자료 14권, 180쪽

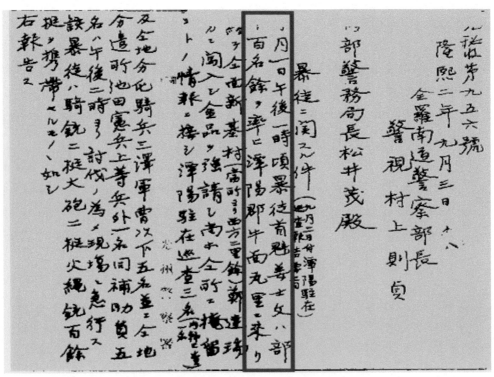

▲ 전남 담양에서 활동한 강사문 의병장의 기록
- 『폭도에 관한 편책』(1909.09.03)

　　일제는 강사문 의병장 체포를 위해 대규모 일본군과 경찰, 헌병을 동원하여 그가 잠복 해 있다는 마을을 에워싸고 이틀 동안 수색을 전개했는데, 의진의 부대장 서우범(徐禹凡) 등은 체포하였으나 강 의병장은 거처를 옮긴 탓에 피체되지 않았다.

6월 9일(1909년-필자 주) 오후 10시, 전남 장성군 외동면에 적괴 강판열(일명 사문士文)과 서우범(徐禹凡) 등이 잠복하고, 또 동면 작동(作洞) 이장 김치삼(金致三)의 집에 총기 20여 정을 은닉하였다는 정보를 얻고, 즉시 경부 미야자키(宮崎岩太郎)에게 순사 8명을 인솔시켜서 광주수비대 와카바야시(若林) 부관 이하 42명과 이시바시(石橋) 헌병 오장 이하 9명과 협력하여 현장에 급행하였다. 일행은 목적지 부근으로부터 부대를 3개로 나누어 포위 수색하고, 다음과 같이 두 사람을 체포하였다.

광주군 오치면 어매동 거주 서우범(40세)
장성군 외동면 신촌 거주 유성삼(劉成三)(43세)
또, 총기의 소재에 대해서는 온 힘을 다하여 정밀 수색하였으나 드디어 발견하지 못했다. 마을 사람들의 말에 의하면, 강(姜) 적괴가 지난날 신촌에 보인 것은 사실이나 토벌대가 체포를 위해 왔을 때는 이미 거처를 옮긴 후로 조그마한 단서도 얻지 못했다. 다음날 오후 6시 30분경, 각각 돌아왔다.

- 국사편찬위원회, 앞의 책. 613쪽

이 작전은 6월 18일 일본군 보병제2연대장 미와(三輪) 대좌가 6월 11일 제2연대 2대대장 이가라시(五十嵐) 소좌의 보고를 받고, 이를 일본군 임시한국파견대사령관 와타나베(渡邊水哉) 소장에게 보고할 정도로 매우 큰 사건이었다.

▲ 일본군 제2연대장 미와(三輪) 대좌

6월 11일부 제2대대장 이가라시(五十嵐) 소좌의 보고의 요지는 좌와 여하다.
6월 9일 광주경찰서로부터 좌의 통보에 접하였다.
ⓐ 서우범(徐禹凡: 강사문 별명 강판열의 부하)은 지금 장성군 갈동리(葛洞里)에 있다. 6월 10일 아침 어디론가 출발 예정
ⓑ 소총 20정 갈동리장 김치삼(金致三) 집에 있다.
ⓒ 강사문은 지난 8일 학림촌(鶴林村)에 있었다. 지금 아직 동촌(同村)에 있을 것이다.
우의 정황에 기하여 토벌대[수비대로부터 와카바야시(若林) 중위・하라(原) 소위 이하 42명, 헌병 9명 경관 경부 이하 9명으로써 편성]를 9일 오후 10시 광주를 출발케 하였다. 10일 오전 4시 목적지에 달하여 갈동리 신촌(新村) 학림촌의 3개 촌을 포위 수

색하여 좌의 2명을 체포하였다.
* 서우범(徐禹凡): 갈동리에서, 강사문의 부하로서 40세
* 유성삼(劉成三): 신촌에서 체포하였다. 종래 기삼인(奇三仁)의 부하로서 43세
강사문은 9일 오후 어디론가 출발하고, 또 총기는 드디어 발견할 수 없었다. 10일 오전 6시 광주에 귀대하였다.

- 국사편찬위원회, 앞의 책. 576쪽

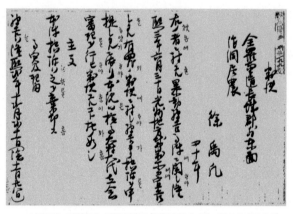
▲ 서우범 의병장 재판기록(대구공소원, 1909.07.29)

서우범은 1908년 12월 21일(음력 11월 28일)부터 강사문 의진에 참여하여 부장(副將)으로 활동하다가 1909년 6월 10일 붙잡혀 광주지방재판소에서 이른바 '폭동죄'로 징역 5년이 선고되자 공소했으나 7월 29일 대구공소원에서 공소가 기각되어 형이 확정되어 고초를 겪었다.

필자는 2019년 6월 서우범 의병장에 대한 공적을 정리하여 국가보훈처에 포상을 신청하였다.

● 피체와 탈출 시도, 그리고 순국

강사문 의병장을 붙잡기 위해 일제는 일진회와 헌병보조원, 밀정을 동원하여 그가 은거하고 있던 곳을 알아내어 마침내 광주헌병분견소 헌병에게 피체되기에 이르렀다.

광주헌병분견소장의 통보에 의하면, 의병장 강사문(일명 판열)(작년 이래 광주부근에 출몰한 것으로 기독교 신자)은 7월 29일(1909년-필자 주) 장성군 외동면 옥동에서 부장(部將) 박포대(朴砲大)와 광주헌병분견소의 손에 체포되어 은닉 무기도 함께 압수되었다고 한다.

- 국사편찬위원회, 『한국독립운동사』 자료 15권, 135쪽

그는 전라남도 경찰부장 경시 무라카미(村上則貞)가 1909년 12월 27일 내부경무국장 마쓰이(松井茂)에게 「고비발(高秘發) 제276호」로써 그해 10월 중순까지 전라남도에서 피체되었거나 자수한 의병장 수십 명 가운데 강사문 의병장을 필두로 안계홍 · 황두일(黃杜一) · 권영회(權寧會) · 심남일 · 강무경(姜武景) 등 6명에 대해서는 「경비훈(警秘訓) 제79호」에 기초하여 비교적 자세히 보고하였다.

그 보고서 중, 일부 내용을 보면,

-. 생포에 대한 느낌
올해 7월 29일 거주지의 주막 이경언(李敬彦)의 방에서 음주 중, 영산포 헌병에게 체포되었는데, 목적을 이루지 못하고 이에 이르렀음은 유감이다.
-. 부하 비도(匪徒: 의병-필자 주)의 인원수 및 그 성쇠
지난해 3월 이래 각처를 누비고 다녔는데, 올해 3월 4일 창평군 연천에서 광주순사대에게 맹렬한 공격을 받고서 부하 5명을 잃고, 총기 5정을 빼앗긴데다가 자신 또한 오른쪽 다리에 총상을 입었으므로 일단 부하를 해산하고 총기 60정은 매장하여 두었는데, 그 후 그 총기는 다른 폭도(暴徒:의병-필자 주)에게 탈취당하여 다시 의병을 일으킬 계획을 할 수가 없었다. 이후로는 행동을 중지하고 있었다.

- 국사편찬위원회, 『한국독립운동사』 자료 19권, 677~678쪽

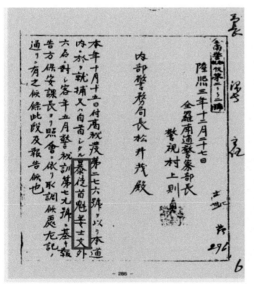

▲ 강사문 의병장의 의병투쟁 내용과 12월 17일 사형집행 사실이 담긴 문서(『폭도에 관한 편책』, 1909.12.27)

강사문 의병장은 유력 의병장이었기에 일제 관헌의 심문과 회유가 계속되어 광주지방재판소에서 재판이 이루어지지 않고 있었는데, 전술한 『통감부래안』과 같이 그해 10월 27일 함께 투옥 중인 박사화(朴士化) 의병장 등과 함께 탈옥을 꾀했다가 실패하고, 사흘 뒤 광주지방재판소에서 교수형이 선고되기에 이르렀다. 강 의병장은 공소하지 않아 형이 확정되었으며, 12월 6일 일제 통감부 통감의 사형집행 명령에 의해 1909년 12월 17일 광주감옥에서 사형이 집행되어 순국하였다.

정부에서는 1998년에야 서훈을 추서했는데, 강사문 의진의 부장(部將)보다 등급이

▲ 광주감옥에 투옥된 강사문(원내) 등 전남지역 의병장들
- 야마구치대학 데라우치 문고 소장 『남한폭도대토벌기념사진첩』에서 필자 재촬영

낮은 건국훈장 애국장이었다. 강사문 의병장의 판결문은 아직 발견되지 않고 있었는데, 수년 전 필자가 규장각에서 소장하고 있는 『통감부래안』 속에 당신의 사형집행에 관한 문서를 발견하고 깜짝 놀란 바 있다.

필자는 강사문 의병장의 묘나 후손을 찾아보려고 애를 썼으나 아직까지 찾지 못했다.

36. 신출귀몰의 화신 전남 광주의병장 김동수

● 1907년 전남 광주에서 거의하다

김동수(金東洙, 1879~1910) 전남 광주군 경양면(景陽面) 병문동(屛門洞)에 거주하면서 포목상을 운영하고 농업에도 종사하였다.

1907년 양상기(梁相基)·이원오(李元五)·조경환(曺京煥) 등과 함께 광주에서 거의하여 활동하다가 1908년 양진여(梁振汝) 의진과 합진하였다. 그리하여 같은 해 2월 양진여 의병장의 지휘 아래 동료 의병 5~6명과 함께 전남 광주군 갑마보면(甲馬保面)의 면장 집에 들어가 군수품을 징발하였다. 1909년 1월 12일 갑마보면 복용리(伏龍里)에서, 같은 해 2월 하순에는 광주군 오치면(梧峙面)에서 군자금과 군수품을 징수하는 활동을 벌였고, 3월부터 더욱 활발하게 의병활동을 전개한 것이 일제의 비밀기록에 나타나 있다.

전남경비발 제411호
융희 3년 3월 11일
전라남도 경찰부장 경시 무라카미 노리사다(村上則貞)
내부경무국장 마쓰이 시게루(松井茂) 앞

폭도 내습의 건
-. 본월 9일 오전 1시 광주 북문 외 단양면 경양촌(景陽村, 광주읍내로부터 북방 약 15정)에 폭도가 습래, 수발의 총성을 내었으므로 직시 서원의 비상소집을 행하고 소관(小官)은 임(林) 경부 이하 서원 13명을 인솔하고 현장으로 급행 구부(駈付)하였다. 차제 광주헌병분견소와 수비대에서도 하사 이하 수명이 급행 추격으로 향하였다.
-. 촌민에 대하여 취조한 바 수괴 김동수(金東洙)는 부하 약 50명(한총 32정, 양식 엽총 1정, 기총(騎銃) 2정, 단총 2정, 칼 6본)을 인솔하고, 그 반수를 후방고지에 배치하고 반수는 촌내에 침입, 주막업 백윤덕 가에 이르러, '너의 아우는 헌병보조원이 되어 있으므로(실제는 헌병보조원이 아니다) 연발총을 휴대하고 있을 것이다. 이를 제공하라.'고 협박하기 위하여 수발을 사격하고 또 동인 가 온돌을 향하여 발사하였으나 동인은 총기는 촌내에 지래(持來)치 않고, 또 본인 부재의 지로 변소(辨疏)하였던바 구타 후 다시 수발의 사격을 하고 일동은 서북방 오치면 방향으로 도주하였는데 금품 등의 피해는 없었다고 한다.

　　　　　　　　 - 국사편찬위원회, 『한국독립운동사』 자료 13권, 662~663쪽

광경비수 제211호
융희 3년 3월 14일
광주경찰서장 경시 무라카미 노리사다(村上則貞)
내부경무국장 마쓰이 시게루(松井茂) 앞

폭도 토벌에 관한 건
지난 13일 오후 3시 광주군 마지면 내 아무개 장소에 총을 휴대한 폭도 약 50명이

잠복하고 있다는 보고에 접한바, 광주수비대로부터 통보가 있었다. 따라서 타합 후 당서로부터는 순사부장 나카무라 츠네마츠(中村常松) 이하 일인 순사 4명, 한인 경부 1명, 한인 순사 1명이 광주수비대 보병 오장 이하 6명, 광주헌병분견소 헌병 2명, 보조원 7명과 협력하여 각 부서를 정하고 수사를 행한바 우선 광주수비병은 동일 오후 5시경 동면 매실촌(梅實村)에 잠복하고 있는 것을 발견하고 사격을 가하여 그 약 10명을 덕산면 방향으로 궤주시켰다. 따라서 아 경찰대는 수비대와 공히 추적하였으나 드디어 그 종적을 실하였다.

또 연합대는 협력하여 잠복 지점의 수색을 행하고 그 결과 화승총 4정, 칼 1자루, 엽전 700문 기타 잡품 수첩을 노획(노획 금품은 수비대 헌병대에서 분할 보관중)하고 또 해폭도로서 체포를 면하기 위하여 양민을 가장하고 있는 자 1인을 발견 포획 후 취조한 바 잠복하고 있던 적단(賊團)은 11명으로 수괴는 김동수(金東洙)라는 것을 신립하였다. 해당 적은 목하 헌병대에서 취조 중

- 국사편찬위원회, 앞의 책, 673쪽

4월 25일 오후 7시경 적괴(賊魁) 김동수(金東洙)는 부하 약 40명을 인솔하고 광주군 천주면 비조시(飛鳥市) 시장에 와서 증설(增設) 헌병분견소에 충당할 계약이 성립된 한 민가를 소각하고 거하였다. 적은 화승총 37정을 휴대하였다 한다.

- 국사편찬위원회, 『한국독립운동사』 자료 14권, 172쪽

김동수 의진은 의병 군수금품 모집도 하면서 일본 군경에 협력하는 일제 앞잡이를 처단하기도 하였다.

● 김동수의 신출귀몰한 행동

일본 군경은 1909년 4월부터 7월까지 김동수 의병장을 체포하고자 온갖 방법을 동원했으나 끝내 붙잡지 못했다.

광경비발 제455호
융희 3년 5월 26일
광주경찰서장 경시 무라카미 노리사다(村上則貞)
내부경무국장 마쓰이 시게루(松井茂) 앞

▲ 김동수 의병장, 반나체로 피신한 기록
(『폭도에 관한 편책』, 1909.05.26)

폭도 수색의 건

수괴 김동수(金東洙)의 잠복소를 탐지하고 차를 체포코저 하였으나 반신나체(半身裸體) 그대로 도주하였다.

-. 항상 광주 부근을 배회 출몰한 폭도의 수괴 김동수는 그때 광주군 오치면 삼각리(三角里, 광주북방 약 1리반 삼각록) 김윤홍(金允弘) 가에 절(窃)히 숙박함을 탐지하고 지난 25일 오후 12시 출발 경부 임화일(林和一)은 일한 순사 6명, 밀정 4명을 인솔 변장하고, 차의 체포차 향하여 본일 오전 4시 동촌을 포위 침입하였던 바, 수괴 김동수는 재빨리 차를 깨닫고 상의만으로 반신나체 맨발로 비출(飛出), 차제 야마키(山木) 순사는 권총 2발을 발사하였으나 울타리를 비월(飛越)하여 보리밭 또는 수풀 등에 숨어 교묘히 탈출하였으므로 백방 추적 수색하였으나 미명에 승하여 드디어 어디론가 도주하여 그 종적을 실한 것은 실로 유감이었다.

-. 누구인가 정부(情婦)의 말에 의하면 지난 25일 해가 진 후 어디로부터인가 단신 총을 휴대하고 동가에 와서 숙박한 자로 매양 해가 진 후에 와서 미명에 가고, 주간은 결코 체류하는 일이 없다. 또 부하를 동행한 일이 없다.

- 국사편찬위원회, 앞의 책, 427쪽

광경비수 제518호
융희 3년 6월 16일
광주경찰서장 경시 무라카미 노리사다(村上則貞)
내부경무국장 마쓰이 시게루(松井茂) 앞

적도(賊徒) 체포의 건

6월 14일 수괴 김동수(金東洙)가 광주군 상대곡면 분토동 거 석양오(石良五) 가에 잠복하는 것을 탐지하고 경부 신태현(申台鉉)에게 순사 10명(그중 일인 4명 한인 6명)을 붙여 체포를 위하여 목적지로 급행시켰다.

일행은 다음날 15일 오전 3시 40분 분토동(粉土洞)에 도착, 동동을 포위 엄히 수색하였으나 득한 바 없었다. 또 동민에 대하여 조사한 바 전연 모른다는 바로 답하고 사실을 말하지 않아 끝내 득한 바 없다.

- 국사편찬위원회, 앞의 책, 625쪽

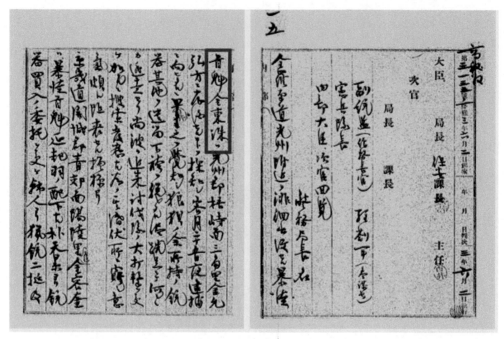

▲ 김동수 의병장 행적이 드러난 기록(『폭도에 관한 편책』, 1909.06.02)

광경비수 제634호
융희 3년 7월 28일
광주경찰서장 경부 마키요 이사에몬(牧瀨伊左衛門)
내부경무국장 마쓰이 시게루(松井茂) 앞

적도(賊徒) 체포의 건
7월 28일부 전보 속보(續報) 경부 미야자키 이와타로(宮崎岩太郎) 보고 요지

수괴 김동수(金東洙)의 부하 수명이 광주군 천곡면 봉산리(鳳山里)에 잠복의 정보를 득하고 경부 미야자키 이와타로(宮崎岩太郎)는 순사 사카이 나츠지(酒井夏次) 외 순사 5명을 지휘하고 7월 27일 오후 10시 20분 출장 수색의 결과 김동수(金東洙) 중군장 송자화(宋子化) 외 3명을 체포하고, 다음날 28일 오전 11시 10분 귀서하였다.

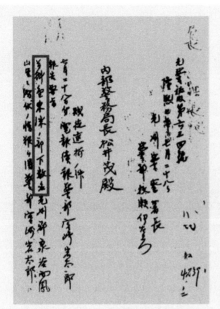

미야자키 경부 일행은 28일 오전 2시경 목적지인 광주군 천곡면 봉산리에 도착하여 확실히 포위하여 새벽을 기다려 동일 오전 4시 10분 수색 끝에 좌기 4명을 체포하고 목하 인치 취조 중

영암군 쌍교 거
김동수 도십장 김봉래(金鳳來) 23년
충청남도 공주군 읍내 거
고 조경환(曺京煥) 좌익장으로 당시 김동수의 부하
이원오(李元午) 33년
광주군 신마보면 거진 거
김동수 중군장 송자화(宋子化) 40년
동복군 외서면 영신동 거
김동수 부하 하응방(河應方) 18년

▲ 김동수 의진의 부장 피체 기록(『폭도에 관한 편책』, 1909.07.28)

- 국사편찬위원회, 『한국독립운동사』 자료 15권, 126~127쪽

김동수는 피체되지 않고, 의진의 중군장 송자화와 조경환 의진의 좌익장으로 활동하다 조경환 의병장이 순국하자 그 의진을 수습하여 의병장으로 활약하던 이원오 등만 피체되었다.

● 부상으로 충북으로 피신, 결국 피체되다

광경수 제221호
융희 3년 8월 10일
광주경찰서장 경부 마키요 이사에몬(牧瀨伊左衛門)
내부경무국장 마쓰이 시게루(松井茂) 앞

면장을 총살하고 이장에게 중상을 입힌 자 체포의 건
광주군 오치면 외촌 거
임윤팔(林允八) 24년

광주군 천곡면 풍산동 거
김재민(金在珉) 23년
광주군 갑마보면 거진리 거
송학묵(宋學黙) 40년

우 중 임윤팔은 본년 6월 20일 당서에서 체포, 내란죄로 소송 고사에 송고 중이고, 김재민・송학묵 2명은 지난달 28일 체포, 내란죄 및 강도 범인으로 취조중인 바 3명은 공히 폭도의 수괴 김동수(金東洙)의 부하로 임윤팔은 도포장이라 칭하고 포수를 인솔하고, 김재민은 도십장으로 풍기의 유지에, 송학묵은 중군장으로 김(金)과 함께 행동한 것으로 본년 5월 19일 광주군 덕산면에서 군용금 징산에 당하여 헌병에 피습 부하 3명은 그 장소에서 죽이고, 총기도 노획당한 일이 있었는데, 헌병의 습격은 면장・이장의 밀고에 출한 것으로 그 후 복수하여 의심을 예상 동월 24일 밤 전기 3명 外 5명의 자가 면장・이장을 덕산면의 후방 산야에 잇따라 끌고 가서, "너희들은 우리 행동을 밀고하고 동지 3명을 망하여 복수하므로 각오하라."고 선언하고 면장을 총살하고 이장에게 총으로써 중상을 입힌 범인인 바를 진술하므로 그 당시의 기록에 근거하여 피고의 진술을 참고하건대 전연 피고들의 행위에 상위 없음을 인정하고 본월 5일 우 검사에 송치하였다.

- 국사편찬위원회, 앞의 책, 287쪽

일제는 '10월 중 폭도 상황'에서 "전월에 있어서 거괴(巨魁) 안계홍이 우선 박(縛)에 취하고 일반의 환호를 수하였던 바 본월에 지하여 이제 토벌의 광휘를 발양하여 거괴 심남일을 체포하고, 임창모를 주륙하였음을 최상으로 하고, 수괴 강무경・오참봉・박사화・이영준・모천년・임학규 등 모든 수령을 포박 또는 주륙하여 전남의 폭도로 하여금 거의 전멸시키기에 지하였다. 이제 남은 것은 김영백・양상기・장인초・이덕삼・강승우・김동수・정대홍・정대인 등의 소수괴 수인에 불과하나 답답히 소식 없고 어디론가 둔찬잠복(遁竄潛伏)하였다."라고 기록하였다.

전남경비발 제181호
1월분 폭도 상황월보
(전략)
본월 7일 수괴 김동수(金東洙)는 충청북도에서 당지 수비대로부터 파견한 수색대로 인하여 체포되어 상하 관내에 행동한 수괴는 1명도 없다.

- 국사편찬위원회, 『한국독립운동사』 자료 17권, 257쪽

마침내 1910년 1월 7일 김동수 의병장은 충청북도에서 전남에서 파견한 수비대에 의해 피체되기에 이르렀다.

🔘 김동수, 옥중 순국, 휘하 부장들 교수형으로 순국

김동수는 양진여 의진에서 분진(分陣)하여 60여 명의 의병을 이끌고 전남 화순(和順)을 근거지로 활동하면서 1909년 9월 사창(社倉) 전투에서 오른쪽 다리에 총상을 입고 그 치료를 위해 충북으로 피신했다가 피체된 것이었다.

김동수 의병장은 1910년 1월 26일 공주지방재판소 청주지부를 거쳐 2월 22일 경성공소원에서 징역 15년이 선고되어 옥고를 겪던 중 그해 옥중에서 순국하였다.

판결
전라남도 광주군 경양면(景陽面) 병문동(屛門洞)
포목상(布木商) 겸 농업
김동수(金東洙) 32세

위의 강도 피고 사건에 명치 43년 1월 26일 공주지방재판소 청주지부에서 선고한 유죄 판결에 대하여 피고로부터 공소(控訴)를 신제(申提)하므로 다시 다음과 같이 심판한다.
주문
원판결은 취소한다.
피고 김동수(金東洙)를 징역 15년에 처한다.

기소중(起訴中)에 피고가 전라남도 장성군 포산(浦山) 거주 최봉근(崔鳳近)에게서 군도(軍刀) 1자루, 동도 광주군 석지면(石旨面) 연지촌(蓮池村) 동장에게서 현금 5원, 동군 상촌동(上村洞) 동장에게서 백목 1필, 동군 갈전면(葛田面) 수곡동(水谷洞) 동민에게서 현금 3원, 동군 장동(獐洞) 동민에게서 현금 6원, 동군 야촌 설성안(薛聖安)의 아내에게서 총 1자루를 강탈한 사건에 대하여는 모두 무죄로 한다.
(이하 생략)

- 독립운동사편찬위원회, 『독립운동사자료집』 별집1, 809~810쪽

기밀 통발(統發) 제892호
전라남도 광주군 오치면(梧峙面) 외촌(外村)
농업
내란 및 모살범(謀殺犯)
임윤팔(林允八). 25세
전라남도 광주군 천곡면(泉谷面) 봉산리(鳳山里)
노동업
내란, 모살 및 강도상인범(强盜傷人犯)
김재민(金在珉). 24세
우(右) 피고 임윤팔은 폭동범 수괴(首魁) 김동수(金東洙)의 부하로 들어가서 융희 3
년 5월 10일부터 동 18일까지 도당(徒黨)과 함께 총기를 휴대하고 전라남도 광주군
내를 횡행하며, 또 동인의 명에 응하여 총기, 기타를 은닉하여 그 폭동행위를 방조
(幇助)하고,
피고 김재민은 제1, 폭도범 수괴 김동수의 부하로 들어가서 동년 3월 이후 동 6월까
지 도당과 함께 총기를 휴대하고 광주군 외 5개 군내를 횡행하여 그 폭동행위를 방조
하고, 제2, 동년 음력 3월중에 수 명과 공모하고 재물 겁취(劫取)를 할 목적으로 총기
를 휴대하고 동군 오치면 강복암(姜福岩) 처소에 돌입하여 동인을 결박하여 인적이
드문 곳이 된 봉산(峯山)에 같이 가서 흉기를 사용하여 구타, 기타의 폭행을 가하여
부상케 한 후 엽전 2백 냥의 수표를 겁취하고, 제3, 동년 5월 9일에 수 명과 공모하고
전과 같은 목적으로 동군 갑마보면(甲馬保面) 복룡촌(伏龍村) 장준거(張俊巨) 처소에
돌입하여 동인을 결박, 구타하여 부상케 한 후, 현금 2원 80전을 겁취하고,
피고 임윤팔·김재민은 수 명과 함께 이미 한을 품은 동군 덕산면(德山面) 면장 백계
수(白桂洙)와 동면 덕산리장 정현구(丁鉉玖)를 살해코자 모의하고 동년 5월 23일 밤에
각 집에 돌입하여 2명을 결박하여 동리 부근의 보리밭으로 함께 가서 백계수를 사살하
고, 정현구는 오른쪽 다리 관통총상을 입힌 소위에 대하여 피고 임윤팔은 형법대전 제
677조 전단, 제135조, 제473조 전단, 제507조 전단 및 제129조에 의하고, 피고 김재민
은 동법 제677조 전단, 제135조, 제516조, 제473조 전단, 제507조 전단 및 제129조에
의하여 본년 2월 26일 대구공소원에서 각 피고를 교(絞)에 처하는 지(旨)의 판결(피고
임윤팔에 대하여는 공소기각)을 하고, 피고들은 이 판결에 대하여 상고를 신청하였으
나 동년 4월 19일 고등법원에서 상고를 기각하여 모두 판결이 확정되었음으로써 본일
대구공소원 검사장에게 판결대로 집행할 사(事)를 명하였기 우를 통지(通知)함
명치 43년 5월 6일
통감 자작 소네 아라스케(曾禰荒助)
태자소사(太子少師) 내각총리대신 이완용 각하

- 이태룡 역주, 『통감부래안』, 93~94쪽

기밀 통발(統發) 제893호

전라남도 광주군 갑마보면(甲馬保面) 거진리(巨津里)

농업

내란, 모살 및 죄수도주범

송학묵(宋學默). 40세

우(右) 자는

제1, 폭동범 수괴(首魁) 김동수(金東洙)의 부하로 들어가서 융희 3년 음력 3월부터 동 5월까지 도당(徒黨)과 함께 총기를 휴대하고 전라남도 광주군 외 5개 군내를 횡행하여 그 폭동행위를 방조(幇助)하고,

제2, 피고는 수 명과 함께 이미 한을 품은 동군 덕산면(德山面) 면장 백계수(白桂洙)와 동면 덕산리장 정현구(丁鉉玖)를 살해코자 모의하고, 동년 음력 4월 5일 밤 각기 거소에 돌입하여 두 사람을 결박하여 그 마을 부근의 보리밭에 함께 가서 백계수를 사살하고, 정현구의 오른쪽 다리 관통총창을 입게 하고,

제3, 피고는 앞의 범죄 사건에 대하여 광주감옥에 구금 중, 수 명과 함께 탈옥코자 모의하여 동년 10월 27일 오전 3시 30분경 일을 빙자하여 방 밖에 나가 공범자와 함께 그 계호(戒護)에 종사하는 간수 서학선(徐學善), 기타의 자에게 극력 저항하여 도주에 노력하였으나 간수들이 방해한바 되어 목적을 이루지 못한 것에 대하여,

형법대전 제677조 전단 및 제135조, 제473조 전단, 제507조 전단, 제304조 단서, 제137조 및 제129조에 의하여 명치 42년 11월 30일 광주지방재판소에서 피고를 교(絞)에 처할지(旨)의 판결을 하여 그 판결이 확정되었음으로써 본일 광주지방재판소 검사정(檢査正) 세키구치 나카바(關口半)에게 판결대로 집행함을 명하였기에 우를 통지(通知) 함.

명치 43년 5월 6일

통감 자작 소네 아라스케(曾禰荒助)

태자소사(太子少師) 내각총리대신 이완용 각하

- 이태룡 역주, 앞의 책, 95~96쪽

김동수 의진의 도포장 임윤팔과 도십장 김재민은 1910년 5월 11일, 중군장 송학묵은 5월 17일 대구감옥에서 교수형으로 순국하였다.

정부는 김동수 의병장의 공훈을 기려 1995년에 건국훈장 독립장을 추서하였다.

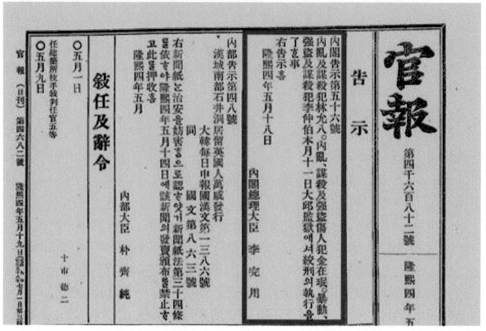

▲ 김동수 의진의 도포장 임윤팔과 도십장 김재민 의병장, 1910년 5월 11일 대구감옥에서
교수형으로 순국(「관보」 제4682호. 1910.05.18)

37. 영산포헌병분대장과 담판 벌인 박사화 의병장

● 심남일 의진의 중군장이 되어

박사화(朴士化, 1880~1910)는 전남 나주군 지량면(知良面, 현 영산동) 기촌리(基村里)
출신으로 이명은 평남(平南)·사홍(士弘)이다.

1908년 2월 전남 함평에서 거의한 심남일(沈南一) 의진에 참가하여 중군장으로 활약한
후 전남 나주, 영산포, 영암 등지에서 150여 명의 독자적인 의진을 형성하여 활동하였으
나 일본 군경과 대규모 전투를 할 경우에는 심남일 의진 또는 전해산(全海山) 의진 등과
연합해서 전투를 전개하였다.

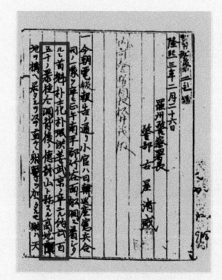

▲ 박사화·강무경·박민홍 의병장의 연합의진 250명의 의병투쟁 기록(『폭도에 관한 편책』, 1909.02.26)

나경비발 제23호
융희 3년 2월 26일
나주경찰서장 경부 후루야 키요타이(古屋淸威)
내부경무국장 마쓰이 시게루(松井茂) 앞

오늘 아침 전보로 보고한 것과 같이 본관은 일·한 순사와 헌병 합동의 한 부대를 인솔하고 정오 무렵, 남평군 죽곡면 선동에 도착한바, 수괴 박사화(朴士化)·박민홍(朴珉洪)·강무경(姜武京) 등이 인솔하는 약 250명의 폭도가 그 마을 배후의 덕룡산(德龍山: 일명 국사봉 國師峰—필자 주)이라고 칭하는 고지에 진지를 구축하고 있으므로 즉시 사격을 가하였으나, 적은 천험(天險)의 지리와 다수를 믿고 완강히 저항하였는데, 대전 3시간 후 영암군 방면으로 궤란시켰다.

이 전투에서 적의 사망 7명, 부상자 미상, 포로 2명<그중 1명은 수괴 박민홍의 동생인 재무장 박여홍(朴汝洪)으로 오른쪽 옆구리 아래로부터 오른쪽 머리 부분에 관통한 총상을 입고 있었던 바에 따라 현장에서 일단 신문을 하였던바, 별지 조사와 같이 신립하였는데, 중상으로 점차 쇠약하여 드디어 절명하였다.>

– 국사편찬위원회, 『한국독립운동사』 자료 13권, 412쪽

6월 11일 오후 1시 적괴 박사화(朴士化)가 인솔하는 폭도 약 70명이 나주군 반남면(潘南面)에 출현하여 동소 분견소 헌병 및 보조원 11명은 이와 교전하여 그 7명을 죽이고, 엽총·화승총 15정을 노획하고 아에 손해가 없다고 한다.

– 국사편찬위원회, 『한국독립운동사』 자료 14권, 617쪽

● 영산포헌병분대장과 담판하다

1909년 7월 박사화 의병장은 무기의 열세로 인해 일본 군경에 맞설 수 없음을 절감하고, 의진의 의병 300여 명을 구명하기 위해 영산포헌병분대장 오하라(大原) 대위에게 회견을 요청하였다.

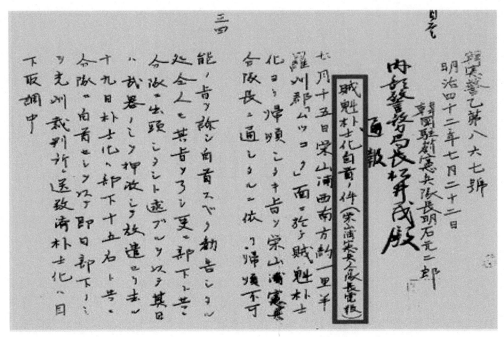

▲ 박사화 의병장이 영산포헌병분대장과 담판을 위한 차수 기록(『폭도에 관한 편책』, 1909.07.22)

▲ 영산포헌병분대장 오하라(大原) 헌병 대위

나경비수 제642호의 1
융희 3년 7월 18일
나주경찰서장 경부 후루야 키요타이(古屋淸威)
내부경무국장 마쓰이 시게루(松井茂) 앞

폭도수괴 회견에 관한 건
-. 이달 14일 폭도수괴 박사화(朴士化)는 영산포 헌병분대에 서간을 보내어 오하라(大原) 분대장에게 나주군 상곡면 무명(無名) 원야(原野)로 (거 영산포 서남 약 1리반) 회견할 바 신출(申出)하였으므로 오하라 대장은 쾌락(快諾)하고 다음날 15일 오전 9시 영산포 출발 이주인(伊集院) 부관, 이(李) 소위(한인) 및 마루(丸) 반장 이하 헌병 상등병 10명 동 보조원 10명을 인솔하고 정오 12시 전게 지점에 도착하여 회견을 수하였다 한다.
-. 수괴 박사화는 부하 20여 명을 인솔하고 포수

2명, 화승총 8정, 조선식 군도 1진, 사입장(仕込拔) 하나를 휴대시키고 회견장에 대기하고 있었다 한다. 그리고 박(朴)의 요구는 '아군에 총기·탄약이 없고, 또 이미 대세의 귀한 바 여하히도 할 수 없이 항복할 외 도리가 없음으로써 항을 걸함에 있다.'라고 한다. 그리고 '우리는 일사를 사양치 아니하여도 오직 바라건대 아에 300여의 부하가 있어서 영암·남평·능주 지방에 산재하였다. 걸하니 관대처치(寬大處置)를 채(採)하여 이들의 생명을 구조하라.'라고 열성으로써 애원하였다. 오하라 대장은 박에게 대하여 일고(一考)함만 붙여하다. 불일(不日) 부하의 유력자와 공히 아의 분대에 와서 그때 확답고자 답하였던바 박도 연하고 작별을 고하였다고 한다.

-. 박은 맥주, 치란(雉卵) 등으로써 대장 이하의 원래병(遠來兵)을 호케(犒饋) 관대(款待)하였다 한다.

-. 전게 휴대한 무기는 동 대장이 영망(領望)하고 분대에 특귀(特歸)하였다 한다.

-. 수괴 박사화는 연령 28, 9세로서 용모이다.

- 국사편찬위원회, 『한국독립운동사』 자료 15권, 106~107쪽

나경비수 제647호의 1
융희 3년 7월 19일
나주경찰서장 경부 후루야 키요타이(古屋淸威)
내부경무국장 마쓰이 시게루(松井茂) 앞
7월 18일 나경비수 제642호의 1 속보(續報)

-. 폭도수괴 박사화(朴士化) 영산포헌병분대장과 회견 후의 동정을 듣건대, 박사화는 단정 염(髯)을 축(蓄)하고 유명 일단의 수괴로서 부끄럽지 않은 풍채의 호남자이었다 한다.

-. 박구(朴具) 오하라 대장에 대하여 헌병대로부터도 경찰로부터도 실제 전투력이 강습(强襲)한 것은 수비대이었다 한다. 종종 담소한 취이라

- 나주군 상곡면 부근에 있어서 자주 서간을 헌병분대장에게 보내어 귀순을 신출하고 있다. 동대장은 '귀순은 불가능의 일이나 무기를 실제로 제공시킬 목적으로서 허부(許否)의 확답하지 않는다. 헌병보조원 김현규(金顯奎)을 박사화(朴士化)의 허락에 밀파하고 항을 걸할 성의이라면 무기의 전부를 제출하라.'고 권고시키고 있는 모양인데, 이달 18일 오후 6시 또 화승총 8정, 쌍안경 1개를 영산포헌병분대에 송부하여 왔다고 한다. 그 쌍안경은 (샀구)에 받아 헌병분대 반장실에 걸어 둔 것을 언제인지 (샀구)의 증으로부터 발취, 박사화의 손에 건너가 있는 것이었다고 하며, 혹은 헌병보조원의 소위에서 나온 것이 아니겠는가 한다.

-. 이달 18일 밤중에 수괴 박사화의 부하 15명이 영산포헌병분대에 와서 귀순을 신립하였으므로 동 분대에서 광주부에 동행 후가 아니면 귀순 허가할 수 없으리라 하여 광주지방재판소 검사국에 교부의 목적으로써 동 분대부(分隊附) 반장 마루 죠오타로우(丸常太郎) 이하 헌병 상등병 4명, 보조원 6명 오늘 오전 11시 분대 출발 광주에 호송하였다. 이상 15명은 박의 부하에 있어서 채(採)하기에 족하지 않은 잡배라 한다.

-. 또 잔여의 부하는 속속 분대에 귀순의 예정으로 수괴 박사화에 있어서도 오늘 중에 분대에 출두할 예정이라 한다.

- 국사편찬위원회, 앞의 책, 109~110쪽

나경비수 제651호의 1
융희 3년 7월 20일
나주경찰서장 경부 후루야 키요타이(古屋淸威)
내부경무국장 마쓰이 시게루(松井茂) 앞

폭도수괴 귀순에 관한 건
폭도 귀순의 동정에 취하여 지난 19일자 「나경비수 제647호의 1」로써 보고한 바 해 폭도의 수괴 박사화(朴士化)는 부하 1명을 인솔하고 지난 19일 오후 4시 영산보헌병 분대에 와서 귀순을 신립하였다 한다.
동지(同地) 오하라(大原) 헌병분대장은 수괴 박사화로 하여금 폭도 수색에 이용할 목적으로써 동지 주막에 내밀(內密) 예치(預置)하고, 일면 잔당의 귀순 신립자를 기대하고 있다고 한다.
우 보고함.
인하여 지난 19일 수괴 박사화와 공히 귀순을 신립한 자 그 부하 선봉장이었던 광주군 수문외 김선건(金善件) 22년인 자라고 한다.

- 국사편찬위원회, 앞의 책, 112쪽

나경비수 제717호의 1
융희 3년 8월 6일
나주경찰서장 경부 후루야 키요타이(古屋淸威)
내부경무국장 마쓰이 시게루(松井茂) 앞

일찍이 폭도수괴 박사화(朴士化)인 자 영산포헌병분대에 자수하고 동대에 있어서는 이를 영산포 주막에 예치, 폭도의 밀정 및 잔도의 자수 권유 등에 이용하고 있었으나 동인은 이달 2일경부터 어디론가부터 달아나서 귀래치 아니하고 동대 보조원의 탐지에 의하면 나주군 옥곡면 지방에 배회하고 있는 취(趣)이었는데 목하 전연 그 소재를 감추 모양으로 동대에서는 가장 비밀에 극력 수사중이라고 한다.

- 국사편찬위원회, 앞의 책, 281쪽

박사화는 일본군 영산포헌병분대장 오하라(大原) 대위와 담판을 위해 20여 명의 의병을 인솔하고 포수 2명, 화승총 8정, 조선식 군도 1진, 사입장(仕込拔) 하나를 휴대하고 회견장에 나아가 '의병은 이제 총기·탄약이 없고, 또 이미 대세가 항복 외 도리가 없음'을 말하고, 의병들을 구명하고자 귀순하겠다고 하였다.

● '폭도대토벌' 때 피체되어 교수형 선고

일제가 이른바 '폭도대토벌' 계획에 따라 호남의 의병들에 대한 공세를 가해왔다. 이에 박사화는 자신을 희생시켜 300여 명의 의병을 구명하기 위해 자수한 뒤, 다음날 기회를 보아 탈출하여 의병투쟁을 전개하다가 다시 붙잡혔다.

나경비발 제84호
융희 3년 10월 15일
나주경찰서장 경부 후루야키 요타이(古屋淸戚)
내부경무국장 마쓰이 시게루(松井茂) 앞
당서 관내 각지에 출몰 횡폭를 자한 적괴 이강산(李江山) 외 4명은 좌기 헌병대에 자수 혹은 동대에게 체포되었다.
좌기
10월 3일 함평헌병분견소에 자수 수괴 이강산
10월 9일 함평헌병분견소에 자수 수괴 모천년(牟千年)
10월 10일 임곡헌병파견소에서 체포 수괴 전해산의 부하 박영근(朴永根)
10월 12일 영산포헌병분대에 자수 수괴 나성화(羅成化)
10월 13일 영산포헌병분대에서 체포 수괴 박사화(朴士化)

- 국사편찬위원회, 앞의 책, 789쪽

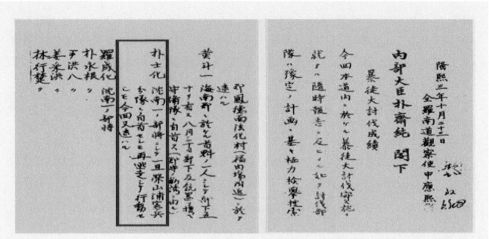

▲ 이른바 '폭도대토벌성적' 문서 속의 박사화 의병장 기록(『폭도에 관한 편책』, 1909.10.23)

박사화 의병장은 1909년 10월 13일 영산포헌병대에 피체되어 광주감옥 수감 중, 그해 10월 27일 오후 3시경 4명의 재소자 의병과 공모하여 계호(戒護)에 종사하는 간수의 칼과 감방의 자물쇠를 탈취하여 탈옥하려 하였으나 목적을 이루지 못하고, 이듬해 4월 13일 광주지방재판소에서 교수형이 선고되자 공소했다가 5월 19일 공소를 취하하였다.

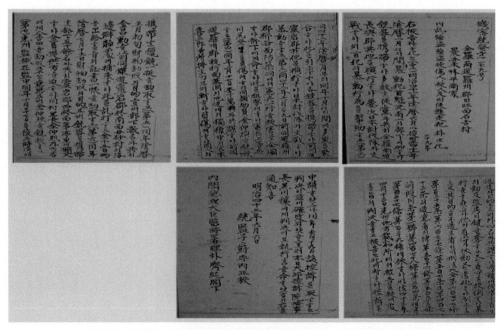

▲ 박사화 의병장, 교수형 집행 통보(『통감부래안』 기밀통발 1179호)

기밀 통발(統發) 제1179호
전라남도 나주군 전왕면(田旺面) 석길촌(石吉村) 박평남(朴平南) 가(家)
농업
내란, 강도, 강도살상인, 살인 및 수도도주범(囚徒逃走犯)
박사화(朴士化). 29세
우(右) 피고 박사화는
제1, 명치 41년 음력 6월 이후부터 다음해 음력 1월까지 폭동범 수괴(首魁) 심남일(沈南一)의 부하로 가담하여 총기를 휴대하여 다수의 도당(徒黨)과 함께 전라남도 장흥군, 기타를 횡행하여 누차 일본 토벌대와 교전하여 수범(首犯)의 폭동행위를 방조(幇助)하고,
제2, 동 42년 음력 1월부터 동년 10월까지 많은 대중을 취합(聚合)하여 이를 인솔하여 각 총기를 휴대하여 동도 영암군, 기타를 횡행하여 일본 토벌대와 교전하여 폭동을 하고,
제3, 동 42년 6월 29일 동도 나주군 욱곡면(郁谷面) 방축동(防築洞)에서 헌병 일행을 살해코자 기도하여 부하에게 명하여 이를 저격하게 하여 헌병 상등병 카와(川尻登)를 부상케 하고, 헌병보조원 김중환(金仲煥)을 총살하고,
제4, 동년 2월 17일 이만흥(李萬興)과 공모하여 나주군 지행면(枝行面) 기동(基洞)의 못가에서 혼자 수렵하던 미야모토(宮本喜三郎)를 소지한 칼로써 참(斬)하여 부상케 하고, 동인이 소지한 엽총 1정을 겁취하고,
제5, 동년 음력 5월 초순 재물 겁취의 목적으로써 부하 수 명과 함께 김창훈(金昌勳)을 영암군 종남면(終南面) 무사촌(毋砂村)의 해변의 인적이 드문 곳에 붙잡아 가서 이를 난타하고 현금 1천5백 냥을 내겠다는 증서 1장을 겁취하고,
제6, 동년 음력 7월 15일 재물 겁취의 목적으로써 총기를 휴대한 부하 50여 명과 함께 영암군 서종면(西終面) 제정리(第亭里)에 난입하여 금품 제공을 다그쳐서 그 마을 이장 김중렬(金仲烈) 외 6명에게 금품을 겁취할 의사로써 김중렬을 총살하고,
제7, 광주감옥 재감 중, 동년 10월 27일 오후 3시경에 도주의 목적으로써 4명과 공모하여 계호(戒護)에 종사하는 간수의 칼과 감방의 자물쇠를 탈취하고, 또는 간수를 넘어뜨려 폭행을 하였으나 다른 간수가 발검, 또는 발포하여 저지하므로 그 목적을 이루지 못한 자이다.
형법대전 제677조, 제135조, 제507조 및 제473조의 발의자의 율, 제516조, 제593조 전단, 동조 제1호, 제478조, 제304조 단서, 제137조, 제129조에 의하여 명치 43년 4월 13일 광주지방재판소에서 피고를 교(絞)에 처할 지(旨)의 판결을 하고, 피고는 이에 대하여 공소를 신청하였으나 동년 5월 19일 공소를 취하고 판결이 이에 확정되었음으로써 본일 대구공소원 검사장 구로카와 유타카(黑川穰)에게 판결대로 집행함을 명하였기 우를 통지(通知)함.

명치 43년 6월 6일

통감 자작 데라우치 마사타케(寺內正毅)

내각총리대신 임시서리 박제순 각하

- 이태룡 역주, 『통감부래안』, 118~119쪽

내각고시 제68호

내란·강도·강도살상인·살인급죄수도주범(殺人及罪囚逃走犯) 박사화(朴士化) 본
월 11일 대구감옥에셔 교형의 집행을 요(了)흔 사

우 고시홈

융희 4년 6월 16일

내각총리대신 임시서리 내부대신 박제순

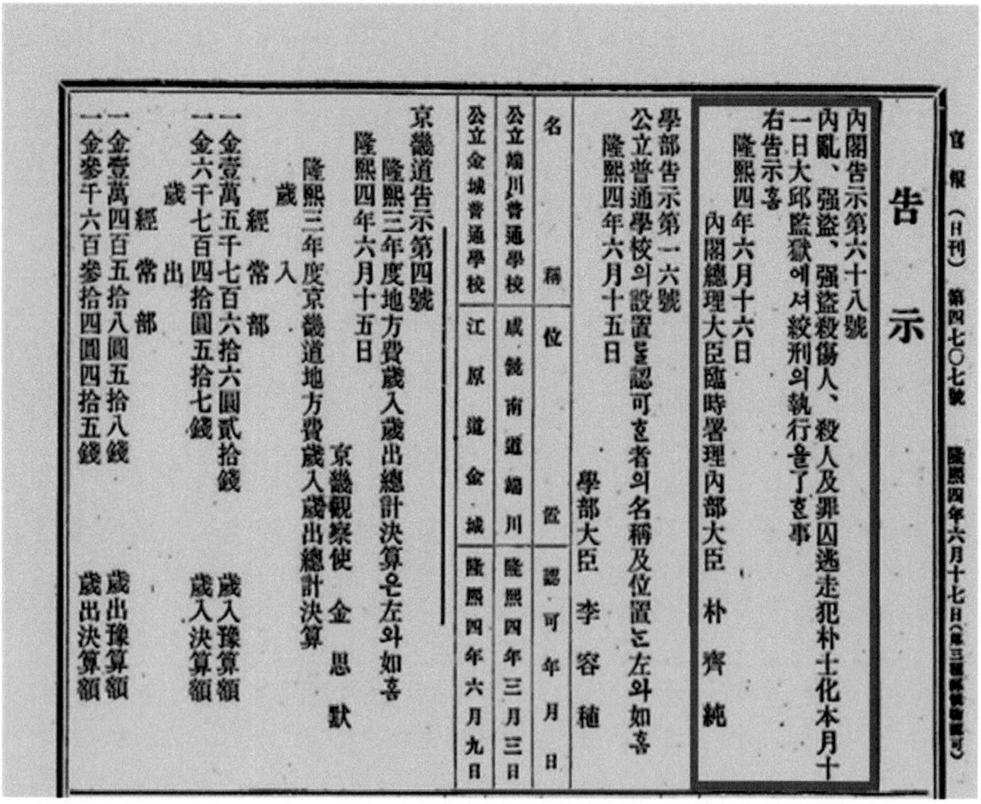

▲ 박사화 의병장, 1910년 6월 11일 대구감옥에서 교수형으로 순국(「관보」 제4707호. 1910.06.17)

박사화 의병장은 1910년 6월 11일 대구감옥에서 교수형으로 순국하였다. 『독립유공자공훈록』에는 그가 1910년 5월 19일 광주지방법원에서 소위 내란 및 살인죄로 사형을 받아, 1912년 7월 5일 형 집행으로 순국하였다.[64]라고 기록했으니, 참으로 어처구니가 없다.

정부는 고인의 공훈을 기리어 1998년에 건국훈장 독립장을 추서하였다.

38. 전북 순창·임실 의병장 양윤숙·이황룡·최산흥

● 양윤숙, 회문산에서 거의

▲ 양윤숙(왼쪽)·임순호 의병장(야마구치 현립대학 데라우치 문고 『남한폭도대토벌기념사집첩』에서 필자 재촬영)

양윤숙(楊允淑, 1875~1910)은 전북 순창 출신의 전 군주사(郡主事)로 이명은 인영(寅泳)·인숙(仁淑)·춘영(春泳)이다.

1906년 최익현(崔益鉉)이 태인에서 의병을 일으키자 양윤숙은 이에 호응하여 참가하였으나 최익현이 체포되어 실패하자 귀가, 은신하였다.

광무황제가 일제의 강압에 퇴위되고, 군대마저 해산되자 양윤숙은 「통장(通狀)」을 통하여 의진을 구성하였다.

도총독: 양윤숙
좌선봉: 최화(崔華)
우선봉: 임순호(任洵鎬)
중군: 최산흥(崔山興)
후군: 이국찬(李國贊)
향관: 서기협(徐基俠)
교련관: 한자선(韓自善)

---

64) 1910년 4월 13일 광주지방재판소에서 교수형, 대구공소원에 공소했다가 1910년 5월 19일 공소취하(국가기록원 「형사사건부」)한 후 1910년 6월 11일 대구감옥에서 교수형 순국(「대한제국관보」 제4707호. 1910.06.17)

이어 「의격문(義檄文)」을 향교에 보내고 각 곳에 붙여 의병을 모았는데, 지원자가 1,200여 명에 이르러 그중에서 120명을 선발하고, 화승총 270정과 칼 30자루로 무장하여 순창군 구림면 국화촌의 뒷산인 회문산(回文山)에서 거의하니, 이날이 1908년 7월 29일(음력 7월 2일)이었다.

「의격문(義檄文)」

난신들의 발호로 5백년 사직이 무너지고 삼천리 강토가 금수의 나라로 변했다. 개화장정(開化章程)은 선왕의 법도가 아니니 척화(斥和)의 대의 열사의 절의로 국민을 위해 목숨을 바칠 때가 왔다.

비록 무기는 날카롭지 않으나 도탄에 빠진 민생을 구하고 나라를 구하기 위해 일본의 충신이 된 대한의 난적들을 처단하고 말 것이다.

의소대장(義所大將) 양인영(楊寅泳)
중군(中軍) 최산흥(崔山興)

● 전북 순창·임실 등지에서 의병투쟁

▲ 양윤숙 의병장 활동(『폭도에 관한 편책』, 1909.03.11)

양윤숙 의진은 1908년 음력 8월 향관 서기협이 22명의 의진을 인솔하여 순창군 무림면 화암리에서 일본군과 교전하게 하여 전과를 올렸고, 그해 음력 9월에는 중군장 최산흥이 40여 명을 인솔하고 구림면 국화촌에서 남원수비대를 기습하기도 하였으며, 11월 22일에는 최산흥이 60명의 의진으로 임실군 강진면 갈담리의 일본군 기병대가 사용하고 있는 민가를 습격하여 소각하기도 하였다.

1909년 음력 정월 후군장 이국찬이 12명의 의진으로 순창수비대 10여 명을 공격하였고, 음 2월에는 교련관 한자선(韓自善)이 병력 30명을 인솔하고 회문산 기슭 산내리에서 순창수비대 10여 명을 공격하였다.

고비수 제388호
융희 3년 4월 7일
전라북도 관찰사 이두황
내부대신 박제순 앞

폭도에 관한 건
군대의 폭도 토벌에 관한 관내 각 경찰서장의 보고 요지는 좌와 여하다.
(전략)
2. 순창수비대 상등병 이하 5명은 3월 27일부터 폭도정찰로서 임실군 강진면 갈담(葛潭) 지방에 출장중 동월 28일 동소를 거한 남방 2,000미터의 지점에서 수괴 양윤숙(楊允淑)의 부하 박원서(朴元瑞, 당 36세)를 체포하고, 다음 날 29일 귀대 도중 갈담 남방 1리의 지점에서 호송병의 틈을 엿보고 도주를 기도하였음으로써 사살하였다 한다.

- 국사편찬위원회, 『한국독립운동사』 14권, 101쪽

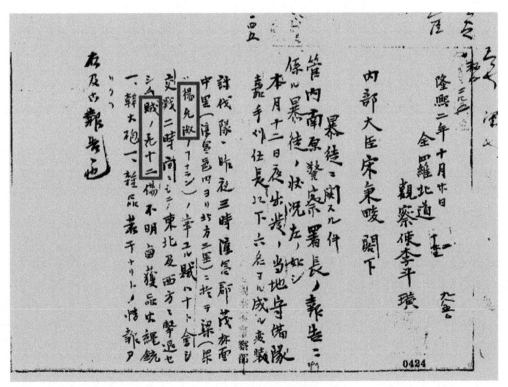

▲ 양윤숙 의진 80명이 1908년 10월 12일 일본군 변장토벌대와 2시간 격전, 12명 전사 기록
(『폭도에 관한 편책』, 1908.10.20)

고비수 제655호
융희 3년 6월 7일
전라북도 관찰사 이두황
내부대신 박제순 앞

폭도에 관한 건
관내 남원경찰서장의 폭도수색계획에 관한 보고 요지는 좌와 여하다.
당서 관내에 있어서의 폭도에 대하여는 각종의 방법으로써 극력소토에 노력한 결과 점차 피등의 세력을 감살(減殺)하고 수괴 중의 세력자로 지목되는 이석용(李錫庸)도 부하를 해산하고 어디론가 잠복, 기타 정성현(鄭聖賢)·양윤숙(梁允淑: 楊允淑-필자 주)의 배에 지하여도 축일(逐日) 세력이 쇠위(衰萎)하여 거의 석일의 관이 무하나 아 직도 전멸의 역에 달치 않아 잔당은 각처를 배회하고 겸하여 강·절도를 그 수단으 로 하고, 이름을 의병에 자(藉)하여 양민을 살해, 가옥을 소기, 재물을 약탈하여 그 광폭(狂暴) 이르지 아니함이 없다. 차제 좌기 방법에 의하여 순사의 출장 및 연락 수 사를 하여 급속 소토하는 계획을 정하였다.

– 국사편찬위원회, 앞의 책, 598쪽

● 일제의 '폭도대토벌'에도 아랑곳하지 않아

일제는 1909년 9월 1일부터 10월 25일까지 일본군 보병 2개 연대와 기마대, 헌병·경 찰대, 헌병보조원과 밀정을 총동원하여 전북·경남 도계에서 전남으로 물샐틈없는 의병 진압 작전을 펼치는 바람에 의병투쟁이 날로 어려워져 갔다.

고비수 제1167호
융희 3년 9월 13일
전라북도 관찰사 이두황
내부대신 박제순 앞

수비대 통역 살해 사건 보고
관하 남원경찰서장의 보고에 의하면, 이달 9일 시간 미상 순창군 하치등면 피로리 (避老里) 수비대 통역 이찬탁은 폭도 정찰에 종사 중 동군 구암면 구산동에서 폭도 양윤숙(楊允淑)에게 살해되었다. 그리고 그 시체는 동일 오후 3시 동동을 거한 서남방 약 150미터의 장소에 칡덩굴로써 교수하고 그 위에 직경 5촌가량의 삼각형 돌로써 구타, 치사에 이르게 한 것을 발견하였으므로 우선 자에 보고함.

- 국사편찬위원회, 『한국독립운동사』 자료 15권, 499~500쪽

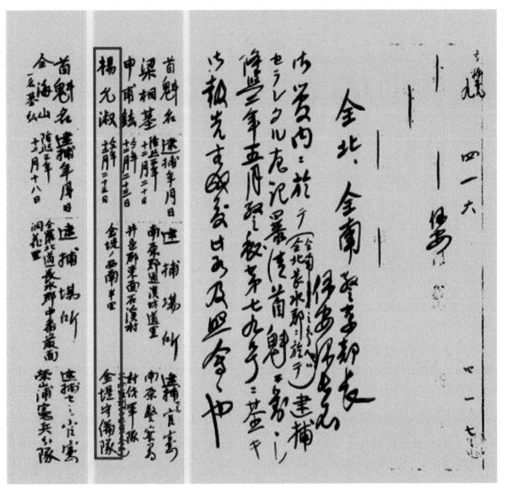

▲ 의병투쟁지가 도(道)를 구분하기 어려운 의병장 전해산, 양윤숙 등 4인(『폭도에 관한 편책』, 1910.01.06)

관내 임실·순창의 양군 내에 있어서는 대토벌의 개시가 있었음에도 불구하고 폭도의 출몰이 빈번하여 소호(少毫)도 종래와 다름이 없이 양민이 그들로 인하여 살상되어 혹은 재물을 약탈당하는 자 또한 적지 않다. 특히 순창군 복흥면 상·하치등면과 여함은 전라남도에 접근하여 삼림이 번무한 산악이 심히 많고 그러므로 동지방은 폭도의 잠복 횡행하는데 가장 적량한 지형을 가져 지난날 수비대 통역이 살해되고 또 동민이 납거 총격되며, 중상을 당함과 같음은 모두 이 지역에 있어서의 피해 아닌 바가 없다.

이상과 같은 상황이므로 당관내와 같음은 금회 대토벌의 결과에 의하여 결코 평온에 기울어졌다고 말할 수 없다. 도리어 그들은 토벌대의 남하하였음을 기회로 가만히 포위선을 이탈하여 본도내에 침입하여 교묘히 행동하는 것과 같이 사료된다. 그리고 그의 수괴 양윤숙(楊允淑)이란 자는 근래 순창군 복흥면 지방을 근거로 하여 배회한다는 설이 있다.

따라서 차제 동 방면의 대수색을 행할 계획으로써 재작일인 25일 운봉·임실·갈담의 세 주재소로부터 일한인 순사 각 1명씩을 순창주재소에 집합시키고, 동 주재소원과 공히 목하 동 지방을 엄밀 수사 중에 있다. 또 그 결과는 추후 보고하겠으나 우 대토벌 이후의 상황을 보고한다.

추이

대토벌 개시 이래 당서에서 체포한 폭도 인원은 모두 31명으로 자에 신첩한다.

- 국사편찬위원회, 앞의 책, 551~552쪽

일제는 대토벌의 결과에 대하여 "결코 평온에 기울어졌다고 말할 수 없다. 도리어 그들은 토벌대의 남하하였음을 기회로 가만히 포위선을 이탈하여 본도내에 침입하여 교묘히 행동하는 것과 같이 사료된다. 그리고 그의 수괴 양윤숙(楊允淑)이란 자는 근래 순창군 복흥면 지방을 근거로 배회한다."라고 하였고, "차제 동 방면의 대수색을 행할 계획으로써 재작일인 25일 운봉·임실·갈담의 세 주재소 일한인 순사 각 1명씩을 순창주재소에 집합시키고, 동 주재소원과 공히 목하 동 지방을 엄밀 수사중에 있다."라고 하였다.

● 일제와 그 앞잡이 관리들의 회유와 협박

양윤숙 의병장이 이끄는 의진의 활동이 이른바 '폭도대토벌' 시기에도 의병활동이 이어졌고, 그 이후에도 계속되자 일제는 군대를 동원하고, 일제 앞잡이 관리들을 내세워 회유와 협박을 가하였다.

고비발 제76호
융희 3년 11월 8일
전라북도 경찰부장 경시 미야카와 타케유키(宮川武行)
경무국장 마쓰이 시게루(松井茂) 앞

순창군수는 스스로 사령 5명을 정려(情勵)하여 잠복한 폭도 수색의 원조를 부여하고, 또 그 이전에 있어서는 수괴 최산흥(崔散興)이란 자를 체포하는 데 심대의 노고를 하는 등의 공적에 감(鑑)하여 동군에 대하여 약간 수고(酬稿)하는 바가 있었다. 서상(叙上)과 같이 이제 당도 한국 관민이 모두 폭도 수색에 원조를 하는 등의 경향을 표현하여 온 것은 참으로 기뻐한 기운으로 향하고 있는 것으로 믿어진다.

- 국사편찬위원회, 『한국독립운동사』 자료 16권, 114~115쪽

▲ '와타나베(渡邊) 남부군 사령관과 정읍군수와 고별'이란 제목.
일제는 의병 진압을 위해 그 앞잡이 관리들을 이용했다.

융희 3년 10월 25일
순창군수 황익연(黃翼淵)
18면 면장 앞
폭도에 관한 건
폭도사건으로 각 항 조약의 면유흔칙(面諭訓飭)이 불시신복(不啻申複)인데 경무효력(竟無効力)함이 인민의 곤난은 편시자취(便是自取)요. 우는 금번 군대 대토벌에 양민의 횡리참상(橫罹慘狀)과 혹피화해(酷被火害)가 과하여재(果何如哉)아. 현금 각처 병사가 본군 내를 주목하고 일일수색하니 필장무군내(必將無郡乃)하니 언념급차(言念及此)에 영불우구호(寧不憂懼乎)아. 금에 읍내 보로(父老)가 별작조약(別作條約)하야 수색과 정탐을 부담하였으니 면장이 궁순각리(躬巡各里)하여 일일 설유하되 복혹여전엄닉(復或如前掩匿)이거나 우는 폭도의 침입 혹은 경과함을 견하고 포박지 아니하면 해 동리는 개개 시폭도로 인정하고 엄중한 처분을 행할 터이니 각수척념경성(各須惕念警惺)하여 비즉소청(俾卽掃淸)하여 공형복리(共亨福利)케 함이 가할 사

「순창군내 유지자 등 폭도 정탐 의견서」
단 수괴자 혹 개인을 정탐방법은 금에 일양일로 정하하기는 부득할 일이오. 읍내 부로(父老)가 읍내에 기밀기관(機密機關)을 약속하고 각 면리 밀정을 제정하여 관헌에 비보(秘報)할 사로 서약함.
기밀기관은 특별히 설치할 필요가 무하고 읍내 존재한 양로재(養老齋)에 부로가 매일 염좌하여 면리와 비밀 연락할 사. 단 비요는 무함.
순사를 읍내에 다수 유주할 사도 무함.

- 국사편찬위원회, 앞의 책, 117~118쪽

융희 3년 11월 19일 청온(晴溫)
상오 9시 전주수비대 육군 보병 소위, 임실수비대 사카(坂) 중위 내착, 피로리수비대 중위 무로타 히사하루(室田久治)
「훈유(訓諭)」
현(現)에 일본군대가 여름 이래로 한서풍우(寒暑風雨)로 불피(不避)하고 위험간난을 모행(冒行)하여 폭도를 대토벌 또는 수색소청함에 종사함은 전히 지방안녕을 유지하고 양민도탄을 연구(撚救)함에 노력함인즉 심히 감사할배라. 시고로 그 인민된 자는 아무쪼록 치구(峙嶇)한 산길을 평탄케 하고, 교량을 수즙(修葺)하며, 인부를 교체하여 군대행동의 편의하도록 환영의 의를 충하는 것이 즉 의무라.
(증략)
지방이 청밀(淸謐)하고 인민이 각안기업하면 국가 태평하고 군대도 역후 차철환할지

니 차 엇지 인민의 행복이 아니리오. 민고방녕(民固邦寧)이라 하니 인민이 여차히 첩설(捷屑)하고 국가 어찌 공고(鞏固)하리오. 군대수색은 폭괴 체포하기에 단재(亶在)한지라 현에 폭괴 양윤숙(楊允淑)·신보현(申甫鉉)·김경화(金景化)·정성현(鄭聖鉉) 등은 부근 산중에 잠복하였다 하니 각 면장은 아무쪼록 가유호설(家諭戶說)하여 그 종적을 비탐나획(秘探拿獲)케 하되, 인민의 전일 우매지습(愚昧之習)을 맹성개천(猛省改遷)케 함이 역시 면장 책임이오. 개과천선은 성인이 찬지하니 종금 이후로 호상 경계하고 수비대와 기맥을 연락하여 폭도를 초멸(剿滅)하여 지방이 평온하고 인민이 안도하기를 심망하며 여는 관찰사 대리로 인민 정형을 시찰하고 겸하여 설유할 사로 군대와 동반출장하였는데, 내로관지전(來路觀之前) 인부는 각동이 선대상체(先待相替)하여 성의가상(誠意嘉尚)이며, 도로 교량은 근위수치(僅爲修治)되었으나 완전타 하기 난하니 갱히 농가(農暇)를 차(借)하여 영가수선(另加修繕)하여 군려(軍旅) 편의하도록 진력하기를 망하노라.

「무림·구암 양 면장 재차 설유」

폭도전지서구공(暴徒全之瑞口供)을 제군이 공청(共聽)하더라도 폭괴 양윤숙(楊允淑)은 죽림동에서 7, 8 양삭(兩朔)은 체류(滯留)케 하고, 양면 각동은 폭도를 의식공급하다가 금일 엄호지상(掩護之狀)이 현로(顯露)되었으니, 지정불고(知情不告)도 법률이 소재(昭在)한즉 어지히 용우(庸愚)하리오. 인민이 법률을 지하고야 범할 리가 무하나 단 폭도의 공갈(恐喝)만 외피(畏避)하여 일향 엄호하여 군대의 노고와 양민의 곤박(困迫)을 불고(不顧)하기에 지한 듯하니 그 실은 일면장의 전일 경계치 못한 책임이라. 유 금일이라도 폭괴만 제득(提得)하면 군대도 인로를 발섭(跋涉)하여 노고치 아니하고 지방도 사정(寫靜)하며 인민이 안도하리니 제약은 각동 인민에게 엄중히 약속하여 기어동(期於洞) 탐제납(探提納)케하면 면장 동장의 전일 죄상은 특감하고 중상(重賞)을 논할지니 심사몰책(深思沒策)할지어다.

- 국사편찬위원회, 앞의 책, 144~147쪽

일본 군경과 일제 앞잡이 관리들은 의병 회유·협박을 가했는데, 특히 순창군수 황익연(黃翼淵)은 사령을 선발하여 의병 수색에 적극 협력했는가 하면, 직접 나서 양윤숙 의진의 중군장 최산홍을 붙잡기도 하였다.

● 양윤숙 의병장 피체되다

양윤숙 의병장은 1909년 12월 23일 전북 김제군 월산면 봉월리에서 김제수비대에 의해 피체되기에 이르렀고, 전주경찰서에서 그를 심문하였다.

> 고비수 제34호
> 융희 4년 2월 2일
> 전라북도 경찰부장 경시 미야카와 타케유키(宮川武行)
> 경무국장 마쓰이 시게루(松井茂) 앞
>
> 고비발 제9호에 의하여 양(楊) 수괴 외의 1명에 관한 경력 및 폭동의 동기 기타 취조한바 좌기와 같으므로 자에 보고한다.
> 추이
> 폭도수괴 신보현(申甫鉉)이라고 체포한 피고인은 진짜 신보현이 아니고 전연 다른 인물임이 판명되었음을 알리는 세키구치(關口) 검사정 및 체포지의 소할 경찰서장으로부터의 동양 통보에 접하였으므로 본보에는 양윤숙(楊允淑)·양상기(梁相基) 2명의 조서에 그치고, 또 수괴 양윤숙의 사진 1엽 첨부하였음을 자에 부기한다.

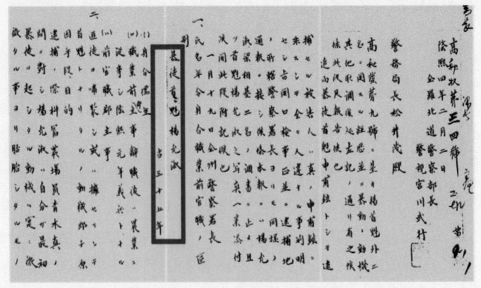

▲ 양윤숙 의병장 체포와 취조 기록(『폭도에 관한 편책』, 1910.02.02)

1월 19일 전주경찰서장

-. 씨명·연령·신분·직업·전관직의 구별

폭도수괴 양윤숙(楊允淑) 당 35년

* 신분: 유생

* 직업: 전 군주사(郡主事) 사직 후는 농업에 종사하고 융희 원년 의병이 됨

* 전관직: 군주사

-. 비도를 불러 모아 혹은 거느리게 되어 수괴가 된 동기 즉 원인·수단·목적

체포시 야나기토미(柳富) 농장원 아오키 마코토(靑木眞)의 물음에 대하여 양윤숙은 자기가 최초 폭도를 일으킨 동기는 미미한 일에서 배태한 것으로 다만 일본인이 속속 한국에 침입, 한국의 미곡 등을 독점하고, 게다가 한국의 미곡을 일본에 수출하는 것을 보고 어디까지나 일본인을 아 한국으로부터 쫓아내지 아니하면 안 되겠다는 생각에 기인하여 일본군과 수회 충돌하였으나 모두 패를 당하여 이제 드디어 총기과 부하를 실하였으므로 도저히 일본군을 이길 수 없음을 자각함과 아울러 귀순하고자 생각하고 있었다고 한다. 기타는 불심하다.

-. 생금 또는 귀순에 관하여 감개 또는 발의

생금되었을 시 그는 말하기를, "우리들의 말로는 모두 이와 같은 것이다. 우리가 최초 폭도를 일으키는 무기를 모아 봉기의 계획을 함에 있어서 자기의 금전은 다하였으므로 드디어 부득이 양반 등의 집에 이르러 금품을 강청하기에 이른 것"이라 한다. 또 "우리가 멸망한 후는 우리 한국은 점차 문명할 것이다. 벌써 우리 생명은 없다. 그러나 만약 생명이 존재한다면 다시 보는 날 족하(足下)의 후의를 감사할 뿐이다. 나는 또 인의를 알지 못할 자는 아니다." 전기 농장원 아오키 등에게 말하였다 한다.

-. 인솔 또는 지휘한 비도의 원수와 그 소장(消長)

봉기하였을 당시는 일시 200의 부하를 인솔하고 자못 우세를 극한 일이 있었다고 하나 그 후 사산(四散)하고 체포 당시는 부하를 인솔하지 않고 다만 1인이 잠복하고 있었던 것이라고 한다.

-. 주된 근거지 혹은 주로 출몰한 지역

주로 근거지는 순창군을 중심으로 한 부근 각 군을 배회하고 있었다고 한다. 또 그는 부하 등에 대해서는 말할 필요가 없다. 입를 금(噤)하여 백상(白狀)치 아니하였다고 하나 근래 거의 부하는 사산하고 있는 것 같다.

- 국사편찬위원회, 『한국독립운동사』 자료 17권, 239~241쪽

● 양윤숙 의진 중군장·부장(副將) 최산흥 피체되다

최산흥(崔山興, 1882~1910)은 전북 순창 출신으로 의병에 참여하기 전에는 충남 은진에서 비단 행상을 하다가 1906년 10월경부터 전 평해군수 이경춘(李慶春) 의진에 참여하여 도십장(都什長)·전포장(前砲將)으로 활약했고, 이석용(李錫庸) 의진에 참여하여 검찰(檢察) 직무를 맡아 120여명의 의병을 이끌고 의병투쟁을 벌였으며, 1908년 7월부터 양윤숙 의진의 중군장·부장(副將)으로 활동하다 1909년 10월 5일 순창군 구암면에서 피체되었다.

고비수 제1318호
융희 3년 10월 8일
전라북도 관찰사 이두황
내부대신 박제순 앞

폭도수괴 체포의 件
전라북도에 출몰이 오래고 폭위를 나타낸 적괴 최산흥(崔散興, 당 27년)은 관내 순창군내에 잠복한 종적이 있음을 탐지하고, 엄밀 수사에 노력, 한편 밀정을 풀어 백방 소재 수색 중, 본월 4일 밀정의 보고한 바에 의하면, 그 소재 판명한 바, 순창주재소 순사 미키 쿠미지로(三技久未次郞)는 동지(同地) 수비대 병사 2명의 응원을 수하여 동 군수(郡守)와 공히 본월 5일 순창군 구암면 통안리(桶安里) 허기삼(許基三) 집에 급행하여 동인 집에서 전기 적괴를 체포한바, 남원경찰서장으로부터 보고하였다.

- 국사편찬위원회, 『한국독립운동사』 자료 15권, 767~768쪽

고비수 제1401호
융희 3년 10월 23일
전라북도 경찰부장 경시 미야카와 타케유키(宮川武行)
경무국장 마쓰이 시게루(松井茂) 앞

폭도수괴 조사의 건
기보와 같이 지난번 남원경찰서에서 체포된 폭도수괴 최산흥(崔散興)은 작년 5월 경 비흥 제79호에 의하여 조사한바 좌기와 같다.
좌기
-. 씨명·연령·신분·직업·전관직의 구별

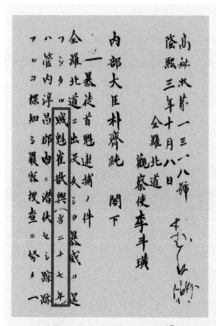

▲ 최산흥 의병장 피체 기록(『폭도에 관한 편책』, 1909.10.08.)

* 충청남도 은진군 강경, 무직

* 최산흥(崔散興) 당 27년

-. 비도를 불러 모아 혹은 거느리게 되어 수괴가 된 동기 즉 원인·수단·목적

최산흥은 일찍이 비단 행상을 하고 있던 중에 광무 9년 10월경 원 평해군수로서 폭도 수괴가 된 이경춘(李慶春)이란 자가 청년 상인은 전부 폭도에 가입해야 한다는 권유에 의하여 처음 폭도에 투신하여 동인의 부하가 되어 전라북도 각지를 횡행하던 중, 태인군에서 일본 군대와 충돌하여 드디어 패산하자 이(李)의 휘하를 떠나 그 후 이학사(李學士: 李錫庸-필자 주)의 부하가 되어 배회 중, 다시 임실군에서 일본 군대에 의하여 대타격을 받고 분격한 나머지 곧 순창군에 이르러 수괴가 되어 부하 5, 60명을 모아 수비대 및 일본 각 관헌을 습격할 목적으로 각지에서 행동하고 있었으나 근래 군대 및 경찰 관헌의 수색이 점점 엄중한 결과 소수의 부대로서는 도저히 대적할 수 없음으로서 금년 5월경부터 수괴 양윤숙과 연합한 이래 그의 부장(副將)이 되어 함께 행동하던 중 이번에 체포되었다.

– 국사편찬위원회, 『한국독립운동사』 자료 19권, 644~645쪽

● 교수형으로 순국한 양윤숙·이황룡·최산흥 의병장

양윤숙은 피체되어 1910년 3월 9일 광주지방재판소 전주지부에서 교수형이 선고되자 공소했다가 취하하고 죽음을 택하자 통감부 통감 소네 아라스케(曾禰荒助)는 광주지방재판소 전주지부 검사 시미즈 타카지로(志水高次郎)에게 판결대로 집행할 것을 명령하고, 이를 이완용에게 통보하였으며, 그해 4월 14일 광주감옥 전주분감에서 교수형으로 순국하였다.

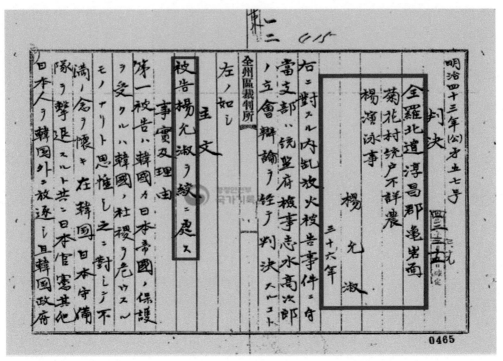

▲ 양윤숙 의병장, 교수형 선고(광주지방재판소 전주지부. 1910.03.09)

기밀 통발(統發) 제595호
전라북도 순창군 구암면(龜岩面) 국화촌(菊花村) 양연영(梁演泳) 가(家)
농업
내란 방화범
양윤숙(楊允淑)

우(右) 자는 내란을 일으킬 목적으로써 부하 120여 명을 소집하여 자기는 도총독(都總督)이라 칭하고 명치 41년 음력 8월 이후부터 명치 42년 음력 2월경까지 그 부하를 지휘하여 전라북도 순창군내 각지에서 수비대, 또는 헌병, 경찰관 등과 수차례 교전하고, 또 명치 41년 11월 22일경 밤 부하 5, 60명을 인솔하여 동도 임실군 강진면(江津面) 갈담리(葛潭里)에 살던 변대규(邊大奎) 집에 이르렀던 바, 동인은 일찍이 그 집을 일본 기병대에 대여한 일이 있었던 까닭에 이를 불태우겠다고 양언(揚言)하여 부하를 지휘하여 그 집 외 2동을 불태운 소위에 대하여 형법대전 제195조, 제666조, 제129조에 의하여 광주지방재판소 전주지부에서 명치 43년 3월 9일 피고를 교(絞)에 처할 것의 판결을 하고, 피고는 이 판결에 대하여 공소를 신청하였으나 동월 15일 그 공소를 취하함에 의하여 판결이 이에 확정되었으므로 본일 광주지방재판소 전주지부 검사 시미즈 타카지로(志水高次郎)에게 판결대로 집행함을 명하였기 우를 통지(通知)함.

명치 43년 4월 8일

통감 자작 소네 아라스케(曾禰荒助)

태자소사(太子少師) 내각총리대신 이완용 각하

― 이태룡 역주, 『통감부래안』, 78쪽

기밀 통발(統發) 제767호

전라북도 순창군 구암면(龜岩面) 통안리(桶安里)

잡화상

폭동, 모살, 강도, 방화범

최산흥(崔山興). 28세

우(右) 는

제1, 폭동 수괴(暴動首魁) 이경춘(李慶春)의 부하에 가담하여 도십장, 또는 별포장이 되어 광무 10년 10월 15일부터 동년 12월경까지 의사를 계속하여 총기를 휴대한 수괴 이하 도당(徒黨) 120명과 함께 전라북도 태인·부안의 각 군을 횡행하여 수범(首犯)의 폭동 행위를 방조(幇助)하고,

제2, 폭동 수괴 이석용(李錫庸)의 부하에 가담하여 검찰(檢察)이라는 직명 아래에 광무(光武) 11년 7월터 융희 2년 4월경까지 의사를 계속하여 총기를 휴대한 수괴 이하 도당 150명과 함께 동도 임실·남원·진안·용담의 각 군내를 횡행하여 수범의 폭동 행위를 방조하고,

제3, 융희 2년 2월 10일 밤에 김봉근(金奉根)과 함께 재물을 겁취하고자 함을 기하여 부하 10명을 명하여, '임실군 강진면(江津面) 갈담리(葛潭里) 변대규(邊大奎)를 동리 최덕림(崔德林) 처소에 오게 하여 출금을 다그치되, 만약 그 요구에 응하지 아니하거든 화포실(火砲室)에 보내라.'고 협박한 후 변대규 집에 이르러 엽전 100냥, 백목 3필을 겁취하고,

제4. 융희 2년 3, 4월경에 전 폭동 수괴 이석용의 발의에 따라 일본인을 살해할 목적으로 총기를 휴대한 수괴 이하 도당 100여 명과 함께 동군 읍내의 수비기병대 및 순사주재소를 습격하여 기병 1명을 살해하고 2명을 부상케 하고,

제5, 폭동 수괴 양윤숙(楊允淑)의 부하로 가담하여 중군장(中軍將)이 되어 융희 2년 6월부터 융희 3년 10월경까지 의사를 계속하여 총기를 휴대한 수괴 이하 도당 5, 6백 명과 함께 임실·순창의 각 군내를 횡행하여 수범의 폭동 행위를 방조하고,

제6, 융희 2년 11월 하순경에 양윤숙이 재물 겁취의 목적으로 그 부하 최명칠(崔明七) 외 10여 명으로 하여금 순창군 서기(書記) 조명운(曹明云)에 대하여 총을 겨누고 협박하여 출금을 다그치게 한 사정을 알고 양윤숙의 명에 의하여 동년 12월 3일, 동월 8일 두 차례 총기를 휴대하고 부하 3, 4명과 함께 동군 구암면 치천촌(淄川村)에 이르러

643

도로에서 조명운으로부터 2회에 엽전 5백 냥을 걷취하였고,

제7, 융희 2년 12월 15일 밤에 변대규가 일찍이 그 집을 일본 기병에 대여한 일을 이유로 하여 양윤숙의 발의에 따라 동인과 그 부하 5, 60명과 함께 변대규 집에 방화하여 이를 불태운 자인데,

형법대전 제677조 전단, 제135조, 제593조 전단 동조 제1호, 제473조 전단, 제507조의 하수자의 율, 제666조, 제135조 및 제129조에 의하여 대구공소원에서 명치 43년 3월 3일에 피고를 교(絞)에 처할 바의 판결을 한지라. 피고는 이에 대하여 상고를 신청하였는데, 동년 4월 8일 고등법원은 상고기각의 판결을 하여 판결이 이에 확정하였음으로써 본일 대구공소원 검사장 구로카와 유타카(黑川穰)에게 판결대로 집행할 사(事)를 명하였기 우를 통지(通知)함.

명치 43년 4월 26일

통감 자작 소네 아라스케(曾禰荒助)

태자소사(太子少師) 내각총리대신 이완용 각하

- 이태룡 역주, 앞의 책, 84~85쪽

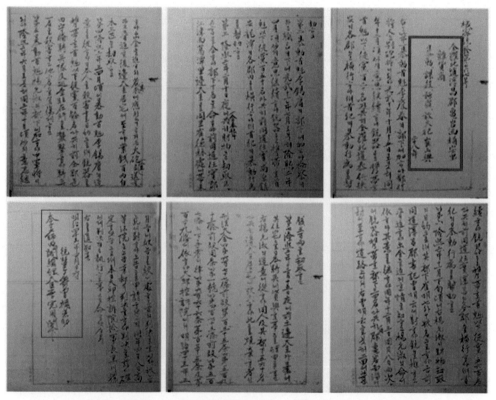

▲ 최산흥 의병장 교수형 집행 명령 통보 - 『통감부래안』, 201~202쪽

양윤숙 의진에서 중군장·부장으로 활약한 최산홍 의병장은 1909년 12월 27일 광주지방재판소 전주지부에서 교수형이 선고되자 공소, 이듬해 3월 3일 대구공소원에서 기각되었으며, 이어 4월 8일 고등법원에서 상고가 기각되자 통감부 통감 소네 아라스케(曾禰荒助)는 대구공소원 검사장 구로카와 유타카(黑川穰)에게 판결대로 집행할 것을 명령하여 4월 30일 대구감옥에서 교수형으로 순국하였다.

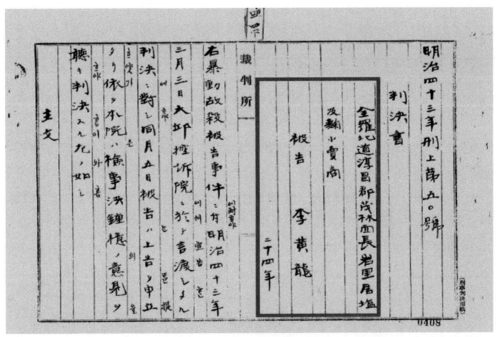

▲ 이황룡 의병장, 교수형 판결문(고등법원, 1910.04.14)

기밀 통발(統發) 제1060호
전라북도 순창군 무림면(茂林面) 장암리(長岩里)
상업
폭동 및 살인범
이황룡(李黃龍). 24세
우(右)는
제1, 폭동범 수괴(首魁) 양윤숙(楊允淑)의 부하에 들어가서 융희 2년 8월부터 동년 9월까지 그 도당(徒黨)과 함께 총기를 휴대하고 전라북도 순창 군내를 횡행하여 수범(首犯)의 폭동 행위를 방조(幫助)하고,
제2. 피고는 전기 횡행 중, 동년 음력 8월 일자미상에 순창군과 임실군의 경계가 되는

갈치(葛峙)라고 칭하는 장소에서 일찍이 피고 등을 체포코자 하던 순사 박경홍(朴京弘)이 출장한 고로 1명과 함께 그 장소에서 동 순사를 총살한 소위에 대하여 형법대전 제677조 전단 및 제135조, 제477조, 제129조에 의하여 본년 3월 3일 대구공소원에서 피고를 교(絞)에 처하는 지(旨)의 판결(공소기각)을 한지라. 피고는 이 판결에 대하여 상고를 신청하였으나 동년 4월 14일 고등법원에서 상고를 기각하여 이에 판결이 확정되었음으로써 본일 대구공소원 검사장 대리 검사 오무라 오다이(大村大代)에게 판결대로 집행할 사(事)를 명하였기 우를 통지(通知)함.

명치 43년 5월 24일

통감 자작 소네 아라스케(曾禰荒助)

내각총리대신 임시서리 박제순 각하

- 이태룡 역주, 앞의 책, 105쪽

양윤숙 의진에서 부장으로 활동한 이황룡 의병장은 피체되어 1910년 1월 12일 광주지방재판소 전주지부에서 교수형이 선고되자 공소, 그해 3월 3일 대구공소원에서 기각되었으며, 이어 4월 14일 고등법원에서 상고가 기각되자 통감부 통감 소네 아라스케(曾禰荒助)는 대구공소원 검사장 대리 검사 오무라 오다이(大村大代)에게 판결대로 집행할 것을 명령하여 5월 30일 대구감옥에서 교수형으로 순국하였다.

官報

第四千六百七十一號 隆熙四年

告示

內閣告示第四十八號
罪囚逃走犯李成用同郞基善本年四月七日光州監獄全州分監에셔絞刑의執行을了훈事
右告示홈
隆熙四年五月五日
內閣總理大臣 李完用

內閣告示第四十九號
內亂、放火犯楊允淑本年四月十四日光州監獄全州分監에셔絞刑의執行을了훈事
右告示홈
隆熙四年五月五日
內閣總理大臣 李完用

內閣告示第五十號
暴動、謀殺、强盜及放火犯崔山興本年四月三十日大邱監獄에셔絞刑의執行을了훈事
右告示홈
隆熙四年五月五日
內閣總理大臣 李完用

敍任及辭令
○四月二十七日
任警部叙判任官三等 小河 甚十郎

官報 (日刊) 第四六七一號 隆熙四年五月六日

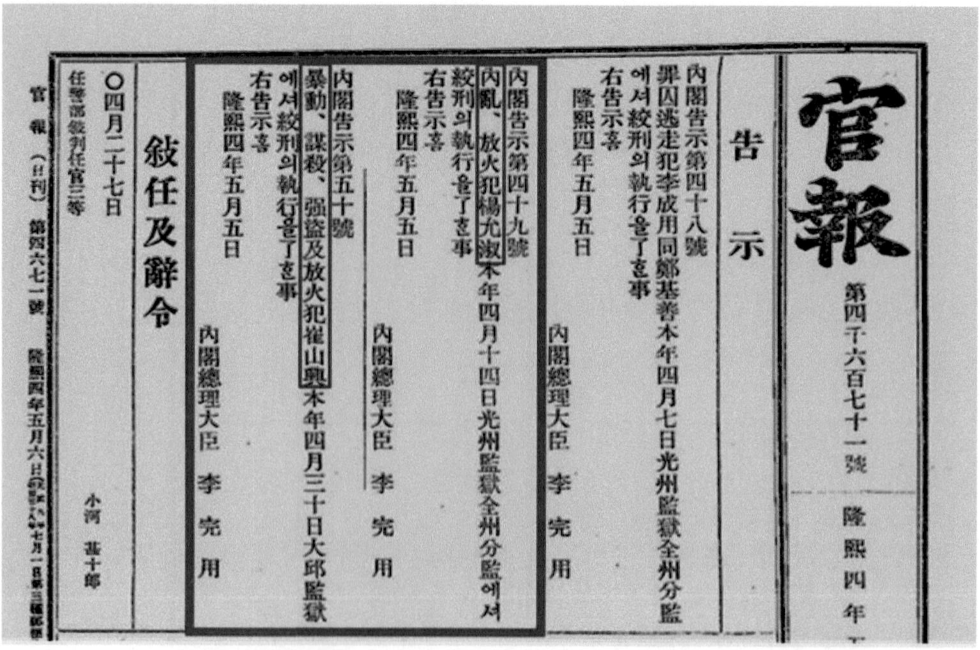

▲ 양윤숙·최산흥 의병장 교수형으로 순국(「관보」 제4671호, 1910.05.05)

정부는 양윤숙·최산흥·이황룡 의병장의 공훈을 기리어 양윤숙 의병장은 1980년, 최산흥·이황룡 의병장 1990년에 건국훈장 독립장을 추서하였다.

39. 전남 완도 유형수·황준성 의병장

● 전남 순천의병 관련 완도로 유배되다

황준성(黃俊聖, 1880~1910)은 전북 진안 출신으로 이명은 준성(俊成)이다. 1907년 12월 전남 순천에서 의병을 일으켰다가 피체되어 평리원에서 유형 10년이 선고되어 전남 완도군 군내면 죽청리(竹青里)에 유배되었다.

법부(法部)에서, '피고 한철몽(韓哲夢)은 협박을 받아 난동을 따랐다고 공초하고 자복하였으며, 피고 황준성(黃俊成)은 행동 준비에 그치고 난동에는 참가하지 않았으며 뉘우치고 고향으로 돌아갔습니다. 그 정상을 참작하면 용서할 수 있으므로 모두 본 형률에서 2등급을 감하여 유10년(流十年)으로 처리하소서.'라고 상주(上奏)하니, 제칙(制勅)을 내리기를,
"재가(裁可)한다."
하였다.

　　　　　　－『조선왕조실록』, 1908년 2월 10일

▲ 황준성, 유형 10년(『조선왕조실록』, 1908년 2월 10일

평리원 피고 황준성(黃俊成)을 『형법대전』 제195조의 정사를 변경하기 위하여 난을 일으킨 자의 율과 동 제1백 37조 1항에 따라 사형의 죄에서 1등을 감하는 율에 처할 만하나, 그 정상을 참작하여 본률에서 2등을 감하여 유형 10년을 선고하여 처판하고자 한다는 뜻을 법부대신이 상주하여, 가하다는 교지를 받들었다.

- 『승정원일기』, 1908년 1월 9일(양력 2월 10일)

융희 2년 2월 10일(월) 법부대신의 상주에 의하여 경기재판소에서 심리한 구율포(龜津浦) 의병 한철몽(韓哲夢)과 평리원에서 심리한 순천군(順天郡) 의병 황준성(黃俊成)을 각각 해 재판소의 판결대로 유 10년에 처하게 하다.

- 『일성록』, 1908년 2월 10일

평리원의 유형 10년 죄인 황준성(黃俊成)과 경기재판소(京畿裁判所)의 유형 10년 죄인 한철몽(韓哲夢)의 배소(配所)를 전라남도 완도군 완도(莞島)로 정하였다.

- 『승정원일기』, 1908년 1월 14일(양력 2월 15일)

● 1909년 다시 거의하다

1908년 2월 15일 전남 완도로 유배된 황준성은 그 지역에서 의병활동을 하던 강성택(姜成宅)과 통하고, 1909년 6월 강성택의 부하 십수 명과 함께 각각 총을 휴대하고 완도군 고금(古今)·여호(麗湖)·청산(靑山)의 각 섬 및 동도 해남군 화이면(花二面)에서 의병활동을 하고, 7월 7일에는 동군 북종면 이진리(梨津里)에서 추기엽(秋琪燁)·황두일(黃斗一) 의진과 합동하여 의병 100여 명을 이끄는 의진의 의병장으로 추대되어 의병투쟁에 나섰다.

▲ 대둔산 대흥사 전경(1909년) - 야마구치협립대학 데라우치 문고 소장 이른바 『남한폭도 대토벌기념사진첩』에서 필자 재촬영

장경비수(長警秘收) 제410호
융희 3년 7월 9일
장흥경찰서장 경부 콘도오 토시오(近藤俊夫)
내부경무국장 마쓰이 시게루(松井茂) 앞

폭도에 관한 건 보고
지난 8일 오후 11시, 부내 해남군 대둔사(大屯寺)에 수괴 황준성(黃俊成)(유배수이나 현재 도주 중의 자)이 인솔하는 폭도 150명이 집단한 보고에 접하고, 그곳 수비대 요시와라(吉原) 대위는 하사 이하 21명을 인솔하고 헌병대로부터 상등병 2명, 보조원 3명, 동 주재소로부터 일인 순사 1명, 한인 순사 2명으로 구성된 연합 토벌대는 즉시 그 사찰을 향하여 급행하였다.
(연합 토벌대는) 이들을 포위하고, 오늘 오전 4시 30분 전투를 개시하여 약 2시간 30분 만에 적을 침묵시켰다.
포로의 말에 의하면 적의 실수는 68명이었다고 한다. 토벌군의 손해 없다. 적의 사상자와 기타 손해는 다음과 같다.
전사자 24명, 포로 8명, 화승총 48정, 엽총 2정, 군도 5자루, 화약 약간, 잡품 등.
또, 포로 중에 수괴 황준성의 참모라고 칭하는 문기연(文基緣)이라는 자가 있다. 수

괴 황준성은 이전에도 폭도로 경성에서 체포되어 융희 원년 12월 25일 평리원에서
유형 10년에 처하게 되어 완도군 내면에 유배 중, 올해 6월 도망한 자이다.

- 국사편찬위원회, 『한국독립운동사』 자료 15권, 86~87쪽

▲ 전남 해남 두륜산 대둔사(대흥사) 일주문

1909년 7월 8일 황준성 의병장은 약 70명의 의진을 이끌고 전남 해남 대둔사(大屯寺)
와 미황사(美黃寺)에 유진하고 있을 때 이튿날 새벽 4시 30분경 일본군 해남수비대장 요
시와라(吉原) 대위는 하사 이하 21명을 인솔하고, 헌병대로부터 상등병 2명, 보조원 3명,
해남주재소 순사대로 구성된 군경 연합부대의 기습으로 24명이 전사하고, 8명이 피체되
기에 이르렀다.

● 이른바 '폭도대토벌'로 의병활동 어려워져

일제는 의병 진압을 '폭도대토벌'이란 이름으로 한국 임시파견대 사령관 와타나베 미
즈야(渡邊水哉) 소장에게 이를 주도하게 하였다. 여기에 동원된 병력은 보병 2개 연대와

해군 제11정대(수뢰정 4)의 석유발동기선과 현지의 헌병과 경찰이 총동원되었다. 그 기간은 1909년 9월 1일부터 제1기 15일, 제2기 15일, 제3기 10일 합계 40일을 계상했는데 뒤에 15일을 연장하여 10월 25일까지 총 55일간이었다.

▲ 심적암 의병 위령탑 - 전남 해남군 삼산면 구림리 대흥사 심적암터

황준성은 폭도대토벌이 있기 직전 의진의 의병을 많이 잃었을 뿐만 아니라 일제의 강력한 의병 진압으로 인해 의병활동을 할 수 없는 상황에 놓이게 되니, 불과 10명 안팎의 소규모 의진을 이끌고 전남 완도군의 도서인 고금도(古今島)·조약도(助藥島)·생일도(生日島)·장도(長島) 등지를 전전하는 처지가 되었다.

장경친비수발 제538호
융희 3년 9월 21일
장흥경찰서장 경부 콘도 토시오(近藤俊夫)
내부경무국장 마쓰이 시게루(松井茂) 앞

폭도에 관한 건 보고
본월 15일 수괴 황준성(黃俊成)은 부하 9명을 인솔하고 영국제 엽총 5정, 화승총 6정, 군도 1진을 휴대하고, 완도군 고금도(古今島) 농상리(農上里)에 내하여 동일 직시 동군 조약도(助藥島) 관상리(官上里)에 도착하여 숙박하고 다음 날 16일 동군 생일도(生日島), 장도(長島)에 도착하여 그로부터 돌산군(突山郡) 국도(國島)에 나아갈 것을 말하고 동지를 거하였다 한다.

▲ 항일전적비 - 전남 완도군 소안면 당사도길 17-239(구 당사도 등대)

황준성은 마침내 자수하기로 마음먹고 완도군수를 찾아가다가 피체되기에 이르렀다.

장경비발 제662호
융희 3년 11월 4일
장흥경찰서장 경부 오이시 히타로(大石飛太郎)
내부경무국장 마쓰이 시게루(松井茂) 앞

폭도에 관한 건 보고

완도군 군내면 죽청리(竹靑里) 유배 중

내란죄 10년 수 외 부하 1인
황준성(黃俊成)

우자 본년 6월 폭도에 가입하여 수괴 이덕삼(李德三)의 부장(副將)이 되어 처처 배회 중인바 본월 1일 완도군 내면 대야리(大也里)를 통행시 그곳 인민에게 체포되었던바 본인은 군수에 대한 귀순 원서를 휴대하고 있었음으로써 일단 동 군수에 동행하여 동 군수로부터 동지 수비대에 인도한 모양이다.

- 국사편찬위원회, 『한국독립운동사』 자료 16권, 103~104쪽

전남경비수 제2438호
융희 3년 12월 20일
전라남도 경찰부장 경시 무라카미 노리사다(村上則貞)
내부경무국장 마쓰이 시게루(松井茂) 앞

폭도 자수에 관한 건

원적지 경성 남문 내동 56통 5호
현주지 전라북도 진안군 남면 오정리(학생)
유배수 황준성(黃俊聖) 당 31년

완도군 군내면 불목리 농
권봉신(權奉信) 당 26년

우 2명의 폭도는 본년 10월 29일 완도수비대에 자수하여 출하여 11월 14일 동수비대로부터 완도순사주재소에 신병을 인도하고 본월 2일 해남경찰서에 호송하였음으로써 취조한바,

1. 황준성은 재작년 음력 12월 25일 경성대심원(평리원-필자 주)에서 내란죄에 의하여 유형 10년에 처해 관내 완도군 군내면 죽청리(竹靑里)에 유역(流役) 중 본년 5월 2일 폭도에 납거(拉去)되었다고 칭하고 폭도를 할 목적으로써 유배소를 도주한 자이다.

2. 음력 본년 5월 2일 완도군 내 불목리(佛目里)에서 수괴 황두일(黃斗一)·추기엽(秋琪燁)과 회합하고 그 후에 투하여 객장(客將) 격으로 행동을 공히 하고 완도 부근 각군 및 제도서를 횡행하고 점차 세력을 득하고 그는 총수괴가 되고, 부하 7, 80명, 총기 6, 70정을 갖고 대활동에 옮기고자 음력 본년 5월 20일 해남군 여산면 대둔사(大屯寺)에서 부하를 집합 중 토벌대의 공격을 수하고 다대의 손해를 입고

겨우 도주하여 이후 처처를 배회 잠복하고 토벌기관의 눈을 둔(遁)하고 있었으나 드디어 잠복의 여지가 없기에 이르러 자수한 것이다.

3. 본인의 자수는 성의(誠意)에서 나온 것이 아니고 전연 잠복의 여지가 없기에 이르러 이에 나옴으로써 사실로 인정할 진술을 하지 아니하고 파(頗)히 강정(剛情)한 태도를 가졌다. 그는 한문을 통하고 또 문부(文符)를 능히 하고 유배소에 재하여도 부근의 아동을 모아 한문교사를 하고 있었다고 한다.

4. 권봉신은 이름도 없는 서적(鼠賊)으로 본년 음력 5월 10일경부터 폭도가 되어 황준성에게 종하여 각지에 출몰하고 그 소사(小使) 격이 되어 전기 대둔사 야습을 수한 후도 황과 행동을 공히 하고 있었으나 금회 자수한 것이다.

5. 본월 10일 취조를 종하고 양명 공히 즉일 목포지방재판소(광주지방재판소 목포지부-필자 주) 지부 검사국에 1건 기록과 공히 신병을 송치하였다.

- 국사편찬위원회, 앞의 책, 358~359쪽

◉ 대구감옥에서 교수형으로 순국하다

황준성은 1910년 2월 26일 광주지방재판소 목포지부에서 교수형이 선고되자 공소, 그해 3월 19일 대구공소원에서 기각되었고, 이어 4월 22일 고등법원에서 상고가 기각되어 5월 21일 대구감옥에서 순국하였다.

판결 메이지(明治) 43년 한형(韓刑) 제5호
전라북도 진안군 남면(南面) 오정리(五丁里)
당시 전라남도 완도군 군내면(郡內面) 죽청리(竹青里)
유형수(流刑囚) 황준성(黃俊聖) 31세

위의 수도(囚徒) 도주, 폭동 및 모살(謀殺) 각 피고 사건에 대하여 통감부(統監府) 검사(檢事) 사토 킨스케(佐藤金助) 간여로 다음과 같이 심리 판결한다.
주문
피고 황준성(黃俊聖)을 교(絞)에 처한다.

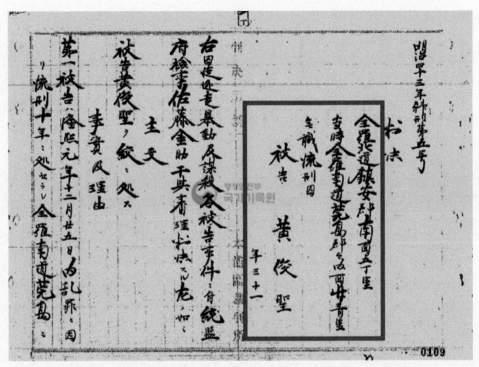

▲ 황준성 의병장, 교수형 선고(광주지방재판소 목포지부. 1910.02.26)

이유

제1. 피고는 융희 원년 12월 25일에 내란죄(內亂罪)에 의하여 유형(流刑) 10년에 처하여 전라남도 완도에 유배(流配)되어, 그 형을 집행 중에 동도의 각지에 폭도가 봉기함을 계기로 그 수괴 강성택(姜成宅)과 통하여 동 3년 6월 일자미상에 배소(配所)를 탈출하여 강성택의 부하 십수 명과 함께 각각 총을 휴대하고 동도 완도군 고금(古今)·여호(麗湖)·청산(青山)의 각 섬 및 동도 해남군 화이면(花二面)의 각 부락을 횡행하고, 다음 7월 7일에 동군 북종면(北從面) 이진리(梨津里)에 이르러 그곳에서 폭도의 수괴 추기엽(秋琪燁) 및 황두일(黃斗一)과 아울러 그 부하 수십 명과 합동하여 피고는 그 수장(首將)으로 추대되어 강성택·추기엽 등의 각 부장(部將)과 함께 부하를 인솔하고, 각각 총기, 또는 칼을 휴대시켜 동일 그곳을 물러나 동군 미황사(美黃寺) 및 대둔사(大屯寺) 부근을 배치 중, 이르는 곳마다 주식(酒食)을 공급케 하고 백성을 소란케 하였는바 다음 8일에 대둔사에서 일본수비대의 야습(夜襲)을 받고 피고는 그곳을 빠져나와 행방을 감추고 체포 전 동년 12월 7일에 해남경찰서에 이르러 위의 사실을 자수하였다.

제2. 피고는 위의 미황사(美黃寺) 부근을 배회 중에 동군 송지면(松旨面) 남오리(南五里) 주막 박원재(朴元在, 약43세) 일진회원(一進會員) 및 주소 미상의 진태진(陳泰

鎭, 약 30세)이 일본 헌병의 밀정으로서 이들이 모두 피고 등에 대하여 불리한 거동이 있다고 단정하고, 이들을 살해하고자 발의(發意)하여 동년 7월 8일에 부하 십수 명으로 하여금 동인 등을 동군 현산면(縣山面) 초평리(草坪里)로 나포하여 오도록 하여 피고는 그곳에서 부하에게 앞의 두 사람을 총살하도록 지휘하였으므로 당일 그 곳 북쪽 밭 가운데에 납거하여 휴대한 총을 발사하여 각각 그들의 등(背) 및 기타 급소에 명중시켜 진태진은 즉사하고 박원재는 총창(銃創)으로 인하여 마침내 사망하였다. 이상의 사실은 피고 및 권봉신(權奉信)의 각 자수조서(自首調書), 사법경찰관의 임복하(任卜夏)에 대한 신문조서, 사법경찰관의 이규용(李奎鎔)·임복하에 대한 각 청취서 해남경찰서장의 메이지 42년 12월 2일자 및 동월 29일자 각 보고서, 검사의 피고 및 권봉신에 대한 청취서, 김영유(金永裕)의 모살(謀殺)·강감(强監)·폭동·사칭(詐稱)의 각 피고 사건 불기소(不起訴) 기록 가운데 사법경찰관의 김영유 신문조서 및 검사의 김영유 청취서와 아울러 본 공판정에서의 김영유 임복하의 각 공술, 피고의 공술이 일부의 의거하여 그 증거 충분하다.

이를 법률에 조람하건대, 피고의 제1 기재의 사실 중에 유형(流刑)의 한내 도주(限内逃走)의 소위는 형법대전(刑法大全) 제303조 전단(前段)에 해당하고 폭동의 소위는 동법 제677조 전단(前段)에 해당하는바, 각 죄는 체포 전의 자수이므로 동법 제142조에 의하여 위의 2죄를 각각 본형(本刑)에서 2등을 경감하고 제2 기재의 각 소위는 모두 동법 제473조 전단(前段)에 해당하는바 수죄 병발(數罪倂發)이므로 동법 제129조를 적용하여 하나의 무거운 제2 기재 중의 범죄 가운데 진태진의 모살률에 따라서 처단함이 상당하다 할 것이다. 그러므로 주문과 같이 판결한다.

- 독립운동사편찬위원회, 『독립운동사자료집』 별집1, 920~922쪽

내각고시 제59호
죄수도주、폭동 및 모살범 황준성(黃俊聖) 본월 21일 대구감옥에서 교형의 집행을 요(了)혼 사
우 고시홈
융희 4년 5월 26일
내각총리대신 임시서리 내부대신 박제순

● 『독립유공자공훈록』 내용 중, 의문과 오류

정부는 황준성의 공훈을 기리어 1986년에 건국훈장 독립장을 추서하였는데, 『독립유공자공훈록』 8권 550쪽에 실려 있는 내용에는 "1907년 대한제국군 참령(參領)으로 있으

▲ 해남항일의병추모비

면서 일제의 강제에 의해서 우리 군대가 해산되자 이에 반대하여 항쟁하다가 붙잡혔다.”
라고 하였다.

『조선왕조실록』, 『승정원일기』, 『일성록』 등에 황준성(黃俊成)의 이름으로 1907년 12월
전남 순천에서 의병을 일으켰다가 피체되어 평리원에서 유형 10년이 선고되어 전남 완도로
유배를 간 것뿐이고, 대한제국군 참령을 역임한 근거를 찾을 길이 없었다.

그런데 황준성(黃準性)이란 인물이 법부 주사, 한성재판소 주사, 산릉도감 낭청(山陵都
監郎廳)을 역임하였다. 당시는 주사, 참의부사, 낭청 등 3품관이나 종2품관에게 참령, 부
령(副領) 등의 군직(軍職)이 부여되던 시기였기에 가능한 군직이다.

6품 황준성(黃準性)을 법부 주사에 임용하고, 9품 이하영(李厦榮)과 김병련(金秉鍊)
을 중학교 교관에 임용하였다.

- 『승정원일기』, 1900년 8월 28일(양력 9월 21일)

총호사(摠護使) 심순택(沈舜澤)이 삼가 아뢰기를,

"산릉 침전 상량문(山陵寢殿上樑文)을 산릉도감 낭청(山陵都監郞廳) 황준성(黃準性)
이 오늘 모시고 가도록 하겠습니다. 삼가 상주합니다."

하였는데, 아뢴 대로 하라는 칙지를 받들었다.

– 『승정원일기』, 1901년 8월 20일(양력 10월 2일)

황준성의 한자 이름을 보면, 1907년 12월 전남 순천에서 의병을 일으켰다가 피체되어
평리원에서 유형 10년이 선고되었을 때는 "黃俊成"이고, 1910년 판결문에는 "黃俊聖"으
로 나타나고 있다. 1900년 전후 개명(改名)이 많았기에 그의 이름이 "黃俊性"에서 "黃俊
成"으로, 다시 "黃俊聖"으로 바꾼 것이 아닌가 하는 의구심이 든다.

그리고 "1910년 2월 20일 광주지방재판소 목포지부에서 소위 폭동 및 모살(謀殺)로 교
수형을 받아 장렬하게 순국하였다."라고 했으니, 일자도 오류이고, 대구공소원과 고등법
원 재판 일자나 그 내용이 없는 것도 오류이다.

인천대학교 인천학연구원 독립운동사연구소
총서 제3호(1권, 통권7권)

부 록

호남의병 포상자 현황

2023년 8월 15일 현재

			전라남도			
순번	성명	한자명	생존 기간	본적	포상	훈격
1	강달주	姜達周	1880 ~ 1960	나주	1990	애국장
2	강사문	姜士文	1876 ~ 1909	장성	1998	애국장
3	강자선	姜自仙	1866 ~ 미상	해남	2006	애족장
4	강자연	姜子然	1873 ~ 미상	해남	2019	대통령표창
5	강진원	姜震遠	1881 ~ 1921	승주	1977	독립장
6	강판수	姜判秀	1886 ~ 1925	나주	2013	애족장
7	고광문	高光文	1864 ~ 1945	담양	2002	건국포장
8	고광순	高光洵	1848 ~ 1907	담양	1962	독립장
9	고광채	高光彩	1876 ~ 1974	담양	1990	애국장
10	고광훈	高光勳	1862 ~ 1930	담양	1990	애국장
11	고성원	高聖元	1868 ~ 미상	강진	2017	건국포장
12	고제량	高濟亮	1849 ~ 1907	담양	1963	독립장
13	공성찬	孔成瓚	1877 ~ 1909	구례	1991	애국장
14	곽낙삼	郭洛三	1864 ~ 미상	무안	1995	애국장
15	곽재구	郭在九	1889 ~ 1932	나주	1990	애국장
16	구승우	具丞祐	1863 ~ 1917	화순	2004	건국포장
17	국동완	鞠東完	1867 ~ 1909	장성	1991	애국장
18	권대화	權大化	1871 ~ 1909	순천	2003	애국장
19	권영회	權寧會	1885 ~ 1910	남평	1990	애국장
20	기삼연	奇參衍	1851 ~ 1908	장성	1962	독립장
21	기우만	奇宇萬	1846 ~ 1916	화순	1980	독립장
22	김갑수	金甲洙	미상 ~ 1908	함평	2003	애국장
23	김경화	金景和	1857 ~ 1910	광산	1990	애족장
24	김공서	金公西	1880 ~ 미상	해남	2019	대통령표창
25	김교풍	金敎豊	1857 ~ 1908	나주	1996	애국장
26	김권석	金權石	미상 ~ 1908	구례	2014	애국장
27	김귀겸	金貴兼	1882 ~ 미상	무안	2023	애족장
28	김기봉	金基鳳	1886 ~ 1907	영광	1991	애국장
29	김기원	金基元	미상 ~ 1908	곡성	2005	애국장
30	김기준	金基俊	1880 ~ 미상	보성	2013	건국포장
31	김나구	金羅九	1879 ~ 미상	담양	2020	애국장
32	김대현	金大鉉	1867 ~ 1907	화순	2006	애족장
33	김도규	金道珪	1885 ~ 1967	보성	1990	애국장
34	김도숙	金道淑	1872 ~ 1943	나주	1990	애국장

35	김동수	金東洙	1879 ~ 1910	광주	1995	독립장
36	김병규	金炳圭	1867 ~ 1954	화순	2007	건국포장
37	김병규	金秉圭	1865 ~ 1935	함평	2003	건국포장
38	김봉규	金奉奎	1865 ~ 1910	광산	1995	독립장
39	김봉선	金鳳善	1873 ~ 미상	장성	2014	애족장
40	김봉수	金鳳樹	1881 ~ 1908	장성	1990	애국장
41	김봉훈	金鳳勳	1884 ~ 1908	장성	1991	애국장
42	김석현	金晳鉉	미상 ~ 1896	나주	2003	애국장
43	김선옥	金善玉	1881 ~ 미상	장성	2015	애족장
44	김선중	金善仲	1885 ~ 1912	영암	1995	애국장
45	김성로	金成魯	1863 ~ 1909	미상	1991	애국장
46	김성언	金成言	1880 ~ 미상	곡성	1995	애족장
47	김성택	金聖澤	1878 ~ 미상	돌산	1995	애족장
48	김순언	金順彦	1883 ~ 미상	해남	2019	대통령표창
49	김순오	金順五	1877 ~ 미상	장성	1995	애족장
50	김영백	金永伯	1880 ~ 1910	장성	1982	독립장
51	김영성	金永聲	1863 ~ 1959	고흥	1990	애국장
52	김영엽	金永燁	1869 ~ 1910	장흥	1990	애족장
53	김용구	金容球	1861 ~ 1918	영광	1968	독립장
54	김원경	金元敬	1876 ~ 미상	강진	2015	대통령표창
55	김원국	金元國	1870 ~ 1910	광주	1963	독립장
56	김원길	金元吉	1880 ~ 1909	함평	1996	애국장
57	김원범	金元範	1886 ~ 1909	광주	1968	독립장
58	김원봉	金源鳳	1887 ~ 1908	장성	1991	애국장
59	김유성	金有星	1868 ~ 1910	나주	2016	애국장
60	김율	金聿	1882 ~ 1908	나주	1995	독립장
61	김응백	金應伯	1870 ~ 1911	광양	1995	독립장
62	김응삼	金應三	1886 ~ 1909	구례	1991	애국장
63	김익삼	金益三	1879 ~ 1936	영광	1990	애족장
64	김익수	金益洙	1880 ~ 1920	무안	1990	애족장
65	김익중	金翼中	1851 ~ 1907	장성	1990	애국장
66	김일수	金日洙	1887 ~ 1910	담양	2015	애국장
67	김자술	金子述	1876 ~ 미상	광주	2015	애족장
68	김재규	金在奎	1885 ~ 미상	강진	2015	애족장
69	김재민	金在珉	1886 ~ 1910	광주	1991	애국장
70	김준길	金俊吉	1870 ~ 1909	여수	1991	애국장
71	김직순	金稷舜	1879 ~ 1908	고흥	1991	애국장
72	김진화	金振化	1874 ~ 미상	담양	1995	애국장
73	김차홍	金車弘	1879 ~ 미상	장흥	2013	애족장
74	김찬순	金燦純	1868 ~ 1911	장성	1990	애국장
75	김찬와	金贊臥	1872 ~ 1908	순천	2013	애국장
76	김창서	金昌西	1881 ~ 미상	해남	2020	대통령표창

77	김창욱	金昌旭	1892 ~ 미상	영광	2018	애국장
78	김치홍	金致洪	1880 ~ 1910	영암	1990	독립장
79	김태원	金泰元	1870 ~ 1908	나주	1962	독립장
80	김학삼	金學三	미상 ~ 1908	곡성	2014	애국장
81	김형식	金炯植	1870 ~ 1910	영광	1990	애족장
82	김형주	金亨注	1886 ~ 미상	순천	1995	애국장
83	김홍석	金洪石	1882 ~ 미상	담양	2014	애족장
84	김화백	金華白	1843 ~ 미상	나주	2003	대통령표창
85	나성화	羅成化	1881 ~ 1910	나주	1990	애국장
86	나창운	羅昌運	미상 ~ 1908	보성	1991	애국장
87	노연숙	魯連淑	1885 ~ 미상	영광	2017	애족장
88	노인수	魯寅洙	1875 ~ 1954	화순	2006	건국포장
89	노임수	盧琳壽	1876 ~ 1909	곡성	1977	독립장
90	마신엽	馬新葉	1890 ~ 1960	장성	1993	애족장
91	모천년	牟千年	1869 ~ 미상	함평	2017	애족장
92	문달환	文達煥	1851 ~ 1938	화순	1990	애족장
93	문장호	文章鎬	1876 ~ 1909	보성	1991	애국장
94	민치도	閔致道	1868 ~ 1921	광산	1990	애국장
95	박근욱	朴根郁	1838 ~ 미상	나주	2022	건국포장
96	박기년	朴基年	1889 ~ 1923	보성	1990	애족장
97	박덕삼	朴德三	1864 ~ 1909	화순	1996	애국장
98	박도집	朴道集	1864 ~ 미상	나주	2015	애국장
99	박돌개	朴乭介	1881 ~ 미상	광주	2014	애족장
100	박동규	朴東奎	1866 ~ 1908	순천	1991	애국장
101	박동주	朴東柱	1885 ~ 1909	미상	1991	애국장
102	박맹종	朴孟鍾	1860 ~ 1928	화순	2006	건국포장
103	박민홍	朴民洪	1869 ~ 1909	나주	1991	애국장
104	박봉석	朴奉石	1885 ~ 1910	광주	1990	독립장
105	박사화	朴士化	1880 ~ 1912	나주	1998	독립장
106	박성창	朴成昌	1864 ~ 미상	함평	2015	애족장
107	박여홍	朴汝洪	1879 ~ 1909	나주	1991	애국장
108	박영근	朴永根	1885 ~ 1910	함평	1990	애국장
109	박원영	朴源永	1848 ~ 1896	광주	1995	애국장
110	박응천	朴應天	1887 ~ 1956	나주	2001	애국장
111	박인찬	朴仁贊	1878 ~ 1910	나주	2000	애국장
112	박장봉	朴章奉	1881 ~ 1910	함평	2003	애족장
113	박정섭	朴正燮	1881 ~ 미상	능주	2020	애족장
114	박제현	朴霽鉉	1871 ~ 1934	보성	1990	애족장
115	박주일	朴周一	1884 ~ 1952	구례	1992	애족장
116	박준기	朴準基	1887 ~ 1909	장성	1991	애국장
117	박중일	朴重一	1857 ~ 1924	장흥	1992	대통령표창
118	박춘언	朴春彦	1877 ~ 미상	해남	2019	애족장

119	박치일	朴致一	1882 ~ 1910	화순	1990	애국장
120	박태환	朴泰煥	미상 ~ 1909	미상	1991	애국장
121	박판기	朴判基	1881 ~ 미상	장성	2015	건국포장
122	박현동	朴玄東	1886 ~ 1962	광산	1990	애족장
123	박홍석	朴弘石	1886 ~ 1946	담양	2015	건국포장
124	박화선	朴化仙	1873 ~ 1949	해남	1995	애족장
125	박화실	朴化實	1839 ~ 미상	나주	2022	건국포장
126	박화중	朴化中	미상 ~ 1907	동복	1991	애국장
127	방순명	房順明	1879 ~ 미상	창평	2014	애국장
128	배봉규	裵鳳圭	1872 ~ 1971	화순	2006	건국포장
129	백학선	白學善	1887 ~ 1909	광양	1991	애국장
130	백홍인	白弘寅	1874 ~ 1952	보성	1990	애족장
131	백효인	白孝仁	1856 ~ 1942	장성	1990	애족장
132	변각원	邊珏源	1877 ~ 미상	장성	1995	애족장
133	서상국	徐相國	1879 ~ 1944	나주	1990	애족장
134	서상룡	徐相龍	1852 ~ 1954	화순	2000	애족장
135	서성학	徐成學	1865 ~ 1910	함평	1999	애국장
136	서용섭	徐用燮	1882 ~ 미상	영광	2015	애족장
137	서필환	徐必桓	1880 ~ 1967	화순	1997	대통령표창
138	선규명	宣圭明	1869 ~ 1939	보성	2006	건국포장
139	소휘천	蘇輝千	1894 ~ 1969	보성	1990	애국장
140	손덕오	孫德五	1867 ~ 1910	보성	1990	독립장
141	손학곤	孫學坤	미상 ~ 1909	곡성	2014	애국장
142	송경회	宋敬會	1877 ~ 1916	보성	1990	애국장
143	송계명	宋桂明	1854 ~ 1909	고흥	1993	애족장
144	송기휴	宋基休	1878 ~ 1909	고흥	1991	애국장
145	송병운	宋炳雲	미상 ~ 1909	해남	1991	애국장
146	송석래	宋錫來	1876 ~ 1910	나주	1996	애국장
147	송정호	宋丁浩	1863 ~ 1926	보성	2006	애족장
148	송학묵	宋學黙	1871 ~ 1910	광주	2000	애국장
149	신경수	申敬守	1876 ~ 1909	장성	1990	애국장
150	신덕균	申德均	1878 ~ 1908	광주	1990	애국장
151	신동욱	辛東旭	1870 ~ 1943	함평	2016	건국포장
152	신용희	申龍熙	1874 ~ 1907	담양	1990	애국장
153	신인휴	申麟休	1883 ~ 1948	보성	2006	건국포장
154	신재의	辛在義	1874 ~ 1964	화순	2006	건국포장
155	신정백	申正栢	1877 ~ 1909	곡성	1968	독립장
156	심남일	沈南一	1871 ~ 1910	함평	1962	독립장
157	심수근	沈守根	1889 ~ 1943	영광	1990	애족장
158	안군명	安君明	1873 ~ 1937	보성	1990	애국장
159	안규홍	安圭洪	1879 ~ 1910	보성	1963	독립장
160	안기환	安淇煥	1857 ~ 1923	화순	2006	건국포장

161	안영숙	安永淑	1882 ~ 미상	능주	2020	애국장
162	안자정	安子精	1880 ~ 1957	곡성	2003	건국포장
163	안재창	安在昶	1878 ~ 1935	곡성	2016	건국포장
164	안택환	安宅煥	1886 ~ 1910	보성	1990	애국장
165	양동골	梁東骨	1885 ~ 1961	광주	1990	애족장
166	양동묵	梁東黙	1880 ~ 1911	화순	2005	건국포장
167	양동진	梁東鎭	1878 ~ 1956	화순	2006	건국포장
168	양동훈	楊東勳	1884 ~ 1968	보성	1990	애국장
169	양방매	梁芳梅	1890 ~ 1986	영암	2005	건국포장
170	양상기	梁相基	1883 ~ 1910	광산	1990	애국장
171	양상길	梁相吉	1861 ~ 1920	화순	2005	건국포장
172	양수묵	梁壽黙	1876 ~ 1952	화순	2005	건국포장
173	양열묵	梁烈黙	1876 ~ 1909	능주	2005	애국장
174	양원모	梁遠謨	1858 ~ 1942	곡성	1996	대통령표창
175	양응인	梁應仁	1863 ~ 1908	구례	1991	애국장
176	양재동	梁在東	1887 ~ 1963	화순	2006	건국포장
177	양재해	梁在海	1854 ~ 1907	화순	1990	애족장
178	양재환	梁在煥	1874 ~ 미상	능주	2016	애국장
179	양진여	梁振汝	1860 ~ 1910	광산	1977	독립장
180	양창국	梁昌國	1884 ~ 1910	함평	1990	애국장
181	양창묵	梁昌黙	1871 ~ 1930	화순	2005	건국포장
182	양태묵	梁台黙	1872 ~ 1908	화순	2005	건국포장
183	양회룡	梁會龍	1881 ~ 1959	화순	1991	애국장
184	양회일	梁會一	1856 ~ 1908	화순	1990	애국장
185	엄순오	嚴順五	1864 ~ 미상	담양	2006	대통령표창
186	염규범	廉圭範	1864 ~ 미상	보성	2020	건국포장
187	염동규	廉東圭	1873 ~ 1909	보성	1993	애족장
188	염용수	廉龍洙	1880 ~ 1909	보성	1991	애국장
189	염원숙	廉元淑	1878 ~ 미상	나주	2017	애족장
190	염인서	廉仁瑞	1869 ~ 1910	보성	1990	독립장
191	오덕홍	吳德弘	1885 ~ 1909	나주	1997	애족장
192	오문길	吳文吉	1875 ~ 미상	담양	2013	건국포장
193	오상렬	吳相烈	1879 ~ 1907	광산	1990	애국장
194	오성술	吳成述	1884 ~ 1910	광산	1977	독립장
195	오성운	吳聖云	1859 ~ 미상	장성	2015	애족장
196	오성현	吳成玄	1873 ~ 미상	장성	2015	애국장
197	오영찬	吳泳瓚	1874 ~ 1936	함평	1990	애족장
198	오윤칠	吳允七	1878 ~ 1909	순천	1992	애국장
199	오응삼	吳應三	1864 ~ 1909	순천	1995	애국장
200	오일록	吳日祿	1877 ~ 미상	장흥	2020	애족장
201	오진상	吳鎭相	1865 ~ 1909	함평	1995	애국장
202	오태윤	吳泰允	1880 ~ 1909	영광	1990	애족장

203	유건영	柳健永	1883 ~ 1940	곡성	1990	애국장
204	유도삼	柳道三	1886 ~ 1936	보성	1990	애족장
205	유병기	劉秉淇	1882 ~ 1910	구례	1977	독립장
206	유시연	柳時淵	1864 ~ 1909	영암	1991	애국장
207	유인수	柳寅秀	1860 ~ 1927	곡성	2001	건국포장
208	유학수	劉學守	1862 ~ 미상	장흥	2022	애국장
209	유해용	柳海瑢	1884 ~ 1938	곡성	1993	대통령표창
210	윤수봉	尹水封	1887 ~ 미상	장성	2016	애족장
211	윤영기	尹永淇	1871 ~ 1971	광주	1990	애국장
212	윤영채	尹榮采	1886 ~ 1908	나주	1991	애국장
213	윤원거	尹元擧	1861 ~ 미상	무안	2023	대통령표창
214	윤정구	尹正九	1882 ~ 1953	곡성	1990	애국장
215	윤종섭	尹鍾燮	1878 ~ 1908	화순	2012	애족장
216	윤청일	尹淸一	1876 ~ 미상	장흥	2022	애국장
217	이강복	李康福	1860 ~ 1907	영광	2020	애국장
218	이강산	李江山	1874 ~ 1910	함평	1977	독립장
219	이경오	李敬五	1884 ~ 미상	광주	2014	애족장
220	이관회	李貫會	1871 ~ 1910	화순	1990	애국장
221	이기섭	李基燮	1883 ~ 미상	광주	2015	애국장
222	이기손	李起巽	1877 ~ 1957	광산	1977	독립장
223	이기원	李起元	미상 ~ 1908	곡성	2007	애국장
224	이기창	李基昶	1871 ~ 1908	장성	1990	애국장
225	이기춘	李己春	1879 ~ 1909	순천	1995	애국장
226	이남규	李南奎	1856 ~ 1907	함평	1990	애국장
227	이대극	李大克	1875 ~ 1909	영광	1990	독립장
228	이문거	李文居	1879 ~ 미상	광주	2015	대통령표창
229	이민영	李敏英	1879 ~ 미상	나주	2013	애족장
230	이범진	李凡辰	1879 ~ 1910	영광	2000	애국장
231	이병채	李秉埰	1875 ~ 1940	고흥	1977	독립장
232	이병현	李炳鉉	1879 ~ 미상	돌산	2012	애족장
233	이병화	李秉華	1885 ~ 1944	보성	2000	건국포장
234	이복근	李復根	1879 ~ 1910	영암	2000	애국장
235	이봉기	李鳳奇	1887 ~ 미상	강진	2015	애족장
236	이부업	李富業	1887 ~ 미상	담양	2014	건국포장
237	이성숙	李成淑	1884 ~ 미상	영광	2015	애족장
238	이세창	李世昌	1882 ~ 1910	장흥	1999	애국장
239	이승학	李承鶴	1857 ~ 1928	담양	2005	건국포장
240	이영삼	李泳三	미상 ~ 1908	미상	1991	애국장
241	이영준	李永俊	1878 ~ 1936	함평	1990	애족장
242	이용순	李龍順	미상 ~ 1909	장성	1991	애국장
243	이운선	李雲善	1881 ~ 미상	함평	2015	애족장
244	이운집	李云集	1870 ~ 미상	광주	2016	애족장

245	이원범	李元範	1886 ~ 1907	함평	2014	애국장
246	이원중	李元仲	1877 ~ 1917	화순	1990	애족장
247	이육수	李六手	1871 ~ 미상	담양	2014	애족장
248	이윤선	李允先	1862 ~ 1909	보성	1993	애국장
249	이익수	李益洙	1888 ~ 미상	흥양	2015	애족장
250	이인섭	李麟燮	1888 ~ 1908	화순	2018	애국장
251	이일근	李一根	1875 ~ 미상	진도	1995	애족장
252	이재대	李載大	1885 ~ 1932	나주	1990	애족장
253	이정표	李貞杓	미상 ~ 1908	보성	1995	애국장
254	이종협	李鍾俠	미상 ~ 1907	곡성	2007	애국장
255	이중백	李仲伯	1877 ~ 1910	장성	2000	애국장
256	이춘경	李春京	1882 ~ 미상	구례	1995	애국장
257	이태우	李台宇	1854 ~ 미상	장성	1995	애족장
258	이항선	李恒善	1848 ~ 1929	담양	2001	애족장
259	이행순	李行順	1888 ~ 1924	나주	2011	애국장
260	이현주	李鉉周	1879 ~ 1930	광산	1990	애족장
261	이화삼	李化三	1866 ~ 1910	장성	1990	애국장
262	임노복	林魯福	1853 ~ 1909	화순	2005	건국포장
263	임노성	林魯成	1859 ~ 1919	화순	2007	건국포장
264	임도돌	林道乭	1887 ~ 1910	나주	2000	애국장
265	임병국	任秉國	1882 ~ 1957	보성	1990	애국장
266	임성근	林成根	1868 ~ 미상	남평	2010	건국포장
267	임순호	任洵鎬	1868 ~ 미상	담양	2014	애족장
268	임영화	林永化	1884 ~ 1910	나주	2000	애국장
269	임윤오	林允伍	1880 ~ 미상	광주	2023	대통령표창
270	임윤팔	林允八	1886 ~ 1910	광주	1999	애국장
271	임장택	林長澤	1881 ~ 미상	영광	2020	애국장
272	임재홍	林在洪	1890 ~ 미상	담양	2015	애족장
273	임정현	任淨鉉	1874 ~ 1909	보성	1990	애국장
274	임창모	林昌模	미상 ~ 1909	광주	1963	독립장
275	임하중	林夏仲	1871 ~ 1910	보성	1990	독립장
276	임학규	林學圭	미상 ~ 1909	보성	1991	애국장
277	임현주	林顯周	1858 ~ 1934	구례	1990	애족장
278	장경선	張京善	1874 ~ 1910	보성	1990	애족장
279	장계진	張桂鎭	1883 ~ 1909	보성	1991	애국장
280	장용삼	張用三	1885 ~ 1919	나주	2013	애족장
281	장인초	張仁初	1877 ~ 1910	능주	1990	독립장
282	장재모	張載模	1883 ~ 1945	순천	1990	애국장
283	장한순	張漢順	1883 ~ 미상	함평	2015	애족장
284	전신묵	全信默	1873 ~ 1912	화순	2006	건국포장
285	전예중	全禮中	미상 ~ 1909	나주	2014	애국장
286	정관오	鄭官五	1883 ~ 1921	영암	1990	애국장

287	정궁구리	鄭宮口里	1879 ~ 미상	순천	2020	애족장
288	정기찬	鄭奇贊	1880 ~ 1910	보성	1990	독립장
289	정기채	鄭基采	1879 ~ 1909	여수	2003	애국장
290	정낙중	鄭洛仲	1884 ~ 1910	함평	2000	애국장
291	정상섭	丁相燮	미상 ~ 1896	영광	2003	애국장
292	정석면	鄭錫冕	1886 ~ 1909	함평	1991	애국장
293	정석진	鄭錫珍	미상 ~ 1896	나주	2010	애국장
294	정세현	鄭世鉉	1877 ~ 1907	화순	2006	애국장
295	정순우	鄭淳祐	1869 ~ 1946	화순	2006	건국포장
296	정순학	鄭淳學	1882 ~ 1956	화순	2005	건국포장
297	정영진	鄭永珍	1856 ~ 1919	화순	1990	애국장
298	정윤면	鄭胤勉	1851 ~ 1908	함평	1991	애국장
299	정을현	鄭乙鉉	1875 ~ 1917	화순	2006	건국포장
300	정인술	鄭寅述	1879 ~ 1910	함평	1990	애국장
301	정일삼	鄭壹三	1885 ~ 1964	함평	1995	건국포장
302	정정학	鄭正學	1881 ~ 미상	장성	2016	건국포장
303	정태인	鄭泰仁	1874 ~ 1945	나주	2016	애족장
304	정태화	鄭太化	1870 ~ 1955	보성	2012	애족장
305	정현철	鄭炫輟	1870 ~ 1977	보성	1990	애족장
306	정희면	鄭熙冕	1866 ~ 1945	함평	1990	애족장
307	조경환	曺京煥	1876 ~ 1908	광주	1963	독립장
308	조규하	趙圭夏	1877 ~ 1908	순천	1990	애국장
309	조문섭	趙文燮	1882 ~ 미상	장성	2016	애족장
310	조사윤	曺士允	1878 ~ 1931	담양	2015	애국장
311	조성학	趙聖學	1889 ~ 미상	광주	2015	건국포장
312	조영선	趙泳善	1879 ~ 1932	곡성	1990	애족장
313	조우식	趙愚植	1888 ~ 1937	곡성	1991	애국장
314	조정인	趙正仁	1872 ~ 1909	나주	1977	독립장
315	주기화	朱奇化	미상 ~ 1907	화순	2007	애국장
316	지갑진	池甲眞	1882 ~ 미상	무안	2015	애족장
317	채봉선	蔡鳳善	1889 ~ 미상	장성	1995	애국장
318	최광현	崔匡鉉	1854 ~ 1909	나주	2010	애국장
319	최기표	崔基杓	1850 ~ 1917	화순	2006	건국포장
320	최동이	崔同伊	1887 ~ 미상	장성	1995	애국장
321	최병현	崔炳鉉	1863 ~ 1909	나주	2010	애국장
322	최봉관	崔鳳官	1880 ~ 1919	나주	2008	애족장
323	최봉성	崔鳳成	1864 ~ 미상	보성	2006	건국포장
324	최상선	崔相先	미상 ~ 1908	구례	2014	애국장
325	최영서	崔永瑞	1869 ~ 미상	담양	2006	애족장
326	최우평	崔羽平	1878 ~ 1908	나주	1990	애국장
327	최윤룡	崔潤龍	1884 ~ 1909	나주	2010	애국장
328	최재성	崔在成	1869 ~ 미상	함평	2016	애족장

329	최택현	崔澤鉉	1862 ~ 1909	나주	2010	애국장
330	추기엽	秋琪燁	1879 ~ 1909	담양	1990	애국장
331	한규순	韓圭順	1876 ~ 1908	구례	1990	애국장
332	홍승민	洪承泯	1872 ~ 1908	나주	1991	애국장
333	황덕성	黃德成	1872 ~ 미상	장흥	2016	애국장
334	황병학	黃炳學	1876 ~ 1931	광양	1968	독립장
335	황순모	黃珣模	미상 ~ 1908	광양	1990	애국장
336	황재풍	黃在豊	미상 ~ 1909	장성	1991	애국장

제주도

순번	성명	한자명	생존 기간	본적	포상	훈격
1	고사훈	高仕訓	1871 ~ 1909	제주	1990	애국장
2	김만석	金萬石	미상 ~ 1909	제주	1995	애국장
3	김석윤	金錫允	1877 ~ 1949	제주	1990	애족장
4	김재돌	金在乭	미상	제주	2018	건국포장
5	김재형	金栽瀅	1863 ~ 1920	제주	2014	애족장

전라북도

순번	성명	한자명	생존 기간	본적	포상	훈격
1	강관수	姜寬洙	미상 ~ 1908	남원	2012	애국장
2	강금성	姜今成	1886 ~ 미상	부안	2013	건국포장
3	강대영	姜大榮	1875 ~ 미상	흥덕	1995	애족장
4	강무경	姜武景	1878 ~ 1910	무주	1962	독립장
5	강영문	姜永文	1881 ~ 1931	고창	1990	애족장
6	강종회	姜鍾會	1851 ~ 1915	고창	1990	애족장
7	강한용	姜漢用	1881 ~ 미상	임실	1995	애국장
8	고광덕	高光德	1874 ~ 1945	남원	1990	애족장
9	고명주	高明柱	1876 ~ 미상	장수	2013	대통령표창
10	고봉민	高奉玟	1862 ~ 1919	옥구	1990	애국장
11	고석진	高石鎭	1856 ~ 1924	고창	1990	애국장
12	고예진	高禮鎭	1875 ~ 1952	고창	1990	애국장
13	고용진	高龍鎭	1850 ~ 1922	고창	1990	애국장
14	고원중	高元仲	1871 ~ 미상	장수	1995	대통령표창
15	고제남	高濟南	1887 ~ 1909	고창	1990	애국장
16	고제천	高濟川	1875 ~ 1973	고창	1990	애족장
17	고치범	高致範	1849 ~ 1943	고창	1991	애국장
18	공사일	孔士一	1883 ~ 미상	김제	1995	애국장
19	구문옥	具文玉	1881 ~ 미상	고부	1995	애국장
20	구영숙	具永淑	1868 ~ 미상	순창	1995	애국장
21	권갑동	權甲東	1883 ~ 미상	고부	1995	애족장
22	권금암	權金岩	1888 ~ 미상	태인	1995	애족장
23	권덕원	權德元	1878 ~ 미상	무주	2014	애족장
24	권일동	權芛同	1866 ~ 미상	순창	1995	애족장
25	권중원	權重遠	1860 ~ 1910	장수	2019	대통령표창

26	권중현	權重顯	1868 ~ 미상	무주	2016	대통령표창
27	권철수	權轍洙	1873 ~ 1910	김제	2009	애국장
28	김경삼	金京三	미상	임실	2011	애국장
29	김경선	金京先	1884 ~ 미상	진안	1995	대통령표창
30	김경섭	金敬燮	1877 ~ 미상	임실	1995	애족장
31	김경태	金京太	1886 ~ 미상	부안	1995	애족장
32	김공삼	金公三	1865 ~ 1910	고창	1991	애국장
33	김공실	金貢實	1871 ~ 1930	임실	1990	애족장
34	김공찬	金公贊	1884 ~ 미상	순창	2018	애족장
35	김광춘	金光春	1878 ~ 미상	김제	1995	애국장
36	김기룡	金基龍	1884 ~ 미상	순창	1995	애족장
37	김기만	金基萬	1882 ~ 1910	장수	1995	애족장
38	김기만	金琪萬	1881 ~ 미상	임실	1995	애족장
39	김기중	金祺重	1870 ~ 1910	남원	1991	애국장
40	김낙선	金洛先	1884 ~ 1913	부안	1995	애국장
41	김낙선	金樂先	1881 ~ 1925	부안	1990	애국장
42	김낙필	金洛必	1885 ~ 미상	남원	1995	애국장
43	김내서	金乃西	1878 ~ 1933	부안	1990	애족장
44	김대옥	金大玉	1877 ~ 미상	고창	1995	애족장
45	김덕장	金德長	1875 ~ 1945	옥구	1990	애족장
46	김동신	金東臣	1871 ~ 1933	장수	1977	독립장
47	김동학	金東鶴	1887 ~ 미상	무주	1995	애족장
48	김동환	金東煥	1880 ~ 1909	고창	2016	애국장
49	김막동	金莫同	1888 ~ 미상	임실	1995	애국장
50	김만대	金萬大	1888 ~ 1910	무장	2016	애국장
51	김만룡	金萬龍	1883 ~ 미상	순창	1995	애족장
52	김맹도리	金孟道里	1876 ~ 1959	남원	1990	애국장
53	김문삼	金文三	미상 ~ 1910	함열	2010	애국장
54	김법윤	金法允	1889 ~ 1908	전주	2023	애국장
55	김병갑	金炳甲	1881 ~ 미상	순창	1995	애족장
56	김병주	金炳周	1869 ~ 1936	임실	2014	건국포장
57	김보배	金寶倍	1873 ~ 미상	홍덕	2013	건국포장
58	김보배	金寶拜	1881 ~ 미상	부안	2016	애국장
59	김봉률	金鳳律	1884 ~ 미상	순창	2015	건국포장
60	김봉안	金奉安	1880 ~ 미상	태인	2015	대통령표창
61	김봉우	金鳳友	1882 ~ 미상	익산	1995	애족장
62	김사범	金士範	미상	진안	1995	애국장
63	김상기	金相璣	1855 ~ 1926	순창	1990	애국장
64	김상묵	金相默	1884 ~ 미상	무장	1995	애국장
65	김상신	金相臣	1886 ~ 1949	임실	1990	애국장
66	김상오	金相五	1885 ~ 미상	무장	1995	애국장
67	김상천	金祥千	1888 ~ 미상	임실	1995	애국장

68	김상칠	金相七	1883 ~ 미상	임실	1995	애족장
69	김석기	金石奇	1877 ~ 미상	순창	1995	애족장
70	김선여	金善汝	1875 ~ 1910	순창	1995	독립장
71	김성길	金成吉	1873 ~ 미상	순창	1995	애국장
72	김성재	金聖載	1877 ~ 1942	순창	1992	애족장
73	김성조	金成祖	1882 ~ 미상	전주	2015	건국포장
74	김성찬	金性贊	1881 ~ 미상	고산	1995	애국장
75	김성칠	金星七	1881 ~ 1911	순창	1990	애국장
76	김수만	金水萬	1887 ~ 미상	태인	2015	애국장
77	김시복	金時福	1885 ~ 미상	익산	1995	애족장
78	김암우	金岩宇	1887 ~ 미상	진안	1995	애족장
79	김양준	金陽俊	1874 ~ 1910	용안	2016	애국장
80	김여삼	金汝三	1879 ~ 미상	흥덕	2015	건국포장
81	김여집	金汝集	1875 ~ 1908	임실	1991	애국장
82	김영수	金永洙	1888 ~ 미상	흥덕	2015	애국장
83	김영식	金永植	1888 ~ 1909	고부	2015	애국장
84	김영화	金永化	1882 ~ 미상	정읍	2015	애족장
85	김영환	金永煥	1870 ~ 미상	고산	2013	애족장
86	김옥엽	金玉燁	1892 ~ 미상	미상	2015	애족장
87	김옥현	金玉現	1878 ~ 1907	진안	1996	애국장
88	김용보	金龍甫	1884 ~ 미상	무주	2015	애족장
89	김운선	金雲先	1874 ~ 1910	임피	2015	애족장
90	김운익	金雲益	1870 ~ 1910	여산	2016	애국장
91	김유봉	金有奉	1873 ~ 미상	고부	2013	애족장
92	김윤오	金允五	1867 ~ 미상	정읍	2006	대통령표창
93	김윤옥	金允玉	1868 ~ 미상	순창	2006	애족장
94	김응구	金應九	1863 ~ 1910	무장	2016	애국장
95	김응선	金應先	1874 ~ 1949	순창	1990	애족장
96	김응수	金應水	1867 ~ 1909	태인	2003	애국장
97	김인식	金仁植	1864 ~ 1939	임실	2013	건국포장
98	김일남	金一男	1889 ~ 미상	정읍	2014	건국포장
99	김자화	金子化	1871 ~ 미상	태인	2015	애국장
100	김재관	金在寬	1882 ~ 1958	고창	1990	애족장
101	김재구	金在龜	1866 ~ 1916	고창	2010	애족장
102	김재근	金在根	1891 ~ 미상	흥덕	2015	애족장
103	김재문	金在文	1886 ~ 미상	진안	2015	애족장
104	김재선	金在善	1874 ~ 미상	남원	2015	건국포장
105	김재선	金在善	1879 ~ 미상	부안	1995	애족장
106	김재섭	金在爕	1876 ~ 미상	정읍	2015	애국장
107	김재화	金在華	1878 ~ 1908	고창	1993	애국장
108	김재화	金在化	1875 ~ 미상	순창	2015	애족장
109	김정문	金正文	1882 ~ 1910	전주	2018	애국장

110	김종삼	金鍾三	1880 ~ 1909	임실	2018	애국장
111	김준대	金俊大	1891 ~ 미상	진안	2015	대통령표창
112	김중구	金仲九	1889 ~ 1911	고창	1995	애국장
113	김중기	金仲其	1854 ~ 1908	태인	2016	애국장
114	김진명	金辰明	1864 ~ 1907	진안	2014	애국장
115	김찬경	金贊京	1874 ~ 1910	금구	2016	애국장
116	김치국	金致局	1876 ~ 1910	만경	2016	애국장
117	김치덕	金致德	1877 ~ 미상	정읍	1995	애족장
118	김치도	金致道	1861 ~ 미상	고부	1995	애족장
119	김치삼	金致三	1872 ~ 1909	용담	1991	애국장
120	김태일	金太一	1874 ~ 1910	순창	1991	애국장
121	김필수	金必洙	1875 ~ 1913	김제	2009	애국장
122	김학문	金學文	1883 ~ 미상	진안	2013	대통령표창
123	김학수	金學洙	1887 ~ 1939	임실	2003	건국포장
124	김현일	金玄一	1882 ~ 미상	금구	2015	건국포장
125	김형기	金炯基	1867 ~ 미상	임실	2015	대통령표창
126	김형진	金亨鎭	1861 ~ 1898	완주	1990	애국장
127	김호준	金浩俊	1883 ~ 1908	부안	2005	애국장
128	김홍일	金洪一	1881 ~ 미상	부안	2016	애국장
129	김화서	金化瑞	1877 ~ 미상	임실	1995	애국장
130	김화춘	金化春	1878 ~ 1911	고부	2015	애족장
131	김황국	金愰國	1859 ~ 미상	태인	1995	애족장
132	김흥룡	金興龍	1892 ~ 미상	순창	2015	건국포장
133	김흥여	金興汝	1889 ~ 미상	익산	1995	애국장
134	나사진	羅士辰	1883 ~ 미상	고부	1995	애국장
135	남기영	南奇永	1871 ~ 1909	임실	1991	애국장
136	노병욱	魯炳旭	1887 ~ 1924	임실	2006	애족장
137	노병희	魯炳憙	1849 ~ 1918	고창	1990	애국장
138	노한문	盧漢文	1869 ~ 1909	태인	1991	애국장
139	도복렬	都福烈	1888 ~ 미상	장수	2015	애국장
140	명경안	明敬安	1852 ~ 미상	용담	1995	애족장
141	문동기	文東基	1890 ~ 미상	순창	2015	애족장
142	문명국	文明國	1878 ~ 미상	함열	2016	애국장
143	문판석	文判石	1890 ~ 미상	부안	2015	애족장
144	문형모	文亨模	1875 ~ 1952	옥구	1990	애국장
145	문홍순	文洪順	1878 ~ 미상	미상	2015	애국장
146	박가우	朴可又	1884 ~ 미상	임실	2015	대통령표창
147	박갑쇠	朴甲釗	1887 ~ 1910	임실	1990	애국장
148	박경락	朴京洛	1871 ~ 1939	순창	1990	애국장
149	박경석	朴景錫	1888 ~ 1910	부안	2015	애국장
150	박경집	朴敬執	1867 ~ 1911	순창	1990	애족장
151	박관옥	朴寬玉	1880 ~ 미상	익산	2015	애족장

152	박근오	朴根五	1869 ~ 1914	장수	1999	애족장
153	박대선	朴大先	1883 ~ 미상	금산	2018	애족장
154	박도경	朴道京	1874 ~ 1910	고창	1968	독립장
155	박동환	朴東煥	1882 ~ 1965	임실	1990	애국장
156	박막동	朴莫同	1889 ~ 미상	순창	2018	애족장
157	박명서	朴明西	1879 ~ 미상	고창	2015	애국장
158	박문도	朴文道	1884 ~ 미상	장수	2015	애국장
159	박보국	朴甫局	1876 ~ 1944	임실	1990	애국장
160	박복순	朴福淳	1888 ~ 미상	익산	1995	애족장
161	박선경	朴善敬	1882 ~ 미상	전주	2015	애족장
162	박선용	朴善用	1887 ~ 1949	순창	1990	애족장
163	박성숙	朴成淑	1875 ~ 미상	용담	2013	대통령표창
164	박순용	朴順用	1882 ~ 미상	진안	2015	애국장
165	박양운	朴良云	1879 ~ 미상	흥덕	2017	애국장
166	박영렬	朴永烈	1888 ~ 미상	임실	2018	애족장
167	박영오	朴永五	1874 ~ 미상	익산	2015	애국장
168	박운서	朴雲瑞	1866 ~ 1908	임실	1991	애국장
169	박이환	朴駬桓	1873 ~ 1953	익산	1990	애국장
170	박인곤	朴引坤	1879 ~ 1909	군산	2016	애국장
171	박재두	朴在斗	1884 ~ 미상	부안	2015	건국포장
172	박재홍	朴在洪	1845 ~ 1910	남원	1990	애족장
173	박정숙	朴正叔	1873 ~ 미상	고창	2015	건국포장
174	박중학	朴仲學	1856 ~ 미상	순창	2006	애족장
175	박창선	朴昌先	1888 ~ 1959	용담	2000	대통령표창
176	박춘경	朴春京	1868 ~ 1954	순창	1993	건국포장
177	박춘실	朴春實	1875 ~ 1914	장수	1977	독립장
178	박치근	朴致根	1888 ~ 미상	임실	2016	건국포장
179	박판동	朴判同	1887 ~ 미상	고부	2015	애족장
180	박학봉	朴學奉	1882 ~ 1909	군산	1991	애국장
181	배달진	裵達鎭	1874 ~ 미상	고산	2015	대통령표창
182	배성집	裵聖執	1859 ~ 미상	임실	2006	애족장
183	배팔봉	裵八奉	1890 ~ 미상	순창	2015	애족장
184	백낙구	白樂九	미상 ~ 1907	전주	1991	애국장
185	백학수	白學水	1872 ~ 미상	용담	2014	애족장
186	봉순택	奉順澤	1864 ~ 1913	순창	2018	애국장
187	서낙서	徐洛西	1874 ~ 미상	정읍	2014	애족장
188	서성군	徐成君	1881 ~ 1909	익산	1996	애국장
189	서성실	徐聖實	1876 ~ 미상	운봉	2016	애국장
190	서성일	徐聖一	미상 ~ 1908	진안	1991	애국장
191	서종채	徐鍾採	1881 ~ 1916	고창	1980	독립장
192	설성삼	薛成三	1878 ~ 미상	순창	2015	애국장
193	성문오	成文五	1881 ~ 미상	용담	2013	대통령표창

194	성재홍	成在洪	1877 ~ 미상	용담	2013	대통령표창
195	성준문	成俊文	1868 ~ 미상	용담	2006	대통령표창
196	성진갑	成辰甲	1881 ~ 미상	용담	2014	애국장
197	소윤명	蘇允明	1871 ~ 1912	임실	2015	애국장
198	소팔백	蘇八伯	1882 ~ 1968	남원	2002	대통령표창
199	송방섭	宋方攝	1883 ~ 미상	부안	2015	대통령표창
200	송성무	宋聖武	1882 ~ 미상	홍덕	2018	애족장
201	송인택	宋仁澤	1888 ~ 미상	임실	2016	애족장
202	송진행	宋鑛行	1870 ~ 미상	익산	2006	애국장
203	송태식	宋泰植	1884 ~ 1946	익산	1990	애국장
204	송하명	宋河明	1883 ~ 미상	부안	2014	애족장
205	송화순	宋化順	1872 ~ 미상	고부	2016	애국장
206	신갑록	申甲錄	1883 ~ 미상	장수	2016	애족장
207	신구산	申九山	1880 ~ 1967	순창	1990	애국장
208	신덕오	申德五	1880 ~ 미상	홍덕	2016	애족장
209	신명선	申明善	미상 ~ 1908	무주	1990	애국장
210	신봉렬	申奉烈	1884 ~ 미상	고부	2016	애족장
211	신봉민	申奉民	1870 ~ 미상	부안	2017	대통령표창
212	신성심	申成心	1878 ~ 1910	순창	1990	애족장
213	신종주	愼宗周	1864 ~ 1936	고창	1990	애족장
214	신치수	辛致守	1873 ~ 미상	용담	1995	대통령표창
215	신태경	申泰敬	1881 ~ 미상	고부	2018	애족장
216	신현명	申玄明	1871 ~ 미상	순창	2015	애족장
217	신화산	愼華山	미상 ~ 1909	고창	1995	애국장
218	심낙선	沈洛先	1884 ~ 1910	용담	2014	애족장
219	심대유	沈大有	1884 ~ 미상	용담	2017	애족장
220	심우상	沈尤相	1887 ~ 미상	용담	1995	대통령표창
221	안관숙	安冠叔	1870 ~ 1910	고창	2006	애족장
222	안내성	安乃成	미상 ~ 1909	남원	2014	애국장
223	안순경	安順京	1881 ~ 미상	고창	2015	건국포장
224	안순구	安順九	1881 ~ 1908	정읍	2009	애국장
225	안왈오	安曰五	1866 ~ 미상	용담	1995	대통령표창
226	안원필	安元必	1874 ~ 미상	용담	2013	대통령표창
227	안행팔	安幸八	1879 ~ 1947	고창	2013	건국포장
228	안화여	安化如	1876 ~ 미상	무장	2016	대통령표창
229	양경삼	楊敬三	1870 ~ 1908	임실	1991	애국장
230	양경학	梁景學	1883 ~ 1910	순창	1990	독립장
231	양문순	梁文淳	1862 ~ 1927	남원	1999	애족장
232	양성언	梁成彦	1872 ~ 미상	순창	2015	애국장
233	양영만	梁永萬	1875 ~ 1909	남원	1996	애국장
234	양영준	梁永俊	1882 ~ 1951	순창	1990	애국장
235	양운경	梁雲京	1862 ~ 미상	태인	2006	대통령표창

236	양윤숙	楊允淑	1875 ~ 1910	순창	1980	독립장
237	양윤택	楊允澤	1876 ~ 1947	순창	1990	애족장
238	양인숙	梁仁淑	미상 ~ 1910	순창	2012	애국장
239	양중석	楊重錫	미상 ~ 1907	익산	1996	애국장
240	양창서	梁昌西	1860 ~ 1910	순창	2006	애족장
241	양춘범	楊春凡	1881 ~ 미상	순창	2015	애족장
242	양한규	梁漢奎	1844 ~ 1907	남원	1968	독립장
243	엄일봉	嚴一奉	1877 ~ 1910	순창	2016	애국장
244	여규목	呂圭穆	1888 ~ 1918	임실	1990	애족장
245	오두천	吳斗天	1877 ~ 미상	부안	2013	애족장
246	오장환	吳壯煥	1863 ~ 1909	고창	1990	애국장
247	옹권삼	雍權三	1864 ~ 1929	순창	1992	애족장
248	옹태룡	邕太龍	1892 ~ 1988	순창	1992	애족장
249	원도숙	元道淑	1864 ~ 미상	장수	1995	대통령표창
250	유경선	柳慶善	1874 ~ 미상	고산	2014	애국장
251	유공술	柳公述	1883 ~ 1911	순창	2016	애족장
252	유길상	柳吉相	1877 ~ 미상	정읍	2017	애족장
253	유명석	柳命錫	1884 ~ 1930	완주	1990	애족장
254	유병우	柳秉禹	1849 ~ 1910	정읍	1990	애국장
255	유선장	柳先長	1877 ~ 1937	남원	1990	애국장
256	유연봉	柳淵奉	1879 ~ 1926	완주	1990	애족장
257	유연청	柳淵靑	1869 ~ 1928	완주	1990	애족장
258	유연풍	柳淵豊	1875 ~ 1936	완주	1990	애족장
259	유영석	柳瑛錫	1873 ~ 1952	완주	1990	애족장
260	유재순	柳在順	1881 ~ 미상	순창	2016	건국포장
261	유종규	柳鍾奎	1859 ~ 1925	김제	1995	건국포장
262	유준석	柳俊石	1885 ~ 1971	완주	1990	애족장
263	유지명	柳志明	1881 ~ 1909	고산	1977	독립장
264	유치복	柳致福	1866 ~ 1909	완주	1991	애국장
265	유태규	柳泰奎	1884 ~ 미상	정읍	2015	애족장
266	유태석	柳太錫	1871 ~ 1922	완주	1990	애족장
267	유현석	柳炫錫	1888 ~ 1960	완주	1990	애족장
268	유환기	柳歡基	1876 ~ 1923	용담	2014	애국장
269	윤병준	尹秉俊	1884 ~ 1927	임실	1990	애족장
270	윤재일	尹在一	1871 ~ 1910	순창	1990	애족장
271	윤정오	尹正五	1881 ~ 1908	임실	1991	애국장
272	이거석	李擧石	1888 ~ 1940	부안	1990	애족장
273	이경선	李敬善	1878 ~ 1910	순창	2016	애국장
274	이경선	李京先	1858 ~ 1911	부안	2006	애족장
275	이광신	李光信	1888 ~ 1912	순창	2016	애국장
276	이규연	李圭連	1879 ~ 1954	익산	2019	대통령표창
277	이규홍	李圭弘	1877 ~ 1928	익산	1990	애국장

278	이기삼	李基三	1873 ~ 미상	고부	2017	애족장
279	이기영	李琪榮	1849 ~ 1922	익산	2015	건국포장
280	이기준	李己準	1870 ~ 1909	임피	1996	애국장
281	이남용	李南用	1887 ~ 미상	임실	2015	애국장
282	이내구	李內逑	미상 ~ 1907	전주	2014	애국장
283	이동식	李東植	1836 ~ 1908	태인	2016	애국장
284	이득춘	李得春	1883 ~ 미상	정읍	2016	애족장
285	이병선	李炳善	1887 ~ 미상	고부	2018	애족장
286	이석용	李錫庸	1877 ~ 1914	임실	1962	독립장
287	이성근	李聖根	1889 ~ 1910	여산	2016	애국장
288	이성실	李成實	1871 ~ 미상	흥덕	2006	애국장
289	이성용	李成用	1882 ~ 1910	고부	2000	애국장
290	이성화	李成化	1882 ~ 1910	고부	2000	독립장
291	이수암	李水岩	1892 ~ 미상	여산	2015	애족장
292	이순옥	李順玉	미상 ~ 1925	전주	1999	애국장
293	이순화	李順花	1888 ~ 미상	정읍	2017	애족장
294	이승갑	李承甲	1877 ~ 미상	고산	2015	대통령표창
295	이영삼	李永三	1875 ~ 1910	임피	2017	애국장
296	이영선	李永先	1864 ~ 1910	순창	2009	애족장
297	이영일	李永日	1873 ~ 미상	부안	2020	애국장
298	이용규	李容珪	1859 ~ 1924	옥구	1990	애국장
299	이용서	李用西	1868 ~ 미상	고산	2015	애족장
300	이용이	李用伊	1868 ~ 미상	무주	2006	애족장
301	이용태	李用泰	1872 ~ 미상	고창	2015	건국포장
302	이원옥	李元玉	미상	전주	2013	애국장
303	이유종	李宥鍾	1886 ~ 1918	완주	1990	애국장
304	이응삼	李應三	1858 ~ 1913	장수	1993	건국포장
305	이자성	李子成	1880 ~ 미상	여산	1995	애족장
306	이장춘	李壯春	1888 ~ 1910	무주	1990	애국장
307	이존발	李存潑	1888 ~ 미상	익산	2020	대통령표창
308	이종복	李鍾卜	1889 ~ 미상	무주	2018	애국장
309	이종성	李鍾誠	1871 ~ 1910	무주	1990	애국장
310	이준영	李俊榮	1873 ~ 1956	옥구	1990	애족장
311	이창호	李昌浩	1887 ~ 1945	고부	1990	애국장
312	이철형	李哲衡	1873 ~ 1918	고창	1993	독립장
313	이치만	李致萬	1850 ~ 1909	임실	2010	애족장
314	이칠봉	李七峰	1888 ~ 1908	금구	2003	애국장
315	이팔문	李八文	1886 ~ 미상	무주	2020	애족장
316	이홍길	李弘吉	1888 ~ 1955	임실	1992	애족장
317	이화섭	李化燮	1885 ~ 미상	무장	2017	애족장
318	이화춘	李化春	1880 ~ 1967	태인	1999	애족장
319	이황룡	李黃龍	1886 ~ 1910	순창	1990	독립장

320	임경조	林京祚	1879 ~ 미상	부안	2013	건국포장
321	임국현	林國玄	1868 ~ 1910	임실	1995	애족장
322	임기서	林基西	1872 ~ 미상	남원	1995	애족장
323	임기숙	林基淑	1868 ~ 미상	남원	1995	애족장
324	임병대	林炳大	1869 ~ 1936	정읍	1996	건국포장
325	임병수	林炳洙	1880 ~ 1909	순창	2016	애국장
326	임병주	林秉柱	1858 ~ 미상	순창	1995	애족장
327	임병찬	林炳瓚	1851 ~ 1916	옥구	1962	독립장
328	임봉여	林奉汝	1861 ~ 미상	고부	2009	애족장
329	임사유	林士有	1879 ~ 미상	여산	1995	애족장
330	임세묵	林世默	1876 ~ 1909	미상	1991	애국장
331	임영기	任永基	1882 ~ 1910	진안	2016	애국장
332	임익상	林翊相	1887 ~ 1910	무주	1991	애국장
333	임종문	林鍾文	1886 ~ 1908	진안	1991	애국장
334	임태문	林太文	1884 ~ 1929	순창	1990	애족장
335	임태원	林泰源	1884 ~ 미상	순창	2015	애족장
336	장광옥	張光玉	1888 ~ 1966	무주	1990	애국장
337	장군선	張君先	1876 ~ 미상	무주	2013	애국장
338	장명운	張明云	1879 ~ 1910	순창	2016	애국장
339	장문동	張汶同	1887 ~ 미상	순창	2016	애족장
340	장석봉	張石奉	1885 ~ 미상	순창	1995	애족장
341	장순서	張順西	1887 ~ 미상	부안	2015	애족장
342	장여준	張汝俊	1858 ~ 미상	무주	2009	애족장
343	장진욱	張鎭旭	1866 ~ 1934	장수	2021	대통령표창
344	장홍집	張洪執	1860 ~ 1910	순창	2010	애족장
345	전규문	田圭文	1881 ~ 1928	남원	1990	애국장
346	전대원	全大元	1894 ~ 미상	무장	2015	애족장
347	전덕진	田德鎭	1880 ~ 미상	고부	2015	애족장
348	전백현	全伯鉉	1863 ~ 1922	장수	1990	애족장
349	전석기	全錫基	1860 ~ 1925	임실	1990	애국장
350	전오풍	田五豊	1892 ~ 1938	옥구	1990	애족장
351	전해산	全海山	1879 ~ 1910	임실	1962	대통령장
352	정기선	鄭基善	1878 ~ 1910	순창	1990	독립장
353	정사홍	鄭士弘	1875 ~ 1908	순창	2004	애국장
354	정성연	鄭聖連	미상	임실	2015	애족장
355	정시해	鄭時海	1874 ~ 1906	고창	1990	애국장
356	정원채	鄭袁采	1890 ~ 미상	흥덕	2017	대통령표창
357	정인팔	鄭仁八	1881 ~ 미상	정읍	2020	애족장
358	정일국	鄭日國	1882 ~ 1909	남원	1991	애국장
359	정자영	鄭自永	1868 ~ 미상	순창	2006	건국포장
360	정종섭	鄭宗涉	1884 ~ 1910	임실	2016	애국장
361	정진옥	鄭陳玉	1878 ~ 미상	고창	2017	애족장

362	정진희	鄭鎭喜	1885 ~ 1940	진안	2003	건국포장
363	정태경	鄭泰京	1875 ~ 미상	순창	2016	애족장
364	정판성	鄭判成	1883 ~ 미상	익산	2015	건국포장
365	정판용	鄭判用	1880 ~ 미상	부안	1995	애족장
366	정홍기	鄭弘基	1887 ~ 미상	옥구	1995	애국장
367	제봉렬	諸鳳烈	1875 ~ 1911	순창	1990	애국장
368	조경화	趙京化	1861 ~ 미상	용담	1995	대통령표창
369	조기성	曹基成	1883 ~ 1979	임실	1990	애족장
370	조덕삼	趙德三	1885 ~ 미상	부안	2017	애족장
371	조병두	趙秉斗	1886 ~ 미상	순창	2017	애국장
372	조복동	趙福同	1892 ~ 미상	순창	2016	애족장
373	조봉현	趙奉炫	1872 ~ 미상	순창	2015	애족장
374	조석우	趙錫祐	1964 ~ 미상	운봉	2010	애국장
375	조성서	趙成西	1858 ~ 1910	태인	2009	애족장
376	조성팔	趙成八	1858 ~ 1912	임피	2013	애족장
377	조양현	趙良玄	1882 ~ 미상	순창	2016	애족장
378	조재학	趙在學	1889 ~ 미상	순창	2018	애족장
379	조진봉	趙辰奉	1891 ~ 1910	용담	2014	애국장
380	지춘경	池春敬	1872 ~ 미상	김제	2016	애국장
381	진문겸	陳文謙	1874 ~ 1943	남원	1990	애국장
382	진상구	陳相九	1887 ~ 1911	부안	1993	애국장
383	진치만	陳致萬	1876 ~ 1925	정읍	1994	애족장
384	진치언	陳致彦	1877 ~ 1911	순창	1980	독립장
385	진홍대	陳洪大	1877 ~ 미상	부안	2015	애족장
386	차석록	車錫錄	1891 ~ 미상	임실	2016	애족장
387	차일만	車一萬	1861 ~ 1911	정읍	2006	애족장
388	채동환	蔡東煥	1883 ~ 미상	부안	2015	애국장
389	채복만	蔡福萬	1889 ~ 1952	부안	1992	애국장
390	채영찬	蔡永贊	1854 ~ 1908	순창	1990	애국장
391	최경오	崔敬五	1859 ~ 미상	남원	2009	애족장
392	최기섭	崔基爕	1879 ~ 미상	부안	2016	애족장
393	최대형	崔大形	1874 ~ 미상	고부	2018	애족장
394	최덕일	崔德逸	1875 ~ 1908	임실	1990	애국장
395	최덕중	崔德中	1864 ~ 미상	임실	2009	애족장
396	최만년	崔萬年	1886 ~ 1913	임실	2017	애국장
397	최명집	崔明集	1872 ~ 미상	부안	2017	대통령표창
398	최병길	崔丙吉	1872 ~ 미상	순창	2015	대통령표창
399	최봉갑	崔鳳甲	1886 ~ 미상	순창	2018	애국장
400	최봉선	崔鳳先	1881 ~ 1912	고부	2016	애국장
401	최산흥	崔山興	1882 ~ 1910	순창	1990	독립장
402	최상거	崔相居	1870 ~ 미상	고산	2015	대통령표창
403	최석봉	崔石奉	1880 ~ 1951	순창	1990	애국장

404	최선경	崔善京	1871 ~ 미상	임실	2016	애족장
405	최성권	崔聖權	1879 ~ 미상	전주	2016	건국포장
406	최순보	崔順甫	1876 ~ 1911	고부	2016	애국장
407	최순종	崔順宗	1882 ~ 1910	순창	2016	애국장
408	최영만	崔永萬	1889 ~ 미상	무장	2018	애족장
409	최유복	崔有福	1882 ~ 미상	홍덕	2018	애족장
410	최윤보	崔允甫	미상 ~ 1909	익산	1996	애국장
411	최익렬	崔翼烈	1869 ~ 1931	고창	2016	애족장
412	최인숙	崔仁叔	1882 ~ 1910	순창	2016	애국장
413	최전구	崔銓九	1850 ~ 1938	고창	1990	애국장
414	최제학	崔濟學	1882 ~ 1961	진안	1990	애족장
415	최중오	崔仲吾	1857 ~ 1908	고창	2005	애국장
416	최창렬	崔滄烈	1875 ~ 1940	임실	2013	건국포장
417	최판동	崔判東	1877 ~ 미상	고부	2016	애족장
418	최판준	崔判俊	1888 ~ 미상	임실	2020	대통령표창
419	추재엽	秋再葉	1883 ~ 미상	순창	2015	애족장
420	하준태	河俊太	1872 ~ 미상	진안	1995	대통령표창
421	하천일	河千一	1885 ~ 미상	무장	2013	대통령표창
422	한계석	韓桂錫	1888 ~ 1939	임실	1990	애국장
423	한복만	韓福萬	1882 ~ 미상	함열	2018	애족장
424	한사국	韓士國	미상 ~ 1908	진안	2011	애국장
425	한수길	韓壽吉	1873 ~ 1913	임실	2016	애국장
426	한일성	韓日成	미상	임실	2013	애국장
427	한진수	韓鎭壽	1882 ~ 미상	무주	2016	애국장
428	한청여	韓淸汝	1862 ~ 미상	용담	1995	대통령표창
429	한팔복	韓八福	1891 ~ 미상	고부	2016	애족장
430	한흥삼	韓興三	1875 ~ 1912	정읍	1993	애족장
431	허간	許幹	1868 ~ 1924	임실	2010	건국포장
432	허업	許業	1883 ~ 1922	임실	2010	건국포장
433	허원칠	許元七	1884 ~ 1949	순창	1990	애국장
434	허재홍	許在弘	1890 ~ 1961	고부	1999	애족장
435	허주	許柱	1879 ~ 1952	임실	2010	건국포장
436	허항	許恒	1863 ~ 미상	무주	2009	애족장
437	현팔봉	玄八峰	1873 ~ 미상	고산	2013	애족장
438	홍성서	洪性西	1886 ~ 1971	정읍	2017	애족장
439	홍윤무	洪允武	1872 ~ 1943	임실	1990	애국장
440	홍익선	洪益先	1880 ~ 미상	고창	2016	건국포장
441	황대연	黃大淵	1876 ~ 1908	무주	1990	애국장
442	황목룡	黃木龍	1879 ~ 미상	금산	2018	애족장
443	황석	黃奭	1848 ~ 1919	남원	2002	애국장
444	황이만	黃二萬	1881 ~ 미상	무주	1995	애국장
445	황준성	黃俊聖	1880 ~ 1910	진안	1986	독립장

호남의병 미포상자 『수형인명부(受刑人名簿)』

2023년 8월 15일 현재

전라남도							
순번	성명	본적	주소	출생	판결일자	수형내용	판결기관
1	洪大振	강진	강진	1891	09.09.15	징역 3년	광주지방재판소
2	羅奇完	〃	〃	1881	09.12.24	징역 3년	〃
3	文丙源	〃	〃	1873	09.12.13	징역 2년	〃
4	尹漢浩	〃	〃	1874	10.03.24	징역 2년	〃
5	金在鉉	광주	광주	1880	08.10.14	유 5년	〃
6	李在錫	〃	〃	1886	08.10.14	유 10년	〃
7	金良烈	〃	〃	1878	09.07.19	징역 5년	〃
8	崔權一	〃	〃	1877	09.11.19	징역 7년	〃
9	李云集	〃	〃	1870	09.11.24	징역 2년	〃
10	金泰益	〃	〃	1884	09.11.24	징역 2년 6월	〃
11	都明彦	〃	〃	1878	10.01.31	징역 10년	〃
12	金在洪	〃	〃	1886	10.03.04	징역 2년 6월	〃
13	金永燮	〃	〃	1874	10.06.25	징역 7년	〃
14	都明彦	〃	〃	1878	10.10.31	징역 10년	〃
15	金學岩	광주	영광	1883	09.12.23	징역 2년	〃
16	金永守	〃	나주	1885	10.01.31	징역 2년	〃
17	朴應玉	〃	장성	1878	09.11.12	징역 2년 6월	〃
18	金順瑞	나주	나주	1879	08.08.19	유 3년	〃
19	卞洪基	〃	〃	1874	08.08.21	유 7년	〃
20	曹應律	〃	〃	1879	08.08.21	유 3년	〃
21	李元吉	〃	〃	1891	08.10.07	태 100	〃
22	姜致德	〃	〃	1871	09.06.18	징역 5년	〃
23	金致範	〃	〃	1867	09.06.18	징역 5년	〃
24	羅京文	〃	〃	1877	09.06.18	징역 5년	〃
25	羅乃春	〃	〃	1888	09.06.18	징역 5년	〃
26	李成五	〃	〃	1876	09.06.18	징역 5년	〃
27	李允三	〃	〃	1885	09.06.18	징역 5년	〃
28	李判石	〃	〃	1884	09.06.18	징역 5년	〃
29	林尙午	〃	〃	1881	09.06.18	징역 5년	〃
30	羅奇玉	〃	〃	1886	09.07.21	태 30	광주구재판소
31	李奉南	〃	〃	1885	09.07.21	태 30	〃
32	李太洙	〃	〃	1883	09.07.21	태 30	〃
33	李行巡	〃	〃	1887	09.07.21	태 30	〃
34	張成三	〃	〃	1875	09.07.28	징역 5년	광주지방재판소

35	金鳳寒	〃	〃	1878	09.09.16	징역 7년	〃
36	郭用旭	나주	나주	1879	09.10.30	태 80	광주구재판소
37	羅仁權	〃	〃	1886	09.10.30	태 30	〃
38	朴泰三	〃	〃	1882	09.10.30	태 80	〃
39	吳貴童	〃	〃	1887	09.10.30	태 80	〃
40	柳京彩	〃	〃	1878	09.10.30	태 80	〃
41	崔學仲	〃	〃	1888	09.10.30	징역 5년	광주지방재판소
42	羅順弘	〃	〃	1870	09.11.20	징역 3년	〃
43	朴錫柱	〃	〃	1883	09.11.20	징역 3년	〃
44	張益守	〃	〃	1869	09.11.20	징역 3년	〃
45	尹相馨	〃	〃	1887	09.12.21	징역 7년	〃
46	吳元圭	〃	〃	1877	10.02.07	징역 3년	〃
47	鄭莫童	〃	〃	1883	10.02.28	징역 2년	〃
48	鄭興淑	〃	〃	1880	10.02.28	징역 2년	〃
49	崔德文	〃	〃	1887	10.02.28	징역 2년	〃
50	韓從先	〃	〃	1883	10.02.28	징역 2년	〃
51	金元汝	〃	〃	1882	10.03.01	징역 2년	〃
52	梁志述	〃	함평	1879	09.03.09	징역 3년	〃
53	梁德元	〃	무안	1889	10.11.20	태 70	〃
54	梁京春	남평	남평	1865	09.07.21	태 30	광주구재판소
55	梁平玉	〃	〃	1884	09.07.21	태 30	〃
56	李敬春	〃	〃	1858	09.07.26	징역 3년	광주지방재판소
57	金成日	〃	〃	1872	10.04.13	징역 1년	〃
58	朴京先	〃	〃	1882	09.11.20	징역 2년	〃
59	李承一	능주	능주	1872	09.10.13	벌금 20원	목포구재판소
60	崔鵬鉉	〃	〃	1884	09.10.18	징역 7년	광주지방재판소
61	朴良實	〃	〃	1872	10.03.19	징역 종신	〃
62	朴泰萬	〃	〃	1884	10.03.19	징역 종신	〃
63	金允行	〃	장흥	1871	10.04.04	징역 5년	〃
64	朴仁化	담양	담양	1874	08.10.19	태 100	〃
65	朴奉根	〃	〃	1874	08.10.31	유 5년	〃
66	朴世權	〃	〃	1882	09.01.13	징역 5년	〃
67	金京瑞	〃	〃	1836	09.05.31	징역 7월	〃
68	尹平元	〃	〃	1868	09.07.28	징역 5년	〃
69	姜永太	〃	〃	1885	10.01.31	징역 2년	〃
70	林在瑞	돌산	순천	1876	10.02.10	징역 7년	〃
71	徐貴祚	동복	동복	1882	08.09.18	유 7년	〃
72	曹桂煥	〃	장성	1880	10.02.14	징역 3년	〃
73	金仁三	〃	순창	1872	10.06.18	태 100	광주구재판소
74	金貴兼	무안	무안	1882	08.09.11	유 3년	광주지방재판소
75	金炳喆	〃	〃	1886	09.12.25	징역 15년	〃
76	張奉云	〃	〃	1885	09.07.21	태 30	광주구재판소

77	李莫應	〃	〃	1886	09.07.21	태 30	〃
78	林春實	〃	〃	1870	09.07.21	태 30	〃
79	張奉云	무안	무안	1885	09.07.21	태 30	광주구재판소
80	丁官吾	〃	〃	1876	09.07.21	태 20	
81	金玉兼	〃	〃	1864	09.10.13	벌금 20원	광주지재목포지부
82	朴汝甫	〃	순천	1874	09.11.29	징역 2년	광주지방재판소
83	李正玉	보성	보성	1884	09.04.30	징역 5년	〃
84	朴文柱	〃	〃	1885	09.10.30	징역 3년	〃
85	卞奉日	〃	〃	1884	09.10.30	징역 7년	〃
86	趙雄	〃	〃	1887	09.10.30	징역 3년	〃
87	崔東祚	〃	〃	1893	09.10.30	태 50	〃
88	韓致永	〃	〃	1871	09.10.30	징역 5년	〃
89	安德行	〃	〃	1862	09.11.20	징역 2년 6월	〃
90	金敬七	〃	〃	1880	09.12.13	징역 2년	〃
91	金光西	〃	〃	1855	09.12.13	징역 3년	〃
92	朴慶鎬	〃	〃	1881	09.12.13	징역 2년	〃
93	朴雙允	〃	〃	1881	09.12.13	징역 2년 6월	〃
94	朴龍文	〃	〃	1885	09.12.13	징역 5년	〃
95	宣鍾君	〃	〃	1889	09.12.13	징역 2년	〃
96	李士準	〃	〃	1888	09.12.13	징역 5년	〃
97	曺希年	〃	〃	1877	09.12.13	징역 2년	〃
98	崔化允	〃	〃	1866	09.12.13	징역 5년	〃
99	鄭善良	〃	〃	1866	10.01.14	징역 2년	〃
100	安眞石	〃	〃	1882	10.03.29	징역 2년	〃
101	廉連白	〃	〃	1887	10.03.29	징역 5년	〃
102	尹用瑞	〃	〃	1851	10.03.29	징역 3년	〃
103	金永三	〃	〃	1876	10.03.31	징역 5년	〃
104	李喜雲	〃	능주	1879	09.11.13	징역 2년	〃
105	方萬德	〃	장흥	1883	10.04.04	징역 3년	〃
106	尹白錫	순천	순천	1868	10.03.03	징역 3년	〃
107	蘇月花	〃	〃	1874	10.06.18	태 100	광주구재판소
108	金同福	〃	〃	1871	09.09.15	징역 5년	광주지방재판소
109	咸京祚	〃	〃	1879	09.11.29	징역 2년	〃
110	金夢阿之	〃	〃	1882	09.11.29	징역 2년	〃
111	張雲善	영광	영광	1876	08.10.07	유 5년	〃
112	孫京仲	〃	〃	1884	09.05.05	징역 3년	〃
113	徐在晚	〃	〃	1879	09.05.18	징역 2년	〃
114	朴學祚	〃	〃	1882	09.08.13	징역 1년 6월	〃
115	丁丙燮	〃	〃	1886	09.08.13	징역 3년	〃
116	金應喆	〃	〃	1879	09.08.18	징역 1년	〃
117	朱乃珍	〃	〃	1868	09.08.18	징역 3년	〃
118	徐相淑	〃	〃	1885	09.10.30	징역 2년	〃

119	金儀三	〃	〃	1866	09.11.13	징역 15년	〃
120	李丙斗	〃	〃	1883	09.12.04	징역 2년	〃
121	趙在順	〃	〃	미상	09.12.04	징역 2년	〃
122	丁吉用	영광	영광	1886	10.02.07	징역 3년	광주지방재판소
123	金相集	〃	〃	1881	09.12.10	징역 5년	〃
124	朴元仲	〃	〃	1859	09.12.10	징역 2년	〃
125	李丙年	〃	〃	1883	09.12.10	징역 2년	〃
126	金德良	〃	〃	1881	09.12.14	징역 2년	〃
127	金永順	〃	〃	1882	09.12.14	징역 2년	〃
128	金學岩	〃	〃	1883	09.12.23	징역 2년	〃
129	林正元	〃	〃	1886	09.12.23	징역 2년	〃
130	林志金	〃	〃	1887	09.12.24	징역 2년	〃
131	朱伯彦	〃	〃	1880	10.01.10	징역 3년	〃
132	金在美	〃	〃	1880	10.01.19	징역 2년	〃
133	金達吉	〃	〃	1892	10.01.24	징역 1년 6월	〃
134	徐監京	〃	〃	1885	10.01.26	징역 2년	〃
135	吳奉基	〃	〃	1875	10.01.31	징역 2년	〃
136	李白悅	〃	〃	1884	10.01.31	징역 2년	〃
137	鄭贊京	〃	〃	1874	10.01.31	징역 2년	〃
138	張文英	〃	〃	1881	10.02.25	징역 3년	〃
139	崔成七	〃	〃	1866	10.05.20	징역 1년 6월	〃
140	姜應善	〃	나주	1863	09.11.20	징역 5년	〃
141	金成權	〃	함평	1882	09.12.10	징역 2년	〃
142	金東俊	〃	무장	1881	10.02.23	징역 3년	〃
143	金東俊	〃	〃	1881	10.02.23	징역 3년	〃
144	金大洪	〃	〃	1873	10.02.28	징역 7년	광주지재전주지부
145	李玉先	동래	영광	1879	09.12.23	징역 2년	광주지방재판소
146	姜致權	영암	영암	1875	09.07.21	태 30	광주구재판소
147	金奉吉	〃	〃	1884	09.07.21	태 30	〃
148	崔仲權	〃	〃	1886	09.07.21	태 30	〃
149	柳近玉	〃	〃	1879	09.10.07	태 90	〃
150	李伏順	〃	〃	1891	09.10.20	태 70	광주지방재판소
151	金玄植	〃	〃	1886	08.12.18	유 10년	〃
152	金明善	〃	〃	1874	09.10.30	징역 7년	〃
153	梁明局	〃	〃	1880	10.01.24	징역 3년	〃
154	陳致國	완도	완도	1877	09.12.10	징역 2년	〃
155	李金岩	〃	〃	1892	10.02.01	태 30	광주지재목포지부
156	李同祚	〃	〃	1891	10.01.29	태 60	〃
157	金順五	장성	장성	1879	09.01.13	징역 5년	대심원
158	柳成福	〃	〃	1880	09.01.29	징역 2년 6월	광주지방재판소
159	趙成八	〃	〃	1858	09.07.28	징역 1년	광주지재전주지부
160	鄭正學	〃	〃	1881	09.10.08	징역 1년	〃

161	姜莫同	〃	〃	1878	09.12.11	징역 2년 6월	광주지방재판소
162	林雷城	〃	〃	1881	10.01.24	징역 5년	〃
163	林春三	〃	〃	1873	10.01.24	징역 2년	〃
164	李紅根	〃	〃	1876	10.01.31	징역 2년	〃
165	車振杓	장성	장성	1879	10.01.31	징역 3년	광주지방재판소
166	田抱才	〃	〃	1879	10.02.18	징역 2년	〃
167	鞠奉春	〃	〃	1887	10.03.02	징역 2년	〃
168	金元明	〃	〃	1885	10.03.02	징역 1년 6월	〃
169	林在奉	〃	〃	1882	10.05.06	징역 3년	〃
170	劉成三	〃	〃	1865	10.06.28	징역 2년	〃
171	徐致道	〃	담양	1864	09.10.20	징역 3년	〃
172	車振拘	〃	〃	1879	10.01.31	징역 3년	〃
173	林昌俊	〃	〃	1878	10.01.31	징역 3년	〃
174	車萬三	〃	정읍	1861	10.04.11	징역 5년	광주지재전주지부
175	朴學成	장흥	장흥	1886	08.09.23	유 10년	광주지방재판소
176	李東南	〃	〃	1881	09.07.21	태 30	광주구재판소
177	金允成	〃	〃	1880	09.11.13	징역 2년	광주지방재판소
178	朴基三	〃	〃	1876	09.11.13	징역 2년	〃
179	朴公燮	〃	〃	1882	09.12.17	징역 3년	〃
180	白雲山	〃	〃	1879	09.12.23	징역 10년	〃
181	趙公五	〃	〃	1879	09.12.24	징역 3년	〃
182	任學鉉	〃	〃	1881	10.03.17	징역 종신	〃
183	鄭亨文	〃	〃	1882	10.04.04	징역 2년	〃
184	朱德行	〃	〃	1882	10.04.04	징역 5년	〃
185	洪義九	〃	〃	1881	10.04.04	징역 2년	〃
186	金益洙	〃	능주	1875	09.12.06	징역 15년	〃
187	金致善	창평	창평	1859	09.02.10	징역 5년	〃
188	朴永實	〃	〃	1883	10.01.31	징역 2년	〃
189	金先化	〃	보성	1870	09.10.30	징역 5년	〃
190	朴鍾寬	함평	함평	1879	08.08.21	유 7년	〃
191	李圭雲	〃	〃	1876	08.10.26	유 10년	〃
192	申錫範	〃	〃	1872	09.08.13	징역 1년	〃
193	高禹逢	〃	〃	1879	09.09.23	태 100	〃
194	金起峰	〃	〃	1883	09.09.23	태 100	〃
195	金점水	〃	〃	1881	09.12.23	징역 5년	〃
196	金貞仁	〃	〃	1888	09.09.23	태 100	〃
197	金鍾龍	〃	〃	1879	09.09.23	태 100	〃
198	楊致根	〃	〃	1881	09.09.23	징역 10월	〃
199	李芳春	〃	〃	1883	09.09.23	태 100	〃
200	林善仲	〃	〃	1888	09.12.16	징역 2년	〃
201	崔興官	〃	〃	1878	09.09.23	태 100	〃
202	許尹七	〃	〃	1875	10.02.21	징역 2년 6월	〃

203	鄭奉京	〃	〃	1891	10.03.04	징역 2년	〃
204	李春風	〃	무장	1876	09.12.10	징역 2년	〃
205	朱弟一	〃	영광	1885	09.12.24	징역 3년	〃
206	姜子然	해남	해남	1873	09.09.25	태 80	〃
207	金在先	〃	〃	1879	09.09.25	태 80	〃
208	金昌西	해남	해남	1881	09.09.25	태 90	광주지방재판소
209	朴京凡	〃	〃	1881	09.09.25	태 80	〃
210	李得春	〃	〃	1891	09.09.25	태 80	〃
211	李秉學	〃	〃	1883	09.09.25	태 80	〃
212	張龍順	〃	〃	1879	09.10.20	징역 2년 6월	〃
213	朱珠千	〃	〃	1891	09.10.20	태 70	〃
214	閔祥俊	〃	〃	1866	09.11.13	징역 2년	〃
215	徐有寬	〃	〃	1883	09.11.13	징역 2년	〃
216	沈洙洪	〃	〃	1861	09.11.13	징역 2년	〃
217	蔡寬洙	〃	〃	1884	09.11.13	징역 2년	〃
218	千辰先	〃	〃	1880	09.11.13	징역 3년	〃
219	崔云成	〃	〃	1859	09.11.13	징역 2년	〃
220	閔富德	〃	〃	1883	09.12.10	징역 2년	〃
221	金一彦	〃	〃	1878	10.01.31	징역 5년	〃
222	白喜叔	〃	〃	1881	10.02.07	징역 3년	〃
223	崔君一	〃	〃	1874	10.02.07	징역 4년	〃
224	黃道官	〃	〃	1879	10.02.07	징역 3년 6월	〃
225	金孟祚	〃	〃	1880	10.04.13	징역 15년	〃
226	金白用	〃	〃	1883	10.04.13	징역 2년	〃
227	金淸京	〃	〃	1873	10.04.13	징역 15년	〃
228	朴德贊	〃	〃	1876	10.04.13	징역 2년	〃
229	朴先有	〃	〃	1880	10.04.13	징역 2년	〃
230	朴世權	〃	〃	1873	10.04.13	징역 2년	〃
231	朴仁玉	〃	〃	1888	10.04.13	징역 2년	〃
232	朴殷律	〃	〃	1880	10.04.13	징역 2년	〃
233	徐朴甫	〃	〃	1887	10.04.13	징역 2년	〃
234	吳尙俊	〃	〃	1887	10.04.13	징역 2년	〃
235	劉二烈			1873	10.04.13	징역 15년	〃
236	尹白巡	〃	무장	1875	10.04.13	징역 2년	〃
237	李敬五	〃	〃	1874	10.04.13	징역 2년	〃
238	鄭才順	〃	〃	1889	10.04.13	징역 2년	〃
239	鄭化淑	〃	〃	1863	10.04.13	징역 2년 6월	〃
240	崔二權	〃	〃	1877	10.04.13	징역 2년 6월	〃
241	姜點童	화순	화순	1860	08.10.14	유 5년	〃
242	金義炳	〃	〃	1881	08.10.14	유 3년	〃
243	文富機	〃	〃	1881	08.10.14	유 5년	〃
244	朴京玉	홍양	홍양	1886	09.11.13	징역 2년	〃

245	宋柱孝	〃	〃	1877	09.12.13	징역 2년	〃
246	張在萬	〃	〃	1887	08.12.23	징역 7년	〃
247	金仲善	〃	돌산	1873	09.12.24	징역 7년	〃

제주도

순번	성명	본적	주소	출생	판결일자	수형내용	판결기관
1	盧千平	대정	정의	1871	10.03.03	징역 1년	광주지재목포지부
2	宋孟益	대정	정의	1867	10.03.03	징역 1년	〃
3	金致洪	정의	〃	1850	10.03.04	태 100	〃
4	金永石	제주	제주	1867	09.05.28	징역 1년	광주지방재판소
5	姜熙錫	〃	정의	1878	10.03.03	징역 1년	광주지재목포지부

전라북도

순번	성명	본적	주소	출생	판결일자	수형내용	판결기관
1	李成甲	고부	고부	1883	10.02.07	징역 1년 6월	광주지재군산지부
2	許基善	〃	〃	1881	10.10.15	징역 2년 6월	〃
3	朴東伊	고산	고산	1878	08.11.09	태 100	광주지방재판소
4	李倫三	〃	〃	1868	08.11.09	태 50	〃
5	張乃受	〃	〃	1888	08.11.09	태 100	〃
6	全道連	〃	〃	1875	08.11.09	태 100	〃
7	趙奇浩	〃	〃	1880	10.02.02	징역 1년	광주지재군산지부
8	玄八峰	〃	〃	1873	10.05.27	징역 3년	광주지재전주지부
9	李璟集	고창	고창	1885	10.07.16	징역 10월	광주지재군산지부
10	金京五	만경	무안	1867	10.02.21	징역 2년 6월	광주지방재판소
11	李萬豊	무장	무장	1876	10.08.05	징역 10월	광주지재군산지부
12	李雲善	〃		1863	10.08.05	징역 1년	〃
13	金在根	〃	홍덕	1881	10.03.09	징역 1년 6월	광주지재전주지부
14	趙太壽	무주	무주	1887	11.11.08	태 100	〃
15	朴花白	〃	장성	1864	10.02.23	징역 2년	광주지방재판소
16	洪己煥	순창	순창	1865	09.07.28	징역 2년	〃
17	張順興	〃	〃	1878	09.10.11	징역 10월	광주지재전주지부
18	李士壹	〃	〃	1852	10.01.10	징역 2년 6월	광주지방재판소
19	朴學實	〃	〃	1884	10.01.19	징역 1년 6월	광주지재전주지부
20	朴良五	〃	〃	1874	10.01.31	징역 10년	〃
21	崔光玉	〃	〃	1878	10.03.25	징역 1년	〃
22	金雙重	익산	익산	1857	08.08.31	유 7년	광주지방재판소
23	姜文佐	〃	〃	1879	08.10.14	유 7년	〃
24	徐成根	〃	〃	1881	09.09.27	태 100	광주지재전주지부
25	白岩于	임실	진안	1887	10.06.03	징역 1년	〃
26	全成祖	전주	전주	1882	10.05.04	징역 1년 6월	〃
27	黃八龍	〃	고산	1889	11.11.08	태 100	전주구재판소
28	崔明春	정읍	고부	1887	10.07.08	징역 1년	광주지재전주지부
29	金正局	태인	태인	1866	08.09.30	유 7년	광주지방재판소

찾아보기

ㅅ

인천대학교 인천학연구원
독립운동사연구소 총서 3호(1권, 통권7권)

일제침략기 호남동의단 전후

66인의 호남의병장

2023년	11월	11일	1판 1쇄	인 쇄
2023년	11월	17일	1판 1쇄	발 행

엮은이 : 이　　　태　　　룡

펴낸이 : 박　　　정　　　태

펴낸곳 : **광　　문　　각**

10881
파주시 파주출판문화도시 광인사길 161
광문각 B/D 4층
등　록 : 1991. 5. 31 제12-484호
전화(代) : 031) 955-8787
팩　스 : 031) 955-3730
E-mail : kwangmk7@hanmail.net
홈페이지 : www.kwangmoonkag.co.kr

• ISBN : 978-89-7093-045-9　　　93900
값 35,000원